U0722856

全国高等学校中药资源与开发、中草药栽培与鉴定、中药制药等专业
国家卫生健康委员会"十三五"规划教材

中药制剂分析

主　审　梁生旺（广东药科大学）
主　编　刘　斌（北京中医药大学）
　　　　刘丽芳（中国药科大学）
副主编　张　丽（南京中医药大学）
　　　　刘建群（江西中医药大学）
　　　　冯素香（河南中医药大学）

编　委（按姓氏笔画为序）

马东来（河北中医学院）　　　　　　辛贵忠（中国药科大学）

马学琴（宁夏医科大学）　　　　　　张　丽（南京中医药大学）

王　瑞（山西中医药大学）　　　　　张　玲（安徽中医药大学）

王亚丹（中国食品药品检定研究院）　陈　磊（广东药科大学）

王焕芸（内蒙古医科大学）　　　　　邵　晶（甘肃中医药大学）

丘　琴（广西中医药大学）　　　　　周洪雷（山东中医药大学）

冯素香（河南中医药大学）　　　　　昝俊峰（湖北中医药大学）

朱星枚（陕西中医药大学）　　　　　姜艳艳（北京中医药大学）

任　波（成都中医药大学）　　　　　热增才旦（青海民族大学）

刘　芳（湖南中医药大学）　　　　　原　忠（沈阳药科大学）

刘　斌（北京中医药大学）　　　　　崔兰冲（长春中医药大学）

刘丽芳（中国药科大学）　　　　　　董　辉（黑龙江中医药大学）

刘建群（江西中医药大学）　　　　　蒲晓辉（河南大学）

李维熙（云南中医药大学）　　　　　魏凤环（南方医科大学）

邹海艳（首都医科大学）

秘　书　张　薇（北京中医药大学）

人民卫生出版社

图书在版编目（CIP）数据

中药制剂分析/刘斌，刘丽芳主编. —北京：人
民卫生出版社，2019

ISBN 978-7-117-28692-3

Ⅰ. ①中… Ⅱ. ①刘… ②刘… Ⅲ. ①中药制剂学–
药物分析–高等学校–教材 Ⅳ. ① R283

中国版本图书馆 CIP数据核字（2019）第 259398号

人卫智网 www.ipmph.com	医学教育、学术、考试、健康，购书智慧智能综合服务平台	
人卫官网 www.pmph.com	人卫官方资讯发布平台	

中药制剂分析

主　　编：刘　斌　刘丽芳
出版发行：人民卫生出版社（中继线 010-59780011）
地　　址：北京市朝阳区潘家园南里 19 号
邮　　编：100021
E - mail：pmph @ pmph.com
购书热线：010-59787592　010-59787584　010-65264830
印　　刷：中农印务有限公司
经　　销：新华书店
开　　本：850×1168　1/16　印张：25
字　　数：607 千字
版　　次：2019 年 12 月第 1 版　2025 年 1 月第 1 版第 5 次印刷
标准书号：ISBN 978-7-117-28692-3
定　　价：69.00 元

打击盗版举报电话：010-59787491　E-mail：WQ @ pmph.com
质量问题联系电话：010-59787234　E-mail：zhiliang @ pmph.com

出版说明

高等教育发展水平是一个国家发展水平和发展潜力的重要标志。办好高等教育,事关国家发展,事关民族未来。党的十九大报告明确提出,要"加快一流大学和一流学科建设,实现高等教育内涵式发展",这是党和国家在中国特色社会主义进入新时代的关键时期对高等教育提出的新要求。近年来,《关于加快建设高水平本科教育全面提高人才培养能力的意见》《普通高等学校本科专业类教学质量国家标准》《关于高等学校加快"双一流"建设的指导意见》等一系列重要指导性文件相继出台,明确了我国高等教育应深入坚持"以本为本",推进"四个回归",建设中国特色、世界水平的一流本科教育的发展方向。中医药高等教育在党和政府的高度重视和正确指导下,已经完成了从传统教育方式向现代教育方式的转变,中药学类专业从当初的一个专业分化为中药学专业、中药资源与开发专业、中草药栽培与鉴定专业、中药制药专业等多个专业,这些专业共同成为我国高等教育体系的重要组成部分。

随着经济全球化发展,国际医药市场竞争日趋激烈,中医药产业发展迅速,社会对中药学类专业人才的需求与日俱增。《中华人民共和国中医药法》的颁布,"健康中国 2030"战略中"坚持中西医并重,传承发展中医药事业"的布局,以及《中医药发展战略规划纲要(2016—2030 年)》《中医药健康服务发展规划(2015—2020 年)》《中药材保护和发展规划(2015—2020 年)》等系列文件的出台,都系统地筹划并推进了中医药的发展。

为全面贯彻国家教育方针,跟上行业发展的步伐,实施人才强国战略,引导学生求真学问、练真本领,培养高质量、高素质、创新型人才,将现代高等教育发展理念融入教材建设全过程,人民卫生出版社组建了全国高等学校中药资源与开发、中草药栽培与鉴定、中药制药专业规划教材建设指导委员会。在指导委员会的直接指导下,经过广泛调研论证,我们全面启动了全国高等学校中药资源与开发、中草药栽培与鉴定、中药制药等专业国家卫生健康委员会"十三五"规划教材的编写出版工作。本套规划教材是"十三五"时期人民卫生出版社的重点教材建设项目,教材编写将秉承"夯实基础理论、强化专业知识、深化中医药思维、锻炼实践能力、坚定文化自信、树立创新意识"的教学理念,结合国内中药学类专业教育教学的发展趋势,紧跟行业发展的方向与需求,并充分融合新媒体技术,重点突出如下特点:

1. 适应发展需求,体现专业特色　本套教材定位于中药资源与开发专业、中草药栽培与鉴定专业、中药制药专业,教材的顶层设计在坚持中医药理论、保持和发挥中医药特色优势的前提下,重视现代科学技术、方法论的融入,以促进中医药理论和实践的整体发展,满足培养特色中医药人才的需求。同时,我们充分考虑中医药人才的成长规律,在教材定位、体系建设、内容设计上,注重理论学习、生产实践及学术研究之间的平衡。

2. 深化中医药思维,坚定文化自信　中医药学根植于中国博大精深的传统文化,其学科具有文化和科学双重属性,这就决定了中药学类专业知识的学习,要在对中医药学深厚的人文内涵的发掘中去理解、去还原,而非简单套用照搬今天其他学科的概念内涵。本套教材在编写的相关内容中注重中医药思维的培养,尽量使学生具备用传统中医药理论和方法进行学习和研究的能力。

3. 理论联系实际,提升实践技能　本套教材遵循"三基、五性、三特定"教材建设的总体要求,做到理论知识深入浅出,难度适宜,确保学生掌握基本理论、基本知识和基本技能,满足教学的要求,同时注重理论与实践的结合,使学生在获取知识的过程中能与未来的职业实践相结合,帮助学生培养创新能力,引导学生独立思考,理清理论知识与实际工作之间的关系,并帮助学生逐渐建立分析问题、解决问题的能力,提高实践技能。

4. 优化编写形式,拓宽学生视野　本套教材在内容设计上,突出中药学类相关专业的特色,在保证学生对学习脉络系统把握的同时,针对学有余力的学生设置"学术前沿""产业聚焦"等体现专业特色的栏目,重点提示学生的科研思路,引导学生思考学科关键问题,拓宽学生的知识面,了解所学知识与行业、产业之间的关系。书后列出供查阅的主要参考书籍,兼顾学生课外拓展需求。

5. 推进纸数融合,提升学习兴趣　为了适应新教学模式的需要,本套教材同步建设了以纸质教材内容为核心的多样化的数字教学资源,从广度、深度上拓展了纸质教材的内容。通过在纸质教材中增加二维码的方式"无缝隙"地链接视频、动画、图片、PPT、音频、文档等富媒体资源,丰富纸质教材的表现形式,补充拓展性的知识内容,为多元化的人才培养提供更多的信息知识支撑,提升学生的学习兴趣。

本套教材在编写过程中,众多学术水平一流和教学经验丰富的专家教授以高度负责、严谨认真的态度为教材的编写付出了诸多心血,各参编院校对编写工作的顺利开展给予了大力支持,在此对相关单位和各位专家表示诚挚的感谢! 教材出版后,各位教师、学生在使用过程中,如发现问题请反馈给我们(renweiyaoxue@163.com),以便及时更正和修订完善。

人民卫生出版社

2019 年 2 月

教材书目

序号	教材名称	主编	单位
1	无机化学	闫 静 张师愚	黑龙江中医药大学 天津中医药大学
2	物理化学	孙 波 魏泽英	长春中医药大学 云南中医药大学
3	有机化学	刘 华 杨武德	江西中医药大学 贵州中医药大学
4	生物化学与分子生物学	李 荷	广东药科大学
5	分析化学	池玉梅 范卓文	南京中医药大学 黑龙江中医药大学
6	中药拉丁语	刘 勇	北京中医药大学
7	中医学基础	战丽彬	南京中医药大学
8	中药学	崔 瑛 张一昕	河南中医药大学 河北中医学院
9	中药资源学概论	黄璐琦 段金廒	中国中医科学院中药资源中心 南京中医药大学
10	药用植物学	董诚明 马 琳	河南中医药大学 天津中医药大学
11	药用菌物学	王淑敏 郭顺星	长春中医药大学 中国医学科学院药用植物研究所
12	药用动物学	张 辉 李 峰	长春中医药大学 辽宁中医药大学
13	中药生物技术	贾景明 余伯阳	沈阳药科大学 中国药科大学
14	中药药理学	陆 茵 戴 敏	南京中医药大学 安徽中医药大学
15	中药分析学	李 萍 张振秋	中国药科大学 辽宁中医药大学
16	中药化学	孔令义 冯卫生	中国药科大学 河南中医药大学
17	波谱解析	邱 峰 冯 锋	天津中医药大学 中国药科大学

序号	教材名称	主编	单位
18	制药设备与工艺设计	周长征 王宝华	山东中医药大学 北京中医药大学
19	中药制药工艺学	杜守颖 唐志书	北京中医药大学 陕西中医药大学
20	中药新产品开发概论	甄汉深 孟宪生	广西中医药大学 辽宁中医药大学
21	现代中药创制关键技术与方法	李范珠	浙江中医药大学
22	中药资源化学	唐于平 宿树兰	陕西中医药大学 南京中医药大学
23	中药制剂分析	刘　斌 刘丽芳	北京中医药大学 中国药科大学
24	土壤与肥料学	王光志	成都中医药大学
25	中药资源生态学	郭兰萍 谷　巍	中国中医科学院中药资源中心 南京中医药大学
26	中药材加工与养护	陈随清 李向日	河南中医药大学 北京中医药大学
27	药用植物保护学	孙海峰	黑龙江中医药大学
28	药用植物栽培学	巢建国 张永清	南京中医药大学 山东中医药大学
29	药用植物遗传育种学	俞年军 魏建和	安徽中医药大学 中国医学科学院药用植物研究所
30	中药鉴定学	吴啖南 张丽娟	南京中医药大学 天津中医药大学
31	中药药剂学	傅超美 刘　文	成都中医药大学 贵州中医药大学
32	中药材商品学	周小江 郑玉光	湖南中医药大学 河北中医学院
33	中药炮制学	李　飞 陆兔林	北京中医药大学 南京中医药大学
34	中药资源开发与利用	段金廒 曾建国	南京中医药大学 湖南农业大学
35	药事管理与法规	谢　明 田　侃	辽宁中医药大学 南京中医药大学
36	中药资源经济学	申俊龙 马云桐	南京中医药大学 成都中医药大学
37	药用植物保育学	缪剑华 黄璐琦	广西壮族自治区药用植物园 中国中医科学院中药资源中心
38	分子生药学	袁　媛 刘春生	中国中医科学院中药资源中心 北京中医药大学

全国高等学校中药资源与开发、中草药栽培与鉴定、中药制药专业规划教材建设指导委员会

成员名单

主 任 委 员　黄璐琦　中国中医科学院中药资源中心
　　　　　　　段金廒　南京中医药大学

副主任委员（以姓氏笔画为序）

王喜军　黑龙江中医药大学

牛　阳　宁夏医科大学

孔令义　中国药科大学

石　岩　辽宁中医药大学

史正刚　甘肃中医药大学

冯卫生　河南中医药大学

毕开顺　沈阳药科大学

乔延江　北京中医药大学

刘　文　贵州中医药大学

刘红宁　江西中医药大学

杨　明　江西中医药大学

吴啟南　南京中医药大学

邱　勇　云南中医药大学

何清湖　湖南中医药大学

谷晓红　北京中医药大学

张陆勇　广东药科大学

张俊清　海南医学院

陈　勃　江西中医药大学

林文雄　福建农林大学

罗伟生　广西中医药大学

庞宇舟　广西中医药大学

宫　平　沈阳药科大学

高树中　山东中医药大学

郭兰萍　中国中医科学院中药资源中心

唐志书　陕西中医药大学
黄必胜　湖北中医药大学
梁沛华　广州中医药大学
彭　成　成都中医药大学
彭代银　安徽中医药大学
简　晖　江西中医药大学

委　　员（以姓氏笔画为序）

马　琳	马云桐	王文全	王光志	王宝华	王振月	王淑敏
申俊龙	田　侃	冯　锋	刘　华	刘　勇	刘　斌	刘合刚
刘丽芳	刘春生	闫　静	池玉梅	孙　波	孙海峰	严玉平
杜守颖	李　飞	李　荷	李　峰	李　萍	李向日	李范珠
杨武德	吴　卫	邱　峰	余伯阳	谷　巍	张　辉	张一昕
张永清	张师愚	张丽娟	张振秋	陆　茵	陆兔林	陈随清
范卓文	林　励	罗光明	周小江	周日宝	周长征	郑玉光
孟宪生	战丽彬	钟国跃	俞年军	秦民坚	袁　媛	贾景明
郭顺星	唐于平	崔　瑛	宿树兰	巢建国	董诚明	傅超美
曾建国	谢　明	甄汉深	裴妙荣	缪剑华	魏泽英	魏建和

秘　书　长　吴啟南　郭兰萍

秘　　书　宿树兰　李有白

前　言

中药制剂分析是以中医药理论为指导,运用现代科学理论与技术,研究中药制剂质量的一门应用学科。

"丸散膏丹,神仙难辨"。中药制剂质量的优劣与原辅料质量、生产工艺,以及储运等环节都有密切关系,中药制剂分析工作应贯穿中药制剂加工生产和使用的整个过程。因此,中药制剂分析的任务就是运用现代分析方法和手段,并结合相关现代多学科技术(如微生物学、代谢组学、药效药理学等),对中药制剂的各个环节(原辅料、中间体、成品、包装材料、生产过程等)进行质量分析和控制,从而全面确保中药制剂的质量。

本教材以现行中药法规和中药标准为依据,以中药制剂质量标准制定、执行为核心,构建系统完整的中药制剂分析知识体系。全书内容实际上可分为上篇(第一至九章)和下篇(第十至十四章)两部分,从两个角度系统构建中药制剂分析的知识体系。其中,上篇除中药制剂分析概论外,参照现行中药法规和中药标准,系统介绍了中药制剂质量标准的主要内容(鉴别、检查、含量测定)、制定方法和构成中药制剂分析核心知识体系;下篇则分别从中药制剂各类化学成分、中药制剂各类剂型,以及中药制剂成分体内分析、中药制剂生产过程分析等不同角度,介绍中药制剂分析基本方法和技术的应用。上、下篇由共性知识过渡到特性知识,既相互独立又有机结合,由浅入深,层层递进,相得益彰。

本教材在编写过程中,突出规范性和实用性。保证中药制剂分析主体内容与现行中药法规和中药标准相衔接,力求充分体现现行版《中国药典》(2015 年版)的精髓,在内容选择和编排上,努力做到有利于学生认识和使用中药质量标准,研究和制定中药制剂质量标准。

张伯礼院士曾提到,教材应"中规中矩,渐行变革"。本教材在编写过程中,力求能够既保持良好传统,又有所创新,在内容和形式上与时俱进,形成特色;既能够根据专业培养目标和要求,教给学生最基本的理论、技术和方法,又能够适度体现和反映学科新思路、新技术、新方法和新成果,将较为成熟稳定,且在实践中广泛应用的思路、方法和技术归纳整理,形成较为完整的理论体系和较为系统的知识结构,拓展学生视野,培养学生的创新意识和创新能力。为此,本教材增设"中药制剂分析用标准物质"一章,并提高了中药制剂生产过程分析、中药制剂质量生物效应评价等相关内容的占比。

中药制剂分析与中药学其他学科关系密切,其发展是建立在中药学、分析化学、中药化学、中药药剂学等学科发展的基础上的。中药化学成分、药理药效、作用机制等基础研究工作以及现代分析技术的快速发展,为中药制剂分析的发展提供了强大动力,取得了令人瞩目的科研成果。本教材除可供全国高等医药院校中药学专业、中药制药专业使用外,也可供药学类、制药工程类等专业使用。本教材还可供药品检验部门、生产企业和研究机构等专业技术人员参阅。

本教材在编写过程中,引用和参考了许多有关中药分析及相关研究领域的专家和学者的文献,并且得到了各参编单位的大力支持。这些专家学者的专著或教材、取得的研究成果和发表的大量论文为本教材提供了丰富的资料。特别需要强调的是,中山大学苏薇薇教授、北京中医药大学吴志生教授、浙江省食品药品检验研究院中药天然药物检验所等提供了宝贵的研究资料,在此一并致以诚挚的谢意。此次教材编写,特聘请广东药科大学梁生旺教授为本教材主审,梁生旺教授对本教材的编写提出了许多有益的建设性意见,并对教材内容逐字逐句通读、审校,在此深表谢意。

本教材各章分别由刘斌(第一章),刘丽芳(第二章),任波(第三章),丘琴、刘芳(第四章),崔兰冲、朱星枚(第五章),辛贵忠、魏凤环(第六章),张玲、昝俊峰、陈磊(第七章),王焕芸、马学琴(第八章),王亚丹(第九章),姜艳艳、董辉、李维熙、马东来(第十章),刘建群、邹海艳、蒲晓辉、邵晶(第十一章),王瑞(第十二章),张丽(第十三章),原忠(第十四章)编写。北京中医药大学张薇博士作为本教材编写的学术秘书,为各位编者提供了周到细致的服务,保证了教材编写能够按时间进度高质量完成。对他们的辛勤付出,表示衷心的感谢。

限于我们的水平和能力,书中定有不足或不当之处,敬请同行专家、师生及广大读者提出宝贵意见,以便进一步修订完善。

刘　斌

2018 年 12 月

目　录

上　篇

下　篇

上 篇

第一章 绪论

学习目标

掌握中药制剂分析的基本概念，了解中药制剂分析的主要研究内容和任务，了解中药制剂分析的特点和发展趋势。

学前导语

中药制剂分析是中药学课程体系的必要组成部分，是一门理论与实践相结合的专业课程，是中药学专业学生综合实践能力培养、创新能力培养以及专业素质培养的重要环节，为学生学习后续专业课程奠定理论与实践方面的基础。

第一节 中药制剂分析的内容与任务

中药制剂分析是以中医药理论为指导,运用现代科学理论与技术,研究中药制剂质量的一门应用学科,是中药科学领域的重要组成部分。

中药制剂是在中医药理论指导下,按一定质量标准将中药制成适合临床用药需求的剂型,是中医临床用药的重要形式。中药制剂质量不仅直接影响疾病预防与治疗的效果,还关系到人体健康和生命安全,同时也影响着中药的发展。运用现代分析技术与方法,全面分析并控制中药制剂的质量,提供安全可靠的中药产品,保证中药制剂临床用药安全、有效、可控,是中医药学科的重要内容和任务。

中药制剂质量优劣与原料药质量、制剂生产、储藏、运输、供应等均密切相关,中药制剂分析工作应贯通中药制剂生产和使用的整个过程,对各个环节进行分析、检测,才能有效保障中药制剂质量。因此,中药制剂分析的任务就是运用现代分析方法和手段,并结合相关现代多学科技术(如微生物学、代谢组学、药效药理学等),对中药制剂的各个环节(原辅料、中间体、成品、包装材料、生产过程等)进行质量分析和控制,从而全面确保中药制剂的质量。如原料药材或提取物质量是否合格、有效成分是否可以检出及含量是否符合限度、毒性成分是否超标等,都是中药制剂分析的主要研究内容。

中药制剂分析与中药学其他学科关系密切,其发展是建立在中药学、中药化学、分析化学、中药药剂学等学科发展的基础上的,如中药化学成分、药理药效、作用机理等基础研究工作以及现代分析技术的发展水平决定了中药制剂分析的水平。中药药效物质基础清晰、作用机制明确是中药制剂分析工作的前提和基础。中药制剂功效的发挥为其所含有的复杂化学物质体系生物效应的综合表现,其中包含了多成分之间交互作用、多靶点的协同作用等因素。因此,在中药化学、药理学、药剂学、药物分析学及其相关方面进行深入研究,阐明作用机理,明确有效成分,确定评价其质量的科学合理的指标,制定比较完善、可行的质量标准,才能真正用于中药制剂的质量控制与评价。

一、中药制剂质量评价体系

中药制剂质量评价与化学药品最大的区别在于:对应中药制剂复杂体系,需建立与之对应的质量控制与评价体系,而非单纯若干方法的组合。以"安全、有效、质量可控"为核心,以中药复方功效为基本切入点,从中药复方多成分、多靶点、整体协同作用特点出发,运用多种现代技术和手段,借鉴化学药品、天然药物以及其他学科的研究思路和模式,开展中药制剂质量评价体系研究,是中药制剂质量研究的关键和重要内容。通过中药制剂质量评价体系研究,构建适合中药复方作用特色、真正体现中药制剂临床功效、适用性强的质量标准,确保中药制剂分析结果的科学性、实用性。

目前,中药制剂质量评价体系主要包括"化学"评价体系和"生物"评价体系两大组成部分。除此之外,传统评价体系在中药制剂质量评价中仍然发挥着重要作用,如性状鉴别法、显微鉴别法等,是中药制剂鉴别常用方法,且很多方法是随着中药制剂的出现而出现的,具有特征性强、快速简便、准确可靠、耗费少等特点,成为中药制剂质量评价体系不可或缺的独特组成部分。如利用中药制剂的颜色、气味、形态,以及以原粉入药的中药制剂的显微特征,可实现对中药制剂快速、准确的分析。

"化学"评价体系是目前中药制剂评价体系的主流。采用化学方法控制和评价中药制剂质量的前提是所选择的指标成分为有效成分,可以代表中药制剂质量。以往中药制剂质量控制化学指标成分一般基于化学成分提取分离、含量测定、生物活性成分筛选等实验研究结果,从含量较高的、比较容易检测的或主要药味的化学成分中选择,这种方式虽为药品质量检验、控制、评价等实际工作带来极大便利,但却忽略了中药复方的特色和作用特点,亟待改进和发展。因此,"化学"评价体系仍需从中药复方发挥疗效的特点出发,基于体内过程研究,运用多种现代分析技术,体现复方作用的真正药效物质基础。以指标成分选择为例,中药复方有效成分包括原型有效成分和代谢/转化有效成分。而目前,指标性成分的确定仅考虑中药复方中原型有效成分,且多从含量较高的成分中选择,依据其在复方中的情况制定标准。但这种方式所制定出的质量标准并不能表征中药复方的真正质量。在实际工作中也发现,许多中药即使符合相应质量标准,不同批次产品在疗效、药效作用、不良反应、毒副作用等方面有较大差异,表现出质量的不稳定性和不一致性。因此,以有效成分为指标时,应全面、综合考虑药物作用的环节。"等效成分群""质量标志物"、代谢组学、定量特征图谱、"一测多评法"等在中药制剂质量分析中的应用,在不同程度上解决了此问题,所建立的评价体系也逐渐趋于客观、合理。同时,中药毒性成分应纳入质量标准中,依据毒性成分的情况不同,制定基于功效和毒性的评价体系,更能体现中药制剂安全性和质量稳定性。

"化学"评价体系包含多个层面的内容,包括鉴别、含量测定、检查等,分别从真伪、优劣等方面对中药制剂进行多角度、系统性评价。

"生物"评价体系是中药制剂评价体系的新模式。生物评价具有药效相关、整体可控等优势,可以解决中药质量标准与功效关联度差以及评价指标选择的问题。然而,中药制剂由多味药组成,药效发挥也是整体协同作用的结果,如何将生物评价方法应用于功能主治多样、组成复杂、单一理化测定无法真实反映其临床功效的中药制剂的分析工作中,是生物评价体系建立的前提和关键。应用生物评价方法构建中药制剂质量评价体系,同样需解决评价指标和评价方法的问题。与"化学"评价体系相同,生物评价指标应具有与功效的相关性强及专属性强的特点。首先依据其主要的、具有代表性的功能主治,选择与其相关性强的药理药效指标,进行作用机理和作用途径的研究,在作用机制基本阐明的前提下,选择生物评价测定指标和相应的测定方法。药品质量标准不仅具有科学性,更应具有普适性,故测定方法的可重复性、适用性、可行性是生物评价体系的重要因素,可用作生物评价的方法有整体动物、离体组织、器官、微生物和细胞以及相关生物因子等,依据具体情况进行选择。

"生物"评价体系与化学方法相对应,从定性和定量两个层面评价质量,常用方法有:生物活性测定法、生物效价值测定法及生物效应谱测定法,形成立体、多层次的质量评价体系。

"化学"评价体系和"生物"评价体系组成中药制剂质量评价的有机整体,最终构建质量评价体系时,则需将二者的研究结果运用统计学、谱效关联、信息学等方法进行关联分析,将化学指标、生物指标与中药制剂的功效相关联,体现中药制剂的真正质量和科学内涵。

二、中药制剂质量分析方法

与化学药品相比,中药制剂具有化学成分众多、作用机制复杂、作用靶点多样等特点,因此中药制剂质量分析方法也应采用多角度、多层次的分析方法,从而使所建立的质量标准能够更全面、更科学地控制和评价中药制剂的质量。将现代分析方法不断引入并应用到中药制剂质量分析工作,并将多种技术进行融合,构建适合中药制剂特点的质量评价方法,是本学科的一项重要研究内容。近年来,越来越多的现代分析技术不断被引入并作为中药制剂质量分析方法,推动了中药质量的提升和发展。

在中药制剂鉴别研究中,性状鉴别、显微鉴别、化学反应等方法能够简便快速地识别中药真伪,在保留这些传统鉴别方法的同时,引入更能体现中药制剂整体性和功效关联性的诸多新方法。如指纹图谱/特征图谱鉴别方法,最初在国外应用于天然产物的质量分析,国内学者将特征图谱与指纹图谱应用于中药鉴别,并开发相适应的系统研究方法和评价软件,目前已经成为国内外公认的一种中药质量评价模式,《中国药典》于 2010 年版开始,将特征图谱和指纹图谱正式引入中药的质量控制中,现行《中国药典》中有多个品种采用此分析方法,与传统鉴别方法相比,更能从整体性和系统性对中药制剂进行质量控制。再如,一些生物鉴定方法也被应用于中药制剂的鉴别:如用于检测 DNA 的 PCR 技术、检测蛋白的电泳技术等,更具专属性和特征性,从不同层面对中药进行识别,鉴定真伪,提升结果的可信度和可靠性。除此之外,一些灵敏度更高、分离功能更强大的方法也逐渐应用于中药制剂鉴别,如色谱-质谱联用技术、毛细管电泳技术等。同时,与大数据时代相呼应,基于高通量筛选和大数据挖掘技术的组学方法也是目前认识、分析混合体系组成的有效方法之一,有助于建立快速、准确、系统的中药制剂分析方法。

含量测定是中药制剂质量分析的必要组成,含量测定方法研究也是中药制剂分析研究的重要内容。从最初采用化学分析法、滴定法等测定浸出物或总成分含量,到适合单一成分测定、准确度更高的色谱法,中药制剂含量测定分析方法也随着现代分析技术的发展和中药制剂质量分析的需求在不断更新和发展。例如,为解决中药对照品稀缺的问题,拓展研究对照物质,可同时满足多成分分析的需求,并用于含量测定就是分析方法研究的课题之一,采用以"对照提取物"为对照的分析方法,可以实现同时对多个成分的含量测定,满足中药制剂多指标测定的需求。再如,对于复杂化学体系中含量较低成分的测定可运用灵敏度高的质谱检测方法,并利用质谱库强大的检索、识别功能,以母离子或碎片离子为指标进行分析,方便而准确。除了对有机成分的检测,无机成分检测也成为中药制剂质量控制不可或缺的内容。运用等离子体质谱法、原子吸收分光光度法等可实现对无机元素的准确测定,且可同时检测多种无机元素。

中药制剂检查项目众多,并与安全性关系密切,越来越受到重视,因此对方法的要求也越来越高。对检查方法进行研究并应用于中药制剂质量控制,是保障中药制剂质量的重要前提。在保留应用传统的、简便的分析方法的同时,许多现代分析方法如高效液相色谱法、气相色谱法、质谱法等也被引入。如中药中重金属的检查目前多采用灵敏度高的等离子体质谱法,水分的检测也多采用准确度高的气相色谱法。

在众多分析方法中,选择最适用的方法,实现科学、简便、快速分析,应从分析目的出发,明确分析的目的是鉴别真伪、杂质检查还是测定含量抑或其他,是测定总成分含量还是测定单一成分含量。

如果分析的目的是鉴别真伪,则尽量选择快速简便的方法,如化学反应法、薄层色谱法等。如为含量测定,则需选择灵敏度高、准确度好的高效液相色谱法或气相色谱法,甚至色谱 - 质谱联用技术。如进行总成分测定,应选择光谱法、化学分析法等。如测定单一成分含量,则多选用色谱法。同时考虑中药制剂的剂型特点、分析对象的理化性质、指标成分在制剂中的存在形式以及含量高低等因素的影响,如丸剂和酊剂的质量分析,所采用的分析方法、分析项目差异就很大。如果测定的成分为中药制剂中含量较低的成分,则可选择灵敏度和分析功能更为强大的色谱 - 质谱联用技术;如果分析对象为动物药或矿物药,则应与一般有机成分相区别,应选择合适的生物鉴定法或无机元素检测方法。

第二节　中药制剂分析的特点

一、基于中医药理论体系和临床应用,确定中药制剂分析策略

1. 以中药制剂的处方分析为基础　处方分析是开展中药制剂质量分析的前提和基础。中药制剂多为复方,依据中医药理论,中药组方药味有君、臣、佐、使之分,君药是针对主病或主证起主要治疗作用的药物,其次是臣药,是辅助君药治疗主病或主证的重要药物。众所周知,中药制剂中所含的化学成分数量众多、含量高低不一,如果脱离了处方分析,抛开君药和臣药,仅选择含量较高的、便于测定的、常见的成分,或者选择佐使药中的化学成分开展研究,则"抓住了次要矛盾,忽略了主要矛盾",有可能导致所建立的质量标准无法真正反映中药制剂质量,难以体现临床疗效。因此,在对中药制剂进行质量分析时,首先要进行组方分析,按功能主治分出君、臣、佐、使药味,再依据君臣佐使之分,选择合适的化学成分作为质量分析的指标成分。目前,由于中药复方成分的复杂性、药理作用的多样性,难于以某个或某些成分的含量评价中药制剂质量,多根据制剂中单味药有效成分的特性建立其中某味药的质量分析检测方法,随方分析主药或药群(君药或臣药),明确指标成分或成分群,进行质量评价。如均含有黄连的不同中药制剂,黄连在处方中作用和地位不同,则检测指标不同:在黄连上清丸中黄连为君药,在安宫牛黄丸中黄连为臣药,前者检测盐酸小檗碱,后者则未测定黄连中成分。同样含有甘草的中药制剂,小儿止咳糖浆以甘草为君药,质量分析时以甘草酸为指标,而小儿宝泰康颗粒中甘草则为佐使药,若仍选择甘草作为质量分析对象,则不适宜。

2. 以中药制剂的功能主治为核心　以中药制剂功效为核心,开展中药制剂质量分析,符合中药复方的特点。以中药制剂功效为基本切入点,结合中医临床功能主治与现代药理学研究结果,选择与复方功效一致的检测成分,所建立的质量标准更能代表中药制剂的质量,更能科学、合理地保障临床使用的有效性和稳定性。如安宫牛黄丸的功效为清热解毒、镇惊开窍,与方中君药牛黄清心、祛痰、开窍、凉肝、息风、解毒的功效较为一致,因此应测定牛黄中主要有效成分胆酸和去氧胆酸的含量。对于同一个药味来说,当他们在不同的复方中发挥的功效不同时,则检测指标也应有所区别。以山楂为例,如在复方中以活血化瘀治疗心血管疾病为主,则应测定黄酮类成分,因黄酮类成分具有降压、增强冠脉流量、强心、抗心律不齐等作用;但如在复方中以消食化积功效为主,则应测定有机酸类成分。所以在研究之前应首先明确中药制剂的功效,选择体现复方功效的合适

的检测指标,再进行质量分析。

3. 以中药制剂的剂型特点为依据　中药制剂品种繁多、剂型丰富,不同的中药制剂,药物存在形式、制备工艺、辅料、质量要求以及临床应用特点也各不相同,因此对中药制剂进行分析时,应依据剂型及临床应用等特点设计不同的分析策略,运用不同的分析方法开展质量分析工作。以中药注射剂为例,其质量要求相对较高,需要做其他制剂不需要开展的检查和测定工作,如注射剂原料药、中间体与制剂及其相关性研究。因此在进行注射剂质量分析时,应予以特别注意。再如,对含有乙醇的酒剂和酊剂进行分析时,不但要测定乙醇量,还需测定乙醇中常含有的有害物质甲醇的含量。再如中药散剂,多含有以原粉入药的药味,进行分析时,则应考虑此特点,采用简单、直观的显微鉴定法。临床应用不同时,分析对象、方法亦应有所区别。如马应龙痔疮膏主要功效为清热燥湿、活血消肿、去腐生肌,外用治疗各类痔疮、肛裂等,含量测定时以煅炉甘石粉中的氧化锌为指标进行分析,符合其外用制剂应用特点。

二、基于中药有效成分的复杂性和多样性,建立中药制剂分析方法

1. 中药化学成分的复杂性　绝大多数中药均含有多个化学成分,而由多个药味组成的中药制剂所含化学成分更为复杂多样,含量高低往往也存在很大差别。且中药制剂中含有的杂质来源也很复杂,如药材中非药用部位及未除净的泥沙,药材中所含的重金属及残留农药,包装、保管不当发生霉变、走油、泛糖、虫蛀等产生的杂质,也大大增加了中药化学成分的复杂程度,对分析工作产生干扰,导致中药制剂分析具有较大难度。因此,在开展分析检验时应充分考虑制剂中杂质对待测成分测定的影响,以及不同性质化学成分之间的干扰作用,运用有效可行的净化、分离方法,最大限度地保留待测成分,去除杂质,从而保证分析方法的灵敏度和准确性。如万氏牛黄清心丸中既含有化学成分类型复杂的植物中药,又含有以无机成分为主的矿物药,在进行质量分析时,则需充分考虑药味中化学成分组成特点,选择朱砂中的硫化汞和黄连中的小檗碱为指标,开展分析检测(具体含量测定方法见"知识链接:万氏牛黄清心丸的含量测定")。五子衍宗丸中化学成分复杂,采用单一或若干成分进行分析无法合理表征质量,故采用了特征图谱的方法。中药制剂中含量较低化学成分的含量测定是中药制剂分析工作的一个难点,设计分析方法时应注意采用适宜的方法,确保分析结果的可靠性。

知识链接

万氏牛黄清心丸的含量测定

1. 药味组成　牛黄,朱砂,黄连,栀子,郁金,黄芩。

2. 含量测定

【朱砂】取本品,剪碎,混匀,取约 5g,精密称定,置 250ml 凯氏烧瓶中,加硫酸 30ml 与硝酸钾 8g,加热俟溶液至近无色,放冷,转入 250ml 锥形瓶中,用水 50ml 分次洗涤烧瓶,洗液并入溶液中,加 1% 高锰酸钾溶液至显粉红色且两分钟内不消失,再滴加 2% 硫酸亚铁溶液至红色消失后,加硫酸铁铵指示液 2ml,用硫氰酸铵滴定液

（0.1mol/L）滴定。每1ml硫氰酸铵滴定液（0.1mol/L）相当于11.63mg的硫化汞（HgS）。

本品每丸含朱砂以硫化汞（HgS）计，规格①（每丸重1.5g）应为69~90mg；规格②（每丸重3g）应为138~180mg。

【黄连】照高效液相色谱法（通则0512）测定。

色谱条件与系统适用性试验：以十八烷基硅烷键合硅胶为填充剂；以乙腈-0.05mol/L磷酸二氢钾溶液（50∶50）（每100ml中加十二烷基硫酸钠0.4g，再以磷酸调节pH为4.0）为流动相；检测波长为345nm。理论板数按盐酸小檗碱峰计算应不低于5 000。

对照品溶液的制备：取盐酸小檗碱对照品适量，精密称定，加甲醇制成每1ml含80μg的溶液，即得。

供试品溶液的制备：取本品，剪碎，混匀，取约0.3g，精密称定，置具塞锥形瓶中，精密加入盐酸-甲醇（1∶100）混合溶液25ml，称定重量，85℃水浴中加热回流40分钟，放冷，再称定重量，用盐酸-甲醇（1∶100）混合溶液补足减失的重量，摇匀，离心，上清液滤过，取续滤液，即得。

测定法：分别精密吸取对照品溶液与供试品溶液各5μl，注入液相色谱仪，测定，即得。

本品每丸含黄连以盐酸小檗碱（$C_{20}H_{17}NO_4 \cdot HCl$）计，规格①（每丸重1.5g）不得少于7.5mg；规格②（每丸重3g）不得少于15.0mg。

2. 中药有效成分的多样性　中药中有效成分具有类型多样、数量众多、含量差异显著的特点，在中药制剂中体现得更为突出。中药制剂含有多种类型及多个有效成分的情况非常常见，在中药制剂分析时，应尽可能全面体现有效成分。如元胡止痛滴丸具有理气、活血、止痛的功效，在质量分析时，选择与理气活血功效相关的欧前胡素（白芷）和具有止痛作用的延胡索乙素（延胡索）均作为含量测定指标，二者均为与复方功效对应的有效成分，可全面体现复方功效和质量。含有相同类型的多个有效成分的中药制剂质量分析时，常测定总成分，也有采用酸水解后测定水解产物的方法。如远志中含有多个皂苷类有效成分，若分别测定则可行性较差，采用酸水解后测定原生皂苷的共同水解产物细叶远志皂苷的方法，可有效解决此问题，且能够客观反映远志质量。不同中药含有理化性质相似的化学成分的情况也较为普遍，如人参和三七中含有类似的皂苷类成分，然而人参与三七功效则差异较大，故对含有人参和三七的中药制剂进行分析时，则应注意选择能够代表二者质量的不同有效成分为指标进行测定。如在三七舒通胶囊的质量分析中，采用指纹图谱方法控制质量，指认了三七皂苷R_1、人参皂苷Rg_1等五个成分，其中三七皂苷R_1为三七的特征有效成分。

3. 中药有效成分的不稳定性　不稳定成分的控制是中药制剂质量分析的难点。从原料药到中药制剂，经历多个环节的生产过程；中药制剂分析供试品溶液制备时也需采用适宜的方法对样品进行提取、纯化、富集等，以达到除去杂质、提升检测灵敏度、确保分析结果准确性和可行性的目的。某些不稳定成分在此过程中可能发生变化，导致测定结果不稳定，重现性差，甚至无法分析。

在对含有不稳定化学成分的中药制剂进行分析时,则需考虑其可能发生变化的因素,合理设计分析方案。如苦参中的有效成分为生物碱类成分苦参碱和氧化苦参碱,二者在加热的情况下可互相发生转化,故苦参药材及含有苦参的制剂在进行质量分析时,以二者的含量之和为指标进行控制。连翘药材中连翘苷和连翘酯苷均为其有效成分,但由于连翘酯苷稳定性差,难以控制,故含有连翘的中药制剂多以连翘苷为指标进行分析,而未将连翘酯苷列入质量标准。丹参中酚酸类成分为其有效成分,稳定性较差,加热情况下会分解,如含量最高的丹酚酸 B 会转化为丹参素,在对丹参及含有丹参的中药制剂进行分析时,应同时测定丹酚酸 B 和丹参素。

4. 中药复方制剂有效成分的相互作用　中药制剂中类型不同、数量众多的有效成分之间可能会产生相互作用,会导致产生一些稳定的、亚稳定的成分,使有效成分含量发生较大变化,也给分析测定工作带来极大困难。黄连所含有效成分之小檗碱能与大分子有机酸生成盐而降低在水中的溶解度,因此必须注意,当黄连与黄芩、甘草、金银花等中药配伍时,小檗碱能与黄芩苷、甘草酸、绿原酸等成分形成难溶于水的复合物而沉淀析出,影响测定结果的准确性。麻黄汤由麻黄、桂枝、苦杏仁、甘草组成,麻黄碱、伪麻黄碱为麻黄止咳平喘有效成分,桂皮酸、桂皮醛为桂枝解热、镇痛有效成分,苦杏仁中的苦杏仁苷具有镇咳作用,甘草中的甘草酸、甘草次酸为其解毒、抗菌、抗炎有效成分。在麻黄汤煎煮过程中,苦杏仁苷可被酶解生成苯甲醛。上述成分之间可发生复杂的相互作用,如麻黄碱、伪麻黄碱等碱性成分可与甘草酸、桂皮酸等酸性成分发生酸碱反应,桂皮醛、苯甲醛可与麻黄碱、伪麻黄碱发生反应生成新化合物,进而改变了这些有效成分的存在状态及其溶解性,给中药复方制剂的定性定量分析带来了更多的不确定性,对分析结果会产生一定的影响。

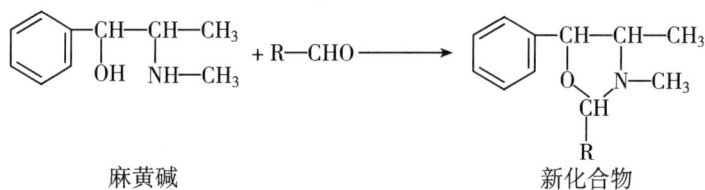

三、基于中药质量的差异性和不稳定性,构建中药制剂质量评价体系

中药制剂原料、提取物及中间体的质量,以及中药制剂生产过程的差异性和不稳定性,都会影响中药制剂最终的质量,只有从源头开始并对中间各个环节进行控制,才能有效保障中药制剂质量。因此,从原药材、中药饮片到提取物、中间体,再到中药制剂生产工艺对中药制剂质量的影响,

在构建中药制剂质量评价体系时均应充分考虑。

1. 中药材　中药材质量直接影响中药制剂的质量,药材的基源、产地、品种、采收季节、栽培方法、气候土壤等多个因素均可对中药质量产生影响,从而影响中药制剂的临床疗效。中药品种繁多,往往出现同名异物或同科不同种的情况,如葛根。《中国药典》规定野葛和甘葛藤(粉葛)的干燥根均作葛根使用,但二者所含葛根素含量差异较大,野葛不得少于2.4%,粉葛不得少于0.3%,那么以不同品种葛根为原料制成的中药制剂的质量则肯定存在差别。产地也是影响中药质量的中药因素,产自道地产区山西、河南、山东的丹参中丹参酮Ⅱ$_A$含量较高,而非道地产区的丹参酮Ⅱ$_A$则含量较低。再如,山银花和金银花植物来源不同,质量标准差异也很大,则对分别以山银花和金银花入药的中药制剂进行分析时,所选用的指标和分析方法亦应不同。因此,应充分考虑影响中药材质量的各个因素,针对性的建立中药制剂质量评价体系。

2. 中药饮片　中药经过炮制才能制成药物供临床使用,中药材经加工炮制成饮片后,化学成分、性味、药理作用等方面都会发生一定的变化。炮制是否正确合理是保证中药质量与疗效的重要因素,炮制辅料、设备、工艺及过程的规范化,会影响中药制剂的质量与用药安全。尤其是炮制加工方法对有效成分含量的影响,会显著影响中药制剂的质量。如延胡索中有效成分为生物碱类,为了增加生物碱的溶解性能,常用醋制,但醋的浓度对总生物碱的溶出率影响较大。又如含草乌制剂,酯型生物碱属于毒性成分,毒性成分在制剂中含量高低与炮制条件有关,若用水蒸气蒸制草乌,随着压力和温度升高,总生物碱无明显变化,而酯型生物碱显著下降。

3. 中药提取物　中药提取物由中药采用一定的方法加工而成,是中药用药的新形式,也是中成药生产的重要原料。中药提取物质量不仅受到原药材质量的影响,同时还会受到中药提取、浓缩、干燥等生产过程以及储存、运输的影响。如薄荷油运输储存不当,极易引起油的变质和主要有效成分薄荷醇的析出。再如,不同厂家生产相同产品时,即使工艺流程相同,生产出来的产品也会在质量上有差异,同一个提取物,用途不同时,质量也会差异较大。如银杏叶提取物,用于口服制剂和注射剂时,质量要求也有区别。因此,在对中药提取物及以中药提取物为原料的中药制剂进行分析时,应依据中药提取物的具体情况设计质量控制方法。

4. 中药制剂　中药在加工制成中药制剂的过程中,有效成分会发生诸多变化:有的结构发生了变化,有的含量降低,也有的成分甚至无法分析测定。如地黄中含有梓醇,当长时间煎煮以后就很难检测到了。再如止痛化癥胶囊中含有丹参,在制剂制备工艺中,丹参同其他药味一起水煎煮入药,在进行含量测定时,以水溶性成分丹参素为指标,而未测定脂溶性成分丹参酮类成分。另外,辅料类型多、来源复杂,也是中药制剂辅料的一大特色,如蜂蜜、蜂蜡、糯米粉、植物油、铅丹等都可作为辅料,这些辅料的存在,对质量分析均有一定的影响,需选择合适的方法,将其干扰排除,才能获得准确的分析结果。如对大蜜丸进行分析时,为了保证结果的准确性和分析方法重复性,一般采用硅藻土分散,并在提取过程中采用合适的溶剂除去炼蜜。中药中的矿物药也是中药制剂的特色,分析时应考虑矿物药的所含化学成分类型及存在形式,以及中药制剂的剂型,采用炽灼法、酸水解法等适宜方法制备供试品溶液。

第三节　中药制剂分析的沿革与趋势

一、历史沿革

中药制剂分析是一门新兴学科,相对起步晚,基础研究薄弱,且难度较大。中药制剂历来就有"丸散膏丹,神仙难辨"之说,在新中国成立前,中药制剂分析一直处于经验鉴别阶段。近年来,随着中药现代化进程的战略实施,在中药基础研究逐步加强的基础上,以及现代分析技术不断发展的背景下,中药制剂分析工作也有了长足的发展和巨大进步,质量标准也越来越科学、合理、可行、适用。

由政府颁布的历版《中国药典》是中药制剂分析发展情况最真实、最集中的体现,客观地反映了我国不同历史时期医药产业、临床用药的水平,对于提升我国药品质量控制水平发挥着不可替代的作用。我国最早由政府颁布的药典是出版于唐朝659年的《新修本草》(又称《唐本草》),也是世界上第一部药典。在该部著作中,收载药物800余种,详细记载了药物的形态、产地、别名、功效等信息。为后世辨析药物基源提供了依据,也为规范、统一用药起到了积极促进作用。

新中国成立以来,已出版十部《中国药典》(即1953年版、1963年版、1977年版、1985年版、1990年版、1995年版、2000年版、2005年版、2010年版和2015年版)。1953年版《中国药典》是新中国第一部法定标准,收载药品531项,记载了制剂通则、一般检验法、试药、试液、指示剂等项目。自1963年版《中国药典》开始,分为一、二两部,并逐步引入一些新的检验技术进行鉴别、检查和含量测定,如从1990年版《中国药典》开始,中药质量标准逐渐趋于完善,也更符合中药特色和我国国情,标准内容和水平与前一版相比,有较大调整、改进和提高,特别在检测方法上,采用薄层色谱法、高效液相色谱、气相色谱、紫外分光光度法、红外光谱等分析方法的品种有较大幅度增加。现版《中国药典》为2015年版,分为四部,收载品种显著增加,在中药质量控制方面技术更加先进、灵敏,如引入了灵敏度高的液相色谱 - 质谱联用技术,收录的质量标准也更加科学、合理、适用,质量控制体系也更趋于完善,如多个中药及制剂收录了指纹图谱和特征图谱的鉴别方法。除了化学方法外,也将生物鉴定法引入质量控制中,如蕲蛇中采用PCR检测DNA,更加具有特征性、代表性和唯一性。

> **知识链接**
>
> **蕲蛇的鉴别**
>
> 鉴别:聚合酶链式反应法。
>
> 模板DNA提取:取本品0.5g,置乳钵中,加液氮适量,充分研磨使成粉末,取0.1g,置1.5ml离心管中,加入消化液275μl〔细胞核裂解液200μl,0.5mol/L乙二胺四醋酸二钠溶液50μl,蛋白酶K(20mg/ml)20μl,RNA酶溶液5μl〕,在55℃水浴保温1小时,加入裂解缓冲液250μl,混匀,加到DNA纯化柱中,离心(转速为每分钟10 000转)

3分钟;弃去过滤液,加入洗脱液 800μl［5mol/L 醋酸钾溶液 26μl,1mol/L Tris- 盐酸溶液（pH7.5）18ml,0.5mol/L 乙二胺四醋酸二钠溶液（pH8.0）3μl,无水乙醇 480μl,灭菌双蒸水 273μl］,离心（转速为每分钟 10 000 转）1 分钟;弃去过滤液,用上述洗脱液反复洗脱 3 次,每次离心（转速为每分钟 10 000 转）1 分钟;弃去过滤液,再离心 2 分钟,将 DNA 纯化柱转移入另一离心管中,加入无菌双蒸水 100μl,室温放置 2 分钟后,离心（转速为每分钟 10 000 转）2 分钟,取上清液,作为供试品溶液,置零下 20℃保存备用。另取蕲蛇对照药材 0.5g,同法制成对照药材模板 DNA 溶液。

PCR 反应:鉴别引物:5′GGCAATTCACTACACAGCCAACATCAACT3′ 和 5′CCATAGTCAGGTGGTTAGTGATAC3′。PCR 反应体系:在 200μl 离心管中进行,反应总体积为 25μl,反应体系包括 10×PCR 缓冲液 2.5μl,dNTP（2.5mmol/L）2μl,鉴别引物（10μmol/L）各 0.5μl,高保真 TaqDNA 聚合酶（5U/μl）0.2μl,模板 0.5μl,无菌双蒸水 18.8μl。将离心管置 PCR 仪,PCR 反应参数:95℃预变性 5 分钟,循环反应 30 次（95℃ 30 秒,63℃ 45 秒）,延伸（72℃）5 分钟。

电泳检测:照琼脂糖凝胶电泳法方法 2,胶浓度为 1%,胶中加入核酸凝胶染色剂 GelRed;供试品与对照药材 PCR 反应溶液的上样量分别为 8ml,DNA 分子量标记上样量为 2μl（0.5μg/μl）。电泳结束后,取凝胶片在凝胶成像仪上或紫外透射仪上检视。供试品凝胶电泳图谱中,在与对照药材凝胶电泳图谱相应的位置上,在 300~400bp 应有单一 DNA 条带。

二、发展趋势

1. 基于多成分的中药制剂质量评价　中药制剂化学成分复杂,其发挥药效作用的物质基础也往往不是来自任何单一的有效性成分,而是由多种有效成分共同组成的,中药复方的功效也不是各个成分作用的简单加和,而是多个有效成分协同作用的结果。由于技术的限制并考虑质量标准的适用性,以往中药复方质量控制的指标成分一般从含量较高的、比较容易检测的或主要药味的化学成分中选择一个或少量几个有效成分或指标成分,这种选择方式虽然为中药制剂分析工作带来极大便利,但忽视了中药复方药效物质基础的复杂性和多样性的特点。

以多成分为指标开展中药制剂质量评价是中药制剂发展的新方向。在药效物质基础研究清晰的基础上,选择多个有效成分开展中药制剂分析,所建立的质量标准更科学合理,更能全面、客观、真实地反映中药制剂质量。如银杏叶和银杏提取物的质量分析中测定均为总黄酮醇苷,采用 HPLC 法测定水解后多个黄酮醇苷元的含量,换算出总黄酮醇苷含量。近年来,也发展了多种基于多成分进行中药制剂评价的方法,如一测多评法、定量特征图谱法等,这些方法也被《中国药典》所采用。如黄连中的有效成分为生物碱类成分,虽然小檗碱含量较高,但以往以单一小檗碱为指标进行黄连的质量评价亦有失偏颇。2015 年版《中国药典》以盐酸小檗碱为对照,采用一测多评法,测定表小檗碱、黄连碱、巴马汀、小檗碱的含量。近年来,有学者提出了"中药质量标志物",在目前质量标准的基础上进行了提高和完善,也取得了显著的成效,其研究思路是首先进行深入的化学物质组辨识,筛选出更具专属性的化学成分作为 Q-marker,然后对初步筛选出的 Q-marker 进行深入的传统中医理论的药效、药性学物质基础研究以及药动学变化的研究,验证其生物活性,根据确定的 Q-marker,采用一测多评法以及指纹图谱等方法进行定性和定量,从整体上和多角度对中药质量进行控制。

以多成分为指标的中药质量控制与评价模式的发展趋势还体现在对微量有效或有毒成分的分析检测上。过去,大多选择含量较高的容易检测的单一成分为质量控制指标,而中药中含量低的甚至是微量成分虽然可能是中药复方的有效成分,但由于基础研究及分析方法的落后,无法纳入质量控制体系。随着药效物质基础研究的深入及现代高灵敏度检测手段的应用,中药制剂中含量较低的有效成分或毒性成分的分析也越来越多,如采用色谱 - 质谱联用技术同时检测中药中多个成分,包括含量较高的成分及微量成分。

2. 基于整体性的中药制剂质量评价   中药复方功效的发挥跟化学药物不同,不是明确的一个或几个化学成分通过作用于明确的靶点发挥作用的,而是依靠其所含的多种化学成分多靶点、多环节起治疗作用表现出来的,且各有效成分之间还可能发挥协同作用,具有综合性、整体性、宏观性的特点。因此,仅对某一种或几种化学成分进行定性和定量分析的中药质量评价模式缺乏全面性和真实性,而综合的、整体的评价模式成为中药复方质量控制与评价的客观需求,从若干化学成分的"微观"分析向群体成分的"宏观"分析的转变是中药复方质量评价的发展趋势。特征图谱与指纹图谱是目前最常用的、基于"模糊性"和"整体性"的一种中药复方评价模式,可以表征中药内在质量整体变化,体现中药及复方整体性和复杂性的特点;不仅可以用于定性鉴别,还可以用于多成分定量,实现从宏观上对中药质量进行立体控制和评价。如人参总皂苷、人参茎叶总皂苷、山楂叶提取物、五子衍宗丸、心可舒片等品种项下均收载了特征图谱,三七三醇皂苷提取物、丹参总酚酸提取物、丹参酮提取物均采用了指纹图谱,以所含化学成分的全貌(化学成分种类及相对比例)控制和评价中药质量。

许多学者在从整体观念入手开展中药质量评价研究时,与现代分析技术相结合,涌现出了许多质量评价研究的新思路新方法,如代谢组学就是一种研究生物系统的组学方法。通过研究外源性药物作用于生物体后尿液、血清、胆汁等代谢产物的变化来阐述药物作用机制,明确有效成分,进而制定更加科学合理的质量标准,其整体生物水平研究与中药作用整体观具有一致性。也有学者提出基于"等效成分群"假说的研究思路,即中药中虽然含有众多成分,但是针对特定的病证 / 药效而言,并不是所有成分都有药效,其中天然存在着一组成分组成清楚、含量比例明确,且能与原中药发挥等同药效的化学成分群,它们交互作用于机体的关键节点 / 靶标 / 通路,整体协调发挥药效。即以病证选药效,以药效定成分(群),使"成分 - 药效 - 病证"有机串联,实现中药质量控制有的放矢;进而以"等效成分群"作为中药药效成分标示量,实现药效成分量效关联,确定等效成分群的含量控制范围,为建立量效关联的中药质量控制模式提供依据。这种研究思路也是从中药发挥功效的整体性特点为基本出发点开展研究的。

大数据时代的到来也为中药整体质量评价提供了多种研究思路和模式。如常用的指纹图谱相似度分析、聚类分析、主成分分析,各种组学的数据处理、谱效相关性分析等都是基于大数据与中药研究相结合的结果,促进中药质量标准的进一步完善。

3. 基于毒性成分的中药制剂安全性评价　安全、有效、质量可控是药物的三个基本要素,安全性评价是中药质量评价的重要组成。近年来,中药安全性评价也越来越严格、明确。中药毒性成分来源复杂多样,有些中药中的毒性成分为内源性成分,有些则是污染引入的外源性成分,有些毒性成分还是有效成分,既发挥药效作用,同时也产生毒性作用,有些毒性成分则单纯为有毒物质。若毒性成分不是有效成分,则应分别建立相应功效和毒性对应的质量标准,如银杏叶中的有效成分为银杏黄酮类和萜内酯类成分,而银杏酸则是其毒性成分,具有致敏性、细胞毒性和免疫毒性。因此,银杏提取物以白果新酸为指标控制总银杏酸含量上限。若毒性成分是有效成分,除了应分别同时明确功效和毒性背景下的指标性成分,还应考虑含量限度和"药效-毒性"平衡的问题。如马钱子散中的生物碱既是药效成分又是毒性成分,因此《中国药典》制定了士的宁的含量限度,规定含量上限和下限。

知识链接

马钱子散的含量测定

药味组成:制马钱子,地龙(焙黄)。

含量测定:取本品约 0.5g,精密称定,置具塞锥形瓶中,精密加入三氯甲烷 20ml,浓氨试液 1ml,轻轻摇匀,称定重量后,于室温放置 24 小时,再称定重量,用三氯甲烷补足减失的重量,充分振摇,滤过,滤液作为供试品溶液。另取士的宁对照品,加三氯甲烷制成每 1ml 含 1mg 的溶液,作为对照品溶液。分别吸取供试品溶液 8μl 和对照品溶液 4μl,交叉点于同一硅胶 GF_{254} 薄层板上,以甲苯-丙酮-乙醇-浓氨试液(16:12:1:4)的上层溶液为展开剂,展开,取出,晾干。进行扫描,波长:λ_S=257nm,λ_R=300nm,测量供试品与对照品吸光度积分值,计算,即得。

本品每袋含马钱子以士的宁计($C_{21}H_{22}N_2O_2$)应为 7.2~8.8mg。

---

4. 中药制剂成分体内分析　中药复方的化学成分复杂,绝大多数中药复方为口服应用,因此只有被吸收进入血液循环的化学成分才有可能成为药效的真正物质基础。中药经口服给药后,经消化道、肠道菌群作用,有些成分仍以原型形式存在,有的成分发生代谢或转化,被选择性吸收,经肝药酶作用进入血液,通过血液运输到各个器官组织或靶点,发挥药效作用。因此,以入血成分的体内过程为研究切入点,开展中药复方有效物质基础研究,明确中药复方中有效成分(原型成分及代谢/转化成分),进而以所确定的有效成分为指标,开展中药复方质量控制与评价研究。而目前,中药复方指标性成分多考虑中药复方中原型有效成分,而未考虑中药复方发挥药效作用的真实情况,忽略体内过程,因此,所建立的质量标准不能表征中药复方真正质量。解决此问题,需从中药复方临床应用特点和功效出发,以体内过程为切入点,除了明确中药复方中的原型有效成分,还需确定代谢/转化有效成分的原型成分,以二者共同作为质量评价指标,才能保证中药复方质量的稳定性、临床应用的有效性和安全性。如血清化学、代谢组学、质量标志物研究、网络药理学均是基于体内过程开展的研究,充分体现中药复方发挥功效的真实过程和作用特色。

5. 中药制剂质量过程控制　质量源于设计,中药制剂的质量是设计和生产出来的,而非单纯依赖终端产品质量的分析与检验。与化学药品相比,中药原料质量的不确定性、药效物质基础和生产工艺的复杂性以及中药质量标准和临床疗效之间的模糊性,增加了质量控制的复杂性和难度。中药生产过程质量控制是依据一系列质量标准规范,对中药产品形成过程的每个环节进行质量监测、评价与控制,确保中药质量按照设计路线发展,进而保证中药产品质量的均一性和疗效的稳定性。中药生产过程是中药产品固有质量的具体形成阶段,中药制药过程的每一单元环节都会对中药质量产生影响。随着现代信息技术、分析技术、控制技术和传感器技术的广泛应用,以及先进的中药制剂新技术、新工艺、新方法,离线/在线质量分析与检测手段应用于中药制剂生产过程,中药制剂的过程控制越来越多地被应用于中药生产,不仅提高了中药制剂生产的效率和水平,也极大地提高了中药产品的内在质量。结合系统科学与工程的方法,认识中药质量的形成和传递规律,并在此基础上对设计质量、制造质量、检验质量和使用质量的各个环节进行全面控制和优化,是中药制造业深化工艺理解、提高产品质量、优化成本效益的迫切需求和发展趋势。如对清开灵注射液生产过程中各药味提取工艺性能指数的优化及中间体的生产过程质量控制,提升了清开灵注射液质量的可控性和稳定性。

中药制剂的质量除了与生产环节有关,与原料药的质量也密切相关。"药材好,药才好",强调的就是良好的原料药质量是中药制剂的保障和前提。因此,中药制剂全程质量控制应从原料药的质量控制开始。

6. 中药制剂质量快速分析 现代分析技术的发展及其在中药质量分析中的应用,使中药快速分析具有了可能性。采用分离能力强大、检测灵敏度高、稳定性好、分析速度快的分析方法已成为趋势。目前,高效液相色谱仪、气相色谱仪、高速逆流色谱仪以及色谱 - 质谱联用技术已广泛应用,可以满足中药复方复杂样品的分析要求,快速全面控制中药制剂质量。无损伤快速分析是中药质量分析发展的方向,如近红外光谱计算分析方法可实现快速、在线、有效的分析,顶空进样气相色谱 - 质谱联用法是快速分析中药中挥发性成分的方法,分析速度快、周期短的超高效液相色谱法的广泛应用在缩短分析周期方面优势显著,薄层色谱法结合表面增强拉曼光谱法对中药中有效成分进行快速鉴别,热重 - 差热联用分析技术对中药真伪进行快速鉴别,并通过热重与热熵的定量分析进行初步的质量评价。

7. 中药制剂质量生物评价 目前,中药制剂质量控制的主要方法为化学测定法,即以若干个"指标成分"或"化学图谱"为主要指征开展研究,即使经过药效物质基础研究、谱效关系研究,在一定程度和层面上实现了对中药复方质量稳定性和均一性的保障,但也难免缺乏全面性和客观性,导致诸多问题存在,如完全符合"化学"质量标准的不同批次样品,却出现临床功效的差异,甚至出现不同的不良反应。因此,引入与复方功效更加贴切的方法是中药制剂质量控制与评价研究的必然,也是保障中药制剂质量的迫切需求。将生物评价方法引入中药复方质量控制与评价体系,可以克服现有"化学"质量控制模式的单一性、片面性及药效关联度差的缺陷,是中药质量控制与评价方法的发展、丰富和提升。中药质量生物评价一般包含两类:一是基于遗传信息的中药基源DNA 分子鉴定,如 RAPD、DNA 条形码等,主要用于中药基源鉴定;二是基于生物效应的中药生物效价、活性检测及生物效应表达谱,主要用于中药质量的优劣评价。基于生物效应的中药生物效价、活性检测及生物效应表达谱具备定量药理学与药物检验分析的双重属性和特点,以药理实验研究为基础,建立基于生物效应的药物评价模式,然后用生物统计的方法筛选适宜的生物效价检测方法,同时可结合直接生物测定法和生物效应表达谱。该方法具有药效相关、整体可控等优势,逐渐被引入中药质量控制研究中。如以黄连的道地药材为对照,以抑菌活性为评价指标,建立黄连药材抑菌效应谱测定方法,与现有评价体系相辅相成、互为补充,使质量评价更为客观、合理。

(刘　斌)

学习小结

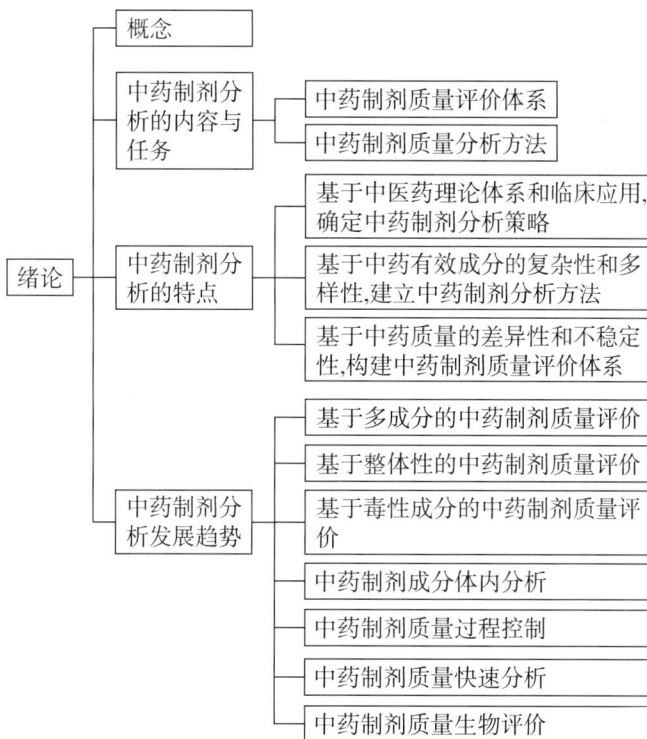

目标检测

1. 中药制剂分析的主要任务是什么?

2. 对中药制剂进行质量评价时为何要以多成分为指标?

3. 中药材的质量对中药制剂有何影响?

4. 如何以功效为核心开展中药制剂质量分析?

01章 同步练习

第二章　中药标准

02章 课件
PPT

学习目标

　　掌握药品标准的含义及作用、国内中药标准体系及其分类；熟悉《中国药典》的历史沿革和基本概况；了解国外植物药标准的现状和发展趋势。

学前导语

　　药品标准是药品的生产、流通、使用以及检验、监督管理部门共同遵循的法定依据。药典是最重要的药品标准，我国是最早重视药典编纂的国家，《中国药典》一部主要收载中药及其成方制剂的质量标准；美国、日本和欧洲等主要国外药典中也规定了许多植物来源药物的质量控制方法和要求，是中药制剂分析工作者常用的参考资料。

药品是一类特殊的商品,药品标准是指国家对药品的质量规格及检验方法所作的技术规定,是药品的生产、流通、使用以及检验、监督管理部门共同遵循的法定依据。药品标准一般分为法定标准和企业标准两种。法定标准又分为国家药典、行业标准和地方标准。无法定标准和达不到法定标准的药品不准生产、销售和使用。药典(pharmacopoeia)是最重要的药品标准,最早是从本草学、药物学以及处方集的编著演化而来,是记载药品(包括原料药和制剂)质量标准的法典,一般由国家卫生行政部门主持编纂和颁布实施,国际性药典则由公认的国际组织或有关国家协商编订。药典标准作为国家统一通用标准,是一个国家医药产业发展和产品质量水平、检测技术水平、监督管理水平的综合体现,是最基本的法定要求。国家药典必须根据本国医药卫生事业的现状和发展,认真遴选和收载防病治病必需的疗效确切的品种,并规定它的质量要求和准确、灵敏、科学的检验方法,以保证用药的安全有效。由于药典收载品种的审定和质量控制,直接关系到国民的健康,故世界各国对药典的编纂都非常重视。到 21 世纪初,世界上已有近 40 个国家编制了国家药典,除此以外,尚有北欧、欧洲、亚洲及非洲的四部区域性药典及世界卫生组织(WHO)编订的《国际药典》。这些药典对于保障各国或区域人民用药的有效性和安全性,促进世界医药科技交流和国际医药贸易等方面都发挥了重要的作用,同时也是中药制剂分析工作者常用的参考资料。

第一节　国内中药标准

我国的中药标准以往主要有国家标准、部颁标准、地方标准和新药标准。1999 年以前,由国家卫生部负责组织药典的修订及新药质量标准的审批。当时的国家标准包括《中华人民共和国药典》(Pharmacopoeia of the People's Republic of China,以下简称《中国药典》)与《中华人民共和国卫生部药品标准》(简称《部颁标准》),还有经省、自治区、直辖市卫生行政部门批准的地方标准,均为法定标准。1999 年成立国家药品监督管理局,2013 年更名为国家食品药品监督管理总局(China's State Food and Drug Administration,CFDA),2018 年 4 月,国家市场监督管理总局成立后,组建了国家药品监督管理局(National Medical Products Administration,NMPA)并归属其管理,负责组织《中国药典》的修订及新药质量标准的审批。2001 年 12 月,《中华人民共和国药品管理法》经修订并颁布、实施,取消了中成药及中药制剂的地方标准。所有化学药品与生物制品标准均收载于 CFDA《国家药品标准》中,所有中成药及中药制剂标准均收载于 CFDA《国家中成药标准汇编》中。

目前,只有《中国药典》《国家药品标准》及《国家中成药标准汇编》是法定标准,具有法律效力;除部分中药材仍然有省级或市级地方标准外,其余地方标准均不再执行。

一、《中国药典》

我国是最早重视药物质量评价和应用的国家,自唐代以来,为了便于医药应用和流通的管理,一直都有官修医药典籍的传统。历代政府均重视和支持编修本草著作,以推进本草文献药物规范化发展。

唐代显庆四年(公元659年)颁布,由李勣、苏敬等编纂的《新修本草》(又称《唐本草》)是唐代的官修本草。全书内容丰富,图文并茂,有正文20卷,目录1卷,另附药图25卷,图经7卷,合计53卷,共收载药物844种,较为系统地总结了唐代以前的本草学成就。《新修本草》不仅是我国最早的药典,也是世界上第一部法定药典,它比欧洲1498年出版的《佛罗伦萨处方集》早800多年,比欧洲第一部全国性药典《丹麦药典》早1 100多年。宋代《太平惠民和剂局方》是太平惠民和剂局的药方,由陈师文等编纂校正,于绍兴二十一年(公元1151年)成书,以后又经增添。此书有处方788种,依主治病证分作10类,每类作1卷,共10卷;另有局方总论3卷,叙述药物的性味、修治、禁忌等,是我国第一部官方颁布的成方规范。对保证中药材品质,规范正确的应用范围,以及临床中医师的随证选方和药剂人员调制方剂都有极大的参考价值。

中华人民共和国成立后,1953年出版了第一部《中国药典》。根据当时规定,《中国药典》每5~10年审议改版一次,并根据需要出增补本。时至今日,共出版了10版药典,分别为:1953年版、1963年版、1977年版、1985年版、1990年版、1995年版、2000年版、2005年版、2010年版和2015年版。2020年版《中国药典》(第11版)的编制工作目前也已经基本完成。

知识链接

2020年版《中国药典》一部的编制大纲简介

2020年版《中国药典》一部的主要目标和任务:①将完善以《中国药典》为核心主体的符合中医药特点的中药标准体系,以中医临床为导向制定中药标准,加强国际化并主导国际标准的制定。②将新增中药标准约220个,修订完善中药标准约500个;探索建立中药材、中药饮片、中药提取物、中药成方制剂各自完整的标准体系;重点解决中药材和中药饮片的农药残留、重金属及有害元素以及真菌毒素的限量标准。③将建立临床有肝肾毒性中药的检测方法并制定相关指导原则;重点解决中药标准的专属性和整体性;加强栽培和野生抚育中药材的质量研究和中药材产地加工技术研究,以质量为前提,修订完善中药材、饮片的相关项目。④拟开展基于中医临床疗效的生物评价方法及其指导原则研究,在此基础上,构建以形态、显微、化学成分和生物效应相结合的能整体体现中药疗效的标准体系,提高中药有效性整体控制水平。

为增进国际间药品标准的合作与交流,1988年10月,第一部英文版《中国药典》于1985年版正式出版,此后,我国新版《中国药典》的中、英文版都会同步发行,有效提升了《中国药典》的国际影响力。《中国药典》收载药品的种类与外国药典有所不同,中药材和成方制剂(中成药)是其重要的组成部分,为突出中药的重要地位,自1963年版开始,将中药材和中药成方制剂收载于一部,成为《中国药典》的一大特色。

现行2015版《中国药典》进一步完善了药典标准体系的建设。首次将上版附录整合为通则,并与药用辅料独立成卷,构成《中国药典》四部的主要内容。这样,2015版《中国药典》就由一部、二部、三部、四部组成,一部收载中药,二部收载化学药品,三部收载生物制品,四部收载通则和药用辅料。遴选品种基本覆盖了我国临床常用必备药品,全面覆盖《国家基本药物目录》和《国家基本医疗保险、工伤保险和生育保险药品目录》,如一部共收载中药材及中药成方制剂 2 598 个(新增 440 个)。《中国药典》2015 年版进一步加强了中药有效性和安全性的控制。如对六味地黄丸系列品种建立了主要成分——莫诺苷的检测方法,建立了丹参等 30 多个品种的标准特征图谱;制定了中药材及饮片中二氧化硫残留量限度标准;建立和完善了重金属及有害元素、黄曲霉毒素、农药残留量等物质的检测限度标准;加强了对重金属以及中药材的有毒有害物质的控制。四部收载通则总数 317 个,其中制剂通则 38 个、检测方法 240 个、指导原则 30 个、标准物质和对照品相关通则 9 个;药用辅料收载 270 个。通过对药典凡例、通则、总论的全面增修订,从整体上进一步提升了对药品质量控制的要求,完善了药典标准的技术规定,使药典标准更加系统化、规范化,在归纳、验证和规范的基础上实现了《中国药典》各部共性检测方法的协调和统一。

药品标准由凡例与正文及其引用的通则共同构成。药典收载的凡例、通则对药典以外的其他中药国家标准具同等效力。现以《中国药典》一部为例加以说明。

(1) 凡例:凡例是解释和使用《中国药典》进行药品质量检定的基本原则,是对《中国药典》正文、通则及与质量检定有关的共性问题的统一规定,以帮助理解和掌握药典正文。凡例中的有关规定具有法定的约束力。

(2) 正文部分:品种项下收载的内容称为正文,正文系根据药品自身的理化与生物学特性,按照批准的处方来源、生产工艺、贮藏运输条件等所制定的、用以检测药品质量是否达到用药要求并衡量其质量是否稳定、均一的技术规定。

1) 正文分为药材和饮片、植物油脂和提取物、成方制剂和单味制剂三部分。正文内容根据品种和剂型的不同,按顺序可分别列有品名、来源、处方、制法、性状、鉴别、检查、浸出物、特征图谱或指纹图谱、含量测定、炮制、性味与归经、功能与主治、用法与用量、注意、规格、贮藏、制剂和附注等内容。

2) 药材和饮片名称包括中文名、汉语拼音及拉丁名,其中药材和饮片拉丁名排序为属名或属名＋种加词在先,药用部位在后;药材原植物的科名、拉丁学名的主要参照依据为 *Flora of China* 和《中国高等植物》等。植物油脂和提取物、成方制剂和单味制剂名称不设拉丁名。

3) 正文中未列饮片和炮制项的,其名称与药材名相同,该正文同为药材和饮片标准;正文中饮片炮制项为净制、切制的,其饮片名称或相关项目亦与药材相同。

(3) 通则:主要收载制剂通则、通用检测方法和指导原则。制剂通则系按照药物剂型分类,针对剂型特点所规定的基本技术要求;通用检测方法系各正文品种进行相同检查项目的检测时所应采用的统一的设备、程序、方法及限度等;指导原则系为执行药典、考察药品质量、起草与复核药品标准等所制定的指导性规定。

二、其他国内中药标准

《中国药典》是药品法典,但它不可能涵盖所有已生产与使用的全部药品品种。故我国的中药标准除《中国药典》外,还有国家药品监督管理局颁布的药品标准(简称局颁标准)。2001 年以前由国家药典委员会编纂出版、卫生部颁布执行的药品标准,简称部颁标准,主要包括《卫生部药品标准》(中药材)《中成药部颁标准》(170 种)《中药成方制剂》(1~20 册)《进口药材标准》(31 种)等。

2002 年以后,中成药及中药制剂标准均收载于国家药品监督管理局颁布的《国家中成药标准汇编》中,该汇编共 13 册,按中医临床分类,有 1 518 个品种,均为地方标准上升为国家标准的品种。另外,还有部分省、自治区、直辖市食品药品监督管理部门制定的《中药材标准》《中药饮片炮制规范》以及批准给特定医院的院内制剂标准等,这些标准也是国家药品标准体系的重要补充。

根据中药新药研究的不同阶段应制定相应的中药新药质量标准,新药的质量标准必须达到国内先进水平。按照新药审批办法的规定,新药标准要经过临床研究用质量标准,试行质量标准阶段后,由生产企业提出转正申请,经省级食品药品监督管理局审查同意后,报国家药品监督管理局(NMPA)审核。如果该药品安全、有效,质量稳定、可控,其试行质量标准即可转为正式的国家药品标准,收载于原食品药品监督管理总局(CFDA)《新药转正标准》中,目前已发行 104 册。局(部)颁标准均不列凡例和通则,有关规定按《中国药典》要求进行。

药品生产企业为保证产品质量而制订的标准,称为企业内部标准。基于保护优质产品和防止假冒的需要,企业常常制订一套高于法定标准的企业标准,用于企业内部控制产品质量,企业标准一般对外保密。

第二节　国外植物药标准简介

一、《美国药典》

《美国药典》(United States Pharmacopoeia,USP)是目前世界上唯一一部由非政府机构(美国药典委员会)出版的法定药品汇编。1820 年,11 位来自于美国各州的医师、药剂师及药学院的代表,自发在华盛顿特区召开会议,成立了美国药典委员会,共同制订了 USP,这就是《美国药典》的最早版本。随着新药品、新处方、新检测方法的发明和更新,促使药剂师们频繁地对 USP 进行修订。1950 年以后每 5 年出一次修订版,从 2002 年开始每年出一次修订版。《美国国家处方集》(National Formulary,NF)为 USP 补充资料,可视为美国的副药典。1884 年美国药学会编制出版第一部《国家处方集》,1975 年以后由美国药典委员会负责修订出版。1980 年起,美国药典委员会将 USP(20)与 NF(15)制成合订单行本出版,前面部分为 USP,后面部分为 NF,因此出版物的完整名称应为《美国药典 / 国家处方集》(United States Pharmacopoeia/National Formulary,USP/NF)。

目前,《美国药典》有英文版和西班牙文版,其英文版除了印刷版外,还提供 USB 版和在线版,便于使用者携带和查阅。由于《美国药典》在 140 个国家和地区被遵循与使用,故该药典具有一定的国际性。USP 从 2011 年起已加快了更新的速度,每年 1 版,并在与上版不一致的地方用不同的标记明确标注,这样不仅可以总结出本版 USP 的修订重点,也可提示从事标准审查、标准起草、药品检验等的相关人员检测方法及理念的发展趋势和重点。现行美国药典 - 国家处方集(USP41-NF36)于 2017 年 12 月份出版,2018 年 5 月 1 日生效,包括了药物、剂型、原料药、辅料、医疗器械和食品补充剂的标准,含 4 卷及 2 个增补版。

USP 自第一版起,即收载有数量不等的传统植物药(在 USP 中称为食品补充剂,即 dietary supplements)。USP 收载的植物药质量标准较为详尽,首先规定其来源(拉丁学名、药用部位及科名)

及质量要求(主要成分的含量限度),有的品种还指明了产地与采收时间,别名和混淆品种等。收载的项目一般包括：品名、来源、化学成分、鉴别(性状与组织显微特征、薄层色谱鉴别)、含量分析、污染物(有害元素、农药残留,微生物、黄曲霉毒素),检查(杂质,干燥失重、总灰分、酸不溶性灰分、醇溶性或水溶性浸出物含量)、包装与贮藏、标签(必须标明法定名称、拉丁学名及药用部位)、USP参比标准品等。

知识链接

国内外药典中主要检测项目的中英文名称

项目名	英文	项目名	英文
定义	Definition	二氧化硫残留	Sulfur dioxide residue
处方	Prescription；Ingredients	农药残留	Pesticides residue
制法	Method of preparation；Procedure	重金属及有害元素	Elemental impurities；Heavy metals and harmful elements
性状	Description；Characters；Botanical Characteristics	浸出物	Extracts；Extract content
鉴别	Identification	水溶性浸出物	Water-soluble extractives
性状鉴别	Macroscopic examination	醇溶性浸出物	Alcohol-soluble extractives
显微鉴别	Microscopic examination	含量测定	Assay；Determination of content
杂质	Foreign matter	规格	Strength
检查	Tests	性味与归经	Property and flavour Meridian tropism
干燥失重	Loss on drying	功能与主治	Action Indications
总灰分	Total ash		
酸不溶性灰分	Ash insoluble in hydrochloric acid；Ash insoluble in sulfuric acid	用法与用量	Administration and dosage
		贮藏	Storage

二、《欧洲药典》

欧洲药品质量管理局(European Directorate for the Quality Control of Medicines,EDQM),创立于 1964 年,原名为"European Pharmacopoeia Secretariat"(欧洲药典委员会秘书处),隶属于

欧洲理事会,1996 年更名为 EDQM,现有 27 个成员国,EDQM 的主要职责是负责《欧洲药典》(European Pharmacopoeia,Ph. Eur.,简称 EP)的起草和出版以及欧洲药典标准物质的制备和发放。《欧洲药典》第 1 版第 1 卷于 1969 年出版发行;从 2002 年第 4 版开始,《欧洲药典》的出版周期被固定,每 3 年修订一次,每一版发行八部增补本。至 2017 年,《欧洲药典》最新版是第 9 版,即 9.0 版。第 9 版于 2016 年 7 月出版发行,2017 年 1 月生效,包括两个基本卷,以后在每次欧洲药典委员会全会做出决定后,通过非累积增补本更新,每年出 3 个增补本,第 9 版累计共有 8 个非累积增补本(9.1~9.8)。《欧洲药典》有英文和法文两种版本,分印刷版、USB 版和在线版。目前采用《欧洲药典》的国家除欧盟成员国外,还有土耳其等其他国家,欧洲药典已成为最具影响力的药典之一。

《欧洲药典》的基本组成有凡例、通用分析方法(包括一般鉴别实验,一般检查方法,常用物理、化学测定法,常用含量测定法,生物检查和生物分析,生药学方法),容器和材料、试剂、正文和索引等。植物药正文品种的内容包括:品名、来源、鉴别(含性状、显微和薄层鉴别)、检查(杂质、干燥失重、总灰分和酸不溶性灰分)、含量测定、贮藏等。《欧洲药典》不仅收载的品种数量较多,而且标准的质量和水平也比较高,许多品种的质量标准中不仅详细说明了定性和定量分析的具体条件,还绘制了粉末显微图、薄层色谱图、气相或液相色谱图等。另外,《欧洲药典》的附录不仅包括各论中通用的检测方法,而且凡是与药品质量密切相关的项目在附录中均有规定。在附录中,除了采用通用的检测方法外,收载的先进技术也比较多,如原子吸收光谱、原子发射光谱、质谱、核磁共振谱和拉曼光谱测定法等,对色谱法还专门设立了一项色谱分离技术附录。因而,《欧洲药典》的附录是当今药典中最全面、最完善的附录之一。

三、《日本药局方》

尽管日本拥有自己的医药体系,但在其早期阶段,深受中国医药的影响,在四世纪中期,中国医学就开始经由朝鲜传入日本;后唐时期,中国医学开始直接传播到日本。从中国走出去的中药到了日本被称为"汉方"药,但是他们在后来的发展应用过程中形成了自己的特色。日本药典名为《日本药局方》(Japanese Pharmacopoeia,JP),由日本药局方编辑委员会编纂,由厚生省颁布执行,有日文和英文两种版本。《日本药局方》分两部出版,第一部收载化学原料药及其制剂;第二部主要收载生药(crude drugs),包括药材、粉末生药、复方汤剂、提取物、酊剂、糖浆、精油、油脂等,以及家庭药制剂和制剂原料。1886 年 6 月颁布第 1 版,至第 9 版颁布之前,每 10 年修订一次,从第 9 版开始,每 5 年进行一次大修订;从第 12 版开始,每 5 年进行两次增补,至 2016 年 4 月 1 日已颁布第 17 版,称《第十七改正日本药局方》(简称"JP17"),有日文版和英文版两个版本,主要内容包括通知,目录,前言,凡例,原料药通则,制剂通则,测试、流程和设备通则,专论,红外参考光谱,紫外参考光谱,总信息,附录和索引等。

日本制定生药的药典标准较早,在第 1 版药典(1886)中就对生药药材设定了行政性的规格,介绍了药材标准的普遍性。在以后的各版修订中都增加收载新的生药,并根据技术的进步和实际的需要修改已收载品种的记载内容。JP17 中生药的质量标准收载在专论(Official Monographs)项下的生药及其相关药品(Crude Drugs and Related Drugs)中,共 323 个专论,包括 234 个生药材专论,

27个提取物专论和62个单味和复方制剂专论。英文版各专论项下的内容如下：英文名，拉丁名，日文名，基源，含量限度，制法，性状，鉴别，特殊的物理或者化学效价，杂质，干燥失重或水分，炽灼残渣，总灰分和酸不溶性灰分，制剂要求，含量测定，容器和贮藏等。

四、其他国外植物药标准

1.《英国药典》《英国药典》（British Pharmacopoeia，BP）由英国药典委员会编辑出版。自1816年《伦敦药典》开始编辑，后出版有《爱丁堡药典》和《爱尔兰药典》，1864年合并为《英国药典》。BP是英国制药标准的重要来源。它不仅为读者提供了药用和成药配方标准以及公式配药标准，而且也向读者展示了所有明确分类及可参照的欧洲药典专著。对于制药厂和化学工业、政府管理者、医学研究院及学习制药的学生都是不可缺少的工具书。《英国药典》出版周期不定，至2017年BP最新版为BP2017版，共6卷，于2017年1月生效，包含了《欧洲药典》8.0~8.8的所有内容。BP第6卷收载的主要内容为草药、草药制剂和草药产品，在顺势疗法制剂生产中所使用的物质，血液制品，免疫制品，放射药制剂和外科材料等。BP收载的草药，首先规定其来源（种名、药用部位及科名）及质量要求（主要成分的含量限度），有的品种还指明产地与采收；其质量控制项目还包括定义（包括来源与有效成分含量）、特性（包括气味及鉴别项下的性状与显微特征）、鉴别（包括性状、粉末显微特征、化学反应与检查项下的TLC）、检查（包括TLC、外来物、干燥失重、总灰分与酸不溶性灰分）、含量测定、贮藏、作用与用途、制剂等。BP和《欧洲药典》收载品种相同者，药品标准内容完全一致。BP不仅在英国使用，加拿大、澳大利亚、新西兰、斯里兰卡及印度等英联邦国家也采用。

2.《印度阿育吠陀药典》 印度的传统医药体系有阿育吠陀（Ayurveda，意为生命的科学）、瑜伽（Yoga）、尤纳尼（Unani）、西达（Siddha）和顺势疗法（Homoeopathy）等。印度植物资源丰富，具有药用价值并被应用于民间治疗的超过了2 000种。印度政府成立了阿育吠陀、西达、尤纳尼、顺势疗法4个药典委员会分别负责相关药物单方及复方制剂标准的制定。阿育吠陀是印度传统医学的主要组成部分，是世界传统医疗体系之一，具有悠久的植物药使用历史。《印度阿育吠陀药典》（The Ayurvedic Pharmacopoeia of India，API）是印度官方出版的法定药典，至2014年，药典委员会已完成了约40%原植物及15%组方的药典标准，出版了5卷阿育吠陀药典、3卷组方药典。收载单味药400多个、成方制剂100多个。单味药记载的内容包括药名，药用部分；基源植物学名、科名、药用部位、采收及简要分布；别名；描述（包括药材的性状特征以及显微特征）；鉴定、纯度和强度（主要包括外来杂质、总灰分、酸不溶性灰分、水浸出物、醇浸出物、水分、挥发油含量等）；化学成分；特性与功效（梵语）；主要的成方制剂：处方（梵语）；治疗用途（梵语）；剂量等。

3.《国际药典》《国际药典》（International Pharmacopoeia，Ph. Int.）是由世界卫生组织（WHO）编纂的出版物，收载原料药、辅料和制剂的质量标准及检验方法，供WHO成员国参考和应用。《国际药典》第一版出版于1951年，各版的出版时间不定。自1975年以来，《国际药典》更多地关注发展中国家的需求。与其他各国药典相比，《国际药典》将重点放在WHO基本药物以及一些与国际重大公共健康项目相关，而各国药典未收载的品种上，如疟疾、结核、艾滋病治疗药物及儿科药物等。收载药物的剂型以口服制剂为主。《国际药典》现行版为 2015 年出版的第 5 版,并同步发行网络版和光盘版。由凡例、正文品种、分析方法、对照红外光谱集及补充信息等组成。收载原料药及辅料 443 个、制剂 145 个、放射药品 27 个。植物来源药物检查法包括灰分及酸不溶性灰分测定法,碘值测定法,油脂中过氧化物测定法,皂化值测定法,不皂化物测定法,酸值测定法,羟值测定法等。为适应各地区不同水平的实验条件,《国际药典》非常重视标准内容的兼容性,如在同一个项目中收载两种或两种以上可供选择的方法。另外,《国际药典》还注重药品生产过程中的质量控制,在补充信息中详细阐述了关键工艺过程中常用的质量控制方法供用户参考。因此,《国际药典》的影响力正在日益扩大,世界上已有许多国家,尤其是非洲各成员国将其作为本国或地区的认可标准,赋予其法律效力。

对国内外主要药典收载的植物药及其制剂的质量标准进行比较分析的结果表明,2015 年版《中国药典》围绕药品的安全性和有效性也做了大量实质性的工作。除增加了多个检测项目和检测手段外,在标准制订阶段亦充分参考了 BP、USP 等药典的先进经验,在检验项目的设置及控制限度方面与 BP、USP 等主流国际药典已经基本一致。其中鉴别、含量测定、灰分检查等项目的检测标准与国际较高水平同步,部分药材质量标准甚至高于国际水平。其中仅《中国药典》在各药材质量标准后规定了药材饮片的炮制、质量控制方法以及【性味与归经】【功能与主治】和【用法与用量】等项目。国外主要药典中,各植物药专论都建立了相应的质量和安全性控制标准,整体水平与我国中药质量控制水平基本一致(表 2-1)。差异主要存在于安全性控制方面,集中体现在重金属和有害元素、农药残留限量以及微生物限量 3 个指标上。从整体情况来看,USP/NF 对于植物药的质量标准和安全性要求最高,对植物药的微生物检查、农药残留和重金属的规定均非常明确,多数植物药品种都有上述 3 项的规定。另外,在薄层鉴别与含量测定中,USP 将更多能够代表该植物的指标性成分或有效成分用来鉴别药材真伪和评价质量优劣,如采用对照提取物作为对照物质,进行薄层色谱各条带检识和特征图谱各色谱峰的指认来确定待测成分,辅助含量测定。在含量测定中,USP 还提倡使用一测多评法,采用一个对照品同时对多个成分进行测定,有效降低了检测成本。《欧洲药典》收载的植物药标准中,薄层部分的工作则多采用表格的形式,通过对条带位置及颜色的描述完成尽可能多成分的鉴别与检识;含量测定常以选择一个或几个专属性较强的指标性成分,用外标法计算含量的情况较为多见。

表 2-1　国内外药典收载的丹参药材质量标准比较

标准项目	《中国药典》 (ChP 2015)	《美国药典》 (USP 41)	《欧洲药典》 (EP 9.0)	《日本药局方》 (JP 17)
来源	唇形科植物丹参 *Salvia miltiorrhiza* Bge. 的干燥根和根茎	同《中国药典》	同《中国药典》	同《中国药典》
性状	①一般性状;②气味;③栽培品	一般性状	一般性状	①一般性状;②气味
显微鉴别	粉末特征	组织:横切面	粉末特征	组织:横切面

标准项目		《中国药典》（ChP 2015）	《美国药典》（USP 41）	《欧洲药典》（EP 9.0）	《日本药局方》（JP 17）
薄层鉴别	对照品溶液	(1) 丹参酮ⅡA、丹酚酸B混合对照品溶液；(2) 丹参对照药材,取1g,同供试品溶液制备	对照品溶液A:同《中国药典》对照品溶液(1);对照品溶液B:0.25g丹参对照药材提取物粉末溶于5ml乙醇。超声,离心,取上清液	丹参酮ⅡA、丹酚酸B混合对照品溶液	
	供试品溶液	取本品粉末1g,加乙醇5ml,超声处理15分钟,离心,取上清液,即得	同《中国药典》	取本品粉末1g,加甲醇40ml,超声处理15分钟,滤过。滤液挥发至1ml,即得	取本品粉末1g,加乙醚10ml,静置10分钟,振摇,滤过。滤液水浴蒸干,加1ml乙酸乙酯溶解,即得
	鉴别方法	硅胶G薄层板；点样量:各5μl；展开剂:(1) 三氯甲烷-甲苯-乙酸乙酯-甲醇-甲酸(6:4:8:1:4);(2)石油醚(60~90℃)-乙酸乙酯(4:1);展开方式:在展开剂(1)中展开,展至约4cm,取出,晾干,再以(2)为展开剂,展开,展至约8cm,取出,晾干；检视:日光和紫外光灯(365nm)下	高效硅胶薄层板；点样量:各5μl；展开剂:(1)同《中国药典》;(2)正己烷-乙酸乙酯(4:1);展开方式:在展开剂(1)中展至薄层板长度约40%处,取出,晾干,再以(2)为展开剂,展开,展至薄层板长度的3/4,取出,晾干；检视:日光和紫外光灯(254nm与365nm)下	硅胶F254薄层板；点样量:各5μl；展开剂:甲醇-无水甲酸-甲苯-二氯甲烷-乙酸乙酯(5:20:20:30:40);展开方式:展至约6cm,取出,晾干；检视:日光和紫外光灯(254nm)下	硅胶薄层板；点样量:10μl；展开剂:正己烷-乙酸乙酯(3:1);展开方式:展至约10cm,晾干；检视:日光下,在R_f值约0.4处显红褐色斑点
检查		①水分；②总灰分；③酸不溶性灰分；④重金属及有害元素；⑤浸出物	①干燥失重；②杂质；③总灰分；④酸不溶性灰分；⑤重金属及有害元素；⑥微生物；⑦黄曲霉毒素；⑧浸出物	①干燥失重；②总灰分；③酸不溶性灰分	①干燥失重；②总灰分；③酸不溶性灰分；④重金属及砷；⑤浸出物
含量测定	色谱条件	丹参酮类 色谱柱:C18 流动相:乙腈-0.02%磷酸,梯度洗脱 检测波长:270nm 丹酚酸B 色谱柱:C18 流动相:乙腈-0.1%磷酸(22:78) 检测波长:286nm	丹参酮类 同《中国药典》 丹酚酸B 同《中国药典》	丹参酮ⅡA、丹酚酸B 色谱柱:C18 流动相:乙腈-0.1%甲酸,梯度洗脱 检测波长:280nm	

标准项目	《中国药典》（ChP 2015）	《美国药典》（USP 41）	《欧洲药典》（EP 9.0）	《日本药局方》（JP 17）
含量测定 对照品溶液	丹参酮类 丹参酮Ⅱ$_A$(20μg/ml) 丹酚酸B 丹酚酸B(0.1mg/ml)	丹参酮类 A:丹参酮Ⅱ$_A$ 同《中国药典》 B:丹参对照药材提取物溶液 丹酚酸B 同《中国药典》	A:丹参酮Ⅱ$_A$ (20μg/ml) B:丹酚酸B(0.2mg/ml)	
供试品溶液	丹参酮类 取本品粉末(过三号筛)0.3g,精密称定,置具塞锥形瓶中,精密加入甲醇50ml,密塞,称定重量,超声处理30分钟,放冷,再称定重量,用甲醇补足减失的重量,摇匀,滤过,取续滤液,即得。 丹酚酸B 取本品粉末0.15g,精密称定,置具塞锥形瓶中,精密加入甲醇-水(8:2)混合溶液50ml,密塞,称定重量,同上法超声处理并用相同混合溶液补足减失的重量,摇匀,定容后精密量取续滤液5ml,至10ml量瓶中,稀释至刻度,摇匀,滤过,取续滤液	丹参酮类 取本品粉末约300mg,精密称定,溶于40ml甲醇中。超声处理30分钟,滤过至50ml量瓶中,定容,摇匀,用滤膜滤过(孔径0.45μm),取续滤液,即得。 丹酚酸B 取本品粉末150mg,精密称定,溶于40ml甲醇-水(8:2)溶液中。超声处理30分钟,滤过至50ml量瓶中,定容,摇匀,离心,取上清液稀释2倍,用滤膜滤过(孔径0.45μm),取续滤液	取本品粉末0.3g,精密加入甲醇-水(7:3)50ml。超声处理1小时。溶液经滤膜(孔径0.45μm)滤过	
测定法	丹参酮类 进样量:各10μl 计算方法:以丹参酮Ⅱ$_A$对照品为参照,以其相应的峰为S峰,按一测多评法计算隐丹参酮、丹参酮Ⅰ、丹参酮Ⅱ$_A$的含量。 丹酚酸B 进样量:10μl 计算方法:外标法	丹参酮类 同《中国药典》 丹酚酸B 同《中国药典》	丹参酮Ⅱ$_A$ 进样量:各10μl 计算方法:外标法; 丹酚酸B 同《中国药典》	
含量限度	丹参酮类 按干燥品计算,含丹参酮Ⅱ$_A$(C$_{19}$H$_{18}$O$_3$)、隐丹参酮(C$_{19}$H$_{20}$O$_3$)和丹参酮Ⅰ(C$_{18}$H$_{12}$O$_3$)的总量不得少于0.25%; 丹酚酸B 按干燥品计算,含丹酚酸B(C$_{36}$H$_{30}$O$_{16}$)不得少于3.0%	丹参酮类 按干燥品计算,含丹参酮Ⅱ$_A$、隐丹参酮和丹参酮Ⅰ的总量不得少于0.2%;丹参酮Ⅱ$_A$含量不得少于0.1%; 丹酚酸B 按干燥品计算,含丹酚酸B不得少于3.0%	丹参酮Ⅱ$_A$ 按干燥品计算,含丹参酮Ⅱ$_A$(C$_{19}$H$_{18}$O$_3$)不得少于0.12%; 丹酚酸B 按干燥品计算,含丹酚酸B(C$_{36}$H$_{30}$O$_{16}$)不得少于3.0%	

由于中成药所含成分复杂,药效物质基础不明确,原料药材易受品种、产地、加工方法等因素的影响,使得中成药的质量评价成为了中成药走向现代化的瓶颈问题。目前,仅《日本药局方》中收载了为数不多的汉方制剂提取物,如小柴胡汤、黄连解毒汤、葛根汤和桂枝茯苓丸等。在《日本药局方》收载的小柴胡颗粒质量标准中(表 2-2),其处方组成与《中国药典》收载的小柴胡颗粒质量标准的组方药物差异仅为党参换为人参,其余 6 味组成药味均相同。《日本药局方》采用 5 个薄层鉴别方法,对方中 7 味组成药物中的 5 味(柴胡,生姜,黄芩,人参和甘草)进行了鉴别,《中国药典》则采用 3 个薄层方法,对方中甘草和柴胡进行了鉴别并规定了黄芩苷的含量,而《日本药局方》对柴胡皂苷 b_2、黄芩苷和甘草酸的含量限度则规定得更详细和全面。但是,其他国外各药典中,均未见收载中成药质量标准,表明当前国际上尚未形成统一的中成药国际药品标准。

表 2-2　《日本药局方》(JP17)收载的小柴胡颗粒的质量标准

项目	方法和要求
处方	(1) 柴胡 7g,半夏 5g,生姜 1g,黄芩 3g,大枣 3g,人参 3g,甘草 2g (2) 柴胡 6g,半夏 5g,生姜 1g,黄芩 3g,大枣 3g,人参 3g,甘草 2g
制法	根据处方(1)或(2),按提取方法项下制备干粉或稠膏
性状	本品为浅棕色至灰棕色粉末或黑灰棕色稠膏。味淡,先甜后微辛,苦
薄层鉴别	(1) 柴胡:供试品溶液:取 2.0g 干粉(或 6.0g 稠膏),加氢氧化钠试液 10ml,振摇,加正丁醇 5ml,摇匀,离心,取上清液,即得。 对照品溶液:1mg/ml 柴胡皂苷 b_2。 展开剂:乙酸乙酯 - 乙醇(99.5)- 水(8:2:1)。 显色剂:4- 二甲基氨基苯甲醛试液,105℃加热 5 分钟,置紫外光灯(365nm)下检视。 (2) 生姜:供试品溶液:取 1.0g 干粉(或 3.0g 稠膏)加水 10ml 振摇,再加乙醚 25ml 萃取,取乙醚层减压蒸干,残渣加 2ml 乙醚溶解,即得。 对照品溶液:1mg/ml 6- 姜辣素。 展开剂:乙酸乙酯 - 正己烷(1:1)。 显色剂:4- 二甲基氨基苯甲醛试液,105℃加热 5 分钟,日光下检视。 (3) 黄芩:供试品溶液:同薄层鉴别(2)供试品溶液制备法制备。 对照品溶液:1mg/ml 汉黄芩素。 展开剂:乙酸乙酯 - 己烷 - 乙酸(10:10:1)为展开剂。 显色剂:三氯化铁甲醇试液,日光下检视。 (4) 人参:供试品溶液:取 2.0g 干粉(或 6.0g 稠膏),加氢氧化钠试液 10ml,摇匀,再加正丁醇 5ml,振摇,离心,取上清液。 对照品溶液:1mg/ml 人参皂苷 Rb_1。 展开剂:乙酸乙酯 - 丙醇 - 水和乙酸(100)(7:5:4:1)。 显色剂:香草醛 - 硫酸试液,105℃加热 5 分钟,日光下检视。 (5) 甘草:供试品溶液:取 2.0g 干粉(或 6.0g 稠膏),加水 10ml,摇匀,加 5ml 正丁醇,摇匀,离心,取上清液。 对照品溶液:1mg/ml 甘草苷。 展开剂:乙酸乙酯 - 甲醇 - 水(20:3:2)。 显色剂:喷以稀硫酸溶液,105℃下加热 5 分钟,日光下检视

项目		方法和要求
检查	干燥失重	干粉:不超过 10.0%。 稠膏:不超过 66.7%
	总灰分	按干粉计算不超过 10.0%
	重金属及砷	每 1.0g 干粉(或相当于约 1.0g 干粉的稠膏)重金属含量不得超过 30ppm。 每 0.67g 干粉(或相当于约 0.67g 干粉的稠膏)砷含量不得超过 3ppm
含量测定	测定法	(1) 柴胡皂苷 b_2 色谱柱:C_{18} 色谱柱 流动相:0.05mol/L 磷酸二氢钠溶液 - 乙腈(5:3) 检测波长:254nm 柱温:40℃ 流速:1.0ml/min 供试品溶液:精密称取约 0.5g 干粉(或相当于约 0.5g 干粉的稠膏),精密加入 50ml 稀释的甲醇(1→2),振摇 15 分钟,滤过,即得。 (2) 黄芩苷 色谱柱:C_{18} 色谱柱 流动相:磷酸溶液(1→200)- 乙腈(19:6) 检测波长:277nm 柱温:40℃ 流速:1.0ml/min 供试品溶液:精密称取约 0.1g 干粉(或相当于约 0.1g 干粉的稠膏),精密加入 50ml 甲醇溶液(7→10),振摇 15 分钟,滤过,即得。 (3) 甘草酸 色谱柱:C_{18} 色谱柱 流动相:稀醋酸(1→15)- 乙腈(13:7) 检测波长:254nm 柱温:40℃ 流速:1.0ml/min 供试品溶液:精密称取约 0.5g 干粉(或相当于约 0.5g 干粉的稠膏),精密加入 50ml 甲醇溶液(1→2),振荡 15 分钟,滤过,即得
	含量限度	应含柴胡皂苷 b_2 2~8mg,黄芩苷 80~240mg,甘草酸 17~51mg
	其他	置密闭容器中

值得指出的是,各国药品标准的协调和趋同是消除贸易技术壁垒和障碍、促进药品进出口的迫切需求和有力手段,是未来药品标准发展的趋势。因此,各国药典机构都在积极探索合作模式,在保障公众用药安全有效的基础上,大力推进药典标准的国际协调和统一,使得药典标准不仅可以保障药品安全有效及公共用药安全,同时也成为各国药品进出口贸易的桥梁和纽带。中国药典委员会目前已与世界卫生组织,以及欧盟、美国、英国、法国、日本等十几个国家和地区的药品标准机构建立了密切合作关系。2008 年,中美药典委员会签订合作备忘录,计划将 99 个中药材的标准纳入《美国药典》;2011 年,国家中医药管理局与欧洲药品质量管理局(EDQM)签订合作备忘录,

合作制订中药质量标准等。由中国科学家制定的丹参等9个品种的27个质量标准已被《美国药典》正式采纳,地榆、红花等5个品种被《欧洲药典》收载,三七、杜仲等9个品种被《法国药典》收载。另外,中国药检机构近8年来共承担起草了《国际药典》各类药品质量标准70个,其中43个已被收载。同时,《中国药典》正越来越受到世界各国的瞩目,已和《美国药典》《英国药典》《欧洲药典》一样,被世界卫生组织列为制定《国际药典》的主要参考之一。为传播我国中医药文化,展示我国药品质量控制水平,提升《中国药典》国际影响力发挥了重要作用。

（刘丽芳）

学习小结

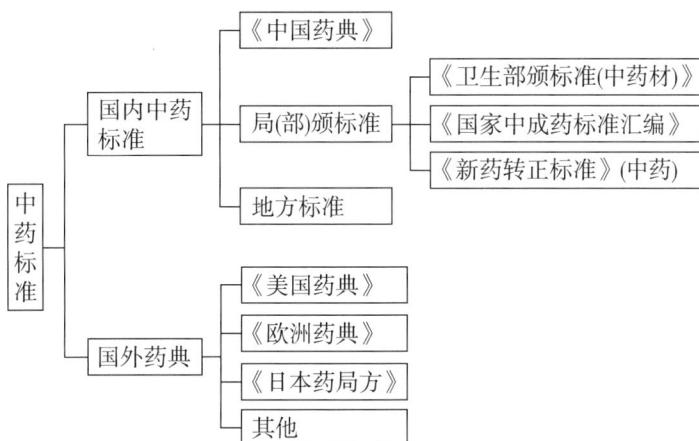

目标检测

1. 药品标准的定义和作用是什么?

2. 现行 2015 年版《中国药典》在哪些方面进一步完善了药典标准体系的建设?

3. 目前我国的中药标准体系主要构成是什么? 其中,属于国家标准并具有法律效力的有哪些?

4. 国内外主要药典对植物来源药材质量控制的异同点和发展趋势分别是什么?

第三章　中药制剂分析基本程序

　　掌握中药制剂分析取样基本原则、方法,掌握供试品溶液常用制备(提取、纯化)方法;熟悉中药制剂分析的基本程序和主要工作内容,熟悉原始记录和检验报告的基本要求。

学前导语

　　中药制剂分析的对象包括制剂生产中的半成品、成品及新药开发研究中的试验样品,其分析基本程序一般可分为取样、供试品溶液制备、鉴别、检查、含量测定、记录和撰写检验报告等。

中药制剂分析包括药品检验和分析研究等工作。药品检验对象包括中药制剂生产中的半成品、成品及新药开发研究中的试验样品,其检验程序可分为取样、供试品溶液制备、鉴别、检查、含量测定、记录和撰写检验报告等。分析研究内容有质量标准制定、质量综合分析与评价等,其程序主要包括研究方案设计、采集样品、科学实验、数据处理,结果分析等。本章主要介绍药品检验的一般程序。

第一节 取样

一、基本原则

中药制剂分析的首要工作是取样。为了确保分析数据、分析结果的准确性和可追溯性,药品质量控制与监管中的抽查、复查要求取样必须具有科学性、真实性和代表性。因此,取样的基本原则是均匀合理,所取样品具有代表性。取得的样品要妥善保管,同时应注明品名、批号、数量、取样日期及取样人等。取样方式和数量要结合分析目的和分析方法来确定。

二、方法

从待分析或待检验的整批成品中按取样原则取出一部分具有代表性的供试样品的过程称为取样。取样的目的是根据被抽取样品单位的分析研究结果,估计和推断全部样品特性,是质量检验、科学实验、社会调查普遍采用的一种经济有效的工作研究方法。

知识链接

《药品抽样指导原则》简介

为规范药品取样行为,保证取样的代表性,加强取样的针对性,根据《药品监督抽查检验工作管理办法》,国家药品监督管理局(原国家食品药品监督管理局)制定了《药品抽样指导原则》。该原则适用于药品监督管理部门及其设置的药品检验机构对从事药品生产、经营、使用的单位或者个人的药品进行监督检查和抽查检验时的抽取样。《中国药典》和有关药品管理法规另有规定的,按相应规定抽取样。所抽取的样品供检验以及必要时作为查处假劣药品的物证之用。

(一) 取样常用术语

1. 包装件 指库存的或货架上的可直接被清点、搬运及堆放的药品包装单位。

2. 最小包装 一般是指直接接触药品的包装单位,但如直接接触药品的包装单位较小,如口服液、滴鼻液、滴眼液、20ml 以下的注射液、气(喷)雾剂、单剂量包装的颗粒剂或铝塑板包装的片剂和胶囊剂等,可将放置此类制剂的包装单位(如纸盒)视为最小包装。

3. 批　在规定限度内具有同一性质和质量,并在同一连续生产周期内生产出来的一定数量的药品。批号是用于识别"批"的一组数字或字母加数字。

4. 取样批　指施行取样的一批药品。

5. 取样单元　指施行取样的包装件。

6. 单元样品　从一个抽取样单元中抽取的样品。

7. 最终样品　由从不同取样单元抽取的药品汇集制成的样品,供检验、复核、留样用。

(二) 取样步骤

1. 取样前的准备工作　①拟定取样计划,包括取样区域、单位、品种、批数及每批取样量等;②准备相关资料、取样器具和盛装器具等。

2. 取样前检查　首先检查药品所处环境是否符合要求,确定取样批;再检查该批药品的内外包装、标签、名称、批准文号、批号、生产日期、企业名称、核实库存量等。

3. 确定取样单元数、取样单元及取样量。

4. 检查取样单元外观情况,拆开包装,观察内容物情况,如遇异常情况,当做针对性取样处理。

5. 用适宜器具　取单元样品,进而制作最终样品,分为 3 份,分别装入盛样器具并签封。

6. 将被拆包的取样单元重新包封,贴已被取样的标记。

(三) 取样方法

1. 随机取样法　随机取样法即保证总体中每个样品单位都有同等机会被取中的原则卜取样本的方法。操作原则为清点药品包装件数,并给各包装件编号(从 1 开始连续编号),然后采用取签法取 n 个包装件作为取样单元。

2. 偶遇性取样法　偶遇性取样是指研究者根据实际情况,为方便开展工作,选择偶然遇到的样品作为调查对象,或仅选择那些离得最近的、最容易找到的样品作为调查对象。要求取样人员在不受被取样单位意愿影响的情况下,从取样批的不同部位确定所遇见的包装件作为取样单元。

3. 针对性取样法　当发现某一批或者若干批药品质量可疑或者有其他违法情形时,应当从随机取样的总体中划出,列为针对性取样批。

(四) 取样量

1. 药材和饮片　从同批药材和饮片包件中抽取供检验用样品的原则是:总包数不足 5 件的,逐件取样;包数为 5~99 件的,随机抽取 5 件取样;包数为 100~1 000 件的,按 5% 取样;超过 1 000件的,超过部分按 1% 取样;贵重药材和饮片,不论包件多少均逐件取样。

2. 制剂　取样量一般为 3 倍全检量,每个全检量至少应有 3 个最小包装。取样量在每个取样单元中的分配应当大致相当。最终取样量原则上应至少为一次全检量的 3 倍,即 1 倍用于检验,1 倍用于复检,1 倍用于留样保存;贵重药为 2 倍全检量或酌情减少。一次全检量的计算,因剂型而异,甚至同一剂型的差异都很大,故应根据具体品种和检验方法而定。

【示例 3-1】山菊降压片

本品为薄膜衣片,其检验项目包括:①性状,除去包衣后观察。②鉴别,显微鉴别,取适量;薄层色谱鉴别,小片取 5 片,大片取 3 片。③检查,按《中国药典》2015 年版四部通则 0101 片剂项下一般片剂要求有:重量差异取供试品 20 片;崩解时限(一次)取 6 片。④浸出物,小片取 30 片,大片取 18 片。⑤含量测定,取 30 片,故其一次全检量为 100 片左右。

【示例 3-2】小儿止咳糖浆

本品为红棕色的半透明黏稠液体,其检验项目包括:①性状,直接观察。②鉴别,三项共取 22ml。③检查,按《中国药典》2015 年版四部通则 0116 糖浆剂项下一般要求有:装量差异取供试品 5 支。④含量测定,两项共取 22ml,故其一次全检量至少为 340ml。

(五)留样时间

1. 取验样品的留样时间　检验样品一般应留样,受理登记员负责按照样品贮存条件及品种分类选择相应的留样库。对于剧毒药品、放射性样品、菌毒种、细胞、大型医疗器械等特殊样品,或易腐败、霉变、挥发及开封后质量无保障等无法长期保存的样品,可不留样(但应在检品卡中注明)。留样样品应使用无色或白色透明材料袋封样,且正立码放,不得颠倒横放。四面包装皆可辨认样品标签,正面可辨留样封签。留样周期,一般检验不合格产品保存至效期;国内合格产品,医院制剂保存 3 个月,中药材和药包材保存 6 个月,其他样品保存 12 个月。

2. 生产单位留样时间　原辅料(含胶囊壳)的留样包装形式与其到货时的市场包装相同或模拟市售包装。固体辅料的留样可密封在聚乙烯袋中并外用铝箔袋包装。液体样品必须依据其特性保存在合适的容器中。一般保存到最后一批使用的成品效期后 1 年。易挥发和危险液体样品可不留样。所有存放样品的容器必须贴有规定的标签,标签上应注明产品名称、批号、取样日期、储存条件、储存期限等信息。成品的留样必须使用其商业包装。依据产品注册批准的贮藏条件储存在相应的区域,留样外箱上应有留样标签,并注明产品名称、批号、失效期及留样的保留时间等。一般留样数量为 3 倍全检量,保存期为效期后 1 年。印字包材和直接接触药品的初级包材可以附在相应实验记录后面,与实验记录一起保存,保存时间与实验记录一致。

第二节　供试品制备

中药成分组成复杂,含量相对较低,在分析之前,大多需要对样品进行提取净化后制成较纯净的供试品溶液,方可进行分析测定。供试品溶液制备的原则是最大限度地保留被测定成分,除去干扰物质,将被测定成分浓缩至分析方法最低检测限所需浓度,并使其符合所选定分析方法的要求。样品处理的主要目的:①将被测成分有效地从样品中释放出来,并制成便于分析测定的稳定试样。②除去杂质,纯化样品,以提高分析方法的重现性和准确度。③富集浓缩或进行衍生化,以测定低含量待测成分。衍生化处理试样不仅可以提高检测器的灵敏度,还可以提高方法的选择性。

④使试样的形式及所用溶剂符合分析测定的要求。

因中药所测成分不一,对某一成分具体采用哪种方法进行提取分离,要根据被测成分的性质、特点及干扰成分的特性等条件决定。对于同一成分在不同的剂型中所采用的提取、分离、净化方法可能完全不同,如对制剂中马钱子的生物碱成分士的宁进行分析,因马钱子存在于酊剂中,样品应先蒸去乙醇,再根据生物碱的性质特点,选择提取、分离方法;若存在于蜜丸中,则应考虑大量蜂蜜的存在对提取分离的影响,可先加入硅藻土作为稀释剂与蜜丸一并研匀,经干燥、碱化后再用有机溶剂将生物碱提取出来,再进一步进行分离、净化;若存在于软膏中则应在酸性条件下加入亲脂性有机溶剂除去基质后,再按生物碱的性质提取分离。

一、粉碎

对于中药材、饮片和制剂等固体样品,应视情况进行粉碎,并通过规定筛目。《中国药典》2015年版一部规定粉末粒度分等如下:最粗粉指能全部通过一号筛,但混有能通过三号筛不超过20%的粉末;粗粉指能全部通过二号筛,但混有能通过四号筛不超过40%的粉末;中粉指能全部通过四号筛,但混有能通过五号筛不超过60%的粉末;细粉指能全部通过五号筛,并含能通过六号筛不少于95%的粉末;最细粉指能全部通过六号筛,并含能通过七号筛不少于95%的粉末;极细粉指能全部通过八号筛,并含能通过九号筛不少于95%的粉末。

粉碎有两个目的,一是保证所取样品均匀而具有代表性,提高测定结果的精密度和准确度;二是使样品中的被测组分能更快、更充分地被提取出来。但是样品粉碎得过细,在样品提取时,会造成滤过困难,因此可视实际情况粉碎过筛。在粉碎样品时,要尽量避免由于设备的磨损或不干净等因素而污染样品,并防止粉尘飞散或挥发性成分的损失。过筛时,通不过筛孔的部分决不能丢弃,要反复粉碎或研磨,直至全部通过筛孔,以保证样品具有代表性。

粉碎设备目前主要有粉碎机、铜冲、研钵、匀浆机等。植物类的中药材和饮片一般使用粉碎机,片剂和丸剂等制剂可用研钵,生物组织样品可用高速匀浆机或玻璃匀浆器。

二、提取

中药制剂分析的提取方法众多,按提取原理可分为溶剂提取法、水蒸气蒸馏法、升华法等。

(一) 溶剂提取法

1. 选择原则　选用适当的溶剂将中药的待测成分溶出的方法称为溶剂提取法。溶剂的选择应遵循"相似相溶"原则,通过对待测成分的结构分析来选择合适的溶剂,所选溶剂要求对待测成分溶解度大,而对杂质溶解度小;不能与待测成分发生化学反应;溶剂价廉,使用安全,多为亲脂性化合物,多用极性小的溶剂,而游离生物碱与酸结合成盐后能离子化,具有较强的亲水性,应选用极性较强的溶剂。

常用的提取溶剂有水、甲醇、乙醇、丙酮、三氯甲烷、乙酸乙酯、石油醚、乙醚等。

2. 常用提取方法　溶剂提取法有浸渍法、回流提取法、连续回流提取法、超声提取法、加速溶剂萃取法、微波辅助萃取法。

（1）浸渍法：将样品置于溶媒中（为样品重量的 10~50 倍）浸泡一段时间分离出浸渍液。分为冷浸法（室温）和温浸法（40~60℃），常用溶剂有甲醇、乙醇、二氯甲烷等。适用于固体样品的提取。

1）冷浸法：是将溶剂加入样品粉末中，室温下（15~25℃）放置一定时间，组分因扩散而从样品粉末中浸出的提取方法。样品可以是药材提取物，也可以是含有原生药的粉末，整个浸提过程是溶媒溶解、分散其有效成分而变成浸出液的过程，影响浸提效果的因素有溶媒种类与性质、样品的性质与颗粒直径、溶媒用量、浸提时间等。

2）温浸法：与冷浸法基本相同，但浸渍温度较高，一般在 40~60℃溶媒中浸渍，浸渍时间短，却能浸出较多有效成分。由于温度较高，浸出液冷却后放置贮存时常析出沉淀，为保证质量，需滤去沉淀后再浓缩。

浸渍法的优点是操作方便，简单易行，适用于有效成分遇热易被破坏、挥发性或含淀粉果胶、黏液质较多的中药的提取，其缺点是提取时间长，费溶剂，提取效率不高。

（2）回流提取法：将样品粉末置烧瓶中，加入一定量的有机溶剂，水浴锅上加热进行回流提取，其余操作方法同冷浸法。在加热的条件下组分溶解度增大，溶出速率加快有利于提取。回流提取法主要用于固体样品的提取。提取溶剂沸点不宜太高，每次提取时间为 0.5~2 小时，直至提取完全为止。本法提取效率高于冷浸法，且可缩短提取时间，但提取杂质较多。该法提取速度快，但操作烦琐，且对热不稳定或具有挥发性的成分不宜使用。

（3）连续回流提取法：通常是采用索氏提取器连续进行提取的方法，将样品置索氏提取器中，选用低沸点溶剂，如乙醚、甲醇等进行反复提取，一般提取数小时方可完全。提取完全后取下虹吸回流管，无须滤过，就可回收溶剂，再用适宜溶剂溶解，定容，进行测定。本法提取效率高，所需溶剂少，提取杂质少，操作简便。但是受热易分解的成分不宜使用。

（4）超声提取法：将样品置适当的容器中，加入提取溶剂，放入超声振荡器中提取。在超声波的助溶作用下，超声辅助提取较冷浸法速度快，一般 10~30 分钟内即可完成，最多不超过 1 小时。由于提取过程中溶剂会有一定量的损失，所以用作含量测定时，应于超声振荡前先称定重量，提取完毕后，放冷再称重，并补足减失的重量，滤过，取滤液备用。

需注意的是，超声波会使大分子化合物发生降解和解聚作用，或者形成更复杂的化合物，也会促进一些氧化和还原过程，所以在利用超声辅助提取时，应对超声波频率、提取时间、提取溶媒等条件进行考察，以提高提取效率。当超声提取用于药材粉末的提取时，由于组分是由细胞内逐步扩散出来的，速度较慢，加溶剂后宜先放置一段时间，再超声振荡提取。

超声提取法的特点是提取时间短、效率高，操作简便，无须加热。本法适用于固体样品的提取，是目前较常用的一种提取方法。

（5）加速溶剂萃取法：加速溶剂萃取法（accelerated solvent extraction，ASE）是在较高的温度（50~200℃）和压力（10.3~20.6MPa）下，用溶剂萃取固体或半固体样品的前处理方法，又称压力溶剂萃取法。ASE 是将样品放在密封容器中，通过升高压力提高溶剂的沸点，使正常萃取程序能够在高于溶剂沸点的温度而溶剂保持液体状态下进行，进而提高萃取效率。与传统方法相比，ASE 的突出优点是溶剂用量少（1g 样品仅需 1.5ml 溶剂）、快速（一般为 15 分钟）和回收率高。ASE 广泛用于环境、药品、食品等样品的前处理。

(6) 微波辅助萃取法:微波辅助萃取法(microwave assisted extraction,MAE)是将样品置于不吸收微波的容器中,用微波加热进行萃取的一种方法,又称微波萃取法。是微波和传统的溶剂提取法结合而形成的一种新的提取方法。微波是频率在 300~300 000Hz、波长在 1mm~1m 的电磁波。一般认为,微波萃取的机制是微波辐射过程中产生的电磁场加速目标成分向萃取溶剂中扩散,当用极性分子物作溶剂时,在微波电磁场中,微波辐射使极性分子高速旋转至激发态;当返回基态时释放的能量将传递给物料和被萃取分子,加速其热运动,缩短分子扩散至萃取溶剂的时间,从而提高萃取效率。微波萃取和传统的萃取方法相比具有以下特点:①萃取时间短,效率高;②溶剂用量少,污染小;③可根据吸收微波能力的大小选择不同的萃取溶剂,控制样品与溶剂间的热交换;④可实现多个样品的同时萃取。但微波萃取仅适用于热稳定性物质的提取,对于热敏性物质,可使其变性或失活。

(二) 水蒸气蒸馏法

水蒸气蒸馏法是将样品中挥发性成分随水蒸气一并馏出,冷凝后分取挥发性成分的提取方法。可分为共水蒸馏法(即直接加热法)、通水蒸气蒸馏法和水浴蒸馏法。该法适用于具有挥发性、能随水蒸气蒸馏而不被破坏、在水中稳定且难溶或不溶于水的中药成分的提取。此类成分的沸点多在100℃以上,与水不相混溶或仅微溶,并在100℃左右有一定的蒸气压。当与水在一起加热时,其蒸气压和水的蒸气压总和为一个大气压时,液体开始沸腾,水蒸气将挥发性物质一并带出。例如挥发油,一些小分子生物碱如麻黄碱、烟碱、槟榔碱,以及某些小分子酚类化合物,如丹皮酚等可以采用本法提取。有些挥发性成分在水中的溶解度稍大些,常将蒸馏液重新蒸馏,在最先蒸馏出的部分分出挥发油层,或在蒸馏液水层经盐析并用低沸点溶剂将其提取出来。

此外,还有升华法、加压液体萃取(pressurized liquid extraction,PLE)、亚临界水萃取(subcritical water extraction,SWE)、半仿生提取、酶法提取、高压逆流提取等提取方法也有应用。

三、纯化

中药样品提取液大多还需进一步净化分离,除去干扰组分后才可进行测定。净化原则是从提取液中除去对测定有干扰的杂质,又不损失待测定成分。净化分离方法的设计主要依据被测定成分和杂质在理化性质上的差异,同时结合要采用的测定方法综合考虑。常用的净化方法有以下几种。

(一) 沉淀法

沉淀法是基于某些试剂与被测成分或杂质生成沉淀,分离沉淀或保留溶液而达到样品净化的目的。如果将被测成分生成沉淀,这种沉淀必须是可逆的,或者可以直接测定沉淀物,再根据化学计量关系求出被测成分含量;若使杂质生成沉淀,则可以是不可逆的沉淀反应。但需注意的是:①若过量试剂干扰待测成分的测定,需设法除去;②大量杂质以沉淀形式除去时,待测成分不应产生共沉淀而损失。如益母草中水苏碱的测定,可用雷氏盐沉淀剂,利用雷氏盐(硫氰酸铬铵)在酸性介质中可与生物碱生成难溶于水的复合物,将此沉淀滤过而与其他杂质分离。又如急支糖浆含有大量糖,可用稀乙醇稀释样品,离心(转速为每分钟 4 000 转)10 分钟,取上清液分析,以消除糖的干扰。

（二）液 - 液萃取法

液 - 液萃取法是利用混合物中各组分在两种互不相溶的溶剂中分配系数的不同，通过多次提取而达到分离净化目的。可采用适当的溶剂利用萃取原理将被测成分或杂质提取出来，使被测成分与杂质分离，如用石油醚可除去亲脂性色素；若干扰成分较多，还可以利用被测成分溶解度的不同，反复用两相互不相溶的溶剂进行处理，以除去水溶性杂质或脂溶性杂质；也可利用被测成分的化学特性，如酸性、碱性，用不同 pH 的溶剂进行萃取；也可利用生物碱在适当的 pH 介质中，能与酸性染料形成弱极性的离子对而易溶于有机溶剂的性质，利用离子对萃取分离。

同量溶剂分多次萃取的效率高于一次用全量溶剂萃取的效率，萃取次数应经实验确定，一般为 3~5 次。

【示例 3-3】华山参片中生物碱含量测定

取本品 40 片，除去糖衣，精密称定，研细，精密量取适量(约相当于 12 片的重量)，置具塞锥形瓶内，精密加入枸橼酸 - 磷酸氢二钠缓冲液(pH 4.0)25ml，振摇 5 分钟，放置过夜，用干燥滤纸滤过，精密量取续滤液 2ml，置分液漏斗中，精密加枸橼酸 - 磷酸氢二钠缓冲液(pH 4.0)10ml，再精密加入用上述缓冲液配制的 0.04% 溴甲酚绿溶液 2ml，摇匀，用 10ml 三氯甲烷振摇提取 5 分钟，待溶液完全分层后，分取三氯甲烷液，用三氯甲烷湿润的滤纸滤入 25ml 容量瓶中，再三氯甲烷提取 3 次，每次 5ml，依次滤入容量瓶中，并用三氯甲烷洗涤滤纸，滤入容量瓶中，加三氯甲烷至刻度。

若三氯甲烷层中的微量水分引起浑油，可通过加入少许乙醇或久置分层变得澄清，也可分离有机相后加入脱水剂(常用无水 Na_2SO_4)或经滤纸滤过除去微量水分，应尽量避免发生乳化现象。

（三）色谱法

色谱法是中药制剂分析中常用的样品净化方法，包括柱色谱法、薄层色谱法和纸色谱法，其中以柱色谱法常用。色谱柱长一般为 5~15cm，内径 0.5~1.0cm。本法的优点是设备简单、操作简便、快速、净化效率高、适用范围广，尤其适用于同一类总成分的分析测定。

柱色谱法中常用的净化填料有中性氧化铝、硅藻土、硅胶、化学键合相硅胶、聚酰胺、大孔吸附树脂、活性炭及离子交换树脂等。若一种填料净化效果不理想，也可用混合填料或串联柱等手段，以提高分离效果。当含量测定时，净化后要符合定量分析要求，一般可通过测定回收率来考察。净化时将提取液加于柱顶，用适当溶剂洗脱，可以使组分保留于柱上，将杂质洗去，再用适当溶剂将组分洗下；也可将组分洗下而将杂质保留于柱上。如人参皂苷类成分可用大孔树脂净化，先用水洗去糖类等水溶性杂质，再用 70% 乙醇洗脱人参皂苷类成分。

（四）盐析法

盐析法是指在样品的水提取液中加入无机盐至一定浓度或达到饱和状态，使某些成分在水中的溶解度降低而有利于分离。如用水蒸气蒸馏法提取挥发性成分，蒸馏液经盐析后用乙醚萃取出挥发性成分。常用作盐析的无机盐有 NaCl、Na2SO4 等。

如用水蒸气蒸馏法测定丹皮酚的含量，在浸泡样品的水溶液中加入一定量 NaCl，可使丹皮酚较完全地被蒸馏出来；蒸馏液中也可加入一定量 NaCl，再用乙醚将丹皮酚萃取出来。

（五）微萃取技术

微萃取技术（microextraction）可以分为固相微萃取技术（solid-phase microextraction，SPME）和液相微萃取技术（liquid-phase microextraction，LPME）两种。

1. 固相微萃取技术　SPME 是一种新型的样品前处理技术，它集萃取、浓缩、进样于一身，极大地提高了分析效率和速度，目前已应用于中药制剂分析之中。SPME 装置简单，操作方便，已实现自动化控制，可用于快速分析。SPME 采用一个类似气相色谱微量进样器的萃取装置，由一根涂布多聚物固定相的熔融石英纤维从液态或气态基质中萃取待测物，并直接与气相色谱或高效液相色谱仪联用，在进样口（气相色谱即为气化室）将萃取的组分解吸附后进行色谱分离检测。萃取模式可分为直接萃取（direct SPME）、顶空萃取（headspace SPME）和膜保护萃取（membrane protected SPME)3 种。

SPME 的优点是操作简单、样品用量小、选择性好、灵敏度高、重现性好、无须使用有机溶剂等，不足之处是萃取头使用寿命短、成本较高，提取率偏低、重复性差。

2. 液相微萃取技术　LPME 是根据液 - 液萃取的原理，用微量（一般只需几微升或十几微升）有机溶剂实现对目标化合物富集、纯化的目的。液相微萃取是一种基于分析物在样品及小体积有机溶剂（或受体）之间平衡分配的过程。根据萃取形式不同，可分为单滴微萃取（single-drop microextraction，SME)、多孔中空纤维液相微萃取（hollow fiber based liquid phase microsextraction，HF-LPME）和分散液相微萃取（dispersive liquid-liquid microextraction，DLLME)3 种。与 SPME 相比，LPME 具有分析时间短、成本低、富集倍数高等优点。此外，还有浊点萃取（cloud-point extraction，CPE）等新技术，可用于中药制剂分析的样品纯化。也可用蒸馏法净化，收集馏液进行分析，或某些成分经蒸馏分解生成挥发性成分，利用分解产物进行测定。

知识链接

分子印迹技术

分子印迹技术是制备对某一特定的目标分子具有特异性、选择性的聚合物的过程。分子印迹聚合物（molecularly imprinted polymer，MIP）是由印迹分子与功能单体通过静电作用、疏水作用、氢键等非共价作用力形成分子复合物，加入交联剂引发聚合，使该分子复合物结合在聚合物中，得到包含印迹分子的高分子聚合物。去除印迹分子后，聚合物母体中留下与印迹分子结构互补的立体空穴和能与印迹分子相互作用的功能基团，从而对印迹分子表现出特意选择性和吸附能力。其特点为①构效预定性：根据不同的目标分子制备不同的 MIP；②特异识别性：MIP 具有特殊的分子结构和官能团，能选择性地识别印迹分子；③广泛使用性：具有高度稳定性和使用寿命长，且制备简单。

分子印迹技术在中药活性成分提取分离中的应用较为广泛，如黄酮、多酚、生物碱、甾体等多种结构类型化合物，其具体应用包括分离手性异构体及结构类似物，直接纯化活性成分并进行测定，洁净生物样品用于体内药物分析，富集微量有效成分，大批量一步分离纯化目标成分，以具有特定药效化合物为模板选择性分离具有相同药效的活性成分等。

四、样品的消解

当测定中药中的无机元素时,由于大量有机物的存在,会严重干扰测定。因此必须采用合适的方法破坏这些有机物质。消解是将样品与酸、氧化剂、催化剂等共置于回流装置或密闭装置中,加热分解并破坏有机物的方法。常用的消解方法有湿法消化、干法消化、高压消解、微波消解等。

(一) 湿法消化

湿法消化法也称酸消化法,是用不同酸或混合酸与过氧化氢或其他氧化剂混合液,在加热状态下将含有大量有机物样品中的待测组分转化为可测定形态的方法。根据所用试剂不同,下面介绍三种常见的湿法消化方法。

1. 硝酸 - 高氯酸法　该法破坏能力强,反应较剧烈,故进行破坏时,必须严密注意,切勿将容器中的溶液蒸干,以免发生爆炸。本法适用于血、尿、生物组织等生物样品和含动物药、植物药的破坏,经破坏所得无机金属离子均为高价态。本法对含氮杂环类有机物破坏不够完全。

2. 硝酸 - 硫酸法　该法适用于大多数有机物质的破坏,无机金属离子均被氧化成高价态。与硫酸形成不溶性硫酸盐的金属离子的测定,不宜采用此法。

3. 硫酸 - 硫酸盐法　该法所用硫酸盐为硫酸钾或无水硫酸钠,加入硫酸盐的目的是提高硫酸的沸点,使样品加速破坏完全。同时防止硫酸在加热过程中过早地分解为 SO_3 而损失。经本法破坏所得的金属离子,多为低价态。本法常用于含砷或锑的有机样品的破坏,破坏后得到三价砷或三价锑。

湿法消化所用的仪器,一般为硅玻璃或硼玻璃制成的凯氏烧瓶(直火加热)或聚四氟乙烯消化罐(烘箱中加热)。所用试剂应为优级纯,水为去离子水或高纯水,同时必须按相同条件进行空白试验校正。直火加热时最好采用可调温度的电热板,操作时应在通风橱内进行。

【示例 3-4】黄芪中重金属铅的测定(《中国药典》2015 年版一部)

取供试品粗粉 1g,精密称定,置凯氏烧瓶中,加硝酸 - 高氯酸(4∶1)混合溶液 5~10ml,混匀,瓶口加一小漏斗,浸泡过夜。置电热板上加热消解,保持微沸,若变棕黑色,再加硝酸 - 高氯酸(4∶1)混合溶液适量,持续加热至溶液澄明后升高温度,继续加热至冒浓烟,直至白烟散尽,消解液呈无色透明或略带黄色,放冷,转入 50ml 量瓶中,用 2% 硝酸溶液洗涤容器,洗液合并于量瓶中,并稀释至刻度,摇匀,即得。同法同时制备试剂空白溶液。照铅、镉、砷、汞、铜测定法(通则 2321 原子吸收分光光度法或电感耦合等离子体质谱法)测定,要求铅不得过 5mg/kg。

(二) 干法消化

干法消化法是将有机物灼烧灰化以达到分解的目的。将适量样品置于瓷坩埚、镍坩埚或铂坩埚中,常加无水 Na_2CO_3 或轻质 MgO 等以助灰化,混匀后,先小火加热,使样品完全炭化,然后放入高温炉中灼烧,使其灰化完全即可。本法不适用于含易挥发性金属(如汞、砷等)有机样品的破坏。

应用本法时要注意以下几个问题:①加热灼烧时,控制温度在 420℃以下,以免某些待测金属化合物挥发。②灰化完全与否,直接影响测定结果的准确度。如待检查灰化是否完全,可将灰分放冷后,加入稍过量的稀盐酸 - 水(1∶3)或硝酸 - 水(1∶3)溶液,振摇。若呈色或有不溶有机物,可于水浴上将溶液蒸干,并用小火炭化后,再行灼烧。③经本法破坏后,所得灰分往往不易溶解,但此时切勿弃去。

(三) 高压消解

高压消解是一种在高温和高压下进行的湿法消解过程,即把样品和消解液(通常为混酸或混酸加氧化剂)置于合适的容器内,再将容器装在保护套中,在密闭情况下进行分解。本法优点是无须消耗大量酸,降低了测定空白,将复杂基体完全溶解,避免挥发性待测元素的损失。

(四) 微波消解

微波消解法是利用微波的穿透性和激活反应能力加热密闭容器内的试剂和样品,使制样容器内压力增加,反应温度提高;从而大大提高反应速率,缩短样品制备的时间,并且可控制反应条件,使制样精度更高,减少对环境的污染。采用微波消解系统制样,消化时间只需数十分钟。消化中因消化罐完全密闭,不会产生尾气泄漏,且不需有毒催化剂及升温剂,避免因尾气挥发而使样品损失。

五、样品的衍生化

衍生化是一种利用化学变换把化合物转化成类似化学结构的物质,由此产生的新的化学性质可用于量化或分离。样品衍生化的作用主要是把难于分析的物质转化为与其化学结构相似但易于分析的物质,以适于进一步的结构鉴定或分析。当检测物质不容易被检测时,如无紫外吸收,可以将其进行衍生化处理(如加上生色团等),生成可被检测的物质。样品衍生化在仪器分析中被广泛应用,如在气相色谱中应用化学衍生反应是为了增加样品的挥发性,或增加成分的稳定性,或提高检测灵敏度。主要的衍生化反应有硅烷化、酰化、烷基化及不对称衍生化等方法,其中以硅烷化法的应用最为广泛。而高效液相色谱的化学衍生法是指在一定条件下利用某种试剂(通称化学衍生试剂或标记试剂)与样品组分进行化学反应,反应的产物有利于色谱检测或分离,主要的衍生化方法有紫外衍生化、荧光衍生化和非对映衍生化 3 种。

一般衍生化主要有以下几个目的:提高样品检测的灵敏度,改善样品混合物的分离度等。进行化学衍生反应应该满足如下要求:对反应条件要求不苛刻,且能迅速、定量地进行;对样品中的某个组分只生成一种衍生物,反应副产物及过量的衍生试剂不干扰被测样品的分离和检测;化学衍生试剂方便易得,通用性好。

【示例 3-5】HPLC 法测定阿胶中氨基酸的含量(《中国药典》2015 年版一部)

对照品溶液的制备:取 L- 羟脯氨酸对照品、甘氨酸对照品、丙氨酸对照品、L- 脯氨酸对照品适量,精密称定,加 0.1mol/L 盐酸溶液制成每 1ml 分别含 L- 羟脯氨酸 80μg、甘氨酸 0.16mg、丙氨酸 70μg、L- 脯氨酸 0.12mg 的混合溶液,即得。

供试品溶液的制备:取本品粗粉约 0.25g,精密称定,置 25ml 容量瓶中,加 0.1mol/L 盐酸溶液 20ml,超声处理(功率 500W,频率 40kHz)30 分钟,放冷,加 0.1mol/L 盐酸溶液至刻度,摇匀。精密量取 2ml,置 5ml 安瓿中,加盐酸 2ml,150℃水解 1 小时,放冷,移至蒸发皿中,用水 10ml 分次洗涤,洗液并入蒸发皿中,蒸干,残渣加 0.1mol/L 盐酸溶液溶解,转移至 25ml 容量瓶中,加 0.1mol/L 盐酸溶液至刻度,摇匀,即得。

精密量取上述对照品溶液和供试品溶液各 5ml,分别置 25ml 容量瓶中,各加 0.1mol/L 异硫氰酸苯酯(PITC)的乙腈溶液 2.5ml,1mol/L 三乙胺的乙腈溶液 2.5ml,摇匀,室温放置 1 小时后,加 50% 乙腈至刻度,摇匀。取 10ml,加正己烷 10ml,振摇,放置 10 分钟,取下层溶液,滤过,取续滤液,即得。

测定法:分别精密吸取衍生化后的对照品溶液与供试品溶液各 5μl,注入液相色谱仪,测定,即得。

第三节　样品分析

一、鉴别

鉴别是指采用合适的分析方法来确定中药的组成及成分类型,以鉴别中药真伪的方法,包括性状鉴别、显微鉴别、理化鉴别和生物鉴别。由于药品真伪是保证药品安全、有效的前提条件,所以鉴别是中药质量分析的首项工作。

(一) 性状鉴别

性状鉴别是用传统的实践经验,以眼观、手摸、鼻闻、口尝、水试和火试等简便的方法,鉴别药材、饮片和制剂的形状、形态、色泽、气和味等外观性状,以确定中药的真伪。该法也叫"直观鉴定法",具有操作简单、快速的特点,在中药鉴别中占有十分重要的地位。

> **知识链接**
>
> **中药材真伪鉴别基本知识**
>
> 鉴别中药材的正品、地区习用、混淆品、伪品、劣品向来没有统一明确的划分界限,《中国中药材真伪鉴别图典》采用正品、非正品、伪制品三种不同的概念,将每一个中药材品种分为三类。
>
> 正品:系指《中国药典》一部、《中华人民共和国卫生部进口药材部标准》和《中华人民共和国卫生部药品标准》中药材第一册所收载品种及虽未收入国家级标准,但已被广泛公认的品种。凡是属于《中国药典》、部颁标准收载品种,均需在品名后加括号标明收载出处,其他则略去。
>
> 非正品:泛指中药材的劣品、地区习用品以及各种原故造成的中药材混淆品种。凡是属于此类情况的品种一律列入该项下,与正品以示区别。
>
> 伪制品:经过人为非法加工的某种中药材的仿制品。此类品种属于无可争议的伪品。

(二) 显微鉴别

显微鉴别是指用显微镜对中药材或饮片的切片、粉末、解离组织或表面制片及含饮片粉末的制剂中饮片的组织、细胞或内含物等显微特征进行鉴别一种方法。显微鉴别中的横切面、表面观及粉末鉴别,均指经过一定方法制备后在显微镜下观察的特征。

(三) 理化鉴别

理化鉴别是指利用中药所含化学成分的理化性质,通过物理的、化学的或物理化学的方法来辨别其真伪,包括物理、化学、光谱、色谱等鉴别方法。根据中药中所含化学成分而规定。中药因成分复杂,干扰物质多,一般理化鉴别、光谱鉴别方法很难符合专属性的要求,因此,除矿物药及个别品种外,一般不采用。

目前,色谱法中的薄层色谱法在中药鉴别中应用最为广泛,具有专属性强、操作简便等优点,并具有分离和鉴别的双重作用,只要特征斑点(甚至是未知成分)具重现性、专属性,就可以作为确认依据。薄层色谱法可用对照品或对照药材作为对照。根据供试品与对照品或对照药材色谱特征的相似性判断鉴别结果,确认中药的真伪。

指纹图谱、特征图谱也可作为鉴别的依据,通过测试供试品的色谱或光谱指纹图谱、特征图谱,与被检测样品的标准指纹图谱或参数进行对比,确定中药的真伪或质量优劣,以达到鉴别目的。

此外,光谱法也可用于中药的鉴别,如可见 - 紫外分光光度法、荧光法、红外分光光度法等,但其专属性不如色谱法强,目前实际应用不多。

> **知识链接**
>
> #### 薄层色谱新技术简介
>
> 近年围绕着测定过程的标准化和自动化,薄层色谱技术有了全新的发展,扩大了 TLC 技术在中药成分定性、定量分析中的应用,如生物自显影技术。薄层色谱 - 生物自显影技术是一种集合色谱分离、鉴定和活性测试于一体的药物筛选和评价方法,综合了比色法(或分光光度法)与色谱分离技术两者的优点,广泛应用于食品、工业污染等微生物的测定以及各类天然抗菌成分的筛选。以 DPPH 为显色剂的薄层色谱 - 生物自显影技术近年来开始应用于中药活性成分导向分离鉴定和品质评价研究。

(四) 生物鉴别

生物鉴别(biological identification)是利用药效学和分子生物学等有关技术来鉴定中药品质的方法。生物鉴别法具有专属性强和准确性高等特点,为中药质量控制手段现代化和质量标准规范化的研究提供了新思路。但目前此方法尚处于起步阶段,在具体实施中相关方法和技术还有待于进一步完善。生物鉴别法依据鉴定的目的和对象不同,可分为免疫鉴定法、细胞生物学鉴定法、生物效价测定法、单纯指标测定法、DNA 遗传标记鉴定法、mRNA 差异显示鉴定法等。

二、检查

检查是指药品在加工、生产和贮藏过程中可能含有的需要控制的物质或其限度指标,是对中药的含水量、纯净程度、有害或有毒物质、浸出物进行限量或含量检查,包括安全性、有效性、均一性和纯度四个方面。安全性检查包括中药中重金属及有害元素检查、农药残留量检查、黄曲霉毒素检查,含附子、川乌成分的制剂中酯型生物碱检查等;有效性检查有浸出物与总固体量测定、吸光度检查、片剂或胶囊的崩解时限检查等,这些项目与药物的疗效密切相关,但通过其他指标又不能有效控制;均一性检查如成方制剂的装量差异检查、崩解时限检查等;纯度检查,即杂质检查,包括常规物质检查、内源性和外源性有害物质检查等,如中药的水分、灰分等检查。

三、含量测定

含量测定是指用化学、物理或生物的方法,对中药含有的有效成分、指标成分或类别成分进行测定,以评价其内在质量的项目和方法。在中药性状合格、鉴别无误、检查符合要求的基础上,定量测定某些化学成分以确定药物是否符合质量标准的规定,是保证中药质量的最重要手段之一。

含量测定的方法很多,包括经典分析方法(容量法、重量法)、紫外 - 可见分光光度法、高效液相色谱法、薄层色谱扫描法、气相色谱法、其他理化检测方法及生物测定法等。在选择分析方法的过程中,应根据检验目的、待测样品与分析方法的特点和实验室条件,建立适当的方法进行测定。

在研究制定中药质量标准时,对于所选定的含量方法要进行方法学考察,以保证测定结果准确可靠。其主要内容包括线性范围试验、稳定性试验、精密度试验、重复性试验、专属性试验、定量限度试验、加样回收率试验、耐用性试验等,在这些试验内容符合定量要求的前提下,最终确定分析的条件。

第四节　原始记录和检验报告

一、原始记录

原始记录是进行科学研究与技术总结的原始资料,为保证药品检验工作的科学性和规范性,原始记录必须要真实、完整、清晰、具体。应用专用记录本,不得缺页或挖补,如有缺漏页,应详细说明原因;用钢笔或中性笔书写,一般不得涂改(若有写错时,应立即在原数据上划上单线或双线,然后在旁边改正重写);实验记录应使用规范的专业术语,计量单位应采用国际标准计量单位,有效数字的取舍应符合实要求;失败的实验也应详细记录,同时分析失败原因并记录在案;原始记录、原始图谱、照片要妥善保存,以备查询。

记录内容一般包括供试药品名称、来源、批号、数量、规格、取样方法、外观性状、包装情况、检验目的、检验方法及依据、收样日期、报告日期、检验中观察到的现象、检验数据、检验结果及结论等。若进行质量标准研究,对于方法的选择、样品的处理、研究结果等都应用数据、图谱、照片或复印件等形式记录下来。

二、检验报告

检验报告要求文字简洁,内容完整,结论明确。检验报告的主要内容一般包括检品名称、批号、规格、数量、来源、包装情况、检验目的、检验项目(定性鉴别、检查、含量测定等)、标准依据、取样日期、报告日期、检验结果(应列出具体数据或检验结果)、检验结论等。经检验所有项目符合规定者,应作出符合规定的结论,否则应提出不符合规定的项目及相应结论。

以上是常规中药制剂分析的基本程序,中药制剂分析工作还包括质量标准的制定、中药质量评价等内容。中药的质量评价可以参考以上程序,采用现代分析手段,利用化学、生物学等方法,测定多种化学成分或获取其他信息,进行综合质量评价,以客观反映中药的实际质量。

(任 波)

学习小结

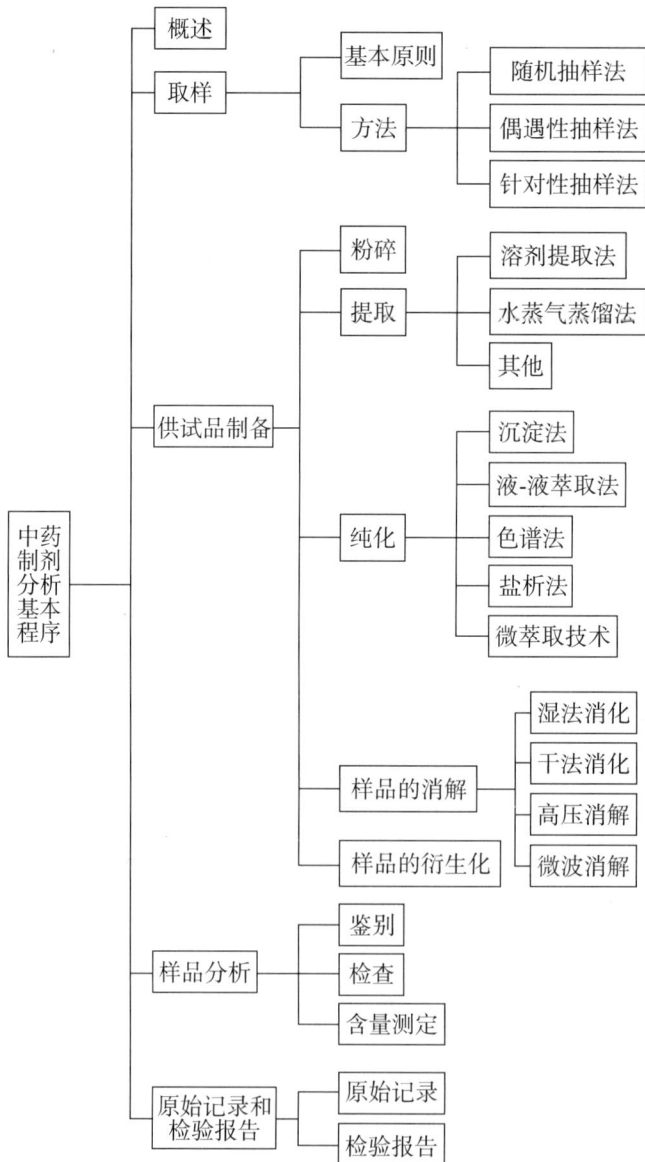

1. 中药制剂分析可分为哪些基本程序？主要工作内容有哪些？

2. 试比较冷浸法、回流法和连续回流法的主要优缺点。

3. 中药制剂分析中样品处理的主要目的有哪些？

4. 中药制剂分析取样基本原则是什么？取样方法有哪些？

03章 同步练习

第四章　鉴别

　　掌握色谱法在中药制剂定性鉴别中的应用、基本操作和要求;熟悉性状鉴别、显微鉴别、化学鉴别、光谱鉴别在中药制剂定性鉴别中的应用。

学前导语

　　鉴别对判断中药制剂的真伪优劣具有重要意义。中药制剂的性状鉴别是对其颜色和外表感官的描述,性状项下一般应写明品种的外观形状、色、嗅、味等;显微鉴别是利用显微镜来观察中药制剂中原药材的组织碎片、细胞或内含物等特征,从而鉴别制剂的处方组成;理化鉴别是根据中药制剂中所含化学成分(群)的物理或化学性质,对其特征性成分进行定性分析。对复方中药制剂而言,因其化学成分复杂,应根据"君臣佐使"的组方原则,首选君药、臣药、毒剧药、贵重药及其所含主要有效(毒)成分(群)建立鉴别方法。

第一节　性状鉴别

一、主要内容

中药制剂的性状鉴别是指对其形态、形状、色、嗅、味等外观性状进行鉴别。广义的中药制剂性状鉴别,包括其原料(中药材、饮片或植物油脂及其提取物等)和成品(制剂)的性状鉴别;狭义的性状鉴别只是对其成品(制剂)进行性状鉴别。

中药制剂的性状一般是指除去包装后的性状,如对其外观性状,对其颜色和外表感官的描述。性状项下一般应写明品种的外观形状、色、嗅、味等。根据制法和规格,药典在制剂通则中对性状有明确的规定。尽管从原药材制作成制剂后,外观性状鉴别重要性远不如原药材,然而,在鉴别中仍有重要的参考价值。《中国药典》通则对不同剂型的性状都有相关规定。

片剂:外观应完整光洁,色泽均匀,有适宜的硬度和耐磨性。

丸剂:除另有规定外,丸剂外观应圆整,大小、色泽应均匀,无粘连现象。蜡丸表面应光滑无裂纹,丸内不得有蜡点和颗粒。滴丸表面应无冷凝介质黏附。

注射剂:溶液型注射液应澄清;除另有规定外,混悬型注射液中原料药物粒径应控制在 15pm 以下,含 15~20pm(间有个别 20~50pm)者,不应超过 10%,若有可见沉淀,振摇时应容易分散均匀。混悬型注射液不得用于静脉注射或椎管内注射;乳状液型注射液,不得有相分离现象,不得用于椎管注射;静脉用乳状液型注射液中 90% 的乳滴粒径应 $1\mu m$ 以下,不得有大于 $5\mu m$ 的乳滴。除另有规定外,输液应尽可能与血液等渗。

颗粒剂:应干燥,颗粒均匀,色泽一致,无吸潮、软化、结块、潮解等现象。

散剂:应干燥、疏松、混合均匀、色泽一致。

膏药:膏体应油润细腻、光亮、老嫩适度、摊涂均匀、无飞边缺口,加温后能粘贴于皮肤上且不移动。黑膏药应乌黑、无红斑;白膏药应无白点。

胶囊剂:应整洁,不得有黏结、变形、渗漏或囊壳破裂等现象,并应无异臭。

中药材和饮片的性状鉴别主要是通过感官来鉴别,包括大小、色泽、表面特征、质地、气味等方面。传统经验鉴别有眼看、手摸、鼻闻、口尝等,具有简单、快捷的特点。中药制剂原料的性状鉴别:中药材与饮片的性状描述一般以形状、大小、表面(色泽、特征)、质地、断面、气味等特征,按药材、饮片的实际形态进行描述。性状的观察方法主要是运用感官来鉴别,如用眼看(较细小的可借助于扩大镜或解剖镜)、手摸、鼻闻、口尝等方法。

植物油脂和提取物的性状描述:挥发油和油脂有外观颜色、气味、溶解度、相对密度和折光率等;粗提物和有效部位提取物应有外观颜色、气味等;有效成分提取物有外观颜色、溶解度、熔点、比旋度等。一些植物油脂、提取物和中药制剂,还要测定一些物理常数(如折光率、旋光度、比旋度、凝点、熔点、相对密度等)。测定这些物理常数可以作为鉴别的一种手段。物理常数在药品标准中放在该药品的"性状"这一项目之中。药品检验部门测定物理常数,一般应按《中国药典》(通则0600)规定的统一方法进行测定。

二、应用

(一) 中药材和饮片的性状鉴别

【示例 4-1】人参性状鉴别

1. 人参药材性状鉴别　主根呈纺锤形或圆柱形,长 3~15cm,直径 1~2cm。表面灰黄色,上部或全体有疏浅断续的粗横纹及明显的纵皱,下部有支根 2~3 条,并着生多数细长的须根,须根上常有不明显的细小疣状突出。根茎(芦头)长 1~4cm,直径 0.3~1.5cm,多拘挛而弯曲,具不定根(芋)和稀疏的凹窝状茎痕(芦碗)。质较硬,断面淡黄白色,显粉性,形成层环纹棕黄色,皮部有黄棕色的点状树脂道及放射状裂隙。香气特异,味微苦、甘。

或主根多与根茎近等长或较短,呈圆柱形、菱角形或人字形,长 1~6cm。表面灰黄色,具纵皱纹,上部或中下部有环纹,支根多为 2~3 条,须根少而细长,清晰不乱,有较明显的疣状突起。根茎细长,少数粗短,中上部具稀疏或密集而深陷的茎痕。不定根较细,多下垂。

2. 人参片性状鉴别　本品呈圆形或类圆形薄片。外表皮灰黄色。切面淡黄白色或类白色,显粉性,形成层环纹棕黄色,皮部有黄棕色的点状树脂道及放射性裂隙。体轻,质脆。香气特异,味微苦、甘。

(二) 植物油脂和提取物的性状鉴别

1. 肉桂油的性状鉴别　黄色或黄棕色的澄清液体,有肉桂的特异香气,味甜、辛,露置空气中或存放日久,色渐变深,质渐浓稠。本品在乙醇或冰醋酸中易溶,相对密度应为 1.055~1.070(通则 0601),折光率应为 1.602~1.614(通则 0622)。

2. 满山红油的性状鉴别　淡黄绿色至黄棕色的澄清液体,有强烈刺激性香气,味清凉而辛辣。放冷至 −10℃以下,即析出结晶。本品在甲醇、乙醇、丙酮、三氯甲烷或乙醚中极易溶解,在水中微溶。

3. 山楂叶提取物的性状鉴别　浅棕色至黄棕色的粉末;气特异,味苦,有引湿性。

(三) 中药制剂的性状鉴别

牛黄上清丸的性状鉴别为棕黄色至深棕色的水丸或红褐色至黑褐色的小蜜丸、大蜜丸;气芳香,味苦。元胡止痛片的性状鉴别为糖衣片或薄膜衣片,除去包衣后,显棕黄色至棕褐色;气香,味苦。玉屏风颗粒的性状鉴别为浅黄色至棕红色的颗粒;味涩而后甘。十滴水的性状鉴别为棕红色至棕褐色的澄清液体,气芳香,味辛辣。九一散的性状鉴别为浅橙色或浅粉红色的细腻粉末。双黄连栓的性状鉴别为棕色或深棕色的栓剂。

第二节　显微鉴别

一、主要内容

中药制剂的显微鉴别是利用显微镜来观察中药制剂中原药材的组织碎片、细胞或内含物等特征，从而鉴别制剂的处方组成。通常凡以药材粉碎成细粉后直接制成制剂或添加有部分药材粉末的制剂，由于其在制作过程中原药材的显微特征仍保留到制剂中去，因此均可用显微定性鉴别法进行鉴别。本法操作简便、准确可靠、耗费少，为《中国药典》鉴别中药的常用方法。

（一）显微鉴别特点

中药制剂的显微鉴别与中药材粉末的显微鉴别相比要复杂得多。这是由于中药制剂一般多由两味以上中药材经各种方法制备而成，因此制剂中各原药材及辅料的显微特征都有可能相互影响与干扰。其次由于制备方法不同，原中药材经制各种剂型后，本身原有的组织结构已不存在，因此原中药材粉末的显微特征，并不一定作为该制剂的定性鉴别特征，一般选取制成剂型后可以重现的各味药的主要特征作为该制剂的鉴别特征。在选择制剂的显微鉴别指标时，要对处方中各药味逐一分析比较，考虑选用能相互区别、互不干扰、能表明该药味存在的显微特征作为鉴别依据。成方制剂显微鉴别，原则上应对处方中所有以粉末投料的药材逐一进行研究，选择特征性强、与处方中其他药味无交叉干扰的显微特征作为鉴别依据，其显微鉴别的特征应明显、易于检出。

（二）制片方法

1. 制片种类 鉴别时选择有代表性的供试品，根据各药材鉴别项的规定制片。成方制剂根据不同剂型适当处理后制片。

（1）横切片或纵切片：选取药材适当部位，软化后用徒手或滑走切片法，切成 10~20μm 的薄片，选用甘油醋酸试液、水合氯醛试液或其他试液处理后观察。必要时可包埋后切片。

（2）粉末制片：取粉末少量，置载玻片上，摊平，选用甘油醋酸试液、水合氯醛试液或其他适当试液处理后观察。

（3）表面制片：将供试品湿润软化后，切取一部分或撕取其表皮，加适宜的试液观察。

（4）解离组织片：如供试品中薄壁组织占大部分，木化组织少或分散存在，可用氢氧化钾法；如果供试品坚硬，木化组织较多或集成较大群束，可用硝铬酸法或氯酸钾法。在解离前，应先将供试品切成长约 5mm、直径约 2mm 的段或厚约 1mm 的片。

（5）花粉粒与孢子制片：取花粉、花药（或小的花朵）、孢子或孢子囊群（干燥供试品浸于冰醋酸中软化），用玻璃棒捣碎，滤过于离心管中，离心，取沉淀加新鲜配制的醋酐与硫酸（9∶1）的混合液 1~3ml，置水浴上加热 2~3 分钟，离心，取沉淀，用水洗涤 2 次，加 50% 甘油与 1% 苯酚 1~2 滴，用品红甘油胶封藏观察。也可用水合氯醛试液装片观察。

（6）细胞及细胞内含物等的测量：在显微镜下测量细胞及细胞内含物等的大小，可用目镜测微尺测量。

（7）细胞壁性质的检定：木质化细胞壁、木栓化或角质化细胞壁、纤维素细胞壁和硅质化细胞壁。

（8）细胞内含物性质的检定：淀粉粒、糊粉粒、脂肪油、挥发油或树脂、黏液、草酸钙结晶、碳酸钙结晶（钟乳体）和硅质。

（9）鉴别由粉末药材制成的成方制剂：散剂照上述粉末制片法制片；丸剂、片剂等可取 2~3 丸（片）研细后，取少量供试品，滴加规定的试液，搅拌均匀，使黏结的细胞、组织散离，再按粉末特征进行鉴别；蜜丸可直接挑取少量供试品制片，或酌用热水脱蜜后制片观察。

2. 不同剂型的中药制剂显微鉴别

(1) 散剂、胶囊剂:取粉末少量,置于载玻片上,摊平选用适当的试液(如甘油醋酸或水合氯醛等)处理后直接进行显微观察。

(2) 片剂:粉末合适者,可以将样品从正中切开,于切开面由外至内刮取少量样品按上法装片观察。如粉末太粗则应研细后再取粉末进行装片。糖衣片应先除去糖衣再研细。

(3) 水丸、颗粒剂:可取适量于乳钵内研成合适粉末后,按粉末装片观察。

(4) 蜜丸:可取 1 丸从正中切开后,刮取少量样品按 1 项方法进行观察。但由于蜂蜜黏结药材粉末的细胞和组织,难于观察,故一般可采用使黏结组织解离后再进行观察。

二、应用

【示例 4-2】六味地黄丸的显微鉴别

〔处方〕熟地黄 160g,酒萸肉 80g,牡丹皮 60g,山药 80g,茯苓 60g,泽泻 60g。

〔制法〕以上六味,粉碎成细粉,过筛,混匀。①用乙醇泛丸,干燥,制成水丸;②每 100g 粉末加炼蜜 35~50g 与适量的水,制丸,干燥,制成水蜜丸;③加炼蜜 80~110g 制成小蜜丸或大蜜丸,即得。

〔鉴别〕取本品,置显微镜下观察,结果如下:

(1) 淀粉粒三角状卵形或矩圆形,直径 24~40μm,脐点短缝状或人字状(山药)。

(2) 不规则分枝状团块无色,遇水合氯醛试液溶化;菌丝无色,直径 4~6μm(茯苓)。

(3) 薄壁组织灰棕色至黑棕色,细胞多皱缩,内含棕色核状物(熟地黄)。

(4) 草酸钙簇晶存在于无色薄壁细胞中,有时数个排列成行(牡丹皮)。

(5) 果皮表皮细胞橙黄色,表面观类多角形,垂周壁连珠状增厚(酒萸肉)。

(6) 薄壁细胞类圆形,有椭圆形纹孔,集成纹孔群;内皮层细胞垂周壁波状弯曲,较厚,木化,有稀疏细孔沟(泽泻)。

(丘 琴)

第三节 理化鉴别

理化鉴别(physical and chemical identification)是根据中药制剂中所含化学成分(群)的物理或化学性质,对其特征性成分进行定性或定量分析,判断药物真伪优劣的方法。常见的理化鉴别方法有化学法、光谱法和色谱法。

按照目前的中药复方新药评审要求,原则上应该对复方所有药味进行鉴别。但由于部分中药制剂化学成分较为复杂,干扰严重,无法建立个别药味的鉴别方法。在此情况下,应遵循中药复方"君臣佐使"的原则,首选君药、臣药、毒剧药、贵重药和主要有效(毒)成分(群)进行鉴定,其他药味和化学成分(群)则根据其基础研究水平而定。根据待测成分的物理化学性质及其干扰情况,应尽量选择具有良好专属性、强灵敏度和高选择性的鉴别方法。

一、化学法

化学法是指根据中药制剂中的化学成分(群)与适宜的化学试剂发生的特定化学反应所产生的颜色、沉淀、气体、荧光等现象,判断该药味或成分(群)的存在,并依此鉴别药物真伪的方法,又称化学鉴别法。鉴别时,需将反应现象或结果与药物标准品对照,若一致则符合规定,反之则判定为不符合规定。化学法操作简便,鉴定快速,实验成本低,应用范围广;但是其最大的缺点是专属性差,容易出现假阳性反应。

化学法常根据反应现象来判断中药制剂中某类化学成分是否存在,如盐酸 - 镁粉反应用于鉴别黄酮类成分;三氯化铁反应用于鉴别酚类成分;碘化铋钾试液能与生物碱类反应生成沉淀;明胶能与鞣质反应生成沉淀;川芎横切片置紫外光灯下呈亮淡紫色荧光,外皮显暗棕色荧光;乙酸酐 - 浓硫酸反应(Liebermann-Burchard)用于鉴别皂苷类成分;氢氧化钾试液或氨水能溶解大黄高温升华的结晶产物并显红色,用于鉴别羟基蒽醌类。化学法一般多在试管中或滤纸上进行。

中药制剂成分数量多且复杂,化学法一般用于鉴别其中的某类化学成分。因此,为排除反应的干扰,增加鉴别的特异性,应根据中药制剂中所含化学成分的性质选择合适提取试剂和提取方法,将待鉴别的成分溶出。如丸剂、片剂、散剂、胶囊剂等固体制剂,一般采用酸性乙醇溶液回流提取,滤液可供制剂中酚类、有机酸、生物碱类成分的识别;注射剂、糖浆剂、合剂、酒剂、酊剂等液体制剂则可直接取样分析,或通过萃取、沉淀、柱色谱等纯化处理后鉴别;水浸法的滤液可用于氨基酸、蛋白质的识别;水蒸气蒸馏法的提取液可用于挥发性成分的鉴别;有机溶剂提取液可用于醌、内酯、苷元的鉴别。总之,在进行样品制备时要注意的原则是在确保待鉴别成分溶出的前提下,尽可能地排除其他干扰成分,以增加鉴别的真实性。

由于化学鉴别法干扰因素较多,为提高鉴别的专属性,应慎重使用某些普遍存在的化学鉴别法,如蛋白质、酚类在中药较为普遍存在,泡沫生成反应、三氯化铁显色反应则不具备专属性,此时,应该结合其他鉴别手段提高整体鉴别能力;另外,需要注意的是,化学鉴别法无法对中药制剂中各药味逐一鉴别,同时由于相同官能团或相似母核化学成分的存在,无法准确说明某一化学反应鉴别的是哪一药味,其否定功能强于肯定功能。为防止假阳性或假阴性的出现,必须同时进行阳性对照和阴性对照实验,且需对拟定的鉴别方法进行反复验证。

【示例 4-3】牙痛一粒丸的鉴别

〔处方〕蟾酥 240g,朱砂 50g,雄黄 60g,甘草 240g。

〔鉴别〕取本品 0.1g,研细,加水湿润后,加氯酸钾饱和的硝酸溶液 2ml,振摇,放冷,离心,取上清液,加氯化钡试液 0.5ml,摇匀,溶液生成白色沉淀,离心,弃去上层酸液,再加水 2ml,振摇,沉淀不溶解。

【示例 4-4】脑立清丸的鉴别

〔处方〕磁石 200g,赭石 350g,珍珠母 100g,清半夏 200g,酒曲 200g,牛膝 200g,冰片 50g,酒曲(炒)200g,薄荷脑 50g,猪胆汁 350g(或猪胆粉 50g)。

〔鉴别〕取本品 0.6g,研细,置具塞离心管中,加 6mol/L 盐酸 4ml,振摇,离心(转速为每分钟

3 000 转) 5 分钟,取上清液 2 滴,加硫氰酸铵试液 2 滴,溶液即显血红色;另取上清液 0.5ml,加亚铁氰化钾试液 1~2 滴,即生成蓝色沉淀;再加 25% 氢氧化钠溶液 0.5~1ml,沉淀变成棕色。

【示例 4-5】参茸保胎丸的鉴别

〔处方〕党参 66g,龙眼肉 20g,菟丝子(盐炙)33g,香附(醋制)41g,茯苓 58g,山药 50g,鹿茸 20g,等。

〔鉴别〕取本品 2g,研细,加水 10ml,置水浴上温热 10 分钟,放冷,滤过,滤液滴在滤纸上,加茚三酮试液 1 滴,在 105℃加热约 2 分钟,斑点显紫色。

二、光谱法

1. 荧光法　荧光法是指某些中药或中药制剂中的含有共轭双键体系及芳香环分子的化学成分在紫外光的照射下能产生荧光,或经适当试剂处理后衍生出荧光,作为中药(制剂)鉴别的依据。该法简单、易行,最主要优点为灵敏度高。通常的操作方法是将中药粉末或经适当试剂提取后的试液点于滤纸上,置紫外光灯下(365nm 或 254nm)观察荧光颜色。

如:正品大黄在紫外光灯(365nm)下进行观察,无荧光显现,土大黄或者是山大黄则显现亮蓝紫色荧光。川芎在紫外光灯(365nm)下观察,切面出现淡紫色的荧光,外皮为暗棕色的荧光。将蛇床子的乙醇提取液滴在白瓷板上几滴,在紫外光灯(365nm)下进行观察,有蓝紫色的荧光出现。地骨皮的断面放在紫外光灯(365nm)下进行观察,外面木栓层显示为棕色的荧光,皮部为淡蓝色的荧光。将紫菀的乙醚浸提液滴在滤纸中,在紫外光灯(254nm)下显蓝色荧光,山紫菀则出现黄色或者是淡黄色荧光。将苏木的水浸液放在紫外光灯(365nm)下照射观察,应该显示为黄绿色的荧光,加入 2 滴氢氧化钠,应该显示为蓝色的荧光,再加盐酸,应该显示为黄绿色的荧光。狗脊的断面在紫外光灯(254nm)下可观察到淡紫色荧光,凸起的木质位置为黄绿色的荧光。将郁金的断面放在紫外光灯(365nm)下进行照射观察,应显示为亮黄色的荧光、在内皮层显示为蓝色环的是黄丝郁金。

2. 紫外 - 可见光谱法　中药(制剂)中含有的化学成分若具有共轭结构单元或为芳香族化合物,则可选择性吸收紫外 - 可见光,产生吸收光谱,在特定条件下,可以利用紫外 - 可见光谱的特征作为中药(制剂)鉴别的依据。该法简便、快速,普及面广,但由于中药(制剂)中化学成分极其复杂,一种药味(或制剂)中可能存在多种具有紫外 - 可见吸收的化学成分,各种成分的吸收光谱相互叠加,增加了光谱的特征性,同时也降低的鉴别的专属性,限制了其在中药鉴别中的应用。因此,有必要对样品进行适当的前期处理,尽可能去除干扰成分,或采用紫外光谱组法有效提高本法的专属性。

【示例 4-6】木香槟榔丸的鉴别

〔处方〕木香 50g,槟榔 50g,枳壳(炒)50g,陈皮 50g,青皮(醋炒)50g,香附(醋制)150g,醋三棱 50g,莪术(醋炙)50g,黄连 50g,黄柏(酒炒)150g,大黄 150g,炒牵牛子 200g,芒硝 100g

〔鉴别〕取本品粉末 4g,加水 10ml,水蒸气蒸馏,收集馏液约 100ml,采用紫外 - 可见分光光度法测定,在 253nm 的波长处有最大吸收。

3. 红外光谱法　红外光谱通常用于研究化合物分子结构,也可以作为表征和鉴别化学成分。由于其具有高度特征性,可以采用与标准化合物的红外光谱对比的方法来做分析鉴定。中药(制剂)

化学成分多且复杂,红外谱图无法判定某个吸收峰的具体来源,但正是由于不同中药(制剂)化学组成的差异性,其整体谱图发生变化,可用于反映中药中各种成分图谱信息的叠加,增强了其红外光谱的特异性,因此可应用于中药(制剂)的鉴别,特别是正伪品的鉴别、易混淆品种的鉴别和质量控制。红外光谱法具有取样量小、不损失样品,快速有效、操作简单等特点。近年来,常利用近红外光谱结合聚类分析和判别分析法可以快速鉴别多种常用药材,如大黄、红参、厚朴等药材的近红外光谱鉴别。此外,来源不同的同种药材会由于气候、生长条件等差异导致它们的主要有效成分、含量大小及药用价值的差异,红外光谱技术可以实现药材产地的快速鉴别。

三、色谱法

(一) 纸色谱法

纸色谱法可用于中药(制剂)中某成分的定性鉴别,但需要被鉴别成分的标准品作对照,相同的实验条件下,待测组分与标准品的斑点位置需相同。具体操作过程与薄层色谱法类似,此法由于展开时间长、分离效果不佳等原因,应用较少。

【示例 4-7】化癥回生片中益母草的鉴别

〔处方〕益母草 112g、红花 14g、花椒(炭)14g、烫水蛭 14g、当归 28g、苏木 14g 等。

〔鉴别〕取本品 20 片,研细,加 80% 乙醇 50ml,加热回流 1 小时,滤过,滤液蒸干,残渣加 1% 盐酸溶液 5ml 使溶解,滤过,滤液加碳酸钠试液调节 pH 至 8,滤过,滤液蒸干,残渣加 80% 乙醇 3ml 使溶解,作为供试品溶液。另取盐酸水苏碱对照品,加乙醇制成每 1ml 含 0.5mg 的溶液,作为对照品溶液。吸取上述两种溶液各 10~20μl,分别点于同一层析滤纸上,上行展开,使成条状,以正丁醇 - 醋酸 - 水(4:1:1)的上层溶液为展开剂,展开,取出,晾干,喷以稀碘化铋钾试液,放置 6 小时。供试品色谱中,在与对照品色谱相应的位置上,显相同颜色的斑点。

(二) 薄层色谱法

薄层色谱法是指将供试品溶液点于铺有固定相的薄层板上,在展开容器内用展开剂展开,使供试品所含成分分离,在相同的实验条件下,将供试品和适宜的对照品同步展开后所得色谱图进行对比,亦可用薄层色谱扫描仪进行扫描,用于鉴别中药(制剂)中的主要化学成分。该法简便、快速、易普及、实验成本低,且具有分离和分析的双重功能,因此在中药(制剂)的鉴别中应用最广。为保证鉴别结果真实可信,薄层色谱需按规范化操作严格进行。

1. 操作流程

(1) 薄层板的准备:市售薄层板如硅胶 G、硅胶 H、硅胶 GH$_{254}$ 等,使用前一般应在 110℃活化 30 分钟。聚酰胺薄膜不需活化。铝基片薄层板、塑料薄层板可根据需要剪裁。自制薄层板一般是将 1 份固定相和 3 份水(或加有黏合剂的水溶液,如 0.2%~0.5% 羟甲基纤维素钠水溶液)研磨后涂布于薄层板,晾干活化后,置于干燥器中备用。

(2) 点样:在洁净干燥的环境中,用专用毛细管或配合相应的半自动、自动点样器械点样于薄层板上。一般为圆点状或窄细的条带状,点样基线距底边 10~15mm,高效板一般基线离底边 8~10mm,圆点状直径一般不大于 4mm,高效板一般不大于 2mm。接触点样时注意勿损伤薄层表面。

条带状宽度一般为 5~10mm,高效板条带宽度一般为 4~8mm,可用专用半自动或自动点样器械喷雾法点样。点间距离可视斑点扩散情况以相邻斑点互不干扰为宜,一般不少于 8mm,高效板供试品间隔不少于 5mm。

(3) 展开:将点好供试品的薄层板放入展开缸中,浸入展开剂的深度为距原点 5mm 为宜,密闭。除另有规定外,一般上行展开 8~15cm,高效薄层板上行展开 5~8cm。溶剂前沿达到规定的展距,取出薄层板,晾干,待检测。另需注意,采用混合溶剂进行展开时,展开前一般需要溶剂蒸气预平衡,可在展开缸中加入适量的展开剂,密闭,一般保持 15~30 分钟。溶剂蒸气预平衡后,应迅速放入载有供试品的薄层板,立即密闭,展开。如需使展开缸达到溶剂蒸气饱和的状态,则须在展开缸的内壁贴与展开缸高、宽同样大小的滤纸,一端浸入展开剂中,密闭一定时间,使溶剂蒸气达到饱和再如法展开。必要时,可进行二次展开或双向展开。进行第二次展开前,应使薄层板残留的展开剂完全挥干。

(4) 显色与检视:有色的斑点可在可见光下直接检视,无色斑点可用喷雾法或浸渍法以适宜的显色剂显色,或加热显色,在可见光下检视。有荧光的物质或显色后可激发产生荧光的物质可在紫外光灯(365nm 或 254nm)下观察荧光斑点。对于在紫外光下有吸收的成分,可用带有荧光剂的薄层板(如硅胶 GF$_{254}$ 板),在紫外光灯(254nm)下观察荧光板面上的荧光物质淬灭形成的斑点。

(5) 记录:薄层色谱图像一般可采用摄像设备拍摄,以光学照片或电子图像的形式保存。也可用薄层色谱扫描仪扫描或其他适宜的方式记录相应的色谱图。

2. 供试品及对照物的制备

(1) 供试品的制备:中药(制剂)成分多且复杂,薄层色谱法的分离能力有限,直接点样展开后待检成分可能仍与其他成分未分离,使得结果出现假阳性或假阴性。因此,采用该法进行鉴别前需对样品进行预处理,根据待检成分的物理化学性质选择适当的提取净化方法,如浸渍法、加热回流提取法、超声提取法、蒸馏法等,以去除干扰成分,提高被检成分浓度,获得清晰的薄层斑点。

(2) 对照物的制备:常用的对照物有对照品和对照药材两种。对照品对照法一般采用已知中药(制剂)中某一药味的有效成分或特征性成分的对照品制备成对照液;对照药材对照法通常选择待鉴定中药(制剂)中的某对照药材,按与供试品相同的方法进行提取,制成该药味的阳性对照液;再与供试液在相同的实验条件下展开、检出,通过比较二者斑点的一致性来鉴别该中药(制剂)中是否含有某原料药材。对照品和对照药材均属于阳性对照法。

(3) 阴性对照法:将待鉴别的某药味从中药组方中减去,剩下的其他各药味,按与供试品相同的方法进行提取,所得的提取液即为该药味的阴性对照液,再与供试液在相同的实验条件下展开、检出,阴性对照液不得检出待鉴别药味中所含成分的斑点。

为提高薄层色谱鉴别法的专属性,通常将供试品、阳性对照液、阴性对照液点样在同一块薄层板上,以完全相同的条件展开、检出,观察比对各组斑点,供试品中应出现与阳性对照相同的斑点,同一位置上的阴性对照中则不得出现待检成分。

3. 系统适用性试验　按各品种项下要求对实验条件进行系统适用性试验,即用供试品和标准物质对实验条件进行试验和调整,应符合规定的要求。

(1) 比移值(R_f):系指从点样点至展开斑点中心的距离与点样点至展开剂前沿的距离的比值。除另有规定外,杂质检查时,各杂质斑点的比移值(R_f)以在 0.2~0.8 为宜。

（2）检出限：是指限量检查或杂质检查时，供试品溶液中被测物质能被检出的最低浓度或量。一般采用已知浓度的供试品溶液或对照标准溶液，与稀释若干倍的自身对照标准溶液在规定的色谱条件下，在同一薄层板上点样、展开、检视，后者显清晰可辨斑点的浓度或量作为检出限。

（3）分离度（或称分离效能）：鉴别时，供试品与标准物质色谱中的斑点均应清晰分离。当薄层色谱扫描法用于限量检查和含量测定时，要求定量峰与相邻峰之间有较好的分离度。除另有规定外，分离度应大于 1.0。

【示例 4-8】人参、西洋参中人参皂苷的鉴别

西洋参：取本品粉末 1g，加甲醇 25ml，加热回流 30 分钟，滤过，滤液蒸干，残渣加水 20ml 使溶解，加水饱和的正丁醇振摇提取 2 次，每次 25ml，合并正丁醇提取液，用水洗涤 2 次，每次 10ml，分取正丁醇液，蒸干，残渣加甲醇 4ml 使溶解，作为供试品溶液。另取西洋参对照药材 1g，同法制成对照药材溶液。取人参皂苷 F_{11} 对照品、人参皂苷 Rb_1 对照品、人参皂苷 Re 对照品、人参皂苷 Rg_1 对照品，加甲醇制成每 1ml 含 2mg 的溶液，作为对照品溶液。吸取上述六种溶液各 2μl，分别点于同一硅胶 G 薄层板上，以三氯甲烷 - 乙酸乙酯 - 甲醇 - 水（15：40：22：10）5~10℃ 放置 12 小时的下层溶液为展开剂，展开，取出，晾干，喷以 10% 硫酸乙醇溶液，在 105℃ 加热至斑点显色清晰，分别置日光和紫外光灯（365nm）下检视。供试品色谱中，在与对照药材色谱和对照品色谱相应的位置上，分别显相同颜色的斑点或荧光斑点。

人参：取本品粉末 1g，加三氯甲烷 40ml，加热回流 1 小时，弃去三氯甲烷液，药渣挥干溶剂，加水 0.5ml 搅拌湿润，加水饱和正丁醇 10ml，超声处理 30 分钟，吸取上清液加 3 倍量氨试液，摇匀，放置分层，取上层液蒸干，残渣加甲醇 1ml 使溶解，作为供试品溶液。另取人参对照药材 1g，同法制成对照药材溶液。再取人参皂苷 Rb_1 对照品、人参皂苷 Re 对照品、人参皂苷 Rf 对照品及人参皂苷 Rg_1 对照品，加甲醇制成每 1ml 各含 2mg 的混合溶液，作为对照品溶液。吸取上述三种溶液各 1~2μl，分别点于同一硅胶 G 薄层板上，以三氯甲烷 - 乙酸乙酯 - 甲醇 - 水（15：40：22：10）10℃以下放置的下层溶液为展开剂，展开，取出，晾干，喷以 10% 硫酸乙醇溶液，在 105℃ 加热至斑点显色清晰，分别置日光和紫外光灯（365nm）下检视。供试品色谱中，在与对照药材色谱和对照品色谱相应位置上，分别显相同颜色的斑点或荧光斑点（图 4-1）。

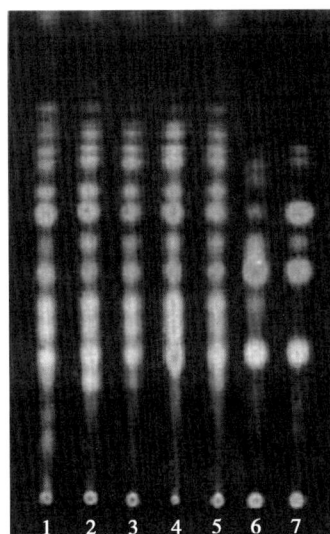

1~5. 人参；6. 西洋参；
7. 人参皂苷对照品。

● 图 4-1　人参、西洋参的薄层鉴别图

（三）气相色谱法

气相色谱法是利用气体作流动相的色谱分离分析方法，由于该法具备高效的分离能力，在中药（制剂）的鉴别中较为常用。在相同的色谱条件下，将供试品和对照品分别进样分析，通过对二者所产生的色谱行为（如色谱峰、保留时间）进行比对，供试品呈现出与对照品保留时间相同的色谱峰，以此为依据对中药（制剂）进行真伪鉴别。气相色谱法具有高分辨率、高灵敏度、分析迅速、准确等特点，

尤其适用于中药(制剂)中的**挥发性成分**的鉴别,如麝香酮、薄荷醇、冰片等。但是一般不适合分析蒸气压较低的成分,因此该法在实际应用中具有一定的局限性。

【示例 4-9】少林风湿跌打膏中薄荷脑、冰片和水杨酸甲酯的鉴别

〔处方〕生川乌 16g、生草乌 16g、乌药 16g、白及 16g、白芷 16g、白蔹 16g、土鳖虫 16g、木瓜 16g、三棱 16g、莪术 16g、当归 16g、赤芍 16g、肉桂 16g、大黄 32g、连翘 32g、血竭 10g、乳香(炒)6g、没药(炒)6g、三七 6g、儿茶 6g、薄荷脑 8g、水杨酸甲酯 8g、冰片 8g。

〔鉴别〕取本品 10 片,研碎,置 250ml 平底烧瓶中,加水 150ml,照挥发油测定法(通则 2204)试验,加乙酸乙酯 5ml,加热回流 40 分钟,分取乙酸乙酯液,用铺有无水硫酸钠的漏斗滤过,滤液作为供试品溶液。另取薄荷脑对照品、冰片对照品和水杨酸甲酯对照品,加乙醇制成每 1ml 各含 0.8mg 的溶液,作为对照品溶液。以聚乙二醇 20 000(PEG-20M)为固定液,涂布浓度为 10%,柱长为 2m,柱温为 130℃。分别吸取对照品溶液和供试品溶液适量,注入气相色谱仪。供试品色谱中应呈现与对照品色谱峰保留时间相同的色谱峰。

【示例 4-10】安宫牛黄丸中麝香的鉴别

〔处方〕牛黄 100g、麝香或人工麝香 25g、朱砂 100g、黄连 100g、栀子 100g、冰片 25g、水牛角浓缩粉 200g、珍珠 50g、雄黄 100g、黄芩 100g、郁金 100g。

〔鉴别〕取本品 3g,剪碎,照挥发油测定法(通则 2204)试验,加环己烷 0.5ml,缓缓加热至沸,并保持微沸约 2.5 小时,放置 30 分钟后,取环己烷液作为供试品溶液。另取麝香酮对照品,加环己烷制成每 1ml 含 2.5mg 的溶液,作为对照品溶液。照气相色谱法(通则 0521)试验,以苯基(50%)甲基硅酮(OV-17)为固定相,涂布浓度为 9%,柱长为 2m,柱温为 210℃。分别吸取对照品溶液和供试品溶液适量,注入气相色谱仪。供试品色谱中应呈现与对照品色谱峰保留时间相同的色谱峰。

(四)高效液相色谱法

高效液相色谱法与气相色谱法具有相似之处,该法不受样品挥发性的限制,固定相和流动相的选择范围广,检测手段多样,且高效,自动化程度高,故比气相色谱法的应用更为广泛。在目前的中药(制剂)分析中,一般很少单独使用该法做鉴别手段,当薄层色谱法无法鉴别时则采用该法。HPLC 法广泛应用于含量测定。

【示例 4-11】银杏叶胶囊中萜类内酯的鉴别

〔组成〕银杏叶提取物。

色谱条件与系统适用性试验:以十八烷基硅烷键合硅胶为填充剂;以正丙醇 - 四氢呋喃 - 水(1∶15∶84)为流动相;用蒸发光散射检测器检测。理论板数按白果内酯峰计算应不低于 2 500。

对照提取物溶液的制备:取银杏叶总内酯对照提取物适量,精密称定,加甲醇制成每 1ml 含 2.5mg 的溶液,即得。

供试品溶液的制备:取装量差异下的本品内容物,混匀,研细,取相当于萜类内酯 19.2mg 的粉末,精密称定,置具塞锥形瓶中,精密加入甲醇 50ml,密塞,称定重量,超声处理(功率 250W,频率

33kHz)20分钟,放冷,再称定重量,用甲醇补足减失的重量,摇匀,滤过,精密量取续滤液20ml,回收甲醇,残渣加水10ml,置水浴中温热使溶散,加2%盐酸溶液2滴,用乙酸乙酯振摇提取4次(15ml,10ml,10ml,10ml),合并提取液,用5%醋酸钠溶液20ml洗涤,分取醋酸钠液,用乙酸乙酯10ml,合并乙酸乙酯提取液及洗液,用水洗涤2次,每次20ml,合并水液,用乙酸乙酯10ml洗涤,合并乙酸乙酯液,回收乙酸乙酯至干,残渣用丙酮溶解并转移至5ml量瓶中,加丙酮至刻度,摇匀,即得。

〔鉴别〕供试品色谱中应呈现与银杏叶总内酯对照提取物色谱保留时间相对应的色谱峰。

（刘 芳）

学习小结

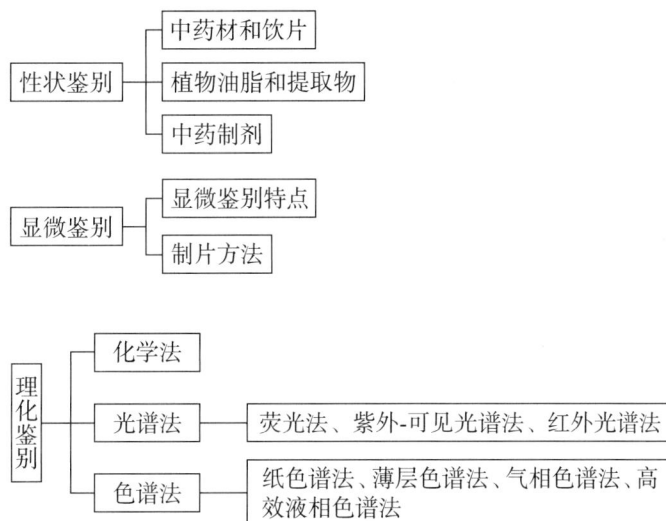

目标检测

1. 中药制剂性状鉴别的含义是什么?

2. 中药制剂显微鉴别的特点有哪些?

3. 试述中药制剂显微鉴别的制片方法。

4. 中药制剂理化鉴别的目的和意义是什么?

5. 中药制剂中常用的理化鉴别方法有哪些?

6. 采用 TLC 鉴别时,常需设定哪些对照来增加结果的可靠性?

04章 同步练习

第五章　检查

学习目标

　　掌握中药制剂杂质的概念及一般要求,掌握重金属、砷盐的检查原理和方法;熟悉水分、灰分的检查原理及方法,熟悉有害物质检查法的基本要求,熟悉《中国药典》中各检查项下特殊杂质与有关杂质的检查原理;了解干燥失重、炽灼残渣、农药残留、二氧化硫残留的检查原理和方法,了解黄曲霉毒素、微生物的检查方法,了解《中国药典》中树脂残留物与溶剂残留物检查的方法与步骤。

学前导语

　　药品质量标准的"检查"项下包括安全性、有效性、均一性及纯度四个方面。本章主要介绍为确保药物纯度的杂质检查及安全性方面的检查。为确保用药安全有效,必须根据杂质对人体的危害性和使用要求,对中药制剂所含的杂质及其限量,作必要的检查和规定,必须确保将有害物质控制在合理的范围内。

第一节 概述

杂质（impurity）是指药物中存在的无治疗作用的、影响药物稳定性和疗效的，甚至对人体健康有害的物质。中药材及其制剂的检查一般包括水分、灰分、重金属、砷盐、有害元素、农药残留、黄曲霉毒素及二氧化硫残留等。药物中的杂质检查不仅是保证用药安全有效，也是考核生产工艺和企业管理是否正常，以保证提高药品质量的需要。

一、杂质来源

中药制剂中的杂质检查项目是根据其中可能存在的杂质来确定的。了解中药制剂的杂质来源，可以有针对性地制订杂质检查的项目和方法。

中药制剂中的杂质主要来源于以下三方面。

（一）药材和饮片

在中药制剂制备过程中，原料药材和饮片如果不纯，有可能带入杂质。药材来源广阔，不同产地的中药材质量差别很大，其质量又受生长环境、采收季节、炮制加工及贮藏条件等多种因素的影响。同一品种药材由于药用部位的不同，在收购和生产过程中有可能会混入掺杂物，使药材质量有差异。另外，一些中药材因土壤环境污染以及农药化肥的使用等有可能将重金属、砷盐、有机磷、钾离子、钙离子等杂质带入制剂中。因此，药材中可能混存的杂质包括基源不正、药用部位有误及水土污染、农药滥用等引入的杂质，也包括一些泥土、砂石等无机杂质。如药材大黄，在收购过程中有可能引入土大黄，药材和大黄浸膏等制剂对土大黄苷进行检查。人参药材对多种残留农药和灰分进行检查。

（二）生产制备过程

在制剂生产制备过程中，常需使用各种试剂、溶剂等，这些试剂溶剂有可能会残留在制剂中成为杂质。在生产中如果用被污染的水，也会使产品受到污染，引入杂质。制剂生产过程中所接触到的仪器设备、用具、管道，也包括工作人员等，都有可能将一些杂质引入药品中。另外，一些单一成分制剂从中药材提取分离过程中常会引入与产品化学结构、性质相似的物质，分离、精制过程中不能完全除尽即成为杂质。

（三）贮存过程

外界条件（温度、湿度、空气、日光等）的影响或微生物的作用可使中药制剂发生质量的变化。其内部成分会发生水解、氧化、还原、聚合、分解、发霉等变化，而使制剂中产生一些新的物质。这些杂质常使药物外观性状发生改变，降低药物的稳定性和质量，也可能对人体产生毒害或使药物失去治疗效力。中药制剂在包装、贮存、运输过程中，由于处理不当，都可造成破损、分解、霉变、腐败以及鼠咬、虫蛀等而引入大量杂质。药品质量标准根据药物的性质规定了药物的贮藏条件，以保持其相对的稳定性。对于一些易发生变化的制剂,则须加入一定量的稳定剂。

按来源可将杂质分为一般杂质和特殊杂质。一般杂质(general impurities)是指自然界中分布较广泛,在多种药材的采收、加工及制剂的生产、贮存过程中容易引入的杂质,如水分、灰分、铁盐、重金属、砷盐等。其检查方法收载在《中国药典》四部通则。特殊杂质(special impurities)是指在特定药材或制剂的生产和贮存过程中,根据其来源、生产工艺及本身性质有可能存在的杂质,这种杂质的检查方法在《中国药典》中列入正文对应药物的检查项下。

二、杂质限量

杂质的量应愈少愈好,但要把药物中的杂质完全去除,是难以做到的,而且势必降低收率,增加成本。对于药物中所存在的杂质,在不引起毒性、不影响药物的稳定性和疗效的原则下,综合考虑杂质的安全性、生产的可行性与药品的稳定性,允许药物中含有限定量的杂质。因此,《中国药典》规定的杂质检查通常为限量检查。限量检查(limit test)不要求测定其准确含量,只需检查杂质是否超过限量。药物中所含杂质的最大允许量,即为杂质限量(limit of impurity),通常用百分之几或 mg/kg(百万分之几)来表示。

$$杂质限量 = \frac{杂质最大允许量}{供试品量} \times 100\% \qquad (式 5\text{-}1)$$

1. 对照法　杂质的限量检查多采用对照法,即一定量供试品溶液和待检杂质的标准溶液在相同的条件下试验,比较反应结果,从而确定杂质限量是否超过规定。此法应注意平行操作原则,确保条件(如加入试剂、反应温度和放置时间等)一致,这样结果才有可比性。

对照法中,供试品(S)中所含杂质的量是通过与一定量杂质标准溶液的比较来确定的,杂质的最大允许量也就是杂质标准溶液的浓度(C)和体积(V)的乘积,因此杂质限量(L)的计算公式为:

$$杂质限量(L) = \frac{标准溶液浓度(C) \times 标准溶液体积(V)}{供试品量(S)} \qquad (式 5\text{-}2)$$

$$L = \frac{C \times V}{S}$$

药物中杂质限量检查的示例如下。

【示例 5-1】芒硝中砷盐的检查

取本品 0.20g,加水 23ml 溶解后,加盐酸 5ml,依法检查(通则 0822)。如果标准砷溶液(每 1ml 相当于 1μg 的 As)取用量为 2ml,药物中砷盐的杂质限量为:

$$L = \frac{C \times V}{S} \times 10^{-6} = \frac{1μg/ml \times 2ml}{0.2g} \times 10^{-6} = 10mg/kg$$

【示例 5-2】黄连上清丸中重金属检查

取本品 15g,研细,过二号筛,取适量,精密称定,按照炽灼残渣检查法(通则 0841)炽灼至完全灰化,取遗留的残渣,依法检查(通则 0821 第二法),含重金属不得过 25mg/kg。如果标准铅溶液(每 1ml 相当于 10μg 的 Pb)取用量为 2ml,供试品的取样量为:

$$S= \frac{C \times V}{L} = \frac{10\mu g/ml \times 2ml}{25 \times 10^{-6}} = 0.8g$$

2. 灵敏度法 此法是向供试品溶液中加入一定量的试剂,在一定反应条件下,观察有无正反应出现,即从该测定条件下的反应灵敏度来控制杂质限量。如肉桂油中重金属的检查方法为:取本品 10ml,加水 10ml 与盐酸 1 滴,振摇后,通硫化氢气体使饱和,水层与油层均不得变色。

3. 比较法 杂质检查法还常见测出相应杂质的量,与规定的数值比较来判断杂质是否超过限量,如水分、干燥失重、炽灼残渣等的检查。

《中国药典》中未规定检查的杂质项目,可能是在正常生产和贮存过程中不可能引入,或引入量甚微,对人体无不良影响,也不影响药物质量,故不予检查。有一些则是由于从生产实践到检验方法对其认识尚不够,有待进一步积累资料,也可暂缓定入"检查"项目下。

第二节 一般杂质检查法

一、水分

药品中若含有较多的水分,不仅使其成分的含量降低,而且会引起药物发霉变质或某些成分水解。另外含水量还可反映出制剂的生产工艺是否稳定,包装及贮存条件是否适宜等。因此要进行水分测定或干燥失重测定。

水分测定,用于控制中药材或中药固体制剂中的水分含量(%)。由于药物性质不同,水分测定方法也各不相同。《中国药典》2015 年版四部水分测定收载有五法,包括费休氏法、烘干法、减压干燥法、甲苯法和气相色谱法。

(一) 第一法(费休氏法)

费休氏法包括容量滴定法和库仑滴定法两种方法。

1. 容量滴定法 本法是根据碘和二氧化硫在吡啶和甲醇溶液中与水定量反应的原理来测定水分的含量。碘氧化二氧化硫为三氧化硫时,需要一定量的水分参与反应,根据其定量反应关系和消耗碘的量,可以计算出含水量。

(1) 费休氏试液的制备:称取碘(置硫酸干燥器内 48 小时以上)110g,置干燥的具塞锥形瓶中,加无水吡啶 160ml,注意冷却,振摇至碘全部溶解后,加无水甲醇 300ml,称定质量,将锥形瓶置冰浴中冷却,在避免空气中的水分侵入的条件下,通入干燥的二氧化硫至质量增加 72g,再加无水甲醇使成 1 000ml,密塞,摇匀,在暗处放置 24 小时,即得费休氏试液。也可以使用稳定的市售费休氏试液。市售的费休氏试液可以是不含吡啶的其他碱化试剂,或不含甲醇的其他伯醇类等制成;也可以是单一的溶液或由两种溶液临用前混合而成。本试液应遮光、密封、阴凉干燥处保存,临用前应标定滴定度。

(2) 费休氏试液的标定：精密称取纯化水 10~30mg，用水分测定仪直接标定；或精密称取纯化水 10~30mg，置干燥的具塞锥形瓶中，除另有规定外，加无水甲醇适量，在避免空气中水分侵入的条件下，用费休氏试液滴定至溶液由浅黄色变为红棕色，或用电化学方法（如永停滴定法）指示终点；另做空白试验，按下式计算：

$$F = \frac{W}{A-B}$$
（式 5-3）

式中，F 为每 1ml 费休氏试液相当于水的质量，mg；W 为称取纯化水的质量，mg；A 为滴定所消耗费休氏试液的容积，ml；B 为空白所消耗费休氏试液的容积，ml。

(3) 测定法：精密称取供试品适量（约消耗费休氏试液 1~5ml），除另有规定外，溶剂为无水甲醇，用水分测定仪直接测定。或精密称取供试品适量，置干燥的具塞锥形瓶中，加溶剂适量，在不断振摇（或搅拌）下用费休氏试液滴定至溶液由浅黄色变为红棕色，或用永停滴定法（通则 0701）指示终点；另做空白试验，按下式计算：

$$供试品中水分含量（\%）= \frac{(A-B)F}{W} \times 100\%$$
（式 5-4）

式中，A 为供试品所消耗费休氏试液的容积，ml；B 为空白所消耗费休氏试液的体积，ml；F 为每 1ml 费休氏试液相当于水的质量，mg；W 为供试品的质量，mg。

2. **库仑滴定法** 适用于测定化学惰性物质如烃类、醇类和酯类中的水分。所用仪器应干燥，并能避免空气中水分的侵入。测定操作应在干燥处进行。

本法以卡尔 - 费休氏（Karl-Fischer）反应为基础，应用永停滴定法测定供试品中的水分含量。与容量滴定法相比，本法中滴定剂碘不是从滴定管加入，而是由含有碘离子的阳极电解液电解产生。一旦所有的水被滴定完全，阳极电解液中就会出现少量过量的碘，使铂电极极化而停止碘的产生。根据法拉第定律，产生碘的量与通过的电量成正比，因此可以通过测量电量总消耗的方法来测定水分总量。本法主要用于含微量水分（0.000 1%~0.1%）的供试品。

费休氏试液：按卡尔 - 费休氏库仑滴定仪的要求配制或购置滴定液，本法无须标定滴定液。

测定法：于滴定杯加入适量费休氏试液，先将试液和系统中的水分预滴定除去，然后精密量取供试品适量（含水量约为 0.5~5mg），迅速转移至滴定杯中，以永停滴定法（通则 0701）指示终点，从仪器显示屏上直接读取供试品中水分的含量，其中每 1mg 水相当于 10.72 库仑电量。

（二）第二法（烘干法）

本法适用于不含或少含挥发性成分的药品。

测定法：取供试品 2~5g，平铺于干燥至恒重的扁形称量瓶中，厚度不超过 5mm，疏松样品不超过 10mm，精密称定，打开瓶盖，在 100~105℃干燥 5 小时，将瓶盖盖好，移至干燥器中，冷却 30 分钟，精密称定重量，再在上述温度干燥 1 小时，冷却，称重，至连续两次称重的差异不超过 5mg 为止。根据减失的重量，计算供试品中含水量（%）。

（三）第三法（减压干燥法）

本法适用于含有挥发性成分的贵重药品。中药测定用的供试品，一般先破碎并通过二号筛。

测定法：先取直径 12cm 的培养皿，加入新鲜五氧化二磷干燥剂适量，使铺成 0.5~1cm 的厚度，放入直径 30cm 的减压干燥器中。取供试品 2~4g，混合均匀，分取 0.5~1g，置已在供试品同样条件下干燥并称重的称量瓶中，精密称定，打开瓶盖，放入上述减压干燥器中，抽气减压至 2.67kPa（20mmHg）以下，持续抽气半小时，室温放置 24 小时。在减压干燥器出口连接新鲜无水氯化钙干燥管，打开活塞，待内外压一致，关闭活塞，打开干燥器，盖上瓶盖，取出称量瓶迅速精密称定重量，计算供试品中含水量（%）。

（四）第四法（甲苯法）

本法适用于含挥发性成分的药物。仪器装置如图 5-1 所示。A 为 500ml 的短颈圆底烧瓶；B 为水分测定管；C 为直形冷凝管，外管长 40cm。使用前，全部仪器应清洁，并置烘箱中烘干。

测定法：取供试品适量（约相当于含水量 1~4ml），精密称定，置 A 瓶中，加甲苯约 200ml，必要时加入干燥、洁净的沸石（无釉小瓷片数片）或玻璃珠数粒，将仪器各部分连接，自冷凝管顶端加入甲苯，至充满 B 管的狭细部分。将 A 瓶置电热套中或用其他适宜方法缓缓加热，待甲苯开始沸腾时，调节温度，使每秒钟馏出 2 滴。待水分完全馏出，即测定管刻度部分的水量不再增加时，将冷凝管内部先用甲苯冲洗，再用饱蘸甲苯的长刷或其他适当方法，将管壁上附着的甲苯推下，继续蒸馏 5 分钟，放冷至室温，拆卸装置，如有水黏附在 B 管的管壁上，可用蘸甲苯的铜丝推下，放置，使水分与甲苯完全分离（可加亚甲蓝粉末少量，使水染成蓝色，以便分离观察）。检读水量，并计算成供试品中含水量（%）。

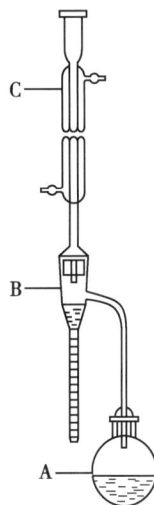

● 图 5-1　甲苯法水分测定装置

注意事项：甲苯须先加少量水，充分振摇，使水在甲苯中达到饱和，放置，将水层分离弃去，经蒸馏后可使用，以减少因甲苯与微量水混溶而引起水分测定结果偏低。馏出液甲苯和水分进入水分测定管中，因水的相对密度大于甲苯，沉于底部，甲苯流回 A 瓶中。测试用的供试品一般先破碎成直径不超过 3mm 的颗粒或碎片；直径和长度在 3mm 以下的可不破碎。

（五）第五法（气相色谱法）

该方法具有简便、快速、灵敏、准确的特点，不受样品组分和环境湿度的影响，可适用于各类型中药制剂中微量水分的精密测定，测定方法如下。

色谱条件与系统适用性试验：用直径为 0.18~0.25mm 的二乙烯苯 - 乙基乙烯苯型高分子多孔小球作为载体，柱温为 140~150℃，热导检测器检测。注入无水乙醇，按照气相色谱法（通则 0521）测定，应符合下列条件要求：

（1）理论板数按水峰计算应大于 1 000，理论板数按乙醇峰计算应大于 150。

（2）水和乙醇两峰的分离度应大于 2。

(3) 用无水乙醇进样 5 次,水峰面积的相对标准偏差不得大于 3.0%。

对照溶液的制备:取纯化水 0.2g,精密称定,置 25ml 量瓶中,加无水乙醇至刻度,摇匀,即得。

供试品溶液的制备:取供试品适量(含水量约 0.2g),粉碎或研细,精密称定,置具塞锥形瓶中,精密加入无水乙醇 50ml,密塞,混匀,超声处理 20 分钟,放置 12 小时,再超声处理 20 分钟,密塞放置,待澄清后倾取上清液,即得。

测定法:取无水乙醇、对照溶液和供试品溶液各 1~5μl,注入气相色谱仪,测定,即得。

注意事项:对照溶液与供试品溶液的配制须用新开启的同一瓶无水乙醇;用外标法计算供试品中的含水量,计算时应扣除无水乙醇中的含水量,方法如下:

对照溶液中实际加入的水的峰面积 = 对照溶液中总水峰面积 $-K \times$ 对照溶液中乙醇峰面积

供试品中水的峰面积 = 供试品溶液中总水峰面积 $-K \times$ 供试品溶液中乙醇峰面积

$$K = \frac{\text{无水乙醇中水峰面积}}{\text{无水乙醇中乙醇峰面积}}$$

(式 5-5)

二、干燥失重

药品的干燥失重系指药品在规定的条件下,经干燥后所减失的重量。主要是检查药物中的水分、结晶水及其他挥发性的物质如乙醇等。由减失的重量和取样量计算供试品的干燥失重。

干燥失重的检查方法一般包括常压恒温干燥法、干燥剂干燥法、减压干燥法和热分析法。《中国药典》2015 年版通则中收载的干燥失重检查方法即为第一种方法,又名烘干法,适用于受热稳定的供试品。

方法:取供试品,混合均匀(如为较大的结晶,应先迅速捣碎使成 2mm 以下的小粒),取约 1g 或各品种项下规定的重量,置于供试品相同条件下干燥至恒重的扁形称量瓶中,精密称定,除另有规定外,在 105℃干燥至恒重。由减失的重量和取样量计算供试品的干燥失重。

供试品干燥时,一般取约 1g,将颗粒控制在 2mm 以下,应平铺在扁形称量瓶中,厚度不可超过 5mm,如为疏松物质,厚度不可超过 10mm。放入烘箱或干燥器进行干燥时,应将瓶盖取下,置称量瓶旁,或将瓶盖半开进行干燥;取出时,须将称量瓶盖好。置烘箱内干燥的供试品,应在干燥后取出置干燥器中放冷,然后称定重量。

供试品如未达规定的干燥温度即融化时,应先将供试品在低于熔化温度 5~10℃的温度下干燥至大部分水分除去后,再按规定条件干燥。

当用减压干燥器(通常为室温)或恒温减压干燥器(温度应按各品种项下的规定设置)时,除另有规定外,压力应在 2.67kPa 以下。常用的干燥剂为五氧化二磷、无水氯化钙或硅胶,恒温减压干燥器中常用的干燥剂为五氧化二磷。干燥剂应及时更换。

> **知识链接**
>
> ### 热 分 析 法
>
> 热分析法是在程序控制温度下,精确测量物质的物理性质随温度变化的关系,研究物质在受热过程中发生的晶型转化、熔融、蒸发、脱水等物理变化,或热分解、氧

化、还原等化学变化,及伴随发生的温度、能量或重量改变的方法。热分析法有多种,常用于中药质量分析的有热重分析法(TGA)、差热分析法(DTA)和差示扫描量热法(DSC)。热分析法可用于中药的真伪和种类鉴别,以及中药成分分析等方面。如TGA法用来检查原料及制剂的湿度和含水量,主要优点是样品用量少、测定速度比干燥失重快,适用于贵重药物或在空气中极易氧化的药物的干燥失重。

三、灰分

灰分包括总灰分和酸不溶性灰分。总灰分是中药经粉碎后加热,高温炽灼至灰化,所得的残渣重量。总灰分除包含药物本身所含无机盐(即生理灰分)外,还包含外来掺杂物(泥土、砂石等无机杂质)。规定中药的总灰分限度,主要是为了控制药材中泥土、砂石的量,同时还反映药材中生理灰分的量,对于保证中药的品质和洁净程度,有一定的意义。

中药经高温炽灼得到的总灰分加盐酸处理,得到不溶于酸的灰分,称酸不溶性灰分。在盐酸酸性环境下,钙盐等无机物可溶,而泥土、砂石等不溶解,因此酸不溶性灰分对于那些生理灰分差异较大,特别是组织中含草酸钙较多的药材,更能准确反映其中泥土砂石等的掺杂量。如大黄的总灰分的量可达8%~20%,甚至20%以上,此类药材的总灰分不能明确的说明外来杂质的量,需测定酸不溶性灰分。

(一)测定方法

1. 总灰分测定法　测定用的供试品须粉碎,使能通过二号筛,混合均匀后,取供试品2~3g(如须测定酸不溶性灰分,可取供试品3~5g),置炽灼至恒重的坩埚中,称定重量(准确至0.01g),缓缓炽热,注意避免燃烧,至完全炭化时,逐渐升高温度至500~600℃,使完全灰化并至恒重。根据残渣重量,计算供试品中总灰分的含量(%)。

2. 酸不溶性灰分测定法　取总灰分测定所得的灰分,在坩埚中小心加入稀盐酸约10ml,用表面皿覆盖坩埚,置水浴上加热10分钟,表面皿用热水5ml冲洗,洗液并入坩埚中,用无灰滤纸滤过,坩埚内的残渣用水洗于滤纸上,并洗涤至洗液不显氯化物反应为止。滤渣连同滤纸移置同一坩埚中,干燥,炽灼至恒重。根据残渣重量,计算供试品中酸不溶性灰分的含量(%)。

(二)注意事项

1. 测定前先将供试品称取适量粉碎,使其通过2号筛,将粉末混合均匀后再取样。

2. 如供试品不易灰化,可将坩埚放冷,加热水或10%硝酸铵溶液2ml,使残渣湿润,然后置水浴上蒸干,得到的残渣再按上面所说的方法炽灼至坩埚内容物完全灰化。

四、炽灼残渣

炽灼残渣(residue on ignition)是指有机药物经炽灼炭化、高温炽灼使有机物破坏分解成为挥发性物质逸出后残留的非挥发性无机杂质的硫酸盐,也称硫酸灰分。其检查的目的是用于控制有机药物或挥发性无机药物中非挥发性无机杂质。

(一) 方法

取供试品 1.0~2.0g 或各品种项下规定的重量,置已炽灼至恒重的坩埚中,精密称定,缓缓炽灼至完全炭化,放冷至室温;加硫酸 0.5~1ml 使湿润,低温加热至硫酸蒸气除尽后,在 700~800℃炽灼使完全灰化,移置干燥器内,放冷至室温,精密称定后,再在 700~800℃炽灼至恒重,即得。

$$炽灼残渣(\%) = \frac{残渣及坩埚重 - 空坩埚重}{供试品重} \times 100\% \qquad (式5\text{-}6)$$

(二) 注意事项

1. 取样量可根据炽灼残渣限量来决定,取样量过多,炭化及灰化时间长,取样量过少,炽灼残渣量少,称量误差大。炽灼残渣限量一般在 0.1%~0.2%,所以取样量一般为 1~2g 左右。

2. 必须低温蒸发除尽硫酸,否则会腐蚀炉膛,若温度过高,可能会因溅射影响测定结果;含氟药物对瓷坩埚有腐蚀作用,可采用铂坩埚。

3. 如需将残渣留作重金属检查,则炽灼温度应控制在 500~600℃。

4. 具有挥发性的无机成分中药受热挥发或分解后残留的非挥发性杂质,也可用炽灼残渣法检查。如中药轻粉其来源主要为水银、胆矾、食盐升华而制成的氯化亚汞结晶,具有挥发性。《中国药典》2015 年版规定用本法检查其炽灼残渣不得超过 0.1%。

(崔兰冲)

第三节　有害物质检查法

一、重金属检查法

重金属系指在规定实验条件下能与硫代乙酰胺或硫化钠作用显色的金属杂质。重金属及有害元素主要是指铅(Pb)、汞(Hg)、镉(Cd)、铜(Cu)、银(Ag)、铋(Bi)、锑(Ti)、锡(Sn)、砷(As)等。因为在药品生产过程中遇到铅的机会较多,且铅在体内易积蓄中毒,故检查重金属时以铅为代表,通过与含有已知量铅的对照溶液的比较进行样品的重金属检查,并以铅的限量表示重金属限量。对于中药中的铅、镉、砷、汞、铜等特定金属离子可以采用原子吸收分光光度法测定。在《中国药典》2015 年版中,重金属检查法共有三种,分别称为第一法(硫代乙酰胺法),第二法(炽灼后的硫代乙酰胺法)和第三法(硫化钠法)。

(一) 第一法(硫代乙酰胺法)

1. 原理　弱酸性条件下(pH 3.5),重金属离子与硫代乙酰胺水解产生的硫化氢气体生成有色硫化物的沉淀(混悬液)。与标准铅溶液在相同条件下生成的沉淀比较,颜色不得更深。否则视为供试品中重金属不符合限量规定。反应式如下：

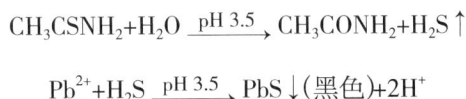

$$CH_3CSNH_2+H_2O \xrightarrow{pH\ 3.5} CH_3CONH_2+H_2S\uparrow$$

$$Pb^{2+}+H_2S \xrightarrow{pH\ 3.5} PbS\downarrow(黑色)+2H^+$$

2. 检查方法　除另有规定外，取 25ml 纳氏比色管三支，甲管中加标准铅溶液一定量与醋酸盐缓冲液(pH 3.5)2ml 后，加水或各品种项下规定的溶剂稀释成 25ml，乙管中加入按各品种项下规定的方法制成的供试品溶液 25ml，丙管中加入与乙管相同重量的供试品，加配制供试品溶液的溶剂适量使溶解，再加与甲管相同量的标准铅溶液与醋酸盐缓冲液(pH 3.5)2ml 后，用溶剂稀释成 25ml；若供试品溶液带颜色，可在甲管中滴加少量的稀焦糖溶液或其他无干扰的有色溶液，使之与乙管、丙管一致；再在甲、乙、丙三管中分别加硫代乙酰胺试液各 2ml，摇匀，放置 2 分钟，同置白纸上，自上向下透视，当丙管中显示的颜色不浅于甲管时，乙管中显示的颜色与甲管比较，不得更深。如丙管中显示的颜色浅于甲管，应取样按第二法重新检查。

3. 注意事项

(1) 以 10~20μg 的 Pb 与显色剂所产生的颜色为最佳目视比色范围，硫代乙酰胺试液与重金属反应的最佳 pH 为 3.5，最佳显色时间是 2 分钟。

(2) 可在甲管中滴加稀焦糖溶液或其他无干扰的有色溶液使之与供试品颜色一致，仍不能使颜色一致时，应取样按第二法检查。

(3) 供试品如含高铁盐影响重金属检查时，可在甲、乙、丙三管中分别加入相同量的维生素 C 0.5~1.0g，再照上述方法检查，防止铁盐氧化硫化氢而析出硫。

(4) 配制供试品溶液时，如使用的盐酸超过 1ml，氨试液超过 2ml，或加入其他试剂进行处理者，除另有规定外，甲管溶液应取同样同量的试剂置瓷皿中蒸干后，加醋酸盐缓冲液(pH 3.5)2ml 与水 15ml，微热溶解后，移置纳氏比色管中，加标准铅溶液一定量，再用水或各品种项下规定的溶剂稀释成 25ml。

(二) 第二法 (炽灼后硫代乙酰胺法)

1. 原理　本法适用于含芳环、杂环以及难溶于水、稀酸和乙醇的有机药物重金属检查。主要通过炽灼样品，破坏其与重金属形成的价键，而后再加盐酸转化为易溶于水的氯化物，依照第一法检查。

2. 检查方法　除另有规定外，当需改用第二法检查时，取各品种项下规定量的供试品，按炽灼残渣检查法(《中国药典》2015 年版通则 0841)进行炽灼处理，然后取遗留的残渣；或直接取炽灼残渣项下遗留的残渣；如供试品为溶液，则取各品种项下规定量的溶液，蒸发至干，再按上述方法处理后取遗留的残渣；加硝酸 0.5ml，蒸干，至氧化氮蒸气除尽后(或取供试品一定量，缓缓炽灼至完全炭化，放冷，加硫酸 0.5~1ml，使恰湿润，用低温加热至硫酸除尽后，加硝酸 0.5ml，蒸干，至氧化氮蒸气除尽后，放冷，在 500~600℃炽灼使完全灰化)，放冷，加盐酸 2ml，置水浴上蒸干后加水 15ml，滴加氨试液至对酚酞指示液显微粉红色，再加醋酸盐缓冲液(pH 3.5)2ml，微热溶解后，移置纳氏比色管中，加水稀释成 25ml，作为乙管；另取配制供试品溶液的试剂，置瓷皿中蒸干后，加醋酸盐缓冲液(pH 3.5)2ml 与水 15ml，微热溶解后，移置纳氏比色管中，加标准铅溶液一定量，用水稀释成 25ml，作为甲管；再在甲、乙两管中分别加硫代乙酰胺试液各 2ml，摇匀，放置 2 分钟，同置白纸上,自上向下透视,乙管中显出的颜色与甲管比较,不得更深。

3. 注意事项

(1) 本法炽灼温度必须控制在 500~600℃,炽灼温度在 700℃以上时,多数重金属盐都有不同程度的损失;以铅为例,在 700℃经 6 小时炽灼,损失达 68%。

(2) 炽灼残渣加硝酸处理,必须蒸干,至氧化氮蒸气除尽,否则会使硫代乙酰胺水解生成的硫化氢,因氧化析出硫,影响检查。蒸干后残渣加盐酸处理,使重金属转化为氯化物,在水浴上蒸干以除去多余的盐酸,加水溶解,加入酚酞指示液 1 滴,再逐滴加入氨试液,边加边搅拌,直到溶液刚显浅红色为止,再加醋酸盐缓冲液(pH 3.5)使供试液的 pH 调至 3.5。

(三) 第三法(硫化钠法)

1. 原理 本法又称为硫化钠法,适用于不溶于稀酸或在稀酸中生成沉淀干扰观察的药物重金属检查。

$$Pb^{2+}+S^{2-} \longrightarrow PbS(黑色)\downarrow$$

2. 检查方法 除另有规定外,取供试品适量,加氢氧化钠试液 5ml 与水 20ml 溶解后,置纳氏比色管中,加硫化钠试液 5 滴,摇匀,与一定量的标准铅溶液同样处理后的颜色比较,不得更深。

3. 注意事项 硫化钠试液对玻璃有腐蚀性,尤其久置会生成絮状物,应临用时新配制。

知识链接

以比色法计算的重金属限度

重金属杂质是一类自然存在的杂质,可能是工艺需要有意使用了金属化合物或在生产现场接触到金属元素,导致在终产品中残留。如基于安全性和质控的需要,原料或辅料合成中用到的金属催化剂或金属试剂,如钯、铂、锌、铁、铬等需要进行严格控制。2011 年版《欧洲药典》指出了不同情况下的重金属残留限度,见表 5-1。

表 5-1 重金属限度

日摄入量及暴露时间	重金属限度
每日摄入量 >0.5g,治疗时间 <30 天	需要进行重金属检测,限度 2.0×10^{-5}
每日摄入量 >0.5g,治疗时间 >30 天	需要进行重金属检测,限度 1.0×10^{-5}
每日摄入量 <0.5g,治疗时间 >30 天	需要进行重金属检测,注射用原料的限度为 1.0×10^{-5},其他用途的原料药限度为 1.0×10^{-5}
每日摄入量 <0.5g,治疗时间 <30 天	不需要进行重金属检查

二、砷盐检查法

砷盐是有毒的物质,多由药物生产过程所使用的无机试剂引入。砷盐和重金属一样,在多种药物中要求检查,并控制其限量。2015 年版《中国药典》采用古蔡氏法和二乙基二硫代氨基甲酸银法(简称 Ag-DDC 法)检查药物中微量的砷盐。

(一) 第一法(古蔡氏法)

1. 原理　锌粒与盐酸反应产生新生态的氢,而后与供试品中的微量砷反应,生成挥发性的砷化氢,再与溴化汞试纸作用生成黄色至棕色砷斑。与一定量的标准砷溶液在同一条件下生成的砷斑比较,判断供试品中砷盐是否符合限量规定。

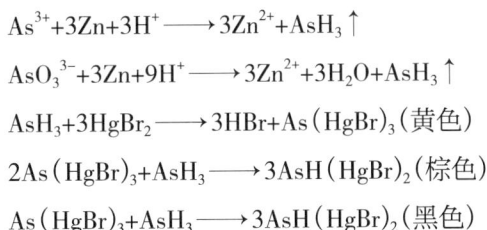

$$As^{3+}+3Zn+3H^+ \longrightarrow 3Zn^{2+}+AsH_3\uparrow$$
$$AsO_3^{3-}+3Zn+9H^+ \longrightarrow 3Zn^{2+}+3H_2O+AsH_3\uparrow$$
$$AsH_3+3HgBr_2 \longrightarrow 3HBr+As(HgBr)_3(黄色)$$
$$2As(HgBr)_3+AsH_3 \longrightarrow 3AsH(HgBr)_2(棕色)$$
$$As(HgBr)_3+AsH_3 \longrightarrow 3AsH(HgBr)_2(黑色)$$

2. 检查方法

(1) 仪器装置:如图 5-2 所示,A 为 100ml 标准磨口锥形瓶;B 为中空的标准磨口塞,上连导气管 C(外径 8.0mm,内径 6.0mm),全长约 180mm;D 为具孔的有机玻璃旋塞,其上部为圆形平面,中央有一圆孔,孔径与导气管 C 的内径一致,其下部孔径与导气管 C 的外径相适应,将导气管 C 的顶端套入旋塞下部孔内,并使管壁与旋塞的圆孔相吻合,黏合固定;E 为中央具有圆孔(孔径 6.0mm)的有机玻璃旋塞盖,与 D 紧密吻合。测试时,于导气管 C 中装入醋酸铅棉花 60mg(装管高度为 60~80mm),再于旋塞 D 的顶端平面上放一片溴化汞试纸(试纸大小以能覆盖孔径而不露出平面外为宜),盖上旋塞盖 E 并旋紧,即得。

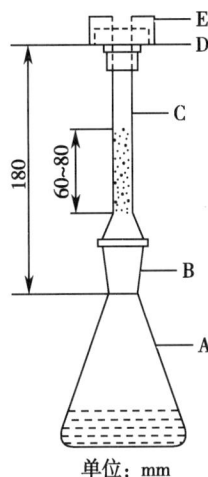

● 图 5-2　古蔡氏法测砷装置

(2) 标准砷斑的制备:精密量取标准砷溶液 2ml,置 A 瓶中,加盐酸 5ml 与水 21ml,再加碘化钾试液 5ml 与酸性氯化亚锡试液 5 滴,在室温放置 10 分钟后,加锌粒 2g,立即将照上法装妥的导气管 C 密塞于 A 瓶上,并将 A 瓶置 25~40℃水浴中,反应 45 分钟,取出溴化汞试纸,即得。

若供试品需经有机破坏后再行检砷,则应取标准砷溶液代替供试品,照该品种项下规定的方法同法处理后,依法制备标准砷斑。

(3) 检查法:取按各品种项下规定方法制成的供试品溶液,置 A 瓶中,照标准砷斑的制备,自"再加碘化钾试液 5ml"起,依法操作。将生成的砷斑与标准砷斑比较,不得更深。

3. 注意事项

(1) 标准砷斑的制备以 2ml 标准砷溶液(相当于 $2\mu g$ 的 As)为宜,否则砷斑颜色过深或者过浅,不利于砷斑比色的正确性。

(2) 碘化钾和氯化亚锡的作用:虽然五价砷在酸性溶液中可以被金属锌还原为砷化氢,但生成砷化氢的速度较三价砷慢,故反应溶液中加入碘化钾和酸性氯化亚锡先将五价砷还原为三价砷;同时氯化亚锡可以继续还原被氧化的碘离子,生成的碘离子与反应中产生的锌离子形成稳定的配位离子,促进反应不断向右进行。

$$AsO_4^{3-}+2I^-+2H^+\longrightarrow AsO_3^{3-}+I_2+H_2O$$

$$AsO_4^{3-}+Sn^{2+}+2H^+\longrightarrow AsO_3^{3-}+Sn^{4+}+H_2O$$

$$I_2+Sn^{2+}\longrightarrow 2I^-+Sn^{4+}$$

$$4I^-+Zn^{2+}\longrightarrow \left[ZnI_4\right]^{2-}$$

氯化亚锡可以与锌作用,在锌粒表面形成锌锡齐,起去极化作用,从而使氢气均匀而连续地释放。

氯化亚锡和碘化钾还可以抑制锑化氢的形成,否则锑化氢与溴化汞试纸作用生成锑斑,干扰砷斑的检查。在实验条件下,低于 $100\mu g$ 的锑不会干扰砷的测定。

(3) 醋酸铅棉花的作用:供试品中和锌粒表面可能含有少量硫化物,在酸性溶液中能产生少量硫化氢气体;醋酸铅棉花可以吸收硫化氢,避免硫化氢与溴化汞试纸作用,干扰砷斑检查。醋酸铅的装填量要适当,约 60mg;装填高度 60~80mm;避免过松或过紧。

(4) 仪器与试剂要求:所用仪器和试剂依照本法检查,均不能生成砷斑,或至多生成仅可辨认的斑痕。制备标准砷斑或标准砷对照液,应与供试品检查同时进行。

(5) 中药制剂的预处理:不同性质的供试品预处理的方式不同。可溶于水或可溶于酸的药物中的砷盐可直接依法检查砷盐;对于与砷有机结合的金属有机化合物需要先行有机破坏。《中国药典》2015 年版采用碱破坏法。

(6) 含硫药物的处理:如供试品为硫化物、亚硫酸盐或硫代硫酸盐等,则在酸性溶液中可产生大量硫化氢或二氧化硫气体,干扰检查;可加硝酸使氧化成硫酸盐以除去干扰。

(二) 第二法(二乙基二硫代氨基甲酸银法)

1. 原理 金属锌与酸作用产生新生态的氢,与供试品中微量砷盐反应生成具挥发性的砷化氢,使二乙基二硫代氨基甲酸银(DCC-Ag)还原成红色的胶态银。利用比色法或紫外分光光度法,与同一条件标准砷溶液生成的胶态银比较,颜色不得更深。该法不仅用于砷限量的检查,还可用作微量砷盐的含量测定。

砷化氢与 DCC-Ag 的反应式如下:

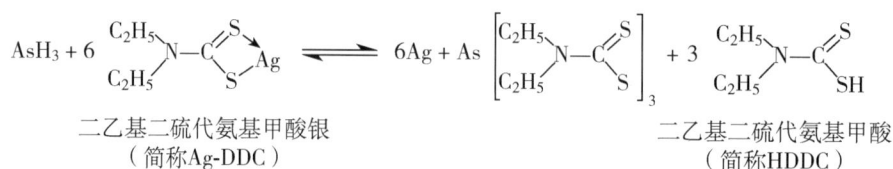

$$AsH_3 + 6\ \underset{C_2H_5}{\overset{C_2H_5}{N{-}C}}{\overset{\displaystyle S}{\underset{\displaystyle S}{}}}Ag \;\rightleftharpoons\; 6Ag + As\left[\underset{C_2H_5}{\overset{C_2H_5}{N{-}C}}{\overset{\displaystyle S}{\underset{\displaystyle S}{}}}\right]_3 + 3\ \underset{C_2H_5}{\overset{C_2H_5}{N{-}C}}{\overset{\displaystyle S}{\underset{\displaystyle SH}{}}}$$

二乙基二硫代氨基甲酸银　　　　　　　　　　　　　　　　　二乙基二硫代氨基甲酸
（简称Ag-DDC）　　　　　　　　　　　　　　　　　　　　（简称HDDC）

2. 检查方法

(1) 仪器装置:如图 5-3 所示,A 为 100ml 标准磨口锥形瓶;B 为中空的标准磨口塞,上连导气管 C(一端外径为 8mm,内径为 6mm;另一端长为 180mm,外径为 4mm,内径为 1.6mm,尖端内径为 1mm)。D 为平底玻璃管(长为 180mm,内径为 10mm,于 5.0ml 处有一刻度)。测试时,于导气管 C 中装入醋酸铅棉花 60mg(装管高度约 80mm),并于 D 管中精密加入二乙基二硫代氨基甲酸银试液 5ml。

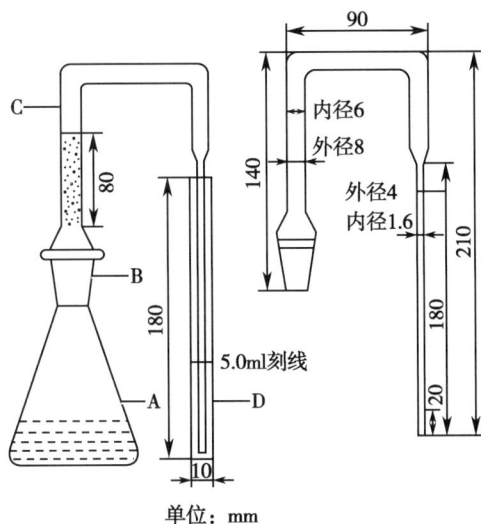

单位：mm

● 图 5-3 第二法测砷装置

（2）标准砷对照液的制备：精密量取标准砷溶液 2ml，置 A 瓶中，加盐酸 5ml 与水 21ml，再加碘化钾试液 5ml 与酸性氯化亚锡试液 5 滴，在室温放置 10 分钟后，加锌粒 2g，立即将导气管 C 与 A 瓶密塞，使生成的砷化氢气体导入 D 管中，并将 A 瓶置 25~40℃水浴中反应 45 分钟，取出 D 管，添加三氯甲烷至刻度，混匀，即得。

若供试品需经有机破坏后再行检砷，则应取标准砷溶液代替供试品，照各品种项下规定的方法同法处理后，依法制备标准砷对照液。

（3）检查法：取照各品种项下规定方法制成的供试品溶液，置 A 瓶中，照标准砷对照液的制备，自"再加碘化钾试液 5ml"起，依法操作。将所得溶液与标准砷对照液同置白色背景上，从 D 管上方向下观察、比较，所得溶液的颜色不得比标准砷对照液更深。必要时，可将所得溶液转移至 1cm 吸收池中，照紫外 - 可见分光光度法（通则 0401）在 510nm 波长处以二乙基二硫代氨基甲酸银试液作空白，测定吸光度，与标准砷对照液按同法测得的吸光度比较，即得。

3. 注意事项

（1）供试品砷含量在 1~10μg 范围内时，生成的胶体银溶液在 2 小时内稳定，DCC-Ag 法线性关系好，重现性好。该法通常仅适用于限量为 2μg 的砷检查。

（2）乙基二硫代氨基甲酸银试液在配制后两周内稳定。配好后置棕色玻璃瓶内，密封阴凉处保存。

（3）应用 DCC-Ag 法可测得砷盐含量，检查结果更为可靠。同时，锑化氢与 Ag-DDC 的反应灵敏度较低，反应液中加入酸性氯化亚锡和碘化钾试液时，可以抑制锑化氢的生成，500μg 的锑也不干扰测定。

（4）使用 DCC-Ag 法，需要加入一定量的有机碱以中和反应中的二乙基二硫代氨基甲酸。USP40 采用本法检查砷盐，配制成 0.5% Ag-DDC 的吡啶溶液，其检测灵敏度高达 0.5μg As/30ml，但缺点是吡啶有恶臭。《中国药典》2015 年版采用 0.25% Ag-DDC 的三乙胺 - 三氯甲烷（1.8：98.2）溶液，灵敏度略低于吡啶溶液，但是低毒，无臭，与砷化氢产生的颜色在 510nm 的波长处有最大吸收。

（5）DCC-Ag 法需要在 25~40℃水浴中反应 45 分钟,否则如遇室温低,标准砷对照液不显色。如果部分三氯甲烷挥发,比色前需添加三氯甲烷至 5ml。

三、有毒元素检查法

尽管重金属在中药材中有时会起到药引的作用,但过量的重金属元素可能会引起身体某些部位的病变,包括皮肤、神经系统、血液系统等,甚至有致癌的风险;因此,世界各国都对中药材中重金属规定了相应的限制标准,如表 5-2 所示。

表 5-2　各国家和地区药典关于植物药材重金属种类以及限量值规定　　（单位:mg/kg）

国家和地区	总量	铅	汞	砷	镉	铜	铬
中国	20	5.0	0.2	2.0	0.3	20	—
欧洲	—	5.0	0.1	—	1.0	—	—
英国	—	5.0	—	5.0	—	—	—
美国	10~30	1.0	1.5	1.5	0.5	—	—
韩国	30	5.0	0.2	3.0	0.3	—	—
日本	10~20	20	—	5.0	—	—	—
WHO	—	10	—	—	0.3	—	—
加拿大	—	10	0.2	5.0	0.3	—	0.2

铅、镉、砷、汞、铜是最常见的对人体有害的元素和重金属,是中药中一类重要的外源性有害物质,也是影响中药现代化的重要因素之一。其来源一方面与其生长的环境条件如土壤、大气、水、化肥、农药的施用等有关,另一方面与植物本身的遗传特性和对该类元素的富集能力有关。对有毒元素的检测和限量控制有助于加强我国中药产品的安全性,并促进中药国际化。《中国药典》2015 年版采用原子吸收分光光度法和电感耦合等离子体质谱法测定中药中的铅、镉、砷、汞、铜,所用仪器应符合使用要求(通则 0406)。

妇必舒阴道泡腾片的重金属及有害元素检查

【处方】苦参120g,蛇床子180g,大黄120g,百部120g,乌梅120g,硼砂90g,冰片15g,白矾15g,甘草120g。

【检查】重金属及有害元素 照铅、镉、砷、汞、铜测定法(通则2321原子吸收分光光度法或电感耦合等离子体质谱法)测定,铅不得过5mg/kg;镉不得过0.3mg/kg;砷不得过2mg/kg;汞不得过0.2mg/kg;铜不得过20mg/kg。

四、黄曲霉毒素的检查

黄曲霉毒素(aflatoxin,AFT),是一类真菌毒素,主要是由黄曲霉(Aspergillus flaw)和寄生曲霉(Aspergillus parasitwus)在适宜的条件下(有氧,高温,潮湿)产生的次生代谢产物。当前已经鉴定和分离的黄曲霉毒素多达20种,不同种类间化学结构类似,都是二氢呋喃香豆素的衍生物,常见类型包括 M_1、M_2、G_1、G_2、B_1、B_2 等。其中,黄曲霉毒素 B_1 多见于天然污染的食品当中,致癌性和毒性最强。黄曲霉毒素普遍污染可能增加人类患上肝癌的概率。

我国是中药材的生产、消费和出口大国,中药材在种植、采收、加工、运输和贮藏等过程中都有可能污染黄曲霉,产生黄曲霉毒素。为了确保人民用药安全,应当采用简单、快速、准确的方法,对黄曲霉毒素进行检测,从而对黄曲霉毒素污染进行更为有效的控制。

《中国药典》2015年版采用高效液相色谱法(通则0512)测定药材、饮片及制剂中的黄曲霉毒素(以黄曲霉毒素 B_1、黄曲霉毒素 B_2、黄曲霉毒素 G_1 和黄曲霉毒素 G_2 总量计)。其他如酶联免疫吸附法、薄层色谱法、基于标记物的免疫方法、核酸适配体技术、生物传感器技术等方法都可用来测定黄曲霉毒素的量。

(一) 第一法

1. 原理 HPLC法是近年来发展起来的一种检测方法。其原理是在高效液相色谱仪上添加柱后衍生系统分离,再用荧光检测器测定。与其配套的柱后衍生系统有碘衍生化法、溴衍生化法及较为先进的电化学衍生化法和光化学衍生化法。当前,该方法大多用免疫亲和柱来净化、分离,其净化效果优异。

该法具有灵敏度高、分离能力强、定量准确、检测限低等优点,可作为仲裁法使用,但仪器设备价格昂贵,前处理方法相对烦琐,若用到免疫亲和柱则会使试样检测费用增加,对操作人员的身体健康仍存在一定的危害。

2. 检查方法

(1) 色谱条件与系统适用性试验:以十八烷基硅烷键合硅胶为填充剂;以甲醇 - 乙腈 - 水(40∶18∶42)为流动相;采用柱后衍生法检测,①碘衍生法:衍生溶液为0.05%的碘溶液(取碘0.5g,加入甲醇100ml使溶解,用水稀释至1 000ml制成),衍生化泵流速每分钟0.3ml,衍生化温度70℃;②光化学衍生法:光化学衍生器(254nm);以荧光检测器检测,激发波长λ_{ex}=360nm(或365nm),发射波长λ_{ex}=450nm。两个相邻色谱峰的分离度应大于1.5。

(2) 混合对照品溶液的制备:精密量取黄曲霉毒素混合对照品溶液(黄曲霉毒素 B_1、黄曲霉毒素 B_2、黄曲霉毒素 G_1、黄曲霉毒素 G_2 标示浓度分别为 1.0μg/ml、0.3μg/ml、1.0μg/ml、0.3μg/ml)0.5ml,置 10ml 量瓶中,用甲醇稀释至刻度,作为贮备溶液。精密量取贮备溶液 1ml,置 25ml 量瓶中,用甲醇稀释至刻度,即得。

(3) 供试品溶液的制备:取供试品粉末约 15g(过二号筛),精密称定,置于均质瓶中,加入氯化钠 3g,精密加入 70% 甲醇溶液 75ml,高速搅拌 2 分钟(搅拌速度大于 11 000r/min),离心 5 分钟(离心速度 2 500r/min),精密量取上清液 15ml,置 50ml 量瓶中,用水稀释至刻度,摇匀,用微孔滤膜(0.45μm)滤过,量取续滤液 20.00ml,通过免疫亲合柱,流速每分钟 3ml,用水 20ml 洗脱,洗脱液弃去,使空气进入柱子,将水挤出柱子,再用适量甲醇洗脱,收集洗脱液,置 2ml 量瓶中,并用甲醇稀释至刻度,摇匀,即得。

(4) 测定法:分别精密吸取上述混合对照品溶液 5μl、10μl、15μl、20μl、25μl,注入液相色谱仪,测定峰面积,以峰面积为纵坐标,进样量为横坐标,绘制标准曲线。另精密吸取上述供试品溶液 20~25μl,注入液相色谱仪,测定峰面积,从标准曲线上读出供试品中相当于黄曲霉毒素 B_1、黄曲霉毒素 B_2、黄曲霉毒素 G_1、黄曲霉毒素 G_2 的量,计算,即得。

3. 注意事项

(1) 本实验应有相应的安全、防护措施,并不得污染环境。

(2) 残留有黄曲霉毒素的废液或废渣的玻璃器皿,应置于专用贮存容器(装有 10% 次氯酸钠溶液)内,浸泡 24 小时以上,再用清水将玻璃器皿冲洗干净。

(二) 第二法

1. 原理　黄曲霉毒素的检测手段主要有荧光检测法和质谱检测法。荧光检测法的应用较为普遍,不过由于黄曲霉毒素 B_1 和黄曲霉毒素 G_1 本身的荧光强度较低,检测前需要进行柱前或柱后衍生。质谱的优点在于无须对黄曲霉毒素 B_1 和黄曲霉毒素 G_1 进行衍生,可直接检测;三重四极杆质谱扫描速度快,定量能力要好于其他类型的质谱,其多反应监测模式(MRM)具有良好的选择性。

采用液 - 质联用法检测黄曲霉毒素,不仅具有高的灵敏度,同时可以使前处理更简单,实现多组分同时分析。

2. 检查方法　本法系用高效液相色谱 - 串联质谱法测定药材、饮片及制剂中的黄曲霉毒素(以黄曲霉毒素 B_1、黄曲霉毒素 B_2、黄曲霉毒素 G_1 和黄曲霉毒素 G_2 总量计)。除另有规定外,按下列方法测定。

(1) 色谱、质谱条件与系统适用性试验:以十八烷基硅烷键合硅胶为填充剂;以 10mmol/L 醋酸铵溶液为流动相 A,以甲醇为流动相 B,梯度洗脱(0~4.5min,65% → 15%A;4.5~6min,15% → 0A;6~6.5min,0 → 65%A;6.5~10min,65%A);柱温 25℃;流速每分钟 0.3ml。

以三重四极杆串联质谱仪检测,电喷雾离子源(ESI)、采集模式为正离子模式,各化合物监测离子对和碰撞电压(CE)见下表 5-3。

表 5-3　黄曲霉毒素各化合物监测离子对和碰撞电压(CE)

编号	中文名	英文名	母离子 / (m/z)	子离子 / (m/z)	碰撞电压 / (V)
1	黄曲霉毒素 G_2	Aflatoxin G_2	331.1	313.1	33
			331.1	245.1	40
2	黄曲霉毒素 G_1	Aflatoxin G_1	329.1	243.1	35
			329.1	311.1	30
3	黄曲霉毒素 B_2	Aflatoxin B_2	315.1	259.1	35
			315.1	287.1	40
4	黄曲霉毒素 B_1	Aflatoxin B_1	313.1	241.0	50
			313.1	285.1	40

(2) 系列混合对照品溶液的制备:精密量取黄曲霉毒素混合对照品溶液(黄曲霉毒素 B_1、黄曲霉毒素 B_2、黄曲霉毒素 G_1、黄曲霉毒素 G_2 标示浓度分别为 1.0μg/ml、0.3μg/ml、1.0μg/ml、0.3μg/ml)适量,用 70% 甲醇稀释成含黄曲霉毒素 B_2、G_2 浓度为 0.04~3ng/ml,含黄曲霉毒素 B_1、G_1 浓度为 0.12~10ng/ml 的系列对照品溶液,即得(必要时可根据样品实际情况,制备系列基质对照品溶液)。

(3) 供试品溶液的制备:同第一法。

(4) 测定法:精密吸取上述系列对照品溶液各 5μl,注入高效液相色谱 - 质谱仪,测定峰面积,以峰面积为纵坐标,进样浓度为横坐标,绘制标准曲线。另精密吸取上述供试品溶液 5μl,注入高效液相色谱 - 串联质谱仪,测定峰面积,从标准曲线上读出供试品中相当于黄曲霉毒素 B_1、黄曲霉毒素 B_2、黄曲霉毒素 G_1、黄曲霉毒素 G_2 的浓度,计算,即得。

3. 注意事项　当测定结果超出限度时,采用第二法进行确认。

知识链接

地龙中黄曲霉毒素的检查

本品为钜蚓科动物参环毛蚓 *Pheretima aspergillum*(E. Perrier)、通俗环毛蚓 *Pheretima vulgaris* Chen、威廉环毛蚓 *Pheretima guillelmi*(Michaelsen)或栉盲环毛蚓 *Pheretima pectinifera* Michaelsen 的干燥体。前一种习称"广地龙",后三种习称"沪地龙"。广地龙春季至秋季捕捉,沪地龙夏季捕捉,及时剖开腹部,除去内脏和泥沙,洗净,晒干或低温干燥。

【检查】杂质　不得过6%(通则 2301)。

水分　不得过12.0%(通则 0832 第二法)。

总灰分　不得过10.0%(通则 2302)。

酸不溶性灰分　不得过5.0%(通则 2302)。

重金属　取本品1.0g,依法检查(通则 0821 第二法),含重金属不得过30mg/kg。

黄曲霉毒素　照黄曲霉毒素测定法(通则 2351)测定。

本品每1 000g含黄曲霉毒素 B_1 不得过5μg,黄曲霉毒素 G_2、黄曲霉毒素 G_1、黄曲霉毒素 B_2 和黄曲霉毒素 B_1 的总量不得过10μg。

五、农药残留的检查

中药是一种具有治疗疾病、滋补身体功效的特殊农产品,由于其需求量的不断增大,使得目前的野生药材远远满足不了市场需求,于是多数药材依靠人工栽培。在人工栽培过程中为保证药材的质量和产量,不可避免地要使用各种类型的农药。中药材农药的残留问题不容忽视,特别是对那些易造成急性或慢性中毒,甚至危及生命安全的农药,一定要严格控制其残留量。

有机氯类杀虫剂曾是各国杀虫剂中使用最广泛的一大类,由于其残留量大,毒性大,污染性强,因此在农残研究中很受重视。药材中有机氯农药的检测,目前主要有六六六(BHC)、滴滴涕(DDT)以及五氯硝基苯(PCNB)和艾氏剂(Aldrin)。有机磷农药对人畜的毒性较大,不少品种属于剧毒。拟除虫菊酯类农药是 20 世纪 70 年代合成的仿生杀虫剂,该类农药对中枢神经系统有麻醉作用,系神经性毒物。

《中国药典》2015 年版采用色谱法和质谱法检测。也可采用免疫分析法、生物传感器检测法等。

(一) 农药残留样品的提取与净化技术

1. 农药残留样品的提取技术 农药残留样品的提取技术取决于样品的来源。主要分为水体样品和土壤样品。水体样品常用的提取方法主要包括固相萃取、液 - 液萃取与固相微萃取等多种方法。固相萃取是以柱色谱与液 - 固萃取作为基础逐渐发展出来的,其利用液相色谱对样品进行前处理,使干扰化合物能够和样品基体相分离,然后采用具备更强亲合力的溶液来对目标物进行吸附或洗脱,进而实现对目标化合物的分离与富集。液 - 液萃取技术是一种常用方法,它利用不同组分溶剂之间的溶解度差异来对目标组分进行提取,该技术的成本低、回收率高,但存在污染严重、操作复杂等不足。固相微萃取技术是在上世纪 90 年代开始应用到农药残留检测当中的,它通过平衡固相涂层与样品中的目标化合物来实现对目标化合物的分离,能够有效解决固相萃取技术对目标化合物进行吸附时造成孔道堵塞的问题,其属于一种集萃取、采样、进样、浓缩为一体的新型前处理技术。

土壤样品常用的提取方法主要包括超声波提取、微波辅助提取、索氏提取等,超声波提取技术是将样品与有机溶剂进行常温混合,借助于超声来对待测物质萃取,该技术能够批量进行,并且操作便捷、简单,在对有机氯农药进行检测中得到了广泛的应用。微波辅助提取,则是借助微波中的离子导电与分子极化效应来对目标化合物进行加热,进而达到基体与目标化合物分离的效果,是一种使用方便、萃取效率高的前处理技术。索氏提取也常被用于有机氯农药样品制备当中,它借助于溶剂来对样品中的有机污染物进行多次重复抽提。在这三种方法中,尤以微波萃取的效果最好。

2. 农药残留样品的净化技术 农药残留样品的净化技术是通过物理与化学方法来对提取物中的干扰杂质进行去除的技术,净化技术需要对干扰物进行尽可能多的去除,使目标物能够得到最大保留。现阶段常用的农药残留样品净化技术主要包括柱色谱法、磺化法与凝胶渗透色谱法等,柱色谱法利用吸附柱对提取液中的目标物进行吸附,然后采用极性溶液进行淋洗,以此实现干扰杂质和目标物的分离,吸附柱中常采用的吸附剂主要包括硅胶、活性炭、硅藻土及氧化铝等,该技术的净化效果较为理想。磺化法则是利用浓硫酸与干扰杂质产生加成化学反应，进而生成能够溶于硫酸相的磺化产物，以此达到目标物与杂质相分离的目的，不过该技术的操作较为复杂，并且易造成环境污染，回收率也较低。凝胶渗透色谱法是近年来一种新的样品净化技术，它利用分子大小之间的差异及其对有孔填料的渗透程度差异，使淋洗剂能够依次流出，进而实现对组分的分离净化。该技术在进行淋洗时，由于分子较大会使其渗透能力较差，对有孔填料的保留时间相对较短，进而使其被优先淋洗出来，随后根据分子由大至小依次流出。该技术所使用的常见有孔填料主要包括葡聚糖凝胶、玻璃珠、分子筛、微孔硅胶及微孔聚合物等，采用的淋洗剂则主要包括甲苯/乙酸乙酯、环己烷/二氯甲烷等，该技术所使用的有孔填料具备可再生、成本低的特点，这也使凝胶渗透色谱法在有机污染物的分析检测中逐渐成为一种通用技术。

3. 农药残留检测方法　目前所采用的常用农药残留分析技术主要包括：高效液相色谱法、超临界流体色谱法、免疫分析法、气相色谱法、直接光谱分析法、液相色谱质谱联用法、气相色谱质谱联用法等，并且还同时存在生物传感器、比色卡等快速检测技术。此外，凝胶渗透色谱-液相色谱、多维气相色谱等诸多技术也正在逐步地完善与推广。气相色谱法是20世纪普遍采用的方法，但由于毒杀芬的性质较为特殊，致使在采用该方法时常常会受到其他物质的干扰，进而造成定量结果不够准确。质谱法能够对化合物的结构及组成进行定性定量分析，它能够与气相色谱进行联合应用，进而大幅降低不同混合物间的干扰，通过气质联用中的电离源来对毒杀芬进行快速响应分析。

（二）第一法（有机氯类农药残留量测定法——色谱法）

1. 色谱条件与系统适用性试验　以（14%-氰丙基-苯基）甲基聚硅氧烷或（5%苯基）甲基聚硅氧烷为固定液的弹性石英毛细管柱（30m×0.32mm×0.25μm），^{63}Ni-ECD电子捕获检测器。进样口温度230℃，检测器温度300℃，不分流进样。程序升温：初始100℃，每分钟10℃升至220℃，每分钟8℃升至250℃，保持10分钟。理论板数按α-BHC峰计算应不低于$1×10^6$，两个相邻色谱峰的分离度应大于1.5。

2. 对照品贮备溶液的制备　精密称取六六六（BHC）（α-BHC、β-BHC、γ-BHC、δ-BHC）、滴滴涕（DDT）（p,p'-DDE、p,p'-DDD、o,p'-DDT、p,p'-DDT）及五氯硝基苯（PCNB）农药对照品适量，用石油醚（60~90℃）分别制成每1ml约含4~5μg的溶液，即得。

3. 混合对照品贮备溶液的制备　精密量取上述各对照品贮备液0.5ml，置10ml量瓶中，用石油醚（60~90℃）稀释至刻度，摇匀，即得。

4. 混合对照品溶液的制备　精密量取上述混合对照品贮备液，用石油醚（60~90℃）制成每1L分别含0μg、1μg、5μg、10μg、50μg、100μg、250μg的溶液，即得。

5. 供试品溶液的制备

（1）药材或饮片：取供试品，粉碎成粉末（过二号筛），取约2g，精密称定，置100ml具塞锥形瓶中，加水20ml浸泡过夜，精密加丙酮40ml，称定重量，超声处理30分钟，放冷，再称定重量，用丙酮补足减失的重量，再加氯化钠约6g，精密加二氯甲烷30ml，称定重量，超声15分钟，再称定重量，用二氯甲烷补足减失的重量，静置（使分层），将有机相迅速移入装有适量无水硫酸钠的100ml具塞锥形瓶中，放置4小时。精密量取35ml，于40℃水浴上减压浓缩至近干，加少量石油醚（60~90℃）

如前反复操作至二氯甲烷及丙酮除净,用石油醚(60~90℃)溶解并转移至 10ml 具塞刻度离心管中,加石油醚(60~90℃)精密稀释至 5ml,小心加入硫酸 1ml,振摇 1 分钟,离心(3 000r/min)10 分钟,精密量取上清液 2ml,置具刻度的浓缩瓶(见图 5-4)中,连接旋转蒸发器,40℃下(或用氮气)将溶液浓缩至适量,精密稀释至 1ml,即得。

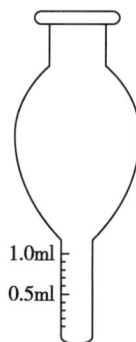

● 图 5-4　刻度浓缩瓶

(2)制剂:取供试品,研成细粉(蜜丸切碎,液体直接量取),精密称取适量(相当于药材 2g),然后按上述供试品溶液制备法制备,即得供试品溶液。

6. 测定法　分别精密吸取供试品溶液和与之相对应浓度的混合对照品溶液各 1μl,注入气相色谱仪,按外标法计算供试品中 9 种有机氯农药残留量。

(三)第二法(有机磷类农药残留量测定法——色谱法)

1. 色谱条件与系统适用性试验　以 50% 苯基 50% 二甲基聚硅氧烷或(5% 苯基)甲基聚硅氧烷为固定液的弹性石英毛细管柱(30m × 0.25mm × 0.25μm),氮磷检测器(NPD)或火焰光度检测器(FPD)。进样口温度 220℃,检测器温度 300℃,不分流进样。程序升温:初始 120℃,每分钟 10℃升至 200℃,每分钟 5℃升至 240℃,保持 2 分钟,每分钟 20℃升至 270℃,保持 0.5 分钟。理论板数按敌敌畏峰计算应不低于 6 000,两个相邻色谱峰的分离度应大于 1.5。

2. 对照品贮备溶液的制备　精密称取对硫磷、甲基对硫磷、乐果、氧化乐果、甲胺磷、久效磷、二嗪磷、乙硫磷、马拉硫磷、杀扑磷、敌敌畏、乙酰甲胺磷农药对照品适量,用乙酸乙酯分别制成每 1ml 约含 100μg 的溶液,即得。

3. 混合对照品贮备溶液的制备　分别精密量取上述各对照品贮备溶液 1ml,置 20ml 棕色量瓶中,加乙酸乙酯稀释至刻度,摇匀,即得。

4. 混合对照品溶液的制备　精密量取上述混合对照品贮备溶液,用乙酸乙酯制成每 1ml 含 0.1μg、0.5μg、1μg、2μg、5μg 的浓度系列,即得。

5. 供试品溶液的制备　取供试品,粉碎成粉末(过三号筛),取约 5g,精密称定,加无水硫酸钠 5g,加入乙酸乙酯 50~100ml,冰浴超声处理 3 分钟,放置,取上层液滤过,药渣加入乙酸乙酯 30~50ml,冰浴超声处理 2 分钟,放置,滤过,合并两次滤液,用少量乙酸乙酯洗涤滤纸及残渣,与上述滤液合并。取滤液于 40℃以下减压浓缩至近干,用乙酸乙酯转移至 5ml 量瓶中,并稀释至刻度;精密吸取上述溶液 1ml,置石墨化炭小柱(250mg/3ml 用乙酸乙酯 5ml 预洗)上,用正己烷 - 乙酸乙酯(1∶1)混合溶液 5ml 洗脱,收集洗脱液,置氮吹仪上浓缩至近干,加乙酸乙酯定容至 1ml,涡旋使溶解,即得。

6. 测定法　分别精密吸取供试品溶液和与之相对应浓度的混合对照品溶液各 1μl,注入气相色谱仪,按外标法计算供试品中 12 种有机磷农药残留量。

(四)第三法(拟除虫菊酯类农药残留量测定法——色谱法)

1. 色谱条件与系统适用性试验　以(5% 苯基)甲基聚硅氧烷为固定液的弹性石英毛细管柱(30m × 0.32mm × 0.25μm),^{63}Ni-ECD 电子捕获检测器。进样口温度 270℃,检测器温度 330℃。不分流进样(或根据仪器设置最佳的分流比)。程序升温:初始160℃,保持1分钟,每分钟10℃升至278℃,保持0.5分钟,每分钟1℃升至290℃,保持5分钟。理论板数按溴氰菊酯峰计算应不低于10^5,两个相邻色谱峰的分离度应大于1.5。

2. 对照品贮备溶液的制备   精密称取氯氰菊酯、氰戊菊酯及溴氰菊酯农药对照品适量,用石油醚(60~90℃)分别制成每1ml约含20~25μg的溶液,即得。

3. 混合对照品贮备溶液的制备   精密量取上述各对照品贮备液1ml,置10ml量瓶中,用石油醚(60~90℃)稀释至刻度,摇匀,即得。

4. 混合对照品溶液的制备   精密量取上述混合对照品贮备液,用石油醚(60~90℃)制成每1L分别含0μg、2μg、8μg、40μg、200μg的溶液,即得。

5. 供试品溶液的制备   取供试品,粉碎成粉末(过三号筛),取约1~2g,精密称定,置100ml具塞锥形瓶中,加石油醚(60~90℃)-丙酮(4:1)混合溶液30ml,超声处理15分钟,滤过,药渣再重复上述操作2次后,合并滤液,滤液用适量无水硫酸钠脱水后,于40~45℃减压浓缩至近干,用少量石油醚(60~90℃)反复操作至丙酮除净,残渣用适量石油醚(60~90℃)溶解,置混合小柱[从上至下依次为无水硫酸钠2g、弗罗里硅土4g、微晶纤维素1g、氧化铝1g、无水硫酸钠2g,用石油醚(60~90℃)-乙醚(4:1)混合溶液20ml预洗]上,用石油醚(60~90℃)-乙醚(4:1)混合溶液90ml洗脱,收集洗脱液,于40~45℃减压浓缩至近干,再用石油醚(60~90℃)3~4ml重复操作至乙醚除净,用石油醚(60~90℃)溶解并转移至5ml量瓶中,并稀释至刻度,摇匀,即得。

6. 测定法   分别精密吸取供试品溶液和与之相对应浓度的混合对照品溶液各1μl,注入气相色谱仪,按外标法计算供试品中3种拟除虫菊酯农药残留量。

(五) 第四法(农药多残留量测定法——质谱法)

1. 气相色谱-串联质谱法

(1) 色谱条件:以5%苯基甲基聚硅氧烷为固定液的弹性石英毛细管柱(30m×0.25mm×0.25μm色谱柱)。进样口温度240℃,不分流进样。载气为高纯氦气(He)。进样口为恒压模式,柱前压力为146kPa。程序升温:初始温度70℃,保持2分钟,先以每分钟25℃升温至150℃,再以每分钟3℃升温至200℃,最后以每分钟8℃升温至280℃,保持10分钟。

(2) 质谱条件:以三重四极杆串联质谱仪检测;离子源为电子轰击源(EI),离子源温度230℃。碰撞气为氮气或氩气。质谱传输接口温度280℃。质谱监测模式为多反应监测(MRM)。为提高检测灵敏度,可根据保留时间分段监测各农药。

(3) 对照品贮备溶液的制备:精密称取农药对照品适量,根据各农药溶解性加乙腈或甲苯分别制成每1ml含1 000μg的溶液,即得(可根据具体农药的灵敏度适当调整贮备液配制的浓度)。

(4) 内标贮备溶液的制备:取氘代莠去津和氘代倍硫磷对照品适量,精密称定,加乙腈溶解并制成每1ml各含1 000μg的混合溶液,即得。

(5) 混合对照品溶液的制备:精密量取上述各对照品贮备液适量,用含0.05%醋酸的乙腈分别制成每1L含100μg和1 000μg的两种溶液,即得。

(6) 内标溶液的制备:精密量取内标贮备溶液适量,加乙腈制成每1ml含6μg的溶液,即得。

(7) 基质混合对照品溶液的制备:取空白基质样品3g,一式6份,同供试品溶液的制备方法处理至"置氮吹仪上于40℃水浴浓缩至约0.4ml",分别加入混合对照品溶液(100μg/L)50μl、100μl、混合对照品溶液(1 000μg/L)50μl、100μl、200μl、400μl,加乙腈定容至1ml,涡旋混匀,用微孔滤膜滤过(0.22μm),取续滤液,即得系列基质混合对照品溶液。

(8) 供试品溶液的制备:取供试品,粉碎成粉末(过三号筛),取约3g,精密称定,置50ml聚苯乙烯具塞离心管中,加入1%冰醋酸溶液15ml,涡旋使药粉充分浸润,放置30分钟,精密加入乙腈15ml与内标溶液100μl,涡旋使混匀,置振荡器上剧烈振荡(500次/min)5分钟,加入无水硫酸镁与无水乙酸钠的混合粉末(4:1)7.5g,立即摇散,再置振荡器上剧烈振荡(500次/min)3分钟,于冰浴中冷却10分钟,离心(4 000r/min)5分钟,取上清液9ml,置已预先装有净化材料的分散固相萃取净化管[无水硫酸镁900mg,N-丙基乙二胺(PSA)300mg,十八烷基硅烷键合硅胶300mg,硅胶300mg,石墨化炭黑90mg]中,涡旋使充分混匀,再置振荡器上剧烈振荡(500次/min)5分钟使净化完全,离心(4 000r/min)5分钟,精密吸取上清液5ml,置氮吹仪上于40℃水浴浓缩至约0.4ml,加乙腈定容至1ml,涡旋混匀,用微孔滤膜(0.22μm)滤过,取续滤液,即得。

(9) 测定法:精密吸取供试品溶液和基质混合对照品溶液各1μl,注入气相色谱-串联质谱仪,按内标标准曲线法计算供试品中74种农药残留量。

2. 液相色谱-串联质谱法

(1) 色谱条件:以十八烷基硅烷键合硅胶为填充剂(15cm×3mm×3.5μm);以0.1%甲酸(含10mmol/L甲酸铵)溶液为流动相A,以乙腈为流动相B进行梯度洗脱(表5-4);柱温为35℃,流速为0.4ml/min。

表5-4 流动相梯度

时间/min	流动相A/%	流动相B/%
0~1	95	5
1~4	95→40	5→60
4~14	40→0	60→100
14~18	0	100
18~26	95	5

(2) 质谱条件:以三重四极杆串联质谱仪检测;离子源为电喷雾(ESI)离子源,使用正离子扫描模式。监测模式为多反应监测(MRM)。为提高检测灵敏度,可根据保留时间分段监测各农药。

(3) 对照品贮备溶液的制备、内标贮备溶液的制备、混合对照品溶液的制备、内标溶液的制备、基质混合对照品溶液的制备与供试品溶液的制备均同气相色谱-串联质谱法项下。

(4) 测定法:分别精密吸取气相色谱-串联质谱法中的供试品溶液和基质混合对照品工作溶液各1~10μl(根据检测要求与仪器灵敏度可适当调整进样量),注入液相色谱-串联质谱仪,按内标标准曲线法计算供试品中153种农药残留量。

3. 注意事项

(1) 依据各品种项下规定的监测农药种类并参考相关农药限度规定配制对照品溶液。

(2) 空白基质样品为经检测不含待测农药的同品种样品。

（3）加样回收率应在 70%~120%。在方法重现性可获得的情况下,部分农药回收率可放宽至 50%~130%。

（4）进行样品测定时,如果检出色谱峰的保留时间与对照品一致,并且在扣除背景后的质谱图中,所选择的监测离子对均出现,而且所选择的监测离子对峰面积比与对照品的监测离子对峰面积比一致(相对比例大于 50%,允许 ±20% 偏差;相对比例大于 20%~50%,允许 ±25% 偏差;相对比例大于 10%~20%,允许 ±30% 偏差;相对比例小于等于 10%,允许 ±50% 偏差),则可判断样品中存在该农药。如果不能确证,选用其他监测离子对重新进样确证或选用其他检测方式的分析仪器进行确证。

（5）气相色谱 - 串联质谱法测定的农药,推荐选择氘代倍硫磷作为内标;液相色谱 - 串联质谱法测定的农药,推荐选择氘代莠去津作为内标。

（6）方法提供的监测离子对测定条件为推荐条件,各实验室可根据所配置仪器的具体情况作适当调整;在样品基质有测定干扰的情况下,可选用其他监测离子对。

（7）对于特定农药或供试品,分散固相萃取净化管中净化材料的比例可作适当调整,但须进行方法学考察以确保结果准确。

（8）在进行气相色谱 - 串联质谱法测定时,为进一步优化方法效能,供试品溶液最终定容的溶剂可由乙腈经溶剂替换为甲苯(经氮吹至近干加入甲苯 1ml 即可)。

知识链接

人参农药残留的检查

本品为五加科植物人参 *Panax ginseng* C. A. Mey. 的干燥根和根茎。多于秋季采挖,洗净经晒干或烘干。栽培的俗称"园参";播种在山林野生状态下自然生长的称"林下山参",习称"籽海"。

【检查】水分　不得过 12.0%(通则 0832 第二法)。

总灰分　不得过 5.0%(通则 2302)。

农药残留量　照农药残留量测定法(通则 2341 有机氯类农药残留量测定法——第二法)测定。

含总六六六(α-BHC、β-BHC、γ-BHC、δ-BHC 之和)不得过 0.2mg/kg;总滴滴涕(p,p'-DDE、p,p'-DDD、o,p'-DDT、p,p'-DDT 之和)不得过 0.2mg/kg;五氯硝基苯不得过 0.1mg/kg;六氯苯不得过 0.1mg/kg;七氯(七氯、环氧七氯之和)不得过 0.05mg/kg;艾氏剂不得过 0.05mg/kg;氯丹(顺式氯丹、反式氯丹、氧化氯丹之和)不得过 0.1mg/kg。

六、二氧化硫残留的检查

传统的硫黄熏蒸加工方法由于其经济简便、可操作性强、防霉防虫等特点被广泛应用于药材初加工和仓储等环节。但是过度硫黄熏蒸会造成药材改变药性和化学成分,从而影响药效,甚至危害人体健康。

国家已经禁止使用硫黄熏蒸中药材,针对硫黄熏蒸以及二氧化硫残留带来的问题,国家在食品和医药领域均制定了相关的二氧化硫限量标准。不同国家和地区制定的中药材二氧化硫残留限量值见表 5-5。《中国药典》2015 年版中对山药(毛山药和光山药)、牛膝、粉葛、天麻、天冬、天花粉、白及、白术、白芍和党参等 10 种中药材及饮片规定,其中二氧化硫残留量不得超过 400mg/kg,其他中药材及饮片中则不得超过 150mg/kg,另外规定山药片中不得过 10mg/kg。

表 5-5　不同国家和地区对中药材二氧化硫残留限量规定

编号	国家标准	二氧化硫残留限量值 / · kg^{-1}
1	《韩国药典》	30
2	《日本药局方》	50
3	《美国药典》	50
4	FAO/WHO	150
5	《中国药典》	150,400

二氧化硫的检测方法有多种,如比色法、滴定法和离子色谱法,此外还有荧光法、电化学法、酶光度分析法、化学发光法、流动注射法和毛细管电泳法等。美国 FDA 采用 Monier-Williams 法,日本采用通氮蒸馏 - 滴定法和盐酸副玫瑰苯胺比色法、AOAC 法,《中国药典》2015 年版用酸碱滴定法、气相色谱法、离子色谱法分别作为第一法、第二法、第三法测定经硫黄熏蒸处理过的药材或饮片中二氧化硫的残留量。

滴定法在现行标准中应用最为广泛,具有装置简单、检测成本低和结果准确的优势,离子色谱法则具有专属、灵敏、准确、简便、自动化程度高的优点,随着离子色谱仪的普及,应用前景良好,这两类方法是最具优势的二氧化硫测定法。

(一)第一法(酸碱滴定法)

1. 原理　本方法系将中药材以蒸馏法进行处理,样品中的亚硫酸盐系列物质加酸处理后转化为二氧化硫后,随氮气流带入含有双氧水的吸收瓶中,双氧水将其氧化为硫酸根离子,采用酸碱滴定法测定,计算药材及饮片中的二氧化硫残留量。

2. 检查方法

(1) 仪器装置如图 5-5。A 为 1 000ml 两颈圆底烧瓶,B 为竖式回流冷凝管,C 为分液漏斗(带刻度),D 为连接氮气流入口,E 为二氧化硫气体导出口。另配磁力搅拌器、电热套、氮气源及气体流量计。

(2) 测定法:取药材或饮片细粉约 10g(如二氧化硫残留量较高,超过 1 000mg/kg,可适当减少取样量,但应不少于 5g),精密称定,置两颈圆底烧瓶中,加水

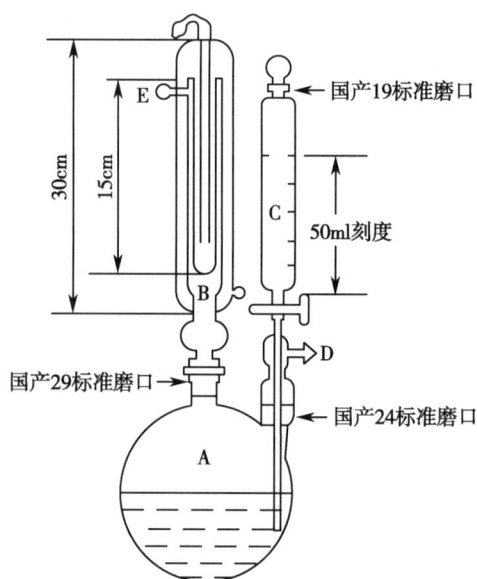

● 图 5-5　酸碱滴定法蒸馏仪器装置

300~400ml。打开回流冷凝管开关给水,将冷凝管的上端 E 口处连接一橡胶导气管置于 100ml 锥形瓶底部。锥形瓶内加入 3% 过氧化氢溶液 50ml 作为吸收液(橡胶导气管的末端应在吸收液液面以下)。使用前,在吸收液中加入 3 滴甲基红乙醇溶液指示剂(2.5mg/ml),并用 0.01mol/L 氢氧化钠滴定液滴定至黄色(即终点;如果超过终点,则应舍弃该吸收溶液)。开通氮气,使用流量计调节气体流量至约 0.2L/min;打开分液漏斗 C 的活塞,使盐酸溶液(6mol/L)10ml 流入蒸馏瓶,立即加热两颈烧瓶内的溶液至沸,并保持微沸;烧瓶内的水沸腾 1.5 小时后,停止加热。吸收液放冷后,置于磁力搅拌器上不断搅拌,用氢氧化钠滴定液(0.01mol/L)滴定,至黄色持续时间 20 秒不褪,并将滴定的结果用空白实验校正。

照下式计算(式 5-7):

$$供试品中二氧化硫残留量(\mu g/g)= \frac{(A-B)\times c\times 0.032\times 10^6}{W} \qquad (式 5-7)$$

式中,A 为供试品溶液消耗氢氧化钠滴定液的体积,ml;B 为空白消耗氢氧化钠滴定液的体积,ml;c 为氢氧化钠滴定液摩尔浓度,mol/L;0.032 为 1ml 氢氧化钠滴定液(1mol/L)相当的二氧化硫的质量,g;W 为供试品的重量,g。

(二) 第二法(气相色谱法)

1. 原理　本方法系将亚硫酸盐在酸性条件下转化为 SO_2 气体,取顶空气体进行气相色谱分析,测定气相中二氧化硫的含量,换算样品中的亚硫酸盐含量。

2. 检查方法

(1) 色谱条件与系统适用性试验:采用 GS-GasPro 键合硅胶多孔层开口管色谱柱(GS-GasPro,30m×0.32mm)或等效柱,热导检测器,检测器温度为 250℃。程序升温:初始 50℃,保持 2 分钟,以每分钟 20℃升至 200℃,保持 2 分钟。进样口温度为 200℃,载气为氦气,流速为每分钟 2.0ml。顶空进样,采用气密针模式(气密针温度为 105℃)的顶空进样,顶空瓶的平衡温度为 80℃,平衡时间均为 10 分钟。系统适用性试验应符合气相色谱法要求。

(2) 对照品溶液的制备:精密称取亚硫酸钠对照品 500mg,置 10ml 量瓶中,加入含 0.5% 甘露醇和 0.1% 乙二胺四乙酸二钠的混合溶液溶解,并稀释至刻度,摇匀,制成每 1ml 含亚硫酸钠 50.0mg 的对照品贮备溶液。分别精密量取对照品贮备溶液 0.1ml、0.2ml、0.4ml、1ml、2ml,置 10ml 量瓶中,用含 0.5% 甘露醇和 0.1% 乙二胺四乙酸二钠的溶液分别稀释成每 1ml 含亚硫酸钠 0.5mg、1mg、2mg、5mg、10mg 的对照品溶液。

分别准确称取 1g 氯化钠和 1g 固体石蜡(熔点 52~56℃)于 20ml 顶空进样瓶中,精密加入 2mol/L 盐酸溶液 2ml,将顶空瓶置于 60℃水浴中,待固体石蜡全部溶解后取出,放冷至室温使固体石蜡凝固密封于酸液层之上(必要时用空气吹去瓶壁上冷凝的酸雾);分别精密量取上述 0.5mg/ml、1mg/ml、2mg/ml、5mg/ml、10mg/ml 的对照品溶液各 100μl 置于石蜡层上方,密封,即得。

(3) 供试品溶液的制备:分别准确称取 1g 氯化钠和 1g 固体石蜡(熔点 52~56℃)于 20ml 顶空进样瓶中,精密加入 2mol/L 盐酸溶液 2ml,将顶空瓶置于 60℃水浴中,待固体石蜡全部溶解后取出,放冷至室温使固体石蜡重新凝固,取样品细粉约 0.2g,精密称定,置于石蜡层上方,加入含 0.5%

甘露醇和0.1%乙二胺四乙酸二钠的混合溶液100μl,密封,即得。

(4)测定法分别精密吸取经平衡后的对照品溶液和供试品溶液顶空瓶气体1ml,注入气相色谱仪,记录色谱图。按外标工作曲线法定量,计算样品中亚硫酸根含量,测得结果乘以0.507 9,即为二氧化硫含量。

(三)第三法(离子色谱法)

离子色谱法简单、灵敏、专属、自动化程度高,是分析二氧化硫的研究热点。

1. 原理 该法将中药材以水蒸气蒸馏法进行处理,样品中的亚硫酸盐系列物质加酸处理后转化为二氧化硫,随水蒸气蒸馏,并被双氧水吸收、氧化为硫酸根离子后,采用离子色谱法(通则0513)检测,并计算药材及饮片中的二氧化硫残留量。

2. 检查方法

(1)色谱条件与系统适用性试验:采用以烷醇季铵为功能基的乙基乙烯基苯-二乙烯基苯聚合物树脂作为填料的阴离子交换柱(如AS11-HC,250mm×4mm)或等效柱,保护柱使用相同填料的阴离子交换柱(如AG11-HC,50mm×4mm),洗脱液为20mmol/L氢氧化钾溶液(由自动洗脱液发生器产生);若无自动洗脱液发生器,洗脱液采用终浓度为3.2mmol/L Na_2CO_3,1.0mmol/L $NaHCO_3$ 的混合溶液;流速为1ml/min,柱温为30℃。阴离子抑制器和电导检测器。系统适用性试验应符合离子色谱法要求。

(2)对照品溶液的制备:取硫酸根标准溶液,加水制成每1ml分别含硫酸根1μg/ml、5μg/ml、20μg/ml、50μg/ml、100μg/ml、200μg/ml的溶液,各进样10μl,绘制标准曲线。

(3)供试品溶液的制备:取供试品粗粉5~10g(不少于5g),精密称定,置瓶A(两颈烧瓶)中,加水50ml,振摇,使分散均匀,接通水蒸气蒸馏瓶C。吸收瓶B(100ml纳氏比色管或量瓶)中加入3%过氧化氢溶液20ml作为吸收液,吸收管下端插入吸收液液面以下。A瓶中沿瓶壁加入5ml盐酸,迅速密塞,开始蒸馏,保持C瓶沸腾并调整蒸馏火力,使吸收管端的馏出液的流出速率约为2ml/min。蒸馏至瓶B中溶液总体积约为95ml(时间30~40分钟),用水洗涤尾接管并将其转移至吸收瓶中,并稀释至刻度,摇匀,放置1小时后,以微孔滤膜滤过,即得。

(4)测定法:分别精密吸取相应的对照品溶液和供试品溶液各10μl,进样,测定,计算样品中硫酸根含量,按照(SO_2/SO_4^{2-}=0.666 9)计算样品中二氧化硫的含量。

七、微生物检查

微生物学检查指检查药材原料中含有微生物的种类及数量,表示药材受到微生物污染的程度。一般分为无菌检查和微生物限度检查,其中微生物限度检查应用的更加广泛。微生物限度检查法系检查非规定灭菌制剂及其原料、辅料受微生物污染程度的方法。检查项目包括细菌数、霉菌数、酵母菌数及控制菌检查。检查方法包括常规法、平皿法、薄膜滤过法等。

《中国药典》2005 年版首先提出药品微生物限度检查方法学验证的要求;2010 年版基本与其保持一致,但进一步提出了对培养基适用性检查的要求;2015 年版对微生物限度检验中的实验环境、培养系统、微生物限度验证方法作出了重大修订,又再次要求所有要进行微生物限度检查的药品都要按照现行版《中国药典》要求重新进行相关验证。

非无菌药品的微生物限度标准是基于药品的给药途径及对患者健康潜在的危害而制订的。药品的生产、贮存、销售过程中的检验,原料及辅料的检验,新药标准制订,进口药品标准复核,考察药品质量及仲裁等,除另有规定外,其微生物限度均以《中国药典》为依据。

中药制剂中均具有抑菌作用,由于抑菌活性的干扰,用常规法检查微生物限度的结果不能真实反映出药品中受微生物污染的情况。对此,经行药品检验前必须采用适当的方法,如培养基稀释法、薄膜滤过法、中和法或离心沉淀法来消除供试液中的抑菌活性后,再根据《中国药典》规定的方法进行检查。

知识链接

通脉养心口服液的检查

【**处方**】地黄、鸡血藤、麦冬、甘草、制何首乌、阿胶、五味子、党参、醋龟甲、大枣、桂枝。

【**检查**】相对密度　应不低于 1.05(通则 0601)。

pH　应为 4.0~5.5(通则 0631)。

微生物限度　取本品,细菌计数采用培养基稀释法(取原液 1ml 等量分注 5 个平皿);霉菌和酵母菌计数采用平皿法;大肠埃希氏菌检查采用供试液直接接种于 100ml 增菌培养基,依法检查(通则 1105),应符合规定。

其他　应符合合剂项下有关的各项规定(通则 0181)。

第四节　其他检查法

一、特殊杂质

特殊杂质是指在特定药物的生产和贮藏过程中引入的杂质,多指有关物质。为确保中药制剂临床用药安全有效,特殊杂质的检查是控制其质量的一项重要内容。利用药品和杂质的理化性质及生理作用的差异,采用物理、化学、药理、微生物的方法进行检查。为提高药品的质量,可以用不同方法有针对性的使不同中药制剂中的特殊杂质得以检出,进一步保证药品的安全有效。

(一) 大黄中土大黄苷的检查

本品为蓼科植物掌叶大黄 *Rheum palmatum* L.、唐古特大黄 *Rheum tanguticum* Maxim. ex Balf. 或药用大黄 *Rheum officinale* Baill. 的干燥根和根茎。秋末茎叶枯萎或次春发芽前采挖,除去细根,刮去外皮,切瓣或段,绳穿成串干燥或直接干燥。

土大黄苷　取本品粉末 0.1g,加甲醇 10ml,超声处理 20 分钟,滤过,取滤液 1ml,加甲醇至 10ml,作为供试品溶液。另取土大黄苷对照品,加甲醇制成每 1ml 含 10μg 的溶液,作为对照品溶液(临用新制)。照薄层色谱法(通则 0502)试验,吸取上述两种溶液各 5μl,分别点于同一聚酰胺薄膜上,以甲苯 - 甲酸乙酯 - 丙酮 - 甲醇 - 甲酸(30∶5∶5∶20∶0.1)为展开剂,展开,取出,晾干,置紫外光灯(365nm)下检视。供试品色谱中,在与对照品色谱相应的位置上,不得显相同的亮蓝色荧光斑点。

其他含大黄制剂亦应检查土大黄苷,如九味肝泰胶囊、三黄片、致康胶囊。

(二) 小儿肺咳颗粒中乌头碱限量检查

乌头碱限量　取本品 36g,研细,置具塞锥形瓶中,加浓氨试液 10ml 使润湿,加入三氯甲烷 80ml,超声处理 30 分钟,滤过,滤液蒸干,残渣加 3% 硫酸溶液 30ml 使溶解,用三氯甲烷振摇提取 3 次,每次 40ml,弃去三氯甲烷液,水层用浓氨试液调节 pH 至 10,用三氯甲烷振摇提取 5 次,每次 30ml,合并三氯甲烷液,蒸干,残渣加三氯甲烷适量使溶解,并移置 2ml 量瓶中,加三氯甲烷至刻度,摇匀,作为供试品溶液。另取乌头碱对照品,加三氯甲烷制成每 1ml 含 1.5mg 的溶液,作为对照品溶液。照薄层色谱法(通则 0502)试验,吸取上述两种溶液各 5μl,分别点于同一硅胶 G 薄层板上,以环己烷 - 乙酸乙酯 - 甲醇(6.4∶3.6∶1)为展开剂,展开,取出,晾干,喷以稀碘化铋钾试液。供试品色谱中,在与对照品色谱相应的位置上,出现的斑点应小于对照品斑点,或不出现斑点。

(三) 小金丸中双酯型生物碱限量检查

双酯型生物碱限量　取本品适量,研细,称取 7.34g,置锥形瓶中,加氨试液 7.5ml,拌匀,放置 30 分钟,加无水乙醚 100ml,超声处理(功率 250W,频率 33kHz,温度不超过 25℃)40 分钟,滤过,滤液加盐酸溶液(4 → 100)振摇提取 3 次(20ml,15ml,15ml),合并盐酸液,盐酸液用浓氨试液调节 pH 至 9~10,加入无水乙醚振摇提取 3 次,每次 20ml,合并乙醚液,挥干,残渣加无水乙醇 1ml 使溶解,作为供试品溶液。另取乌头碱对照品、次乌头碱对照品、新乌头碱对照品,分别加无水乙醇制成每 1ml 含 1.0mg 的溶液,作为对照品溶液。照薄层色谱法(通则 0502)试验,吸取供试品溶液 15μl、对照品溶液各 5μl,分别点于同一硅胶 G 薄层板上,以甲苯 - 乙酸乙酯 - 二乙胺(7∶2∶0.5)为展开剂,预饱和 15 分钟后展开,取出,晾干,喷以稀碘化铋钾试液。供试品色谱中,在与对照品色谱相应的位置上,出现的斑点应小于对照品的斑点或不出现斑点。

中药制剂常见特殊杂质(生物碱)检查

《中国药典》2015 年版中规定双酯型生物碱限量检查的药材及其制剂有:小金丸、小金片和小金胶囊。

规定做乌头碱限量检查的药材及其制剂有:二十五味珊瑚丸、三七伤药片、三七伤药颗粒、小儿肺咳颗粒、小活络丸、天和追风膏、天麻祛风补片、五味麝香丸、止血复脉合剂、风寒双离拐片、右归丸、安儿宁颗粒、芪苈强心胶囊、尪痹片、尪痹颗粒、伸筋活络丸、附子理中丸、肾康宁胶囊、肾康宁颗粒、固肾定喘丸、参附强心丸、养血安胶囊、骨刺丸、骨刺消痛片、复方羊角片、复方夏天无片、追风透骨丸、祛风止痛片、益肾灵颗粒、温胃舒胶囊、麝香风湿胶囊。

二、有关物质

有关物质主要是在生产过程中带入的起始原料、中间体、聚合体、副反应产物,以及贮藏过程中的降解产物等。有关物质研究是药品质量研究中关键性的项目之一,其含量是反映药品纯度的直接指标。对药品的纯度要求,应基于安全性和生产实际情况两方面的考虑,因此,允许含限定量无害的或低毒的共存物,但对有毒杂质则应严格控制。注射剂有关物质系指中药材经提取、纯化制成注射剂后,残留在注射剂中可能含有并需要控制的物质。除另有规定外,一般应检查蛋白质、鞣质、树脂等,静脉注射液还应检查草酸盐、钾离子等。

【示例 5-3】注射用灯盏花素相关物质及有关物质检查

1. 相关物质取本品(约相当于野黄芩苷 20mg)适量,置 50ml 量瓶中,加水 2ml 使溶解,加甲醇稀释至刻度,摇匀,作为供试品溶液;精密量取 1ml,置 100ml 量瓶中,加甲醇稀释至刻度,摇匀,作为对照溶液。照〔含量测定〕项下的色谱条件,取对照溶液 5µl 注入液相色谱仪,调节检测灵敏度,使主成分色谱峰的峰高约为满量程的 10%。再精密量取供试品溶液与对照溶液各 5µl,分别注入液相色谱仪,记录色谱图至主成分峰保留时间的 2.5 倍。供试品溶液色谱图中各杂质峰峰面积的和不得大于对照溶液主峰峰面积的 2 倍(2%)。

2. 有关物质取本品,加水制成每 1ml 含野黄芩苷 10mg 的溶液,除树脂外,照注射剂有关物质检查法(通则 2400)检查,应符合规定。

中药注射剂中安全性相关物质 5-羟甲基糠醛

筛查出安全性相关物质进而建立相应的限量标准是提高中药注射剂安全性的重要研究内容。5-羟甲基糠醛(5-hydroxymethylfurfural,5-HMF)广泛存在于含糖类中药注射剂中,被认为是重要安全性相关物质。

研究发现 5-HMF 是一种弱致癌性细胞毒素,对黏膜、皮肤、呼吸道及眼睛有刺激性,能与人体蛋白质结合导致蓄积中毒;同时对人体横纹肌及内脏有损害作用,甚至存在潜在的遗传毒性。

中药注射剂中 5-HMF 的含量与中药的原材料、炮制、配伍等密切相关。例如在生脉散中,单味药人参、麦冬、五味子在煎煮前均不含 5-HMF,但生脉散全方及麦冬与五味子配伍的水煎液 5-HMF 的含量显著增高,这可能是复方生脉散在煎煮等制备过程中成分发生变化,而五味子提供的酸性环境可能导致麦冬的糖水解产生 5-HMF。此外,不同产地的原材料中含糖量不同,也影响了成品注射剂中 5-HMF 含量。因此,开展相应的过程检测及控制方法研究,建立 5-HMF 含量的精准调控技术,有助于进一步确保中药注射剂产品的质量。

三、树脂残留

在中药注射液的合成过程中,很多都使用了大孔树脂吸附工艺,树脂中可能存在的有害残留物为苯、甲苯、对二甲苯、邻二甲苯、苯乙烯、二乙烯苯等。《中国药典》2015 年版主要采用气相色谱法测定样品中的树脂残留,并做限度规定,使药品符合产品规范、药品生产质量管理规范或其他基本的质量要求。

【示例 5-4】三七总皂苷的树脂残留检查

〔制法〕取三七粉碎成粗粉,用 70% 的乙醇提取,滤过,滤液减压浓缩,滤过,过苯乙烯型非极性或弱极性共聚体大孔吸附树脂柱,用水洗涤,水洗液弃去,以 80% 的乙醇洗脱,洗脱液减压浓缩,脱色,精制,减压浓缩至浸膏,干燥,即得。

〔树脂残留〕照残留溶剂测定法(通则 0861 第二法)测定。

1. 色谱条件与系统适用性试验 以键合/交联聚乙二醇为固定相的石英毛细管柱(30m×0.25mm×0.25μm);柱温为程序升温:起始温度 60℃,保持 16 分钟,再以每分钟 20℃升温至 200℃,保持 2 分钟;用氢火焰离子化检测器检测,检测器温度 300℃;进样口温度 240℃;载气为氮气,流速为每分钟 1.0ml。顶空进样,顶空瓶平衡温度为 90℃,平衡时间为 30 分钟。理论板数以邻二甲苯峰计算应不低于 40 000,各待测峰之间的分离度应符合规定。

2. 对照品溶液的制备 精密称取正己烷、苯、甲苯、对二甲苯、邻二甲苯、苯乙烯、1,2- 二乙基苯和二乙烯苯对照品适量,加 N,N- 二甲基乙酰胺制成每 1ml 中分别含 20μg、4μg、20μg、20μg、20μg、20μg、20μg、20μg 的溶液,作为对照品贮备液。精密吸取上述贮备液 2ml,置 50ml 量瓶中,加 25% N,N- 二甲基乙酰胺溶液稀释至刻度,摇匀,精密量取 5ml,置 20ml 顶空瓶中,密封,即得。

3. 供试品溶液的制备 取本品约 0.1g,精密称定,置 20ml 顶空取样瓶中,精密加入 25% N,N- 二甲基乙酰胺溶液 5ml,密封,摇匀,即得。

4. 测定法　分别精密量取对照品溶液和供试品溶液的顶空气体各 1ml,注入气相色谱仪,测定,即得。

本品含正己烷、甲苯、对二甲苯、邻二甲苯、苯乙烯、1,2- 二乙基苯和二乙烯苯均不得过 0.002%(供注射用),苯不得过 0.000 2%。

> **知识链接**
>
> **《中国药典》2015 年版通则 0861 残留溶剂测定法第二法**
>
> 第二法(毛细管柱顶空进样系统程序升温法)
>
> 当需要检查的有机溶剂数量较多,且极性差异较大时,可采用此法。
>
> 色谱条件柱温一般先在 40℃ 维持 8 分钟,再以每分钟 8℃ 的升温速率升至 120℃,维持 10 分钟;以氮气为载气,流速为每分钟 2.0ml;以水为溶剂时顶空瓶平衡温度为 70~85℃,顶空瓶平衡时间为 30~60 分钟;进样口温度为 200℃;如采用 FID 检测器,进样口温度为 250℃。
>
> 具体到某个品种的残留溶剂检查时,可根据该品种项下残留溶剂的组成调整升温程序。
>
> 测定法取对照品溶液和供试品溶液,分别连续进样不少于 2 次,测定待测峰的峰面积。

四、溶剂残留

中药提取物中残留有机溶剂系指在中药提取物生产过程中使用或产生的而未能完全除去的有机挥发性化合物。残留有机溶剂是一种潜在性的药物毒性危险,不仅对中药提取物的稳定性有影响,更重要的是危害使用者身体健康。残留有机溶剂的毒性或致癌作用日益引起医药界的重视,人用药物注册技术要求国际协调会议(ICH)指导原则指出:“在药物生产过程中尽量避免一、二类有机溶剂的使用,维护中药绿色、环保、健康的形象”。实际中需对其残留溶剂含量进行测定,并做出合理的判断,以保证中药提取物的质量。《中国药典》2015 年版规定第一、第二、第三类溶剂的残留限度应符合表 5-6 中的规定。残留溶剂的检测方法多种多样,目前气相色谱法普遍被各国药典所采用,对不宜采用气相色谱法测定的含氮碱性化合物,如 N- 甲基吡咯烷酮等,可采用其他方法如离子色谱法等测定。

(一)残留溶剂的测定

1. 色谱柱　《中国药典》2015 年版规定可选用毛细管柱,亦可选用填充柱(表 5-7)。同类色谱柱中极性相近的可以互换使用。

2. 系统适用性试验

(1)用待测物的色谱峰计算,毛细管色谱柱的理论板数一般不低于 5 000;填充柱的理论板数一般不低于 1 000。

表 5-6　药品中常见的残留溶剂及限度

溶剂名称	限度（%）	溶剂名称	限度（%）	溶剂名称	限度（%）
第一类溶剂（应该避免使用）		甲基丁基酮	0.005	甲酸乙酯	0.5
		甲基环己烷	0.118	甲酸	0.5
苯	0.000 2	N- 甲基吡咯烷酮	0.053	正庚烷	0.5
四氯化碳	0.000 4	硝基甲烷	0.005	乙酸异丁酯	0.5
1,2- 二氯乙烷	0.000 5	吡啶	0.02	乙酸异丙酯	0.5
1,1- 二氯乙烯	0.000 8	四氢噻吩	0.016	乙酸甲酯	0.5
1,1,1- 三氯乙烷	0.15	四氢化萘	0.01	3- 甲基 -1- 丁醇	0.5
第二类溶剂（应该限制使用）		四氢呋喃	0.072	丁酮	0.5
		甲苯	0.089	甲基异丁基酮	0.5
乙腈	0.041	1,1,2- 三氯乙烯	0.008	异丁醇	0.5
氯苯	0.036	二甲苯[1]	0.217	正戊烷	0.5
三氯甲烷	0.006	第三类溶剂（药品 GMP 或其他质量要求限制使用）		正丙醇	0.5
环己烷	0.388			异丙醇	0.5
1,2- 二氯乙烯	0.187	醋酸	0.5	乙酸丙酯	0.5
二氯甲烷	0.06	丙酮	0.5	第四类溶剂（尚无足够毒理学资料）[2]	
1,2- 二甲氧基乙烷	0.01	甲氧基苯	0.5	1,1- 二乙氧基丙烷	
N,N- 二甲基乙酰胺	0.109	正丁醇	0.5	1,1- 二甲氧基甲烷	
N,N- 二甲基甲酰胺	0.088	仲丁醇	0.5	2,2- 二甲氧基丙烷	
二氧六环	0.038	乙酸丁酯	0.5	异辛烷	
2- 乙氧基乙醇	0.016	叔丁基甲基醚	0.5	异丙醚	
乙二醇	0.062	异丙基苯	0.5	甲基异丙基酮	
甲酰胺	0.022	二甲基亚砜	0.5	甲基四氢呋喃	
正己烷	0.029	乙醇	0.5	石油醚	
甲醇	0.3	乙酸乙酯	0.5	三氯醋酸	
2- 甲氧基乙醇	0.005	乙醚	0.5	三氟醋酸	

注:1. 通常含有 60% 间二甲苯、14% 对二甲苯、9% 邻二甲苯和 17% 乙苯。2. 药品生产企业在使用时应提供该类溶剂在制剂中残留水平的合理性论证报告。

表 5-7　常见色谱柱

色谱柱类型		固定液或固定相
毛细管柱	非极性	100% 的二甲基聚硅氧烷
	弱极性	苯基(5%) - 甲基聚硅氧烷(95%);二苯基(5%) - 二甲基硅氧烷(95%)共聚物
	中极性	二苯基(35%) - 甲基聚硅氧烷(65%);二苯基(50%) - 二甲基聚硅氧烷(5%);二苯基(35%) - 二甲基聚硅氧烷(65%);氰丙基苯基(14%) - 二甲基聚硅氧烷(86%);氰丙基苯基(6%) - 二甲基聚硅氧烷(94%)
	极性	聚乙二醇(PEG-20M)
填充柱		直径为 0.18~0.25mm 的二乙烯苯 - 乙基乙烯苯型高分子多孔小球或其他适宜的填料

(2) 色谱图中,待测物色谱峰与其相邻色谱峰的分离度应大于 1.5。

(3) 以内标法测定时,对照品溶液连续进样 5 次,所得待测物与内标物峰面积之比的相对标准偏差(RSD)应不大于 5%;若以外标法测定,所得待测物峰面积的 RSD 应不大于 10%。

3. 供试品溶液的制备

(1) 顶空进样:除另有规定外,精密称取供试品 0.1~1g;通常以水为溶剂;对于非水溶性药物,可采用 N,N- 二甲基甲酰胺、二甲基亚砜或其他适宜溶剂;根据供试品和待测溶剂的溶解度,选择适宜的溶剂且应不干扰待测溶剂的测定。根据各品种项下残留溶剂的限度规定配制供试品溶液,其浓度应满足系统定量测定的需要。

(2) 溶液直接进样:精密称取供试品适量,用水或合适的有机溶剂使溶解;根据各品种项下残留溶剂的限度规定配制供试品溶液,其浓度应满足系统定量测定的需要。

4. 对照品溶液的制备　精密称取各品种项下规定检查的有机溶剂适量,采用与制备供试品溶液相同的方法和溶剂制备对照品溶液;如用水作溶剂,应先将待测有机溶剂溶解在 50% 二甲基亚砜或 N,N- 二甲基甲酰胺溶液中,再用水逐步稀释。若为限度检查,根据残留溶剂的限度规定确定对照品溶液的浓度;若为定量测定,为保证定量结果的准确性,应根据供试品中残留溶剂的实际残留量确定对照品溶液的浓度;通常对照品溶液色谱峰面积不宜超过供试品溶液中对应的残留溶剂色谱峰面积的 2 倍。必要时,应重新调整供试品溶液或对照品溶液的浓度。

5. 测定法

(1) 第一法(毛细管柱顶空进样等温法):当需要检查有机溶剂的数量不多,且极性差异较小时,可采用此法。

(2) 第二法(毛细管柱顶空进样系统程序升温法):当需要检查的有机溶剂数量较多,且极性差异较大时,可采用此法。具体到某个品种的残留溶剂检查时,可根据该品种项下残留溶剂的组成调整升温程序。

(3) 第三法(溶液直接进样法):可采用填充柱,亦可采用适宜极性的毛细管柱。

6. 计算法

(1) 限度检查:除另有规定外,按各品种项下规定的供试品溶液浓度测定。以内标法测定时,供试品溶液所得被测溶剂峰面积与内标峰面积之比不得大于对照品溶液的相应比值。以外标法测定时,供试品溶液所得被测溶剂峰面积不得大于对照品溶液的相应峰面积。

(2) 定量测定:按内标法或外标法计算各残留溶剂的量。

(二) 注意事项

1. 顶空条件的选择

(1) 应根据供试品中残留溶剂的沸点选择顶空平衡温度。对沸点较高的残留溶剂,通常选择较高的平衡温度;但此时应兼顾供试品的热分解特性,尽量避免供试品产生的挥发性热分解产物对测定的干扰。

(2) 顶空平衡时间一般为 30~45 分钟,以保证供试品溶液的气 - 液两相有足够的时间达到平衡。顶空平衡时间通常不宜过长。如超过 60 分钟,可能引起顶空瓶的气密性变差,导致定量准确性的降低。

(3) 对照品溶液与供试品溶液必须使用相同的顶空条件。

2. 顶空平衡温度一般应低于溶解供试品所用溶剂的沸点 10℃以下,能满足检测灵敏度即可;对于沸点过高的溶剂,如甲酰胺、2- 甲氧基乙醇、2- 乙氧基乙醇、乙二醇、N- 甲基吡咯烷酮等,用顶空进样测定的灵敏度不如直接进样,一般不宜用顶空进样方式测定。

> **知识链接**
>
> ### 药品残留溶剂分类
>
> 药品的残留溶剂基本可分为四类:
>
> 第一类溶剂应避免使用。该类溶剂是指人体致癌物、疑为人体致癌物或环境危害物的有机溶剂。因其具有不可接受的毒性或对环境造成公害,在原料药、辅料以及制剂生产中应该避免使用。当根据文献或其他相关资料确定合成路线,涉及第一类溶剂的使用时,建议重新设计不使用第一类溶剂的合成路线,或者进行替代研究。
>
> 如果工艺中不可避免的使用了第一类溶剂,则需要严格控制残留量,无论任何步骤使用,均需进行残留量检测。
>
> 第二类溶剂应限制使用。该类溶剂是指有非遗传毒性致癌(动物实验)、或可能导致其他不可逆毒性(如神经毒性或致畸性)、或可能具有其他严重的但可逆毒性的有机溶剂。此类溶剂具有一定的毒性,但和第一类溶剂相比毒性较小,建议限制使用,以防止对病人潜在的不良影响。
>
> 第三类溶剂是 GMP 或其他质量要求限制使用。该类溶剂属于低毒性溶剂,对人体或环境的危害较小,人体可接受的粗略浓度限度为 0.5%,因此建议可仅对在终产品精制过程中使用的第三类溶剂进行残留量研究。
>
> 第四类溶剂是尚无足够毒性资料的溶剂。这类溶剂在药物的生产过程中可能会使用,但目前尚无足够的毒理学研究资料。建议药物研发者根据生产工艺和溶剂的特点,必要时进行残留量研究。

五、其他

酸败是指油脂或含油脂的种子类药材和饮片，在贮藏过程中发生复杂的化学变化，生成游离脂肪酸、过氧化物和低分子醛类、酮类等产物，出现特异臭味，影响药材和饮片的感观和质量。

本方法通过测定酸值、羰基值和过氧化值，以检查药材和饮片中油脂的酸败度。

（一）油脂提取

除另有规定外，取供试品 30~50g（根据供试品含油脂量而定），研碎成粗粉，置索氏提取器中，加正己烷 100~150ml（根据供试品取样量而定），置水浴上加热回流 2 小时，放冷，用 3 号垂熔玻璃漏斗滤过，滤液置水浴上减压回收溶剂至尽，所得残留物即为油脂。

（二）酸败度测定

1. 酸值测定　取油脂，照脂肪与脂肪油测定法（通则 0713）测定。

2. 羰基值测定　羰基值系指每 1kg 油脂中含羰基化合物的毫摩尔数。除另有规定外，取油脂 0.025~0.5g，精密称定，置 25ml 量瓶中，加甲苯适量溶解并稀释至刻度，摇匀。精密量取 5ml，置 25ml 具塞刻度试管中，加 4.3% 三氯醋酸的甲苯溶液 3ml 及 0.05% 2,4- 二硝基苯肼的甲苯溶液 5ml，混匀，置水浴加热 30 分钟，取出冷却，沿管壁缓缓加入 4% 氢氧化钾的乙醇溶液 10ml，加乙醇至 25ml，密塞，剧烈振摇 1 分钟，放置 10 分钟，以相应试剂作空白，照紫外 - 可见分光光度法（通则 0401）在 453nm 波长处测定吸光度，按下式计算：

$$供试品中的羰基值 = \frac{A \times 5}{854 \times W} \times 1\,000 \qquad （式 5-8）$$

式中，A 为吸光度；W 为油脂的重量，g；854 为各种羰基化合物的 2,4- 二硝基苯肼衍生物的摩尔吸收系数平均值。

3. 过氧化值测定　过氧化值系指油脂中过氧化物与碘化钾作用，生成游离碘的百分数。除另有规定外，取油脂 2~3g，精密称定，置 250ml 的干燥碘瓶中，加三氯甲烷 - 冰醋酸（1∶1）混合溶液 30ml，使溶解。精密加新制碘化钾饱和溶液 1ml，密塞，轻轻振摇半分钟，在暗处放置 3 分钟，加水 100ml，用硫代硫酸钠滴定液（0.01mol/L）滴定至溶液呈浅黄色时，加淀粉指示液 1ml，继续滴定至蓝色消失；同时做空白试验，照下式计算：

$$供试品中的羰基值 = \frac{(A-B) \times 0.001\,269}{854 \times W} \times 1\,000 \qquad （式 5-9）$$

式中，A 为油脂消耗硫代硫酸钠滴定液的体积，ml；B 为空白试验消耗硫代硫酸钠滴定液的体积，ml；W 为油脂的重量，g；0.001 269 为硫代硫酸钠滴定液（0.01mol/L）1ml 相当于碘的重量，g。

（朱星枚）

学习小结

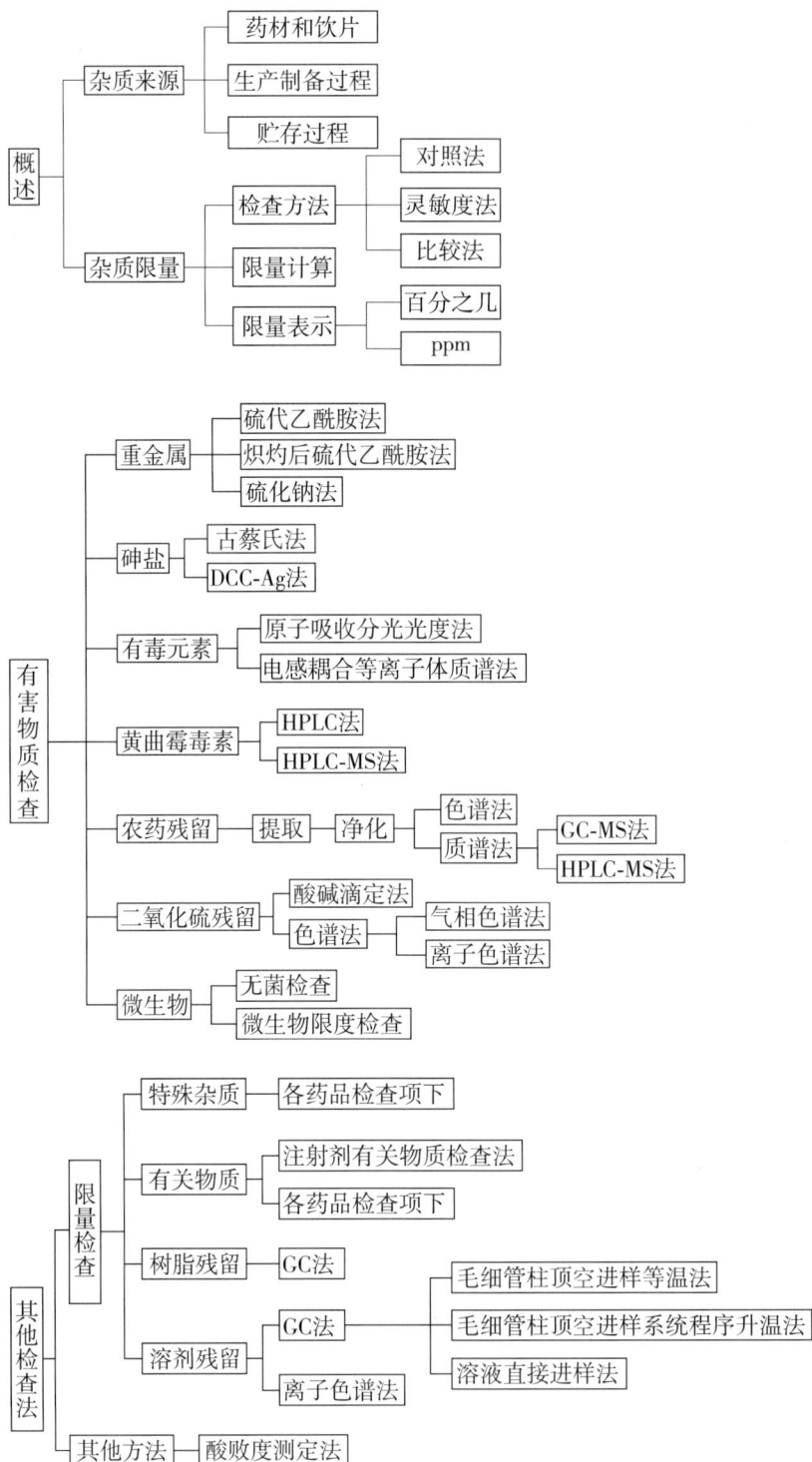

1. 中药制剂中的杂质有哪些来源?

2.《中国药典》的检查方法可以概括为哪几种? 请对每种方法进行解释。

3. 一般杂质的含义是什么? 举例说明。

4. 干燥失重和水分测定有哪些方法,二者的高温烘干检查方法有哪些不同?

5. 炽灼残渣针对哪些杂质? 和灰分检查有哪些相同点和不同点?

6.《中国药典》2015 年版中重金属检查法有几种方法? 每一种检查法的适用范围是什么?

7. 砷盐检查时导气管中塞入棉花的目的是什么?

8. 砷盐检查法中加入酸性氯化亚锡和碘化钾试液的目的是什么?

9.《中国药典》古蔡氏法检查砷盐的基本原理是什么?

10. 为何应对中药及其制剂进行黄曲霉毒素的检查? 目前黄曲霉毒素测定的方法有哪些?

11. 什么是特殊杂质? 中药及其制剂中有哪些常见的特殊杂质?

12. 什么是有关物质? 除特殊规定外一般要检查哪些有关物质?

13. 中药制剂为什么要进行树脂残留的检查?

14. 溶剂残留有哪些测定法? 分别适用于哪类供试品?

05章 同步练习

第六章 指纹图谱与特征图谱

学习目标

掌握指纹图谱和特征图谱的含义、特点、作用及基本要求;熟悉建立指纹图谱的基本程序、内容和方法。掌握谱效关系研究的含义及方法;了解谱效关系研究常用的数据处理方法。

学前导语

中药指纹图谱技术在中药质量控制研究中的重要性越来越明显,符合中药及中药制剂"多成分、多靶点协同作用"的特点。中药指纹图谱技术包括 DNA 指纹图谱、化学指纹图谱(色谱和光谱法)、生物指纹图谱等,可用于解决中药材品种鉴定、中药制剂稳定性评价等关键科学问题。目前,应用最广泛的是中药色谱指纹图谱,结合谱效关系的研究,构建中药化学成分与药效的内在关联,对真正起效的化学成分进行监控,是解决指纹图谱能否成为中药质量控制新模式的关键。

第一节 指纹图谱

一、概述

现有《中国药典》收录的质量控制方法往往以一个或数个成分为控制指标,很难保证中药的疗效及产品的质量,也不符合中医药的整体观理论。中药及中药制剂"多成分、多靶点协同作用"的特点,决定了其质量控制模式应由"单指标"向"多指标"转变;质量控制的观念应由"分解分析"向"综合分析"的方向发展;质量控制的思维应由"线性思维"向"非线性思维"逐步转变。现有质量控制方法中,指纹图谱技术在一定程度上能够实现"整体性""多元性"和"非线性"地评价中药及中药制剂的一致性和稳定性。

中药指纹图谱可分为光谱指纹图谱和色谱指纹图谱。光谱指纹图谱,如近红外光谱、高分辨核磁共振谱,在特定的条件下可以发挥其优势。但总体来讲,色谱指纹图谱由于具有分离、鉴定和可量化三种功能,其提供的质量信息一般较光谱指纹图谱丰富。但是,将色谱指纹图谱技术作为中药质量控制的标准方法尚存在一些技术难题:①不同实验室的仪器、色谱柱、操作人员等可变因素对于色谱指纹图谱的重现性影响较大,导致在与标准图谱比较时无法准确地对色谱峰进行定位;②由于各成分的响应系数不同,色谱指纹图谱中采用峰面积和相对峰面积作为鉴别参数无法准确地反映出不同成分之间的含量关系。因此,在色谱指纹图谱分析中需要有对照品或对照药材作随行对照,进行色谱峰的准确定位。另外,最重要的是需要有一个已知结构和含量的色谱峰作为参比峰,在测定出各色谱峰(成分)的相对校正因子(响应系数的比值)的基础上,各色谱峰峰面积的比例关系才具有质量控制的意义。所以,色谱指纹图谱技术要与有效成分或主要成分含量测定方法相结合,实现"微观"与"宏观"分析的结合,才能更有效地判断和评价中药的质量。尽管如此,结合多元数理统计模型阐明色谱指纹图谱与药效之间的内在关联(即谱 - 效关系),是解决指纹图谱能否作为中药质量控制的标准方法的关键。

二、中药指纹图谱的定义与特性

(一) 中药色谱指纹图谱的定义

1. 中药指纹图谱分析的由来 中药指纹图谱(fingerprint of Chinese drugs)是参照 DNA 指纹图谱发展而来的。根据研究目的不同,生物样品的 DNA 指纹图谱分析既可以强调个体的"唯一性",也可侧重于整个物种的"唯一性"。在中药材的基源鉴定、亲缘关系以及道地性的研究中,DNA 指纹图谱技术是通过分析比较植(动)物来源的中药材不同种间、不同居群间 DNA 图谱的共性、忽略个体之间的差异而实现的。而利用现代分析技术进行中药指纹图谱分析所依据的是对其所含化学成分的表征,亦称为中药化学指纹图谱(chemical fingerprint)。中药化学成分的实质是中药自身的次生代谢产物(如黄酮类、生物碱类成分),是由遗传因素和环境因素共同决定的。同种植物药材所含代谢产物的组成因生长年限、生长环境的变化可能产生个体间的较为明显的差异,但是生物的代谢规律既然具有遗传性,个体之间就必然存在群体共有的相似性(similarity)。因此,这种具有物种"唯一性"和个体"相似性"的中药化学指纹图谱具有指纹意义。目前,应用最多的则是中药色谱指纹图谱,它是基于中药中次生代谢产物的多样性,应用色谱与光谱联用技术得到一组反映其次生代谢产物的图谱,通过比较不同样品间图谱的共性与差异,用于中药的品种鉴定与品质评价。

2. 中药色谱指纹图谱的定义　中药色谱指纹图谱是一种综合的、可量化的鉴别手段,是应用现代色谱技术结合化学计量学的方法对中药化学信息以图形(图像)的方式进行表征并加以描述。在此基础上,通过对中药或中药制剂色谱指纹特征相似程度的比较,判断真伪、评价优劣、考察稳定性和一致性,是一种符合中药特色的质量控制模式。

"表征"是将中药化学信息通过色谱图(液相色谱图、气相色谱图或薄层色谱图)等方式进行表达;"描述"是对指纹图谱经过计算、分析、比较、评价等过程,以可量化的参数、指纹特征等加以说明。中药色谱指纹图谱分析中涉及的主要概念如下。

(1) 共有峰:不同样品的色谱图中,各自在相同保留时间位置出现峰形相似的色谱峰。这些样品通常是指同一品种的不同个体(或批次)。对于中药材,可以是不同产地、不同采收期、不同加工、炮制方法、不同贮藏时间以及近缘品种的不同样品;对于中药制剂,则是不同批次的成品或中间产品。共有峰最好用适当方法(如多维色谱或液 - 质联用技术)检查峰的纯度以及组成的成分是否一致。只有两者基本一致时,才可确定为共有峰。共有峰可能有几个至十几个,或更多。

(2) 非共有峰:同一品种的不同个体(或批次)的色谱图中,除共有峰以外的其他色谱峰,称为非共有峰,又可称作逸出峰。非共有峰也可能有数个或十几个。

(3) 特征峰:两个不同品种的色谱图中,能用于鉴别各自身份的色谱峰。如人参的人参皂苷 R_f 峰、西洋参的伪人参皂苷 F_{11} 峰,以及三七的三七皂苷 R_1、三七素等峰。

(4) 特征指纹区:由数个色谱峰组成的、具有指纹鉴别意义的特征区域,称为特征指纹区。特征指纹区内的色谱峰可以是相邻的,也可以是相互间隔的;可以是专属性成分,也可以是指标性成分;还可以是未知成分。一个指纹图谱可以包含一至多个特征指纹区。当从指纹图谱中无法确定特征峰时,特征指纹区对鉴别的意义就尤其重要。例如淫羊藿的来源包括淫羊藿 *Epimedium brevicornu* Maxim. 等同属五个品种,在淫羊藿 HPLC 指纹图谱中,淫羊藿苷色谱峰前有四个连续的色谱峰,此五个色谱峰组成了一个特征指纹区。根据此"五指峰"的峰形变化可区别不同品种的淫羊藿。

(5) 参比峰:色谱图中,选择保留时间适中、比较稳定、峰面积值适中,用来作为计算相对保留时间、相对峰面积的峰,称为参比峰(参照峰)。参比峰可以是样品中本来含有的已知或未知成分,也可以是加入到样品中的内标物,内标物必须是与样品所含成分结构相似的同系物,并对检测器有相似的响应,在色谱图中还应能排除其他成分的干扰。在计算相对保留时间、相对峰面积时,通常将参比峰设定为1。

(二) 中药色谱指纹图谱的特性

中药指纹图谱研究需要经过制备、分析、比较、评价和校验等过程。分析色谱指纹图谱要求的是"准确的辨认",而不是"精密的测量";对于比较的结果要求的是"相似"而不是"相同";评价色谱指纹图谱的相似性是根据其模糊属性,着眼于宏观的特征分析,即着重辨认完整色谱的"图貌",

而不是求索细枝末节。因此,中药色谱指纹图谱的基本特性是"整体性"和"模糊性"。

(1) 整体性:中药色谱指纹图谱的"整体性"表现为中药整体化学成分的综合表达,不能孤立地看待其中某一色谱峰,或把该色谱峰从图谱中分割出来,图谱中的任何一个色谱峰均不能代表该中药的全部特性。正如,小檗碱不能代表黄连或黄柏,人参皂苷 Rb_1、人参皂苷 Rg_1 不能代表人参、西洋参或三七,银杏黄酮或银杏内酯不能体现银杏叶提取物的临床疗效等。

(2) 模糊性:中药色谱指纹图谱的"模糊性",就如同辨认一个人的面貌不需要准确的测量和详尽的比较,只需根据照片从人群中快速搜寻其面貌特征就可找到其人。这是日常最常见的模糊常识和模糊应用,用准确的测量和详尽的比较反而可能造成混乱和错误。中药色谱指纹图谱也同样具有模糊性,它具有两层含义:其一,色谱中的大多数峰所含有的化学物质的种类、数目和结构都是不清楚的;其二,不需要精确的数学测量亦可以用于中药的品种鉴别与均一性和稳定性评价。通过对样品与对照品的色谱指纹图谱的直观比较,一般就能准确地鉴别待测样品的真实性,比较指纹图谱的整体特征的相似程度可以判断不同批间样品的一致性,这个相似程度是一个模糊范围,有一个难以精确计算但可以辨认的宽容度。模糊性强调的是对照样品与待测样品间指纹图谱的相似性,而不是完全相同;整体性是强调完整地表达和比较色谱的特征"面貌",而不是将其肢解。

三、中药色谱指纹图谱方法的建立

中药化学指纹图谱是采用光谱、色谱和其他分析方法建立的用以表达中药化学成分特征的指纹图谱。目前最常用的是基于色谱与光谱(波谱)联用的方法表达中药化学成分特征的指纹图谱,也叫中药色谱指纹图谱。基于色谱技术的分离是构建中药成分特征指纹的前提,常用的色谱法包括薄层色谱(TLC)、气相色谱(GC)、高效液相色谱(HPLC)和高效毛细管电泳(HPCE);而应用光谱(波谱)技术对中药多成分的检测是生成中药成分可视化图谱的关键,常用的光谱(波谱)技术包括紫外光谱(UV)、荧光光谱(F)、近红外光谱(IR)、蒸发光散射光谱(ELSD)以及功能强大的质谱(MS)和核磁共振谱(NMR)等。目前使用最多的中药化学指纹图谱是采用 HPLC 方法构建的联用技术,如 HPLC-UV、HPLC-ELSD 和 HPLC-MS 等。中药指纹图谱建立的目标是全面反映中药所含内在化学成分的种类与数量,进而反映中药的质量。因此,中药色谱指纹图谱的建立,应以系统的化学成分研究和药效学研究为依托,应体现科学性、特征性、重现性三个基本原则。

(一) 中药色谱指纹图谱的基本要求

1. 科学性 "科学性"是指指纹图谱中所反映的化学成分群体应包括该中药的大部分药效物质,并与临床疗效相关联,能真正起到控制质量的目的。例如,人参的主要有效成分是人参皂苷类,则其指纹图谱应尽可能多地反映其皂苷类成分;银杏叶的有效成分是黄酮类和银杏内酯类,则其指纹图谱可采用两种方法针对这两类成分分别分析,或建立一种方法能实现对这两类成分的同时分析,以体现该指纹图谱的科学性。另外,应深刻认识到认为一张指纹图谱就能反映中药化学物质的整体面貌的想法是不科学的,也是对中药内涵缺乏深刻认识的表现。为了确保中药色谱指纹图谱的科学性,开发系统的指纹图谱分析技术应从以下三方面着手:①提取溶剂和提取方法的开发,确保中药化学物质(或活性物质)的全面溶出;②色谱分离和检测技术的开发,确保不同结构性质的化学物质的分离和检测;③建立系统的"谱-效关系"表征模型,阐明色谱指纹图谱与药效之间的内在关联,确保控制成分群能真实、有效地反映中药的内在质量。

2. 特征性　"特征性"是指指纹图谱中所反映的化学成分信息(保留时间或位移值)是具有高度选择性的,这些信息的综合结果将成为中药自身的"化学条码",可实现特征地辨识中药(中药材或复方制剂)的真伪与优劣。例如,如北五味子的高效液相色谱(HPLC)指纹图谱和薄层色谱(TLC)指纹图谱,不仅包括多种已知的五味子木脂素类成分,而且还有许多未知成分,这些成分之间的出峰顺序、比值在一定范围内是固定的,并且随药材品种的不同而不同。利用这些"化学条码"信息,可以实现准确地区分北五味子与南五味子以及其他来源的五味子药材,并判别药材的真伪与优劣。

中药制剂也应能鉴定处方中各药味的存在及其质量,有的还应能反映工艺过程的某些改变,能鉴别同一品种不同生产厂家的产品。如前所述,只用一张指纹图谱是不足以表现其全部特征的;常要采用几张指纹图谱来表现某种中药的各个不同侧面的特征,从而构成其全貌。但对其中的每一张图谱均应符合专属性的要求。

3. 重现性　指纹图谱主要是用来表现中药化学成分的整体,故要有较好的重现性,即同一样品,在规定的方法与条件下,不同的操作者或不同的实验室应能做出可重现的图谱,各参数误差应在允许的范围内,这样才可以保证指纹图谱的使用具有通用性和实用性。因此,要实现指纹图谱的重现性,除在样品制备、测定方法、数据采集、数据处理和分析等过程中要规范化操作外,还应有专业的第三方评价机构对指纹图谱进行客观评价,并公布标准指纹图谱。

(二) 中药色谱指纹图谱的建立

为了确保中药色谱指纹图谱的科学性、特征性和重现性,中药指纹图谱获取过程的每一步骤都要符合规范性。主要包括样品收集、制备、分析方法的建立以及结果的处理等步骤。

1. 样品的收集　供试品收集是研究指纹图谱最初的步骤,收集的样品必须具有科学性、代表性与广泛性。所谓科学性是指样品的来源、产地必须正确,采收、加工、炮制方法必须符合科学规范。由于中药材来源复杂,同名异物、同物异名的品种混乱现象极其普遍,中药材所含化学成分的种类及数量还受产地、采收、加工等因素的影响;因此,即使是道地产地的中药材,也可能存在质量问题。中药材的质量是中药制剂质量的基本保证。为了确保科学性,在制订中药指纹图谱之前,必须明确中药材品种以及中药制剂处方中实际使用的品种,然后到该品种的道地产地收集符合药用标准的样品作为标准样品。与此同时,还要进行具有广泛性与代表性的相当数量的样品收集,包括不同产地、不同采收加工方法、不同规格的样品以及不合格样品(包括伪品与不符合药用要求的样品)的收集,只有保证样品的广泛性与代表性,才能保证建立的指纹图谱的科学、客观、实用。

但值得注意的是,中药材成分天然存在的不稳定性及不确定性是多数药材指纹图谱难以有较高的相似度的主要原因。所以,在中药制剂生产的过程中,应在品种鉴定无误的基础上,确保药材有较为固定和稳定的来源,要求药材个体之间的指纹图谱的主要特征尽可能相似,只有这样才能保证生产的中药制剂成品的稳定性。

一般要求收集不少于10批样品的数量,而且要有翔实记录。供试品的取样应参照现行版《中国药典》中规定的中药材取样方法,以保证供试品的代表性和均一性。在实验过程中,每批供试品的取样量应不少于三次检验量,并留有足够量的留样观察样品。完整翔实的原始记录应包括以下信息:

(1) 药材名称。

(2) 样品来源:真实记录供试样品来自何处,如①传统产地收集或是资源丰富的产地收集;②GAP基地供应;③产地购买、市场购买或委托购买等。另外,还应包括动、植物药的品种、药用部位、加工和炮制方法,矿物药炮制和加工方法。

(3) 收集时间(购买时间)及收集人。

(4) 货源情况调查(货源是否充足和稳定)。

(5) 基源鉴定及鉴定人信息:产地或GAP基地收集的药材结合植物形态鉴定品种。如缺少原植物,应由专业人员凭药材性状、显微及化学成分特征进行鉴别。对于近缘品种、多基源品种及易混淆品种的药材应尤其注重植物来源的鉴定,并建立对应的特征信息数据库,方便实际生产过程中药材品种的鉴定。另外,多品种的药材或易混淆的品种,产区的选择应缩小范围,并结合资源选用《中国药典》收载品种中的一种。复方制剂中的君药及处方量大的药材必须重点注意品种的鉴定。

(6) 质量评估:为了确保中药色谱指纹图谱分析结果的可靠性,减少试验结果的判断误差,首先药材需符合《中国药典》或部颁标准规定,并详细记录。需要注意的是,某些药材按照《中国药典》规定的指标成分的含量限度来评价,其质量未必合格,但从整体指纹图谱看却可能相似度较高。这取决于药典规定的指标成分在整体的色谱指纹图谱中所占比重的大小,指标成分含量较低的中药或指标成分与药理活性相关性未得到充分证实的中药,往往会出现类似相悖的结论。例如,对于丹参药材,《中国药典》2015年版规定了丹参酮IIA、隐丹参酮和丹参酮I的总含量不得少于0.25%。但如果丹参药材用于生产注射剂,其主要是水溶性强的丹酚酸类成分,而脂溶性的丹参酮类成分在注射剂中基本不存在。所以,如果选用丹参酮类成分合格,而丹酚酸类成分含量很低的丹参药材用于生产丹参注射液显然是不合理的。因此,质量评估中要求符合《中国药典》或部颁标准规定的含量限度标准是最基本的要求,但同时应考虑中药材的实际应用,针对生产、研究目的制订更多元的质量评估体系,确保生产出质量均一、稳定、安全、有效的中药制剂。

(7) 样品的留样、贮藏和标签:供试样品必须在干燥、低温、避光的条件下贮藏。标签必须有编号,收集样品的编号应与贮藏样品、试验样品的编号要一致。留样数量应不少于实验用量的3倍。

2. 样品的制备 制备样品的目的是尽可能将样品中的化学成分最大限度地提取、富集与纯化,是保证指纹图谱分析的基础。首先,样品的称取数量一般应至少满足供试品与总样品的比例为1:10,即称取1g供试品,则应在混合均匀的10g总样品中称取,称取供试品的精度要求取3位有效数字。供试品溶液的制备需依次进行提取溶剂、提取方法以及提取液的纯化方法考察。中药材指纹图谱的主要作用是:①考察药材本身的质量情况;②以药材的指纹图谱为参照,通过比较提取物或制剂指纹图谱与药材指纹图谱的相似性,考察提取物或制剂与原药材的相关性。因此,在制备药材供试品溶液的时候对于提取溶剂和提取方法的选择,除了考虑提取效率之外,还应考虑与生产工艺的一致性。在此基础上,进行定量操作,尽量使药材中的成分较多地在色谱图中反映出来,并达到良好的分离。对于化学成分不清楚的中药材的提取,可选用水煎煮、再用有机溶剂进行极性分级的方法;或选用适当浓度的乙醇或甲醇提取。提取的原则是:尽量将其中的化学物质,特别是水溶性成分提取出来。对于挥发性成分,可采用水蒸气蒸馏法;制剂中所含挥发性成分,则可用正己烷或石油醚萃取,或采用专门的气相色谱固相微萃取头(如100μm聚二甲基硅氧烷,PDMS)萃取。对于有效成分或主要成分清楚的中药,则可根据所含化学成分的性质,选用适当的溶剂去提取。最常用的提取方法有:超声提取、加热回流提取和微波提取等。另外,杂质的存在不仅影响分离效果,而且会污染色谱柱及仪器。因此,必须采用适当的方法对提取液进行纯化。纯化除杂的过程亦是对待测物进行富集的过程,常用的方法是固 - 液萃取与液 - 液萃取。

供试品溶液最终应用适宜的溶剂溶于标定容量的容器中,制成标示浓度的供试品溶液(g/ml 或 mg/ml)。一般要求供试品溶液尽量新鲜配制,如连续试验需要,供试品溶液应在避光、低温、密闭容器条件下短期放置,一般不超过两周,溶液不稳定的,一般不超过 48 小时。最后,制备好的供试品溶液要注明编号或批号,应与取样的药材编号一致,或有明确的关联,以保证数据的可追溯。

3. 参照物质的选择　制定指纹图谱标准常需使用参照物质(对照品),一般选取容易获取的一个或一个以上的中药或中药制剂中的主要活性成分作为参照物质(对照品)。参照物质的作用主要是用于计算指纹图谱中的相对保留时间和相对峰面积等参数,以便考察其稳定性和重现性。在与临床药效未能取得确切关联的情形下,参照物质(对照品)起着辨认和评价指纹图谱特征的作用,不等同于含量测定的对照品。如果参照物质(对照品)就是该药材或制剂的主要活性成分,则对评价该药材或制剂的质量将起着至关重要的作用。此外,参照物质(对照品)应说明名称、来源和纯度。如没有合适的参照物质(对照品),也可选取指纹图谱中稳定的指纹峰作为参比峰,说明其色谱行为和有关数据,并尽可能阐明其化学结构及化学名称。如情况需要,也可考虑选择适宜的内标物。

对照品溶液的制备需精密称取参照物质(对照品),根据其理化性质和检测的要求,参照供试品溶液制备的方法,采用适宜的方法和溶剂制成标示浓度的溶液。

4. 分析方法与条件的选择　中药色谱指纹图谱的建立核心在于分析方法的优化,应根据待测样品中所含化学成分的理化性质,选择适宜的分析方法并进行优化,主要包括测定方法、仪器、试剂、测定条件的选择。测定方法主要包括薄层色谱法(TLC)、高效液相色谱法(HPLC)和气相色谱法(GC)。通常根据研究目的会选择不同的测定方法,对于成分复杂的样品,尤其是中药制剂,有必要考虑采用多种测定方法,建立多个指纹图谱。例如,同时含有挥发性成分的样品,可以考虑建立 GC 指纹图谱与 HPLC 指纹图谱;对同时含有皂苷类与黄酮类成分的中药材或中药制剂,可以考虑建立总皂苷 HPLC 指纹图谱与总黄酮的 HPLC 指纹图谱。制订色谱指纹图谱所采用的固定相(色谱柱或薄层板)、流动相、测定条件(温度、湿度、流速、检测波长)等均需要优化后固定,比如色谱柱的填料类型、内径、长度、粒径等。在优选 HPLC 指纹图谱分析条件时,常采用梯度洗脱方法,以便使复杂的成分得到最好的分离;但组成不宜太复杂,以二元梯度较好;检测器以 DAD 为佳,在方法确定后,可改用紫外检测器进行常规分析。同时,对建立的方法和条件还需经过严格的方法学验证。例如,精密度试验、稳定性试验和重现性试验等。

中药色谱指纹图谱分析方法学验证所包括的项目有专属性、精密度(重复性、中间精密度和重现性)、范围和稳定性。方法验证的具体内容如下。

(1) 专属性(specificity)：中药色谱指纹图谱方法专属性是指指纹图谱的测定方法对中药样品特征的分析鉴定能力，亦可理解为抗干扰能力。色谱指纹图谱方法的专属性应从中药有效部位所包含的成分群着手，根据相应的理化性质，确定分离和检测方法。在确保各成分在色谱图中达到良好分离的前提下，专属性的考察应首先进行指标峰的确定，并检验峰纯度。其他色谱峰可通过对照品比对、质谱等手段尽可能多的指认。在此基础上，通过与空白样品、干扰基质的比较，验证所检出的色谱峰是否能代表待测样品的特征。如果是复方制剂样品，还应该分别制备缺待测样品的阴性对照，对色谱峰的药味来源进行归属的同时实现专属性的考察。中药复方制剂所含成分种类多样，且理化性质各不相同，如果一种色谱方法不具备足够的鉴定能力，则可采用两种或两种以上的方法进行指纹图谱的研究，以达到鉴定目的。

(2) 精密度(precision)：精密度是指规定条件下对均质样品进行多次检测结果之间的接近程度（或离散程度），用相对标准偏差或变异系数表达。精密度考察应使用均质、可信的样品。对于中药材而言，均质、可信的样品可以是中检院的对照药材或经准确鉴定后的不同产地药材的混合质控样品。对于中间体或者制剂成品，均质、可信的样品可以是对照提取物或参比制剂，在没有的情况下推荐将不同批次待测样品分别取等量进行均匀混合，制备用于方法学考察的质控样品。精密度的评价可以通过高、中、低三个样品浓度($n=3\times3$)来考察，也可以通过同一样品浓度($n=6$)来考察，具体根据实际情况和研究目的进行选择。

1) 分析方法精密度：对均质样品一次称样，提取制备后，在同一天内进行连续测样，分析不同结果之间的接近程度，称为日内精密度；在不同天连续测样(3天内)，考察不同天分析结果之间的接近程度，称为日间精密度；日内和日间精密度主要是用于评价分析仪器的精密性。

2) 重复性：对均质样品多次称样，提取制备后在相同的色谱条件下进行测样，分析不同结果之间的接近程度，叫做重复性，也称为间隙精密度，主要是考察整个分析流程的可重复性。

3) 重现性：重现性是指不同实验室之间的精密度，通过不同实验室之间的评价，即在不同实验室采取复核、审核、标化、盲试等不同的方法进行精密度考察，同时需要考察真实值的变异范围，确定方法本身的误差来源。

(3) 稳定性(stability)：稳定性主要是用于评价样品在测定条件下，随着时间变化的稳定程度。通常对均质样品一次称样，提取制备后，分别在不同时间点进行检测(如0小时、2小时、4小时、7小时、11小时、16小时、22小时、29小时、36小时)，如果在规定时间内样品分析的结果满足评价的要求，则说明样品在测定时间范围内稳定。否则，则说明样品在规定时间内达不到稳定的要求，需要重新考察其稳定的时间范围，最终的分析都要在规定的时间范围内检测。

(4) 耐用性(robustness)：色谱指纹图谱分析方法的耐用性是建立的方法对外界环境变化的耐受程度，通常通过变化温度、分析人员、仪器型号、色谱柱品牌等因素来考察。通过系统的实验，确定色谱指纹图谱分析方法对各因素的耐受范围，并加以规定和说明，以确保方法的有效性。

(5) 范围(range)：色谱指纹图谱测定范围是样品中被分析组分的较高浓度(量)和较低浓度(量)的一个区间，并已证实在此区间内，该方法满足精密度等方法学考察的要求。中药指纹图谱的测定范围与一般分析方法不同，需采用整体相似度指标进行判断。通过增加、减少进样量或将样品浓缩、稀释进行测定的方式，将所得指纹图谱与"对照用指纹图谱"进行相似度比较，一般而言，相似度值维持在0.9以上的浓度范围为指纹图谱测定范围。

需注意的是,在进行方法学考察的时候应该着眼于指纹图谱的整体特征的考察,不应将色谱中的各峰拆开而孤立地考察。各指标的评价可以通过指纹图谱计算的不同参数来考察,如相对峰面积、相对保留时间等;也可以通过《中药色谱指纹图谱相似度评价系统》计算相似度来评价。比如有的研究对精密度的规定是"主要色谱峰的峰面积的 RSD% 不得大于 5%,相对峰面积的 RSD% 不得大于 3%";而有的研究则规定"连续进样 6 次后,考察色谱峰相似度的一致性,用《中药色谱指纹图谱相似度评价系统》计算,结果相似度应大于 0.9"。

5. 指纹图谱的建立和评价　按照上述建立的分析方法,选取 10 批品种明确、同一产地的样品(最好是道地药材产地的、不同规格的样品;可能的话,采收期和加工方法也应一致)进行分析,每个样品进行 2 个重复测样。对得到的 20 个数据进行指纹图谱分析,然后确定共有峰、特征峰、特征峰区、参比峰,计算相对保留时间和相对峰面积。据此,建立该种中药的对照指纹图谱。然后再将不同产地、不同采收期的其他样品的指纹图谱与对照指纹图谱进行比较分析,看是否存在相同的共有峰、特征峰和特征峰区等,并利用《中药色谱指纹图谱相似度评价系统》计算相似度。一般要求,同一品种的不同样品间,其相似度应大于 0.9。

对于中药制剂,应比较原药材与提取物及其制剂的指纹图谱之间的相关性。即提取物指纹图谱特征应在药材的指纹图谱中体现。在不影响疗效的前提下,原药材的某些特征在提取物指纹图谱中允许因生产工艺原因而有规律地丢失,但提取物与制剂的指纹图谱则应有高度的相关性。

指纹图谱的评价还应注意指纹特征的整体性。一个品种的指纹图谱是由各个具有指纹意义的峰组成的完整图谱构成。各有指纹意义的峰位置、大小或高低(积分面积或峰高)、各峰之间相对比例是指纹图谱的评价参数,辨认比较时从整体的角度综合考虑,注意各个有指纹意义峰之间的相互依存关系。有的品种,特别是中药复方制剂,由于组成药物多,成分极其复杂,可能需要两张以上的指纹图谱才能体现其整体药效物质的全貌。指纹图谱的相似性从两个方面考虑,一是色谱的整体"面貌",即有指纹意义峰的数目、峰的位置和顺序、各峰之间的大致比例等是否相似,以判断样品的真实性;二是样品图谱与"对照图谱"之间或不同批次样品指纹图谱之间的总积分值作量化比较,应符合有关规定。

6. 指纹图谱的校验与复核　对所建立的指纹图谱应按有关规定进行实验条件、方法及结果的校验与复核。

四、应用示例

指纹图谱技术是国际公认的控制中药或天然药物质量的有效手段。目前,美国食品药品管理局(FDA)、世界卫生组织(WHO)、欧盟、印度和日本等国家均采用指纹图谱作为植物药的质量控制手段。FDA 明确规定,草药保健品申报资料可以提供色谱指纹图谱;WHO 在 1996 年草药评价指导原则中也规定,如果草药的成分不明,可以提供色谱指纹图谱以证明产品与质量的一致;欧盟也做出相应规定。

目前,在中药质量标准研究中,中药指纹图谱主要应用于纯度较高的植物油脂和提取物以及中药注射剂的质量控制中。我国已经明确规定了中药注射剂必须进行指纹图谱检测:中药注射剂在固定中药材品种、产地和采收期的前提下,需制订中药材、有效部位或中间体、注射剂的指纹图谱。同时,为了加强中药注射剂的质量管理。早在2000年8月,国家药品监督管理局发布了《中药注射剂指纹图谱研究的技术要求(暂行)》,以确保中药注射剂的质量稳定、可控。

【示例6-1】莪术油指纹图谱测定方法研究

1. 基本方法的确定　莪术挥发油的成分分析报道有很多,所含主要成分为倍半萜类化合物。相关的色谱分析方法主要有TLCS,GC-FID,GC-MS和HPLC。虽然气相色谱法是分析挥发性成分的常见手段,但莪术油的倍半萜类成分多为具有1,5-二烯结构的倍半萜类(如牦牛儿酮、莪术二酮、呋喃二烯等)化合物,他们受热易发生转化和重排,气相色谱测定方法容易导致样品中相关成分发生热重排和热转化,方法的重现性和可操作性不理想。通过文献和实验研究,高效液相色谱法的梯度洗脱程序能够较好地分离莪术油中各组分,能够较全面地反映莪术油的整体信息,能将莪术油与其他品种莪术以及郁金、姜黄的挥发油得到区别,故选择HPLC作为莪术油指纹图谱测定方法。

2. 色谱条件的选择　通过检测波长比较,流动相、洗脱方式考察,不同色谱柱、柱温、流速、测定时间、色谱仪的比较,选择测定莪术油指纹图谱的色谱条件为:以十八烷基硅烷键合硅胶为填充剂;以乙腈为流动相A,水为流动相B,梯度洗脱;流速为每分钟1.0ml;柱温为30℃;检测波长为216nm。

3. 色谱峰的指认　采用对照品对照法,通过保留时间和光谱比较,确证了色谱指纹图谱5个主要色谱峰的结构,分别为莪术二酮、牦牛儿酮、莪术烯、呋喃二烯和β-榄香烯。据此,莪术油指纹图谱中5个主要色谱峰的成分得到确证,其归属情况见图6-1。

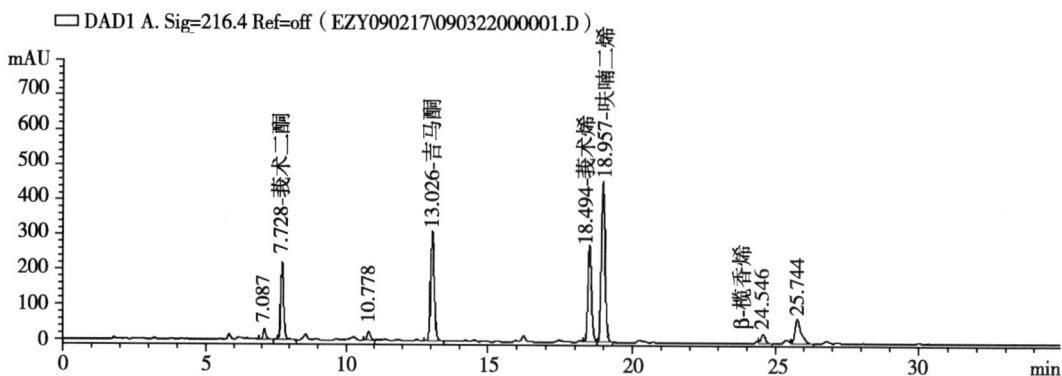

● 图 6-1　色谱图中 5 个化合物的指认

4. 供试品溶液的制备　本品为莪术油经水蒸气蒸馏而得的挥发油,均匀性良好,采用合适的溶剂溶解并稀释后直接进样测定。比较了三种常用溶剂:无水乙醇、甲醇和乙腈,他们对莪术油均有较好的溶解性,主要成分均能得到满意的分离,根据各色谱图中的峰高及峰面积,选择无水乙醇作为溶剂。

5. 参照物的选择　因牻牛儿酮与呋喃二烯是莪术油的主要成分,且色谱峰周围无其他色谱峰干扰,并且含量测定项下测定这两个成分,故选择其作为莪术油指纹图谱的参照物。参照物溶液的制备方法同正文。

6. 方法学考察　方法学考察包括专属性试验、精密度试验、重复性试验和稳定性试验,确保方法可行。

7. 对照指纹图谱的建立　收集了来自不同企业共 23 批莪术油样品,按国家药典委员会提供的中药色谱指纹图谱相似度评价系统,选择其中 17 批样品建立对照指纹图谱(图 6-2),其中对照

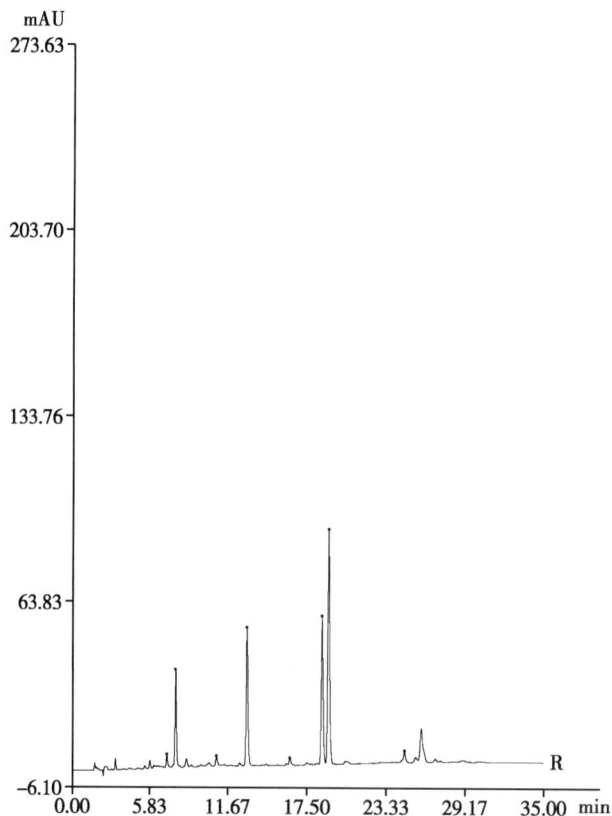

● 图 6-2　莪术油样品指纹图谱对照

图谱生成方法为平均数,时间窗为 0.1。用该对照指纹图谱对样品进行测定,结果表明所有样品的相似度很接近(0.972~1.000)。

8. 样品测定及相似度阈值的确定 按照上述条件,对 23 批样品测定进行指纹图谱分析,并将其图谱与对照图谱进行比较,获得每批样品的相似度,根据样品的数据及质量情况设定合理的阈值,如相似度应不低于 0.90 或 0.95 等。

附:莪术油质量标准(草案)

本品为莪术(温莪术)经水蒸气蒸馏提取的挥发油。

〔性状〕本品为淡棕色至深棕色的澄清液体;气特异,味微苦而辛。

本品在甲醇、乙醇、丙酮、乙酸乙酯、三氯甲烷、乙醚、甲苯或石油醚中易溶,在水中微溶。

相对密度:略(通则 0601)。

比旋度:略(通则 0621)。

折光率:略(通则 0622)。

〔鉴别〕参照薄层色谱法(通则 0502)。

〔检查〕重金属检查法(通则 0821 第二法)。

    砷盐检查法(通则 0822 第一法)。

〔指纹图谱〕照高效液相色谱法(通则 0512)测定。

色谱条件与系统适用性试验:以十八烷基硅烷键合硅胶为填充剂;以乙腈为流动相 A、水为流动相 B 进行梯度洗脱(0~20min,60% → 95%A;21~35min,95%A);检测波长为 216nm。理论板数按牻牛儿酮计算不低于 5 000。

参照物溶液的制备:取牻牛儿酮对照品及呋喃二烯对照品适量,精密称定,加无水乙醇制成每 1ml 含牻牛儿酮 30μg、呋喃二烯 50μg 的混合溶液,即得。

供试品溶液的制备:取本品 0.1g,精密称定,置 50ml 量瓶中,加无水乙醇至刻度,摇匀,精密量取 5ml,置 25ml 量瓶中,加无水乙醇至刻度,摇匀,滤过,取续滤液,即得。

测定法:分别精密吸取参照物溶液和供试品溶液各 5μl,注入液相色谱仪,测定,计算,即得。

按国家药典委员会提供的中药色谱指纹图谱相似度评价系统评价,本品指纹图谱与莪术油对照指纹图谱(图 6-3)比较,相似度不得低于 0.95。

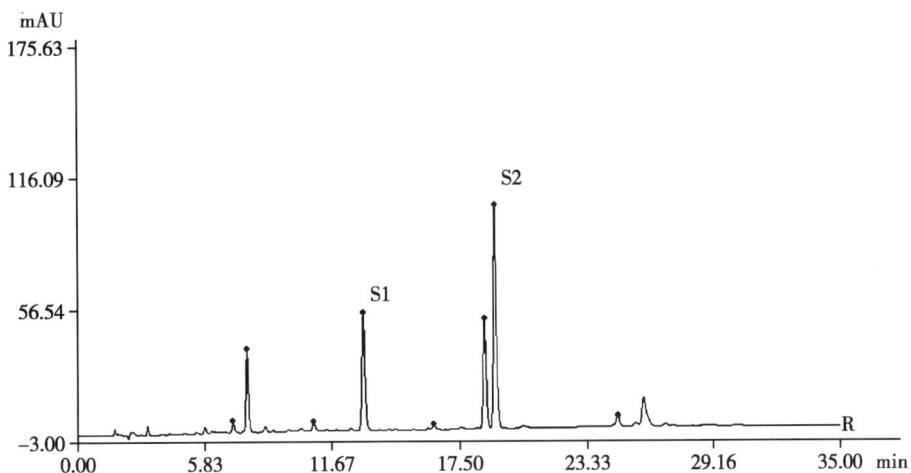

S1:牻牛儿酮,S2:呋喃二烯。

● 图 6-3 莪术油对照指纹图谱

第二节　特征图谱

一、概述

中药特征图谱是指中药经适当处理后,采用一定的分析手段,得到的能够标示其中各种组分群特征的共有峰的图谱,是一种新的中药质量控制模式。

中药指纹图谱和中药特征图谱均以表征中药内在质量的整体变化为评价目的。中药特征图谱通过规定特征峰的数目和保留时间对药材品种进行鉴别,其特征性的图谱能充分反映出该中药的鉴别特征。而中药指纹图谱是一种综合的、可量化的鉴别手段,通过对共有峰相似度的评价,可用于鉴别中药材的真伪,评价中药材质量的均一性和稳定性。中药特征图谱以对照图谱的形式列入标准,其特征色谱峰组合反映出品种的重要特征信息,改变了中药鉴别依赖单一成分或主要成分的鉴别模式,更全面地反映出中药的整体鉴别特征,使中药质量的可控性明显增强,丰富和拓展了中药鉴别的内涵。

二、特征图谱的基本要求

中药特征图谱在标准的构建中主要用于定性鉴别,不要求像指纹图谱一样对图谱的相似性进行全面评价,它的主要特点是要突出该品种与其他品种不同的特征性成分,并将这些成分作为特征峰通过与参比峰的相对保留时间和/或相对峰面积的计算,进行各色谱峰的定位和评价,这些色谱峰可以是已知的,也可以是未知的。

在质量标准里,特征图谱一般要求若干特征峰与参照峰的相对保留时间和/或相对峰面积在规定值的 ±$n\%$ 的偏差以内,具体的限定值根据实验数据进行规定。由于不同实验室所使用的仪器、色谱柱型号等实验条件可能不同,那么得到的相对保留时间和相对峰面积的偏差范围亦不相同,因此,针对保留时间相近的色谱峰,通过相对保留时间进行峰指认的时候可能会出现偏差。

总结国内外关于特征图谱的研究方法,基本思路是一样的,都是首先采用对照药材或对照提取物建立对照特征图谱,并对特征成分进行说明,包括应检出的特征峰数、成分确切的色谱峰和成分不明确的色谱峰。为了使评判标准简单明确,有专家提出在进行中药特征图谱分析时,尽可能地使用对照品和对照药材(对照提取物)进行随行对照分析。对于特征峰的指认不再依赖相对保留时间,而是在标准中要求检测出与对照品或对照药材(对照提取物)特征色谱峰保留时间一致,相对峰面积在规定范围内的色谱峰。自《中国药典》2010 年版起,在中药质量标准工作中新增加了特征图谱项,如人参茎叶总皂苷、人参总皂苷、山楂叶提取物、连翘提取物、肿节风浸膏、茵陈提取物、满山红油等提取物都有特征图谱。在《美国药典》与《欧洲药典》中,也有类似特征图谱作用的谱图鉴别出现在鉴别项下,主要采用对照提取物为标准溶液,对样品进行鉴别,并配合定量分析方法进行各色谱峰的含量控制。

美国 FDA《植物药研制指导原则》

2016 年,美国 FDA 发布了最新的《植物药研制指导原则》(Botanical Drug Development Guidance for Industry),明确规定了该指导原则的适用范围为植物原料 (plant materials)、藻类 (algae)、菌类 (macroscopic fungi) 以及它们的混合物 (combinations thereof)。

鉴于植物药化学组成的复杂性,美国 FDA 对植物药制剂的质量标准方面的技术要求不同于化学药。该原则明确指出:植物药的质量控制要以保证上市后不同批次产品间治疗效果的一致性为核心。同时,该指导原则提出"证据的整体性 (totality of the evidence)"方法可以支持植物药的疗效一致性评价。具体包括:①植物药原料的质量控制,如规范种植和采收等,如果植物药原料可能存在多种植物来源的情况,需要规定植物来源,并建立 DNA 指纹图谱鉴定来源。②基于化学成分的质量控制,如通过建立色谱光谱法定性和定量表征其活性成分或所含化学成分;活性成分不明确的建议应用特征图谱进行质量监控。基于化学成分的质量监控应贯通整个生产过程。③对植物药制剂的活性评价分析,建议基于已经明确的作用机制或潜在作用机制建立活性评价方法。

此外,在植物药质量可控性和一致性方面,FDA 非常强调对原药材的质量控制和生产全过程(包括中间品及终产品)的严格控制。通过这些措施以保证植物药的质量、效价和批次之间的一致性。

三、应用示例

【示例 6-2】五子衍宗丸特征图谱研究

五子衍宗丸由枸杞子 400g、菟丝子(炒)400g、覆盆子 200g、五味子(蒸)50g 和盐车前子 100g 这五味中药组成。以上五味,粉碎成细粉,过筛,混匀。每 100g 粉末用炼蜜 35~50g 和适量的水制丸、干燥,制成水蜜丸;或加炼蜜 80~90g 制成小蜜丸或大蜜丸,即得。

以覆盆子对照药材、金丝桃苷、毛蕊花糖苷、山柰酚和五味子醇甲对照品为参照物,建立五子衍宗丸的特征图谱。参照其"含量测定"项下的色谱条件和供试品溶液制备方法,运用 HPLC 对五子衍宗丸样品进行系统分析,结果在样品中共检测到 10 个主要特征峰(图 6-4)。采用 LC-MS 技术鉴定了 HPLC 图谱中 10 个特征峰中的 9 个。将得到的五子衍宗丸 HPLC 图谱与各单味药的 HPLC 图谱进行比较,对比各吸收峰的紫外吸收光谱、相对保留时间和质谱数据,确定了 10 个特征峰主要来源于菟丝子、覆盆子、车前子、五味子四味药材(图 6-4)。

在此基础上,采用对照药材与对照品比对建立五子衍宗丸的 HPLC 特征图谱。经分析,在样品 HPLC 图谱中检出与覆盆子对照药材主峰保留时间一致的色谱峰 1 个(峰 1);与菟丝子对照药材主峰保留时间一致的色谱峰 4 个(峰 2、峰 4~6);与车前子对照药材主峰保留时间一致的色谱峰 1 个(峰 3);与五味子对照药材主峰保留时间一致的色谱峰 3 个(峰 7、峰 9、峰 10)(图 6-4)。

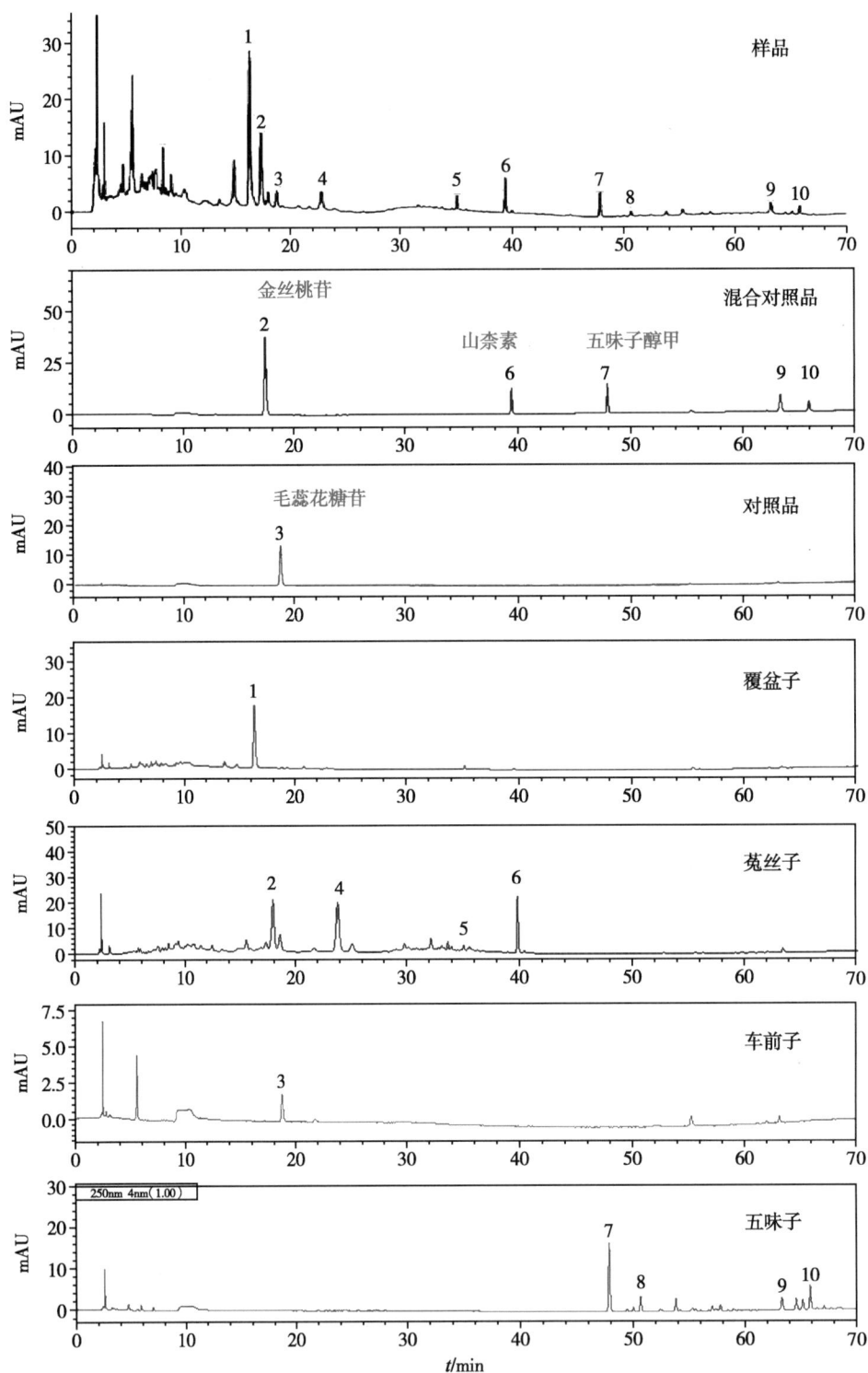

● 图 6-4　五子衍宗丸 HPLC 图谱与对照药材、对照品比对图

1. 覆盆子特征峰；2. 金丝桃苷；3. 毛蕊花糖苷；4. 紫云英苷；5. 槲皮素；6. 山奈酚；

7. 五味子醇甲；8. 五味子醇乙；9. 五味子甲素；10. 五味子乙素。

　　为使建立的标准操作可行，以覆盆子对照药材为参照物Ⅰ，覆盆子对照药材色谱图中主要有
1 个主峰，即供试品中的峰 1。另选了菟丝子中的金丝桃苷和山奈酚、车前子中的毛蕊花糖苷、五
味子中的五味子醇甲 4 个对照品作为参照物Ⅱ，可鉴定 4 味药材。规定供试品特征图谱中应呈现

5个特征峰,其中4个峰应分别与相应的参照物溶液Ⅱ的保留时间一致,另1个峰应与参照物溶液Ⅰ的主峰保留时间一致,即峰1(来源于覆盆子),峰2(金丝桃苷,来源于菟丝子)、峰3(毛蕊花糖苷,来源于车前子),峰4(山柰素,来源于菟丝子),峰5(五味子醇甲,来源于五味子)。

采用该方法,可以鉴定五子衍宗丸中除了枸杞子之外的其余4味药材,结合枸杞子的薄层色谱鉴别,可实现五子衍宗丸中每味药材的鉴别。

附:五子衍宗丸质量标准(草案)

〔处方〕枸杞子400g,菟丝子(炒)400g,覆盆子200g,五味子(蒸)50g,盐车前子100g。

〔制法〕以上五味,粉碎成细粉,过筛,混匀。每100g粉末用炼蜜35~50g和适量的水制丸,干燥,制成水蜜丸;或加炼蜜80~90g制成小蜜丸或大蜜丸,即得。

〔性状〕本品为棕褐色的水蜜丸、棕黑色的小蜜丸或大蜜丸;味甜、酸、微苦。

〔鉴别〕略。

〔特征图谱〕照高效液相色谱法(通则0512)测定。

色谱条件与系统适用性试验:以十八烷基硅烷键合硅胶为填充剂;以乙腈-甲醇(10:1)为流动相A,0.4%磷酸溶液为流动相B,进行梯度洗脱(0~5min,5%→15%A;5~15min,15%→19%A;15~25min,19%→21%A;25~70min,21%→90%A);检测波长为250nm。理论板数按金丝桃苷峰计算应不低于5000。

参照物溶液的制备:取覆盆子对照药材2.0g,置具塞锥形瓶中,加入70%甲醇50.0ml,超声处理60分钟,取出,放冷,摇匀,滤过,取续滤液,作为对照药材参照物溶液。另取金丝桃苷对照品、毛蕊花糖苷对照品、山柰素对照品和五味子醇甲对照品适量,用70%甲醇制成每1ml各含25μg的混合溶液,作为对照品参照物溶液。

供试品溶液的制备:取本品水蜜丸或小蜜丸,研细,取约2g,精密称定;或取重量差异项下的本品大蜜丸适量,剪碎,加等量硅藻土,研匀,取约5g,精密称定;置具塞锥形瓶中,照对照药材参照物溶液的制备自"加入70%甲醇50.0ml"起试验,取续滤液,即得。

测定法:分别精密吸取参照物溶液与供试品溶液各5μl,注入液相色谱仪,测定,即得。

供试品特征图谱中应呈现5个特征峰,其中4个峰应分别与相应的对照品参照物溶液的保留时间一致,峰1应与对照药材参照物溶液主峰的保留时间一致。对照特征图谱如图6-5所示。

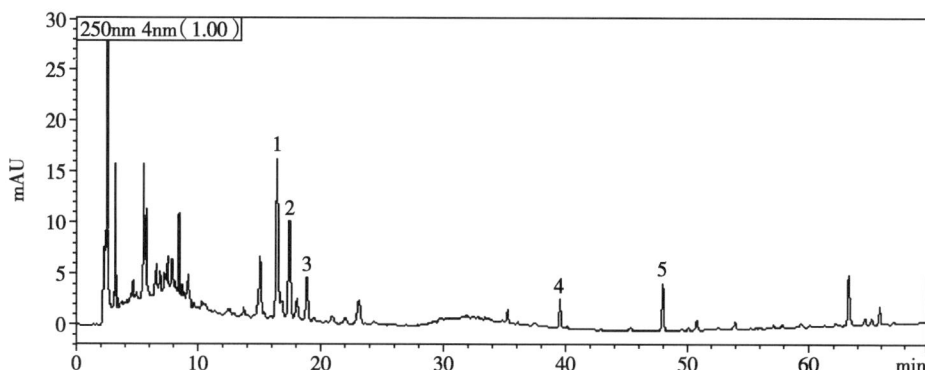

峰1:覆盆子特征峰;峰2:金丝桃苷;峰3:毛蕊花糖苷;峰4:山柰素;峰5:五味子醇甲。

● 图6-5 对照特征图谱

（辛贵忠）

第三节　谱效关系

中药指纹图谱具有整体和模糊分析等特点,在鉴别中药真伪、评价其质量一致性及产品稳定性方面,是一种切实可行的质量评价模式。然而,中药指纹图谱表征的主要是中药中化学成分信息,并不能体现制剂的药效信息,这说明仅采用化学成分指纹图谱评价中药质量,仍无法避免中药的"质量"与"疗效"相关性不强的问题,也难以实现通过质量评价保证其疗效的目的。中药谱效关系,即建立中药化学成分指纹图谱与药效相关性,为确立中药药效物质基础,制定产品质量与药效直接相关的中药药效指纹图谱,而开展的一种与药效直接相关的质控新模式。

一、中药谱效关系研究基本思路

中药谱效关系研究,基本思路是在建立中药指纹图谱的基础上,将中药的化学成分指纹图谱与药效结果相关联,建立化学成分的变化与药效变化的关联性,以"化学成分谱"表征"药效",为一种基于中药药效物质的质量评价模式。主要体现在三方面:首先基于中药各药味所含化学成分的理化性质,采用多维、多种分析方法构建中药的化学指纹图谱,并对图谱中的化学成分尽可能确认或指认;其次是建立合适的药效学模型,获得药效学数据;基于上述两部分研究结果,采用数理统计分析,将指纹图谱数据和药效学数据进行关联,建立两者的谱效关系。基本思路流程见图6-6。

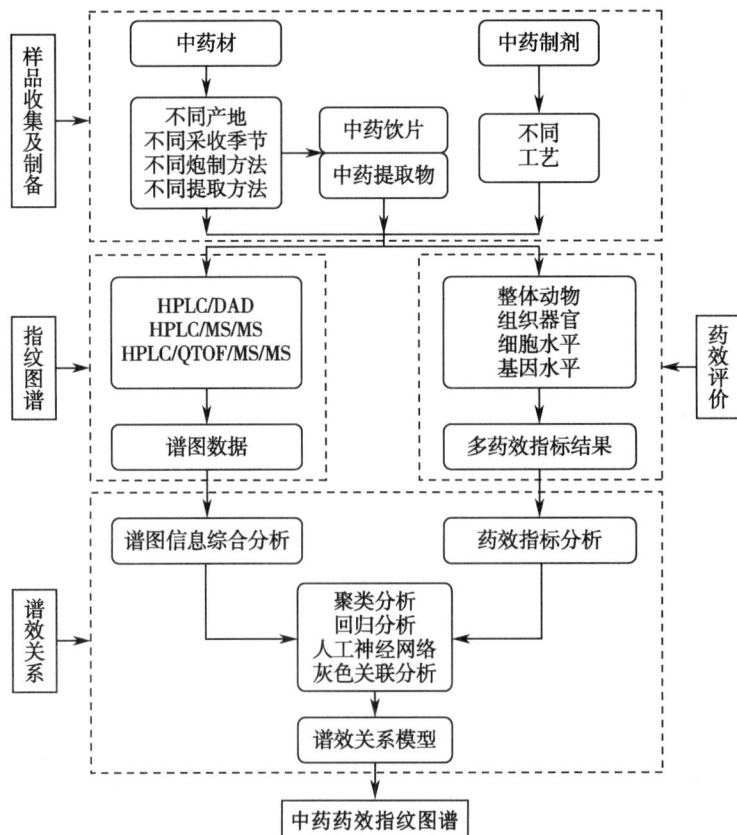

● 图6-6　中药谱效关系研究基本思路

二、中药谱效关系研究的一般方法

1. 中药指纹图谱的构建　中药指纹图谱为谱效关系研究的基础。当前,可用于中药指纹图谱建立的分析方法,有色谱法、光谱法和生物学方法等。色谱法具有集分离、分析为一体的特点,是当前中药指纹图谱建立的主流方法。基于色谱法构建的指纹图谱,能较直观地体现中药所含化学成分的种类、数量和含量,并且色谱峰面积可体现成分与药效间的"量效关系"。常用的色谱法有 HPLC-DAD/ELSD/TOF-MS/MS,GC-MS/MS。

中药成分复杂,若单张化学指纹图谱难以完整地反映制剂的化学组成特征时,可采用反映不同化学特征的多张指纹图谱,即"多元指纹图谱";亦可根据化学成分的理化性质,采用不同的分析方法,获取的不同化学指纹图谱,即"多源指纹图谱"。"多元指纹图谱"和"多源指纹图谱"的建立,均为通过多途径分析,以求完整地表征复杂物质体系的整体化学特征。如采用 DAD 和 ELSD 检测器,分析具有紫外吸收的黄酮类成分以及不具有紫外吸收的化学物质,如牛黄镇惊丸 HPLC-DAD-ELSD 指纹图谱的研究;利用多种检测器串联,如 DAD-Q-TOF-MS/MS 分析参芪扶正注射液中的皂苷类、黄酮类、生物碱、有机酸类等 93 个化学成分。

知识链接

牛黄镇惊丸 HPLC-DAD-ELSD 图谱

牛黄镇惊丸 HPLC-DAD-ELSD 图谱如图 6-7 所示,照高效液相色谱法(通则 0512)测定。

色谱条件与系统适用性试验:以十八烷基硅烷键合硅胶为填充剂;以乙腈为流动相 A,以 0.2% 甲酸为流动相 B,进行梯度洗脱(0min,5%A;0~5min,5% → 15%A;5~20min,15% → 25%A;20~25min,25% → 35%A;25~40min,35% → 60%A;40~54min,60% → 95%A;54~60min,5%A);检测波长为 254nm。蒸发光检测器漂移管温度:110℃,N_2 流速:2.8L/min。

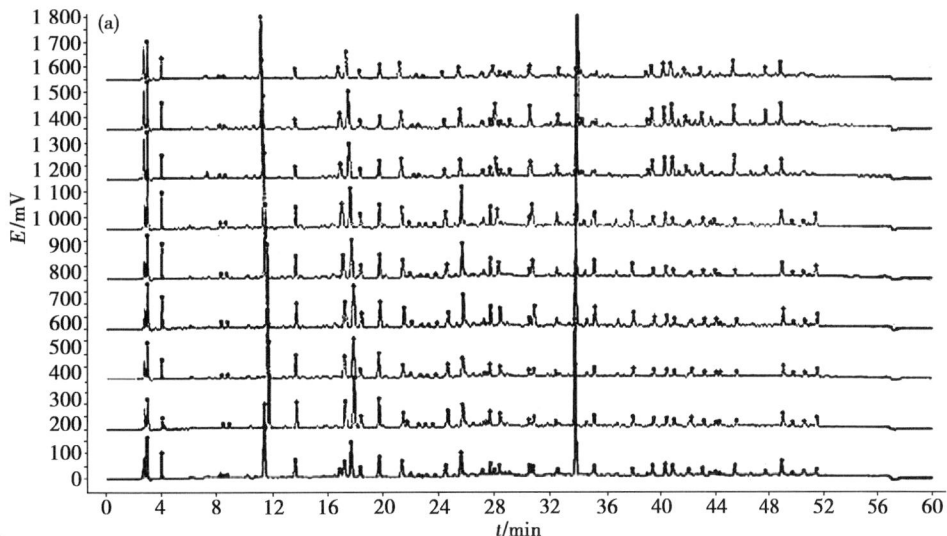

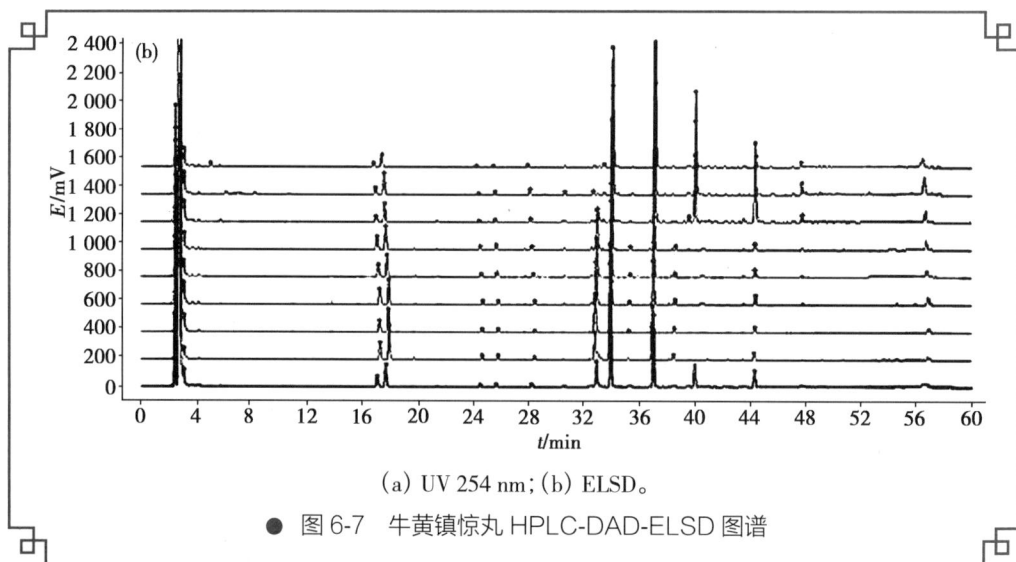

(a) UV 254 nm；(b) ELSD。

● 图 6-7　牛黄镇惊丸 HPLC-DAD-ELSD 图谱

2. 药效学研究　中药谱效关系研究的关键,是筛选能符合和体现中医药理论的、并可量化的药效评价指标,这也是制约中药谱效关系研究的瓶颈问题。中药常具有多种药效作用,甚至包含互为相反的作用,如兴奋与抑制、镇痛与致痛、升压与降压等,选择不同的药效学指标,可能获得不同的结果。因此,在中药谱效关系研究中,要根据制剂的临床适应证和功能主治,选择更有针对性的药效学指标。通常情况下,中药的药效作用偏重于整体调节,所以在谱效关系研究中,要尽可能选用整体动物进行试验,同时选择更为客观的检测指标。此外,药效学研究结果的准确性,直接决定谱效关系研究结果的可信性,因此,药效学研究要尽可能实现标准化和规范化,保证研究结果的准确性,从而建立更为真实、可靠的谱效关系。

3. 谱效关系的建立　中药"多元/多源指纹图谱"的建立,会产生大量化学成分"质与量变化"的数据,这些海量数据与药效之间的关系,需要借助数理统计与信息学方法来分析。常用的数据处理方法,主要有相关分析、聚类分析、回归分析、灰色关联度分析、主成分分析、神经网络法、谱图对比分析等。上述关联"谱"和"效"的数据处理方法各有优缺点,可根据具体情况和分析目的加以选择。比如聚类分析是先通过对指纹图谱数据进行聚类,然后将聚类结果与药效指标进行对比分析,确定具有较好药效作用的指纹图谱,进而提取这一类指纹图谱的共有特征,用以挖掘可能的药效活性成分;然而聚类分析不能评价指纹图谱中各色谱峰与药效指标的相关性大小和方向,也无法体现各色谱峰对应成分对药效的综合作用。相关分析则通过相关系数,判断中药指纹图谱的色谱峰与药效指标的相关性大小、显著程度及变化趋势;由于相关系数是通过图谱中每个色谱峰与药效指标组成的变量对计算得到的,因此无法解释各个色谱峰对应成分对药效指标的共同作用。回归分析是建立在相关分析基础之上,对指纹图谱色谱峰与药效指标之间的密切相关关系进行测定;回归分析根据回归系数的符号,确定色谱峰与药效指标的相关变化方向,根据回归系数的大小,确定色谱峰对药效指标的重要程度。由于数学表达式描述了药效指标与各色谱峰之间的相互关系,因此回归分析能够反映各个色谱峰对应成分对药效指标的综合作用;普通多元回归可以采用逐步回归分析方法,选择重要的色谱峰用于谱效关系建模,但是不能体现未选入模型的色谱峰与药效的关系;这样不利于体现中药成分对药效贡献的整体性和综合性;并对样本数少于自变量数、或者自变量之间存在多重相关性的谱效关系模型建立,普通多元线性回归将不再适用。偏最小二乘回归分析也是一种回归分析方法,与普通多元线性回归相比,偏最小二乘回归分析允许在样本数少于变量数的条件下进行回归建模,同时也适合于存在多重相关性的谱效关系的数据处理,而且建立的最后总模型包括指纹图谱中原有的所有色谱峰,最大限度地利用了数据信息,体现了中药成分对药效指标的综合作用,具有较强的实用性和稳定性。

【示例 6-3】参芪扶正注射液谱效关系研究

参芪扶正注射液是以党参、黄芪为原料制成的纯中药澄明大输液,具益气扶正之功效,已用于临床。本例基于党参、黄芪的化学成分特征,首先构建了其多源指纹图谱;并采用高速逆流色谱法制备了含不同化学成分的差异样品;采用环磷酰胺诱导的免疫抑制小鼠模型,筛选出参芪扶正注射液发挥免疫调节作用的多个药效学指标,系统地建立了参芪扶正注射液的谱效关系。

1. 参芪扶正注射液指纹图谱的构建

(1) 色谱条件与系统适用性:用 Dionex Ultimate 3000 DGLC 高效液相色谱仪,以十八烷基硅烷键合硅胶为填充剂,以 Dionex Acclaim® Polar Advantage C_{18}(3μm,50mm × 3.0mm)为预处理柱,以 Agilent ZORBAX Eclipse Plus C_{18}(3.5μm,150mm × 3.0mm)为分析柱,柱温 30℃。样品从进样器进样后,由装载泵将预处理流动相(2% 乙腈)带入预处理柱,并于上样后 1.2 分钟将阀切换至与分析柱相接状态,分析泵用分析流动相将被测组分正冲(与预处理柱同向)流入分析柱分离分析。采用二极管阵列检测器 DAD- 蒸发光散射检测器 ELSD 串联的方式进行图谱采集:0~33 分钟采用 DAD 检测,其中 0~23.5 分钟检测波长为 266nm,23.5~33 分钟检测波长为 208nm;33~40 分钟采用 ELSD 检测。N_2 的压力为 3.5bar,漂移管温度为 60℃,增益 Gain 值为 10;以乙腈为流动相 A,以水为流动相 B,按表 6-1 规定进行梯度洗脱,流速为 0.6ml/min。理论塔板数按毛蕊异黄酮 -7-O-β-D- 葡萄糖苷计应不低于 3 000。

表 6-1 流动相洗脱梯度

	时间 /min	流动相 A/%	流动相 B/%
装载泵	0~60	2	98
分析泵	0~5	2 → 5	98 → 95
	5~30	5 → 30	95 → 70
	30~40	30 → 60	70 → 40
	40~40.5	60 → 90	40 → 10
	40.5~50	90	10
	50~50.5	90 → 2	10 → 98
	50.5~60	2	98

（2）对照品溶液制备：取腺嘌呤、5-羟甲基糠醛对照品适量，加水制成每1ml含腺嘌呤、5-羟甲基糠醛各0.01mg的混合对照品溶液A；取毛蕊异黄酮-7-*O*-β-D-葡萄糖苷、党参炔苷、黄芪甲苷对照品适量，加甲醇制成每1ml含毛蕊异黄酮-7-*O*-β-D-葡萄糖苷、党参炔苷、黄芪甲苷各0.02mg的混合对照品溶液B。

（3）供试品溶液制备：取本品经0.45μm微孔滤膜滤过，取续滤液，即得。

（4）测定法：分别精密吸取对照品溶液、供试品溶液各75μl，注入液相色谱仪，按上述色谱条件进行测定，记录40分钟的色谱图。

（5）相似度评价：按《中药色谱指纹图谱相似度评价系统2009版》计算，供试品指纹图谱与对照指纹图谱的相似度不得低于0.85。

（6）结果：10批参芪扶正注射液的指纹图谱见图6-8，指纹图谱的共有模式见图6-9。

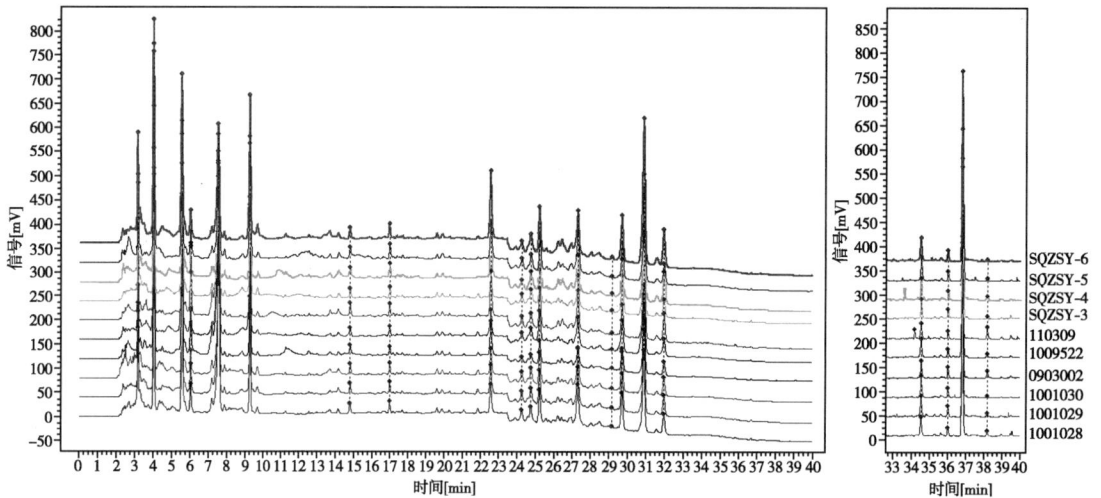

● 图6-8　10批参芪扶正注射液的指纹图谱

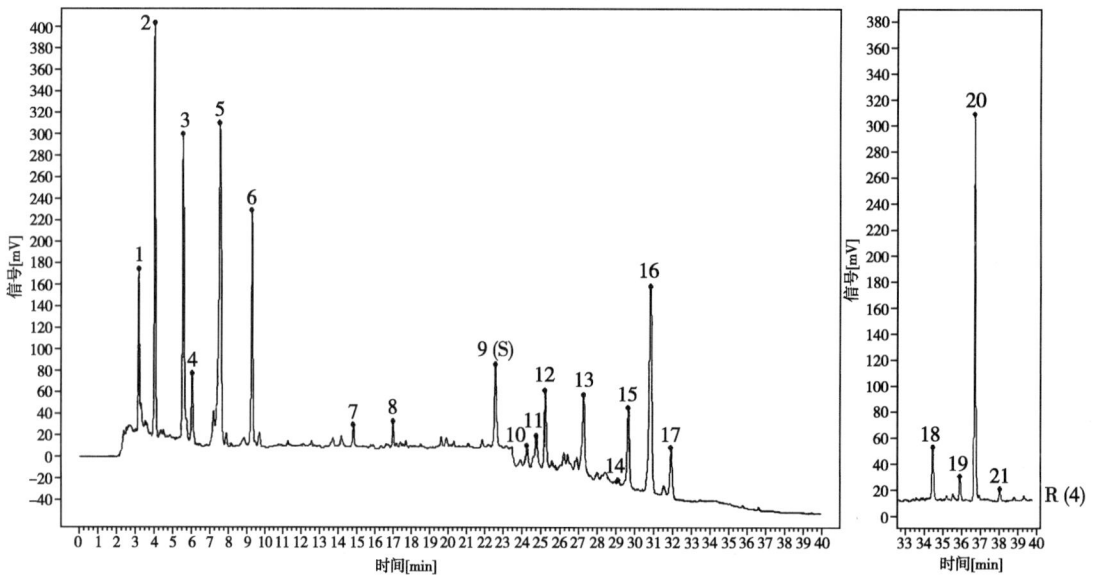

● 图6-9　参芪扶正注射液指纹图谱共有模式

(7) 结果分析:采用峰面积归一化法,通过对 10 批成品指纹图谱的计算,共有峰总面积占总峰面积的 95%~98%,故参芪扶正注射液指纹图谱符合《中药注射剂指纹图谱研究的技术要求(暂行)》中非共有峰总面积不得大于总峰面积的 5% 的要求。该方法采用全自动在线固相萃取的前处理方式,运用在线检测波长切换技术在 266nm/208nm 的波长处串联检测,通过检测器串联方式进行 DAD-ELSD 串联检测,从而一次进样就得到 23 个特征色谱峰,因此,该方法与参芪扶正注射液标准草案的指纹图谱方法相比,化学信息更多(特征色谱峰更多且各峰分离度也较好;已知峰更多),方法更便捷,重现性更好。

由于 22 号色谱峰、23 号色谱峰在部分批次中响应较低或无响应,故未列入共有峰作相似度评价。但由于指纹谱效学研究需要采用参芪扶正注射液浓缩液,进行药效和指纹图谱试验,而浓缩液中该两个峰响应较大,可在谱效分析中作为特征峰分析,故指纹图谱中把二者列入特征峰进行考察。

2. 成品与原料药材指纹图谱的相关性

(1) 供试品溶液制备(成品):取参芪扶正注射液(批号 1001028,生药浓度 0.04g/g),经 0.45μm 微孔滤膜滤过,取续滤液,即得。

(2) 供试品溶液制备(党参):精密吸取党参水提醇沉提取液(生药浓度 1.82g/g)2ml,置 5ml 量瓶中,加水稀释至刻度,摇匀,稀释液经 0.45μm 微孔滤膜滤过,取续滤液,即得。

(3) 供试品溶液制备(黄芪):精密吸取黄芪水提醇沉提取液(生药浓度 3.15g/g)2ml,置 10ml 量瓶中,加水稀释至刻度,摇匀,稀释液经 0.45μm 微孔滤膜滤过,取续滤液,即得。

(4) 测定法:分别精密吸取成品供试品溶液 75μl、党参提取液供试品溶液 5μl、黄芪提取液供试品溶液 5μl,注入双梯度高效液相色谱仪,记录 40 分钟色谱图。

(5) 结果:参芪扶正注射液成品指纹图谱中归属于党参、黄芪的特征峰分别见图 6-10、图 6-11。结果表明,归属于党参的特征峰为 1、5、7、10、13 号峰,共 5 个峰;归属于黄芪的特征峰为 3、8、9、11、12、14、15、16、17、18、19、20、21 号峰,共 13 个峰,两者共有的有 2、4、6 号峰,共 3 个。参芪扶正注射液浓缩液中响应较高的 22 号峰、23 号峰归属于黄芪。

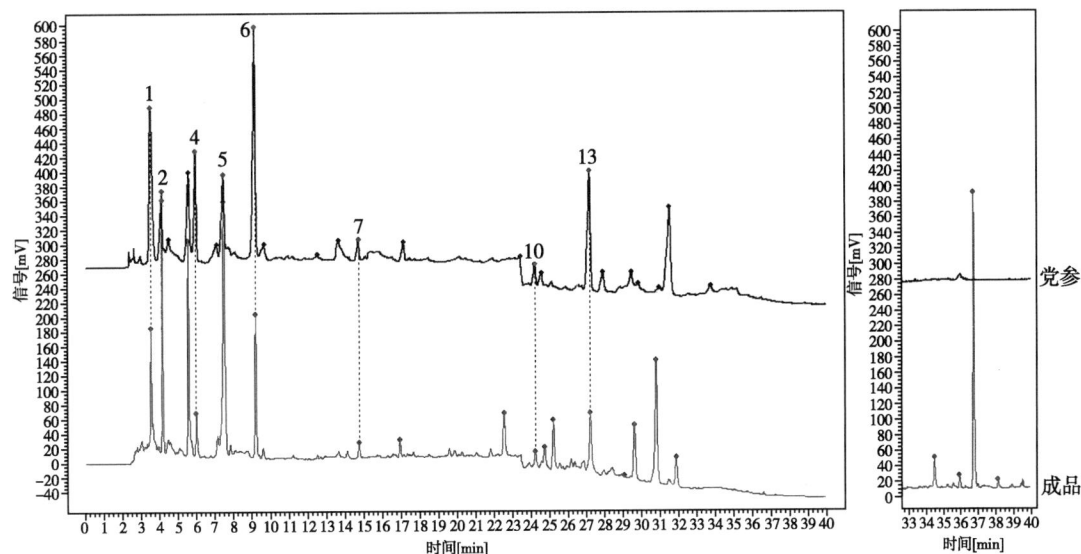

● 图 6-10 参芪扶正注射液成品与党参提取液的指纹图谱

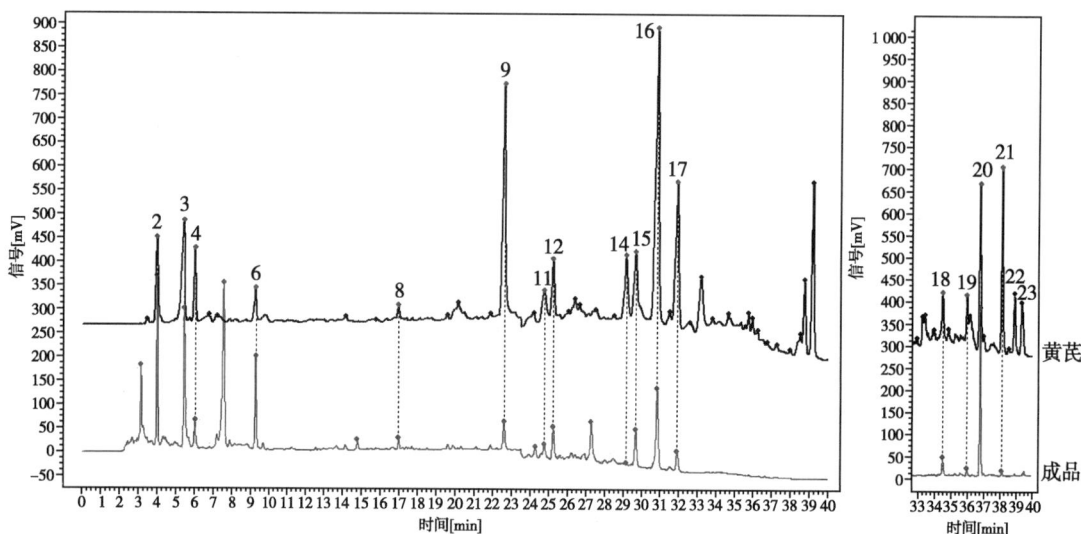

● 图 6-11 参芪扶正注射液成品与黄芪提取液的指纹图谱

3. 参芪扶正注射液共有峰的归属

(1) 混合对照品溶液制备:取腺嘌呤、5-羟甲基糠醛对照品适量,加水制成水溶性混合对照品 A;取毛蕊异黄酮 -7-O-β-D- 葡萄糖苷、党参炔苷、芒柄花苷、黄芪甲苷对照品适量,加甲醇制成醇溶性混合对照品 B。

(2) 供试品溶液制备(成品):取本品经 0.45μm 微孔滤膜滤过,取续滤液,即得。

(3) 测定法:分别精密吸取对照品溶液、成品供试品溶液 75μl,注入双梯度高效液相色谱仪,记录 40 分钟色谱图。

(4) 结果:通过参芪扶正注射液与各对照品色谱峰的保留时间、紫外吸收光谱图的比较(见图 6-12、图 6-13),得到参芪扶正注射液成品指纹图谱中的已知物质有 6 个,分别为 3 号峰腺嘌呤、5 号峰 5- 羟甲基糠醛、9 号峰毛蕊异黄酮 -7-O-β-D- 吡喃葡萄糖苷、13 号峰党参炔苷、14 号峰芒柄花苷、20 号峰黄芪甲苷。

4. 参芪扶正注射液药效学指标的筛选 用环磷酰胺诱导的免疫抑制小鼠模型,筛选出免疫调节作用的药效学指标,为后续谱效学研究提供方法和实验依据。药物的免疫调节作用对于正常的人或动物是难以评价的,注射用环磷酰胺(Cy)作为经典的化疗药物,同时也是一种免疫抑制剂,通过体内转化能够诱导小鼠的白细胞减少、骨髓抑制和免疫抑制等作用,因此适用于本研究。

SFI 在脾脏指数、外周血白细胞数、骨髓细胞数、脾淋巴细胞增殖能力、脾 NK 细胞杀伤活性、腹腔巨噬细胞吞噬能力、血清 IL-2 水平等药效学指标中具有良好的疗效,并在临床剂量、中剂量和高剂量之间呈现量效关系,中剂量为起效剂量,同时还能较好地改善小鼠的生活质量。

因此,将脾脏指数、外周血白细胞数、骨髓细胞数、脾淋巴细胞增殖能力、脾 NK 细胞杀伤活性、腹腔巨噬细胞吞噬能力、血清 IL-2 水平等 7 个灵敏度较高、且具有一定范围量效关系的药效学指标作为参芪扶正注射液指纹谱效学研究的药效学指标,同时以药效学实验中的各个剂量作为谱效动物实验设计的参考。本例只摘选对腹腔巨噬细胞吞噬能力的作用,结果见图 6-14。

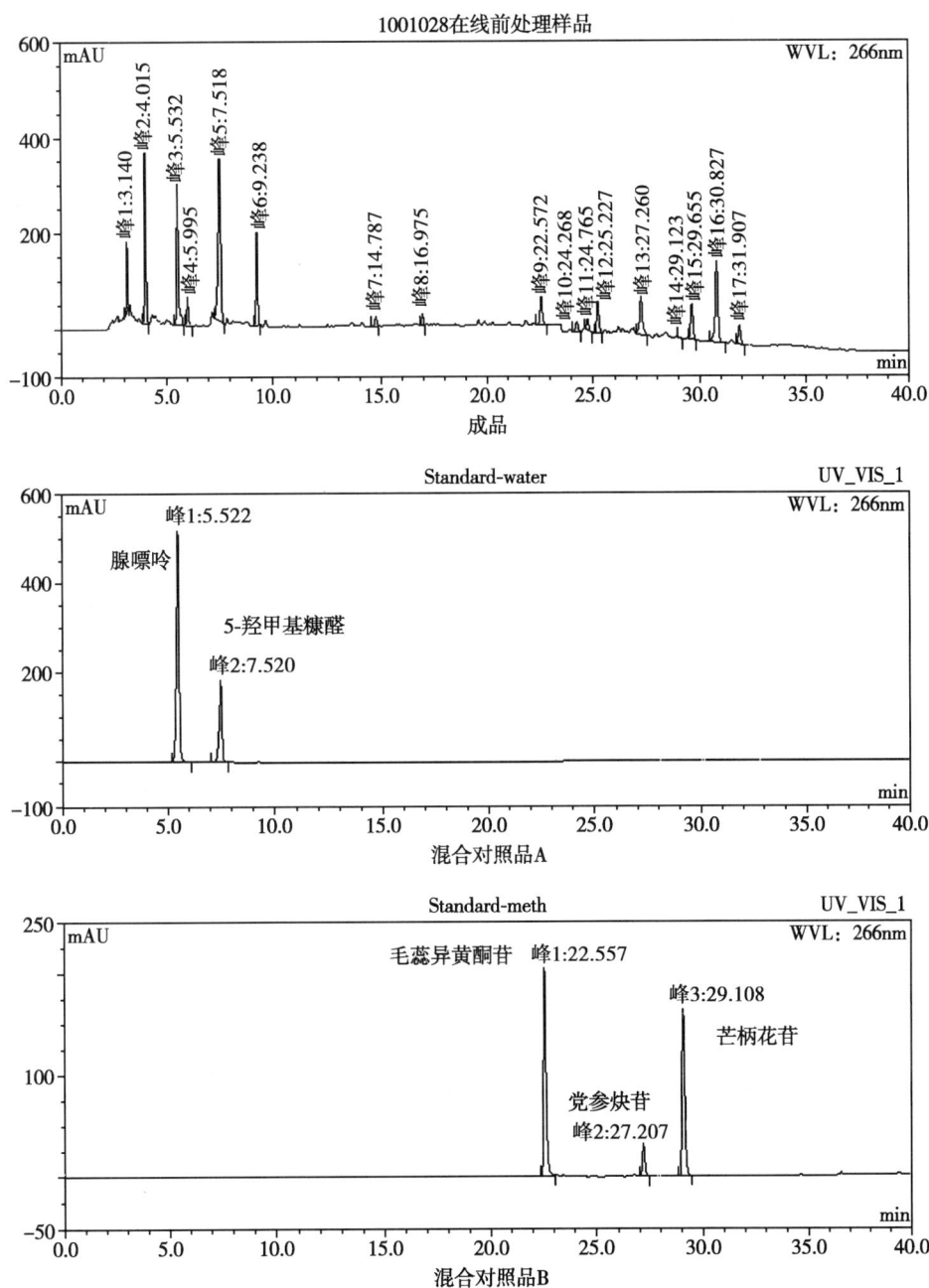

● 图6-12 成品与对照品保留时间对比图（DAD检测）

5. 参芪扶正注射液差异样品指纹图谱的构建及药效学研究　采用高速逆流色谱法提取精制获得多个组分群,再进行组合、配比、勾兑,用勾兑后的样品进行动物药效实验,为谱效分析提供数据样本的基础。结果见表6-2。

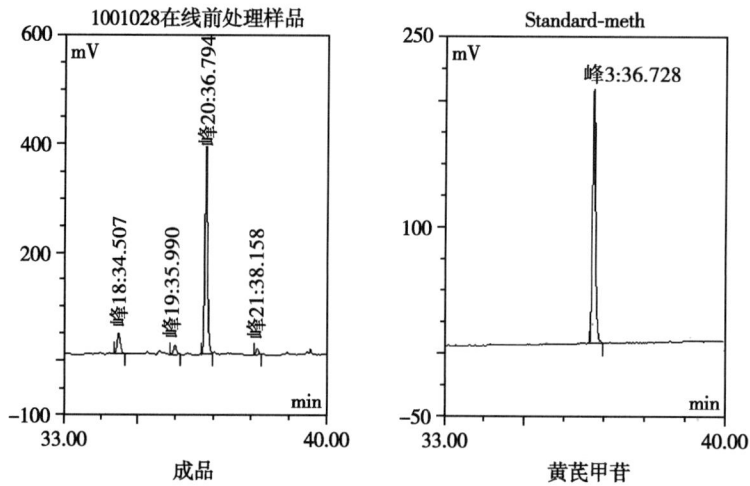

● 图 6-13　成品与黄芪甲苷对照品保留时间对比图（ELSD）检测

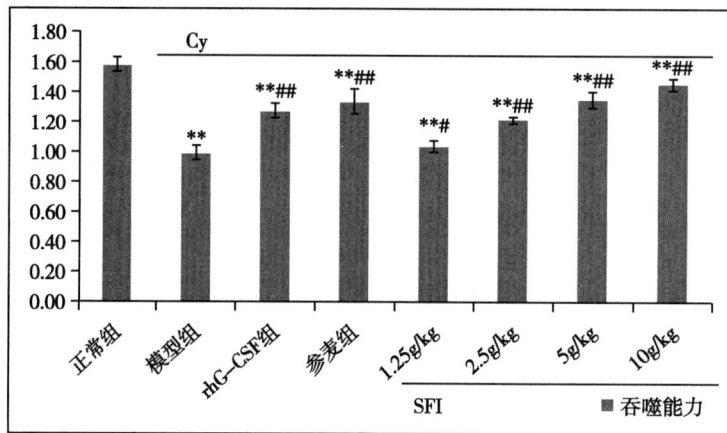

● 图 6-14　参芪扶正注射液对腹腔巨噬细胞吞噬能力的作用

$^{**}P<0.01\ vs.$ 正常组；$^{\#\#}P<0.01\ vs.$ 模型组。

表 6-2　参芪扶正注射液差异样品对腹腔巨噬细胞吞噬能力的作用

组别	腹腔巨噬细胞吞噬功能	组别	腹腔巨噬细胞吞噬功能
正常	1.54 ± 0.07	差异样品 4	$1.17 \pm 0.04^{**\ \#\#}$
模型	$1.08 \pm 0.07^{**}$	差异样品 5	$1.36 \pm 0.06^{**\ \#\#}$
rhG-CSF	$1.26 \pm 0.05^{**\ \#\#}$	差异样品 6	$1.41 \pm 0.04^{**\ \#\#}$
差异样品 1	$1.13 \pm 0.05^{**\ \#}$	差异样品 7	$1.19 \pm 0.07^{**\ \#\#}$
差异样品 2	$1.24 \pm 0.05^{**\ \#\#}$	差异样品 8	$1.30 \pm 0.04^{**\ \#\#}$
差异样品 3	$1.33 \pm 0.05^{**\ \#\#}$	差异样品 9	$1.47 \pm 0.07^{**\ \#\#}$

注：$^{*}P<0.05\ and\ ^{**}P<0.01\ vs.$ 正常组，$^{\#}P<0.05\ and\ ^{\#\#}P<0.01\ vs.$ 模型组（$n=10$）。

　　6. 基于谱效结合的生物活性物质基础研究　参芪扶正注射液差异样品的指纹特征及其药效值如下所示（见表 6-3 和表 6-4）。

　　通过采用灰色关联分析、多元线性回归分析和主成分分析等方法进行综合分析，揭示多个自变量与一个因变量之间的关系，明确中药的药效物质基础，使中药的质量控制更具有针对性。

表 6-3 参芪扶正注射液差异样品的指纹特征

峰序号 t_R/min 样品序号	P1 3.04	P2 3.91	P3 5.48	P4 6.02	P5 7.53	P6 9.28	P7 14.84	P8 17.03	P9 22.62	P10 24.29	P11 24.82	P12 25.27	P13 27.28	P14 29.19	P15 29.72	P16 30.88	P17 31.96	P18 34.48	P19 35.99	P20 36.78	P21 38.15	P22 38.92	P23 39.46
1	0	0	0	0	25.50	0	0	0	18.12	0.00	12.44	7.54	34.69	8.33	22.72	138.00	39.91	0.00	0.00	34.91	33.47	7.30	8.35
2	4.75	14.99	3.57	1.78	14.61	7.66	1.23	1.04	47.37	2.16	15.27	17.06	20.76	7.89	25.31	134.68	39.54	2.65	0.83	43.94	32.20	6.98	7.39
3	8.33	30.89	7.52	4.05	2.23	15.58	2.15	2.07	79.56	4.18	17.76	26.38	7.49	7.09	27.54	111.03	36.09	5.90	2.04	54.63	28.02	6.42	6.04
4	12.84	43.39	14.26	4.79	28.99	22.04	3.52	3.07	10.98	5.64	14.60	11.88	43.49	5.92	24.51	98.76	28.64	6.58	3.31	41.91	19.92	4.22	4.43
5	16.93	52.04	16.71	6.93	15.46	26.74	4.35	3.70	35.04	6.79	15.05	20.10	23.60	2.87	21.42	71.32	21.21	9.58	4.62	38.55	10.82	2.62	2.70
6	20.69	72.21	19.15	7.80	4.81	38.12	5.96	4.71	67.75	9.36	18.64	31.66	12.08	1.76	24.03	56.89	18.49	15.06	6.75	45.50	8.43	1.73	2.05
7	24.60	78.56	26.26	9.50	29.36	40.05	7.63	5.55	0.00	10.46	14.80	17.13	44.58	0.95	21.95	38.81	11.02	17.07	6.85	31.97	3.81	0.86	0.87
8	29.31	94.86	26.01	11.04	18.81	47.66	8.75	6.69	27.66	11.95	14.66	27.30	32.62	0.00	22.57	19.27	6.06	19.25	9.93	37.90	1.21	0.28	0.23
9	34.47	112.17	30.81	13.68	7.58	56.70	10.00	8.07	57.29	14.08	19.75	39.21	16.75	0.00	23.75	0.00	0.00	30.32	14.75	44.64	0.00	0.00	0.00

表 6-4 参芪扶正注射液差异样品的药效作用

药效学指标	脾脏指数	外周血白细胞数	骨髓细胞数	脾淋巴细胞增殖能力-ConA	脾淋巴细胞增殖能力-LPS	脾NK细胞活性	腹腔巨噬细胞吞噬能力	血清IL-2水平
1	1.97	2.40×10^9	5.02×10^6	2.07	1.99	11.48%	1.13	1 016.83
2	3.18	3.27×10^9	5.93×10^6	2.59	2.32	20.59%	1.24	1 079.90
3	3.55	4.21×10^9	6.70×10^6	3.19	2.95	25.17%	1.33	1 625.75
4	2.24	4.50×10^9	6.33×10^6	2.28	2.02	13.03%	1.17	1 063.83
5	3.41	5.10×10^9	8.47×10^6	3.39	3.01	31.81%	1.36	2 091.67
6	3.98	3.30×10^9	7.41×10^6	3.81	3.16	34.43%	1.41	2 329.98
7	2.83	5.45×10^9	5.40×10^6	2.48	2.26	15.12%	1.19	1 131.67
8	4.19	6.75×10^9	1.08×10^6	2.74	2.51	24.10%	1.30	1 389.56
9	3.14	6.09×10^9	7.54×10^6	4.10	3.54	35.45%	1.47	2 430.52

7. 腹腔巨噬细胞吞噬能力

（1）灰色关联分析：从表6-5中可得，各自变量所代表的化学物质与药效间的关联度排序如下：P11>P15>P20>P12>P3>P4>P8>P1>P10>P2>P13>P6>P9>P5>P7>P17>P19>P16>P18>P23>P22>P21>P14。其中，P11、P15、P20所对应的化学物质与药效间的关联度大于0.8，这提示该4种物质与药效的关系最为密切。关联度大于0.6所对应的化学物质（P12……>P18）对药效也起着一定协同作用。关联度小于0.6所对应的化学物质（P23>……>P14）与药效的关系最小，但是当中仍存在一定的共线性现象，加之灰色关联分析是以绝对值来分析，需结合后续两种方法综合考虑才能确定哪些物质为有效成分、无效成分或有害成分。

表6-5　参芪扶正注射液差异样品腹腔巨噬细胞吞噬能力的灰色关联分析结果

峰序号 t_R/min	P1 3.04	P2 3.91	P3 5.48	P4 6.02	P5 7.53	P6 9.28	P7 14.84	P8 17.03	P9 22.62	P10 24.29	P11 24.82	P12 25.27
关联度	0.65	0.64	0.67	0.66	0.62	0.64	0.62	0.65	0.63	0.65	0.93	0.73
峰序号 t_R/min	P13 27.28	P14 29.19	P15 29.72	P16 30.88	P17 31.96	P18 34.48	P19 35.99	P20 36.78	P21 38.15	P22 38.92	P23 39.46	
关联度	0.64	0.50	0.89	0.60	0.60	0.60	0.60	0.89	0.51	0.52	0.53	

（2）多元线性回归分析：从表6-6中Pearson相关系数分析结果可得，P1、P2、P3、P4、P6、P7、P8、P9、P10、P11、P12、P15、P18、P19、P20所对应的化学物质与药效成正相关关系，P5、P13、P14、P16、P17、P21、P22、P23所对应的化学物质与药效成负相关关系，与灰色关联分析结果接近。经逐步回归法Stepwise得到回归方程$Y=0.818+0.181X_{P12}$（$P<0.001$）。该回归方程表示，随着P12峰面积的增大，药效也显著提高。

表6-6　参芪扶正注射液差异样品腹腔巨噬细胞吞噬能力的多元线性回归结果

峰序号 t_R/min	P1 3.04	P2 3.91	P3 5.48	P4 6.02	P5 7.53	P6 9.28	P7 14.84	P8 17.03	P9 22.62	P10 24.29	P11 24.82	P12 25.27
Pearson 相关系数	0.59	0.61	0.51	0.63	−0.84	0.62	0.55	0.60	0.75	0.61	0.87	0.93
峰序号 t_R/min	P13 27.28	P14 29.19	P15 29.72	P16 30.88	P17 31.96	P18 34.48	P19 35.99	P20 36.78	P21 38.15	P22 38.92	P23 39.46	
Pearson 相关系数	−0.76	−0.56	0.11	−0.59	−0.54	0.66	0.66	0.52	−0.53	−0.51	3.18	

本研究除了采用逐步回归法外，还尝试采用强迫引入法Enter、强迫剔除法Remove、向后引入法Backward及向前剔除法Forward等方法分别建立回归方程。结果显示，强迫引入法、强迫剔除法和向后引入法所建立的方程，自变量间存在着明显的共线性，导致参数估计不稳定，故排除由这几种方法分析所得到的回归方程。

利用向前剔除法所建立的回归方程，与逐步回归法所得的结果相同，据此可以认为P12所对应的物质对药效具有较大贡献。

（3）主成分分析：采用主成分 FAC1_1、FAC2_1 作为自变量对因变量 - 腹腔巨噬细胞吞噬能力进行回归处理，经强迫引入法 Enter 得到回归方程：$Y=1.000+0.055X_{FAC1\_1}+0.061X_{FAC2\_1}$。代入因子得分函数后可得（原自变量的参数值见表 6-7）：

表 6-7　参芪扶正注射液差异样品腹腔巨噬细胞吞噬能力主成分分析结果

峰序号 t_R/min	P1 3.04	P2 3.91	P3 5.48	P4 6.02	P5 7.53	P6 9.28	P7 14.84	P8 17.03	P9 22.62	P10 24.29	P11 24.82	P12 25.27
系数 /10⁻³	2.93	3.42	1.90	3.48	−11.28	3.48	2.57	3.18	11.21	3.36	10.72	9.67

峰序号 t_R/min	P13 27.28	P14 29.19	P15 29.72	P16 30.88	P17 31.96	P18 34.48	P19 35.99	P20 36.78	P21 38.15	P22 38.92	P23 39.46	
系数 /10⁻³	−10.79	−1.84	7.39	−2.63	−1.78	4.22	3.98	10.23	−1.48	−1.29	−1.96	

注：腹腔巨噬细胞吞噬能力的权重系数为 1 000。

$Y=1.000+0.002\ 934X_{P1}+0.003\ 422X_{P2}+0.001\ 903X_{P3}+0.003\ 483X_{P4}-0.011\ 28X_{P5}+0.003\ 483X_{P6}+0.002\ 568X_{P7}+0.003\ 178X_{P8}+0.011\ 212X_{P9}+0.003\ 361X_{P10}+0.010\ 721X_{P11}+0.009\ 673X_{P12}-0.010\ 785X_{P13}-0.001\ 842X_{P14}+0.007\ 391X_{P15}-0.002\ 629X_{P16}-0.001\ 781X_{P17}+0.004\ 221X_{P18}+0.003\ 983X_{P19}+0.010\ 229X_{P20}-0.001\ 476X_{P21}-0.001\ 293X_{P22}-0.001\ 964X_{P23}\text{。}$

各自变量的系数可视为权重系数，在一定程度上反映了各个自变量所对应的化学物质的相对重要性，如 P9、P11、P12、P15、P20 的系数为正且绝对值相对较大，说明其对应的化学物质对药效的贡献较大，而 P5、P13 的系数为负且绝对值相对较大，说明其对应的化学物质对药效可能起负作用。另外其他自变量的系数绝对值相对较小，说明其对应的化学物质对药效的贡献较小。

8. 小结　由于各种统计分析方法的理论基础及适用范围均有所不同，单纯使用一种统计方法进行谱效关系的分析，所得结论说服力不强。所以本研究通过灰色关联分析、多元线性回归分析、主成分分析相互结合，基本能够反映参芪扶正注射液指纹图谱与腹腔巨噬细胞吞噬能力这一指标之间的关系。结果显示，P9（毛蕊异黄酮 -7-O-β-D- 葡萄糖苷）、P11（异微凸剑叶莎醇 -7,2′- 二 -O- 葡萄糖苷）、P12（鹰嘴豆芽素 -7- 葡萄糖苷）、P15（9,10- 二甲氧基紫檀烷 -3-O- 木糖葡萄糖苷）、P20（黄芪甲苷）对药效具有正作用且贡献较大，是主要活性成分，其中 P9、P11、P12、P15 属于黄酮类化合物，P20 为黄芪甲苷，需要在质量控制过程中关注以确保产品有效性。而 P5（5- 羟甲基糠醛）、P13（党参炔苷）对药效可能起负作用，同样在质量控制中需要进行监控，以确保产品安全性。

9. 参芪扶正注射液的药效指纹图谱　基于有效成分与产生负作用成分的确认，确认了参芪扶正注射液的药效指纹图谱，见图 6-15。

总结以上研究结果，通过参芪扶正注射液谱效关系的研究，提高了参芪扶正注射液现行质量标准，弥补了原质量标准指纹图谱中只关注 S 峰（毛蕊异黄酮苷）、黄芪甲苷和极性较大的水溶性成分，而对于谱效分析得到的其他黄酮类有效成分（P11、P12、P15）并未关注的缺憾。尤其是谱效关系结果提示，在质量控制中还需要关注 5- 羟甲基糠醛的含量，建议加入 5- 羟甲基糠醛的限量检查。所以本研究建立的参芪扶正注射液药效指纹图谱，可以更好地控制产品的质量，确保产品的安全性、有效性和质量均一性。

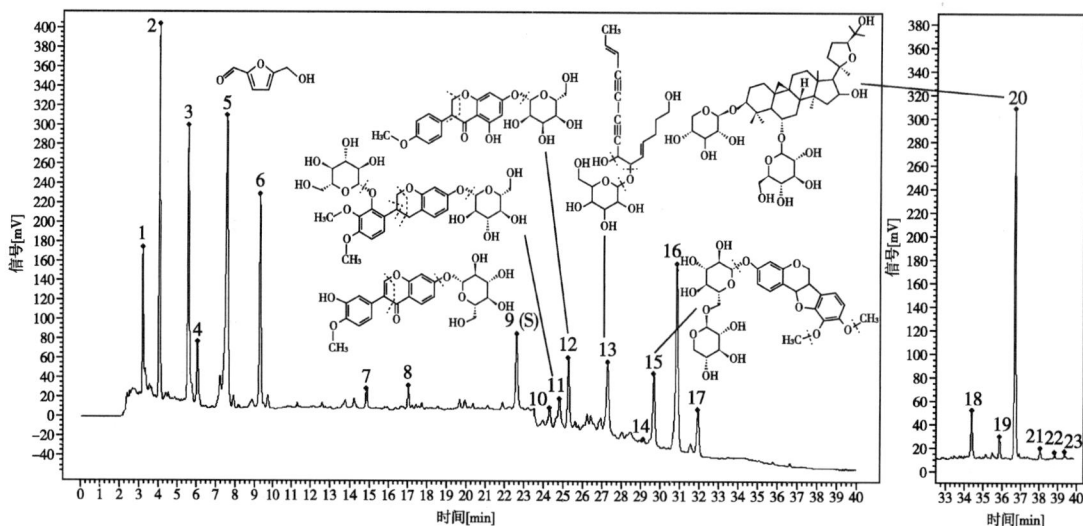

● 图 6-15　参芪扶正注射液的药效指纹图谱

学习小结

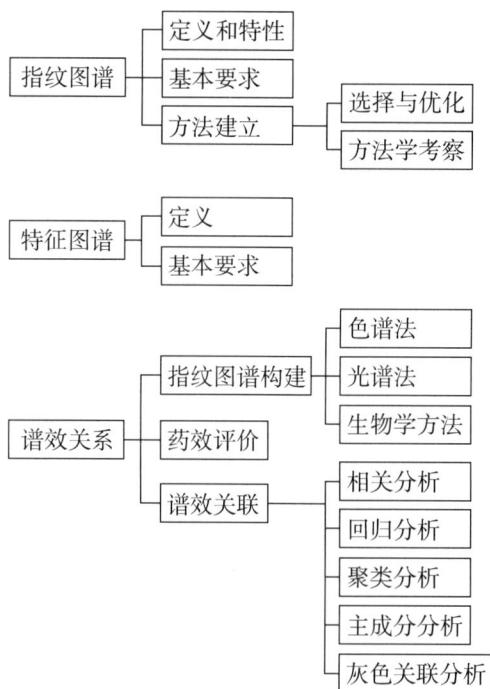

目标检测

1. 现行中药注射剂指纹图谱研究的技术要求的主要参数有哪些?

2. 建立中药指纹图谱的原则和步骤是什么?

3. 如何收集中药指纹图谱分析所用样品？

4. 制备中药指纹图谱分析样品的原则是什么？简述其制备过程。

5. 何谓中药特征图谱？简述中药特征图谱与指纹图谱的异同。

6. 中药谱效关系研究的含义是什么？

7. 中药谱效关系研究的基本方法是什么？

8. 中药谱效关系研究常用的数据处理方法有哪些？

06章 同步练习

（魏凤环）

第七章　含量测定

学习目标

掌握中药制剂含量测定方法的选定原则、方法学考察内容及要求;掌握气相色谱法、高效液相色谱法在中药制剂分析中的应用;熟悉紫外 - 可见分光光度法、薄层扫描法在中药制剂分析中的应用;了解毛细管电泳法和原子吸收分光光度法在中药制剂分析中的应用;了解《中国药典》中不同测定方法在中药制剂分析中的应用情况。

学前导语

含量测定包括:测定什么成分;用什么方法测定;如何进行方法验证,才能达到中药含量测定的目的。常用的含量测定方法有化学分析法、光谱分析法、色谱分析法等,每一种方法都有其适用范围。在中药制剂分析中应选择适宜的含量测定方法。

中药制剂的含量测定是指用化学、物理学或生物学的方法对中药制剂中含有的有效成分、指标成分或类别成分等进行定量测定。中药制剂中生物活性成分的含量与其质量优劣、有效性和安全性都有直接关系。只有有效成分达到一定量才能保证疗效;另一方面,对其含有的毒性成分,必须严格控制其含量及限度,才能确保临床用药的安全。

目前,用于中药及其制剂含量测定的方法主要有化学分析法、光谱法、色谱法、生物活性测定法以及联用技术等。《中国药典》2015 年版一部收载含量测定方法及所使用的数量统计情况见表 7-1。

表 7-1 《中国药典》2015 年版一部含量测定方法统计

测定方法	HPLC	GC	UV-Vis	TLCS	化学分析法	其他测定方法
使用数量	2 236	118	81	29	114	7

第一节　含量测定方法选定原则及验证

中药制剂的含量测定应考虑测定的药味、指标成分的选定、测定方法以及方法学验证等问题,只有综合分析,制定合理的分析方案,才能达到实现中药制剂含量测定的目的和意义。

一、含量测定指标选择

中药成方制剂由几种甚至几十种中药组成,不可能对其全部药味进行含量测定。制定中药制剂的含量测定,应以中医药理论为指导,首先选择具有主要作用的药味,同时兼顾贵重药和毒剧药。中药制剂处方中有君、臣、佐、使之分。君药是针对主病或主证起主要治疗作用的药物;臣药是辅助君药治疗主病或主证的重要药物,或者对兼病或兼证起主要作用的药物。所以首先选择君药和臣药作为要测定的药味,才能保证药物的疗效。当测定君药、臣药确实有困难时,再考虑佐使药味。

测定药味选定以后,再选择测定指标。测定指标的选择应以中医药理论为指导,结合目前中药基础研究现状,选择对控制中药的有效性、安全性和稳定性有益的成分为指标。

(一) 测定成分的选择

1. 测定有效成分　对于有效成分相对清楚的中药,要首选有效成分作为含量测定的指标。如黄芪甲苷是黄芪补气升阳的主要活性成分。《中国药典》2015 年版规定,黄芪药材中黄芪甲苷的含量不得少于 0.040%。因此以黄芪补气升阳为主药的制剂,如乙肝宁颗粒、玉屏风口服液、复方扶芳藤合剂、升气养元糖浆等,均以黄芪甲苷为测定指标,以保证制剂的有效性。

2. 测定毒性成分　中药的毒性成分可以分为两类,一是毒效成分,既有毒性,又是治疗疾病的物质基础;二是毒性成分,基本是不具有治疗疾病作用的成分。

对毒效成分进行含量测定,控制其在中药制剂中的含量范围,既可保证其安全性,又可保证其有效性。如风湿马钱片中,马钱子中的生物碱既是毒性成分,又是有效成分。《中国药典》2015 年版规定风湿马钱片中每片含马钱子以士的宁计,应为 0.8~1.1mg,作为该制剂质量控制指标之一。

对于毒性成分,要严格规定其含量上限,以确保制剂的安全性。如千里光中含有的阿多尼弗林碱是一种具有肝毒性的吡咯里西啶类生物碱,《中国药典》2015 年版规定千里光中阿多尼弗林碱的含量不得超过 0.004%。含有千里光的制剂千柏鼻炎片、千柏鼻炎胶囊、千喜片、千喜胶囊等也应规定其含量上限。

3. 测定总成分 有效部位或指标性成分类别清楚的,可以进行总成分的测定,如人参总皂苷、丹参总酚酸、葛根总黄酮等。另外,某些中药的化学成分研究比较薄弱,有效成分或指标性成分不清楚的,也可以考虑测定总成分或有效部位,如:垂盆草颗粒的含量测定,以芦丁为对照品,测定总黄酮的含量。

4. 测定易损失成分 测定理化性质不稳定或易损失的成分,以控制其在中药制剂中的含量,保证中药制剂的质量。如川贝止咳露中的薄荷脑容易挥发,所以制剂测定中规定了薄荷脑的含量。

5. 测定专属性成分 被测成分应有较好的专属性,其应归属于处方中的某一药味,若为两味或两味以上中药所共有的成分,则一般不应选为含量测定的指标。如处方中同时含有黄连和黄柏,最好不要选择盐酸小檗碱作为含量测定的指标,应选择专属性强的成分,如黄连碱和黄柏碱。

(二) 分析策略的选择

中药制剂由多味中药组成,所含成分复杂。在选择测定成分、种类、数量时要综合考虑,从实际出发,以达到能简便、有效、经济、实用地控制中药质量的目的。

1. 多成分测定 中药产生的疗效是各成分之间的协同作用。建立中药制剂多成分含量测定质量标准,才能确保药品的有效性、安全性、可控性和稳定性。在多成分测定中,既可以测定同一类多种成分,如黄连中表小檗碱、黄连碱、巴马汀、小檗碱的测定;也可以测定不同类的多种成分,如丹参中水溶性成分丹酚酸 B 和脂溶性成分丹参酮 II$_A$、隐丹参酮和丹参酮 I 的测定。选择测定的依据是药效物质研究的结果。

多成分测定可以采用多个对照品法,也可以采用一测多评法。一测多评法(QAMS)是近年来采用的用一种对照品对多个组分进行含量测定的模式,广泛用于中药的多成分含量测定,具有节约对照品、降低检测成本、分析效率高等优点。

(1) 一测多评法定义:一测多评法是指通过中药有效成分之间存在的内在函数关系和比例关系,测定中药中某个代表性成分(易得、价廉、有效)的含量,根据相对校正因子计算出该中药中其他多种待测成分(对照品难以获得或难供应)的含量,使其计算值与实测值符合定量方法学要求的一种多指标同步质量控制方法。

(2) 一测多评法的原理:在一定的线性范围内,成分的量 W(浓度或质量)与检测器响应 A 成正比,即 $W=fA$。在多指标质量评价时,以样品中某一典型组分(易得对照品)为内标,建立该成分与其他待测成分之间的相对校正因子(f),通过相对校正因子计算出其他成分的含量。假设某样品中含有 i 个组分,则:

$$\frac{W_i}{A_i}=f_i(i=1,2,\cdots,k,\cdots,m)$$

式中,A_i 为组分峰面积;W_i 为组分浓度。选择其中一组分 k 为内标,建立组分 k 与其他组分 m 之间的相对校正因子。

$$f_{km} = \frac{f_k}{f_m} = \frac{W_k \times A_m}{W_m \times A_k}$$

由此可导出定量计算公式：

$$W_m = \frac{W_k \times A_m}{f_{km} \times A_k} \qquad\qquad (式 7\text{-}1)$$

式中，A_k 为内标物峰面积，W_k 为内标物浓度，A_m 为其他组分 m 峰面积，W_m 为其他组分 m 浓度。

（3）应用实例：丹参中丹参酮类的含量测定。

色谱条件与系统适用性试验：以十八烷基硅烷键合硅胶为填充剂；以乙腈为流动相 A，以 0.02% 磷酸溶液为流动相 B，按表 7-2 中的规定进行梯度洗脱；柱温为 20℃；检测波长为 270nm。理论板数按丹参酮 II_A 峰计算应不低于 60 000。

表 7-2　丹参中丹参酮类含量测定的流动相梯度条件

时间 /min	流动相 A/%	流动相 B/%
0~6	61	39
6~20	61 → 90	39 → 10
20~20.5	90 → 61	10 → 39
20.5~25	61	39

对照品溶液的制备：取丹参酮 II_A 对照品适量，精密称定，置棕色量瓶中，加甲醇制成每 1ml 含 20μg 的溶液，即得。

供试品溶液的制备：取本品粉末（过三号筛）约 0.3g，精密称定，置具塞锥形瓶中，精密加入甲醇 50ml，密塞，称定重量，超声处理（功率 140W，频率 42kHz）30 分钟，放冷，再称定重量，用甲醇补足减失的重量，摇匀，滤过，取续滤液，即得。

测定法：分别精密吸取对照品溶液与供试品溶液各 10μl，注入液相色谱仪，测定。以丹参酮 II_A 对照品为参照，以其相应的峰为 S 峰，计算隐丹参酮、丹参酮 I 的相对保留时间，其相对保留时间应在规定值的 ±5% 范围之内。相对保留时间及校正因子见表 7-3。

表 7-3　丹参中丹参酮类成分的相对保留时间及校正因子

待测成分（峰）	相对保留时间	校正因子
隐丹参酮	0.75	1.18
丹参酮 I	0.79	1.31
丹参酮 II_A	1.00	1.00

以丹参酮 II_A 的峰面积为对照，分别乘以校正因子，计算隐丹参酮、丹参酮 I、丹参酮 II_A 的含量。

本品按干燥品计算，含丹参酮 II_A（$C_{19}H_{18}O_3$）、隐丹参酮（$C_{19}H_{20}O_3$）、丹参酮 I（$C_{18}H_{12}O_3$）的总量不得少于 0.25%。

2. 单一成分测定　多成分测定具有很多优点，但需要有很好的药效物质基础研究、对照品研究等基础研究工作作为支撑。目前，中药制剂中单味中药的质量控制还是以单一成分测定为主。单一成分含量测定所选指标一般是药效明确、含量较高、专属性较强的成分,如《中国药典》2015 年版通过测定主要有效成分芦荟苷的含量控制便通胶囊中芦荟的质量。当然,多数情况下单一成分测定具有一定的片面性,主要是受中药药效物质基础不清、对照品不足等方面的影响。

3. 总成分或有效部位测定 对于有效成分类型或有效部位明确、含量较高,且有效成分数量较多的中药,如含总黄酮、总生物碱、总皂苷、总有机酸、总多糖等的中药,不仅可测定其单一成分或多成分含量,也可增加总成分或有效部位的测定。如《中国药典》2015 年版山楂叶的含量测定是通过分别测定总黄酮和金丝桃苷的含量控制其质量。

二、含量测定方法选择

中药制剂的含量测定方法很多,对测定方法的选择应遵循"准确、灵敏、简便、快速"的原则,同时要考虑到方法的专属性、重现性、稳定性及实际工作中的可操作性等。不同的分析方法有不同的适用范围和分析对象。

(一) 色谱分析方法

色谱法包括高效液相色谱法、气相色谱法、薄层色谱法、高效毛细管电泳法、超临界流体色谱法及离子色谱法等。中药成分复杂,干扰多,在进行含量测定时,常受到共存成分的干扰。色谱分析法具有高效的分离能力和检测能力,适用于单一成分的含量测定,已成为中药分析最为常用的方法。

高效液相色谱法应用广泛,对于挥发性低、热稳定性差、分子量大及离子型化合物均有较好的适用性。气相色谱法是中药挥发油及其他挥发性组分、溶剂残留、农药残留量定量分析的首选方法。薄层色谱扫描法常用于中药成方制剂中有效成分的含量测定。毛细管电泳法适合于分析中药中大多数带电荷的样品及部分不带电荷的样品。

当中药中待测成分含量极低,一般的色谱方法难以解决问题,可以采用联用分析技术,将色谱技术与质谱、光谱检测联用,以提高测定分离度和检测灵敏度。中药分析中常见的联用技术有GC-MS、HPLC-MS 等。

(二) 光谱分析方法

光谱分析法可分为分子光谱法和原子光谱法,主要包括紫外 - 可见分光光度法、荧光分光光度法、红外光谱法、核磁共振波谱法等分子光谱法和原子吸收光谱法、原子发射光谱法、原子荧光光谱法等原子光谱法。

紫外 - 可见分光光度法多用于中药总成分或有效部位的含量测定,如总生物碱、总黄酮、总蒽醌、总多糖等的含量测定。原子吸收分光光度法和电感耦合等离子体质谱法主要用于中药中宏量元素和微量元素的定量分析、含量较低的矿物药分析和重金属、有害元素的测定等。

(三) 化学分析法

化学分析法包括重量分析法和容量分析法。化学分析法主要用于测定中药制剂中含量较高的一些成分及含矿物药制剂中的无机成分,如总生物碱、总有机酸及矿物药制剂等。

三、含量测定方法验证

含量测定方法验证的目的是为了证明采用的分析方法是否适合于相应检测要求。在建立药品质量标准时,分析方法需经验证;在药物生产处方、工艺等变更、制剂的组分变更、原分析方法进行修订时,也需对分析方法进行验证。

方法学验证的内容主要包括准确度、精密度(包括重复性、中间精密度和重现性)、专属性、检测限、定量限、线性、范围和耐用性等。应视具体方法拟定验证的内容。

(一) 准确度

准确度(accuracy)系指应用该方法测定的结果与真实值或参考值的接近程度,一般用回收率(%)表示。准确度应在规定的范围内测定。

1. 测定方法的准确度　可用对照品进行加样回收率测定,即向已知被测成分含量的供试品中再精密加入一定量的被测成分对照品,按照相同的供试品测量方法进行测定。用实测值(C)与供试品被测成分含有量值(A)之差,除以加入的对照品量(B)计算回收率。

$$回收率 = \frac{C - A}{B} \times 100\%$$
(式 7-2)

在加样回收率试验中须注意对照品的加入量与供试品中被测成分含有量之和必须在标准曲线的线性范围之内;加入对照品的量要适当,过小则产生较大的相对误差,过大则共存的可能干扰成分相对减少,真实性差。

2. 数据要求　在规定范围内,取同一浓度的供试品,用 6 个测定结果进行评价;或设计高、中、低 3 个不同浓度,每个浓度各分别制备 3 份供试品溶液进行测定,用 9 个测定结果进行评价,一般中间浓度对照品加入量与所取供试品中待测成分含量之比控制在 1 : 1 左右,建议高、中、低浓度对照品加入量与所取供试品中待测成分量之比控制在 1.5 : 1、1 : 1、0.5 : 1 左右,应报告供试品取样量、供试品中含有量、对照品加入量、测量结果和回收率(%),以及回收率(%)的相对标准偏差(RSD)或可信限。样品中待测成分含量和回收率限度关系见表 7-4。

表 7-4　样品中待测成分含量和回收率限度

待测成分含量	回收率限度 /%	待测成分含量	回收率限度 /%
100%	98~101	0.01%	85~110
10%	95~102	10μg/g(ppm)	80~115
1%	92~105	1μg/g	75~120
0.1%	90~108	10μg/kg(ppb)	70~125

(二) 精密度

精密度(precision)系指在规定的条件下,同一份均匀供试品,经多次取样测定所得结果之间的接近程度。精密度一般用偏差(d)、标准偏差(SD)或相对标准偏差(RSD)表示。精密度包含重复性、中间精密度和重现性。

1. 重复性　是指在相同操作条件下,由同一个分析人员,在同一实验室内,使用同一分析仪器,在较短的间隔时间内对相同试样所作的多次测试结果的精密度。可以取同一浓度的供试品,用至少测定 6 份的结果进行评价;或设计 3 种不同浓度,每种浓度各分别制备 3 份供试品溶液进行测定,用 9 份样品的测定结果进行评价,一般中间浓度对照品加入量与所取供试品中待测成分含量之比控制在 1∶1 左右,建议高、中、低浓度对照品加入量与所取供试品中待测成分量之比控制在 1.5∶1、1∶1、0.5∶1 左右。

重复性也称作批内精密度或日内精密度。

2. 中间精密度　是指在同一个实验室,不同时间由不同分析人员用不同设备测定结果的精密度,称为中间精密度。考察随机变动因素如不同日期、不同分析人员和不同设备等对精密度的影响。其中,由同一分析人员用同一设备在不同时间测定所得结果的精密度称为批间精密度或日间精密度。

3. 重现性　在不同实验室由不同分析人员测定结果的精密度,称为重现性。法定标准采用的分析方法,应进行重现性试验。如建立药典分析方法时,通过协同检验得出重现性结果,协同检验的目的、过程和重现性结果均应记载在起草说明中。此外,还应注意样品本身和贮存运输等因素对重现性产生的影响。

4. 数据要求　要求提供的数据均应包括偏差、标准偏差、相对标准偏差或置信限等。样品中待测成分含量和精密度可接受范围见表 7-5。

表 7-5　样品中待测成分含量和精密度 RSD 可接受范围

待测成分含量	重复性 /（RSD,%）	重现性 /（RSD,%）
100%	1	2
10%	1.5	3
1%	2	4
0.1%	3	6
0.01%	4	8
10μg/g（ppm）	6	11
1μg/g	8	16
10μg/kg（ppb）	15	32

（三）专属性

专属性（specificity）系指在其他成分(如杂质、降解产物、辅料等)存在下,采用的分析方法能正确测定被测物的能力。鉴别试验、限量检查、含量测定等方法均应考察其专属性。

中药的组成复杂,且成分不完全清楚,给考察分析方法的专属性带来困难,因此含量测定专属性考察常用阴性对照法,即以不含被测成分的供试品(除去含被测成分药味或不含待测成分的模拟复方)试验说明方法的专属性。色谱法、光谱法等应在代表性图谱中标明相关成分的位置;必要时可采用二极管阵列检测和质谱检测,进行色谱峰纯度检查。

在中药分析中,通过样品的预处理(提取、净化分离、衍生化等)来提高分析方法的专属性尤为重要。

（四）检测限

检测限（limit of detection,LOD）系指供试品中被测物能被检测出的最低量。检测限是一种限度检验效能指标,它的反映方法是否具有灵敏的检测能力,即是否具备足够的灵敏度用于中药成分的含量测定。确定检测限常用的方法如下:

1. 直观法 用已知浓度的被测物,通过目视法试验出能被可靠地检测出的最低浓度或量。本法适用于可用目视法直接评价结果的分析方法,通常为非仪器分析法,如鉴别试验的显色法、杂质检查的薄层色谱法(TLC)等。

2. 信噪比法 把已知低浓度试样测出的信号与空白样品测出的信号(基线噪声)进行比较,计算出能被可靠地检测出的被测物质最低浓度或量。一般以信噪比 S/N=3(或 2)时的相应浓度或注入仪器的量确定检测限值。本法适用于能直观显示信号与基线噪音水平(强度)的仪器分析方法,如 HPLC、GC 等。

(五) 定量限

定量限(limit of quantification,LOQ)系指试样中被测物能被定量测定的最低量,其测定结果应符合准确度和精密度要求。对微量或痕量药物分析、定量测定药物杂质和降解产物时,应确定方法的定量限。

定量限的测定方法与检测限的测定方法相同,只是相应的系数(倍数)不同。因为有关中药成分定量测定通常选用 HPLC 法,所以定量限的确定常用信噪比法。一般以信噪比 S/N=10 时的相应浓度或注入仪器的量确定定量限。

数据要求:附测试图谱,说明测试过程和定量限结果,包括准确度和与精密度验证数据。

(六) 线性

线性(linearity)系指在设计的范围内,测定响应值与试样中被测物浓度呈比例关系的程度。应在规定的范围内测定线性关系。可用同一对照品贮备液经精密稀释,或分别精密称取对照品,制备一系列对照品溶液的方法进行测定,至少制备 5 份不同浓度的对照品溶液。以测得的响应信号对被测物的浓度作图,观察是否呈线性,再用最小二乘法进行线性回归。必要时,响应信号可经数学转换,再进行线性回归计算。

数据要求:应列出回归方程、相关系数和线性图。回归方程的相关系数(r)越接近于 1,表明线性关系越好。一般要求相关系数 $r \geqslant 0.999$;薄层色谱扫描定量时,$r \geqslant 0.995$ 即可。

(七) 范围

范围(linear range)是指分析方法能达到一定精密度、准确度和线性要求时的高低限浓度或量的区间。范围应根据具体分析方法、准确度、精密度结果和要求确定。原料药和制剂含量测定,范围一般为测试浓度的 80%~120%。对于有毒的,具有特殊功效或药理作用的成分,其范围应大于被限定含量的区间。

(八) 耐用性

耐用性(durability)系指在测定条件有小的变动时,测定结果不受影响的承受程度,为所建立的方法用于日常检验提供依据。

开始研究分析方法时,就应先考虑其耐用性。如果测定条件要求苛刻,则应在分析方法中写明,并注明可以接受变动的范围。典型的变动因素有:被测溶液的稳定性、样品的提取次数、时间等。高效液相色谱法中典型的变动因素有:流动相的组成和pH,不同品牌或不同批号的同类型色谱柱、柱温、流速等。气相色谱法变动因素有:不同品牌或批号的色谱柱、固定相,不同类型的担体、载气流速、柱温、进样口和检测器温度等。

经试验,测定条件小的变动应能满足系统适用性试验要求,以确保方法的可靠性。

(九) 验证项目的选择

上述验证内容,并非每一种分析方法均需进行全面验证。由于分析方法具有各自的特点,并随分析对象而变化,因此需要视具体方法拟定验证的内容。中药质量标准中各分析项目和相应的验证内容见表7-6。

表 7-6　检验项目和验证内容

项目内容	鉴别	杂质测定		含量测定及溶出量测定	校正因子
		定量	限度		
准确度	−	+	−	+	+
重复性	−	+	−	+	+
中间精密度	−	+[1]	−	+[1]	+
重现性[2]	+	+	+	+	+
专属性[3]	+	+	+	+	+
检测限	−	−	+	−	−
定量限	−	+	−	−	+
线性	−	+	−	+	+
范围	−	+	−	+	+
耐用性	+	+	+	+	+

注:1. 已有重现性验证,不需验证中间精密度。2. 重现性只有在该分析方法被法定标准采用时做。3. 如一种方法不够专属,可用其他分析方法予以补充。

（张　玲）

第二节　常用含量测定方法

一、化学分析法

化学分析法是指经典的重量分析和滴定分析。化学分析法所使用的仪器简单,结果准确,在严格的操作条件下,其相对误差不大于0.2%。主要用于测定制剂中含量较高的一些成分及矿物药制剂中的无机成分,如总生物碱类、总酸类、总皂苷及矿物药制剂等。其缺点是灵敏度低,操作烦琐,耗时长,专属性不高,有一定的局限性,不适用于微量成分的测定。

化学分析法测定中药制剂中的成分含量时一般需经过提取、分离、净化、浓集(或衍生化)后再进行测定;当被测成分为无机元素时,要经消化破坏制剂中其他有机成分后再选择合适的测定方法;若制剂组成简单、干扰成分少或组方纯粹为无机物时可直接测定。

(一) 重量分析法

用重量分析法测定时,必须先用适当的方法将被测组分从样品中分离出来,然后才能进行称量。因此,重量分析包括分离和称量两大步骤。根据分离方法的不同,重量分析一般可分为挥发法、萃取法和沉淀法。如《中国药典》2015 年版规定药物纯度检查项目中水分的测定(烘干法)、灰分的测定、浸出物的测定、炽灼残渣的测定应用的挥发法;收载的昆明山海棠片中总生物碱的含量测定,胆乐胶囊中猪胆汁酸的含量测定采用萃取法;收载的西瓜霜润喉片中西瓜霜的含量测定采用沉淀法。

(二) 滴定分析法

滴定分析法根据反应的类型主要分为酸碱滴定法、沉淀滴定法、配位滴定法、氧化还原滴定法等。多数滴定分析在水溶液中进行,当被测物质因在水中溶解度小或其他原因不能以水为溶剂时,也采用非水溶剂为滴定介质。

1. 酸碱滴定法　适用于测定中药制剂中所含的生物碱、有机酸类组分的含量。对于 $K \cdot C \geqslant 10^{-8}$ 酸、碱组分,可在水溶液中直接滴定。如《中国药典》2015 年版收载的止咳灵注射液、北豆根片中总生物碱的含量测定。而对于 $K \cdot C < 10^{-8}$ 的弱有机酸、弱生物碱或水中溶解度很小的酸碱,只能采用间接滴定或非水滴定法测定。

2. 配位(络合)滴定法　在中药制剂分析中,用于测定鞣质、生物碱及含有 Ca^{2+}、Fe^{3+}、Hg^{2+} 等矿物类制剂的含量。如《中国药典》2015 年版收载的万氏牛黄清心丸、小儿金丹片中朱砂的含量测定就采用硫氰酸铵法。而安胃片中枯矾的含量测定采用的 EDTA 直接滴定。

3. 氧化还原滴定法　该法可分为碘量法、铈量法和亚硝酸钠滴定法、溴量法等。适用于测定具有氧化还原性的物质,如含有酚类、糖类、及含有 Fe、As 等成分的中药制剂。

4. 沉淀滴定法　沉淀滴定法分为银量法、四苯硼钠法和亚铁氰化钾法等。在中药制剂分析中主要用于测定生物碱、生物碱的氢卤酸盐及含卤素的其他有机成分的含量。

【示例 7-1】

1. 地奥心血康中甾体总皂苷的含量测定(重量法)　取本品内容物,混合均匀,取适量(约相当于甾体总皂苷元 0.12g),精密称定,置 150ml 圆底烧瓶中,加硫酸 40% 乙醇溶液(取 60ml 硫酸,缓缓注入适量的 40% 乙醇溶液中,放冷,加 40% 乙醇溶液至 1 000ml,摇匀)50ml,置沸水浴中回流5 小时,放冷,加水 100ml,摇匀,用 105℃ 干燥至恒重的 4 号垂熔玻璃坩埚滤过,沉淀用水洗涤至滤液不显酸性,105℃ 干燥至恒重,计算,即得。

2. 小儿金丹片中朱砂的含量测定(滴定分析法)　取本品 3 片,研细,取约 0.5g,精密称定,置锥形瓶中,加硫酸 25ml、硝酸钾 2g,加热使成乳白色,放冷,加水 50ml,滴加 1% 高锰酸钾溶液至显粉红色,再滴加 2% 硫酸亚铁溶液至红色消失,加硫酸铁铵指示液 2ml,用硫氰酸铵滴定液(0.1mol/L)滴定。每 1ml 硫氰酸铵滴定液(0.1mol/L)相当于 11.63mg 的硫化汞(HgS)。

二、光谱分析法

光谱分析法是根据物质的光谱来鉴别物质及确定它的化学组成和相对含量的方法。其优点是灵敏,迅速。根据分析原理可分为发射光谱分析法、吸收光谱分析法和散射光谱分析法;根据被测成分的形态可分为原子光谱分析法与分子光谱分析法。发射光谱分析法是根据被测原子或分子在激发状态下发射的特征光谱的强度计算其含量。吸收光谱分析法是根据待测元素的特征光谱,通过样品蒸汽中待测元素的基态原子吸收被测元素的光谱后被减弱的强度计算其含量。

分光光度法是光谱法的重要组成部分,是通过测定被测物质在特定波长处或一定波长范围内的吸光度或发光强度,对该物质进行定性和定量分析的方法。常用的技术包括紫外 - 可见分光光度法、红外分光光度法、荧光分光光度法和原子吸收分光光度法等。近年来,近红外光谱法的应用日益广泛,特别是在大量样品的快速鉴别和水分测定方面。近红外光谱特别适合测定羟基和氨基,例如乙醇中的水分,氨基存在时的羟基,碳氢化合物中的乙醇,以及叔胺存在时的伯胺和仲胺等。

(一)紫外 - 可见分光光度法

《中国药典》2015 年版收载的紫外 - 可见分光光度法测定的品种以测定总成分居多,如总生物碱、总黄酮、总蒽醌、多糖等。

由于中药制剂成分复杂,不同组分的紫外吸收光谱彼此重叠,干扰测定,因此在测定前必须经过适当的提取、净化或采用专属的显色反应等步骤来消除干扰,以测定期中某一类总成分或单一成分。

测定时通常选用被测成分最大吸光度的波长作为测定波长,而共存成分在此波长处基本无吸收。供试品溶液的吸光度读数在 0.3~0.7 为宜。使用该法时应对仪器的波长、吸光度的准确度进行检定,对杂散光进行检查,溶剂要符合要求,对空白吸收进行校正。此法用于含量测定时一般有下列三种。

1. 吸收系数法　用本法测定时,吸收系数通常应大于 100,并注意仪器的校正和检定。该法对仪器的要求严格,优点是无须对照品,方法简便,如《中国药典》2015 年版紫草中羟基萘醌总色素的含量测定就用的此法。

2. 对照品比较法　在相同条件下分别配制供试品溶液和对照品溶液,对照品溶液中所含被测成分的量应为供试品溶液中被测成分规定量的 100% ± 10%,所用溶剂也应完全一致,在规定的波长处测定供试品溶液和对照品溶液的吸光度,则可计算出供试品中被测成分的浓度或含量。如《中国药典》2015 年版用此法测定的有:灯盏细辛注射液中总咖啡酸酯的测定,华山参片中总生物碱的测定,黄杨宁片中环维黄杨星 D 的测定。

3. 标准曲线法　先配制一系列不同浓度的对照品溶液,在相同的条件下分别测定吸光度,绘制 A/C 曲线或求出其回归方程(相关系数 r>0.999),即得标准曲线。在相同条件下测定供试品的吸光度(供试品的吸光度应在标准曲线的线性范围以内),即可计算出供试品中被测成分的浓度或含量。该法在比色法中最常用,如《中国药典》2015 年版用此法测定的有:复方皂矾丸中硫酸亚铁的测定,独一味胶囊中总黄酮的测定,药材金樱子中金樱子多糖的含量测定。

【示例 7-2】灯盏细辛注射液中总咖啡酸酯的测定(对照品比较法)

总咖啡酸酯对照品溶液的制备:取 1,3-O- 二咖啡酰奎宁酸对照品约 10mg,精密称定,置 10ml 量瓶中,加 0.01mol/L 碳酸氢钠溶液 2ml,超声处理(功率 120W,频率 40kHz)3 分钟,放冷,加水至刻度,摇匀;精密量取 1ml,置 100ml 量瓶中,加水至刻度,摇匀,即得。

供试品溶液的制备:精密量取本品 1ml 置 200ml 量瓶中,加水稀释至刻度,摇匀,即得。

测定法:分别取对照品溶液与供试品溶液,照紫外 - 可见分光光度法(通则 0401),在 305nm 波长处测定吸光度,计算,即得。

【示例 7-3】独一味胶囊中总黄酮的含量测定(标准曲线法)

对照品溶液的制备:取芦丁对照品 0.2g,精密称定,置 100ml 量瓶中,加 70% 乙醇 70ml,置水浴上微热使溶解,放冷,加 70% 乙醇至刻度,摇匀。精密量取 10ml,置 100ml 量瓶中,加水至刻度,摇匀,即得。

标准曲线的制备:精密量取对照品溶液 1ml,2ml,3ml,4ml,5ml,6ml,分别置 25ml 量瓶中,加水至 6ml,加 5% 亚硝酸钠溶液 1ml,混匀,放置 6 分钟,加 10% 硝酸铝溶液 1ml,摇匀,放置 6 分钟,加氢氧化钠试液 10ml,再加水至刻度,摇匀,放置 15 分钟;以相应的溶液为空白。照紫外 - 可见分光光度法(通则 0401),在 500nm 波长处测定吸光度,以吸光度为纵坐标、浓度为横坐标绘制标准曲线。

测定法:取装量差异项下的本品内容物,混匀,研细,取约 0.6g,精密称定,置 100ml 量瓶中,加 70% 乙醇 70ml,置水浴上微热并时时振摇 30 分钟,放冷,加 70% 乙醇至刻度,摇匀,取适量,离心(转速为每分钟 4 000 转)10 分钟,精密量取上清液 1ml,置 25ml 量瓶中,照标准曲线制备项下的方法,自"加水至 6ml"起,依法测定吸光度,从标准曲线上读出供试品溶液中芦丁的量,计算,即得。

(二) 原子吸收分光光度法

原子吸收分光光度法测定对象是成原子状态的金属元素和部分非金属元素。该法广泛应用于中药制剂及中药材中重金属、毒害元素及微量元素的检测。如《中国药典》2015 年版收载的龙牡壮骨颗粒中钙的测定,健脾生血片中硫酸亚铁的含量测定等。该法具有灵敏度高、选择性和重现性好、干扰较少、操作简便快速、测定范围广等优点;但其不足是标准工作曲线的线性范围窄,测定不同元素一般需要不同的光源且实验条件要求严格。

原子吸收光谱分析通常是溶液进样,被测样品须事先转化为溶液,预处理方法与通常的分析化学相同,要求试样分解完全,在分解的过程中应防止玷污和避免待测组分的损失,所用的试剂及反应产物对后续的测定应无干扰。分解试样最常用的方法是采用酸溶解或碱熔融,以及近年来获得了广泛应用的微波溶样法。通常采用稀酸、浓酸或混合处理,对于酸不溶物质则可采用熔融法。无机试样,如矿物类的药物多采用此类方法。有机试样则通常先通过消化处理,除去有机物基体,消化后的残留物再用合适的酸溶解。消化处理主要分为干法消化和湿法消化两种,如果被测元素属于汞(Hg)、砷(As)、镉(Cd)、铅(Pb)、锑(Sb)、硒(Se)等易挥发的元素,则不能采用干法消化,因为这些元素在干法消化的过程中损失严重。若使用石墨炉原子化器,则可直接分析固体试样,采用程序升温,以分别控制试样的干燥、消化和原子化的过程,使易挥发或易热解的基体在原子化之前就被除去。

原子吸收分光光度法常用的定量分析方法有标准曲线法、标准加入法和内标法等。

1. 标准曲线法　标准曲线法是最常用的一种定量分析方法,适用于被分析样品成分比较清楚的情况。在仪器推荐的浓度范围内,除另有规定外,制备含待测元素不同浓度的对照品溶液至少 5 份,浓度依次递增,并分别加入各品种项下制备供试品溶液的相应试剂,同时以相应试剂制备空白对照溶液。将仪器按规定启动后,依次测定空白对照溶液和各浓度对照品溶液的吸光度,记录读数。以每一浓度 3 次吸光度读数的平均值为纵坐标、相应浓度为横坐标,绘制标准曲线。按各品种项下的规定制备供试品溶液,使待测元素的估计浓度在标准曲线浓度范围内,测定吸光度,取 3 次读数的平均值,从标准曲线上查得相应的浓度,计算元素的含量。绘制标准曲线时,一般采用线性回归,也可采用非线性拟合方法回归。

2. 标准加入法　当试样基体影响较大,又没有纯净的基体空白或测定纯物质中极微量的元素时往往采用标准加入法,其方法是:取同体积按各品种项下规定制备的供试品溶液 4 份,分别置 4 个同体积的量瓶中,除 1 号量瓶外,其他量瓶分别精密加入不同浓度的待测元素对照品溶液,分别用去离子水稀释至刻度,制成从零开始递增的一系列溶液。按上述标准曲线法自“将仪器按规定启动后”操作,测定吸光度,记录读数;将吸光度读数与相应的待测元素加入量作图,延长此直线至与含量轴的延长线相交,此交点与原点间的距离即相当于供试品溶液取用量中待测元素的含量 (图 7-1)。再以此计算供试品中待测元素的含量。标准加入法仅适用于第一法标准曲线法呈线性并通过原点的情况。

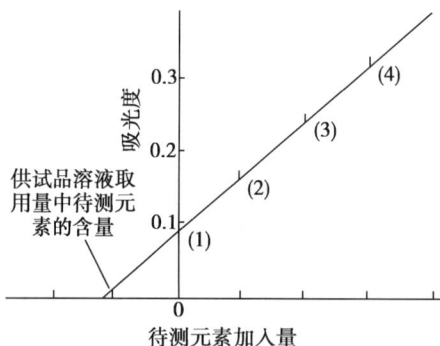

● 图 7-1　标准加入法测定图示

采用标准加入法时必须进行试剂空白扣除,且曲线斜率不能太小,以免引起较大的误差。该法可消除分析中的基体干扰,并且由于在样品中加了被测物质的标准溶液与样品中原有被测物质加和产生较大吸光度,提高了测定的准确度。但操作费时,消耗样品量多,不适合分析数量多且要求快速的样品。此外操作的平行性也会影响结果的准确度。

3. 内标法　内标法是在一系列标准溶液和试样溶液中分别加入一定量样品中不存在的内标元素。测定待测元素和内标谱线的吸光度比值,并以此对标准溶液中被测元素的含量或浓度绘制工作曲线,根据试样溶液中待测元素与内标元素的吸光度的比值,由标准曲线上求得试样中待测元素的浓度或含量。内标元素要求与被测元素在基体或原子化器中表现的理化性质相同或相似。

该方法只适用于双通道原子吸收分光光度计。

内标法由于是同时测定,测定值的波动可相互抵消,选择适当的分析条件及分析方法会使测得值再现性良好,精密度高。

【示例7-4】龙牡壮骨颗粒中钙的测定

对照品溶液的制备:取碳酸钙基准物约60mg,置100ml容量瓶中,用水10ml湿润后,用稀盐酸5ml溶解,加水至刻度,摇匀,精密量取25ml,置100ml量瓶中,加水至刻度,摇匀,量取1.0ml、1.5ml、2.0ml、2.5ml和3.0ml,分别置25ml量瓶中,各加镧试液1ml,加水至刻度,摇匀,即得。

供试品溶液的制备:取本品1袋,混匀,取适量,研细,取0.5g或0.3g(无蔗糖),精密称定,置100ml量瓶中,用水10ml湿润后,用稀盐酸5ml溶解,加水至刻度,摇匀,滤过。精密量取续滤液2ml置25ml量瓶中,加镧试液1ml,加水至刻度,摇匀,即得。

测定法:取对照品溶液与供试品溶液,依法(通则0406第一法)在422.7nm的波长处测定,计算,即得。

三、色谱分析法

色谱法是将混合物中各组分分离后在线或离线分析的方法。具有灵敏度高、选择性高、分析速度快、应用范围广等特点,是分析混合物最有效的手段。在中药制剂分析中广泛应用于鉴别、纯度检查和含量测定中。

色谱法的分离过程是待分离物质分子在固定相和流动相之间分配平衡的过程,不同的物质在两相之间的分配会不同,这使其随流动相运动速度各不相同,随着流动相的运动,混合物中的不同组分在固定相上达到分离的目的。根据物质的分离原理,色谱法可以分为吸附色谱、分配色谱、离子交换色谱、凝胶色谱、亲和色谱等类别。又可根据分离方法分为纸色谱法、薄层色谱法、柱色谱法、气相色谱法、高效液相色谱法等。

(一) 薄层扫描法

薄层扫描法(thin-layer chromatography scarming, TLCS)是以薄层色谱为基础建立的薄层色谱组分分析方法。该法用一定波长的光照射在薄层板上,对薄层色谱中可吸收紫外光或可见光的斑点,或经激发后能发射出荧光的斑点进行扫描,测定 A-t 曲线或 F-l 曲线,将扫描得到的图谱及积分数据用于鉴别、检查或含量测定。根据不同薄层色谱扫描仪的结构特点,按照规定方式扫描测定,一般选择反射方式,采用吸收法或荧光法。除另有规定外,含量测定应使用市售薄层板。

扫描方法可采用单波长扫描或双波长扫描。如采用双波长扫描,应选用待测斑点无吸收或最小吸收的波长为参比波长,供试品色谱图中待测斑点的比移值、光谱扫描得到的吸收光谱图或测得的光谱最大吸收和最小吸收应与对照标准溶液相符,以保证测定结果的准确性。薄层色谱扫描定量测定应保证供试品斑点的量在线性范围内,必要时可适当调整供试品溶液的点样量,供试品与标准物质同板点样、展开、扫描、测定和计算。

薄层色谱扫描用于含量测定时,通常采用线性回归二点法计算,如线性范围很窄时,可用多点法校正多项式回归计算。供试品溶液和对照标准溶液应交叉点于同一薄层板上,供试品点样不得少于 2 个,标准物质每一浓度不得少于 2 个。扫描时,沿展开方向扫描,不可横向扫描。

在《中国药典》2015 年版中收载了部分用薄层扫描法测定含量的品种,大多采用双波长薄层吸收扫描法,如血脂宁丸中熊果酸的含量测定;而牛黄抱龙丸中胆酸的含量测定、枳实导滞丸中橙皮苷的含量测定则采用薄层荧光扫描法。

【示例 7-5】牛黄抱龙丸中胆酸的含量测定

取本品 10 丸,剪碎,取约 4g,精密称定,精密加入等量硅藻土,研细,取约 1.0g,精密称定,置索氏提取器中,加甲醇适量,加热回流 7 小时,提取液蒸干,残渣精密加入乙醇 10ml 称定重量,水浴中先加热再超声使溶解,放冷,再称定重量,用乙醇补足减失的重量,摇匀,离心(转速为每分钟 10 000 转),取上清液作为供试品溶液。另取胆酸对照品适量,精密称定,加乙醇制成每 1ml 含 0.10mg 的溶液,作为对照品溶液。照薄层色谱法(通则 0502)试验,精密吸取供试品溶液 10μl、对照品溶液 2μl 与 8μl,分别交叉点于同一硅胶 G 薄层板上,以环己烷 - 乙酸乙酯 -36% 醋酸 - 甲醇 (20∶25∶2∶3)的上层溶液为展开剂,展开 2 次,取出,晾干,喷以 10% 硫酸乙醇溶液,在 105℃加热至斑点显色清晰,晾干,在薄层板上覆盖同样大小的玻璃板,周围用胶布固定,照薄层色谱法(通则 0502 薄层色谱扫描法)进行扫描(1 小时内完成),波长 460nm。测量供试品吸光度积分值与对照品吸光度积分值,计算,既得。

(二) 气相色谱法

在中药制剂分析中,气相色谱法作为常规的分析方法,主要用于鉴别及测定含挥发油及其他挥发性组分的含量。如冰片、桉叶素、樟脑、丁香酚、薄荷脑、龙脑等;还可用于中药及其制剂的检查,如含水量、含醇量的测定,如酒剂、酊剂中乙醇、甲醇的含量测定。该法也作为药物中农药残留量测定的主要手段。

中药制剂分析时,按照《中国药典》2015 年版通则 0521 要求,需按照各品种项下要求对仪器进行适用性试验,即用规定的对照品对仪器进行试验和调整,以达到规定的要求;或规定在分析状态下的最小理论塔板数、分离度、重复性和拖尾因子等指标。其中,分离度和重复性是尤为重要的。

> **知识链接**
>
> ### 气相色谱法系统适用性试验
>
> (1)色谱柱的理论板数(n):理论塔板数用于评价色谱柱的分离效能。由于不同物质在同一色谱柱上的色谱行为不同,采用理论板数作为衡量柱效能的指标时,应指明测定物质,一般为待测组分或内标物质的理论板数。
>
> 在规定的色谱条件下,注入供试品溶液或各品种项下规定的内标物质溶液,记录色谱图,量出供试品主成分峰或内标物质峰的保留时间(t_R)和峰宽(W)或半峰宽($W_{1/2}$),按 $n=16\,(t_R/W)^2$ 或 $n=5.54\,(t_R/W_{1/2})^2$ 计算色谱柱的理论板数。

若测得理论塔板数低于各品种规定项下的最小理论塔板数,应该变色谱柱的某些条件(如柱长、载体性能、柱填充等),使理论塔板数达到要求。

(2)分离度(R):无论是定性鉴别还是定量分析,均要求待测峰与其他峰、内标峰或特定的杂质对照峰之间有较好的分离度。除另外有规定外,待测组分与相邻共存物之间的分离度应大于1.5。

(3)重复性:用于评价连续进样中,色谱系统响应值的重复性能。采用外标法时,通常取各品种项下的对照品溶液,连续进样5次,除另有规定外,其峰面积测量值的相对标准偏差应不大于2.0%;采用内标法时,通常配制相当于80%、100%和120%的对照品溶液,加入规定量的内标溶液,配成3种不同浓度的溶液,分别至少进样2次,计算平均校正因子。其相对标准偏差也应不大于2.0%。

(4)拖尾因子(T):为保证分离效果和测量精度,特别是当采用峰高法测量时,应检查待测峰的拖尾因子T是否符合各品种项下的规定,或不同浓度进样的校正因子误差是否符合要求。拖尾因子计算公式为:

$$T = \frac{W_{0.05h}}{2d_1}$$

式中,$W_{0.05h}$为0.05峰高处的峰宽;d_1为峰极大至峰前沿之间的距离。

除另有规定外,峰高法定量时T应在0.95~1.05之间。

峰面积法测定时,若拖尾严重,将影响峰面积的准确测量。必要时,应在各品种项下对拖尾因子作出规定。

1. 实验条件的选择

(1)载气的选择:气相色谱法常用的载气有氦气、氮气和氢气。根据供试品的性质和检测器种类选择载气,当载气流速较低时,宜用分子量较大的载气如氮气;当流速高时,宜用低分子量的载气如氢气、氦气。对于较长色谱柱,宜用氢气作载气,以减小柱压。热导检测器应选用氢气、氦气;对氢火焰检测器、电子捕获检测器一般用氮气。氮气是最常用的载气。载气流速选择的合适与否直接影响各组分分离效果和峰形的对称性。

(2)进样方式的选择:进样方式一般可采用溶液直接进样、自动进样或顶空进样。

溶液直接进样采用微量注射器、微量进样阀或有分流装置的气化室进样;采用溶液直接进样或自动进样时,进样口温度应高于柱温30~50℃;进样量一般不超过数微升;柱径越细,进样量应越少,采用毛细管柱时,一般应分流以免过载。

顶空进样适用于固体和液体供试品中挥发性组分的分离和测定。将固态或液态的供试品制成供试液后,置于密闭小瓶中,在恒温控制的加热室中加热至供试品中挥发性组分在液态和气态达到平衡后,由进样器自动吸取一定体积的顶空气注入色谱柱中。

(3)固定相的选择:气-液色谱中固定相由固定液和载体组成,载体仅起支持剂作用。所以固定液的选择十分重要,按照极性相似、化学官能团相似的相似性原则和主要差别选择。对复杂的样品的分析可使用混合固定液。并根据样品的性质选择合适的固定液配比,对高沸点化合物宜采用低配比,对低沸点化合物宜采用高配比。并注意柱温不能超过固定液的最高使用温度。载体为经酸洗并硅烷化处理的硅藻土或高分子多孔小球。

中药制剂分析中气-固色谱的固定相大多采用高分子多孔微球(GDX),用于分离水及含羟基(醇)化合物。

(4) 柱温的选择:在实际工作中一般根据样品的沸点来选择柱温。高沸点样品(300~400℃),柱温200~250℃;沸点为200~300℃的样品,柱温150~180℃;沸点为100~200℃的样品,柱温选各组分的平均沸点三分之二左右;气体等低沸点样品,柱温选沸点左右,在室温或50℃下进行分析;对宽沸程样品,需采用程序升温方法进行分析。但需要注意柱温要低于固定液的最高使用温度,以防止固定液的流失而减少色谱柱的使用寿命。

(5) 检测器的选择:适用于中药制剂分析的检测器有火焰离子化检测器(flame ionization detector,FID)、热导检测器(thermal conductivity detector,TCD)、氮磷检测器(NPD)、火焰光度检测器(nitrogen phosphorus detector,FPD)、电子捕获检测器(electron capture detector,ECD)、质谱检测器(mass spectrometry,MS)等。FID检测器对碳氢化合物响应良好,是中药制剂分析中应用最广泛的质量型检测器;NPD检测器对含氮、磷元素的化合物灵敏度高;FPD检测器对含磷、硫元素的化合物灵敏度高;ECD检测器适于含卤素的化合物;MS检测器还能给出供试品某个成分相应的结构信息,可用于结构确证。除另有规定外,一般用火焰离子化检测器,用氢气作为燃气,空气作为助燃气。在使用火焰离子化检测器时,检测器温度一般应高于柱温,并不得低于150℃,以免水汽凝结,通常为250~350℃。

(6) 其他条件的选择

1) 气化室(进样口)的温度:一般采用样品的沸点或稍高于沸点,以保证瞬间气化,但不要超过沸点50℃以上,以防止分解。对一般色谱分析,气化室的温度应高于柱温30~50℃。

2) 检测室的温度:FID检测器需进行温度控制,检测器温度一般需高于柱温,以免色谱柱的流出物在检测器中冷凝而污染检测器,同时防止检测器产生的水蒸气凝结熄灭火焰。通常可高于柱温30℃左右或等于气化室温度,150~300℃为常用的范围。

3) 进样量:对于填充柱,气体样品为0.1~1ml,液体样品为0.2~1μl,最大不超过4μl为宜。毛细管柱需用分流器分流进样,分流后进样量为填充柱的1/10~1/100。

2. 定量方法

(1) 内标法:由于气相色谱进样量小,且进样量不易准确控制,故外标法测定的误差较大,而归一化法又要求所有的组分都有响应,因而内标法是气相色谱测定有效成分含量最常用的方法。适用于样品的所有组分不能全部流出色谱柱,或检测器不能对每个组分都产生信号,或只需测定样品中某几个组分含量时的情况。

选择化学结构相似、物理性质与待测组分相近的纯品作为内标物,精密称(量)取待测物质的对照品和内标物质,分别配成溶液,各精密量取适量,混合配成校正因子测定用的对照溶液。取一定量进样,记录色谱图。测量对照品和内标物质的峰面积或峰高,计算校正因子,再取含有内标物质的供试品溶液,进样,记录色谱图,测量供试品中待测成分和内标物质的峰面积或峰高,计算含量。

内标法校正因子及含量计算公式

内标法校正因子计算公式：

$$校正因子 f = \frac{W_R/A_R}{W_S/A_S} = \frac{A_S/c_S}{A_R/c_R} \qquad (式7-3)$$

式中，A_S 为内标物质的峰面积或峰高，A_R 为对照品的峰面积或峰高，c_S 为内标物质的浓度，c_R 为对照品的浓度。

内标法含量计算公式：

$$c_X = \frac{A_X}{A'_S} \times fc'_S \qquad (式7-4)$$

式中，A_X 为供试品的峰面积或峰高，c_X 为供试品的浓度，A'_S 为内标物质的峰面积或峰高，c'_S 为内标物质的浓度，f 为内标法校正因子。

内标法的关键是选择合适的内标化合物。采用内标法，可避免因样品前处理及进样体积误差对测定结果的影响。其不足之处是样品的配制比较麻烦，内标物不易寻找。

(2) 外标法：外标法分为标准曲线法和外标一点法，当标准曲线截距为零时，可采用外标一点法定量。

精密称(量)取待测物质的对照品和供试品，配制成溶液，分别精密取一定量，注入仪器，记录色谱图，测量对照品溶液和供试品溶液中待测成分的峰面积(或峰高)，计算含量。

外标法计算含量公式

外标法计算含量公式：

$$c_X = \frac{A_X}{A_R} \times c_R \qquad (式7-5)$$

式中，c_R 为对照品的浓度，c_X 为供试品的浓度，A_R 为对照品的峰面积或峰高，A_X 为供试品(或其杂质)峰面积或峰高。

外标法操作简便、计算方便，不需要校正因子，无论样品中其他组分是否出峰，均可对被测组分定量但要求进样量准确和实验条件恒定，一般要求自动进样器进样。

(3) 面积归一法：当样品中所有组分在操作时间内都能流出色谱柱，且检测器对它们都产生信号，同时已知各组分的校正因子时，可采用校正面积归一化法测定各组分的含量。

若样品中各组分为同系物或性质接近时，各组分的定量校正因子相近，可直接采用面积归一化法计算。

按各品种项下的规定，配制供试品溶液，取一定量注入仪器，记录色谱图。测量各峰的面积和色谱图上除溶剂峰以外的总色谱峰面积，计算各峰面积占总峰面积的百分率。

归一化法的优点是简便,定量结果与进样量重复性无关(在最大进样量以下),操作条件略有变化对结果影响较小。但用于杂质检查时,由于峰面积归一化法测定误差大,因此,通常只能用于粗略考察供试品中的杂质含量。除另有规定外,一般不适于中药中微量成分的含量测定。

(4) 标准溶液加入法:精密称(量)取待测成分对照品适量,配制成适当浓度的对照品溶液,取一定量,精密加入到供试品溶液中,根据外标法或内标法测定杂质或主成分含量,再扣除加入的对照品溶液含量,即得供试液溶液中某个杂质和主成分含量。

> **知识链接**
>
> ### 标准溶液加入法计算公式
>
> 标准溶液加入法计算公式(加入对照品溶液前后校正因子应相同):
>
> $$\frac{A_{is}}{A_X} = \frac{\Delta c_X + c_X}{c_X}$$
>
> 则待测组分的浓度 c_X 可通过如下公式进行计算:
>
> $$c_X = \frac{\Delta c_X}{(A_{is}/A_X) - 1} \qquad (式 7\text{-}6)$$
>
> 式中,c_X 为供试品中组分 X 的浓度,A_X 为供试品中组分 X 的色谱峰面积,Δc_X 为所加入的已知浓度的待测组分对照品的浓度,A_{is} 为加入对照品后组分 X 的色谱峰面积。

气相色谱法进行定量分析时,当采用手工进样,由于留针时间、室温等条件会使进样量不易精确控制,故以采用内标法定量为宜。当采用自动进样器时,由于进样重复性的提高,在保证分析误差的前提下,也可采用外标法定量。当采用顶空进样时,由于供试品和对照品处于不完全相同的基质中,故可采用标准溶液加入法以消除基质效应的影响;当标准溶液加入法与其他定量方法结果不一致时,应以标准加入法结果为准。

【示例 7-6】马应龙八宝眼膏中冰片的测定

色谱条件与系统适用性试验:聚乙二醇 20 000(PEG-20M)毛细管柱(柱长为 30m,柱内径为 0.32mm,膜厚度为 1.0μm),柱温为 140℃。理论板数按水杨酸甲酯峰计算应不低于 8 000。

校正因子测定:取水杨酸甲酯适量,精密称定,加环己烷 - 乙酸乙酯(1:1)混合溶液使溶解,并稀释成每 1ml 含 0.3mg 的溶液,摇匀,作为内标溶液;另取冰片对照品约 15mg,精密称定,置 50ml 量瓶中,加内标溶液使溶解并稀释至刻度,摇匀,吸取 1μl,注入气相色谱仪,测定,计算校正因子。

测定法:取本品 0.2g,精密称定,置 50ml 具塞锥形瓶中,精密加入内标溶液 10ml,密塞,振摇使完全溶解,冰浴 5 分钟,滤过,取续滤液 1μl,注入气相色谱仪,测定,即得。

（三）高效液相色谱法

在中药制剂分析中,高效液相色谱法(HPLC 法)因其突出的优势广泛应用于中药制剂的含量测定,《中国药典》2015 年版收载的药材及中成药中,绝大多数采用 HPLC 法进行含量测定。如双黄连口服液中黄芩、金银花、连翘的含量测定,香连丸中黄连的含量测定等。该法也常用于中药制剂的鉴别及检查中。

1. 系统适用性试验　系统适用性试验为考察所使用的仪器是否正常、设定的参数是否使用,以及实验条件的选择是否合适。该法测试项目和方法与气相色谱法相同,可参照测定,具体指标应符合品种项下的规定。HPLC 法色谱柱的理论塔板数一般不小于 2 000。

2. 实验条件的选择

(1) 色谱柱的选择:色谱柱按其用途可分为分析型和制备型,含量测定使用分析型色谱柱。色谱柱的固定相多采用粒径 3~10μm 的硅胶、化学键合相硅胶等装柱。目前实验室多采用不同厂家生产的商品柱。

> **知识链接**
>
> ### 色谱柱的分类
>
> 反相色谱柱(octadecyl silane,ODS)以键合非极性基团的载体为填充剂填充而成的色谱柱。常见的载体有硅胶、聚合物复合硅胶和聚合物等;常用的填充剂有十八烷基硅烷键合硅胶、辛基硅烷键合硅胶和苯基键合硅胶等,大多数药物可用反相柱进行分离测定。
>
> 正相色谱柱用硅胶填充剂,或键合极性基团的硅胶填充而成的色谱柱。常见的填充剂有硅胶、氨基键合硅胶和氰基键合硅胶等。氨基键合硅胶和氰基键合硅胶也可用作反相色谱。正相柱适合亲水性强的待测组分的测定。
>
> 离子交换色谱柱用离子交换填充剂填充而成的色谱柱。有阳离子交换色谱柱和阴离子交换色谱柱。适用于解离型的待测组分,如生物碱、有机酸等。
>
> 手性分离色谱柱用手性填充剂填充而成的色谱柱。

色谱柱的内径与长度,填充剂的形状、粒径与粒径分布、孔径、表面积、键合基团的表面覆盖度、载体表面基团残留量,填充的致密与均匀程度等均影响色谱柱的性能,应根据被分离物质的化学结构、极性和溶解度等因素来选择合适的色谱柱。

温度会影响分离效果,应注意室温变化对色谱柱分离效果的影响。为改善分离效果可适当提高色谱柱的温度,但一般不宜超过 60℃。

残余硅羟基未封闭的硅胶色谱柱,流动相 pH 一般应在 2~8 之间。残余硅羟基已封闭的硅胶、聚合物复合硅胶或聚合物色谱柱可耐受更广泛 pH 的流动相,适合于 pH 小于 2 或大于 8 的流动相。

(2) 检测器的选择:最常用的检测器为紫外 - 可见分光检测器(UVD 或 DAD),包括二极管阵列检测器,其他常见的检测器有荧光检测器、蒸发光散射检测器、示差折光检测器、电化学检测器、化学发光检测器和质谱检测器等。

HPLC 法常用的检测器

紫外检测器（ultraviolet detector,UVD 或 ultraviolet absorption detector,DAD）:是使用最普遍的检测器,灵敏度高、噪音低、线性范围宽、最低检出量可达 $10^{-12}\sim10^{-7}$g 等优点,但只能用于检测有紫外吸收的物质,且流动的选择有一定的限制,流动相的截止波长必须小于检测波长。DAD 检测器能获得吸收度 - 波长 - 时间的三维光谱图,同是得到定性定量信息,在体内药物分析和中药成分分析中都有广泛应用。

荧光检测器（fluorescence detector,FD）:具有高灵敏度和选择性,检测限可达 1×10^{-10}g/ml,因此是体内药物分析常用的检测器。但该检测器只能适用于能产生荧光或其衍生物能发荧光的物质,主要应用于氨基酸、维生素、甾体化合物及酶等的检测。

电化学检测器（electrochemical detector,ECD）:为选择性检测器,包括极谱、库伦、安培和电导检测器,电导检测器主要用于离子色谱。极谱、库伦、安培检测器用于能氧化、还原的有机物质的检测,其中安培检测器应用的范围最广泛,灵敏度很高,检测限可达 1×10^{-12}g/ml,尤其适用于痕量组分的分析。

蒸发光散射检测器（evaporative light scattering detector,ELSD）:为通用检测器,适用于挥发性低于流动相的任何样品组分,主要检测糖类,高分子化合物、高级脂肪酸、甾体等几十类化合物。

示差折光检测器（refractive index detector,RID）:也是一种通用型检测器,该检测器对多数物质的灵敏度低,约 1×10^{-5}g/ml,通常不能用于痕量分析,但其稳定性好操作方便,对少数物质灵敏度较高,尤其适用于糖类的检测,检测限可达 1×10^{-8}g/ml。

化学发光检测器（chemiluminescent detector,CLD）:是近年来发展起来的高选择性、高灵敏度的新型检测器。该检测器设备简单、自生发光、无须光源、价格便宜,化学发光反应常用酶为催化剂,将酶标记在待测物、抗原或抗体上,可进行药物代谢分析及免疫发光分析,尤其是痕量组分的测定,最低检测限可达 pg 级（10^{-12}g）。

紫外 - 可见分光检测器、荧光检测器、电化学检测器和示差折光检测器的响应值与被测物质的量在一定范围内呈线性关系,但蒸发光散射检测器的响应值与被测物质的量通常呈指数关系,一般需经对数转换。

不同的检测器对流动相的要求不同。紫外 - 可见分光检测器所用流动相应符合紫外 - 可见分光光度法(通则 0401)项下对溶剂的要求;采用低波长检测时,还应考虑有机溶剂的截止使用波长,并选用色谱级有机溶剂。蒸发光散射检测器和质谱检测器不得使用含不挥发性盐的流动相。

(3) 流动相的选择:高效液相色谱可供选择的流动相范围较宽,且可组成多元溶剂系统与不同的配比。在固定相一定时,流动相的种类、配比、pH 及添加剂等能显著影响分离效果,因此流动相的选择至关重要。

反相色谱系统的流动相常用甲醇 - 水系统和乙腈 - 水系统,还有四氢呋喃 - 水系统,用紫外末端波长检测时,宜选用乙腈 - 水系统。流动相中应尽可能不用缓冲盐,如需用时,应尽可能使用低浓度缓冲盐,常用的缓冲液有三乙胺磷酸盐、磷酸盐、醋酸盐溶液。用十八烷基硅烷键合硅胶色谱柱时,流动相中有机溶剂一般不低于 5%,否则易导致柱效下降、色谱系统不稳定。

正相色谱系统的流动相常用两种或两种以上的有机溶剂,如二氯甲烷和正己烷等。

反向离子对色谱的流动相最常用的是甲醇 - 水系统和乙腈 - 水系统中加入 0.003~0.01mol/L 的离子对试剂。离子对试剂的性质和浓度、流动相的 pH 及流动相的比例都会影响组分的保留值和分离的选择性。

调整流动相组分比例时,当小比例组分的百分比例 X 小于等于 33% 时,允许改变范围为 $0.7X$~$1.3X$;当 X 大于 33% 时,允许改变范围为 X–10%~X+10%。

若需使用小粒径(约 $2\mu m$)填充剂,输液泵的性能、进样体积、检测池体积和系统的死体积等必须与之匹配;如有必要,色谱条件也应作适当的调整。当对其测定结果产生争议时,应以品种项下规定的色谱条件的测定结果为准。

知识链接

HPLC 法前处理

(1)流动相的处理:流动相应选择色谱分析用的"色谱纯"溶剂,水一般采用石英系统二次蒸馏水或过 $0.2\mu m$ 滤膜的蒸馏水。

流动相必须预先除去其中的空气,习称脱气,一般临用前对流动相脱气,常用的脱气方法有超声波振荡脱气、惰性气体(He)鼓泡吹扫脱气、抽真空和加热脱气法。

流动相应预先除去其中的任何固体微粒,防止不溶物堵塞流路和色谱柱入口处的微孔垫片。常用 $0.45\mu m$ 以下的微孔滤膜过滤。滤膜分为有机相和水相两种。

(2)样品的处理:样品应除去杂质,纯化样品;浓缩样品或进行衍生化;使样品的形式及所用的溶剂符合 HPLC 的要求,以便待测物质有效地从样品基质中释放出来,制备成便于分析测定用的稳定试样。

(3)缓冲溶液的处理:缓冲溶液是霉菌生长很好的基质,它会堵塞色谱柱和系统,因此尽量使用新鲜配制的缓冲溶液,必要时可储存在冰箱。应定期清洗盛水和缓冲液的瓶子。

---

3. 定量方法

(1)内标法:同气相色谱法。

(2)外标法:以待测组分的标准品为对照物质,与对照物质对比计算试样含量。常用外标标准曲线法和外标一点法。

外标法操作简便、计算方便,不需要校正因子,只要被测组分出峰;无干扰,保留时间适宜,即可用外标法进行定量分析。要求进样量准确,一般要求自动进样器进样或定量环。

(3)加校正因子的主成分自身对照法:测定杂质含量时,可采用加校正因子的主成分自身对照法。在建立方法时,精密称(量)取待测物对照品和参比物质对照品各适量,配制待测物校正因子的溶液,进样,记录色谱图计算待测物的校正因子。也可精密称(量)取主成分对照品和杂质对照品各适量,分别配制成不同浓度的溶液,进样,记录色谱图,绘制主成分浓度和杂质浓度对其峰面积的回归曲线,以主成分回归直线斜率与杂质回归直线斜率的比计算校正因子。

校正因子可直接载入各品种项下,用于校正杂质的实测峰面积。需作校正计算的杂质,通常以主成分为参比,采用相对保留时间定位,其数值一并载入各品种项下。

测定杂质含量时,按各品种项下规定的杂质限度,将供试品溶液稀释成与杂质限度相当的溶液,作为对照溶液;进样,记录色谱图,必要时,调节纵坐标范围(以噪声水平可接受为限)使对照溶液的主成分色谱峰的峰高约达满量程的 10%~25%。除另有规定外,通常含量低于 0.5% 的杂质,峰面积的相对标准偏差(RSD)应小于 10%;含量在 0.5%~2% 的杂质,峰面积的 RSD 应小于 5%;含量大于 2% 的杂质,峰面积的 RSD 应小于 2%。然后,取供试品溶液和对照溶液适量,分别进样,除另有规定外,供试品溶液的记录时间,应为主成分色谱峰保留时间的 2 倍,测量供试品溶液色谱图上各杂质的峰面积,分别乘以相应的校正因子后与对照溶液主成分的峰面积比较,计算各杂质含量。

(4) 不加校正因子的主成分自身对照法:测定杂质含量时,若无法获得待测杂质的校正因子,或校正因子可以忽略,也可采用不加校正因子的主成分自身对照法。同上述(3)法配制对照溶液、进样调节纵坐标范围和计算峰面积的相对标准偏差后,取供试品溶液和对照品溶液适量,分别进样。除另有规定外,供试品溶液的记录时间应为主成分色谱峰保留时间的 2 倍,测量供试品溶液色谱图上各杂质的峰面积并与对照溶液主成分的峰面积比较,依法计算杂质含量。

(5) 面积归一化法:按各色谱条件,配制供试品溶液,取一定量进样,记录色谱图。测量各峰的面积和色谱图上除溶剂峰以外的总色谱峰面积,计算各峰面积占总峰面积的百分率。用于杂质检查时,由于仪器响应的线性限制,峰面积归一化法一般不宜用于微量杂质的检查。

【示例 7-7】双黄连口服液中黄芩、金银花、连翘的含量测定(多指标测定)

(1) 黄芩:照高效液相色谱法(通则 0512)测定。

色谱条件与系统适用性试验:以十八烷基硅烷键合硅胶为填充剂,以甲醇 - 水 - 冰醋酸(50∶50∶1)为流动相,检测波长为 274nm。理论板数按黄芩苷峰计算应不低于 1 500。

对照品溶液的制备:取黄芩苷对照品适量,精密称定,加 50% 甲醇制成每 1ml 含 0.1mg 的溶液,即得。

供试品溶液的制备:精密量取本品 1ml,置 50ml 量瓶中,加 50% 甲醇适量,超声处理 20 分钟,放置至室温,加 50% 甲醇稀释至刻度,摇匀,即得。

测定法:分别精密吸取对照品溶液与供试品溶液各 5μl 注入液相色谱仪,测定,即得。

(2) 金银花:照高效液相色谱法(通则 0512)测定。

色谱条件与系统适用性试验:以十八烷基硅烷键合硅胶为填充剂,以甲醇 - 水 - 冰醋酸(20∶80∶1)为流动相,检测波长为 324nm。理论板数按绿原酸峰计算应不低于 6 000。

对照品溶液的制备:取绿原酸对照品适量,精密称定,置棕色量瓶中,加水制成每 1ml 含 40μg 的溶液,即得。

供试品溶液的制备:精密量取本品 2ml,置 50ml 棕色量瓶中,加水稀释至刻度,摇匀,即得。

测定法:分别精密吸取对照品溶液 10μl 与供试品溶液 10~20μl,注入液相色谱仪,测定,即得。

(3) 连翘:照高效液相色谱法(通则 0512)测定。

色谱条件与系统适用性试验:以十八烷基硅烷键合硅胶为填充剂;以乙腈 - 水(25∶75)为流动相;检测波长为 278nm。理论板数按连翘苷峰计算应不低于 6 000。

对照品溶液的制备:取连翘苷对照品适量,精密称定,加 50% 甲醇制成每 1ml 含 60μg 的溶液,即得。

供试品溶液的制备:精密量取本品 1ml,加在中性氧化铝柱(100~120 目,6g,内径为 1cm)上,用 70% 乙醇 40ml 洗脱,收集洗脱液,浓缩至干,残渣加 50% 甲醇适量,温热使溶解,转移至 5ml 量瓶中,并稀释至刻度,摇匀,即得。

测定法:分别精密吸取对照品溶液与供试品溶液各 10μl,注入液相色谱仪,测定,即得。

（昝俊峰）

四、色谱 - 质谱联用技术

质谱仪是一种很好的定性鉴定用仪器,但对混合物的分析能力较差。色谱仪是一种很好的分离用仪器,但定性能力很差。二者结合起来,则能发挥各自专长,使分离和鉴定同时进行。因此,早在 1956 年就出现了早期的气相色谱 - 质谱联用仪,其分离度高、专属性强,灵敏度高的测试能力使得复杂体系混合物的分析取得突破性进展。然而由于气相色谱 - 质谱联用法(简称 GC-MS)对不挥发或挥发性差、热不稳定化合物的分离分析并不适用,因此研发液相色谱 - 质谱联用技术(简称 LC-MS)就成为必然。1979 年传送带式接口技术的出现催生了 LC-MS 仪器商业化并使液 - 质联用各种技术的蓬勃发展。目前,在有机质谱仪中,除激光解吸电离 - 飞行时间质谱仪和傅立叶变换质谱仪之外,大多数质谱仪都是和气相色谱或液相色谱组成联用仪器,无论在定性分析还是在定量分析方面都十分方便。中药的成分多而复杂,且传统的分离鉴定方法(提取 - 分离 - 结构鉴定)耗时、耗力、重复性强,技术难度也较大。因此,色谱 - 质谱联用技术以其高灵敏的测试能力、高分离效能、高专属鉴定功能组合,不仅可以对复杂混合物进行定性和定量分析,而且对样品的前处理要求不是很高,为中药组分分析、结构鉴定等相关研究提供了一个全新的技术支撑。《中国药典》2015 年版川楝子、千里光、阿胶、龟甲胶、鹿角胶等品种中应用了色谱 - 质谱联用技术。

(一) 常用色谱 - 质谱联用技术

1. 气相色谱 - 质谱联用(GC-MS)　从 20 世纪 50 年代至今,气相色谱 - 质谱联用技术在分离、检测和数据采集处理方面都已达到了较完善的程度,是色谱 - 质谱联用技术中最为成熟、可充分满足定性、定量要求的优良工具。由于气相色谱的分离过程和质谱的分析过程都是在化合物为气态的状态下进行,加之两者对于样品的制备和预处理要求有相通之处,使得两者在联用时仪器上几乎不需要任何大的改动,如在使用毛细管气相色谱柱及高容量质谱真空泵的情况下,色谱流出物可直接引入质谱仪。

2. 液相色谱 - 质谱联用(LC-MS)　气相色谱 - 质谱联用法对不挥发或挥发性差、热稳定性差、强极性和高分子量的物质[如生物样品(药物与其代谢产物)和生物大分子(肽、蛋白、核酸和多糖)]的分离分析并不适用,因此对液相色谱 - 质谱联用技术的研究一直是联用技术开发中的热点。但两者联用的难度显然在于,前者是在液相状态下进行分离分析工作,而后者则是在高真空环境中实现的技术。

使待测化合物从色谱流出物中分离、形成适合于质谱分析的气态分子或离子需要特殊的接口,目前还没有一个真正的 LC-MS 接口可以完全兼容含不挥发性缓冲盐和添加剂的流动相。为减少污染,避免化学噪声和电离抑制,流动相中所含的缓冲盐或添加剂通常应具有挥发性,且用量也有一定的限制,挥发性的酸、碱、缓冲盐,如甲酸、醋酸、氨水、醋酸铵、甲酸铵等,常常用于 LC-MS分析中。为减少污染,避免化学噪声和电离抑制,这些缓冲盐或添加剂的量都有一定的限制,如甲酸、醋酸、氨水的浓度应控制在 0.01%~1%(V/V)之间;醋酸铵、甲酸铵的浓度最好保持在 20mmol/L以下。流动相应避免使用非挥发性添加剂、无机酸、金属碱、盐及表面活性剂等试剂。

3. 超临界流体色谱 - 质谱联用(SFC-MS) 所谓超临界流体,是指既不是气体也不是液体的一些物质,它们的物理性质介于气体和液体之间。超临界流体色谱(supercritical fluid chromatography,SFC)的原理与液相色谱的原理类似,通常使用二氧化碳作为主要流动相。SFC 本质上是具有流动相产生的固有高速和高效的正相色谱技术。SFC 在分离和纯化手性化合物和天然产物方面表现出众,因为它运行更快,溶剂用量更少,总体上是一种更经济、更绿色的方法,它在分离手性化合物的性能方面超过高效液相色谱(HPLC)。目前超临界流体色谱 - 质谱联用主要采用大气压化学离子化或电喷雾离子化接口,色谱流出物通过一个位于柱子和离子源之间的加热限流器转变为气态,进入质谱仪分析。

4. 毛细管电泳 - 质谱联用(CE-MS)和芯片 - 质谱联用(Chip-MS) 毛细管电泳(capillary electrophoresis,CE)是 20 世纪 80 年代初发展起来的一种基于待分离物组分间淌度和分配行为差异而实现分离的电泳新技术。具有快速、高效、分辨率高、重复性好、易于自动化等优点。自 1987年 Smith 等首次提出毛细管电泳 - 质谱联用技术以来,CE/MS 联用装置及应用受到了广泛的关注与研究,并得到了快速发展。几乎所有的毛细管电泳操作模式均可与质谱联用,但应注意毛细管电泳的低流速特点并使用挥发性缓冲液。

微流控芯片(microfluidic chip)技术是近年来发展迅速,可实现分离、滤过、衍生等多种实验室技术于一块芯片上的微型化技术,具有高通量、微型化等优点,目前也已实现芯片和质谱联用,但尚未商品化。

(二)色谱 - 质谱联用接口技术

色谱 - 质谱联用的关键技术是色谱仪与质谱仪的接口装置,该装置的作用在于将色谱流出物去除溶剂导入质谱,并促进样品分子离子化后供质谱分析。其中难度较大的液相色谱 - 质谱联用的接口技术研究开始于 20 世纪 70 年代,经历了一个漫长的探索过程。早期的接口装置,如传送带接口、热喷雾接口、粒子束接口等,都因存在不同程度的缺陷而使液相色谱 - 质谱联用技术没有得到商业化的应用。直到大气压化学电离源(APCI)的出现才进一步推动了色谱 - 质谱联用技术商业化应用的步伐。常见在中药分析中应用的色谱 - 质谱联用接口技术如下:

1. 传送带接口 传送带是在柱后增加了一个移动速度可调整的流出物的传送带,柱后流出物滴落在传送带上,经红外线加热除去大部分溶剂后进入真空室,传送带的调整依据流动相的组成进行,流量大,含水多时带的移动速度要相应慢一些。在真空中溶剂被进一步脱出,同时出现分析物分子挥发进而离子化。传送带技术分离溶剂和被分析物是基于二者沸点上的差别,该技术的主要问题是低离子化效率及相应的低灵敏度。此外,移动带上残存的难挥发物质如果无法去除干净,容易造成记忆效应而干扰分析。

2. 热喷雾接口　热喷雾接口的工作原理是:喷雾探针取代了直接进样杆的位置,流动相流经喷雾探针时会被加热到低于流动相完全蒸发点 5~10℃的温度,由于受热体积膨胀,将在探针处喷出许多由微小液滴、粒子以及蒸气组成的雾状混合物。存在于挥发性缓冲液流动相(如乙酸铵溶液)中的待测物,由细径管导入离子源,同时加热,溶剂在细径管中除去,待测物进入气相,离子化后(如化学电离)再被导入质量分析器。热喷雾接口适用的液体流量可达 1ml/min,并适合于含有大量水的流动相,可用于测定各种极性化合物。但热喷雾接口技术测得的化合物谱图通常只有分子离子峰,缺乏碎片结构信息。

3. 粒子束接口　在粒子束接口中,流动相及被分析物被喷雾成气溶胶,于脱溶剂室脱去溶剂得到的中性待测物分子导入离子源,使用电子轰击或者化学电离的方式将其离子化,而后经一根加热的转移管进入质谱。粒子束接口对样品的极性、热稳定性和分子质量有一定限制,最适用于分子量在 1 000Da 以下的有机小分子测定。

4. 基质辅助激光解吸电离接口　基质辅助激光解吸电离接口(matrix assisted laser desorption ionization, MALDI)技术首创于 1988 年,是在激光解吸(laser desorption, LD)电离接口技术上发展起来的,是一种高灵敏度、高准确度的肽类和蛋白质相对分子质量测定方法,已经得到了广泛的接受和应用。MALDI 可与电泳等技术联合使用,获得糖蛋白的糖基化位点信息,故将其也列在色谱 - 质谱联用接口技术项下。一般 MALDI 的操作是将液体样品加入进样杆中,经加热抽气使之形成结晶。将进样杆推入接口,在激光的照射和数万伏高电压的作用下,由质子供体将质子传递给样品分子使之离子化,经高电场的"抽取"和"排斥"作用直接进入真空。目前,基质辅助激光解吸电离接口与飞行时间质谱连接使用较多,已经成为蛋白质相对分子质量测定、一级结构测定、生物多糖和糖化蛋白质等诸多研究的有力工具。

5. 电喷雾接口与大气压化学电离接口　1984 年 Fenn 等发表了他们在电喷雾技术方面的研究工作,这一开创性的工作引起了质谱界的极大重视。电喷雾接口将带有样品的色谱流动相通过一个带有数千伏高压的针尖喷口喷出,生成带电液滴,经干燥气除去溶剂后,带电离子通过毛细管或者小孔直接进入质量分析器。

大气压化学电离源与电喷雾电离源的作用机理类似,区别是大气压化学电离源喷嘴的下端装有一个针状放电电极,通过尖端放电,空气中的中性分子(如水蒸气、氮气、氧气等)以及溶剂分子都会被电离成相应的离子形式,这些离子与样品分子发生离子 - 分子交换,最终使样品分子离子化。一般电喷雾电离源接口主要用于中等以及大极性化合物的分析检测,大气压化学电离源接口则一般用于极性以及极端非极性化合物的分析检测,两者互为补充。

(三) 数据处理和应用

质谱离子的多少用丰度表示(abundance)表示,即具有某质荷比离子的数量。由于某个具体离子的"数量"无法测定,故一般用相对丰度表示其强度,即最强的峰叫基峰(base peak),其他离子的丰度用相对于基峰的百分数表示。在质谱仪测定的质量范围内,化合物的质谱是以测得离子的质荷比（*m/z*）为横坐标，以离子强度为纵坐标绘制的谱图。

色谱 - 质谱联用通常采用光电倍增器或电子倍增器作为检测器，所采集的信号经放大并转化为数字信号，计算机进行处理后得到质谱图。采用 Scan 检测方式，色谱 - 质谱联用分析可以获得不同组分的质谱图。如在 LC/MS 和 GC/MS 中，常用各分析物质的色谱保留时间为横坐标，由质谱各时间点测得的离子的相对强度组成色谱总离子流图（total ion current chromatogram，TIC）。也可确定某固定的质荷比，选择性地对整个色谱流出物进行一个离子或多个离子进行检测，得到选择离子流图（selected ion monitoring，SIM）。

（四）定量方法

任何定量分析方法都需要建立测量信号与待分析物之间量的关系。在质谱测定中，通常也可以建立这样的关系，因此质谱信号是可以用于定量的。运用于色谱 - 质谱联用的定量分析方法与气相色谱和液相色谱中采用的方法基本一致，主要包括外标法和内标法，这里不再赘述。

色谱 - 质谱联用采用外标法或内标法进行定量分析时常采用选择离子检测（selected-ion monitoring，SIM）、选择反应检测（selected-reaction monitoring，SRM）或多反应检测（multiple-reaction monitoring，MRM），其内标化合物可以是待测化合物的结构类似物或其稳定同位素（如 ^{2}H，^{13}C，^{15}N）标记物。下面对色谱 - 质谱联用进行定量分析时上述质谱相关部分进行说明。

1. 选择反应检测　在分析对象组成较为简单的体系中，通常只需按照分子量就可以定性某种化合物了。但对于复杂混合物组成的样品（如中药复方等），由于可能存在很多化合物具有相同或相近的质量，此时仅靠测量质量可能无法准确确定这个化合物。

在串联质谱（tandem mass spectrometry）仪器中，采用选择反应检测（selected-reaction monitoring，SRM）模式，即选择第一级质量分析器中某前体离子（母离子），测定该离子在第二级质量分析器中的特定产物离子（子离子）的强度，以定量分析复杂混合物中的低浓度待测化合物。通过母离子和子离子的两步选择，可以在复杂体系中精确定位到目标化合物，同时，两次离子选择还可减少复杂基质的干扰，降低背景噪声（获得更低的检出限）并提高方法的动态范围。因此选择反应监测是目前色谱 - 质谱联用联用中最常用的定量方法。

2. 同位素稀释　同位素稀释质谱法是一种计数原子的方法，是在样品中定量加入富含待测元素稀有同位素核素的内标物（同位素稀释剂），使其与样品充分混合，通过用质谱法测定样品中元素的同位素丰度及其改变，依据同位素稀释原理定量待测元素含量的方法。

通常在采用内标法定量时，最理想的内标物既要和待测样相同（具有相同的响应系数）又要不同（仪器可以区分二者的信号），这对矛盾的集合体就是同位素内标，即不同同位素的化合物具有近似相同的物理化学性质，离子化时的响应通常也是相同的，而具有不同的质荷比，即可在质谱中被区分出来。为了消去其他因子的影响，该法一般选择待测元素的一对同位素核素进行丰度测定，并用其比率进行相关计算，从而提高实验的准确性。

【示例 7-8】气相色谱 - 质谱法测定鱼腥草挥发油中甲基正壬酮含量

色谱条件：DB-5（0.25mm × 30m，0.25μm）弹性石英毛细管柱，载气为高纯氦气。柱温采用程序升温：起始温度 100℃，保持 2 分钟，然后以 5℃ /min 升至 150℃；以 15℃ /min 升至 200℃，保持 10 分钟;进样口温度 240℃。进样方式为分流进样,分流比 20∶1,进样量为 1.0μl,溶剂延迟 2.6 分钟。

质谱条件:离子源温度 200℃,接口温度 250℃,EI 电离,电子能量 70eV,发射电流 150μA,质谱选择离子检测,选取离子为 57^+、58^+、170^+、198^+。

内标溶液的制备:精密称取内标物正十四烷 50mg,置 50ml 量瓶中,以乙酸乙酯溶解并稀释至刻度,制成 1mg/ml 的内标溶液。

校正因子测定:精密称取甲基正壬酮对照品约 27.5mg,精密称定,置 50ml 量瓶中,加乙酸乙酯溶解并至刻度,制成甲基正壬酮储备液。精密量取储备液 100μl 及内标溶液 40μl,置 1ml 量瓶中,加乙酸乙酯稀释至刻度,摇匀,取 1μl 注入气质联用仪,计算校正因子。

供试品溶液的制备:取鱼腥草挥发油约 100mg,精密称定,置 25ml 量瓶中,加乙酸乙酯溶解并稀释至刻度,精密量取 100μl,及内标溶液 40μl,置 1ml 量瓶中,加乙酸乙酯稀释至刻度,摇匀,即得。

线性关系考察:分别精密吸取甲基正壬酮储备液 10μl、20μl、50μl、100μl、150μl、200μl 置 1ml 量瓶中,加入内标溶液 40μl,以乙酸乙酯稀释至刻度,摇匀。分别精密吸取上述溶液 1μl 注入气质联用仪,每个溶液连续进样 3 次,测定峰面积,以对照品 / 内标物面积之比为纵坐标(Y),对照品进样量(μg)为横坐标,绘制标准曲线。

测定法:吸取供试品溶液 1μl,注入气质联用仪,测定,根据色谱图的峰面积,以内标校正因子计算,即得。

【示例 7-9】超高效液相串联质谱法(UHPLC-MS/MS)同时测定乳块消颗粒中 6 种成分的含量

色谱、质谱条件:以十八烷基硅烷键合硅胶为填充剂,柱温 50℃;以乙腈(含 0.1% 甲酸)-0.1% 甲酸溶液为流动相,流速 0.6ml/min 梯度洗脱;采用正离子模式,电喷雾离子源多反应监测方法(multiple reaction monitoring,MRM)对待测物质进行测定。

对照品溶液的制备:分别称取橘红素、橙皮素、5- 去甲基川陈皮素、川陈皮素、牡荆素、芸香柚皮苷对照品适量,精密称定,分别加甲醇制成质量浓度为 0.195 6mg/ml、0.218 3mg/ml、0.198 4mg/ml、0.211 6mg/ml、0.248 8mg/ml、0.194 8mg/ml 的对照品储备液。分别精密量取一定体积的对照品储备液,加甲醇稀释成 1.956mg/ml、2.183mg/ml、1.983mg/ml、2.116mg/ml、2.488mg/ml、7.792μg/ml 混合对照品溶液,摇匀,备用。

标准曲线的制备:取上述混合对照品溶液,分别稀释 500 倍、100 倍、50 倍、25 倍、5 倍、2.5 倍,精密吸取稀释后的对照品溶液 1μl 注入液相色谱仪分析测定。以每个对照品质量浓度为横坐标,以相应的色谱峰面积为纵坐标,绘制标准曲线。

供试品溶液的制备:取乳块消颗粒适量,研细,取粉末约 0.5g,精密称定,置具塞锥形瓶中,精密加入甲醇 50ml,称定质量,超声处理(功率 500W,频率 40kHz)30 分钟,放冷,再称定质量,用甲醇补足减失的质量,摇匀,取上清液用微孔滤膜(0.22μm)滤过,精密吸取续滤液 1μl 进样分析。

样品测定:取 6 批乳块消颗粒各 3 份,按上述供试品溶液制备方法及色谱、质谱条件进行分析测定,记录各色谱峰面积,将样品中 6 个待测成分的峰面积代入相应标准曲线,分别计算橘红素、橙皮素、5- 去甲基川陈皮素、川陈皮素、牡荆素、芸香柚皮苷的含量。

LC-ESI-MS 用于千里光中阿多尼弗林碱的检查

色谱、质谱条件与系统适用性试验：以十八烷基硅烷键合硅胶为填充剂；以乙腈 -0.5% 甲酸溶液（7∶93）为流动相；采用单级四极杆质谱检测器，电喷雾离子化（ESI）正离子模式下选择质荷比（m/z）为 366 离子进行检测。理论板数按阿多尼弗林碱峰计算应不低于 8 000。

校正因子测定：取野百合碱对照品适量，精密称定，加 0.5% 甲酸溶液制成每 1ml 含 0.2μg 的溶液，作为内标溶液。取阿多尼弗林碱对照品适量，精密称定，加 0.5% 甲酸溶液制成每 1ml 含 0.1μg 的溶液，作为对照品溶液。精密量取对照品溶液 2ml，置 5ml 量瓶中，精密加入内标溶液 1ml，加 0.5% 甲酸溶液至刻度，摇匀，吸取 2μl，注入液相色谱 - 质谱联用仪，计算校正因子。

测定法：取本品粉末（过三号筛）约 0.2g，精密称定，置具塞锥形瓶中，精密加入 0.5% 甲酸溶液 50ml，称定重量，超声处理（功率 250W，频率 40kHz）40 分钟，放冷，再称定重量，用 0.5% 甲酸溶液补足减失的重量，摇匀，滤过，精密量取续滤液 2ml，置 5ml 量瓶中，精密加入内标溶液 1ml，加 0.5% 甲酸溶液至刻度，摇匀，吸取 2μl，注入液相色谱 - 质谱联用仪，测定，即得。

本品按干燥品计算，含阿多尼弗林碱（$C_{18}H_{23}NO_7$）不得过 0.004%。

五、电感耦合等离子体质谱法

杂质的检查和含量测定一直是药物分析中重点关注的问题。随着中药知名度的提高和对外贸易的增长，中药重金属及有害元素超标的问题也越来越受到国际的关注。目前仍在中药及其制剂分析中广泛使用的重金属限度检查法，在准确性、灵敏度和专属性等方面存在较大的不足。

电感耦合等离子体质谱（inductively coupled plasma mass spectrometry，ICP-MS）是 20 世纪 80 年代发展起来的元素和同位素分析测试技术，在元素分析、同位素比值分析和形态分析等方面展现出灵敏度高、干扰少、检出限低、线性范围宽等优点，可分析几乎地球上所有元素，被公认为目前最强有力的痕量超痕量无机元素分析技术，广泛应用于环境、地质、医药、食品、化工等众多领域。随着在实际应用的不断增多，ICP-MS 有望成为中药及其制剂重金属及有害元素限量控制、元素分析及质量标准制定的有效、常用方法。《中国药典》自 2005 年版开始列入了电感耦合等离子体质谱法。

（一）基本原理

电感耦合等离子体质谱（ICP-MS）是采用独特的接口技术将电感耦合等离子体离子源与质谱仪相连接的高灵敏度元素分析技术。原理如下：氩气流将被检测样品带入雾化系统进行雾化，雾化后的样品以气溶胶的形式继续由氩气驱动进入等离子体中心区，进而在由射频能量激发的中心区高温环境中去溶剂化、气化解离并电离成带有正电荷的离子，样品离子经接口系统完成采样和截取后形成离子流经离子聚焦后进入高真空质谱仪,样品离子将按照质荷比依次进入检测器,经光电倍增管转化为电子脉冲进行计数完成分析,根据形成的元素质谱峰强度测定对应元素的含量。

(二) 电感耦合等离子体质谱仪的组件构成

通常电感耦合等离子体质谱仪由样品引入系统、等离子体离子源、接口系统、离子聚焦系统、质量分析器、检测与数据处理系统及其他辅助系统共同构成。

1. 样品引入系统 样品引入系统是可将气体、液体、固体不同状态被检测样品导入雾化装置转化形成气溶胶状态从而便于引入等离子体的装置。被检测样品为液体时,导入装置采用蠕动泵或自提升雾化器。雾化装置通常包括雾化器和雾化室,前者是用来将样品溶液转化为极细的气溶胶雾滴,后者主要用于去除气流中较大的液滴。

2. 电感耦合等离子体离子源 样品在被转换为合适的气溶胶后,引入电感耦合等离子体离子源中电离,电感耦合等离子体离子源离子化效率决定了能否获得高灵敏度的分析方法。虽然有很多种气体都能产生等离子体,但高纯氩气(>99.99%)是最适合于 ICP-MS 的气体。电感耦合等离子体离子源包括石英炬管、感应圈、射频发生器、冷却系统等构件。其中等离子体形成于炬管的末端,其温度可达 6 000~10 000K,待分析样品在此完成去溶剂化、气化解离并电离成带有正电荷的离子。高效率的电感耦合等离子体离子源几乎可将任何样品完全解离,即使样品中待测元素浓度极低也可以获得足够量以单电荷为主的离子,因此可用于痕量元素的分析测定。

3. 接口系统 接口系统连接大气压下处于高温环境的电感耦合等离子体离子源与高真空下常温离子聚焦系统,将离子源中样品离子流传输到质谱仪。接口系统包括采样锥和截取锥先后两个关键部件,使等离子气流经截取锥小孔吸进离子透镜室,最后进入高真空的质谱仪。

4. 离子聚焦系统 离子聚焦系统是将接口提取到的离子流通过离子透镜聚焦成离子束满足质谱质量分析器在工作要求的装置。离子透镜由一个或多个圆筒形的电极组成,在离子透镜组上施加电压,将离开截取锥后的离子传输到质量分析器。经过透镜组聚焦,去除离子束中的中性粒子和光子,避免它们到达质量分析器引起干扰。

5. 质量分析器 质量分析器可将样品离子按照质荷比依次进入检测器形成。目前 ICP-MS 质量分析器除单四极杆质量分析器外,又相继推出了高分辨扇形磁场等离子体质谱仪(ICP-SFMS)、飞行时间等离子体质谱仪(ICP-TOF-MS)、离子阱三维四极等离子体质谱仪(DQMS)及高分辨率扇形场双聚焦式多接收器等离子体质谱仪等。

6. 检测与数据处理系统 样品离子按照质荷比依次进入检测器后,经光电倍增管转化为电子脉冲形成电信号,进行计数完成分析,根据形成的元素质谱峰强度测定对应元素的含量,有数据处理系统辅助给出分析结果。

7. 其他辅助系统 其他辅助系统包括射频电能发生器、真空系统、气体发生及控制系统、计算机控制与处理系统等。

(三) 定量方法

定量分析方法建立在测量信号与待分析样品量的关系上。因此,与大多数仪器进行含量测定时一样,ICP-MS 定量是分别测定含目标成分的待测样品与目标成分含量已知的标准物质,通过对两者测得的信号计数作比较而实现的。待测样品与标准物质须有相同的物理状态,满足相同条件下目标成分的信号响应一致。对待测元素,目标同位素的选择一般需根据待测样品基体中可能出现的干扰情况,选取干扰少,丰度较高的同位素进行测定;有些同位素需采用干扰方程校正;对于干扰不确定的情况亦可选择多个同位素测定。常用测定方法如下。

1. 标准曲线法(外标法) 首先用待测目标成分的标准样品绘制标准工作曲线。具体做法是:用标准样品配制成可覆盖待测样品浓度范围的不同浓度的标准系列(标准溶液的介质和酸度应与待测样品一致),以待测元素的响应值为纵坐标,浓度为横坐标,绘制标准曲线,采用最小二乘法等计算回归方程,相关系数应不低于 0.99。绘制好标准工作曲线后,待测样品计算含量时可直接将其响应值带入标准工作曲线从而读出含量。

2. 内标法 选择适宜的物质作为待测样品的参比物即内标,定量加到样品中去,依据待测目标成分和参比物在检测器上的响应值之比和参比物加入的量进行定量分析的方法称为内标法。ICP-MS 采用内标法定量时需选择待测样品中不含有的元素作为内标,内标元素应与待测元素质量数接近、电离能相近,化学特性稳定。具体如下:在每个样品(包括标准溶液、供试品溶液和试剂空白)中添加相同浓度的内标(ISTD)元素,以标准溶液待测元素分析峰响应值与内标元素参比峰响应值的比值为纵坐标,浓度为横坐标,绘制标准曲线,计算回归方程。利用供试品中待测元素分析峰响应值和内标元素参比峰响应值的比值,扣除试剂空白后,从标准曲线或回归方程中查得相应的浓度,计算样品中各待测元素的含量。使用内标可有效地校正响应信号的波动,内标校正的标准曲线法为最常用的测定法。

3. 标准加入法 标准加入法实质上是一种特殊的内标法,是在选择不到合适的内标物时,以待测元素的纯物质为内标物,加入到待测样品中,然后在相同的色谱条件下,测定待测元素的响应值,从而计算待测元素在样品中的含量的方法。具体如下:取同体积的供试品溶液 4~7 份,除第 1 个供试品溶液加入制备标准溶液的空白溶液外,在其他供试品溶液中分别精密加入不同浓度的待测元素标准溶液,制成系列待测溶液供测定,以待测元素的响应值为纵坐标,待测元素加入量为横坐标,绘制标准曲线,相关系数应不低于 0.99,标准曲线在横坐标轴上的截距即为供试品取用量中待测元素的含量,再以此计算供试品中待测元素的含量。

(四) 样品前处理

元素形态分析由于基体复杂,某些元素形态的含量较低,需对样品进行分离和富集等前处理步骤。原则上所采用的前处理方法必须满足将待分析元素形态"原样地"从样品中与基体物质分离,而不应引起样品中的待分析元素形态发生变化。合适的前处理方法不但能保证测试结果的准确性,而且能减小对仪器造成的伤害。ICP-MS 常规的前处理方法可采用溶液稀释法、酸提取法、消化法、加压分解法、微波消解法、酶分解法、紫外辐射消化法等进行样品预处理。

【示例 7-10】电感耦合等离子体质谱法检测阿胶中 6 种有害元素的含量

ICP-MS 工作参数:正向功率 1.5kW;采样深度 8mm;辅助气流量 0.32L/min;载气流速 0.82L/min;进样速度 0.1r/s;测量点数 / 峰数为 3;数据采样模式为 Normal;重复次数为 3;每个样品采集时间为 32.46 秒。

供试品溶液:将阿胶样品粉碎成粗粉,再研磨均匀。取约 0.1g,精密称定,置微波消解罐中,加优级纯硝酸 4ml,采用程序升温进行消解。消解完全后,取出消解罐,待消解液冷却至室温后,将消解液转入 50ml 样品管中,用少量水洗涤 3~4 次,洗涤液合并于样品管中,加水稀释至刻度,摇匀,即得。

混合标准溶液:精密称取砷单元素标准溶液适量,用 2% 硝酸稀释成浓度为 5μg/g 的砷标准储备液。精密称取水中微量元素标准溶液(含铜、铅、铬、镉)约 4g,砷标准储备液 0.4g,于 50ml 样品管中,用 2% 的硝酸稀释成每 1g 中含铬、铜、砷、镉、铅分别为 0.05μg、0.1μg、0.05μg、0.01μg、0.1μg 的混合元素标准溶液,再分别精密吸取此混合元素标准溶液适量,用 2% 硝酸稀释成每 1g 中含铅、铜 0ng、0.25ng、1ng、5ng、20ng、100ng;含铬、砷 0ng、0.125ng、0.5ng、2.5ng、10ng、50ng;含镉 0ng、0.025ng、0.1ng、0.5ng、2.0ng、10ng 的系列浓度混合标准溶液。

汞单元素标准溶液:精密称取汞单元素标准溶液适量,用 2% 硝酸稀释成每 1g 中含汞 0.05μg 的汞标准储备液。再精密吸取此汞标准储备液适量,用 2% 硝酸稀释成每 1g 中含汞 0ng、0.125ng、0.5ng、2.5ng、10ng 的溶液(使用前临时配制)。

样品测定:每批样品平行消解 2 份,制备供试品溶液。将仪器的样品管插入供试品溶液中测定,取 2 次读数的平均值,从标准曲线上计算得相应的浓度,进而得到各元素的含量。

(陈 磊)

学习小结

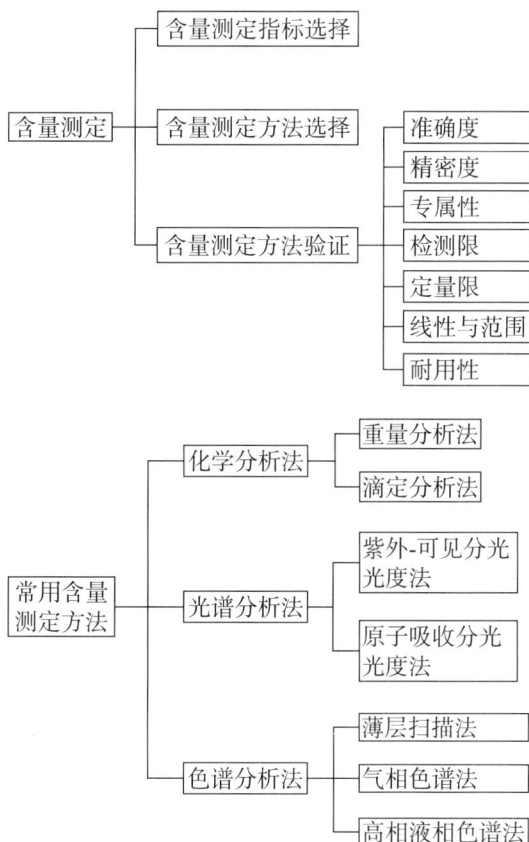

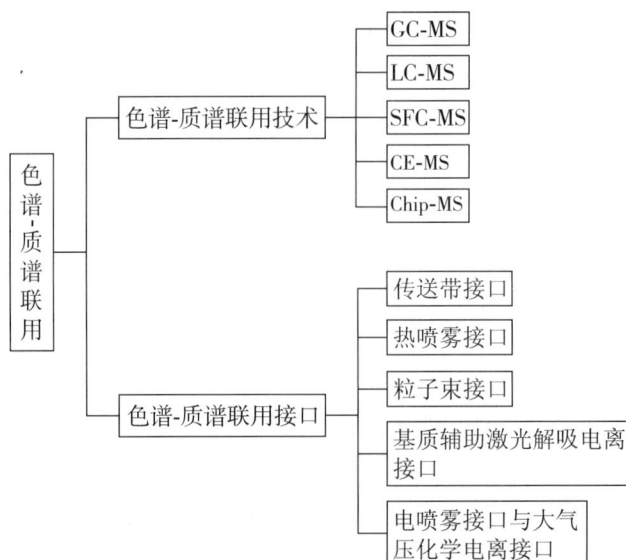

色谱-质谱联用
- 色谱-质谱联用技术
  - GC-MS
  - LC-MS
  - SFC-MS
  - CE-MS
  - Chip-MS
- 色谱-质谱联用接口
  - 传送带接口
  - 热喷雾接口
  - 粒子束接口
  - 基质辅助激光解吸电离接口
  - 电喷雾接口与大气压化学电离接口

目标检测

1. 含量测定方法验证的主要内容是什么?

2. 请设计中药制剂含量测定方法的专属性试验内容。

3. 什么是化学分析法? 有何优缺点? 滴定分析法有哪几种? 简述每种方法的适用范围。

4. 在紫外 - 可见分光光度法中,单波长法用于含量测定有哪些方法?

5. 气相色谱法在含量测定时,实验条件的选择包含哪些内容?

6. 高效液相色谱法定量分析方法有哪些?

7. 色谱 - 质谱联用的优势和特点有哪些?

8. 试述 LC-MS 流动相组成特点与注意事项。

9. 简述电感耦合等离子体质谱的基本原理。

第八章　中药制剂质量标准制定

　　掌握中药制剂质量标准制定的原则、程序及中药制剂质量标准的主要内容。熟悉中药制剂质量标准制定的前提;熟悉中药制剂质量标准起草说明的主要内容。了解中药制剂质量标准起草说明的目的和意义;了解中药制剂稳定性研究的实验方法和要求。

学前导语

　　药品质量标准是国家对药品质量、规格和检验方法所做的技术规定,是保证药品质量,进行药品生产、经营、使用、管理及监督检验的法定依据。其中,中药制剂完全不同于化学药,其组成多为复方,成分复杂,有效成分难以确定。一味借用化学药的方法选择某一成分作为指标成分来控制中药制剂的质量,其结果必然使传统中药失去自身特点。因此,中药制剂质量标准的研究制定,需以中医药理论为基础,讲究"君、臣、佐、使"配伍和整体协调作用,应用现代技术手段,逐步完善符合中医药特点的中药制剂质量标准,最终达到控制中药制剂质量、保证临床应用安全有效的目的。

银杏叶片质量标准

银杏叶片 Yinxingye Pian

〔处方〕银杏叶提取物 40g

〔制法〕取银杏叶提取物,加辅料适量,制成颗粒,压制成 1 000 片〔规格(1)〕或 500 片〔规格(2)〕,包糖衣或薄膜衣,即得。

〔性状〕本品为糖衣片或薄膜衣片,除去包衣后显浅棕黄色至棕褐色;味微苦。

〔鉴别〕(1)取本品适量(约相当于含总黄酮醇苷 48mg),除去包衣,研细,加正丁醇 15ml,置水浴中温浸 15 分钟并时时振摇,放冷,滤过,滤液蒸干,残渣加乙醇 2ml 使溶解,作为供试品溶液。另取银杏叶对照提取物 0.2g,同法制成对照提取物溶液。照薄层色谱法(通则 0502)试验,吸取上述两种溶液各 3ml,分别点于同一含 4% 醋酸钠的羧甲基纤维素钠溶液为黏合剂的硅胶 G 薄层板上,以乙酸乙酯 - 丁酮 - 甲醇 - 水(5:3:1:1)为展开剂,展开,取出,晾干,喷以 3% 三氯化铝乙醇溶液,分别在日光及紫外光(365nm)下检视。供试品色谱中,在与对照提取物色谱相应的位置上,日光下显相同颜色的斑点,紫外光下显相同颜色的荧光斑点。

(2)取本品,照〔含量测定〕萜类内酯项下的方法试验。供试品色谱中应呈现与银杏叶总内酯对照提取物色谱保留时间相对应的色谱峰。

〔检查〕黄酮苷元峰面积比 总黄酮醇苷含量测定项下的供试品色谱中,槲皮素峰与山柰素峰的峰面积比应为 0.8~1.5。

其他 应符合片剂项下有关的各项规定(通则 0101)。

〔含量测定〕总黄酮醇苷 照高效液相色谱法(通则 0512)测定。

色谱条件与系统适用性试验 以十八烷基硅烷键合硅胶为填充剂;以甲醇 -0.4% 磷酸溶液(50:50)为流动相;检测波长为 360nm。理论板数按槲皮素峰计算应不低于 2 500。

对照品溶液的制备 取槲皮素对照品适量,精密称定,加甲醇制成每 1ml 含 30mg 的溶液,即得。

供试品溶液的制备 取本品 10 片,除去包衣,精密称定,研细,取约相当于总黄酮醇苷 9.6mg 的粉末,精密称定,加甲醇 -25% 盐酸溶液(4:1)的混合溶液 25ml,摇匀,置水浴中加热回流 30 分钟,迅速冷却至室温,转移至 50ml 量瓶中,用甲醇稀释至刻度,摇匀,滤过,取续滤液,即得。

测定法 分别精密吸取对照品溶液与供试品溶液各 10ml,注入液相色谱仪,测定,以槲皮素对照品的峰面积为对照,分别按下表相应的校正因子计算槲皮素、山柰素和异鼠李素的含量,用待测成分色谱峰与槲皮素色谱峰的相对保留时间确定槲皮素、山柰素、异鼠李素的峰位,其相对保留时间应在规定值的 ±5% 范围之内(若相对保留时间偏离超过 5%,则应以相应的被替代对照品确证为准),即得。相对保留时间及校正因子(F)见表 8-1:

表 8-1　槲皮素、山柰素、异鼠李素的相对保留时间及校正因子

待测成分（峰）	相对保留时间	校正因子（F）
槲皮素	1.00	1.000 0
山柰素	1.77	1.002 0
异鼠李素	2.00	1.089 0

总黄酮醇苷含量＝(槲皮素含量＋山柰素含量＋异鼠李素含量)×2.51

本品每片含总黄酮醇苷〔规格(1)〕不得少于9.6mg，〔规格(2)〕不得少于19.2mg。

萜类内酯　照高效液相色谱法(通则0512)测定。

色谱条件与系统适用性试验　以十八烷基硅烷键合硅胶为填充剂；以正丙醇 - 四氢呋喃 - 水(1∶15∶84)为流动相；用蒸发光散射检测器检测。理论板数按白果内酯峰计算应不低于2 500。

对照提取物溶液的制备　取银杏叶总内酯对照提取物适量，精密称定，加甲醇制成每1ml含2.5mg的溶液，即得。

供试品溶液的制备　取本品20片，除去包衣，精密称定，研细，取相当于萜类内酯19.2mg的粉末，精密称定，置具塞锥形瓶中，精密加入甲醇50ml，密塞，称定重量，超声处理(功率250W，频率33kHz)20分钟，放冷，再称定重量，用甲醇补足减失的重量，摇匀，滤过，精密量取续滤液20ml，回收甲醇，残渣加水10ml，置水浴中温热使溶散，加2%盐酸溶液2滴，用乙酸乙酯振摇提取4次(15ml，10ml，10ml，10ml)，合并提取液，用5%醋酸钠溶液20ml洗涤，分取醋酸钠液，用乙酸乙酯10ml洗涤，合并乙酸乙酯提取液及洗液，用水洗涤2次，每次20ml，合并水液，用乙酸乙酯10ml洗涤，合并乙酸乙酯液，回收至干，残渣用甲醇溶解并转移至5ml量瓶中，加甲醇至刻度，摇匀，即得。

测定法　分别精密吸取对照提取物溶液5ml、20ml及供试品溶液20ml，注入液相色谱仪，测定，用外标两点法对数方程分别计算白果内酯、银杏内酯A、银杏内酯B和银杏内酯C的含量，即得。

本品每片含萜类内酯以白果内酯($C_{15}H_{18}O_8$)、银杏内酯A($C_{20}H_{24}O_9$)、银杏内酯B($C_{20}H_{24}O_{10}$)和银杏内酯C($C_{20}H_{24}O_{11}$)的总量计，〔规格(1)〕不得少于2.4mg，〔规格(2)〕不得少于4.8mg。

〔功能与主治〕活血化瘀通络。用于瘀血阻络引起的胸痹心痛、中风、半身不遂、舌强语謇；冠心病稳定型心绞痛、脑梗死见上述证候者。

〔用法与用量〕口服。〔规格(1)〕一次2片、〔规格(2)〕一次1片，一日3次；或遵医嘱。

〔规格〕(1)每片含总黄酮醇苷9.6mg、萜类内酯2.4mg。(2)每片含总黄酮醇苷19.2mg、萜类内酯4.8mg。

〔贮藏〕密封。

第一节 中药制剂质量标准主要内容

一、中药制剂质量标准制定的目的和意义

中药制剂以中医药理论为指导,以中药材或中药饮片为原料,按一定的处方和工艺加工制成用于防病、治病的药品。中药制剂质量标准主要是在继承和发展中医药的优势和特色基础上,充分利用现代科学技术对中药制剂的质量进行量化控制和评价,使得整个生产、检验过程更加的合理、安全、稳定,研究开发在国际市场上有竞争能力的中药产品。

目前,我国中药质量标准基本上是沿用化学药的质量模式建立的,即通过测定某些"指标成分"或"活性成分"来控制中药制剂的质量。虽然中药的质量标准已由过去的依靠性状、感官等经验判断进入到依靠现代量化分析进行定性、定量的科学控制阶段,但由于中药组成多为复方,鉴别、含量测定控制的化学成分较少,造成质量控制不够全面,而且中药制剂复方配伍后,药物化学成分会发生变化,对单一成分定量,难以体现中医药理论的整体观念,也会在一定程度上和临床疗效脱节。

因此,开发安全有效稳定的中药制剂,必须加强中药及制剂药效物质基础研究,充分利用现代分离分析技术和方法,逐步建立具有中医药特色的制剂质量控制方法和体系,推动我国的中药制剂质量控制水平步入新的台阶,并逐步达到国际先进水平。

二、中药制剂质量标准制定的原则、前提和程序

(一) 中药制剂质量标准制定的原则

制定药品标准,必须坚持质量第一,充分体现"安全有效,技术先进,经济合理"的原则。

1. 确保药品的安全性和有效性 药品质量标准制定的原则首先是确保药品的质量、安全性(毒副作用小)和有效性(疗效确切)。凡影响药品安全性和有效性的因素,均应在中药制剂标准制定时仔细研究,并纳入标准中。中药制剂的质量不仅取决于中药材的质量,还与制剂的制备工艺、临床应用等因素息息相关,其中主要包括炮制加工、剂型与给药方式、辅料、重金属含量、储运、临床与患者因素等。

中药材资源地域差异大,个别中药材市场为攫取经济利益,以非道地药材冒充道地药材,以次充好;部分企业减少贵重药材的投药量,制剂溶出很难达到有效浓度,以上这些因素都会造成中药制剂的质量不稳定。另外,某些含朱砂(主要成分为硫化汞)、雄黄(主要成分为二硫化二砷)等药材的中药制剂虽然在许多疾病的治疗上起到重要作用,但重金属如汞、砷等会对人体新陈代谢及正常生理功能产生损害。此外,同一处方由于制剂工艺或剂型不同,产生的可吸收的重金属和砷盐的量可能大不相同,如含朱砂和雄黄的中药制剂,不同生产厂家水飞法的工艺规模、水平不同,朱砂、雄黄的收率及可吸收的重金属、砷盐的量就有所不同。

因此,不仅应当对中药材的品种产地和必要的炮制方式加以说明,对于剂型的制备方法、鉴别、

储运的条件也应当标示清楚。同时根据中医药特点,建立科学、有效的含量测定和鉴别方法控制处方中相关联的主要药味或成分,以及重金属含量限度质控标准,使得质量标准更好地控制药品质量。

2. 检测项目的合理性和实用性　从来源、生产、流通及使用等各个环节了解影响药品质量的因素,有针对性地设置可靠的检测方法。根据中药制剂剂型的不同,检测项目也有差异。除药典规定的通则外,不同制剂根据自身的特点也可增加检测项目。如口服液、注射液等规定检测溶液相对密度和 pH,控制对人体黏膜的刺激和对体液环境的剧烈改变。

另外,处方中含有毒性药材的,也应对有毒成分进行限量检查,并制定限度指标。如中药乌头附子等虽对疼痛、风湿等的治疗有很好的效果,但过量将导致毒性病例的出现,故加强对有毒药材以及相关成分的质量控制对保证中药制剂的质量安全有重要作用。

3. 检测手段的科学性和先进性　中药的质量标准已由过去的依靠性状、感官等经验判断进入到依靠现代化分析方法进行定性、定量的科学控制阶段。在保留常规检测方法的基础上,不断扩大对新技术、新方法的应用,以提高检测的灵敏度、专属性和稳定性。比如采用液相色谱法 - 串联质谱法、分子生物学检测技术、高效液相色谱 - 电感耦合等离子体质谱法等用于中药的质量控制。

中药制剂药物成分复杂,中药制剂成分与临床疗效间的关联复杂,如果完全按照化学药质量标准模式,只对单一指标成分或活性成分测定与鉴别,不能反映制剂的整体质量疗效。《中国药典》2010 年版将指纹图谱引入复方丹参滴丸的质量评价,极大地提高了制剂质量控制的水准。中药色谱指纹图谱是一种综合的、可量化的分析手段,是目前最能满足表征中药成分整体特征的技术,符合中药的多途径协调作用的药理特点。此外,利用生物监测手段评价中药制剂质量,以药效学指标建立中药制剂质量标准,将代谢组学技术与中药制剂质量评价融合起来,这些新的方法都在研究中,且取得了不错的成果。因此,在中药制剂质量标准制定的过程中,要注意吸收国内外的科研成果,促进科学研究和标准化工作的有效结合。

4. 规范性　制定药品质量标准,要按照国家药品监督管理局制定的基本原则、基本要求和一般的研究规则进行,做到标准的体例格式、名词术语、计量单位、数字符号以及通用检测方法等统一规范。对于中成药同系列品种,中药标准自药材、饮片到中成药系列品种标准应基本一致或大体一致。

《中国药典》2015 年版对于处方含濒危物种或化石(如豹骨、羚羊角、龙骨、龙齿等)的中成药标准,不新增入;对于《国家基本药物目录》中的中药注射剂,作为高风险品种,考虑到临床使用的安全风险,待安全性再评价工作后再予以考虑是否收入药典。

总之,经过细致的质量研究工作,在确保人民用药安全有效的原则下,制定出既能确保药品质量,又符合生产实际水平的药品质量标准。同时还应充分认识到,一个药品的质量标准,随着科学技术和生产水平的不断发展与提高,也将相应地提高。药品质量标准的制定是一项长期的不断完善的研究工作,他在新药的研制及对老药的再评价中均具有相当重要的意义。

(二) 中药制剂质量标准制定的前提

1. 处方组成固定　处方药味及分量是制定质量标准的依据,直接影响评价指标的选定和限度的制定。因此,在制定质量标准之前必须获得真实、准确的处方才可开始进行质量标准的研究和实验设计。

2. 原料稳定　中药制剂质量标准制定之前,必须制定药材和辅料的质量标准。在临床研究及中试阶段以及后期生产,都要严格按药材质量标准所规定的项目投料。

3. 制备工艺稳定　新药的研制在处方确定以后,结合临床服用要求,确定剂型,进行工艺条件的研究,优选出最佳工艺条件,至少是适合中试生产规模,当条件具备,制备工艺稳定后,才可进行质量标准的实验设计。因为尽管处方相同,但若工艺不同,则所含成分及含量不同,从而影响鉴别、含量测定等项目的建立和限度的规定。

(三) 中药制剂质量标准制定的程序

1. 依据法规制定方案　总方案的设计应根据国家药品监督管理局颁发的《药品注册管理办法》,药物研究及质量标准研究参考国家药品监督管理局发布的有关技术指导原则进行,质量标准拟定的各项内容参照现行版《中国药典》。

2. 查阅有关资料　根据处方组成,检索处方中各药材的相关资料,查阅各药材的国家标准或者地方标准、各药材的主要化学成分及理化性质、前人对含量和鉴别实验方法的摸索、相关的药效学和毒理学研究,为制定质量标准提供参考依据。

3. 制定质量标准草案和实验研究　制定质量标准的难度主要在于鉴别、检查、含量测定等项目。鉴别和含量测定对象优先选择君药、有毒药材或贵重药材。鉴别、检查和含量测定是反映药品真伪优劣的重要指标。所选择的鉴别方法专属性要强,含量测定方法准确度要高。若可供选择的方法较多,应在研究中比较,说明所选方法的理由。含量测定限度要将药效学研究和临床应用结合起来合理地制定。

常规的检查应根据《中国药典》(现行版)对各剂型的要求进行,如片剂要求测定片(粒)重量差异、崩解时限等,酊剂要求测含醇量等。

药品的剂型、辅料、其他添加剂等以及复方制剂中的多组分都可能对某一药物的生物利用度、稳定性和检测方法造成影响,如眼用制剂中的防腐剂,注射剂中的抗氧剂、抑菌剂、稳定剂和增溶剂等。可根据具体制剂的生产工艺及其质量控制的特点选择相应的检测项目和标准。

针对贮藏过程中影响药物质量的因素,如温度、湿度、光线、空气以及包装等,一般采用加速试验和室温留样考察试验来考察药品的稳定性特点,以确定药品的贮藏条件和有效期。

对质量标准中的各项内容进行实验研究,积累原始数据,为质量标准的制定提供数据。

三、中药制剂质量标准的主要内容

中药制剂在原料质量合格、处方明确、制备工艺稳定的前提下方可拟订质量标准草案,质量标准应能反映和控制最终产品质量。中药制剂质量标准具体正文要求参照《中国药典》(2015 年版),按名称、处方、制法、性状、鉴别、检查、浸出物、含量测定、功能与主治、用法与用量、注意、规格、贮藏等顺序编写。

(一) 名称

中成药名称包括中文名和汉语拼音。药名的拼音应与剂型拼音分隔书写。药名较长的可按适当的音节分隔拼音。单味制剂一般应采用中药材、中药饮片或中药提取物加剂型命名。复方制剂主要采用君药味的名称,或其成分、功能,结合剂型的命名方法等。如:双黄连口服液,银翘解毒片、云南白药等。植物油脂和提取物、成方制剂和单味制剂名称均不设拉丁名。

(二) 处方

〔处方〕项下,各药材或饮片的名称一律采用最新版《中国药典》标准规定的名称;若地方标准收载的品种与国家药品标准名称相同而来源不同的,应另起名称;若国家标准未收载的药材,采用地方标准收载的名称,并加以标注。制剂中使用的药引、辅料及附加剂一般不列入处方中,在制法中加以说明。

处方中药材不注明炮制要求的,均指净药材(干品);某些剧毒药材生用时,冠以"生"字,以引起重视;处方中药材属炮制品的,一般用括号注明,与《中国药典》方法不同的,应另加注明。

各药材按照"君""臣""佐""使"顺序排列,从左到右,然后从上到下,书写药材的名称和使用的分量。

处方中各药材的量系指在〔制法〕项下规定的切碎、破碎或粉碎后的药量。一律用法定计量单位,重量以"g"为单位,容量以"ml"为单位,全处方量应以制成1000个制剂单位的成品量为准。

(三) 制法

〔制法〕项不等同于生产工艺,主要记载规定工艺中的主要步骤和必要的技术参数,一般应明确提取溶剂的名称和提取、分离、浓缩、干燥等步骤及必要的条件。

对质量有影响的关键工艺,应列出控制的技术条件(如制备时长、温度、压力、pH等)。处方中药材属于常规或《中国药典》已规定的炮制加工品,在制法中不需叙述,特殊的炮制加工在附注中叙述。

制法中药材粉末的粉碎度用"粗粉""中粉""细粉""极细粉"等表示。

一般一个品名收载一个剂型的制法;蜜丸可并列收载水蜜丸、小蜜丸与大蜜丸。涉及国家秘密技术的,处方和制法从略,如"云南白药"的制剂质量标准中并没有列出〔处方〕和〔制法〕项;或只写出部分药味,不注明药量;或写出处方药味和简要制法,不注明药量。

【示例 8-1】云香祛风止痛酊

〔处方〕白芷,大皂角,桂枝,木香,莪术,五味藤,豆豉姜,千斤拔,朱砂根,羊耳菊,枫荷桂,虎杖,买麻藤,过岗龙,广西海风藤,穿壁风,香樟,徐长卿,山豆根,细辛,薄荷脑,樟脑。

〔制法〕以上二十二味,除徐长卿、山豆根、细辛、薄荷脑、樟脑及五味藤36.1g分别粉碎成粗粉,其余白芷等十六味及剩余的五味藤,加乙醇1000ml及水适量,密闭,加热回流提取7小时后,进行蒸馏,收集蒸馏液约1200ml,加入上述徐长卿、山豆根、细辛及五味藤粗粉,搅匀,浸渍48小时。取浸渍液,加入薄荷脑、樟脑,搅匀使溶解,滤过,滤液调整总量至1000ml,即得。

(四) 性状

〔性状〕项下记载中药制剂的外观、色、臭、味等,在一定程度上反映药品的质量特性。在药材符合要求,工艺维持恒定,储存条件有保证的情况下,药物成品的性状应该基本一致。性状是中药制剂综合质量的直观体现。

制剂的性状按成品除去包装后的颜色、形态、形状、臭、味等依次描述;片剂、丸剂如有包衣的还应描述除去包衣后片心、丸心的颜色,如"本品为糖衣片或薄膜衣片,除去包衣后显棕色至棕褐色,味微苦、涩"(丹参片);硬胶囊剂应写明除去胶囊后内容物的色泽,如"本品为硬胶囊,内容物为黄褐色的粉末;味微苦、酸"(风湿骨痛胶囊)。

液体制剂对澄明度、溶解度不做要求。

制剂色泽如以两种色调组合的,描写时以后者为主,如棕红色,以红色为主。描述语言应标准规范,色泽描述避免用各地理解不同的术语。

外用药及剧毒药不描述味。

(五) 鉴别

〔鉴别〕项下包括显微鉴别和理化鉴别。显微鉴别中的横切面、表面观及粉末鉴别,均指经过一定方法制备后在显微镜下观察的特征。理化鉴别包括物理、化学、光谱、色谱等鉴别方法。先写显微鉴别,后写理化鉴别。

显微鉴别应重点描述容易观察到的特征。正文写"取本品,置显微镜下观察",其后将处方中能观察到的药材的鉴别特征依次排列,以句号隔开,并在每句末标注药材的名称。

一般理化鉴别若《中国药典》(2015年版四部)中已有规定,按药典方法进行。

荧光鉴别一般应采用波长365nm的紫外光等观察,写为"紫外光灯(365nm)"。如用其他波长紫外光等观察,应在括号内注明。在中药制剂的鉴别方法中,最常用的是薄层色谱鉴别。中药制剂中有与《中国药典》收载品种相同的药味,一般尽可能采用与药材相同条件进行薄层色谱鉴别,描述也应统一。当有干扰时,也可采用其他条件。

若样品的鉴别不止两项或鉴别试验叙述较长,可分项描述;若不同鉴别项,样品配制供试溶液方法相同,可参照前面的配制方法,不用重新标明一遍。

知识链接

中药质量标志物

当前中药质量控制的思路是控制中药中一种或者几种有效成分或特征性成分的量,以此作为该中药材或中成药的质量标准。但是中药的临床疗效并不一定就是某一种或几种成分的作用。刘昌孝院士针对中药生物属性、制造过程及配伍理论等自身医药体系的特点,提出中药质量标志物(Q-marker)的新概念。中药质量标志物是存在于中药材和中药产品(如中药饮片、中药煎剂、中药提取物、中药制剂)中固有的或加工制备过程中形成的、与中药的功能属性密切相关的化学物质。

中药质量标志物的定义中明确了其基本条件:①存在于中药材和中药产品中固有的次生代谢物,或加工制备过程中形成的化学物质;②来源某药材(饮片)特有的而不是来源于其他药材的化学物质;③有明确的化学结构和生物活性;④可以进行定性鉴别和定量测定的物质;⑤按中医配伍组成的方剂"君"药首选原则,兼顾"臣""佐""使"药的代表性物质。

根据以上 5 个基本要素,建立中药质量标志物的确定过程也较为明确。在此过程中,制备标准汤剂或标准提取物作为参比对照品是实现分析结果的可重现性的基础。

中药质量标志物的确定可基于基源鉴别、物质分析和生物学评价 3 类方法和技术。其基源鉴别方法和技术主要有经验识别、形态观察、生物基源、DNA 条码等。物质分析方法和技术主要有紫外光谱、红外光谱、指纹图谱、化学标志物等。生物学评价方法和技术主要有生物色谱、生物效价、药效指标、毒理学指标、药代指标和代谢产物、根据中医理论建立的药物性味和功效测定方法、网络药理学与网络毒理学方法等。

例如,在丹参药材中,主要有 2 个丹酚酸类成分,即丹酚酸 B(占总酚酸比例大于 90%)和迷迭香酸(大于 5%),丹参药材选择丹酚酸 B 作为水溶性丹酚酸类成分的质量标志物科学合理。而丹参药材在制备复方丹参滴丸的过程中,丹酚酸类成分发生了化学转化,产生了 8 个主要的丹酚酸类成分,其中的丹参素和原儿茶醛的含量最高,并且紫草酸和丹酚酸 B、E、T、U 能转化生成终产物丹参素和原儿茶醛。又因丹参素具有种属来源特异性,所以复方丹参滴丸选择丹参素作为君药丹参的质量标志物科学合理。

(六) 检查

出于安全性、有效性、均一性与含量等方面考虑,〔检查〕项下的项目规定了中药制剂在加工、生产和贮藏过程中可能含有并需要控制的物质的限度指标。各类制剂,除某项检查有特殊规定的应予以说明,均应符合制剂通则项下有关的各项规定。制剂通则中的"单剂量包装"系指按规定一次服用的包装剂量。

通则规定的检查项目要列出具体数据,或通则规定以外的检查项目,其描述次序为相对密度、pH、乙醇量、总固体、干燥失重、水中不溶物、酸不溶物、重金属、砷盐等。

如含乌头类药材的中药制剂需列出乌头碱的限量检查标准。风湿骨痛胶囊中乌头碱的限量检查方法为:取本品内容物 4.8g,研细,用浓氨试液润湿,加三氯甲烷 20ml,冷浸过夜,滤过,滤液蒸干,残渣加无水乙醇 2ml 使溶解,作为供试品溶液。另取乌头碱对照品,加无水乙醇制成每 1ml 含 1.0mg 的溶液,作为对照品溶液。照薄层色谱法(通则 0502)试验,吸取供试品溶液 10ml、对照品溶液 5ml,分别点于同一硅胶 G 薄层板上,以正己烷 - 乙酸乙酯 - 乙醇(32∶18∶5)为展开剂,置氨蒸气预饱和的展开缸内展开,取出,晾干,喷以稀碘化铋钾试液。供试品色谱中,在与对照品色谱相应的位置上出现的斑点应小于对照品的斑点,或不出现斑点。

(七) 浸出物测定

根据剂型和品种的需要,依照《中国药典》现行版浸出物测定的有关规定,分为水溶性浸出物测定法、醇溶性浸出物测定法、挥发性醚浸出物测定法,并规定限(幅)度指标。

如肾炎消肿片的质量标准中列有"浸出物测定"项:取本品小片 30 片或大片 20 片,糖衣片除去糖衣,精密称定,研细,取约 4g,精密称定,照水溶性浸出物测定法(通则 2201)项下的冷浸法测定,用水作溶剂,本品每片含水溶性浸出物,小片不得少于 90mg,大片不得少于 160mg。

(八) 含量测定

先写含量测定方法,再另起一行写含量限度规定。

含量测定方法参考有关质量标准或文献,依据处方工艺、剂型特点及被测成分的性质、干扰成分的性质等因素综合考虑,选择恰当的含量测定方法。如橘红片的含量测定,采用高效液相色谱法,以十八烷基硅烷键合硅胶为填充剂,以乙腈 - 水(20∶80)为流动相,检测波长为 283nm,柚皮苷为对照品,外标法定量。本品每片含化橘红和陈皮以柚皮苷($C_{27}H_{32}O_{14}$)计,不得少于 0.9mg。

(九) 功能与主治

〔功能与主治〕项,一般是按中医药的理论和临床用药经验所作的概括性描述;天然药物以适应证形式表述。此项内容作为临床用药的指导。

先写功能,后写主治,并以"用于"二字连接。

中药制剂功能一律按中医术语表述,一般不掺入西医药效学的相关内容。功能应该充分反映治疗原则,辨证准确。主治先用中医术语表述病名、证候、症状,以分号隔开,再列述西医病名及中医证候属性特点。如"清热解毒,凉血利咽。用于肺胃热盛所致的咽喉肿痛、口咽干燥、腮部肿胀;急性扁桃体炎、腮腺炎见上述证候"(板蓝根颗粒)。

(十) 用法与用量

〔用法与用量〕项下先写用法,后写用量。

用法中,如需用温开水送服的内服药,则写"口服";如需用其他方法送服的应写明。除特殊需要明确者外,一般不写饭前或饭后服用。同时可供外用的,则列在服法之后,并用句号隔开,如"外用,涂搽患处"。

用量中,一般列出成人单次用药有效剂量,儿童使用或以儿童使用为主的中药制剂,应注明儿童剂量或不同年龄儿童剂量。剧毒药要注明极量。在单次用量之后注明一日使用次数。如"一次1 丸,一日 2 次"(十香止痛丸)。

用法用量后,如有特殊要求,标注其后,如"儿童酌减""或遵医嘱"等。

(十一) 注意

〔注意〕项下系指主要的禁忌和不良反应,属中医一般常规禁忌者从略。包括各种禁忌,标明了孕妇及其他疾患和体质方面的禁忌,饮食的禁忌,或注明该药为剧毒药等。如"驾驶员和高空作业者慎用"(十滴水);"本品含毒性药,不可多服;孕妇禁用;小儿及体弱者遵医嘱服用;破伤出血者不可外敷"(九分散)等。

(十二) 规格

药品规格系指每支、片或其他每一个单位制剂中含有主药的重量(或效价)或含量(%)或装量。而中药制剂大部分为复方制剂,成分复杂,活性成分不明确,因而绝大部分中药制剂规格不能标示其活性成分,故一般以其单位制剂的重量或装量标示其规格,辅助标示相当于原药材或饮片的量。

中药制剂〔规格〕项下的写法有以重量计、以装量计、以标示量计等。其中,丸剂、片剂等以重量计,注明每丸(或每片)的重量;散剂、胶囊剂、液体制剂等以装量计,注明每包(或粒、瓶)的装量;其他部分片剂也可以以标示量计,注明每片的含量。

单味制剂有含量限度的,必须列出单位剂量中含有主药或成分的量;按处方规定制成规定量的丸(或片等)以及散装或大包装的以重量(或体积)计算用量的中药制剂均不规定规格。

规格单位在0.1g以下用"mg",以上用"g";液体制剂用"ml"。

同一品种有多种规格时,按量从小到大,依次排列。规格最后不列标点符号。

(十三) 贮藏

〔贮藏〕项下的规定,系对药品贮藏与保管的基本要求,除矿物药应置干燥洁净处不作具体规定外,其他中药制剂根据自身制剂的特点,一般以下列名词术语表示贮藏条件:遮光、避光、密闭、密封、熔封、阴凉处、凉暗处、冷处、常温等。

一般品种无特殊要求,可注明"密封";遇光易变质的品种,如十滴水处方中含遇光不稳定的物质大黄酚,则需要"遮光";受热见光易分解的品种,如复方川芎片处方中当归成分含藁本内酯,受热见光不稳定,则需要贮藏在"凉暗处";胶囊剂、颗粒剂、散剂因为容易吸湿则需要"置干燥处",如滋心阴胶囊等。

除另有规定外,〔贮藏〕项未规定贮存温度的一般系指常温。

（王焕芸）

第二节　中药制剂质量标准起草说明

一、起草说明

中药制剂质量标准起草说明是阐述在标准起草过程中,规定各个项目的理由、检测方法的选择和各项指标制定的依据。起草说明是对中药制剂质量标准的详细注释,反映质量标准的制定过程,是对中药制剂处方、制法、鉴别、检查、含量测定质量控制方法等资料的全面汇总,有助于判断制定的质量标准的合理性。

中药制剂质量标准起草说明应说明处方来源,包括验方、古方来源及考证,以及历版标准收载、增修订情况。

(一) 名称

包括中文名、汉语拼音名。命名总的要求是明确、简短、科学。不用容易混淆、误解和夸大的名称,不应与已有的药品名称重复。另外,药品应一方一名,即使是不同剂型同一处方,应用同名称并加不同剂型命名,如藿香正气液、藿香正气滴丸等。同时应注意中西医不同理论功效不宜混杂命名。

1. 单味制剂　一般采用饮片名与剂型名结合,如大山楂丸、绞股蓝皂苷片。

2. 复方制剂

(1) 采用方内主要药味缩写加剂型,如黄芪颗粒、夏枯草膏、黄连胶囊、柴胡口服液。

(2) 采用方内主要药味缩写加功效加剂型,如黄芪健胃膏、桑菊感冒片、桂龙咳喘宁胶囊。

(3) 采用药味数与主要药名或功效加剂型,如六味地黄丸、八珍益母胶囊、十六味冬青丸。

(4) 采用功效加剂型,如止喘灵注射液、健胃消食片。

(5) 采用君药前加复方加剂型,如复方丹参滴丸、复方鱼腥草片。

(6) 采用方内药物剂量比例或服用剂量加剂型,如九分散、三两半药酒、七厘胶囊。

(7) 采用形象比喻结合剂型,如比拜克胶囊、玉真散。

(8) 采用主要药材和药引结合并加剂型,如川芎茶调丸。

(9) 源自古方的品种,如不违反命名原则,可采用古方名称加剂型。如玉屏风散、四逆汤口服液。

(二) 处方

起草说明中应列出详细制剂处方,包括药味及主要辅料。如系保密品种,其处方需完整地列在起草说明中。若处方中的药味不是《中国药典》(现行版)所收载的品种,应附标准,说明其标准收载情况,并注明其科、属、种、拉丁学名及药用部位。处方中如有《中国药典》未收载的炮制品,应详细说明炮制方法及炮制品的质量要求。另外,中医理论指导下用药的中药复方一般要说明该药处方来源与方解(君、臣、佐、使)。

(三) 制法

列出详细的工艺流程,说明制备工艺全过程中每一步骤的意义,解释关键工艺各项技术要求的含义,关键半成品的质量标准,确定最终制备工艺及其技术条件的依据。

1. 饮片粉末　制法中饮片粉末的粉碎度用"粗粉""中粉""细粉""极细粉"等表示,不列筛号。

2. 提取　饮片经提取后制成浸膏的应说明出膏率(干膏率)并列出相应数据;说明提取溶剂和提取、分离、浓缩、干燥等步骤的主要工艺参数和技术指标。

3. 辅料　说明主要辅料品种及标准收载情况。应规定成型工艺中各种制剂辅料的名称与用量,仅用于调整制成量的淀粉、糊精等辅料可不固定用量。

4. 成品　说明制成品总量及允许的变动范围等。同一品种下收载不同规格应分别说明,如蜜丸,收载水蜜丸、小蜜丸、大蜜丸等应分别说明;又如片剂,收载糖衣片、薄膜衣片等应分别说明;再如颗粒剂有含糖颗粒、无蔗糖颗粒、含乳糖颗粒等应分别说明。

(四) 性状

1. 应说明正文中性状拟定的依据。一种制剂的性状往往与原料质量及工艺有关;原料质量保证,工艺恒定,则成品的性状应该是基本一致的,故质量标准中规定的制剂性状,能初步反映其质量情况。

2. 小量研制品与中试或大量生产的成品,其色泽等可能不完全一致,故制定质量标准应以中试或大量生产的产品为依据,并至少观察 3~5 批样品,有的中药制剂在贮藏期间颜色会变深,因此可根据实际观察情况规定幅度。

（五）鉴别

在此说明中药制剂定性鉴别项目选定的原则及方法,以确保中药制剂鉴别项目的规范合理。

1. 鉴别项目的选定,可根据处方组成及研究资料确定建立相应的鉴别项目,原则上处方各药味均应进行鉴别试验研究,根据试验情况,选择列入标准中。首选君药、贵重药、毒性药。因鉴别特征不明显,或处方中用量较小而不能检出者应予以说明,再选其他药材鉴别。

2. 鉴别方法的依据,试验条件的选定(如薄层色谱法的吸附剂、展开剂、显色剂的选定等)。理化鉴别和色谱鉴别需列阴性对照试验结果,以证明其专属性,并提供三批以上样品的试验结果,以证明其重复性。《中国药典》未收载的试液,应注明配制方法及依据。理化鉴别试验若非药典通则"一般鉴别试验"收载的方法,应说明鉴别反应的原理,并说明所鉴别的药味。

3. 要求随资料附有关的图谱。如显微鉴别的粉末特征墨线图或照片(注明扩大倍数),薄层色谱照片,色谱法的色谱图(包括阴性对照图谱)。色谱图及照片均要求清晰、真实。特征图谱或指纹图谱需有足够的实验数据和依据,确认其可重现性。

4. 色谱鉴别所用对照品及对照药材,现行国家药品标准已收载者可直接采用。对照品的来源,由动、植物提取的需要说明原料的科名、拉丁学名和药用部位;化学合成品注明供应来源。验证已知结构的化合物需要提供必要的参数及图谱,并应与文献值或图谱一致,如文献无记载,则按未知物要求提供足以确证其结构的参数,如红外光谱、紫外光谱、核磁共振谱、质谱等。鉴别用对照品纯度检查可用薄层色谱法,点样量为鉴别常规点样量的十倍,选择两个以上溶剂系统展开,色谱图中应不显杂质斑点。对照药材经过准确鉴定并注明药材来源,选择符合国家药品规定要求的优质药材。

（六）检查

主要检查制剂中可能引入的杂质或与质量标准有关的项目。

1. 中药制剂检查项目参照《中国药典》(2015 年版)通则中各有关制剂通则项下规定的检查项目和必要的其他检查项目进行检查,如与通则中某项检查要求不同的,要说明并列出具体数据,如还有通则以外的检查项目时,要说明理由、方法及数据。《中国药典》未收载的剂型可另行制定。

2. 中药制剂所用药材均应是经检验符合规定的药材,故一般制成制剂后不再做总灰分等检查。但对新药,需做重金属、砷盐等有害物质的考察,要提供所检测的数据。必要时,将重金属、砷盐列入正文检查项目中。此外,内服酒剂、酊剂是否含甲醇可用气相色谱法进行检测,提供所检测的数据,必要时列入正文检测项下。

3. 中药制剂凡规定限度指标的品种(指重金属、砷盐或甲醇等)要有足够的数据,至申报试生产用质量标准时,必须至少积累 10 批次 20 个数据指标,将限度指标列入正文之中。凡未列入正文中的检查项目研究,也应提供方法及检测数据。

4. 对有毒性的药材,应对其有毒成分制定限度指标。

5. 杂质检查所需对照品含量限度要求和含量测定用对照品基本相同。

（七）浸出物测定

中药制剂可测浸出物以控制质量。

1. 在确定无法建立含量测定项目时,可暂定浸出物测定作为质量控制项目,但必须具有针对性和控制质量的意义。凡收载含量测定项者,可不规定此项,但含量测定限度低于万分之一的,可增加一个浸出物测定。

2. 说明规定该项目的理由,所采用溶剂和方法的依据,列出实测数据,各种浸出条件对浸出物量的影响,制定浸出物量限(幅)度的依据和实验数据。

3. 浸出物测定的建立是以测试 10 个批次样品的 20 个数据为准。

(八) 特征图谱或指纹图谱

建立药材、饮片及中间体的相应图谱,并对成方制剂与原药材、饮片及中间体之间的相关性进行分析。

(九) 含量测定

1. 药味的选定　测定药味的选择要以中医药理论为指导,首选处方中的主药、贵重药、毒剧药制定含量测定项目,以保证临床用药的安全性和有效性。

(1) 依据"君臣佐使"理论,君药是针对主病或主证起主要治疗作用的药物,应首选君药建立含量测定项目。

(2) 应对制剂中贵重药物建立含量测定项目,如牛黄、麝香、西洋参等,要找出相应的定量指标,以便控制其在制剂中的含量,防止在生产过程中,不投料或少投料的现象发生。

(3) 应对制剂中有毒的药味建立含量测定项目,针对毒效类中药应建立限度范围,如马钱子、川乌、斑蝥等;针对单纯的含毒性成分的药味,应规定限量检查项目,如细辛、千里光等。

2. 测定成分的选择　测定药味选定以后,还应选定某一成分为定量指标,一般应遵循以下几项原则。

(1) 选择有效成分,保证中药的有效性。对于有效成分清楚,其药理作用与该味药的功能主治相一致的成分,应作为首选。如山楂在制剂中若以治疗心血管疾病为主,则应测定黄酮类成分;以消食为主,则应测有机酸类成分。测定成分可以是单一成分,也可以是测定两种或两种以上成分的总和,如大黄清胃丸中每丸含大黄素与大黄酚的总量不得少于 4.7mg。

(2) 选择毒性成分,保证中药的安全性。针对毒效类成分,要通过研究建立安全的使用范围和合理的含量区间,如附子中的生物碱类成分;针对单纯的毒性成分,要严格控制含量,建立限度指标,如千里光要规定阿多尼弗林碱的限度。

(3) 选择总成分或有效部位。有效部位或指标性成分类别清楚的,可进行总成分测定,如总生物碱、总多糖、总皂苷等。对于有效部位或指标性成分不明确的,可测定浸出物,要求溶剂的选择应具针对性,能达到控制质量的目的。

(4) 选择专属性成分。多种中药常含有共性成分,如小檗碱、绿原酸、橙皮苷等,这些成分不具有专属性,不宜选为定量指标成分。如处方中同时含有黄连、黄柏,最好不选小檗碱作为定量指标,可选择有专属性的黄连碱或黄柏碱进行测定。

3. 含量测定方法的确定　含量测定方法可参考有关质量标准或有关文献,根据处方工艺和剂型的特点以及被测成分的性质、干扰成分的性质等因素进行综合考虑。对测定方法的选择应根据"准确、灵敏、简便、快速"的原则,同时要考虑方法的专属性、重现性、稳定性等,与国际先进水平接轨,同时强调方法的适用性。

4. 方法学考察 中药制剂含量测定方法的考察主要包括专属性、准确度、精密度、线性及范围、耐用性等内容,同本书第七章内容。

5. 含量限(幅)度指标 中药制剂含量限度是在保证药物成分对临床安全和疗效稳定的情况下,以足够的具代表性的样品实验数据为基础,结合药材含量及工艺收率综合分析制定的。

(1) 根据实测数据(临床用样品至少有 3 批、6 个数据;生产用样品至少有 10 批、20 个数据)制定。原粉入药的转移率要求 90% 以上。毒性成分的含量必须规定幅度,可根据测试方法、品种、转移率及理论值在安全有效范围内确定上、下限。

(2) 中药制剂含量限度的规定方式主要有以下几种:①规定一定幅度,如《中国药典》(2015 年版)九一散中每 1g 含红粉以氧化汞(HgO)计,应为 90~110mg。②规定标示量范围,如《中国药典》(2015 年版)华山参片含生物碱以莨菪碱($C_{17}H_{23}NO_3$)计,应为标示量的 80.0%~120.0%。③规定下限,如《中国药典》(2015 年版)二妙丸中每 1g 含陈皮以橙皮苷($C_{28}H_{34}O_{15}$)计,不得少于 10.0mg。

(十) 功能与主治

说明药理试验及临床试验研究的结果;说明制定功能与主治项的理由。

(十一) 用法与用量

说明制定方法与用量项的理由。

(十二) 注意

说明制定注意项的理由。

(十三) 规格

规格要考虑与常用剂量相衔接,方便临床使用。

(十四) 贮藏

说明贮存理由,需特殊贮存条件的也应说明理由。

二、中药制剂质量标准的复核及使用

中药新药质量标准起草或现有标准修订完成后,一般由符合要求的食品药品检验所进行标准复核工作。质量标准是中药生产、经营、使用、检验及监督过程中共同遵循的依据,在日常科研过程中使用现有质量标准也可参照以下要求进行。

(一) 实验室条件的要求

1. 计量认证或国家实验室认可 从事药品标准复核检验的机构,应当按照《药品检验所实验室质量管理规范(试行)》和国家计量认证的要求,通过同级技术监督部门的计量认证或国家实验室认可。

2. 质量保证体系 按国家药品监督管理局颁布的药品检验所基本仪器设备配置要求,具有完善的中药制剂检验仪器设备和必要的设施,符合药品检验的质量保证体系和技术要求。

(二) 质量标准复核的样品要求

中药材、中药饮片每个品种至少包括 3 个不同产地或 3 个不同饮片生产企业的样品,多来源品种应尽可能包含不同基源的药材;中成药、中药提取物应为正式生产的 3 个批号样品,多生产企业的品种,应包括至少 3 个企业的 3 个批号样品。样品量应为一次检验用量的 3 倍,一般普通药材每份不少于 100g,贵重药材不少于 15g。

(三) 质量标准复核的技术要求

1. 性状 考察标准草案中描述的性状是否与样品符合。颜色描述可规定一定的幅度范围,溶解度、相对密度、折光率、比旋度、熔点等理化常数的复核数据应在规定的范围内。

2. 鉴别 考察设立的鉴别项目是否具有专属性和良好的重现性。

(1) 显微鉴别:考察显微特征是否明显易辨,是否具有专属性或特征性;对成方制剂镜检出现概率低于 40%(制片 10 张,检出规定特征的应不少于 4 张)的或镜检难度大,且已有 TLC 鉴别该药味的,可不做正文规定。

(2) 理化鉴别:考察供试品和试剂、试药的取用量(或浓度)及所需的器皿、温度条件等是否适宜;供试品处理方法是否合理、简便;是否有假阳性干扰。

(3) 薄层色谱鉴别:考察供试品取样量、制备方法是否合理;对照品配制溶剂、浓度是否适宜;对照药材用量、制备方法是否合理;固定相、展开剂、点样量、显色条件和检视方法是否适宜;色谱分离是否良好,斑点是否清晰,供试品和对照物质的色谱特征是否一致,方法是否具有专属性。

(4) 气相色谱和高效液相色谱鉴别:考察供试品制备方法是否合理,供试液进样量、色谱条件(含色谱柱种类、柱温、流速、梯度、流动相组成及比例、检测器类型和参数)、鉴别成分峰的保留时间是否适宜,色谱分离是否良好,方法是否具有专属性。

复核试验不应采用与起草标准时使用的同一支色谱柱试验。允许调整色谱柱的内径、长度,固定相的粒度,柱温,进样量,检测器灵敏度以及流动相比例、流速(高效液相色谱法),固定液涂布浓度和载气流速(气相色谱法)等。

(5) 光谱鉴别:考察供试品、试剂(试药)的取用量、浓度等是否适宜;提取、纯化或显色处理的条件是否适宜;鉴别参数(如紫外光谱的最大吸收峰或最小吸收峰波长、吸光度比值等)确定是否合理;方法是否具有专属性。

3. 检查 有特殊限量规定和通则外检查项目的按标准草案方法进行试验,考察可行性和限度的合理性。其余按《中国药典》2015 年版(四部)通则规定的方法复核,复核结果应在限度范围内。

4. 浸出物测定 考察供试品取样量、溶剂及使用量、浸渍方法(冷浸法、热浸法)、浸渍时间、干燥方式等是否适宜;限度值是否合理。复核测定两份结果的相对平均偏差不得大于 2%,与起草说明数据的相对平均偏差不得大于 10%。

5. 含量测定

(1) 紫外-可见分光光度法：①对照品比较法主要考察供试品取样量、提取和纯化方法、稀释倍数是否适宜；测定用溶剂、对照品浓度、测定波长、吸光度值（应在 0.3~0.7 之间）等是否合理；含量限度是否合理。用对照品和供试品溶液在 200~400nm 扫描测定吸收图谱，验证测定波长。复核测定两份结果的相对平均偏差不得大于 2%，与起草说明数据的相对平均偏差不得大于 10%。②比色法主要考察供试品取样量、提取和纯化方法、稀释倍数、显色剂的用量等是否适宜；显色条件如温度、时间等是否合理；供试品溶液中被测成分量是否在标准曲线测定范围；重现性是否良好；含量限度是否合理。用对照品和供试品比色液在 400~760nm 测定吸收图谱，验证测定波长。复核测定两份结果的相对平均偏差不得大于 3%，与起草说明数据的相对平均偏差不得大于 10%。

(2) 薄层色谱扫描法：考察供试品取样量、提取和纯化方法、点样量等是否适宜；对照品用量、浓度、溶剂、点样量是否适宜；固定相、展开剂、显色剂和检视方法是否适宜；扫描方式、测定波长是否合理；色谱分离、扫描效果是否良好；供试品中被测成分量是否在线性范围内；测定结果是否重现性良好；含量限度是否合理。复核测定两份结果的相对平均偏差不得大于 5%，与起草说明数据的相对平均偏差不得大于 15%。

(3) 高效液相色谱法：考察供试品取样量、提取和纯化方法等是否适宜；对照品用量、浓度、溶剂等是否适宜；色谱柱类型、流动相组成和比例、洗脱梯度、检测波长（或其他检测器参数）是否合理；色谱分离效果是否良好；理论板数和分离度等规定的数值是否可行；被测成分峰是否有干扰；供试品中的被测成分测定量是否在线性范围内；含量限度是否合理。

复核试验不应采用与标准起草时使用的同一支色谱柱，允许选择调整色谱柱商品型号、内径、长度、固定相粒度等，允许调整流动相比例、柱温、检测器灵敏度、进样量等。复核测定两份结果的相对平均偏差不得大于 3%，与起草说明数据的相对平均偏差不得大于 10%。

(4) 气相色谱法：考察供试品取样量、提取和纯化方法等是否适宜；对照品用量、浓度、溶剂等是否适宜；固定液种类、程序升温梯度、柱温、检测器温度、进样口温度等参数设置是否合理；色谱分离效果是否良好；理论板数和分离度等规定的数值是否可行；被测成分峰是否有干扰；供试品中的被测成分测定量是否在线性范围内；含量限度是否合理。

复核试验不应采用与标准起草时使用的同一支色谱柱，允许选择调整色谱柱商品型号、固定液涂布浓度、柱内径、长度、载气流速、柱温、检测器温度、进样口温度、检测器灵敏度、进样量等。复核测定两份结果的相对平均偏差不得大于 3%，与起草说明数据的相对平均偏差不得大于 10%。

三、示例

脑络通软胶囊质量标准制定及起草说明

1. 脑络通软胶囊质量标准

脑络通软胶囊 Naoluotong Ruanjiaonang

〔处方〕肉桂 3kg, 石菖蒲 3kg, 没药 3kg, 荜茇 3kg, 红花 3kg, 胡椒 1.5kg。

〔制法〕以上六味，粉碎成细粉，过筛，混匀，置二氧化碳超临界流体萃取仪中，于 300MPa 压力和 50℃条件下萃取 100 分钟得提取物 500g, 加入吐温 80g, 丙二醇 100g, 于 40℃恒温搅拌均匀，灌封,制成软胶囊 1 000 粒,即得。

〔性状〕本品为软胶囊,内容物为橙红色油状液体,气香浓烈。

〔鉴别〕(1)取本品 0.4g,加甲醇 5ml,超声处理 15 分钟,放冷,滤过,作为供试品溶液;另取桂皮醛对照品,加甲醇制成每 1ml 含 0.2mg 的溶液,作为对照品溶液;另取肉桂对照药材粉末 0.1g,加甲醇 10ml,超声处理 15 分钟,放冷,滤过,作为对照药材溶液。照薄层色谱法(通则 0502)试验,吸收上述三种溶液各 2μl,分别点于同一硅胶薄层板上,以石油醚 - 乙酸乙酯(3∶1)为展开剂,展开,取出,晾干,置紫外光灯(254nm)下检视。供试品色谱中,在与对照品和对照药材色谱相应位置上,显相同颜色的荧光斑点。

(2) 取本品 0.4g,加甲醇 5ml,超声处理 15 分钟,放冷,滤过,作为供试品溶液;另取石菖蒲对照药材粉末 0.10g,加石油醚 5ml,超声处理 30 分钟,放冷,滤过,作为对照药材溶液。照薄层色谱法(通则 0502)试验,吸收上述两种溶液各 2μl,分别点于同一硅胶薄层板上,以石油醚 - 乙酸乙酯(5∶1)为展开剂,展开,取出,晾干,置紫外光灯(254nm)下检视。供试品色谱中,在与对照药材色谱相应位置上,显相同颜色的荧光斑点。

〔检查〕应符合胶囊剂下有关的各项规定(通则 0103)。

〔特征图谱〕照高效液相色谱法(通则 0512)测定。

色谱条件与系统适用性试验:以十八烷基硅烷键合硅胶为填充剂;以乙腈为流动相 A,水为流动相 B,梯度洗脱(0~10 分钟,50% → 70%A;10~20 分钟,70% → 95%A);流速 1ml/min;检测波长 265nm。理论板数按桂皮醛峰计算应不低于 1 500。

参照物溶液的制备:取桂皮醛对照品和胡椒碱对照品各适量,精密称定,分别加甲醇溶解制成每 1ml 含桂皮醛 9.0μg 和胡椒碱 15.0μg 的溶液,即得。

供试品溶液的制备:取本品约 0.1g,精密称定,置 50ml 量瓶中,加甲醇 40ml,超声处理 30 分钟,放冷,加甲醇至刻度,摇匀,滤过;精密量取续滤液 1ml,置 10ml 量瓶中,用甲醇稀释至刻度,摇匀,滤过,取续滤液,即得。

测定法:分别精密吸取参照物溶液及供试品溶液各 5μl,注入液相色谱仪,测定,即得。

供试品特征图谱中应呈现 4 个特征峰(如图 8-1 所示),其中 2 个峰应与相应的参照物峰保留时间相同;与桂皮醛参照物峰相应的峰为 S 峰,计算特征峰 1~4 与 S 峰的相对保留时间,其相对保留时间应在规定值的 ±5% 之内,规定值为 1.00(峰 1)、1.34(峰 2)、1.51(峰 3)、1.60(峰 4)。

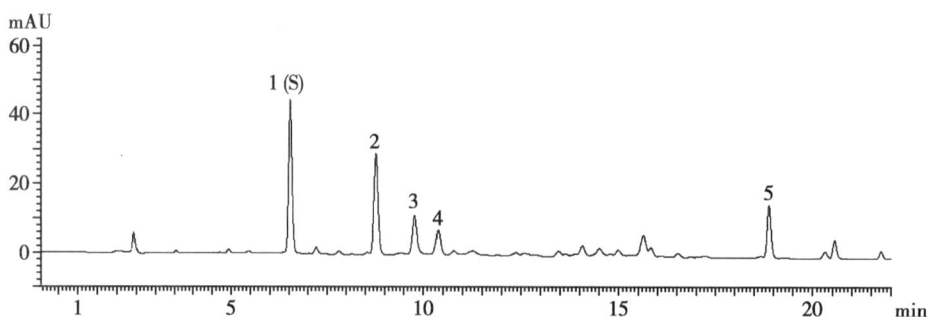

峰 1(S):桂皮醛;峰 2 :胡椒碱。

● 图 8-1　脑络通软胶囊 HPLC 对照特征图谱

〔含量测定〕桂皮醛:照高效相色谱法(通则 0512)测定。

色谱条件及系统适用性试验:以十八烷基硅烷键合硅胶为填充剂;以乙腈为流动相 A,水为流动相 B,按〔特征图谱〕项下梯度进行洗脱;流速 1ml/min;检测波长 265nm。理论板数按桂皮醛峰计算应不低于 1 500。

桂皮醛对照品溶液的制备:取桂皮醛适量,精密称定,加甲醇溶解制成每 1ml 含 9.00μg 的溶液,即得。

供试品溶液的制备:取本品内容物约 0.1g,精密称定,置 50ml 量瓶中,加甲醇 40ml,超声处理 30 分钟,放冷,加甲醇至刻度,摇匀,滤过;精密量取续滤液 1ml,置 10ml 量瓶中,加甲醇稀释至刻度,摇匀,滤过,取续滤液,即得。

测定法:分别精密吸取桂皮醛对照品溶液和供试品溶液各 5μl,注入液相色谱仪,测定,即得。

本品每粒含桂皮醛(C₉H₈O)不得少于 12.0mg。

〔功能与主治〕用于脑卒中的预防和治疗。

〔用法与用量〕口服,一次 1~2 粒。

〔注意〕孕妇忌服。

〔规格〕每粒装 0.65g。

〔贮藏〕密封,置阴凉干燥处。

2. 脑络通软胶囊质量标准起草说明

脑络通软胶囊 Naoluotong Ruanjiaonang

〔名称〕本方药味源于《回回药方》中的经典方剂,其功能主治为预防和治疗脑卒中,剂型为较胶囊,故名脑络通软胶囊。

〔处方〕肉桂、石菖蒲、没药、荜茇、红花和胡椒六味中药,比例为 1∶1∶1∶1∶1∶0.5,按制成 1 000 粒软胶囊量。

〔制法〕以上六味,粉碎成细粉,过 40 目筛,混匀,置二氧化碳超临界流体萃取仪中,于 300MPa 压力和 50℃条件下萃取 100 分钟得提取物 500g,加入吐温 80g,丙二醇 100g,于 40℃恒温水浴中磁力搅拌均匀,灌封,制成软胶囊 1 000 粒,即得。软胶囊应符合丸剂通则项下的要求。

〔性状〕本品内容物为橙红色油状液体,气香浓烈。

〔鉴别〕(1) 胡椒和荜茇的鉴别:取脑络通软胶囊内容物约 0.2g,加甲醇 5ml,超声处理 15 分钟,放冷,滤过,作为供试品溶液;另取胡椒碱对照品,加甲醇制成每 1ml 含 3mg 的溶液,作为对照品溶液;另取胡椒对照药材粉末 0.15g,加甲醇 5ml,超声处理 15 分钟,放冷,滤过,作为胡椒对照药材溶液;另取荜茇对照药材粉末 0.25g,加甲醇 5ml,超声处理 15 分钟,放冷,滤过,作为荜茇对照药材溶液;另取除胡椒、荜茇外的 4 种中药经萃取所得的供试品约 0.2g,加甲醇 5ml,超声处理 15 分钟,放冷,滤过,作为胡椒、荜茇阴性对照溶液。照薄层色谱法(通则 0502)试验,吸收上述四种溶液各 2μl,分别点于同一硅胶薄层板上,以石油醚 - 乙酸乙酯(9∶2)为展开剂,展开,取出,晾干,置紫外光灯(254nm)下检视。供试品色谱中,在与对照品和对照药材色谱相应位置上,显相同颜色的荧光斑点,并且阴性对照溶液无干扰。但因胡椒和荜茇两味中药中均含有胡椒碱,没有专属性,故未列入质量标准草案中。

(2) 肉桂的鉴别:取脑络通软胶囊内容物约 0.2g,加甲醇 5ml,超声处理 15 分钟,放冷,滤过,作为供试品溶液;另取桂皮醛对照品,加甲醇制成每1ml含0.2mg的溶液,作为对照品溶液;另取肉桂对照药材粉末约0.1g,加甲醇10ml,超声处理15分钟,放冷,滤过,作为对照药材溶液;另取除肉桂外的5种中药经萃取所得的供试品约0.2g,加甲醇10ml,超声处理15分钟,放冷,滤过,作为肉桂阴性对照溶液;照薄层色谱法(通则0502)试验,吸收上述四种溶液各2μl,分别点于同一硅胶薄层板上,以石油醚-乙酸乙酯(3:1)为展开剂,展开,取出,晾干,置紫外光灯(254nm)下检视。供试品色谱中,在与对照品和对照药材色谱相应位置上,显相同颜色的荧光斑点,阴性无干扰,故将肉桂的鉴别列入质量标准草案中。

(3)石菖蒲的鉴别:取脑络通软胶囊内容物约0.2g,加甲醇5ml,超声处理15分钟,放冷,滤过,作为供试品溶液;另取石菖蒲对照药材粉末约0.1g,加石油醚5ml,超声处理15分钟,放冷,滤过,作为对照药材溶液;另取除石菖蒲外的5种中药经萃取所得的供试品,加甲醇5ml,超声处理15分钟,放冷,滤过,作为石菖蒲阴性对照溶液。照薄层色谱法(通则0502)试验,吸收上述三种溶液各2μl,分别点于同一硅胶薄层板上,以石油醚-乙酸乙酯(5:1)为展开剂,展开,取出,晾干,置紫外光灯(254nm)下检视。供试品色谱中,在与对照药材色谱相应位置上,显相同颜色的荧光斑点,同时阴性无干扰,故将此研究方法列入质量标准草案中。

(4)没药的鉴别:取脑络通软胶囊内容物约0.2g,加甲醇5ml,超声处理15分钟,放冷,滤过,作为供试品溶液;另取没药对照药材粉末约0.1g,加石油醚2.5ml,超声处理15分钟,放冷,滤过,作为对照药材溶液;另取除没药外的5种中药经萃取所得的供试品,加甲醇5ml,超声处理15分钟,放冷,滤过,作为没药阴性对照溶液。照薄层色谱法(通则0502)试验,吸收上述三种溶液各2μl,分别点于同一硅胶薄层板上,以石油醚-乙酸乙酯-冰醋酸(30:2:1)为展开剂,展开,取出,晾干,置紫外光灯(254nm)下检视。供试品色谱中,在与对照药材色谱相应位置上,显相同颜色的荧光斑点,但展开效果和显色效果不佳(经多次试验改善仍不明显),故未将没药的薄层鉴别列入质量标准草案中。

〔检查〕根据制剂通则(丸剂)的要求,对水分、重量差异(或装量差异)、装量进行检查。

〔特征图谱〕采用高效液相色谱法建立脑络通软胶囊特征图谱,主要考察:①色谱条件与系统适用性试验;②特征峰的选定;③参照物峰的选定;④三批样品各特征峰与参照物峰的相对保留时间等内容,最终确定脑络通软胶囊的特征图谱。

〔含量测定〕采用高效液相色谱法测定胡椒和荜茇中的胡椒碱,以及肉桂中的桂皮醛,并进行了方法学研究,操作简便,重复性好,结果准确。但因胡椒和荜茇两味中药中均含有胡椒碱,没有专属性,故胡椒碱的含量测定项目未列入质量标准草案中。

(1)检测波长的选择:分别取桂皮醛对照品、胡椒碱对照品和供试品,甲醇制成适当的浓度,在200~400nm波长范围内进行光谱扫描,结果见图8-2~图8-4。桂皮醛对照品在269.5nm波长处有最大紫外吸收,胡椒碱对照品在346.5nm、313.5nm以及264nm波长处有最大紫外吸收,供试品在265nm波长处有最大紫外吸收。综合供试品和对照品溶液的最大紫外吸收波长,优选供试品溶液含量测定的最佳波长为265nm。

(2)色谱条件:安捷伦Zorbax Eclipse XDB C$_{18}$色谱柱(250mm×4.6mm,5μm);流动相:乙腈(A)-水(B),梯度洗脱(0~10分钟,50%→70%A;10~20分钟,70%→95%A);检测波长265nm,流速1ml/min,柱温25℃,进样量5μl。

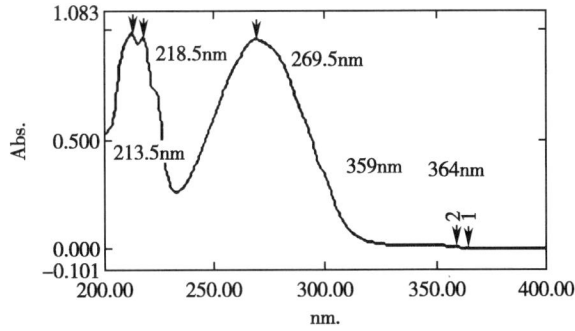

● 图 8-2　桂皮醛对照品紫外光谱图

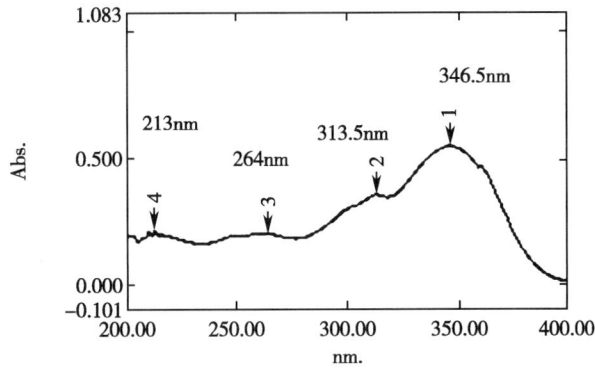

● 图 8-3　胡椒碱对照品紫外光谱图

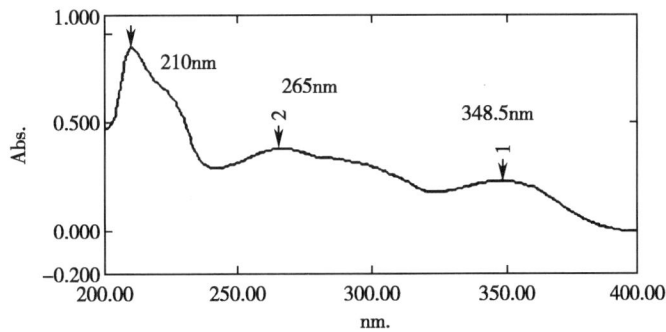

● 图 8-4　供试品紫外光谱图

（3）对照品溶液的制备：取胡椒碱对照品适量，精密称定（实际称量为 0.018 32g），置 10ml 量瓶中，加甲醇适量振摇使溶解，定容得胡椒碱对照品贮备液；精密量取贮备液 1ml 置 10ml 量瓶中，甲醇稀释至刻度，摇匀，滤过；精密吸取续滤液 5μl，注入液相色谱仪，测定，胡椒碱对照品 HPLC 色谱图见图 8-5。

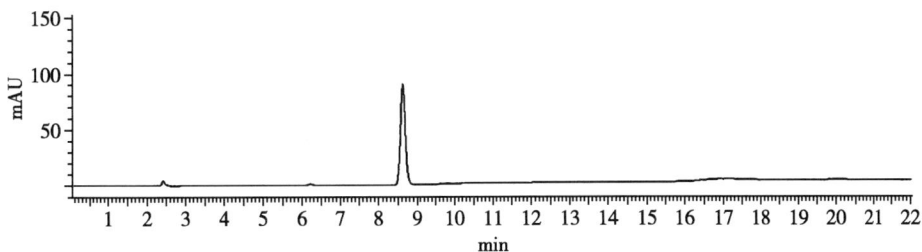

● 图 8-5　胡椒碱对照品 HPLC 色谱图

取桂皮醛对照品适量,精密称定(实际称量为 0.016 60g),置 10ml 量瓶中,加甲醇适量振摇使溶解,定容得桂皮醛对照品贮备液;精密量取贮备液 1ml 置 10ml 量瓶中,甲醇稀释至刻度,摇匀,滤过;精密吸取续滤液 5μl,注入液相色谱仪,测定,桂皮醛对照品 HPLC 色谱图见图 8-6。

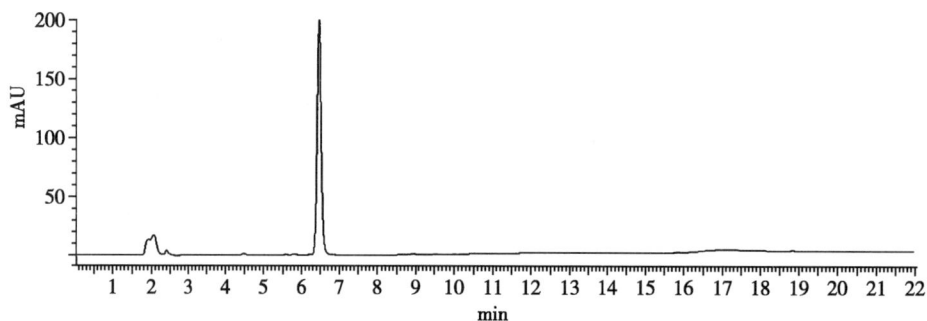

● 图 8-6　桂皮醛对照品 HPLC 色谱图

(4) 供试品和阴性对照溶液的制备:取脑络通软胶囊内容物约 0.1g,精密称定(实际称量为 0.108 8g),置 50ml 棕色量瓶中,加甲醇 40ml,超声处理 20 分钟,放冷,加甲醇至刻度,摇匀,滤过;精密量取续滤液 1ml 置 10ml 量瓶中,用甲醇稀释至刻度,摇匀,滤过;精密吸取续滤液 5μl,注入液相色谱仪,测定,供试品 HPLC 色谱图结果见图 8-7。

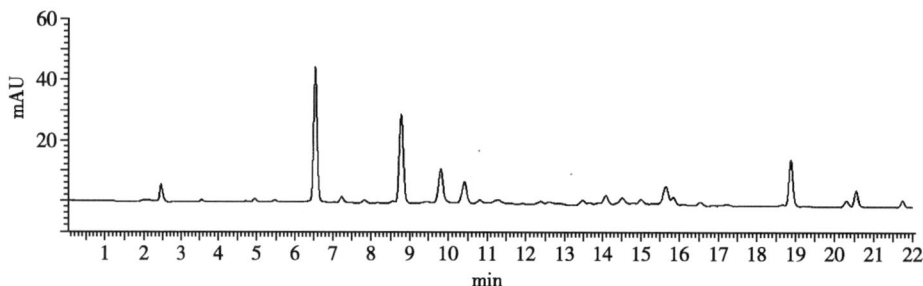

● 图 8-7　供试品 HPLC 色谱图

取除胡椒、荜茇、肉桂外的 3 种中药所组成的供试品适量,精密称定(实际称量为 0.200 2g),置 10ml 棕色量瓶中,加甲醇超声处理 30 分钟,放冷,滤过;精密量取续滤液 1ml,置 10ml 量瓶中,甲醇稀释至刻度,摇匀,滤过;精密吸取续滤液 5μl,注入液相色谱仪,测定,阴性对照 HPLC 色谱图见图 8-8。

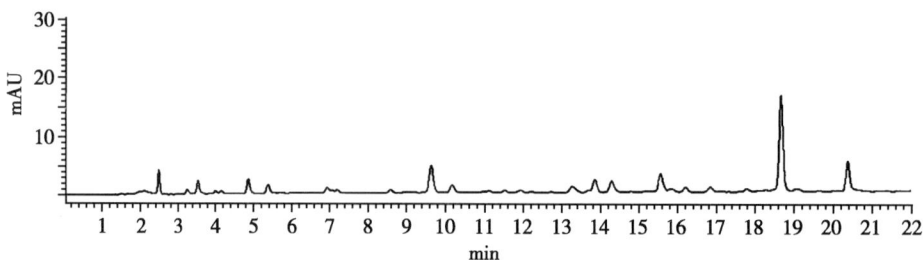

● 图 8-8　阴性对照 HPLC 色谱图

综合以上对照品、供试品和阴性对照 HPLC 图,即供试品色谱中呈现与桂皮醛和胡椒碱对照品色谱峰保留时间相对应的色谱峰,同时阴性对照溶液不干扰。

(5) 线性关系的考察:分别精密称取桂皮醛和胡椒碱对照品适量,加甲醇制成浓度为 88.4μg/ml 的桂皮醛对照品贮备液和 86.2μg/ml 胡椒碱对照品贮备液;以上各对照品贮备液分别稀释 0 倍、2 倍、4 倍、8 倍、16 倍和 32 倍,按上述色谱条件进样检测,以浓度(μg/ml)为横坐标(x),以峰面积为纵坐标(y),纵制标准曲线,结果见图 8-9 和图 8-10。

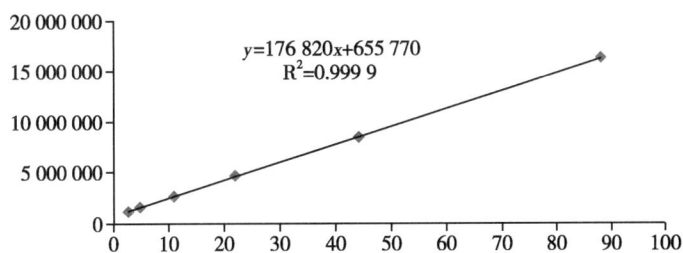

● 图 8-9　桂皮醛的线性关系图

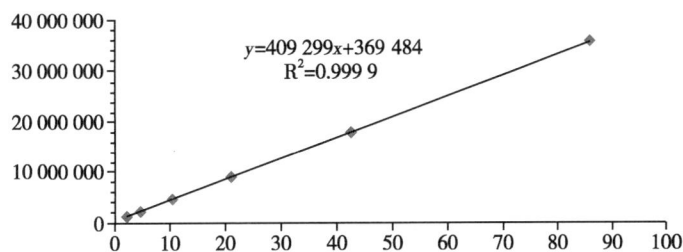

● 图 8-10　胡椒碱的线性关系图

结果表明,桂皮醛和胡椒碱分别在 86.2~88.4μg/ml 和 2.69~2.76μg/ml 范围内,浓度与峰面积呈良好的线性关系。

(6) 精密度试验

1) 重复性试验:取脑络通软胶囊内容物 6 份,分别按上述条件制备和测定,结果显示方法的重复性良好。

2) 精密度试验:取脑络通软胶囊内容物 1 份,按上述条件制备供试品溶液,连续进样 6 次,结果显示仪器精密度良好。

3) 中间精密度试验:在不同时间内,选择甲、乙两位操作人员,采用不同仪器进行试验,结果表明含量测定方法适用性良好。

(7) 稳定性试验:取供试品溶液,于不同时间不间断进样分析,记录峰面积,结果表明供试品溶液在 0~24 小时内稳定。

(8) 加样回收率试验:精密称取已测定含量的脑络通软胶囊内容物供试品 9 份,分别精密加入桂皮醛对照品和胡椒碱对照品适量(本底量的 50%、100% 和 150%),按上述供试品溶液制备方法制备并测定,结果显示建立的桂皮醛和胡椒碱含量测定方法准确度较好。

(9) 样品测定:收集 3 批中试放大的脑络通软胶囊样品,根据上述建立的方法测定样品中桂皮醛和胡椒碱的含量,结果见表 8-2。

表 8-2　样品中桂皮醛和胡椒碱测定结果（n=3）

批号	桂皮醛 /（mg/ 丸）	胡椒碱 /（mg/ 丸）
20151203	21.99	37.47
20151204	21.52	36.65
20151205	22.27	37.94

以上 3 批中试放大的脑络通软胶囊测定结果中，桂皮醛的平均含量为 21.93mg/ 丸，胡椒碱的平均含量为 37.35mg/ 丸。考虑到原料制成制剂的损失，以平均含量的 60% 制定含量限度。但因胡椒和荜茇两味中药中均含有胡椒碱，没有专属性，故胡椒碱的含量测定项目未列入质量标准草案中。即"本品每粒含桂皮醛（C_9H_8O）不得少于 12.0mg"。

〔功能与主治〕根据临床使用范围，本品用于脑卒中的预防和治疗。

〔用法与用量〕根据临床使用方法和剂量，本品用于口服，一天一次，一次 1~2 粒。

〔注意〕因含红花，孕妇忌服。

〔规格〕每粒装 0.65g。

〔贮藏〕根据稳定性试验结果，本品所含挥发性成分不稳定，故采用密封，置阴凉干燥处贮藏。

第三节　中药制剂稳定性研究

中药制剂的稳定性是指中药制剂的化学、物理及生物学特性发生变化的程度。通过稳定性试验，考察中药制剂在不同环境（如温度、湿度、光线等）下其特性随时间变化的规律，以认识和预测中药制剂的稳定趋势，为中药制剂生产、包装、贮藏、运输条件的确定和有效期的建立提供科学依据。稳定性研究是评价中药制剂质量的主要内容之一。

一、实验设计与研究内容

（一）实验设计

稳定性研究实验设计应根据不同的研究目的，结合原料药的理化性质、剂型的特点和具体的处方及工艺条件进行。

1. 样品的批次和规模　影响因素试验可采用一批小试规模样品进行；加速试验和长期试验应采用 3 批中试以上规模样品进行。

2. 包装及放置条件　加速试验和长期试验所用包装材料和封装条件应与拟上市包装一致。稳定性试验要求在一定的温度、湿度、光照等条件下进行，这些放置条件的设置应充分考虑到中药制剂在贮存、运输及使用过程中可能遇到的环境因素。稳定性研究中所用控温、控湿、光照等设备应能较好地对试验要求的环境条件进行控制和监测，如应能控制温度 ±2℃，相对湿度 ±5%，照度 ±500lx 等，并能对真实温度、湿度与照度进行监测。

（二）研究内容

1. 考察项目　稳定性研究的考察项目（或指标）应根据所含成分和 / 或制剂特性、质量要求设置,应选择在中药制剂保存期间易于变化、可能会影响到中药制剂的质量、安全性和有效性的项目,以便客观、全面地评价中药制剂的稳定性。一般以质量标准及《中国药典》制剂通则中与稳定性相关的指标为考察项目,必要时,应超出质量标准的范围选择稳定性指标。

2. 考察时间点 稳定性研究中需要设置多个时间点。考察时间点的设置应基于对中药制剂理化性质的认识、稳定性变化趋势而设置。如长期试验中,总体考察时间应涵盖所预期的有效期,中间取样点的设置要考虑样品的稳定特性和剂型特点。对某些对环境因素敏感的中药制剂,应适当增加考察时间点。

二、研究方法与结果评价

(一) 研究方法

1. 影响因素试验 一般包括高温、高湿、强光照射试验。将原料置适宜的容器中(如称量瓶或培养皿),摊成≤5mm厚的薄层,疏松原料药摊成≤10mm厚的薄层进行试验。对于固体制剂产品,采用除去内包装的最小制剂单位,分散为单层置适宜的条件下进行。如试验结果不明确,应加试 2 个批号的样品。

(1) 高温试验:供试品置密封洁净容器中,在 60℃ 条件下放置 10 天,于第 0 天、第 5 天、第 10 天取样检测。与 0 天比较,若供试品发生显著变化,则在 40℃ 下同法进行试验。如 60℃ 无显著变化,则不必进行 40℃ 试验。

(2) 高湿试验:供试品置恒湿设备中,在 25℃、相对湿度 92.5%±5% 条件下放置 10 天,在第 0 天、第 5 天、第 10 天取样检测,按稳定性重点考察项目要求检测,同时准确称量试验前后供试品的重量,以考察供试品的吸湿潮解性能。若吸湿增重 ≥ 5%,则应在 25℃、相对湿度 75%±5% 条件下同法进行试验;若吸湿增重 <5%,且其他考察项目符合要求,则不再进行此项试验。恒湿条件可以通过恒温恒湿箱或在密闭容器中放置饱和盐溶液来实现。根据不同的湿度要求,选择 NaCl 饱和溶液(15.5~60℃,相对湿度 75%±1%)或 KNO₃ 饱和溶液(25℃,相对湿度 92.5%)。对水性的液体制剂,可不进行此项试验。

(3) 强光照射试验:供试品置装有日光灯的光照或其他适宜的光照容器内,于照度为 4 500lx±500lx 条件下放置 10 天,在第 0 天、第 5 天、第 10 天取样检测。试验中应注意控制温度,与室温保持一致,并注意观察供试品的外观变化。

此外,根据中药制剂的性质必要时应设计其他试验,探讨 pH 与氧及其他条件(如冷冻等)对中药制剂稳定性的影响。

2. 加速试验 加速试验一般应在 40℃±2℃、相对湿度 75%±5% 条件下进行试验,在试验期间第 0 个月、1 个月、2 个月、3 个月、6 个月末取样检测。若供试品经检测不符合质量标准要求或发生显著变化,则应在中间条件下,即在 30℃±2℃、相对湿度 65%±5% 条件下(可用 Na₂CrO₄ 饱和溶液 30℃,相对湿度 64.8%)进行加速试验。对采用不可透过性包装的液体制剂,如合剂、乳剂、注射液等的稳定性研究中可不要求相对湿度。采用半通透性容器包装的液体制剂,如塑料袋装溶液、塑料瓶装滴眼液、滴鼻液等剂型,加速试验应在 40℃±2℃、相对湿度 20%±5% 条件下进行试验。对膏药、胶剂、软膏剂、凝胶剂、眼膏剂、栓剂、气雾剂等制剂可直接采用 30℃±2℃、相对湿度 65%±5% 的条件进行试验。对温度特别敏感的中药制剂,需在冰箱(4~8℃)内保存使用,此类制剂的加速试验可在 25℃±2℃、相对湿度 60%±5% 条件下进行试验。需要冷冻保存的中药制剂可不进行加速试验。

3. 长期试验 长期试验是在接近中药制剂的实际贮存条件下进行的稳定性试验,建议在

25℃±2℃、相对湿度60%±10%条件下,分别于第0个月、3个月、6个月、9个月、12个月、18个月取样检测,也可在常温条件下进行。对温度特别敏感的中药制剂长期试验可在6℃±2℃条件下进行试验,取样时间点同上。

4. 中药制剂上市后的稳定性试验 药品注册申请单位应在中药制剂获准生产上市后,采用实际生产规模的中药制剂进行留样观察,以考察上市中药制剂的稳定性。根据考察结果,对包装、贮存条件进行进一步的确认或改进,并进一步确定有效期。

(二)结果评价

中药制剂稳定性的评价是对有关试验(如影响因素、加速试验、长期试验)的结果进行的系统分析和判断,其相关检测结果不应有明显变化。

1. 贮存条件的确定 新药应综合加速试验和长期试验的结果,同时结合中药制剂在流通过程中可能遇到的情况进行综合分析。选定的贮存条件应按照规范术语描述。

2. 包装材料与容器的确定 一般先根据影响因素试验结果,初步确定包装材料或容器,结合稳定性研究结果,进一步验证采用的包装材料和容器的合理性。

3. 有效期的确定 中药制剂的有效期应根据加速试验和长期试验的结果分析确定。一般情况下,以长期试验的结果为依据,取长期试验中与0月数据相比无明显改变的最长时间点为有效期。

（马学琴）

学习小结

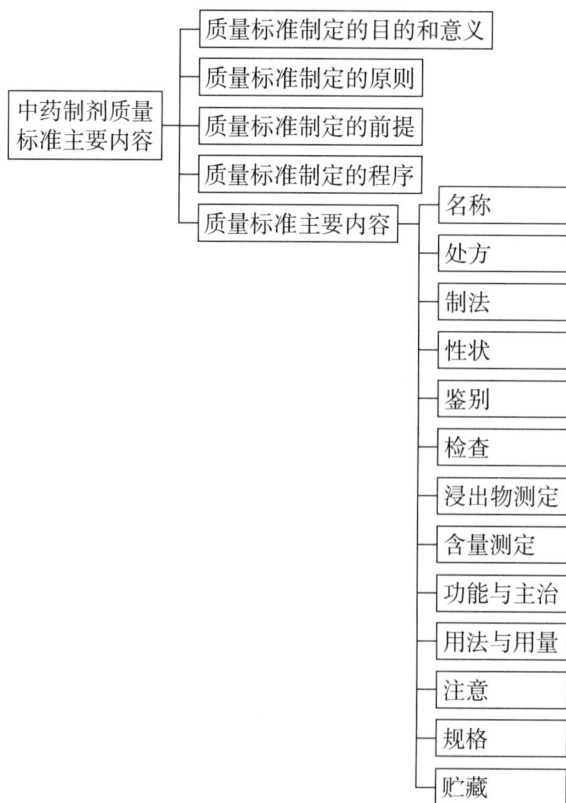

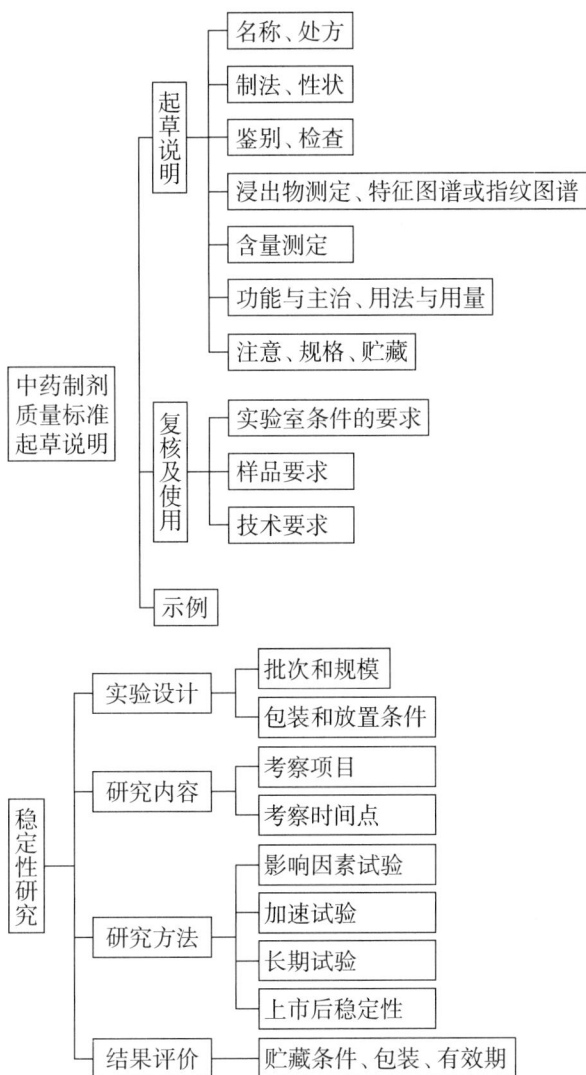

中药制剂质量标准起草说明
- 起草说明
  - 名称、处方
  - 制法、性状
  - 鉴别、检查
  - 浸出物测定、特征图谱或指纹图谱
  - 含量测定
  - 功能与主治、用法与用量
  - 注意、规格、贮藏
- 复核及使用
  - 实验室条件的要求
  - 样品要求
  - 技术要求
- 示例

稳定性研究
- 实验设计
  - 批次和规模
  - 包装和放置条件
- 研究内容
  - 考察项目
  - 考察时间点
- 研究方法
  - 影响因素试验
  - 加速试验
  - 长期试验
  - 上市后稳定性
- 结果评价
  - 贮藏条件、包装、有效期

目标检测

1. 简述制订中药制剂质量标准的原则、前提和程序。

2. 中药制剂质量标准的主要内容有哪些?

3. 中药制剂质量标准起草说明要对质量标准中的哪些主要内容进行阐述?

4. 稳定性试验中主要的实验方法包括哪些?

5.《中国药典》(2015 年版)与《中国药典》(2010 年版)相比,银杏叶片的质量标准有哪些变化,修订的目的和意义是什么? 何为一测多评法?

08章 同步练习

第九章　中药制剂分析用标准物质

　　掌握中药标准物质的定义和分类;掌握中药化学对照品、对照药材和对照提取物的基本属性和质量要求;熟悉中药标准物质的研制过程和方法;了解中药化学对照品和对照提取物的定值方法;了解中药标准物质在《中国药典》中的基本情况。

　　中药标准物质是中药定性、定量分析时所使用的实物对照,用于中药材及制剂的真伪优劣质量分析,是控制中药质量必不可少的工具。

第一节 概述

一、含义

中药标准物质是国家颁布的一种计量标准,是中药检测(定性、定量分析)所用的实物对照,用于中药真伪鉴别和质量优劣评价,在控制药品生产、保证和提高中药质量方面发挥着重要作用。中药标准物质包括中药化学对照品、对照药材和对照提取物三种。作为国家药品标准物质,中药标准物质由中国食品药品检定研究院负责标定和管理。目前,已经发放中药化学对照品660余种,对照药材760余种,对照提取物20余种。这三类中药标准物质在中药制剂分析中均有应用,主要用于鉴别、含量测定和检查等项目。

二、分类

(一)中药化学对照品

系指经严格标定的含有明确结构和性质的化合物单体或混合物,主要从中药材、动植物原料或天然产物中提取精制得到,也有部分是合成或半合成产物。根据其用途,中药化学对照品可分为以下3类。

1. 鉴别用对照品　主要用于中药材、饮片、提取物及中药制剂的鉴别项目,多采用薄层色谱、高效液相色谱、气相色谱等方法,提供使用方法和注意事项等,一般不标识量值。

2. 含量测定用对照品　用于中药材、饮片、提取物及中药制剂等含量测定项目,涉及的分析方法有高效液相色谱法、气相色谱法、薄层色谱扫描法、分光光度法、比色法等,标示量值、使用方法及注意事项等。

3. 检查用对照品　用于中药材、饮片、提取物及中药制剂中杂质限量检查,区分药材品种以及毒性成分的限量检查等。

知识链接

《中国药典》2015年版中中药材(饮片)及制剂检查项下常用的中药化学对照品

中药材(饮片)及制剂	中药化学对照品	目的
大黄、九味肝泰胶囊、致康胶囊	土大黄苷	区分大黄和土大黄
两面针	毛两面针素	区分两面针和毛两面针
天然冰片、艾片	异龙脑、樟脑	杂质限量检查
制川乌、制草乌、附子、小金丸、木瓜丸、正天丸、附桂骨痛颗粒等	乌头碱、次乌头碱、新乌头碱	毒性成分限量检查
千里光	阿多尼弗林碱	毒性成分限量检查
细辛、天仙藤	马兜铃酸 I	毒性成分限量检查

在中药质量控制中,采用化学对照品可增加检验方法的灵敏度,使其更具有专属性、准确性和科学性。但中药化学对照品存在分离难度大、部分单体不稳定、供应价格相对较高、所测成分单一等不足。

(二) 中药对照药材

系指基源明确、药用部位准确的原生药材粉末,一般未经炮制或化学提取,具有明确的组织结构,主要用于中药材、饮片、提取物及中药制剂的薄层鉴别。对照药材是我国首创和特色的标准物质形式,对中药材和中药制剂检验的规范性、专属性和重现性具有其他标准物质不可替代的重要作用,尤其是在主成分不明确或缺乏单体化学对照品的情况下使用意义重大。对照药材在薄层鉴别中比单体化学对照品可提供更多信息,能有效弥补后者使用时出现的检验信息不足。如贝母类药材川贝母、平贝母、湖北贝母等,化学成分主要为生物碱,目前已发放的化学对照品贝母甲素和贝母乙素在上述药材中均存在,用于鉴别缺乏专属性,但以川贝母、平贝母、湖北贝母对照药材作为对照,则可以明显看出薄层色谱中其他生物碱的差别,能有效区分药材来源。同样,当制剂处方中有两种或多种药材含相同成分时,利用对照药材作对照比单独使用化学对照品进行鉴别专属性更强。在《中国药典》2015 年版(一部)中,川芎茶调丸中川芎和羌活的鉴别都采用与对照药材比对的方式,而未采用二者都含有的主要成分阿魏酸作为指标成分。

> **知识链接**
>
> ### 川芎茶调丸中川芎和羌活的鉴别
>
> 药味组成:川芎,白芷,羌活,细辛,防风,荆芥,薄荷,甘草。
>
> 鉴别:(1)取本品 3g,研细,加石油醚(60~90℃)20ml,密塞,时时振摇,浸渍 4 小时,滤过,滤液浓缩至 1ml,作为供试品溶液。另取川芎对照药材 0.3g,同法制成对照药材溶液。吸取上述两种溶液各 10μl,分别点于同一硅胶 G 薄层板上,以环己烷 - 乙酸乙酯(9∶1)为展开剂,展开,取出,晾干,置紫外光灯(365nm)下检视。供试品色谱中,在与对照药材色谱相应的位置上,显相同颜色的荧光主斑点。
>
> (2)取本品 20g,研细,加水 300ml,煎煮 30 分钟,放冷,离心(转速为每分钟 1 500 转)10 分钟,取二分之一量的上清液,用乙醚振摇提取 2 次,每次 20ml,合并乙醚提取液,挥干,残渣加乙酸乙酯 1ml 使溶解,作为供试品溶液。另取羌活对照药材 0.5g,加水 60ml,煎煮 30 分钟,放冷,离心 10 分钟,取上清液,同法制成对照药材溶液。吸取上述两种溶液各 10μl,分别点于同一硅胶 G 薄层板上,以环己烷 - 乙酸乙酯(4∶1)为展开剂,展开,取出,晾干,喷以 10% 硫酸乙醇溶液,在 85℃ 加热约 5 分钟,置紫外光灯(365nm)下检视。供试品色谱中,在与对照药材色谱相应的位置上,显相同颜色的荧光主斑点。

对照药材制备容易,价格较低,同时保留了药材中的原成分,可提供大量信息,但使用过程较为烦琐,且无法用于定量。

(三) 中药对照提取物

系指中药材、饮片或天然产物经特定提取工艺制备的含有多种有效成分或指标性成分的混合物,主要用于中药材、饮片、提取物及中药制剂的鉴别或含量测定。根据用途,对照提取物可分为:

1. 定性用提取物　主要用于中药材、饮片、提取物或中药制剂的薄层色谱、高效液相色谱及气相色谱鉴别,或含量测定时色谱峰的定位,不标示含量。

2. 定量用提取物　已标示多成分含量,通过量值传递可直接用于中药材、饮片、提取物或中药制剂的含量测定。

在《中国药典》2015 年版(一部)中,使用的定量对照提取物有功劳木对照提取物、三七总皂苷对照提取物和银杏叶总内酯对照提取物三种,数量上少于定性对照提取物。

知识链接

《中国药典》2015 年版中对照提取物的使用实例

中药材(饮片)、提取物及制剂	对照提取物	用途
薏苡仁	薏苡仁油对照提取物	定性,薄层色谱鉴别
羌活	羌活对照提取物	定性,特征图谱色谱峰定位
功劳木	功劳木对照提取物	定量,四种生物碱的含量测定
三七总皂苷	三七总皂苷对照提取物	定性,液相色谱鉴别 定量,总皂苷含量测定
八味檀香散	檀香油对照提取物	定性,薄层色谱鉴别
银杏叶片(胶囊)	银杏叶对照提取物	定性,薄层色谱鉴别
	银杏叶总内酯对照提取物	定性,液相色谱鉴别 定量,四种萜类内酯的含量测定

对照提取物用于中药鉴别及含量测定时,色谱峰定位准确度高、专属性好,同时减少单体对照品的使用,降低了检验成本,并且可以实现多指标整体质量控制,但对照提取物的制备工艺复杂,受到中药材原料等因素的影响,批间重现性较差,且容易受潮吸湿,使得各成分量值的准确性受到影响,因此对其制备、保存和使用前处理方法要求很高。

除了以上三种外,近年来还提出了一种新的中药标准物质形式——中药对照制剂,虽然目前还处于起步和摸索阶段,但其在中药制剂的质量评价和控制方面显示出广泛应用前景。

知识链接

中药对照制剂

中药对照制剂,系指采用道地、优质、规范加工的原料药材、饮片和辅料,严格按照制法和生产工艺规程,并遵循药品生产质量管理规范制备的实物对照,主要用于中药制剂的质量控制,评价产品投料的真实性和可靠性(是否投正确的原料及是否按处方量投料），根据用途可分为定性对照制剂和定量对照制剂。中药对照制剂易制备、价格低、化学信息丰富，可以减少单体对照品的使用，同时具备指纹图谱或特征图谱特性，可作为中药标准物质的有益补充，但其研制受到中药材原料质量等因素的影响很大，批次间的稳定性和赋值准确性将成为较大挑战。

第二节　中药标准物质的基本要求

中药标准物质作为国家药品标准物质，基本要求是具备高度均匀性、良好的稳定性和量值准确性。均匀性是指标准物质的一种或几种特性具有相同组分或相同结构的状态。从理论上讲，如果物质各部分之间的特性量值没有差异的话，那么该物质就这一给定的特性而言是均匀的。稳定性是指标准物质在规定的时间间隔及环境条件下，其特性量值保持在规定范围内的能力。准确性是指标准物质具有准确计量的或严格定义的标准值（也称保证值或鉴定值），当用计量方法确定标准值时，标准值是被鉴定特性量之真值的最佳估计值，准确值和真值的偏差不超过计量的不确定度。

除了上述基本要求外，中药标准物质还应符合以下要求。

（1）可获得性：有生产企业或研制机构能持续提供原料。

（2）适用性：应与相应国家标准的使用要求相一致。

一、中药化学对照品

中药化学对照品是中药检测中最常用的一类标准物质，必须具备均匀性、稳定性和准确性的基本特性，具体要求如下：

1. 名称和结构准确　中药化学对照品的名称和结构准确是其用于中药检测的前提。由于中药化学对照品绝大多数是从天然产物中提取精制获得，结构类型复杂多样，且多数分子中包含一个或多个手性中心，普遍存在构造异构或立体异构现象，因此，结构鉴定工作十分重要，是保障对照品准确性的源头环节。对于结构较为复杂的中药化学对照品，例如，含多个糖的皂苷类对照品以及以盐形式存在的对照品，其糖苷键的连接位置和构型，以及离子键形成的位置和个数都需要引起格外关注，必要时需同时采用元素分析、质谱、核磁共振谱、红外光谱、紫外光谱、旋光光谱和X-射线衍射光谱等多种技术进行确定。此外，部分中药对照品具有多个中文名和英文名，较为混乱，为了保证其使用的规范性和准确性，一律以药品标准中提到的名字为准，且必须和化学结构一致。

2. 纯度合适　中药化学对照品的纯度要求主要取决于其用途，用于鉴别项目的对照品，一般纯度要求在95%以上，因为少量杂质的存在不会对结果造成显著的影响；而供含量测定用的对照品，纯度则要求在98%以上。目前常采用的纯度分析方法分为三类。

（1）基于色谱分离技术的分析方法：如液相色谱法、气相色谱法、薄层色谱法等，使用最为广泛，通常采用归一化法或自身对照法测定杂质含量。需要注意的是，如果液相色谱分析中采用的是紫外检测器,应选择杂质与主成分响应系数接近的波长作为检测波长。当在最佳检测条件下,杂质与主成分的响应因子有显著差异时,必须用校正因子进行校正,以便正确地获得杂质含量的估计值。

(2) 依赖于物质固有动力学属性的方法:如差示扫描量热法(differential scanning calorimetry,简称 DSC 法)。该方法是根据对供试品熔融热的测定数据以及由于杂质的存在而导致熔点的改变,来获得供试品的纯度估计值,可以实现快速测定且精密度较高。但该方法存在一定局限性,当对照品熔融的同时分解,或主成分和杂质能形成固体溶液时,则不能用于纯度分析。

(3) 其他方法:如分光光度法、旋光光度法等。

3. 赋值准确　含量测定用的中药化学对照品具有量值传递功能,赋值的准确性是影响检验结果的重要因素,目前中药化学对照品的定值主要采用质量平衡法,即一个化学对照品的主成分、水分、有机溶剂、无机杂质、有机杂质含量的总和应为 100%,其定值公式为:含量(%)=(100.0− 水分 − 有机溶剂 − 无机杂质)× 纯度 %,可以看出参与定值计算的各测定项均会影响对照品量值的准确性,其中水分、有机溶剂、无机杂质的量值及其不确定度一般通过实验较易获得,而纯度的量值及其不确定则相对较难获得,尤其在样品中含有未知杂质、主成分与有机杂质的响应因子存在较大差异、或杂质较多无法达到良好的色谱分离的情况下,由于无法准确测定杂质的含量,可能导致质量平衡法测定结果与真值偏差较大。为降低纯度测定结果在定值过程中带来的偏差,在化学对照品的研制过程中通常要求选择高纯度的原料,当原料纯度足够高时,量值评定带来的不确定度是在可接受的范围内的。然而在中药化学对照品的制备、精制与纯化工作中,大部分品种得到高纯度的原料比较困难且成本过于昂贵,因此纯度成为中药化学对照品定值准确性的最大影响因素。另外,目前虽然质量平衡法的定值原则是有机物化学对照品量值评定的通用原则,但却不是唯一以及高准确度的绝对或权威测量方法。为保证量值的准确性,还需采用外标法、差示扫描量热法(DSC 法)、定量核磁共振法(quantitative nuclear magnetic resonance,简称 qNMR 法)等其他方法对质量平衡法的量值进行辅佐证明,必要时开展多实验室的协作标定工作。

4. 物质均匀　中药化学对照品制备过程中,由于其在动植物原料中一般含量较低且分离困难,通常分多次制备后混合,很可能出现不均匀的现象。另外,在分装过程中,受环境湿度等因素的影响,部分吸湿性较强的对照品也容易出现不均匀的现象,以上情况均会影响对照品量值的准确性。因此,对中药化学对照品,无论是首批还是换批研制,都应该进行均匀性评估。均匀性检验原则上应该在原料分装成最终产品之后进行,抽样数目要满足统计学要求,选择对照品标示的特性量值为指标,检验方法应优先选用药品标准检验方法或经验证的检验方法。只有均匀性检验合格以后,才可以进行稳定性评估和定值。

5. 稳定性好　中药化学对照品的稳定性是保证其特性量值在要求范围内的能力,当对照品发生变质时,如杂质数量增加或含量升高,主成分含量降低等情况,会影响检验结果的准确性。因此,必须对中药化学对照品的稳定性进行监测,一旦发现量值或变化不再适合预期用途时,应立即取消该批次对照品的使用。中药化学对照品的稳定性受到自身的性质、溶液浓度、加工过程、储存容器、环境等多种因素的影响,某些情况下,可以通过针对性地改变相关条件来得到一定程度的提高。例如,对光敏感的化学对照品,可以采用棕色瓶进行包装;对氧气敏感,容易被氧化的对照品,可以在容器中填充惰性气体后密封;对必须配制成溶液的对照品来说,高浓度的储备液一般情况下比低浓度更加稳定,使用者可以根据具体情况进行必要的稀释。

二、中药对照药材

中药对照药材必须满足以下要求：

1. 基源准确　中药对照药材品种众多，来源广泛，经常存在混伪品，保证其基源正确是用于检验的前提。中药对照药材是按基源品种研制和发放的，因此各品种必须鉴定植物种。对于多基源来源的对照药材，应按基源品种分别研制，并予以注明。例如大黄，现已按《中国药典》2015年版规定的3个不同基源的植物种，发放了3个基源的大黄对照药材，即蓼科植物掌叶大黄(*Rheum palmatum* L.)、唐古特大黄(*Rheum tanguticum* Maxim. ex Balf.)和药用大黄(*Rheum officinale* Baill.)。对照药材的基源鉴定一般采用植物和药材标本核对、性状鉴定、显微鉴定、理化鉴定等方法，必要时还用到DNA分子鉴定，如部分近缘药材的鉴定。

2. 品质优良,代表性强　中药对照药材不仅要质量合格，而且必须具有代表性。由于中药材品质受产地、环境、采收季节等因素影响很大，为保证质量和代表性，原料一般采用主流商品的道地药材，符合GAP规范要求栽培的优质中药材，同时加工符合要求，洁净、去除杂质和非药用部位，防止染色和掺假掺杂的情况发生。

3. 批次间重现性好　中药对照药材主要用于中药标准中的薄层定性鉴别，换批时对其重现性要求较高，新批次对照药材与溯源对照药材的薄层色谱行为应基本相同，其他性质如浸出物、特征成分的含量也应尽可能相近。

4. 药材均匀　对照药材的均匀性会对检验结果产生影响，由于药材的不同部位、不同组织中化学成分种类和含量往往存在差异，如果药材不够均匀，很可能导致检验出现偏差。对照药材的均匀性主要受粉碎和混合过程的影响，需要根据药材的性质采用适当的粉碎方式。通常情况下药材粉碎成粗粉(过二号筛)；如果含有根、茎、叶、花等不同部位，则需要进行剪切式粉碎处理；对于黏性大的药材不粉碎或进行特殊处理，如枸杞的低温粉碎；对于质地坚硬的药材，如珍珠、鹿茸等粉碎成细粉；含挥发性成分的药材，如薄荷、荆芥、八角茴香等，仅以粉碎机打碎，不过筛。粉碎后的粉末要进行混匀处理，以保证其均匀性。

5. 稳定性良好　中药对照药材为原生药材粉末，受环境因素的影响较大，容易生虫、霉变、吸潮结块等，这些变化会对药材质量产生直接影响。另外，对照药材的稳定性还受到自身性质的影响，如乳香、薄荷等含挥发性成分的药材，挥发性成分容易散失，造成薄层斑点无法检出。又如金银花等花类药材容易变色，鸦胆子等富含油脂类成分的药材容易酸败、走油等。针对上述问题，一方面采取适当措施，增加对照药材的稳定性，如采用安瓿瓶封装，充入氮气等，另一方面，缩短研制周期，并定期进行稳定性核查，重点考察与其用途直接相关的指标，如薄层鉴别项目，一旦发现变化超出标准规定的药材，一律停止发放并销毁。

三、中药对照提取物

中药对照提取物必须满足以下要求：

1. 药材基源准确,代表性强　中药对照提取物应从基源明确的中药材、饮片或其他动植物中提取获得，且原料应具有代表性，一般采用主流商品的道地药材，符合GAP规范要求栽培的优质中药材,并在制备前对药材进行性状、组织及粉末显微鉴定,以确定药材的基源符合标准规定;对于多基源药材,必要时可参照对照药材,制备不同基源对照提取物。

2. 批次间重现性好 同品种不同批次的对照提取物间化学成分比例和含量应相对固定,采用指纹图谱评价时,批次间的相似度应大于0.9,同时理化特征如溶解度、相对密度、折光率等也应一致。为达到上述要求,应采用来源相对固定的药材原料,并对制备工艺进行详细研究,以保证对照提取物批批稳定重现。

3. 纯度高 对照提取物的纯度对赋值准确性和稳定性有较大影响,药材提取后的浓缩液需要采用萃取、醇沉、酸碱沉淀等方法初步除去杂质,再经硅胶、离子交换树脂、大孔吸附树脂等色谱方法进一步纯化,纯化效果由提取物的用途决定,对于定性提取物,应尽可能保留全部成分;对于定量提取物,则应减少不必要的色谱峰,尽可能提高指标成分的含量。目前,规定定量对照提取物总可控成分含量不低于60%。

4. 赋值准确 对照提取物定量核心为量值传递,这对指标成分的赋值提出了较高要求,目前常用的方法有:以化学对照品或标示量值的对照提取物为对照,采用外标法定值,以及采用替代对照品法,如一测多评法定值等。同时需要开展多实验室协作标定,以保证指标成分含量的准确性。此外,引湿性也是影响其量值准确性的重要因素,应尽可能纯化目标成分,降低引湿性,必要时使用前进行干燥处理。

5. 成分均匀 同一批对照提取物中指标成分的含量和比例应均匀。

6. 稳定性好 中药对照提取物在储藏过程中性质应保持稳定,不发生变化或分解。目前影响对照提取物稳定性的主要因素为吸潮,绝大多数的对照提取物在储藏中都容易吸潮,导致稳定性下降,需要引起格外注意,为此在制备中应尽可能除去糖类、蛋白质、鞣质等杂质,减少吸湿性,提高稳定性;另外需要定期对提取物的稳定性进行核查,尤其是对于一些化学成分不稳定的、易氧化、分解、变质、易挥发品种,根据检验结果判断该品种能否继续使用。

第三节 中药标准物质的研究方法

国家药品标准物质的研制过程包括研制计划的提出、原料的制备和初检、制备分装、测量定值、审评审批、包装、仓储等步骤,这是建立标准物质的必要过程。中国食品药品检定研究院在中药标准物质的研制方面不断摸索和积累经验,结合中药标准要求,建立了相关的指导原则及操作规范。

一、中药化学对照品

1. 品种的确定 根据国家药品标准修订和颁布提出的使用要求,确定需要制备的新品种,或一个批号分发完成后需换批制备的品种。

2. 候选对照品的制备 根据品种情况,组织有关的科研院所或生产企业提取分离或合成目标化合物,累积一定量(一般大于10g),作为一个批量的原料。在制备过程中,需要对制备原料的选择及工艺参数等进行详细研究。

3. 候选对照品的标定 中药化学对照品的标定分为分装前项目和分装后项目,分装前主要考察对照品的性状,检测纯度和理化性质,确定结构,并对原料的均匀性进行初检,分装后则主要进行定值,同时考察终产品的均匀性和稳定性。

(1) 性状:观察对照品的颜色和形态等特征。

(2) 纯度:中药化学对照品的纯度检查通常采用色谱法进行试验。

采用薄层色谱法检测纯度时,至少选用两种差异较大的溶剂系统展开,点样量一般为1~100μg,可见杂质斑点的,以 1% 或 2% 自身对照检查杂质的限度。

采用高效液相色谱法或气相色谱法检测纯度时,使用的色谱条件应能保证主成分和杂质的有效分离,并在多个检测波长下(液相色谱)检查杂质情况,最终选择杂质与主成分响应系数接近的波长作为检测波长。同时采用峰面积归一化法和自身对照法进行计算,二者的纯度结果应接近(蒸发光散射检测器除外)。在使用自身对照法时,自身对照溶液的浓度应调整至与杂质量接近,根据各杂质的量计算总杂质的含量。

此外,差示扫描量热法(DSC 法)也可作为色谱法的补充用于纯度检测。但当对照品熔融的同时分解,或主成分和杂质能形成固体溶液时,该方法不适用。

(3) 理化性质:研究对照品的熔点、沸点、比旋光度等理化常数,同时进行引湿试验,判断对照品是否具有引湿性。

(4) 结构确证:对于换批的对照品,主要是通过与溯源对照品比对进行结构确证,内容包括薄层色谱中的 R_f 值及液相色谱中的保留时间应与溯源对照品一致,紫外吸收光谱和红外吸收光谱应与溯源对照品一致,具有手性的对照品其比旋光度应与溯源对照品一致,但对于结构复杂的换批品种,可能还需要提供质谱、核磁共振谱、元素分析结果等进行验证。对于首批研制的对照品,由于没有相应的权威样本进行比较,必须像新化合物的结构解析工作那样,采用多种分析手段对其结构进行确证。

(5) 原料的均匀性初检:在分装前需要对原料的均匀性进行初检,根据原料的包装数和装量进行取样,对于单包装原料,只取上、中、下三份样品,对于多包装原料,每个包装均需要取样,当装量小于或等于 10g 时,每个包装取一份,当装量大于 10g 时,每个包装均需取上、中、下三份样品。各份样品按纯度分析项下照液相色谱或气相色谱条件进行检验,其归一化纯度值的 RSD 值不得大于 0.5%。

(6) 分装:目前中药化学对照品采用的分装容器有易折安瓿瓶和西林瓶两种,选择哪种容器主要是由对照品的稳定性和引湿性来确定的。如果对照品不稳定,遇空气易氧化变质,需要采用密封的安瓿瓶,必要时还需充氮气等惰性气体。如果对照品具有很强的引湿性时,也采用安瓿瓶分装。对于稳定性好且无引湿性的中药化学对照品,一般采用西林瓶分装。

(7) 终产品的均匀性评估:无论是首批研制或换批制备的含量测定用中药化学对照品,分装成最小包装单元后均需要进行均匀性检验。采用适宜的抽样方式,从批量中抽取一定数量的最小包装单元,检测项目优先选择对照品标示的特性量值,并选择适宜的统计分析方法对结果进行判断,如方差分析法,若样品之间无显著性差异,则表明样品是均匀的。

(8) 稳定性评估:稳定性是用于描述标准物质特性量值随时间变化的规律,为其生产、包装、贮藏和运输等条件提供合理的科学依据。稳定性评估可分为短期稳定性研究和长期稳定性研究。

短期稳定性研究通常在不同的温度和湿度下进行，以研究不同温、湿度条件对中药对照品的影响。温度通常选择运输时可能出现的温度（如上至 70℃，下至 –50℃），时间点通常选取 3~5 个时间点（如第 0、3、5、7、10 天），每个时间点考察 1~3 个最小包装单元，考察项目首选特性量值，或对照品在运输期间易于变化且直接影响标示特性量值的项目，如性状、水分等。将考察结果采用适宜方法进行统计分析，得出对照品在运输条件下是否稳定的结论。

长期稳定性是指在规定的贮藏条件下，定期开展中药化学对照品的稳定性研究。一般在制备后连续考察 6 个月以上，并采用先密后疏的时间间隔，或在制备后 1 年内进行稳定性检测，考察对照品的特性量值是否在规定范围内，以评估在贮藏条件下是否稳定。

(9) 赋值：中药化学对照品的含量，通常是在多种方法分析结果的基础上，采用质量平衡法进行赋值。

质量平衡法的定值公式为：含量(%)=(100.0– 水分 – 有机溶剂 – 无机杂质)× 纯度 %。其中，水分一般采用卡式 / 库仑法进行测定，有机残留溶剂采用气相色谱法测定，无机杂质含量以炽灼残渣试验进行测定，纯度以自身对照法测定的结果为准。

质量平衡法的定值结果需要采用其他方法进行辅佐证明。对于换批品种，通常采用上批对照品为对照，利用外标法测定本批含量，用到的具体分析方法有液相或气相色谱法、紫外分光光度法、容量法等；对于首批研制的品种，则采用其他不同原理的定值方法，如定量核磁共振法（qNMR 法）、差示扫描量热法（DSC 法）和容量法等，以此验证质量平衡法赋值结果是否准确。

中药化学对照品的标定过程如图 9-1 所示。

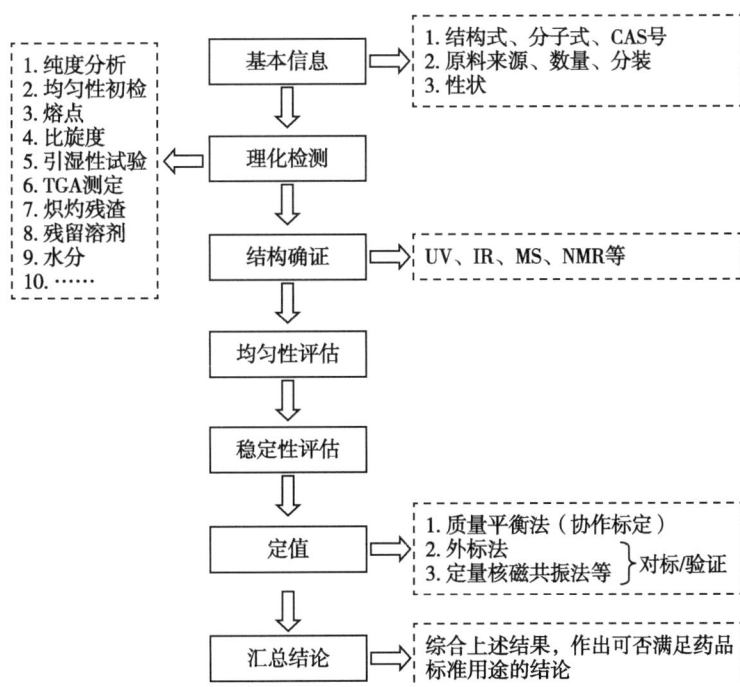

● 图 9-1　中药化学对照品的标定过程

二、中药对照药材

1. **品种的确定** 中药对照药材主要用于中药材或中药制剂的薄层鉴别,根据国家药品标准修订和颁布提出的使用要求,确定需要制备的新品种,或一个批号分发完成后需换批制备的品种。

2. **原料的收集和遴选** 对照药材原料一般采用主流商品的道地药材,符合 GAP 规范要求栽培的优质中药材。除特殊要求或说明外,应为原药材,不能为炮制加工后的饮片,如果已经切碎,应保留鉴别特征,同时保证不得有任何染色和掺伪情况,加工符合要求,洁净,无杂质或异物,无虫蛀和霉变,并应剔除非药用部位。

3. **候选对照药材的标定** 在粉碎分装前对药材进行基源鉴定和理化初检,分装后对半成品粉末进行性状鉴别、显微鉴别、薄层鉴别、浸出物测定、含量测定,以及水分、灰分检查等,并进行均匀性和稳定性评估。

(1) 基源鉴定:根据药材的性状、组织及粉末显微特征,并与植物标本或药材标本比对,确定药材的基源,必要时进行 DNA 分子生物学鉴定。

(2) 理化初检:选取代表性部位,粉碎混匀后取粉末样品进行理化初检,项目以薄层鉴别为主。对于首批研制的品种,一般以基源准确、可靠的药材标本,或采集的植物标本作对照,换批品种,则以首批对照药材作对照。如果已知药材所含的化学成分时,尽可能同时以单体中药化学对照品作对照。一般采用两种以上的溶剂系统展开,比较候选药材和溯源对照药材斑点个数、大小和颜色深浅,结果需一致。如有必要,还可以进行浸出物检查和含量测定。

(3) 粉碎分装:根据药材的性质,采用适宜的粉碎方法和粒度,一般粉碎成粗粉(过二号筛),粉碎后的粉末混合均匀,按标准规定的使用量分装,容器通常为棕色西林瓶,密塞,根据其特性在适宜条件下保存。

(4) 均匀性评估:经粉碎混合后的药材原料,选取一定数量具有代表性的取样点取样,按照标准方法进行薄层检验,根据薄层色谱结果的一致性结合粉末特征等综合判定粉末的均匀性。

(5) 粉末性状鉴别:详细描述粉末半成品的形状、颜色和气味等特征。

(6) 粉末显微鉴别:记录药材粉末的显微特征。

(7) 薄层鉴别:首先选择标准中规定的试验方法,其次再根据药材的成分以不同于标准的提取方法或展开条件进行试验。候选药材必须检出与对照药材或标本具有一致的色谱行为,主要化学成分若有已知的化学对照品,则应与化学对照品具一致的色谱斑点。

(8) 检查:包括水分、灰分、酸不溶性灰分的检查。

(9) 浸出物的测定:标准规定有浸出物测定项时,应按标准进行测定。

(10) 含量测定:以单体化学对照品为对照,按标准规定的方法,如液相色谱法、气相色谱法、分光光度法等对候选药材的主要成分进行含量测定。

以上各检验项目均符合标准规定后,才可以作为对照药材发放。

(11) 稳定性评估:由于粉碎后的药材在储藏中容易发生变化,因此在对照药材制备发放后,需定期进行稳定性核查,检测项目涉及性状、薄层色谱及含量测定等,如有明显改变,则应立即停用。

三、中药对照提取物

1. 品种的确定　中药对照提取物的研制、标定和发放过程较为复杂,首批品种的研制主要根据国家药品标准修订和颁布提出的新的使用要求确定,换批品种的研制主要在上一个批号分发完成时进行。

2. 候选对照提取物的收集和遴选　候选对照提取物可以选择自行制备、委托制备和购买来源相对清楚的提取物,也可组织有能力的地方药品检验所或科研院所等协作单位,根据要求协作制备。制备单位必须提供相应材料,包括原料的准确基源、药用部位、详细制备工艺和自检报告等。制备对照提取物的原料必须具有代表性,一般采用主流商品的道地药材,符合 GAP 规范要求栽培的优质中药材。

3. 候选对照提取物的标定　分装前主要考察候选对照提取物的性状和理化性质,进行鉴别检查试验等,分装后则主要进行含量测定与赋值,以及均匀性和稳定性考察。

(1) 性状:观察对照提取物的颜色和形态等特征。

(2) 理化性质:测定对照提取物的溶解度、相对密度、折光率及旋光度等。

(3) 鉴别:首批研制需要以对照药材及单体化学对照品为对照,换批研制则以溯源对照提取物及单体化学对照品为对照,按照标准要求,采用薄层、液相或气相色谱法进行鉴别,候选对照提取物应在参照物相应位置上显示相同颜色的斑点或显示保留时间相同的色谱峰。对于用于色谱峰定位的定性对照提取物以及定量对照提取物,需要对特征成分进行指认。

(4) 检查:主要包括水分、炽灼残渣及引湿试验等,应符合标准要求。

(5) 分装:中药对照提取的分装容器需要避光、防潮、防氧化,一般采用棕色易折安瓿瓶。

(6) 均匀性评估:随机抽取一定数量的最小包装单元,按标准方法采用薄层色谱、高效液相色谱和气相色谱等测定特性量值,每个最小包装单元进行 3 次测定,检测结果经适宜的方法统计分析后得出是否均匀的结论。

(7) 含量测定和赋值:对于定量对照提取物,主要是以单体化学对照品为对照,采用外标法测定含量,而且需要至少 3 家国家药品监督管理部门认可的实验室进行协作标定,以测定结果的平均值进行赋值。此外,对赋值的准确性需要采用其他方法进行验证,如以标示量值的溯源对照提取物为对照进行测定或采用一测多评法进行测定。指标成分的总含量应不低于60%。

(8) 稳定性评估:中药对照提取物研制发放后,应按照标准定期对其稳定性进行评估,特别是对于一些化学成分不稳定的、易氧化、分解、变质、易挥发品种,要定期进行稳定性考察。检测项目主要是薄层鉴别和含量测定,根据检测结果作出该品种能否继续使用的结论。

（王亚丹）

学习小结

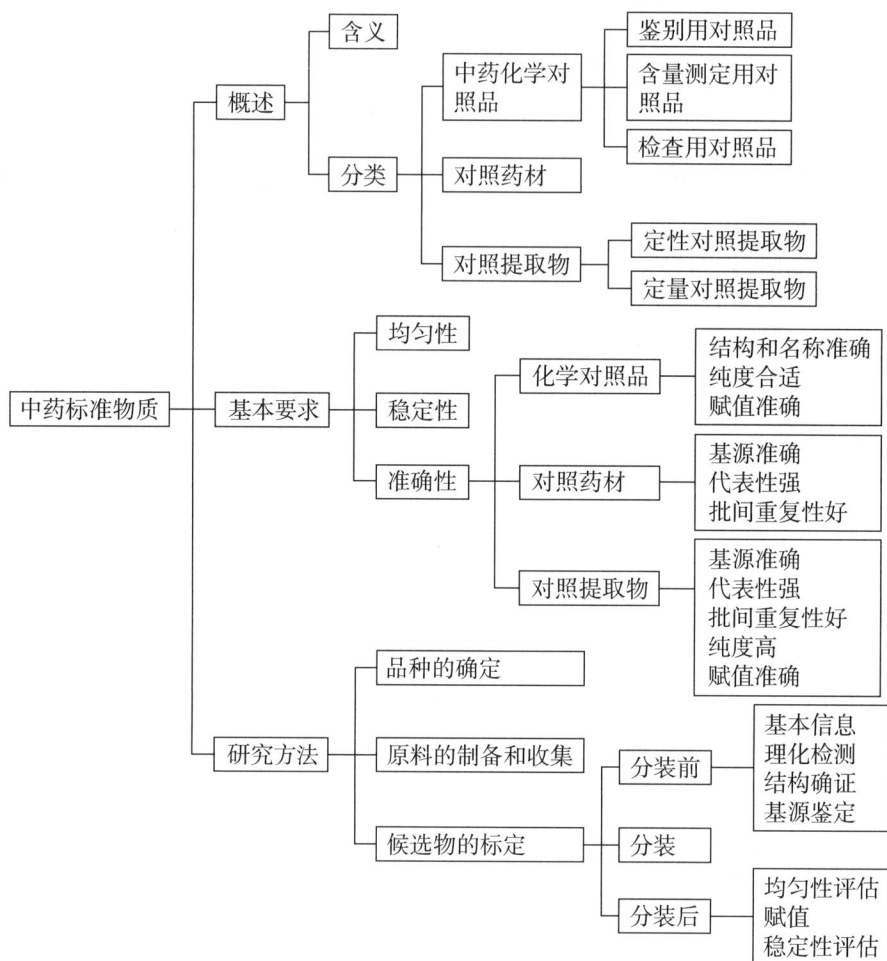

目标检测

1. 中药标准物质的分类有哪些？每类标准物质用于中药制剂分析的优缺点是什么？

2. 中药标准物质的基本要求是什么？不同类标准物质的具体要求是什么？

3. 中药化学对照品纯度分析常用的方法有哪几类？

4. 质量平衡法用于中药化学对照品的定值的影响因素有哪些？最主要的因素是什么？

5. 中药标准物质进行均匀性评估的方法是什么？

09章 同步练习

下　篇

第十章 中药制剂各类成分分析

学习目标

掌握中药制剂中生物碱、黄酮、醌、萜、甾、糖、挥发油、鞣质、有机酸类成分常用鉴别方法和含量测定方法,熟悉生物碱、黄酮、醌、萜、甾、糖、挥发油、鞣质、有机酸类化合物的概念、分类及常见理化性质,了解《中国药典》中生物碱、黄酮、醌、萜、甾、糖、挥发油、鞣质、有机酸类成分分析的基本情况。

学前导语

生物碱、黄酮、醌、萜、甾、糖、挥发油、鞣质、有机酸类成分是许多常用中药及中药制剂的有效(毒)成分及质量控制指标成分。如黄连及其制剂中的表小檗碱、黄连碱、巴马汀、小檗碱,附子理中丸中的乌头碱,大黄及其制剂中的多种游离蒽醌和结合蒽醌衍生物,复方丹参片中的丹参酮 II_A,银杏叶及其制剂中的银杏内酯,三七片中的人参皂苷 Rg_1、人参皂苷 Rb_1 和三七皂苷 R_1,蟾酥及其制剂中的脂蟾毒配基和华蟾酥毒基,地奥心血康胶囊中的伪原薯蓣皂苷,复方熊胆滴眼液中的牛磺熊去氧胆酸,蒮胆丸中的猪去氧胆酸、鹅去氧胆酸,益肾灵颗粒中的枸杞多糖,冠心苏合丸中的土木香内酯、龙脑和异龙脑,京万红软膏中的地榆素 $-H_2$ 等。分析中药制剂中的上述成分时,应在充分了解其基本理化性质的前提下,结合分析目的和制剂特点选择适宜的方法。

第一节 生物碱

一、概述

生物碱是来源于生物界的一类含氮有机化合物。一般来讲,除了生物体必需的含氮有机化合物,如氨基酸、蛋白质、肽类、核酸、核甘酸、氨基糖、含氮维生素等,其他含氮有机化合物均可视为生物碱。生物碱类成分在植物体内多以有机酸盐的形式存在,如草酸盐、酒石酸盐,柠檬酸盐等,少数以无机酸盐的形式存在,如盐酸小檗碱、硫酸吗啡、硫酸阿托品等;少数碱性极弱的生物碱以游离形式存在,如酰胺类生物碱;极少数生物碱以酯、N- 氧化物或苷的形式存在。

生物碱多具有显著的生理活性,是许多中药的重要药效成分,常作为中药及其制剂定性、定量分析的指标性成分。如小檗碱具有抗菌、抗炎活性,延胡索乙素、吗啡具有镇痛作用,麻黄碱具有止咳平喘作用,乌头碱既是乌头、附子等中药镇痛、抗炎、强心的有效成分,也是毒性成分,奎宁具有抗疟作用,阿托品是临床常用的解痉药物,紫杉醇、喜树碱、长春新碱、秋水仙碱具有显著抗癌作用。

生物碱类成分的溶解性与其存在状态有关。游离生物碱多为亲脂性,易溶于亲脂性有机溶剂(如苯、乙醚、三氯甲烷、甲醇等)以及酸水,生物碱盐一般易溶于水和亲水性溶剂,难溶于亲脂性溶剂,生物碱盐的溶解性与成盐的酸有关。大多数生物碱具有碱性,按照碱性大小,将生物碱分为强碱(如季铵碱)、中强碱、弱碱和极弱碱,生物碱碱性强弱的一般顺序为:胍基 > 季铵碱 >N- 烷杂环 > 脂肪胺 > 芳香胺 ≈ N- 芳杂环 > 酰胺 ≈ 吡咯。生物碱在酸水溶液或稀醇溶液中与某些试剂生成难溶于水的复盐或络合物沉淀的反应,可用于中药及其制剂中生物碱类成分的定性鉴别和含量测定。

在《中国药典》2015 年版中,生物碱定性鉴别方法有化学反应法、薄层色谱法、HPLC 法等,含量测定方法有 HPLC 法、GC 法、酸碱滴定法、紫外 - 可见分光光度法、重量法、薄层扫描法等。

二、鉴别

(一) 化学反应法

鉴别中药及其制剂中生物碱常用化学反应法主要包括沉淀反应和颜色反应。

生物碱沉淀反应具有灵敏度高、显色稳定的特点,是中药及其制剂中生物碱类成分定性鉴别的最常用方法。利用生物碱沉淀反应进行定性鉴别时,应注意以下几点:①生物碱沉淀反应通常在酸水或酸性稀醇溶液中进行,苦味酸试剂与生物碱的沉淀反应可在中性条件下进行。②要注意假阴性和假阳性干扰。大多数中药化学成分复杂,其所含蛋白质、鞣质、多肽、氨基酸等成分也可与生物碱沉淀试剂发生阳性反应,干扰结果判断。因此,在制备供试品溶液时,一般先对样品进行预处理,除去杂质干扰。常用方法为将生物碱酸水提取液加碱碱化,使生物碱充分游离;用三氯甲烷萃取,分取三氯甲烷层;再用酸水萃取,取酸水层进行沉淀反应。某些生物碱不与生物碱沉淀试剂反应,产生假阴性结果,如吗啡、麻黄碱等。③鉴别时,应采用 3 种以上生物碱沉淀试剂同时进行。④当中药制剂中有两种以上中药均含有生物碱类成分时,仅仅利用沉淀反应无法得出确切结论,需结合其他方法进行鉴别。

生物碱沉淀试剂中,碘化铋钾试液(或改良碘化铋钾试液)最为常用,与大多数生物碱发生反应,生成橘红色沉淀,易于观察。沉淀试剂均要求新鲜配制。利用沉淀反应鉴别生物碱时,可以在试管中进行,也可在平面色谱上进行,将供试品溶液滴在纸片上,再喷洒沉淀试剂,观察颜色变化。

颜色反应也是鉴别生物碱的常用方法,适用于不发生沉淀反应的生物碱的鉴别。如麻黄碱类成分可以与铜络盐发生颜色反应,小檗碱可以发生变色酸反应、漂白粉反应等,颠茄中托烷类生物碱可与发烟硝酸和苛性碱发生颜色反应,具有酯键的生物碱可与异羟肟酸铁试剂反应呈紫红色,均可用于鉴别。

【示例 10-1】止喘灵注射液中麻黄的鉴别

〔药味组成〕麻黄,洋金花,苦杏仁,连翘。

〔鉴别〕取本品 20ml,加氨试液使成碱性,用三氯甲烷提取 2 次,每次 10ml,合并三氯甲烷液,取三氯甲烷液 4ml,分置 2 支试管中,一管加氨制氯化铜试液与二硫化碳各 5 滴,振摇,静置,三氯甲烷层显黄色至棕黄色,另一管为空白,以三氯甲烷 5 滴代替二硫化碳,振摇后三氯甲烷层应无色或显微黄色。

〔注释〕麻黄中游离生物碱为中强碱,易溶于亲脂性有机溶剂,加氨试液使生物碱游离,采用三氯甲烷提取。麻黄碱不与一般生物碱显色剂显色,采用铜络盐反应进行鉴别。

(二) 色谱法

色谱法是中药及其制剂中生物碱类成分定性鉴别最常用的方法,主要有薄层色谱法、纸色谱法、高效液相色谱法、气相色谱法等。

1. 薄层色谱法　吸附剂常用硅胶或氧化铝，《中国药典》主要采用硅胶作为吸附剂。

硅胶薄层色谱法适用于大多数生物碱的分离检识。由于硅胶呈弱酸性，强碱性生物碱在硅胶薄层板上形成盐，使 R_f 变小、斑点拖尾或形成复斑，因此，采用硅胶薄层色谱法鉴别生物碱时，常用碱性溶剂系统（展开剂中加入氨水或二乙胺等碱性试剂）作为展开剂，或在碱性环境（氨蒸气预饱和）中展开，也可使用氢氧化钠等稀碱溶液制备硅胶薄层板，以克服拖尾现象，改善分离，使色谱斑点圆整，易于鉴别。

鉴别生物碱时，展开剂一般以三氯甲烷、甲苯等亲脂性溶剂为主，根据待分离成分极性大小，加入丙酮、乙酸乙酯、甲醇、水等大极性溶剂，如甲苯 - 丙酮、甲苯 - 乙酸乙酯 - 甲醇 - 水、乙酸乙酯 - 甲醇 - 浓氨溶液、三氯甲烷 - 甲醇 - 水、环己烷 - 乙酸乙酯 - 二乙胺等溶剂系统。鉴别生物碱盐时，还可采用含酸的展开剂，使斑点集中、圆整，如三黄片中盐酸小檗碱的鉴别，采用乙酸乙酯 - 丁酮 - 甲酸 - 水（10∶7∶1∶1）为展开剂。

薄层色谱展开后，少数有颜色的生物碱可直接在日光下检视，有荧光的生物碱可置于紫外光灯下观察。多数生物碱需要喷显色剂显色，如碘化铋钾、碘化汞钾、碘 - 碘化钾、硅钨酸、磷钼酸等试液，最常用的为碘化铋钾试液（或改良碘化铋钾试液），与生物碱反应，呈橘红色。为了使斑点显色更明显，可在喷碘化铋钾试液后，再喷亚硝酸钠试液。另外，某些生物碱类成分不能与一般的显色剂反应，可采用特殊方法显色，如麻黄碱与茚三酮试剂发生颜色反应，可用于鉴别。还有一些生物碱不发生显色反应，应采用其他方法检视。中药及其制剂中的常见成分如蛋白质、氨基酸、肽类等也可与生物碱显色剂显色，产生干扰，应注意区别，排除假阳性干扰。

氧化铝吸附色谱法也常用于生物碱类成分的鉴别。氧化铝微显碱性，吸附力强，适合分离亲脂性生物碱，多采用中性展开剂。

【示例 10-2】四妙丸中黄柏的鉴别

〔药味组成〕苍术，牛膝，盐黄柏，薏苡仁。

〔鉴别〕取本品 3g，研细，加乙醚 30ml，超声处理 30 分钟，弃去乙醚液，残渣加甲醇 20ml，超声处理 20 分钟，滤过，滤液蒸干，残渣加甲醇 2ml 使溶解，作为供试品溶液。另取盐酸小檗碱对照品，加甲醇制成每 1ml 含 0.5mg 的溶液，作为对照品溶液。再取黄柏对照药材 1g，同法制成对照药材溶液。吸取上述三种溶液各 1~2μl，分别点于同一硅胶 G 薄层板上，以甲苯 - 异丙醇 - 乙酸乙酯 - 甲醇 - 浓氨试液（6∶1.5∶3∶2∶0.5）为展开剂，展开，取出，晾干，置紫外光灯下（365nm）下检视。供试品色谱中，在与对照药材色谱和对照品色谱相应的位置上，显相同颜色的荧光斑点。

〔注释〕四妙丸中含有亲脂性杂质，易溶于亲脂性溶剂，而小檗碱为季铵碱，易溶于水和亲水性溶剂，难溶于亲脂性溶剂，故使用乙醚超声处理，除去杂质，再用甲醇超声提取小檗碱。盐酸小檗碱为强碱性生物碱，故在展开剂中加入碱性试剂，改善分离效果。

2. 纸色谱法　纸色谱法（PC 法）鉴别中药及其制剂中生物碱类成分时，依据生物碱极性选择合适的色谱条件。一般情况下，极性较小的生物碱选用甲酰胺做固定相，展开剂为以三氯甲烷等亲脂性有机溶剂为主的溶剂系统；极性较大的生物碱或生物碱盐可选用水或酸性缓冲溶液为固定相，展开剂为极性较大的亲水性溶剂系统，常在酸性条件下或酸性环境中进行，常用展开溶剂为正丁醇 - 醋酸 - 水（BAW）系统。PC 的显色方法与薄层色谱法基本相同，但含有硫酸的显色剂不适用。

《中国药典》2015 年版(一部)中,化癥回生片中盐酸水苏碱的鉴别采用纸色谱法。

3. 高效液相色谱法 高效液相色谱法(HPLC 法)鉴别结构相似、极性相近的生物碱,分离效果良好。多以十八烷基硅烷键合相硅胶为填充剂,以含有缓冲盐的溶剂系统作为流动相,如乙腈 - 磷酸盐缓冲溶液,检测波长选择待测成分最大吸收波长。在一定色谱条件下,各个生物碱成分有一定的保留时间,与已知对照品相对照,作为定性鉴别的依据。也可采用对照品添加法,依据相应色谱峰峰面积或峰高的增加,进行鉴别。

【示例 10-3】苦参中生物碱的鉴别

〔色谱条件与系统适用性试验〕十八烷基硅烷键合硅胶为填充剂;以 0.05mol/L 磷酸二氢钠水溶液 - 乙腈 - 甲醇 - 高氯酸钠(940ml:50ml:10ml:10g,磷酸调节 pH 4.4)为流动相,检测波长为 210nm,流速 1.0ml/min。

〔对照品溶液的制备〕分别取对照品野靛碱、莱曼碱、槐胺碱、槐定碱、槐果碱、氧化槐果碱、氧化苦参碱。

〔供试品溶液制备〕取苦参药材粉末(过三号筛)约 2g,精密称定,置具塞锥形瓶中,精密加浓氨试液 0.8ml,放置 0.5 小时,精密加入二氯甲烷 25ml,密塞,时时振摇,放置 8 小时后,摇匀,滤过。同法浸泡 3 次,合并滤液,回收溶剂。残渣加入 2% 的盐酸溶液 25ml 使溶解,超声处理 5 分钟,放置 8 小时,滤过,滤液以乙醚 10ml 萃取 1 次,弃去乙醚层,以饱和碳酸钠溶液调 pH 为 9~10,再加入氯化钠至溶液饱和,滤过。以二氯甲烷萃取滤液 3 次,回收溶剂。残渣以 20ml 水溶解,摇匀后,精密量取 5ml,置 10ml 量瓶中,加水稀释至刻度,作为苦参样品溶液。

〔测定法〕取混合对照品溶液和供试品溶液,注入液相色谱仪,照上述方法测定,鉴别样品中的 8 种生物碱成分。

4. 气相色谱法 气相色谱法(GC 法)适用于分离鉴别具有挥发性、热稳定性的生物碱,如麻黄碱、烟碱等。可与对照品保留时间相对照,作为鉴别依据。

三、含量测定

(一) 总生物碱含量测定

1. 酸碱滴定法　酸碱滴定法是中药及其制剂中总生物碱含量测定的常用方法。通常根据待测生物碱的碱性强弱,首先确定是采用水溶液酸碱滴定还是非水溶液酸碱滴定法。游离生物碱多为亲脂性,不溶于水,故先将生物碱溶于定量过量的标准酸溶液中,如 0.01mol/L 的硫酸溶液,再用标准碱溶液如 0.02mol/L 的氢氧化钠溶液回滴,计算总生物碱含量。如颠茄酊中含有游离脂溶性生物碱,采用酸碱滴定法测定总生物碱含量时,将提取得到的总生物碱三氯甲烷液溶于硫酸滴定液中,加热除去三氯甲烷后,采用氢氧化钠滴定液滴定。

采用强碱滴定生物碱盐时,在 70%~90% 乙醇介质中终点比在水中明显,故常将生物碱盐溶于 90% 乙醇,再用标准碱的乙醇溶液进行滴定。若选择合适溶剂和指示剂,即使碱性较弱的生物碱(pK_a=1~2)也可用非水滴定法测定。

酸碱滴定法一般采用指示剂指示反应终点。生物碱的水溶液酸碱滴定法常用指示剂有甲基红、茜素磺酸钠、溴酚蓝、溴甲酚蓝等;非水溶液酸碱滴定法常用指示剂有酚酞、甲基黄、溴酚蓝、结晶紫等。

由于中药中成分复杂,干扰物较多,尤其是酸性成分与生物碱共存时,会干扰测定结果,为了保证结果准确,在采用酸碱滴定法测定生物碱含量之前,样品液应进行净化处理,如采用液 - 液萃取法、氧化铝柱色谱法等进行纯化除杂。同时,要平行做空白试验,校正结果。

【示例 10-4】北豆根提取物中总生物碱的含量测定

取本品研细,取适量(约相当于总生物碱 80mg),精密称定,置锥形瓶中,加乙酸乙酯 25ml,振摇 30 分钟,滤过,用乙酸乙酯 10ml 分 3 次洗涤容器及滤渣,洗液与滤液合并,置水浴上蒸干,残渣加无水乙醇 10ml 使溶解并转移至锥形瓶中,精密加入硫酸滴定液(0.01mol/L)25ml 与甲基红指示液 2 滴,用氢氧化钠滴定液(0.02mol/L)滴定,即得。每 1ml 硫酸滴定液(0.01mol/L)相当于 6.248mg 蝙蝠葛碱($C_{38}H_{44}N_2O_6$)。

2. 重量分析法　重量分析法根据操作方式不同分为两种:一种是将生物碱提取出来,再采用适宜的方法使其生成沉淀直接称重。此法适用于混合的、结构未知或相对分子量较大的生物碱含量测定。如昆明山海棠片中总生物碱的含量测定,采用酸水回流提取,酸水提取液经氨水碱化后,采用乙醚振摇提取,乙醚萃取液合并,蒸干,残渣即为总生物碱,称定重量,计算含量。该方法计算简便,不需考虑生物碱的相对分子质量和换算系数,缺点是取样量大、操作时易乳化,对于遇热不稳定、具有挥发性、在碱性条件下可水解的生物碱不适用。同时,使用此法时,应注意提取时要尽量减少杂质的引入,否则会引起测定结果的误差,但对大多数成分复杂的中药制剂来讲,很难达到,因此对于药味较少、成分简单的中药制剂或原药材较常用。另一种方法是使用某些试剂(如生物碱沉淀试剂)使生物碱生成沉淀,称定重量,换算生物碱含量。此法取样量小、灵敏度高,但计算复杂,操作烦琐,且操作时沉淀的影响因素较多,如沉淀试剂种类、反应 pH、温度等因素,同时,一些非生物碱物质也可能生成沉淀而干扰测定。

【示例 10-5】昆明山海棠片中总生物碱含量测定

〔药味组成〕昆明山海棠。

〔含量测定〕取本品 60 片,除去包衣,精密称定,研细,取约 7g,精密称定,置 200ml 锥形瓶中,加硅藻土 1.4g,混匀,加乙醇 70ml,加热回流 40 分钟,放冷,滤过,滤渣加乙醇 50ml,加热回流 30 分钟,放冷,滤过,滤液合并,置水浴上蒸干,残渣加盐酸溶液(1 → 100)30ml,置水浴上搅拌使溶解,放冷,滤过,残渣再用盐酸(1 → 200)同法提取 3 次(20ml,15ml,15ml),合并滤液于分液漏斗中,加氨试液使溶液呈碱性,用乙醚振摇提取 4 次(40ml,30ml,25ml,20ml),合并乙醚液,用水振摇洗涤 2 次,每次 10ml,乙醚液滤过,滤液置已在 100℃干燥至恒重的蒸发皿中,在低温水浴上蒸去乙醚,残渣在 100℃干燥至恒重,称定重量,计算,即得。

3. 分光光度法　采用分光光度法测定中药及其制剂中总生物碱含量时,多采用单波长法测定。测定波长可采用生物碱自身吸收波长,也可选用合适的显色方法显色后,在紫外或可见光区测定。

(1) 直接测定法:具有紫外吸收的生物碱类成分,可选择其最大吸收波长作为测定波长直接测定,依据朗伯比尔定律,吸光度值与生物碱量成正比,测定吸光度值,通过吸收系数法或与对照品对照法计算生物碱含量。

采用单波长光谱法进行含量测定时,要求干扰成分在测定波长基本无吸收。因此,此法一般用于药材或药味较少、干扰较少的制剂中总生物碱的含量测定;如用于药味复杂、成分较多的中药制剂中总生物碱含量测定,为保证测定结果准确可靠,一般要对供试品溶液进行分离净化,常用分离净化的方法有柱色谱法、溶剂萃取法等。也可采用双波长等计算分光光度法测定含量。

(2) 酸性染料比色法:酸性染料比色法是总生物碱含量测定常用方法。在一定 pH 介质中,生物碱 B 可与 H^+ 结合成阳离子 BH^+,而酸性染料(HIn)在此条件下解离成阴离子 In^-,生物碱盐的阳离子与染料阴离子可定量的结合,生成有色离子对($BH^+ \cdot In^-$)。

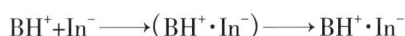

$$BH^+ + In^- \longrightarrow (BH^+ \cdot In^-) \longrightarrow BH^+ \cdot In^-$$

此离子对可定量溶于某些有机溶剂,测定有机溶剂的吸收度或经碱化后释放出的染料的吸收度,即可计算生物碱的含量。

常用的染料有甲基橙、溴麝香草酚蓝、甲基橙、溴甲酚绿、溴酚蓝和溴甲酚紫等。其中,最常用的为溴麝香草酚蓝。

应用酸性染料比色法测定总生物碱的关键在于介质的 pH、酸性染料的种类和有机溶剂的选择,其中 pH 的选择最重要。适宜的 pH 可以使阴阳离子定量结合,如果 pH 偏低,虽然生物碱以盐的形式存在,但是染料仍以酸的形式存在,如果 pH 过高,染料以阴离子形式存在,但是生物碱却以游离形式存在,两种情况均无法使阴阳离子定量结合。pH 的选择要依据染料的性质和生物碱的碱性大小来确定。一般生物碱一元碱与溴麝香草酚蓝形成 1:1 的离子对,最适宜的 pH 在 5.2~6.4 之间,若为二元碱,则形成 1:2 离子对,则 pH 最好在 3.0~5.8 之间。pH 可用磷酸盐缓冲液、邻苯二甲酸氢钾缓冲液、醋酸盐缓冲液等控制。

有机溶剂的选择依据离子对与有机溶剂能否形成氢键以及形成氢键能力的强弱而定。四氯化碳、苯不与离子对形成氢键,提取率较低。三氯甲烷、二氯甲烷与离子对形成氢键,提取率较高,选择性好,故常作为提取溶剂。有机相的水分也会对结果产生影响,微量水可使三氯甲烷发生浑浊,并会将水相中的过量染料带入有机溶剂,而影响测定结果。因此,有机溶剂需加入脱水剂(如无水硫酸钠)或经滤纸滤过,除去微量水分,再进行测定。

采用酸性染料比色法测定总生物含量时,一般采用单因素法或正交设计法对各显色条件进行考察,如筛选合适的酸性染料种类;依据显色后溶液的光谱吸收,选择测定波长;依据显色后的吸光度值,确定最佳显色剂用量和显色时间,缓冲溶液的 pH 用量,及有机溶剂用量。

(3) 雷氏盐比色法:雷氏盐又称雷氏铵盐或硫氰酸铬铵 $NH_4[Cr(NH_3)_2(SCN)_4]\cdot H_2O$,为暗红色结晶或结晶性粉末。雷氏盐在酸性介质中与季铵型生物碱定量地生成难溶于水的有色络合物。生物碱的阳离子 BH^+ 与雷氏盐的阴离子 $[Cr(NH_3)_2(SCN)_4]^-$ 结合,生成生物碱雷氏盐沉淀 $BH^+[Cr(NH_3)_2(SCN)_4]^-$,为单盐形式的沉淀。生物碱分子结构中如果有多个季铵型氮原子,在适宜 pH 下,也可以和多分子雷氏盐结合。以含有 2 个氮原子的生物碱为例,当溶液中氢离子浓度增大时,其二级解离度增大,有利于下列平衡向后移动:

$$BH^+ + H_3O \rightleftharpoons BH_2^{2+} + H_2O$$

BH_2^{2+} 能与 2 分子 $NH_4[Cr(NH_3)_2(SCN)_4]^-$ 结合生成沉淀 $BH_2[Cr(NH_3)_2(SCN)_4]_2$,称为双盐。所以,当生物碱结构中含有 1 个氮原子时,沉淀反应受 pH 影响较小,当含有 2 个以上氮原子时,与雷氏盐反应的沉淀组成与 pH 有关:如氮原子碱性均较强,在酸性较弱的溶液中生成单盐,在酸性较强的溶液中生成双盐、三盐等;碱性较弱的无论酸性强弱均生成单盐;季铵类生物碱分子若含有多个季铵氮原子,即与几个硫氰酸铬铵分子结合,生成沉淀。

生物碱的雷氏盐沉淀易溶于丙酮,其丙酮溶液所呈现的吸收特征是分子结构中的硫氰化铬铵部分的吸收特征,而非生物碱。因此,将生物碱雷氏盐沉淀滤过洗净后,溶于丙酮或甲醇后直接比色测定,可换算出生物碱的含量;也可以精密加入过量雷氏盐试液,滤除生成的沉淀后,采用比色法(丙酮溶解时:520~526nm,甲醇溶解时:427nm)测定剩余的雷氏盐含量,计算消耗的雷氏盐的量,间接计算生物碱含量。

硫氰酸铬铵在丙酮中的克分子吸收系数为 $\varepsilon=106.5$(单盐),可依据吸光度值计算:

$$W = \frac{A}{\varepsilon} \times M \times V$$

式中,W 表示被测物重量(mg),M 表示被测物质分子量,V 表示溶解沉淀所用丙酮的毫升数。

采用雷氏盐比色法测定生物碱含量时,需注意以下几点:雷氏盐的水溶液室温易分解,故应新鲜配制,且反应在低温进行;供试品溶液应配制在适宜浓度,并尽量除去杂质干扰;雷氏盐的丙酮溶液的吸光度随时间变化而变化,应尽快测定。

(4) 其他方法:对于结构特殊的生物碱,可采用特殊的方法显色后进行测定。测定止咳宝片中吗啡的含量时,采用亚硝酸钠显色,以无水吗啡为对照品,于 420nm 波长处测定吸光度值,计算含量。乌头、附子中生物碱结构中含有酯键,测定总生物碱含量时,在碱性介质中加热,酯键水解,产生的羧基与羟胺反应生成异羟肟酸,再与 Fe^{3+} 生成紫红色的配合物(异羟肟酸铁),产生特征吸收,采用比色法测定含量。

【示例 10-6】小儿宝泰康颗粒中总生物碱的含量测定

〔药味组成〕连翘,地黄,滇柴胡,玄参,桑叶,浙贝母,蒲公英,南板蓝根,滇紫草,桔梗,莱菔子,甘草。

〔对照品溶液的制备〕取贝母素甲对照品 14mg,精密称定,置 50ml 量瓶中,加 0.1mol/L 盐酸溶液 5ml 和水 4ml 使溶解,加水至刻度,摇匀,即得(每 1ml 含贝母素甲 0.28mg)。

〔标准曲线的制备〕精密量取对照品溶液 0.1ml、0.3ml、0.5ml、0.7ml、0.9ml,分别置分液漏斗中,加水至 2ml,各加溴甲酚绿溶液(取溴甲酚绿 50mg 与邻苯二甲酸氢钾 1.021g,加 0.2mol/L 氢氧化钠溶液 6ml 使溶解,再加水稀释至 100ml)2ml,摇匀,再精密加入三氯甲烷 10ml,剧烈振摇约 2 分钟,静置,分取三氯甲烷液,用干燥滤纸滤过,取续滤液,另取水 2ml,同法操作。以三氯甲烷为空白。在 411nm 波长处测定吸光度,以吸光度为纵坐标,浓度为横坐标,绘制标准曲线。

〔测定法〕取本品,混匀,取适量,研细,取约 8g,精密称定,加水 30ml,搅拌使溶解,用氨试液调节 pH 至 11,用乙醚振摇提取 4 次,每次 30ml,合并乙醚液,挥干,残渣加 0.1mol/L 盐酸溶液 0.5ml 和水 2ml,搅拌使溶解,转移至 25ml 量瓶中,加水至刻度,摇匀,滤过,取续滤液 2ml,置分液漏斗中,照标准曲线的制备项下的方法,自"加溴甲酚绿溶液 2ml"起,依法测定吸光度,从标准曲线上读出供试品溶液中贝母素甲的量,计算,即得。

【示例 10-7】产复康颗粒中总生物碱含量测定

〔药味组成〕益母草,当归,人参,黄芪,何首乌,桃仁,蒲黄,熟地黄,醋香附,昆布,白术,黑木耳。

〔对照品溶液的制备〕取盐酸水苏碱适量,精密称定,加 0.1mol/L 盐酸溶液制成每 1ml 含 1mg 的溶液,即得。

〔供试品溶液的制备〕取本品内容物,混匀,取适量,研细,取约 12g 或 3g(无蔗糖),精密称定,置具塞锥形瓶中,精密加入乙醇 50ml,超声处理(功率 300W,频率 40kHz)30 分钟,滤过,精密量取续滤液 25ml,置 50ml 烧杯中,置水浴上蒸干,残渣中精密加入 0.1mol/L 盐酸溶液 10ml 使溶解,即得。

〔测定法〕取上述对照品溶液和供试品溶液,各加活性炭 0.5g,置水浴上加热 1 分钟,搅拌,滤过,滤液分别置 25ml 量瓶中,用 0.1mol/L 盐酸溶液 10ml 分次洗涤烧杯和滤器,洗涤液并入同一量瓶中;另取 0.1mol/L 盐酸溶液 20ml 置另一 25ml 量瓶中,作为空白溶液。在上述三种溶液中精密加入 2% 硫氰酸铬铵溶液(临用前配制)3ml,摇匀,置冰浴中放置 1 小时,用干滤纸滤过,取续滤液;以 0.1mol/L 盐酸溶液为空白。在 525nm 波长处分别测定吸光度,用空白溶液的吸光度分别减去对照品溶液与供试品溶液的吸光度,计算,即得。

(二) 单体生物碱成分含量测定

中药及其制剂中单体生物碱含量测定一般采用色谱法,使用最多的为高效液相色谱法,其次为气相色谱法和薄层色谱扫描法。由于色谱法具有分离和分析双重作用,对于成分简单、干扰少的中药及其制剂,可采用合适方法提取后直接测定。对药味较多、成分复杂的中药制剂,则需进行净化处理,一般常用的方法有液 - 液萃取法、色谱法、固相萃取法、沉淀法等。经过净化处理后的供试品溶液,可改善分离效果,减少杂质对色谱柱的损坏、提高试验方法的专属性。如采用高效液相色谱法测定益母草丸中盐酸水苏碱的含量时,采用氧化铝 - 活性炭低压层析柱纯化的方法进行样品预处理,达到去除杂质、改善分离效果的目的。

1. 高效液相色谱法　中药及其制剂中单体生物碱成分含量测定最常用的方法为高效液相色

谱法(HPLC 法)。依据生物碱类成分的存在形式、碱性强弱以及极性大小,可选用液 - 液分配色谱法、液 - 固分配色谱法以及离子交换色谱法。

在液 - 液分配色谱法中,可采用正相色谱,也可采用反相色谱。正相液相色谱中,固定相为极性化学键合硅胶,如氨基键合相硅胶、氰基键合相硅胶、丙基酰胺键合硅胶、极性乙醚连接苯基键合硅胶等,以乙腈 - 异丙醇(无水乙醇)- 磷酸水、乙腈 - 水等溶液系统作为流动相,为了改善分离效果,防止生物碱色谱峰出现拖尾现象,可在流动相中加入二乙胺、三乙胺或磷酸等作为改善剂。如苦参中苦参碱和氧化苦参碱的分析,采用氨基键合硅胶为填充剂,以乙腈 - 无水乙醇 -3% 磷酸溶液(80∶10∶10)为流动相,在 220nm 下测定。

反相液相色谱是最常用的方法,以十八烷基、辛烷基键合硅胶为填充剂,多以甲醇 - 水或乙腈 - 水为流动相,也有加入四氢呋喃的。在反相色谱中,硅烷化试剂对硅胶进行化学修饰时,由于覆盖或修饰不完全,常使硅胶表面残存有游离的硅醇基,由于硅醇基酸性较大,生物碱类成分与其结合影响色谱行为,使峰形变宽,保留时间延长,色谱峰拖尾等。为了克服硅醇基的影响,可采用以下措施:在流动相中加入硅醇基抑制剂,如二乙胺、三乙胺等,竞争性阻断硅醇基的影响;在一定 pH 下,加入低浓度离子对试剂如辛烷基磺酸钠或十二烷基磺酸钠等表面活性剂,但使用后应立即清洗色谱柱,减少离子对对色谱柱的损害;还可在流动相中加入季铵盐试剂(如溴化四甲基铵),掩盖硅胶表面的硅醇基;或者加入一定量的电解质缓冲液,通过改变流动相离子强度,稳定 pH 及促进离子对相互作用,如磷酸盐缓冲溶液、醋酸盐缓冲液。

一测多评法是 HPLC 法用于测定中药及其制剂中有效成分含量的新模式。该模式借鉴了经典的内标法、校正因子法、主成分自身对照法和紫外百分吸收系数法的优势,选择中药中固有成分作为内参物,使用纯品建立内参物与其他待测成分之间的相对校正因子,实际应用时直接采用相对校正因子计算其他待测成分含量,目前该方法已成功应用于木通、黄连、人参等 20 种常用中药的质量评价研究。一测多评法特别适合于中药及其制剂中多种成分同时分离分析,《中国药典》2015 年版收载的黄连中四种生物碱的含量测定即采用此法。

知识链接

"一测多评法"测定黄连中生物碱含量

色谱条件与系统适用性试验:以十八烷基硅烷键合硅胶为填充剂;以乙腈 -0.05mol/L 磷酸二氢钾溶液(50∶50)(每 100ml 中加十二烷基硫酸钠 0.4g,再以磷酸调节 pH 为 4.0)为流动相;检测波长为 345nm。理论板数按盐酸小檗碱峰计算应不低于 5 000。

对照品溶液的制备:取盐酸小檗碱对照品适量,精密称定,加甲醇制成每 1ml 含 90.5μg 的溶液,即得。

甲醇 - 盐酸(100∶1)的混合溶液 50ml,密塞,称定重量,超声处理(功率 250W,频率 40kHz)30 分钟,放冷,再称定重量,用甲醇补足减失的重量,摇匀,滤过,精密量取续滤液 2ml,置 10ml 量瓶中,加甲醇至刻度,摇匀,滤过,取续滤液,即得。

测定法:分别精密吸取对照品溶液与供试品溶液各10μl,注入液相色谱仪,测定,以盐酸小檗碱对照品的峰面积为对照,分别计算小檗碱、表小檗碱、黄连碱和巴马汀的含量,用待测成分色谱峰与盐酸小檗碱色谱峰的相对保留时间确定。

表小檗碱、黄连碱、巴马汀、小檗碱的峰位,其相对保留时间应在规定值的 ±5% 范围之内,即得。相对保留时间见下表。

待测成分(峰)	相对保留时间
表小檗碱	0.71
黄连碱	0.78
巴马汀	0.91
小檗碱	1.00

离子交换色谱法也是生物碱含量测定常用方法,以阳离子交换键合硅胶为固定相,以乙腈-水、甲醇-水为流动相,常在水中添加酸、碱,使生物碱处于最合适的存在形式的,达到最优分离效果。如益母丸中盐酸水苏碱的分析,采用强阳离子交换(SCX)色谱柱,以 15mmol/L 磷酸二氢钾溶液(含 0.04% 三乙胺和 0.15% 磷酸)为流动相,于 192nm 波长处检测。

中药及其制剂中生物碱成分采用 HPLC 法分析时,紫外检测器最常用,具有紫外吸收的生物碱类成分,一般选择待分析成分的最大吸收波长作为检测波长,无明显紫外吸收的成分,可在其末端吸收处检测。蒸发光散射检测器、电化学检测器、荧光检测器等也常用于生物碱类成分分析。

采用 HPLC 法分析生物碱类成分时,如需分离分析复杂样品中多种生物碱成分,对色谱柱的质量要求特别高,且由于分析生物碱时,常使用酸、缓冲盐或表面活性剂,导致色谱柱不易平衡,分析时间较长,有机溶剂消耗量大。

【示例 10-8】如意定喘片中东莨菪碱含量测定

〔药味组成〕蛤蚧,制蟾蜍,黄芪,地龙,麻黄,党参,苦杏仁,白果,洋金花等。

〔色谱条件与系统适用性试验〕以十八烷基硅烷键合硅胶为填充剂;以甲醇 -0.02mol/L 磷酸二氢钾的 0.3% 磷酸溶液(10:90)为流动相;检测波长为 210nm。理论塔板数按氢溴酸东莨菪碱峰计算应不低于 3 000。

〔对照品溶液的制备〕取氢溴酸东莨菪碱对照品适量,精密称定,加甲醇制成每 1ml 含氢溴酸东莨菪碱 40μg 的溶液,即得(东莨菪碱重量 = 氢溴酸东莨菪碱重量 /1.267)。

〔供试品溶液的制备〕取本品 20 片,除去糖衣,精密称定,研细,取约 2g,精密称定,置具塞锥形瓶中,精密加入 2mol/L 盐酸溶液 50ml,称定重量,超声处理 30 分钟(功率 250W,频率 33kHz),放冷,再称定重量,用 2mol/L 盐酸溶液补足减失的重量,摇匀,用脱脂棉滤过,精密量取续滤液 25ml,用浓氨试液调节 pH 至 9,用二氯甲烷振摇提取 5 次,每次 30ml,合并二氯甲烷液,低温蒸至近干,残渣加二氯甲烷 1ml 使溶解,并转移至 5ml 量瓶中,加甲醇稀释至刻度,摇匀,滤过,取续滤液,即得。

〔测定法〕分别精密吸取对照品溶液和供试品溶液各 10μl,注入液相色谱仪,测定,即得。

〔注释〕样品采用盐酸提取生物碱盐,加氨水调节 pH 至碱性,使生物碱游离,再采用二氯甲烷萃取。该方法为中药及其制剂中生物碱类成分供试品溶液制备常用方法。

2. 气相色谱法 气相色谱法(GC 法)适用于挥发性、热稳定性的生物碱类成分的含量测定。如麻黄碱、槟榔碱、石斛碱等。多采用毛细管柱,程序升温的方法,采用内标法进行测定。生物碱盐在急速加热过程中,产生的酸对色谱柱和检测器不利,应予以注意。GC 法测定生物碱时,制备供试品溶液时一般采用冷浸提取,净化过程也要尽量避免加热,以防止成分流失,最后采用三氯甲烷、乙酸乙酯、乙醚等低极性有机溶剂为溶剂制备成供试品溶液。

【示例 10-9】石斛中石斛碱含量测定

〔色谱条件与系统适用性试验〕DB-1 毛细管柱(100% 二甲基聚硅氧烷固定相(柱长为 30m,内径为 0.25mm,膜厚度为 0.25μm,程序升温:初始温度为 80℃,以每分钟 10℃的速率升温至 250℃,保持 5 分钟;进样口温度为 250℃,检测器温度为 250℃。理论塔板数按石斛碱峰计算应不低于 10 000。

〔校正因子测定〕取萘对照品适量,精密称定,加甲醇制成每 1ml 含 25μg 的溶液,作为内标溶液。取石斛碱对照品适量,精密称定,加甲醇制成每 1ml 含 50μg 的溶液,作为对照品溶液。精密量取对照品溶液 2ml,置 5ml 量瓶中,精密加入内标溶液 1ml,加甲醇至刻度,摇匀,吸取 1μl,注入气相色谱仪,计算校正因子。

〔测定法〕取本品(鲜品干燥后粉碎)粉末(过三号筛)约 0.25g,精密称定,置圆底烧瓶中,精密加入 0.05% 甲酸的甲醇溶液 25ml,称定重量,加热回流 3 小时,放冷,再称定重量,用 0.05% 的甲酸甲醇溶液补足减失的重量,摇匀,滤过。精密量取续滤液 2ml,置 5ml 量瓶中,精密加入内标溶液 1ml,加甲醇至刻度,摇匀,吸取 1μl,注入液相色谱仪,测定,即得。

3. 高效毛细管电泳法 高效毛细管电泳法(HPCE 法)是近年来发展起来的一种新型、高效的色谱分离方法。与 HPLC 法相比,HPCE 法具有许多优势,如低污染、操作简便、分析时间短、柱效高,毛细管柱易于清洗、柱污染小等特点,但是其定量精密度和浓度灵敏度低于 HPLC 法。HPCE 法更适合于复杂样品中多种生物碱类成分的同时测定,用于生物碱类成分分离分析的常用方法有区带毛细管电泳法和非水毛细管电泳法等。根据生物碱碱性不同,选择合适的缓冲液和 pH。也可加入适当的添加剂增加选择性和改善分离度。

4. 薄层扫描法 采用薄层扫描法测定中药及其制剂中生物碱含量时,应制定严格规范的实验条件,如吸附剂种类选择、展开剂的优选、显色方法的确定及测定波长的选择都需经过试验确定。一般薄层扫描法的实验方法与鉴别相似,但要求比鉴别严格。

多采用双波长反射式锯齿扫描。当测定成分具有荧光时,可采用荧光扫描法,如小檗碱的测定;如果待测定成分具有紫外吸收,不具有荧光石,可采用荧光淬灭法,选择硅胶 GF_{254} 薄层板,如士的宁;也可采用稀碘化铋钾作为显色剂显色后测定,如盐酸水苏碱。使用显色剂显色时应注意,展开后的薄层板需待展开剂完全挥干后才可显色,否则背景深、反差小,影响测定结果。

《中国药典》2015 年版(一部)中,马钱子散中士的宁的含量测定采用此法。

马钱子散中士的宁的含量测定

药味组成:制马钱子,地龙(焙黄)。

定性鉴别:取本品 1g,加浓氨试液数滴及三氯甲烷 10ml,浸泡数小时,滤过,取滤液 1ml 蒸干,残渣加稀盐酸 1ml 使溶解,加碘化铋钾试液 1~2 滴,即生成黄棕色沉淀。

含量测定:取本品约 0.5g,精密称定,置具塞锥形瓶中,精密加入三氯甲烷 20ml,浓氨试液 1ml,轻轻摇匀,称定重量后,于室温放置 24 小时,再称定重量,用三氯甲烷补足减失的重量,充分振摇,滤过,滤液作为供试品溶液。另取士的宁对照品,加三氯甲烷制成每 1ml 含 1mg 的溶液,作为对照品溶液。吸取供试品溶液 8μl 和对照品溶液 4μl,交叉点于同一硅胶 GF_{254} 薄层板上,以甲苯-丙酮-乙醇-浓氨试液(16:12:1:4)的上层溶液为展开剂,展开,取出,晾干。进行扫描,波长:$\lambda_S=257nm$,$\lambda_R=300nm$,测量供试品与对照品吸光度积分值,计算,即得。

第二节 黄酮

一、概述

黄酮类化合物泛指存在于植物中的一系列由两个苯环通过中央三个碳原子相互联结而成的化合物,在植物体内大部分以与糖结合成苷的形式存在,一部分以游离形式存在。天然黄酮类化合物一般分为黄酮、黄酮醇、二氢黄酮、二氢黄酮醇、异黄酮、二氢异黄酮、花色素、黄烷醇、查耳酮和双黄酮等。

天然黄酮类化合物分类

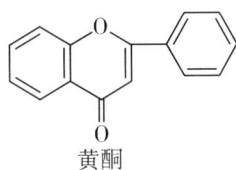

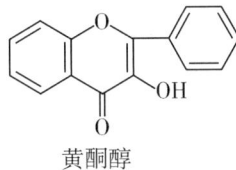

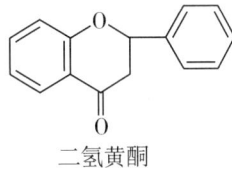

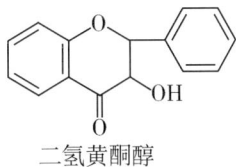

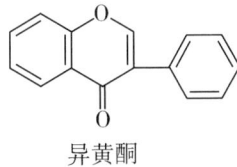

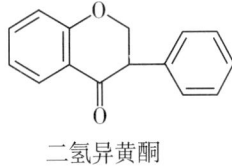

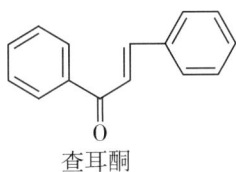

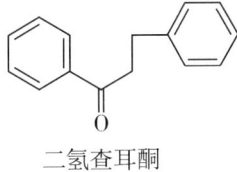

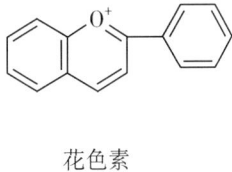

黄酮　　　　　黄酮醇　　　　　二氢黄酮

二氢黄酮醇　　　　异黄酮　　　　　二氢异黄酮

查耳酮　　　　二氢查耳酮　　　　花色素

黄酮类成分具有多方面的生物活性,如抗氧化、抗衰老、抗突变、抗肿瘤、抗菌、抗病毒和雌激素样作用等。如葛根和银杏叶总黄酮具有扩张冠状血管作用,临床可用于治疗冠心病;大豆素等异黄酮类具有雌性激素样作用;黄芩苷和槲皮素具有抗菌、抗病毒作用;牡荆素和 D- 儿茶素等具有抗肿瘤作用。

黄酮类化合物的颜色与分子中交叉共轭体系的存在与否以及酚羟基等助色团的数目和取代位置有关。一般来说,黄酮、黄酮醇及其苷类多显灰黄色至黄色,查耳酮为黄色至橙黄色;异黄酮因缺少完整的交叉共轭体系,仅显微黄色。二氢黄酮、二氢黄酮醇及黄烷醇因交叉共轭体系中断,几乎为无色。

游离黄酮类化合物一般难溶或不溶于水,易溶于甲醇、乙醇、乙酸乙酯、三氯甲烷、乙醚等有机溶剂中。二氢黄酮、二氢黄酮醇及异黄酮类为非平面分子,因此水溶性稍大。花色素类因以离子形式存在,具有盐的通性,水溶性较大。黄酮苷类水溶性增加,一般易溶于水、甲醇、乙醇等强极性溶剂中,但难溶或不溶于苯、三氯甲烷、乙醚等有机溶剂中。

因结构中游离酚羟基的存在,黄酮类化合物多具有酸性,可溶于碱性水溶液、吡啶、甲酰胺及二甲基甲酰胺中。黄酮类化合物酸性强弱与分子中酚羟基数目的多少和位置有关。一般来说其酸性由强至弱的顺序是:7,4′- 二 OH>7- 或 4′-OH> 一般酚羟基 >5-OH。常用于黄酮类化合物的常用显色反应有盐酸 - 镁粉反应、四氢硼钠还原反应、醋酸镁反应、铝盐络合反应等。

在《中国药典》2015 年版中,黄酮定性鉴别方法有化学反应法、薄层色谱法、高效液相色谱法等,含量测定方法有高效液相色谱法、紫外 - 可见分光光度法等。

二、鉴别

(一) 化学反应法

鉴别黄酮类化合物主要利用各种颜色反应,其中最常用的是盐酸 - 镁粉反应。在含黄酮的样品溶液中加入少许镁粉振摇,再滴加几滴浓盐酸,可显色。多数黄酮、黄酮醇、二氢黄酮及二氢黄酮醇类化合物显红色至紫红色;查耳酮、橙酮、儿茶素类不显色;异黄酮类除少数外,也不显色。但需要注意的是花色素类及部分橙酮、查耳酮类等单纯在浓盐酸酸性下也会发生颜色变化,因此应同时进行空白对照实验,即在供试液中不加镁粉,而仅加入浓盐酸进行观察,若产生红色,则表明供试液中含有花色素类或某些橙酮或查耳酮类。此外,为避免植物提取液本身颜色的干扰,可注意观察加入盐酸后升起的泡沫颜色。如泡沫为红色,即显示阳性。

四氢硼钠为二氢黄酮的专属显色反应,二氢黄酮(醇)类在酸性条件下中能与 NaBH₄ 反应产生红色至紫红色,可用于二氢黄酮(醇)类的鉴别。分子中具有 3- 羟基、4- 羰基,或 5- 羟基、4- 羰基或邻二酚羟基的黄酮类化合物,可以与 Al³⁺、Zr⁴⁺、Pb²⁺ 等反应,生成有色的络合物或有色沉淀,有的还产生荧光。特别是 Al³⁺ 能与大多数黄酮类化合物反应生成黄绿色荧光,因此三氯化铝、硝酸铝等试剂常用于黄酮类成分的定性鉴别和定量分析。此外,具有酚羟基的黄酮类化合物,能与三氯化铁溶液反应呈现紫、绿、蓝等不同颜色,也可用于鉴别。

【示例 10-10】大山楂丸中山楂的鉴别

〔药味组成〕山楂,六神曲(麸炒),炒麦芽。

〔鉴别〕取本品 9g,剪碎,加乙醇 40ml,加热回流 10 分钟,滤过,滤液蒸干,残渣加水 10ml,加热使溶解,用正丁醇 15ml 振摇提取,分取正丁醇液,蒸干,残渣加甲醇 5ml 使溶解,滤过。取滤液 1ml,加少量镁粉与盐酸 2~3 滴,加热 4~5 分钟后,即显橙红色。

〔注释〕大山楂丸中黄酮类成分采用乙醇回流提取,正丁醇萃取的方法制备供试品溶液。

(二) 色谱法

色谱法是中药制剂中黄酮类成分最主要的定性鉴别方法,主要有薄层色谱法和高效液相色谱法。

1. 薄层色谱法　硅胶薄层色谱法、聚酰胺薄层色谱法是黄酮类化合物鉴别最常用的方法。

(1) 硅胶薄层色谱法:主要用于检识极性较小的黄酮类化合物,也可用于检识黄酮苷,主要根据黄酮类成分的极性大小予以分离。由于黄酮类成分多呈酸性,展开剂中常加入少量酸改善分离效果。检识游离黄酮时,常用混合有机溶剂系统展开,如甲苯 - 甲酸甲酯 - 甲酸(5:4:1)、环己烷 - 乙酸乙酯 - 甲酸(8:9:0.5)、三氯甲烷 - 甲醇(8.5:1.5)等。检识黄酮苷类时多采用极性较大的含水展开系统展开,如正丁醇 - 乙酸 - 水(3:1:1)、乙酸乙酯 - 甲酸 - 水(8:1:1)、三氯甲烷 - 甲醇 - 水(65:45:12)、乙酸乙酯 - 甲醇 - 甲酸 - 水(8:1:1:1)等。

(2) 聚酰胺薄层色谱:聚酰胺适宜分离与检识各类含有游离酚羟基的黄酮类化合物。由于分子结构中酚羟基的数目与位置不同,聚酰胺对黄酮类化合物的吸附力强弱不同,从而实现分离。在检识游离黄酮时,常用混合有机溶剂为展开剂,如三氯甲烷 - 甲醇(94:6)、三氯甲烷 - 甲醇 - 丁酮(12:2:1)、苯 - 甲醇 - 丁酮(90:6:4)等。进行黄酮苷检识时常用含水的有机溶剂为展开剂,如乙醇 - 丙酮 - 水(7:5:6)、甲醇 - 醋酸 - 水(90:5:5)、甲醇 - 水(1:1)、丙酮 - 水(1:1)等。

由于黄酮类成分多有颜色,在紫外光灯下也多具有黄色或黄绿色荧光,可在日光下直接检视或紫外光灯下观察,也可以置于氨蒸气中熏 15 分钟或喷洒显色剂后进行检视,常用显色剂有三氯化铝醇溶液(在紫外光灯下检查)、三氯化铁醇溶液和三氯化铁 - 铁氰化钾水溶液等。

【示例 10-11】葛根芩连片中葛根的鉴别

〔药味组成〕葛根,黄芩,黄连,炙甘草。

〔鉴别〕取本品 4 片,研细,加乙酸乙酯 25ml,超声处理 30 分钟,滤过,滤液蒸干,残渣加甲醇 0.5ml 使溶解,作为供试品溶液。另取葛根素对照品,加无水乙醇制成每 1ml 含 1mg 的溶液,作为对照品溶液。吸取供试品溶液 5μl、对照品溶液 2μl,分别点于同一硅胶 G 薄层板上,以三氯甲烷 - 甲醇 - 水(28:10:1)为展开剂,展开,取出,晾干,置氨蒸气中熏 15 分钟,置紫外光灯(365nm)下检视。供试品色谱中,在与对照品色谱相应的位置上,显相同颜色的荧光斑点。

【示例 10-12】小儿百部止咳糖浆中黄芩的鉴别

〔药味组成〕蜜百部,苦杏仁,黄芩,甘草等。

〔鉴别〕取本品 5ml,加 75% 乙醇 15ml,超声处理 20 分钟,滤过,滤液作为供试品溶液。另取黄芩苷对照品,加 75% 乙醇制成每 1ml 含 0.2mg 的溶液,作为对照品溶液。照薄层色谱法试验,吸取上述两种溶液各 1~3μl,分别点于同一聚酰胺薄膜上,以醋酸为展开剂,展开,取出,晾干,置紫外光灯(365nm)下检视。供试品色谱中,在与对照品色谱相应的位置上,显相同颜色的荧光斑点。

2. 高效液相色谱法　分离效果好、灵敏度高、重现性好、实用性强,对中药及其制剂中的各类黄酮类成分均可获得良好的分离效果。目前,HPLC 法在黄酮类成分鉴别中的应用以对照品对照法为主。在一定色谱条件下,各个黄酮类成分有一定的保留时间,可与已知对照品相对照,作为定性鉴别的依据,如灯盏花素中野黄芩苷的鉴别,孕康合剂、痔宁片和清开灵软胶囊中黄芩苷的鉴别等。此外,能反映中药及其制剂整体特性的 HPLC 指纹(特征)图谱也逐渐成为重要的鉴别方法,《中国药典》2015 年版收载了银黄口服液、颠茄片、人参总皂苷、山楂叶提取物等特征图谱方法,收载了复方丹参滴丸、血脂康片,三七总皂苷、薄荷素油等指纹图谱方法用于鉴别。

黄酮类成分的 HPLC 法分析多采用反相色谱法,常用的流动相为含有一定比例的甲酸、醋酸或磷酸的水 - 甲醇或水 - 乙腈溶剂系统,洗脱方式可以选择等度洗脱或梯度洗脱。因黄酮类成分在紫外光区有较强的吸收,检测器主要采用紫外检测器,检测波长则根据不同类型黄酮化合物的紫外光谱特征选择。此外,荧光检测器、蒸发光散射检测器等也常被用于黄酮类成分的分析。

3. 高效液相色谱 - 质谱联用技术(HPLC-MS)　采用质谱仪作为液相色谱仪的检测器,可以对各个组分进行检测和结构分析,推测各化合物的可能结构,因此 HPLC-MS 逐渐成为分析鉴定中药及其制剂中黄酮类成分的有效手段之一。如采用 HPLC/ESI-MS 分析鉴定淫羊藿中的黄酮苷类成分,采用 Sinochrom ODS-BP C_{18}(4.6mm × 250mm)分析柱,乙腈 - 水梯度洗脱,流速为 1ml/min,从淫羊藿醇提取物中鉴定出朝藿定 A、Hexandraside F、朝藿定 B、淫羊藿苷、箭藿苷 A、2″ -O- 鼠李糖基 - 大花淫羊藿苷 Ⅱ 和宝藿苷等 7 个淫羊藿黄酮苷类化合物。结果表明淫羊藿苷类的有效部位中所含的成分主要为 8- 异戊烯基取代的黄酮苷类化合物。

知识链接

山楂叶提取物中黄酮的特征图谱

色谱条件与系统适用性实验:以十八烷基硅烷键合硅胶为填充剂;以四氢呋喃 - 甲醇 - 乙腈 - 乙酸 - 水 (38 : 3 : 3 : 4 : 152) 为流动相;检测波长为 330nm。理论板数按牡荆素鼠李糖苷峰计算应不低于 2 500。

参照物溶液的制备:取牡荆素鼠李糖苷对照品适量,精密称定,加 60% 乙醇制成每 1ml 含 100μg 的溶液,即得。

供试品溶液的制备:取本品 50mg,精密称定,置 50ml 量瓶中,加 60% 乙醇溶解并稀释至刻度,即得。

测定法:分别精密吸取参照物溶液与供试品溶液各 10μl,注入液相色谱仪,测定,记录色谱图,即得。

供试品特征图谱中应呈现 4 个特征峰(图 10-1),与参照物峰相应的峰为 S 峰,计算各特征 S 峰的相对保留时间,应在规定的 ±5% 范围之内。相对保留时间规定值为:0.76 (峰 1)、1.00 (峰 S)、1.55 (峰 2)、1.94 (峰 3)。

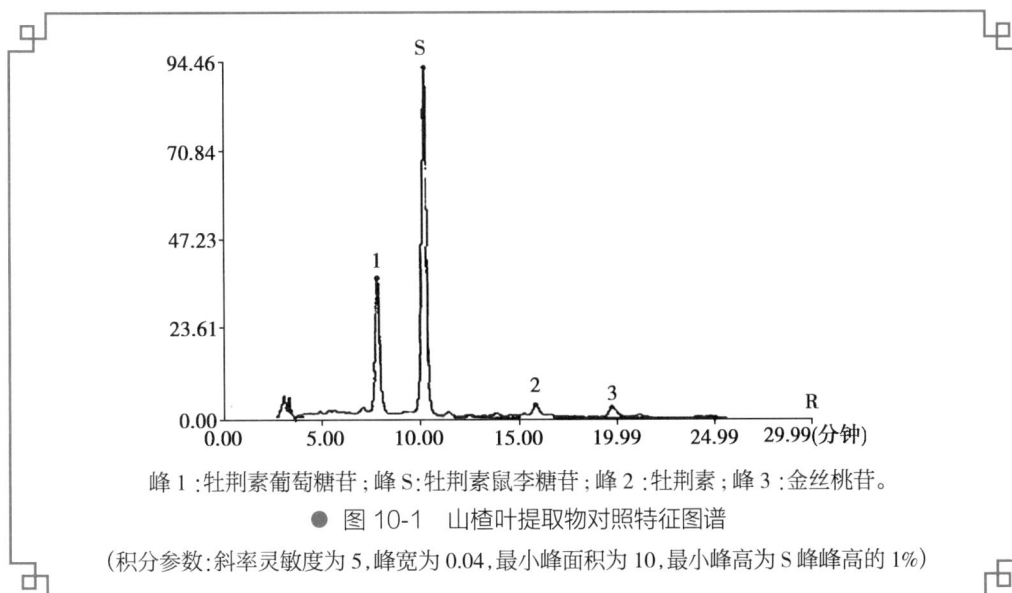

峰 1:牡荆素葡萄糖苷;峰 S:牡荆素鼠李糖苷;峰 2:牡荆素;峰 3:金丝桃苷。

● 图 10-1 山楂叶提取物对照特征图谱

(积分参数:斜率灵敏度为 5,峰宽约 0.04,最小峰面积为 10,最小峰高为 S 峰峰高的 1%)

三、含量测定

(一)总黄酮含量测定

1. 分光光度法 采用分光光度法测定中药及其制剂中总黄酮含量时,多采用单波长法测定。测定波长可选用黄酮自身的吸收波长在紫外光区测定,也可选用合适显色方法显色,在可见光区测定。为保证测定结果准确,必要时需对供试品溶液进行净化除杂,或者采用双波长等计算分光光度法测定含量。芦丁是进行总黄酮含量测定时最常用的对照品。为了提高含量的准确度,目前,越来越多的测定方法选用所测定药味中的主要黄酮类成分作为对照品,如天南星中的芹菜素、淫羊藿中的淫羊藿苷等。

(1)直接测定法:黄酮类成分具有特征性的紫外吸收,含有黄酮类化合物的部分中药及其制剂,经过一定的预处理,可直接在黄酮类成分的最大吸收波长处测定吸收度,并与对照品对照计算总黄酮含量。如在进行半枝莲中总黄酮含量测定时,选用野黄芩苷为对照品,直接测定 335nm 波长处吸光度值,计算含量。

(2)比色法:大多数中药及其制剂特别是复方制剂中,由于成分较多,干扰较大,往往需要通过一定的显色反应后,采用可见分光光度法进行测定。最常用的显色反应是黄酮与金属盐类试剂的络合反应,特别是 $Al(NO_3)_3$、$AlCl_3$ 等,盐酸 - 镁粉、四氢硼钠、碱试剂等反应也有应用。在测定时,要注意先确定样品本身是否对测定干扰,一般方法是将未显色的样品溶液稀释至适宜浓度,于 200~800nm 区间进行全波长扫描,观察样品在测定波长有无吸收。如有干扰,应采用合适的预处理方法进行除杂纯化。

①亚硫酸钠 - 硝酸铝 - 氢氧化钠[$NaNO_2$-Al(NO_3)$_3$-NaOH]比色法:此法是总黄酮含量测定最常用的方法。在碱性条件下,黄酮类物质能被亚硝酸钠还原,并和铝离子络合形成络合物,络合物呈红色,在 500nm 处有最大吸收。《中国药典》2015 年版中,山楂叶、沙棘、槐花、山楂叶提取物、汉桃叶片、垂盆草颗粒、独一味片、独一味胶囊、夏枯草口服液、诺迪康胶囊和排石颗粒等均采用改法

测定总黄酮含量。

　　虽然应用广泛,这种方法也被证实有其不足之处,并不能被应用于所有的总黄酮含量测定中。实验发现,具有 3′,4′-邻二酚羟基的黄酮(如山柰酚、黄芩苷、异鼠李素甚至芦丁的苷元槲皮素等)并不与此显色剂反应生成红色,在 500nm 无最大吸收或吸光度极弱;而具有邻二酚羟基的非黄酮类化合物,如原儿茶醛、原儿茶酸、咖啡酸、绿原酸等与上述显色试剂反应生成红色,在 500nm 左右有最大吸收或吸收很强。此结果表明,不仅邻二酚羟基是发生反应的关键功能团,邻二酚羟基的邻位无取代基也是必需条件之一。因此,当制剂中既含有芦丁等结构相似的黄酮类化合物,也含有具有邻二酚羟基的非黄酮类化合物时,或者当一个制剂中既有芦丁及其结构类似的成分,又有山柰酚、黄芩苷等黄酮时,采用此方法测定的总黄酮含量并不是真实的总黄酮含量。因此,进行总黄酮的含量测定要根据具体情况选择合适的方法。

　　②醋酸钾-三氯化铝比色法:醋酸钾-三氯化铝比色法利用了 Al^{3+} 能与黄酮类化合物反应生成具有黄绿色荧光络合物的性质进行显色。大多数黄酮类化合物与此显色剂反应在 420nm 处有较强吸收,而具有邻二酚羟基的非黄酮类物质如原儿茶酸、咖啡酸、绿原酸等与显色剂反应,在此波长处并无吸收。因此,醋酸钾-三氯化铝比色法可以成为测定中药总黄酮含量的理想方法。

　　③三乙胺比色法:三乙胺比色法利用了黄酮类化合物在碱性溶液中吸收带红移的性质。反应要求碱性溶液 pH 大于 10,但是考虑到此反应在强碱体系中稳定性较差,因此选用三乙胺为位移试剂。《中国药典》2015 年版中,天南星与制天南星采用此法进行总黄酮的含量测定。

　　④其他方法:目前,盐酸-镁粉反应比色法在总黄酮含量测定的应用也较为普遍,如苦参、芫花、龙血竭中总黄酮含量的测定。此外二氢黄酮也可采用其专属的四氢硼钠还原反应比色法进行含量测定,如甘草中总二氢黄酮含量的测定。

　　【示例 10-13】消咳喘糖浆中黄酮的含量测定

　　〔药味组成〕满江红。

　　〔对照品溶液的制备〕精密称取在 120℃减压干燥至恒重的芦丁对照品 30mg,置 100ml 量瓶中,加 60% 乙醇适量使溶解并稀释至刻度,摇匀。精密量取 10ml 置 50ml 量瓶中,加 60% 乙醇稀释至刻度,摇匀,即得(每 1ml 中含无水芦丁 60μg)。

　　〔标准曲线的制备〕精密量取对照品溶液 0.5ml、1ml、2ml、3ml、4ml、5ml、6ml,分别置 10ml 量瓶中,各加 0.1mol/L 三氯化铝溶液 2ml、1mol/L 醋酸钾溶液 3ml,加 60% 乙醇稀释至刻度,摇匀,放置30 分钟,在 420nm 波长处测定吸收度,以吸收度为纵坐标,浓度为横坐标,绘制标准曲线。

　　〔供试品溶液的制备〕精密量取本品 2ml,置 50ml 量瓶中,加 60% 乙醇稀释至刻度,摇匀,精密量取 1ml,置 10ml 量瓶中,加 60% 乙醇至 10ml。

　　〔空白溶液的制备〕量取 2ml,置 50ml 量瓶中,加 60% 乙醇稀释至刻度,精密量取 1ml,置 10ml 量瓶中,加 60% 乙醇至刻度,摇匀,作为空白溶液。

　　〔测定方法〕照标准曲线制备项下的方法。自"加 0.1mol/L 三氯化铝溶液"起依次操作,显色并在 420nm 波长处测定吸收度,从标准曲线或回归方程中计算得到供试品中总黄酮含量。

2. 高效液相色谱法　目前采用 HPLC 法测定中药制剂中总黄酮时,主要是测定所有单个黄酮类成分含量进行加和。考虑到黄酮类成分的存在形式,测定总黄酮苷含量时一般需要对样品进行酸水解,将中药制剂中的黄酮苷水解成游离黄酮,再进行测定,在计算总黄酮含量时,也需要乘以一定的分子量换算系数。如在测定银杏叶提取物中总黄酮醇苷的含量时,首先将样品酸水解后测定其中槲皮素、山柰素和异鼠李素的含量,总黄酮的换算系数以 3-O- { 2-O- [6-O-(p- 羟基反式桂皮酰基) -β-D- 葡萄糖基]-α-L- 鼠李糖基 }槲皮素的分子量756.7 分别除以槲皮素、山柰素和异鼠李素的分子量,得到三者的平均换算系数为 2.51,最终总黄酮的含量为槲皮素、山柰素、异鼠李素含量之和乘以 2.51。

另一种目前发展较快的方法是一测多评法,此法简化了中药制剂中对多个成分进行含量测定时需分别采用对照品的烦琐操作。采用一测多评法测定总黄酮含量研究最多的是银杏叶相关制剂中总黄酮的含量测定。如在应用一测多评法测定银杏叶胶囊中总黄酮含量时,以槲皮素为内参物,通过大量试验数据建立了山柰素和异鼠李素的相对校正因子,并用该校正因子进行山柰素和异鼠李素的含量计算。在与外标法实测值进行比较后,结果表明一测多评法的计算结果与外标法的实测值之间没有显著性差异。

【示例 10-14 】银杏叶提取物中总黄酮醇苷的含量测定

〔色谱条件与系统适用性试验〕十八烷基硅烷键合硅胶为填充剂;以甲醇 -0.4% 磷酸溶液(50 : 50) 为流动相;检测波长为 360nm。理论板数按槲皮素峰计算应不低于 2 500。

〔对照品溶液的制备〕分别取槲皮素对照品、山柰素对照品、异鼠李素对照品适量,精密称定,加甲醇制成每 1ml 分别含 30μg、30μg、20μg 的混合溶液,作为对照品溶液;或取已标示槲皮素、山柰素、异鼠李素含量的银杏叶对照提取物约 35mg,精密称定,照供试品溶液的制备方法,同法制成对照提取物溶液。

〔供试品溶液的制备〕取本品约 35mg,精密称定,加甲醇 -25% 盐酸溶液(4 : 1)的混合溶液25ml,置水浴中加热回流 30 分钟,迅速冷却至室温,转移至 50ml 量瓶中,用甲醇稀释至刻度,摇匀,滤过,取续滤液,即得。

〔测定方法〕分别精密吸取对照品溶液(或对照提取物溶液)与供试品溶液各 10μl,注入液相色谱仪,测定,分别计算槲皮素、山柰素和异鼠李素的含量,按下式换算成总黄酮醇苷的含量:总黄酮醇苷含量 =(槲皮素含量 + 山柰素含量 + 异鼠李素含量)× 2.51。

〔注释〕银杏叶提取物中黄酮类成分以游离黄酮和黄酮苷的形式同时存在,加甲醇 -25% 盐酸回流提取,使黄酮苷水解成为黄酮苷元。总黄酮苷含量等于三个黄酮苷元槲皮素、山柰素、异鼠李素含量之和乘以分子量换算系数 2.51。另外,《中国药典》2015 年版规定,按总黄酮醇苷色谱计算,槲皮素与山柰素峰面积比应为 0.8~1.2,异鼠李素与槲皮素的峰面积比值大于 0.15。

(二)单体黄酮成分含量测定

1. 高效液相色谱法　此法是目前中药及其制剂中单体黄酮成分含量测定最常用的方法。一般采用反相高效液相色谱法,以甲醇 - 水或乙腈 - 水为流动相,由于黄酮类化合物多具有酸性,常在使用在水相中加入一定比例的酸如甲酸、乙酸、磷酸等调节 pH,改善分离,改善峰形。黄酮类化合物均具有较好的紫外吸收,一般采用紫外检测器进行测定,灵敏度较高。随着仪器分析技术的飞速发展,UPLC、HPLC-MS 等也被广泛应用于单体黄酮成分的含量测定,特别是多成分同时测定中。此外,一测多评法也被越来越多的应用于中药及其制剂中多种黄酮类成分含量的同时测定中。

【示例 10-15】双黄连口服液中黄芩苷含量测定

〔色谱条件与系统适用性试验〕以十八烷基硅烷键合硅胶为填充剂;以甲醇 - 水 - 冰醋酸 (50∶50∶1)为流动相;检测波长为 274nm。理论板数按黄芩苷峰计算应不低于 1 500。

〔对照品溶液的制备〕取黄芩苷对照品适量,精密称定,加 50% 甲醇制成每 1ml 含 0.1mg 的溶液,即得。

〔供试品溶液的制备〕精密量取本品 1ml,置 50ml 量瓶中,加 50% 甲醇适量,超声处理 20 分钟,放置至室温,加 50% 甲醇稀释至刻度,摇匀,即得。

〔测定法〕分别精密吸取对照品溶液与供试品溶液各 5μl,注入液相色谱仪,测定,即得。

2. 薄层扫描法　此法也是测定中药制剂中单体黄酮成分含量的有效方法之一,但随着 HPLC 法的广泛应用,其应用得越来越少。《中国药典》2015 年版中,应用 TCLS 测定枳实导滞丸中橙皮苷含量。采用 TLCS 法测定单体黄酮成分时,可采用硅胶或聚酰胺作为吸附剂,检测波长一般选择待测成分的紫外最大吸收波长,其他方法与薄层鉴别基本相同。TLCS 法操作烦琐,重复性差,对操作者的技术要求高,故使用受到限制。

【示例 10-16】枳实导滞丸中橙皮苷含量测定

取本品适量,研细,取约 0.5g,精密称定,置索氏提取器中,加甲醇 90ml,加热回流 4 小时,趁热滤过至 100ml 量瓶中,用少量甲醇洗涤容器,洗液与滤液合并,放冷,加甲醇至刻度,摇匀,精密量取 5ml,置 25ml 量瓶中,加甲醇至刻度,摇匀,作为供试品溶液。另取橙皮苷对照品适量,精密称定,加甲醇制成每 1ml 含 50μg 的溶液,作为对照品溶液。照薄层色谱法(通则 0502)试验,精密吸取供试品溶液 5μl、对照品溶液 2μl 与 5μl,分别点于同一聚酰胺薄膜上,以甲醇为展开剂,展开,展距约 3cm,取出,晾干,喷以 1% 三氯化铝的甲醇溶液,放置 3 小时,在紫外光灯(365nm)下定位,照薄层色谱法(通则 0502 薄层色谱扫描法)进行荧光扫描。激发波长:λ=300nm,线性扫描,测量供试品荧光强度的积分值与对照品荧光强度的积分值,计算,即得。

3. 高效毛细管电泳法　近年来,高效毛细管电泳(HPCE)法在黄酮类化合物的分析中发展最为迅速。对于黄酮类成分的分离分析,主要采用毛细管区带电泳和毛细管胶束电动色谱两种方法,其中又以毛细管胶束电动色谱最为常用,此法根据成分在胶束中分配系数差异而实现分离。如甘草中异甘草素、甘草素和甘草苷 3 种黄酮类化合物的分析。若运用 HPCE/MS 联用技术分析,可同时进行定量和结构分析。

4. 超临界流体色谱法　超临界流体色谱法是近年来出现的一种新的分析方法,此法已经成功地用于很多化合物的分析,但在中药及其制剂中的应用仍处于探索阶段。超临界流体色谱中,固定相分为苯基柱、C_{18} 柱和氰基柱;流动相则多采用超临界二氧化碳,对于中等或强极性的化合物分离,还需要在其中加入极性携带剂(甲醇、乙醇、酸等)。在应用超临界色谱法同时测定银杏叶提取物水解后的 3 个苷元槲皮素、山柰素和异鼠李素时,以苯基柱为固定相,二氧化碳 - 乙醇 - 磷酸为流动相,使 3 个黄酮苷元获得了良好的分离。

此外,极谱法、衍生化气相色谱法等也可应用于单体黄酮成分的含量测定。

（姜艳艳）

第三节 醌

一、概述

醌类化合物(quinonoids)是中药制剂中一类重要的活性成分。按其结构主要分为苯醌、萘醌、菲醌和蒽醌。主要以游离和苷的形式存在。苯醌类(benzoquinones)化合物分为邻苯醌和对苯醌两大类。邻苯醌结构不稳定,故天然存在的苯醌化合物多为对苯醌的衍生物。该类成分主要分布于紫金牛科、杜鹃花科、紫草科等。萘醌类(naphthoquinones)化合物为 α-(1,4)、β-(1,2)及 amphi-(2,6)三种类型,但天然存在的大多数为 α- 萘醌衍生物。主要分布于紫草科、柿树科、蓝雪科等。菲醌类(phenanthraquinones)分为邻醌及对醌两种类型,主要分布于唇形科、兰科、豆科、蓼科等。蒽醌类(anthraquinones)成分包括蒽醌衍生物及其不同还原程度的产物,如氧化蒽酚、蒽酚、蒽酮及蒽酮的二聚物等。蒽醌类化合物广泛分布于高等植物中,如蓼科的大黄、茜草科的茜草、豆科的决明子、百合科的芦荟等。

醌类化合物具有多样的生物活性,如番泻叶中的番泻苷类具有较强的泻下作用;大黄中的游离羟基蒽醌类具有较好的抗菌作用;茜草中的茜草素类具有止血作用;紫草中的萘醌类具有抗菌、抗病毒和抗肿瘤作用;丹参中的丹参醌类具有扩张冠状动脉的作用等。

醌类化合物大多具有颜色,如黄色、橙色、红色、紫色等。苯醌、萘醌多以游离状态存在,而蒽醌常以苷的形式存在。游离醌类极性小,多溶于乙醇、丙酮、苯和三氯甲烷等。但其结合成苷后极性增大,易溶于甲醇、乙醇,也可溶于热水,难溶于苯、乙醚和三氯甲烷等。蒽醌类化合物结构中多具羧基和羟基,故具有一定酸性,其酸性强弱与羧基和酚羟基的数目及位置有关。因此,蒽醌类化合物在碱性水溶液中易溶,加酸酸化后又可重新沉淀析出。

> **知识链接**
>
> ### 含醌类成分的常用中药制剂
>
> | 序号 | 化学成分 | 代表性中药制剂 |
> | --- | --- | --- |
> | 1 | 大黄素 | 三黄片、大黄清胃丸、小儿化食丸、六味安消胶囊、一清胶囊 |
> | 2 | 大黄酚 | 三黄片、大黄清胃丸、十一味能消丸、一清胶囊、山菊降压片 |
> | 3 | 丹参酮 II_A | 枣仁安神胶囊、复方丹参片、益心通脉胶囊、丹香清脂颗粒 |

在《中国药典》2015 年版中,醌类定性鉴别方法有化学反应法、薄层色谱法、高效液相色谱法等;含量测定方法有高效液相色谱法、薄层色谱扫描法等。

二、鉴别

(一) 化学反应法

可鉴别中药及其制剂中醌类成分的颜色反应较多,如 Feigl 反应、碱液显色反应和醋酸镁显色反应等。

1. Feigl 反应　醌类衍生物在碱性条件下,经加热,可迅速与醛类及邻二硝基苯反应,生成紫色化合物。

2. 与碱的显色反应　羟基蒽醌类能溶解于碱性溶液中,显橙色、红色、紫红色或蓝色。颜色的改变与结构中的酚羟基和羰基有关。因此,蒽酚、蒽酮、二蒽酮类化合物需在空气中放置一段时间或氧化后,才能呈色。

3. 醋酸镁显色反应　蒽醌类化合物结构中有 α- 酚羟基或邻二酚羟基时,可与 Mg^{2+} 形成络合物而呈色。结构中酚羟基位置不同,生成的颜色也不同,如橙黄、橙红、紫红、蓝色等。

4. 升华法　游离醌类化合物多具升华性,可采用升华法获得升华物,在可见光下观察或加碱液显色用于定性鉴别。

【示例 10-17】茜草的鉴别

取本品粉末 0.2g,加乙醚 5ml,振摇数分钟,滤过,滤液加氢氧化钠试液 1ml,振摇,静置使分层,水层显红色;醚层无色,置紫外光灯 (365nm) 下观察,显天蓝色荧光。

【示例 10-18】大黄浸膏的鉴别

取本品 1.0g,置瓷坩埚中,坩埚上覆以载玻片,置石棉网上直火徐徐加热,至载玻片上呈现生化物后,取下载玻片,放冷,置显微镜下观察,有菱形针状、羽状和不规则晶体,滴加氢氧化钠试液,结晶溶解,溶液显紫红色。

(二) 色谱法

色谱法是鉴别中药制剂中蒽醌类成分的常用方法之一,薄层色谱法较为常用,也可采用高效液相色谱法、纸色谱法等。

1. 薄层色谱法　常用吸附剂为硅胶,展开剂多用混合溶剂系统,不同醌类成分选择不同的展开系统。例如,乙酸乙酯 - 甲醇 - 水(100 : 16.5 : 13.5 或相似比例)是使用最多的展开剂,常用于分离蒽醌苷元和蒽醌苷;正丙醇 - 乙酸乙酯 - 水(4 : 4 : 3)、异丙醇 - 乙酸乙酯 - 水(9 : 9 : 4)、三氯甲烷 - 甲醇 - 水(2 : 1 : 1)等适用于分离番泻苷和二蒽酮苷;不含水或甲醇的混合溶剂系统适合分离蒽醌苷元。斑点的检识可通过喷碱性试剂、醋酸镁甲醇溶液或用氨蒸气熏的方法显色。在可见光下直接观察斑点颜色,也可在紫外光灯下 (365nm) 观察荧光。

2. 纸色谱法　该法可用于各类型醌类成分的鉴别,展开剂一般呈中性,可用水、乙醇、丙酮等与石油醚或苯混合,分取极性小的有机溶剂层进行展开。常用的显色剂有 1%~2% 氢氧化钠或氢氧化钾或 0.5% 醋酸镁钾醇溶液等。

【示例 10-19】九制大黄丸的鉴别

〔药味组成〕大黄。

〔鉴别〕取本品,研细,取 0.5g,加甲醇 20ml,超声处理 20 分钟,滤过,滤液蒸干,残渣加水 10ml 使溶解,再加盐酸 1ml,加热回流 30 分钟,放冷,用乙醚振摇提取 2 次,每次 20ml,合并乙醚液,挥干,残渣加三氯甲烷 1ml 使溶解,作为供试品溶液。另取大黄对照药材 0.5g,加甲醇 10ml,超声处理 20 分钟,滤过,滤液蒸干,残渣加水 10ml 使溶解,再加盐酸 1ml,加热回流 30 分钟,放冷,用乙醚振摇提取 2 次,每次 10ml,同法制成对照药材溶液。吸取上述两种溶液各 5μl,分别点于同一硅胶 G 薄层板上,以石油醚(30~60℃)- 甲酸乙酯 - 甲酸(15:5:1)的上层溶液为展开剂,展开,取出,晾干,置紫外光灯(365mn)下检视。供试品色谱中,在与对照药材色谱相应的位置上,显相同颜色的荧光斑点。

三、含量测定

(一) 蒽醌

1. 总蒽醌含量测定　中药及其制剂中游离蒽醌与结合蒽醌常同时存在,因此蒽醌类成分的含量测定包括游离蒽醌含量测定、结合蒽醌含量测定和总蒽醌含量测定。

(1) 游离蒽醌的含量测定:《中国药典》2015 年版中游离蒽醌均采用高效液相色谱法进行测定,以多个单体游离蒽醌加和的方式得到游离蒽醌的总量。也可加 5% 氢氧化钠 -2% 氢氧化铵混合碱液或醋酸镁甲醇溶液进行显色,采用比色法进行测定。

(2) 结合蒽醌的含量测定:可采用高效液相色谱法测定单一或数个结合蒽醌的含量,比色法测定总结合蒽醌的含量。此外,也可以先测定总蒽醌含量,减去游离蒽醌总量,计算得到结合蒽醌的量。

(3) 总蒽醌的含量测定:可采用高效液相色谱法和比色法进行总蒽醌的含量测定。通常向样品中加酸,使成游离蒽醌后再测定。

【示例 10-20】一捻金中大黄的含量测定

〔药味组成〕大黄、炒牵牛子、槟榔、人参、朱砂。

〔色谱条件与系统适用性试验〕以十八烷基硅烷键合硅胶为填充剂;以甲醇 -0.1% 磷酸溶液(80:20)为流动相;检测波长为 254mn;柱温为 25℃。理论板数按大黄素峰计算应不低于 4 000。

〔对照品溶液的制备〕取芦荟大黄素对照品、大黄酸对照品、大黄素对照品、大黄酚对照品、大黄素甲醚对照品适量,精密称定,加甲醇分别制成每 1ml 中含芦荟大黄素、大黄酸、大黄素、大黄酚各 16μg,含大黄素甲醚 8μg 的混合溶液,摇匀,即得。

〔供试品溶液的制备〕取本品 0.8g,精密称定,置具塞锥形瓶中,精密加入甲醇 25ml,称定重量,加热回流 1 小时,放冷,再称重量,用甲醇补足减失的重量,摇匀,滤过。精密量取续滤液 5ml,置烧瓶中,挥去溶剂,加 8% 盐酸溶液 10ml,超声处理 2 分钟,再加三氯甲烷 10ml,加热回流 1 小时,放冷,置分液漏斗中,用少量三氯甲烷洗涤容器,洗液并入分液漏斗中,分取三氯甲烷液,酸液再用三氯甲烷振摇提取 3 次,每次 10ml,合并三氯甲烷液,减压回收溶剂至干,残渣加甲醇适量使溶解,转移至 10ml 量瓶中,加甲醇至刻度,摇匀,滤过,取续滤液,即得。

〔测定法〕分别精密吸取对照品溶液与供试品溶液各 10μl,注入液相色谱仪,测定,即得。以芦荟大黄素($C_{15}H_{10}O_5$)、大黄酸($C_{15}H_8O_6$)、大黄素($C_{15}H_{10}O_5$)、大黄酚($C_{15}H_{10}O_4$)和大黄素甲醚($C_{16}H_{12}O_5$)的总量计。

〔注释〕大黄中含有多种游离蒽醌和结合蒽醌,因此先用甲醇进行提取总蒽醌,加酸水解成游离蒽醌后,再用三氯甲烷提取,测含量。

【示例 10-21】六味安消散中结合蒽醌大黄酚和大黄素的总量的测定

〔药味组成〕藏木香、大黄、山柰、北寒水石(煅)、诃子、碱花。

〔色谱条件与系统适用性试验〕以十八烷基硅烷键合硅胶为填充剂;以乙腈 - 甲醇 -0.1% 磷酸溶液(42∶23∶35)为流动相;检测波长为 254nm。理论板数按大黄酚峰计算应不低于 3 000。

〔对照品溶液的制备〕取大黄酚对照品和大黄素对照品适量,精密称定,加甲醇制成每 1ml 含大黄酚 18μg、大黄素 8μg 的混合溶液,即得。

〔供试品溶液的制备〕(1) 取本品 0.8g,精密称定,置具塞锥形瓶中,精密加入甲醇 - 盐酸(10∶1)混合溶液 25ml,称定重量,置 80℃水浴中加热回流 30 分钟,若瓶壁有黏附物,须超声处理去除,再称定重量,用甲醇补足减失的重量,摇匀,滤过,精密量取续滤液 2ml,置 5ml 量瓶中,加 2% 的氢氧化钠溶液 1ml,加甲醇至刻度,摇匀,滤过,取续滤液,用于测定总大黄酚和总大黄素的含量。

(2) 取本品 0.7g,精密称定,置具塞锥形瓶中,精密加入甲醇 25ml,称定重量,超声处理 30 分钟,放冷,再称定重量,用甲醇补足减失的重量,摇匀,滤过,取续滤液,用于测定游离大黄酚和游离大黄素的含量。

〔测定法〕分别精密吸取对照品溶液与上述两种供试品溶液各 10~2μl,注入液相色谱仪,测定,计算总大黄酚和总大黄素的总量与游离大黄酚和游离大黄素的总量;用总大黄酚和总大黄素的总量与游离大黄酚和游离大黄素总量的差值,作为结合蒽醌中的大黄酚和大黄素的总量,即得。

〔注释〕该制剂中大黄既含有游离蒽醌又含有结合蒽醌,因此先测定总蒽醌,再测定游离蒽醌,二者相减得到结合蒽醌的量。供试品溶液(1)用于测定总大黄素和总大黄酚的量,甲醇提取同时加酸水解成游离蒽醌。供试品溶液(2)用于测定样品中的游离大黄素和游离大黄酚。

2. 蒽醌单体成分含量测定　测定中药及其制剂中蒽醌单体成分时,游离的单体蒽醌可直接测定,而结合蒽醌则需要经酸水解后再进行测定。高效液相色谱法是常用的测定方法,有时也可使用薄层扫描法。

(1) 高效液相色谱法:醌类成分在紫外及可见光下均有强吸收,利用高效液相色谱 - 紫外检测器测定醌类单体成分,是分析醌类化合物常用的方法。

(2) 薄层扫描法:薄层扫描法可用于测定单体醌类化合物。醌类成分经薄层色谱分离后,进行显色,可在可见光、紫外光及荧光下扫描测定。

(二) 萘醌、菲醌的含量测定

萘醌、菲醌的总量测定可采用分光光度法,单体成分的测定常采用高效液相色谱法。

【示例 10-22】复方丹参片中丹参酮ⅡA 的含量测定

〔药味组成〕丹参、三七、冰片。

〔色谱条件与系统适用性试验〕以十八烷基硅烷键合硅胶为填充剂;以甲醇 - 水(73∶27)为流动相;检测波长为 270nm。理论板数按丹参酮ⅡA 峰计算应不低于 2 000。

〔对照品溶液的制备〕取丹参酮ⅡA 对照品适量,精密称定,置棕色量瓶中,加甲醇制成每 1ml 含 40μg 的溶液,即得。

〔供试品溶液的制备〕取本品 10 片,糖衣片除去糖衣,精密称定,研细,取约 1g,精密称定,置具塞棕色瓶中,精密加入甲醇 25ml,密塞,称定重量,超声处理 15 分钟(功率 250W,频率 33kHz),放冷,再称定重量,用甲醇补足减失的重量,摇匀,滤过,取续滤液,置棕色瓶中,即得。

〔测定法〕分别精密吸取对照品溶液与供试品溶液各 10μl,注入液相色谱仪,测定,即得。

【示例 10-23】紫草中羟基萘醌总色素的含量测定

取紫草适量,在 50℃干燥 3 小时,粉碎(过三号筛),取约 0.5g,精密称定,置 100ml 量瓶中,加乙醇至刻度,4 小时内时时振摇,滤过。精密量取续滤液 5ml,置 25ml 量瓶中,加乙醇至刻度,摇匀。照紫外 - 可见分光光度法(通则 0401),在 516nm 波长处测定吸光度,按左旋紫草素($C_{16}H_{16}O_5$)的吸收系数($E_{1cm}^{1\%}$)为 242 计算,即得。

第四节　萜

一、概述

萜类化合物(terpenoids)在自然界分布广泛,是骨架庞杂、种类繁多,且生物活性多样的一类重要的中药化学成分。萜类化合物根据其分子结构中的异戊二烯数目分为单萜、倍半萜、二萜、二倍半萜、三萜等。萜类化合物中分子量较小的单萜和倍半萜多为油状液体,且具有特殊香味;而分子量较大的二萜、三萜类成分多为固体,可形成结晶。

游离的萜类化合物多具亲脂性,易溶于极性较小的有机溶剂,如石油醚、乙醚、三氯甲烷、丙酮等,可溶于甲醇、乙醇等有机溶剂,难溶或不溶于水。萜类化合物在水中的溶解度与分子中官能团的极性和数量有关,若官能团极性越大、数量越多,则其在水中的溶解度增大。萜类化合物与糖结合成苷后,极性增大,可溶于热水,易溶于甲醇、乙醇等亲水性有机溶剂,几乎不溶于丙酮、乙醚等弱极性有机溶剂。三萜苷类成分因其水溶液振摇后能产生大量而持久的泡沫,而且不因加热而消失,又被称作三萜皂苷。

萜类及其苷是许多中药的主要活性成分,同时也是中药和制剂的定性、定量评价指标。例如京尼平苷具有一定的泻下、利胆作用,梓醇可降血糖,齐墩果酸可用于治疗肝炎,人参皂苷能调节机体代谢、增强免疫功能,柴胡皂苷具有抑制中枢神经系统和较好的抗炎作用,甘草皂苷有促肾上腺皮质激素样作用,可防治肝硬化、抗溃疡等。

皂苷的溶血作用

皂苷的水溶液大多能破坏红细胞,因而具有溶血作用。临床上使用皂苷时应注意其溶血作用。一般皂苷水溶液静脉注射毒性极大,低浓度也能产生溶血作用,肌内注射易引起组织坏死,但口服无溶血作用。

皂苷的溶血作用与结构相关。一般皂苷有无溶血作用与苷元有关,而溶血的强弱则与结合的糖有关。一般皂苷溶血作用强弱依次为:单糖链皂苷 > 酸性皂苷 > 双糖链皂苷。皂苷的溶血作用强弱可用溶血指数表示。但不是所有皂苷都有溶血作用,例如 A 型人参皂苷具有抗溶血作用,B 型人参皂苷和 C 型人参皂苷有溶血作用,而人参总皂苷无溶血作用。

此外,中药中其他成分也具有溶血作用,如某些植物的树脂、脂肪酸、挥发油等也可造成溶血,而鞣质可凝集红细胞抑制凝血。

在《中国药典》2015 年版中,萜类定性鉴别方法有 TLC 法、HPLC 法等,含量测定方法有比色法、HPLC 法、GC 法、TLCS 法等。

二、鉴别

(一) 化学反应法

中药及其制剂中萜类成分的鉴别可采用化学反应法,主要有显色反应和沉淀反应。萜类化合物多具不饱和结构,可与卤素、高锰酸钾等发生反应,而使其褪色。部分单萜类成分可在浓硫酸(或浓盐酸)条件下与香草醛形成具有颜色的化合物。三萜类成分在无水的条件下,与硫酸、三氯乙酸或路易斯酸(Lewis acid)作用,发生颜色变化。此外,三萜皂苷的水溶液可与金属盐类如铅盐、钡盐、铜盐等生成沉淀。但中药制剂成分复杂,干扰因素多,化学反应法专属性差。

【示例 10-24】万应锭中冰片的鉴别

〔药味组成〕胡黄连、黄连、儿茶、冰片、香墨、熊胆粉、人工麝香、牛黄、牛胆汁。

〔鉴别〕取本品 0.15g,研细,进行微量升华,升华物置显微镜下观察:呈不定形的无色片状结晶,加新配制的 1% 香草醛硫酸溶液 1 滴,渐显紫红色。

(二) 色谱法

中药及其制剂中萜类成分定性鉴别常用的色谱方法有薄层色谱法、高效液相色谱法、气相色谱法等。其中,薄层色谱法应用最为广泛。

游离的萜类极性较小,常用吸附剂为硅胶、氧化铝等,展开剂应选择亲脂性溶剂系统,如环己烷 - 乙酸乙酯(1∶1)、苯 - 乙酸乙酯(1∶1)、三氯甲烷 - 丙酮(9∶1)、苯 - 乙醇(17∶3)等。萜类成分与糖结合成苷后极性增大,薄层层析时常采用硅胶为吸附剂,有时也可用氧化铝、硅藻土等,展开剂选择极性大一些的溶剂系统,如三氯甲烷 - 甲醇 - 水(13:7:2)、正丁醇 - 乙酸乙酯 - 水(4:1:5)、三氯甲烷 - 甲醇(7:3)、正丁醇 - 乙酸 - 水(4:1:5)等。薄层层析后,可选 5% 或 10% 硫酸乙醇溶液、香草醛硫酸溶液、磷钼酸溶液、浓硫酸 - 醋酐溶液、碘蒸气等进行显色,也可在荧光下观察色谱斑点。

【示例 10-25】启脾丸中人参皂苷 Re、人参皂苷 Rg₁ 的鉴别

〔药味组成〕人参、茯苓、麸炒白术、甘草、陈皮、莲子(炒)、六神曲(炒)、泽泻、山药、炒山楂、炒麦芽。

〔鉴别〕取本品 9g,剪碎,加硅藻土 5g,研匀,加三氯甲烷 40ml,超声处理 30 分钟,滤过,取药渣,加甲醇 50ml,加热回流 1 小时,滤过,滤液蒸干,残渣加甲醇 5ml 使溶解,加在中性氧化铝柱(100~200 目,15g,内径为 1~1.5cm)上,用 40% 甲醇 150ml 洗脱,收集洗脱液,蒸干,残渣加水 30ml 使溶解,用水饱和的正丁醇振摇提取 2 次,每次 25ml,合并正丁醇液,用正丁醇饱和的水洗涤 3 次,每次 20ml,正丁醇液蒸干,残渣加甲醇 0.5ml 使溶解,作为供试品溶液。另取甘草对照药材 1g,同法制成对照药材溶液。再取人参皂苷 Re 对照品、人参皂苷 Rg₁ 对照品,加甲醇制成每 1ml 各含 1mg 的混合溶液,作为对照品溶液。吸取供试品溶液及对照药材溶液各 5~10μl、对照品溶液 5μl,分别点于同一硅胶 G 薄层板上,以三氯甲烷 - 乙酸乙酯 - 甲醇 - 水(15:40:22:10)10℃以下放置的下层溶液为展开剂,展开,取出,晾干,喷以 10% 硫酸乙醇溶液,在 105℃加热至斑点显色清晰,置紫外光灯(365nm)下检视。供试品色谱中,在与对照药材色谱和对照品色谱相应的位置上,显相同颜色的荧光斑点。

三、含量测定

(一) 总萜含量测定

萜类成分大多无色,且在紫外光区有微弱的末端吸收。因此测定时常加入某些试剂反应后产生颜色,然后在紫外 - 可见光区进行比色测定。此反应虽然比较灵敏、方法简便,但专属性差,反应受试剂浓度、反应温度、反应时间等影响较大,应注意反应条件的控制。《中国药典》2015 年版中人参茎叶总皂苷的含量测定就采用了比色法进行测定。

> **知识链接**
>
> **人参茎叶总皂苷的含量测定**
>
> 〔对照品溶液的制备〕取人参皂苷 Re 对照品适量,精密称定,加甲醇制成每 1ml 含 1mg 的溶液,即得。
>
> 〔标准曲线的制备〕精密吸取对照品溶液 20μl、40μl、80μl、120μl、160μl、200μl,分别置于具塞试管中,低温挥去溶剂,加入 1% 香草醛高氯酸试液 0.5ml,置 60℃恒温水浴上充分混匀后加热 15 分钟,立即用冰水冷却 2 分钟,加入 77% 硫酸溶液 5ml,摇匀;以试剂作空白。在 540nm 的波长处测定吸光度,以吸光度为纵坐标,浓度为横坐标绘制标准曲线。

> 测定法：取本品约 50mg，精密称定，置 25ml 量瓶中，加甲醇适量使溶解并稀释至刻度，摇匀，精密吸取 50μl，照标准曲线的制备项下的方法，自"置于具塞试管中"起依法操作，测定吸光度，从标准曲线上读出供试品溶液中人参皂苷 Re 的量，计算结果乘以 0.84，即得。
>
> 本品按干燥品计，含人参总皂苷以人参皂苷 Re（$C_{48}H_{82}O_{18}$）计，应为 75%~95%。

（二）单体萜类成分的含量测定

1. 薄层扫描法　样品经适当的提取、纯化后，采用薄层色谱分离，排除其他组分干扰后进行扫描定量。薄层扫描法可用于测定中药制剂中的单体萜类及其苷。

【示例 10-26】大山楂丸中熊果酸的含量测定

〔药味组成〕山楂、六神曲（麸炒）、炒麦芽。

〔含量测定〕取重量差异项下的本品，剪碎，混匀，取约 3g，精密称定，加水 30ml，60℃水浴温热使充分溶散，加硅藻土 2g，搅匀，滤过，残渣用水 30ml 洗涤，100℃烘干，连同滤纸一并置索氏提取器中，加乙醚适量，加热回流提取 4 小时，提取液回收溶剂至干，残渣用石油醚（30~60℃）浸泡 2 次，每次 5ml，弃去石油醚液，残渣加无水乙醇 - 三氯甲烷（3∶2）的混合溶液适量，微热使溶解，转移至 5ml 量瓶中，用上述混合溶液稀释至刻度，摇匀，作为供试品溶液。另取熊果酸对照品适量，精密称定，加无水乙醇制成每 1ml 含 0.5mg 的溶液，作为对照品溶液。分别精密吸取供试品溶液 5μl、对照品溶液 4μl 与 8μl，分别交叉点于同一硅胶 G 薄层板上，以环己烷 - 三氯甲烷 - 乙酸乙酯 - 甲酸（20∶5∶8∶0.1）为展开剂，展开，取出，晾干，喷以 10% 硫酸乙醇溶液，在 110℃加热至斑点显色清晰，在薄层板上覆盖同样大小的玻璃板，周围用胶布固定，进行扫描，波长：λ_S=535nm，λ_R=650nm，测量供试品吸光度积分值与对照品吸光度积分值，计算，即得。

2. 高效液相色谱法　萜类及其苷的分子结构中具有共轭不饱和双键时，在紫外光区有较强吸收，可使用紫外检测器进行检测；当双键孤立存在时，仅在紫外光区末端有吸收，因此常采用蒸发光散射检测器。

【示例 10-27】泻青丸中龙胆的含量测定

〔药味组成〕龙胆、酒大黄、防风、羌活、栀子、川芎、当归、青黛。

〔色谱条件与系统适用性试验〕以十八烷基硅烷键合硅胶为填充剂；甲醇 - 水（23∶77）为流动相；检测波长为 270nm；柱温 40℃。理论板数按龙胆苦苷峰计算应不低于 3 000。

〔对照品溶液的制备〕取龙胆苦苷对照品适量，精密称定，加甲醇制成每 1ml 含 60μg 的溶液，即得。

〔供试品溶液的制备〕取重量差异项下的本品大蜜丸适量，剪碎，混匀，取 1g，或取水蜜丸，研细，取 0.7g，精密称定，置具塞锥形瓶中，精密加入甲醇 25ml，称定重量，超声处理 45 分钟（功率 250W，频率 50kHz），放冷，再称定重量，用甲醇补足减失的重量，滤过，取续滤液，即得。

〔测定法〕分别精密吸取对照品溶液与供试品溶液各 10μl，注入液相色谱仪，测定，即得。

【示例 10-28】乙肝宁颗粒中黄芪甲苷的含量测定

〔药味组成〕黄芪、白花蛇舌草、茵陈、金钱草、党参、蒲公英、制何首乌、牡丹皮、丹参、茯苓、白芍、白术、川楝子。

〔色谱条件与系统适用性试验〕以十八烷基硅烷键合硅胶为填充剂；以甲醇 - 水(75：25)为流动相；用蒸发光散射检测器检测；柱温为 40℃。理论板数按黄芪甲苷峰计算应不低于 2 000。

〔对照品溶液的制备〕取黄芪甲苷对照品适量，精密称定，加甲醇制成每 1ml 含 60μg 的溶液，即得。

〔供试品溶液的制备〕取装量差异项下的本品，混匀，取适量，研细，取约 5g 或 1g(含乳糖)，精密称定，加水 20ml 使溶解，用水饱和的正丁醇振摇提取 4 次，每次 20ml，合并正丁醇液，用氨试液 20ml 分 2 次洗涤，再用正丁醇饱和的水 20ml 分 2 次洗涤，取正丁醇液，蒸干，残渣用适量甲醇溶解，转移至 5ml 量瓶中，加甲醇至刻度，摇匀，滤过，取续滤液，即得。

〔测定法〕分别精密吸取对照品溶液 10μl、30μl 与供试品溶液 20μl，注入液相色谱仪，用外标两点法对数方程计算，即得。

3. 气相色谱法　萜类成分中分子量较小的单萜类和倍半萜沸点低，具有挥发性，可采用气相色谱法进行测定。

【示例 10-29】冠心苏合丸中冰片的含量测定

〔药味组成〕苏合香、冰片、乳香(制)、檀香、土木香。

〔色谱条件与系统适用性试验〕以聚乙二醇 20 000(PEG-20M)为固定相，涂布浓度为 10%；柱温为 140℃，理论板数按正十五烷峰计算应不低于 1 200。

〔校正因子测定〕取正十五烷适量，精密称定，加乙酸乙酯制成每 1ml 含 7mg 的溶液，作为内标溶液。另取冰片对照品 10mg，精密称定，置 5ml 量瓶中，精密加入内标溶液 1ml，加乙酸乙酯至刻度，摇匀，吸取 1μl，注入气相色谱仪，测定，计算校正因子。

〔测定法〕取本品 10 丸，精密称定，研匀；或取本品 10 丸，精密称定，每丸各取四分之一，合并，精密称定，精密加入等量硅藻土，研匀。取适量(约相当于冰片 12mg)，精密称定，置具塞试管中，精密加入内标溶液 1ml 与乙酸乙酯 4ml，密塞，振摇使冰片溶解，静置。吸取上清液 1μl，注入气相色谱仪，测定，以龙脑、异龙脑峰面积之和计算，即得。

第五节　甾

一、概述

甾类化合物是广泛存在于自然界中的一类化学成分，其结构中都具有环戊烷骈多氢菲的甾体母核。天然甾类成分的甾核为四个环的稠合方式，A/B 环有顺式或反式稠合，B/C 环大多为反式，

C/D 环有顺式、反式两种稠合方式。通常甾类成分母核的 C_3 位上有羟基,可与糖结合成苷,C_{10} 和 C_{13} 上有角甲基取代,C_{17} 位有侧链。根据 C_{17} 位侧链结构的不同,甾类化合物又可分为强心苷、甾体皂苷、植物甾醇、胆汁酸、蟾毒配基、C_{21} 甾类、昆虫变态激素、甾体生物碱、醉茄内酯等。

知识链接

天然甾类化合物的种类及结构

名称	A/B	B/C	C/D	C_{17}- 取代基
强心苷	顺、反	反	顺	不饱和内酯环
甾体皂苷	顺、反	反	反	含氧螺杂环
C_{21} 甾	反	反	顺	C_2H_5
植物甾醇	顺、反	反	反	8~10 个碳的脂肪烃
胆汁酸	顺	反	反	戊酸
昆虫变态激素	顺	反	反	8~10 个碳的脂肪烃
蟾毒配基	顺、反	反	反	六元不饱和内酯环
甾体生物碱	顺、反	反	反	5~10 个碳的含 N 杂环
醉茄内酯	顺、反	反	反	内酯环

甾类成分种类繁多,生理活性显著。例如强心苷可增强心肌心肌收缩力、减慢心率、可用于治疗心力衰竭与节律障碍等心脏疾病;甾体皂苷能够缓解心绞痛,改善心肌缺血,降血糖,降胆固醇;植物甾醇能控制糖原和矿物质代谢,维持生物内环境,调节应急反应,降胆固醇,抗肿瘤;C_{21} 甾类具有抗炎、抗肿瘤、抗生育作用等。

在《中国药典》2015 年版中,甾类成分的定性鉴别方法有化学反应法、TLC 法和 HPLC 法,含量测定方法有重量法、TLCS 法及 HPLC 法。

二、鉴别

(一) 化学反应法

甾类化合物与酸作用,经脱水后生成双键、双键位移及分子缩合等反应形成共轭体系,并在酸的作用下生成多烯阳碳离子而产生颜色。放置过程中分子间发生缩合,颜色发生变化,可褪色。

1. 醋酐 - 浓硫酸反应 将样品溶于醋酐,加硫酸 - 醋酐溶液,即产生红色→紫色→蓝色→绿色等颜色变化,最后褪色。

2. 三氯乙酸反应 将样品的三氯甲烷溶液或醇溶液滴于滤纸上,喷以 25% 三氯乙酸的乙醇溶液,加热至 100℃,呈红色,渐变为紫色。

【示例 10-30】蟾酥的鉴别

取蟾酥粉末 0.1g,加三氯甲烷 5ml,浸泡 1 小时,滤过,滤液蒸干,残渣加醋酐少量使溶解,滴加硫酸,初显蓝紫色,渐变为蓝绿色。

(二) 色谱法

甾类成分的色谱鉴别方法有薄层色谱法和高效液相色谱法,其中薄层色谱法最为常用。

薄层色谱法中常用固定相有硅胶 G 和硅胶 GF_{254},不同甾类成分展开剂的选择也不同,如脂蟾酥配基、华蟾酥毒基多以环己烷 - 三氯甲烷 - 丙酮为展开剂;甾体皂苷多以三氯甲烷 - 甲醇 - 水为基本展开剂,同时可加入适量乙酸乙酯、正丁醇等改善极性,而苷元多以丙酮 - 苯丙酮 - 三氯甲烷、三氯甲烷 - 甲醇为展开剂;胆汁酸多以正丁醇 - 醋酸 - 水、异辛烷 - 乙酸乙酯 - 冰醋酸为展开剂;甾醇类多以乙醚 - 三氯甲烷、正己烷 - 乙酸乙酯、异辛烷 - 乙酸乙酯等为展开剂。常用的显色剂有 10% 硫酸乙醇溶液、5% 香草醛硫酸溶液、五氯化锑试剂和 10% 磷钼酸乙醇溶液等。甾体成分与试剂反应后大多呈现绿色或紫红色,有时显色后也可在紫外光灯(365nm)下观察荧光。

【示例 10-31】六应丸的鉴别

〔药味组成〕丁香、蟾酥、雄黄、牛黄、珍珠、冰片。

〔鉴别〕取本品 30 丸,研碎,加三氯甲烷 1ml 振摇放置 1 小时,取上清液作为供试品溶液。另取脂蟾毒配基对照品,加三氯甲烷制成每 1ml 含 1mg 的溶液,作为对照品溶液。吸取上述两种溶液各 4μl,分别点于同一硅胶 G 薄层板上,以环己烷 - 三氯甲烷 - 丙酮(4:3:3)为展开剂,在用展开剂预平衡 15 分钟的展开缸内,展开,取出,晾干,喷以 10% 硫酸乙醇溶液,加热至斑点显色清晰。供试品色谱中,在于对照品色谱相应位置上,显相同的蓝绿色斑点。

〔注释〕脂蟾毒配基可溶于三氯甲烷,故本法用三氯甲烷提取脂蟾毒配基;脂蟾毒配基在强酸性条件下能显色,因此用 10% 硫酸乙醇做显色剂。

【示例 10-32】熊胆胶囊的鉴别

〔药味组成〕熊胆粉。

〔鉴别〕取本品内容物适量(相当于熊胆粉 0.06g),加乙醇 5ml 使溶解,滤过,滤液蒸干,残渣加 10% 氢氧化钠溶液 5ml,置水浴上加热水解 8 小时(或 120℃水解 2 小时),放冷,滴加盐酸调节 pH 至 2~3,用乙酸乙酯振摇提取 2 次,每次 10ml,合并乙酸乙酯液,蒸干,残渣加乙醇 5ml 使溶解,静置,取上清液作为供试品溶液。另取熊去氧胆酸对照品、鹅去氧胆酸对照品和胆酸对照品,加乙醇制成 1ml 各含 0.5mg 的混合溶液,作为对照品溶液。吸取上述两种溶液各 4μl,分别点于同一硅胶 G 薄层板上,以异辛烷 - 异戊醚 - 正丁醇 - 冰醋酸 - 水(10:5:3:5:1)的上层溶液(临用配制)为展开剂,展开,取出,晾干,喷以 10% 硫酸乙醇溶液,在 105℃加热至斑点显色清晰,置紫外光灯(365nm)下检视。供试品色谱中,在与对照品色谱相应的位置上,显相同颜色的荧光斑点。

〔注释〕熊胆中的特征胆汁酸类成分为牛磺熊去氧胆酸和牛磺鹅去氧胆酸,以 10% 氢氧化钠溶解,加盐酸调节 pH 后,牛磺熊去氧胆酸和牛磺鹅去氧胆酸以游离状态存在,再用乙酸乙酯提取出来。胆汁酸类成分加硫酸可显色,故以 10% 硫酸乙醇溶液作显色剂。

【示例 10-33】二母安嗽丸的鉴别

〔药味组成〕知母、玄参、罂粟壳、麦冬、款冬花、紫菀、苦杏仁、百合、浙贝母。

〔鉴别〕取本品 9g,剪碎,加硅藻土 6g,研匀,加乙醇 50ml,加热回流 40 分钟,放冷,滤过,滤液蒸干,残渣加水 5ml 使溶解,通过 D101 型大孔吸附树脂柱(内径为 1cm,柱高为 10cm),用水 50ml 洗脱,弃去水洗液,再用 70% 甲醇 50ml 洗脱,收集洗脱液,加盐酸 2ml,加热回流 40 分钟,蒸干,残渣加水 20ml 使溶解,加乙酸乙酯振摇提取 2 次,每次 20ml,合并乙酸乙酯液,蒸干,残渣加甲醇 2ml 使溶解,作为供试品溶液。另取菝葜皂苷元对照品,加甲醇制成每 1ml 含 1mg 的溶液,作为对照品溶液。吸取上述两种溶液各 5~10μl,分别点于同一硅胶 G 薄层板上,以甲苯 - 丙酮(9:1)为展开剂,展开,取出,晾干,喷以 5% 香草醛硫酸溶液,在 105℃加热至斑点显色清晰。供试品色谱中,在与对照品色谱相应位置上,显相同颜色的斑点。

〔注释〕用乙醇提取知母中的知母皂苷,药味组成复杂,故采用大孔树脂进行净化与富集,富集液加盐酸后水解为菝葜皂苷元,再用乙酸乙酯提取出来。甾体皂苷可与香草醛硫酸或不同浓度硫酸反应显色,因此以 5% 香草醛硫酸做显色剂。

【示例 10-34】猴头健胃灵片的鉴别

〔药味组成〕猴头菌丝体、海螵蛸、醋延胡索、酒白芍、醋香附、甘草。

〔鉴别〕取本品 8 片,研细,加乙酸乙酯 20ml,超声处理 30 分钟,滤过,滤液浓缩至 1ml,作为供试品溶液。另取猴头菌丝体对照药材 1g,同法制成对照药材溶液。再取麦角甾醇对照品,加甲醇制成每 1ml 含 0.5mg 的溶液,作为对照品溶液。吸取上述三种溶液各 10μl,分别点于同一硅胶 G 薄层板上,以石油醚(60~90℃) - 乙酸乙酯 - 甲酸(7:3:0.1)为展开剂,展开,取出,晾干,喷以 10% 硫酸乙醇溶液,在 105℃加热至斑点显色清晰,分别在日光和紫外光(365nm)下检视。供试品色谱中,在与对照药材色谱和对照品色谱相应的位置上,日光下显相同颜色的斑点;紫外光下显相同颜色的荧光斑点。

〔注释〕植物甾醇极性较小。故用乙酸乙酯进行提取;甾类成分可酸反应呈色,因此用 10% 硫酸乙醇溶液进行显色。

三、含量测定

(一) 总甾含量测定

甾体总苷或苷元的含量可采用重量法进行测定。先将甾体成分从中药制剂中提取分离出来,用适宜的方法使其生成沉淀,直接称重、计算。

【示例 10-35】地奥心血康胶囊中甾体总皂苷的含量测定

〔药味组成〕地奥心血康(黄山药或穿龙薯蓣的根茎提取物)。

〔含量测定〕装量差异项下的本品内容物,混合均匀,取适量(约相当于甾体总皂苷元 0.12g),精密称定,置 150ml 圆底烧瓶中,加硫酸 40% 乙醇溶液(取 60ml 硫酸,缓缓注入适量的 40% 乙醇溶液中,放冷,加 40% 乙醇溶液至 1 000ml,摇匀)50ml 置沸水浴中回流 5 小时,放冷,加水 100ml,

摇匀,用 105℃干燥至恒重的 4 号垂熔玻璃坩埚滤过,沉淀用水洗涤至滤液不显酸性,105℃干燥至恒重,计算,即得。

(二) 单一甾体成分的含量测定

1. 高效液相色谱法　高效液相色谱法是中药制剂中单一甾体成分的常用分析方法。该方法灵敏度高、专属性强、分离效果好、分离速度快、样品用量少。甾体母核分子结构较大,多具羟基或羧基,化合物为中性或弱酸性。可以十八烷基硅烷键合硅胶为填充剂;乙腈 - 水或甲醇 - 水为流动相,也可加入适量酸或缓冲盐改善分离度;多采用紫外光检测器,检测波长为 200~210nm。

【示例 10-36】牙痛一粒丸中脂蟾毒配基和华蟾毒配基的含量测定

〔药味组成〕蟾酥、朱砂、雄黄、甘草。

〔色谱条件与系统适用性试验〕以十八烷基硅烷键合硅胶为填充剂;以乙腈 - 水(50 : 50)为流动相;检测波长为 296nm。理论板数按华蟾酥毒基峰计算应不低于 4 000。

〔对照品溶液的制备〕取华蟾酥毒基对照品、脂蟾毒配基对照品各适量,精密称定,加甲醇制成每 1ml 含华蟾酥毒基、脂蟾毒配基各 50μg 的混合溶液,即得。

〔供试品溶液的制备〕取本品研细,取约 75mg,精密称定,置具塞锥形瓶中,精密加入甲醇 25ml,密塞,称定重量,超声处理(功率 250W,频率 33kHz)30 分钟,放冷,再称定重量,用甲醇补足减失的重量,摇匀,滤过,取续滤液,即得。

〔测定法〕分别精密吸取对照品溶液与供试品溶液各 10μl,注入液相色谱仪,测定,即得。

【示例 10-37】宫血宁胶囊中重楼皂苷VI的含量测定

〔药味组成〕重楼。

〔色谱条件与系统通用性试验〕以辛烷基硅烷键合硅胶为填充剂;以乙腈 - 水(45 : 55)为流动相;检测波长为 203nm。理论板数按重楼皂苷VI峰计算应不低于 5 000。

〔对照品溶液的制备〕取重楼皂苷VI对照品适量,精密称定,加甲醇制成每 1ml 含 0.4mg 的溶液,即得。

〔供试品溶液的制备〕取本品 20 粒的内容物,精密称定,研细,取约 1g,精密称定,置具塞锥形瓶中,精密加入甲醇 25ml,密塞,称定重量,超声处理(功率 250W,频率 25kHz)40 分钟,放冷,再称定重量,用甲醇补足减失的重量,摇匀,滤过,取续滤液,即得。

〔测定法〕分别精密吸取对照品溶液与供试品溶液各 10μl,注入液相色谱仪,测定,即得。

2. 薄层扫描法　中药制剂中单一甾体成分也可采用薄层扫描法进行测定。样品经提取、分离、纯化后,按薄层色谱法操作,利用薄层扫描仪测定。吸附剂、展开剂和显色剂的选择与薄层鉴别相似。

【示例 10-38】灵宝护心丹中胆酸的含量测定

〔药味组成〕人工麝香、蟾酥、人工牛黄、冰片、红参、三七、琥珀、丹参、苏合香。

〔供试品溶液的制备〕取本品适量,研细,取约 0.5g,精密称定,置具塞锥形瓶中,加石油醚(60~90℃)4ml,浸泡 1 小时,滤过,滤渣及滤纸挥去溶剂,放回锥形瓶中,精密加入冰醋酸无水乙醇溶液(1→10)15ml,摇匀,密塞,称定重量,浸泡 12 小时,再称定重量,用冰醋酸无水乙醇溶液(1→10)补足减失的重量,摇匀,滤过,取续滤液作为供试品溶液。

〔对照品溶液的制备〕取胆酸对照品适量,精密称定,加冰醋酸无水乙醇溶液(1→10)制成每 1ml 含 1mg 的溶液,作为对照品溶液。

〔测定法〕精密吸取供试品溶液 10μl、对照品溶液 2μl 与 4μl,分别交叉点于同一硅胶 G 薄层板上,以正己烷 - 乙酸乙酯 - 甲酸 - 醋酸(6:32:1:1)为展开剂,展开,取出,晾干,喷以 10% 磷钼酸无水乙醇溶液,在 105℃加热至斑点显色清晰,放冷,在薄层板上覆盖同样大小的玻璃板,周围用胶布固定,进行扫描,波长 λ_s=620nm,测量供试品吸光度积分值与对照品吸光度积分值,计算,即得。

(董 辉)

第六节　糖

一、概述

糖是植物光合作用的产物,是自然界最丰富的天然产物之一,也是生命活动所必需的一类化合物,同时糖还是多数植物中次生代谢产物合成的初始原料。糖的化学结构可看作多羟基内半缩醛或酮及其聚合物。根据糖类能否被水解和水解后生成的单糖的数目,可将糖类物质分为单糖、低聚糖和多糖。无论是植物还是动物体内都存在大量的糖,特别是在植物中,糖类可占到植物干重的 80%~90%,植物的根、茎、叶、花、果实、种子等器官中均含有糖。

糖除了是维持生物生命的基本物质外,许多糖类化合物特别是多糖还具有独特的生物活性,是许多中药的药效物质之一。例如,昆布中的甘露醇具有颅内脱水和利尿的作用,铁皮石斛中的甘露糖可参与糖蛋白合成、调节免疫,黄芪中的黄芪多糖具有免疫调节的作用,灵芝多糖具有抗肿瘤、抗衰老、调节免疫的作用,黄精多糖具有改善代谢、抗菌等作用,香菇多糖具有抗肿瘤、抗氧化等作用。

糖类成分的溶解性与其分子量大小以及聚合程度有关。单糖和低聚糖易溶于水,尤其易溶于热水,可溶于稀醇,不溶于亲脂性有机溶剂。多糖由于聚合度增加,溶解性不同于单糖和低聚糖,多数难溶于水,也不溶于有机溶剂,少数可于热水中形成胶体溶液。糖均有旋光性,天然存在的单糖多为右旋,因多数单糖在水溶液中会发生环状及链状结构的互变,故具有变旋现象。由于分子中具有醛基、酮基、醇羟基、邻二羟基等官能团,糖可与某些试剂发生氧化、醚化、酯化及络合等反应产生颜色变化或生成沉淀,可用于中药及其制剂中糖类成分进行定性鉴别和含量测定。

在《中国药典》2015 年版中,糖类定性鉴别方法有化学反应法、薄层色谱法、HPLC 法等,含量测定方法有 HPLC 法、紫外 - 可见分光光度法等。

知识链接

常用糖类检识试剂及反应现象

试剂名称	化学组成	反应颜色
Molish 试剂	浓硫酸和 α- 萘酚	液面间显紫色环
费林（Fehling）试剂	碱性酒石酸铜	砖红色
多伦（Tollen）试剂	$[Ag(NH_3)_2]OH$	银镜或黑褐色银沉淀

二、鉴别

（一）化学反应法

鉴别中药及其制剂中多糖常用化学反应法主要包括颜色反应和沉淀反应。

糖类的显色反应中最常用的是 Molish 反应，反应试剂为浓硫酸和 α- 萘酚。反应时，低聚糖和多糖首先在浓硫酸的作用下水解成单糖，单糖再脱水形成相应的糠醛衍生物，然后与 α- 萘酚显色。除了 α- 萘酚以外，糠醛衍生物还可与许多酚类、芳胺和具有活性次甲基的化合物缩合生成有颜色的化合物，例如苯酚、间苯二酚、β- 萘酚、苯胺、二苯胺、氨基酚、联苯胺以及蒽酮也都是常用的显色剂。如糖类化合物中含有还原糖时，还可发生菲林反应、多伦反应，生成有颜色的沉淀。

利用化学反应对糖进行鉴别时，要注意由于中药化学成分复杂，其所含苷类成分上的糖链也会发生显色或沉淀反应，形成假阳性干扰。因此，化学反应法通常只用于中药提取物中糖类成分的初步检识。

【示例 10-39】黄芪多糖注射液中还原糖的鉴别

〔药味组成〕黄芪。

〔鉴别〕取本品 10ml，加硫酸 1ml，水浴加热 15 分钟，加 2ml 氢氧化钠溶液调 pH 至 12，再加碱性酒石酸铜试液 5ml，水浴加热，产生红色的氧化亚铜沉淀。

〔注释〕黄芪多糖水解后产生还原糖，可与碱性酒石酸铜发生氧化还原反应，生成红色的氧化亚铜沉淀。

（二）色谱法

色谱法是中药及其制剂中糖类定性鉴别最常用的方法，主要有薄层色谱法、纸色谱法、高效液相色谱法、气相色谱法等。其中，单糖及聚合程度较低的低聚糖可直接用色谱法进行鉴别，而聚合程度较高的低聚糖和多糖则通常需要将其水解为单糖或聚合程度较低的低聚糖后再利用色谱法进行鉴别。

1. 薄层色谱法　薄层色谱常用的吸附剂有硅胶、纤维素、硅藻土及氧化铝。由于糖的结构中含有多个羟基，极性较大，在硅胶薄层板的制备时，可在水中加入无机盐来调制硅胶铺板，提高糖在固定相上的保留,改善色谱行为。常用无机盐为强碱与弱酸或中等强度的酸所成的盐,如0.3mol/L 磷酸氢二钠溶液、0.02mol/L 醋酸钠溶液、0.02mol/L 硼酸盐缓冲液以及 0.1mol/L 亚硫酸氢钠水溶液等。

在鉴别糖时,由于糖的极性较大,常用含水的展开剂系统,如正丁醇 - 醋酸 - 水(4∶1∶1)、正丁醇 - 醋酸 - 水(4∶1∶5,上层)、正丁醇 - 丙酮 - 水(4∶1∶5)、丙酮 - 水(96∶4)、正丁醇 - 乙酸乙酯 - 吡啶 - 水(6∶1∶5∶4)、正丁醇 - 乙酸乙酯 - 异丙醇 - 水(7∶4∶7∶2)等。

糖类化合物使用硅胶色谱鉴别时,常用的显色剂有硝酸银试剂、三苯四氮唑盐试剂、苯胺 - 邻苯二甲酸的正丁醇饱和液、3,5- 二羟基甲苯 - 盐酸试剂、过碘酸加联苯胺试剂、茴香醛 - 硫酸试剂、苯胺 - 二苯胺磷酸试剂、1,3 二羟基萘酚 - 硫酸试剂、间苯二酚 - 硫酸试剂、α- 萘酚 - 硫酸试剂以及不同浓度硫酸的水或醇溶液等。不同的糖使用不同的显色剂,显不同颜色的斑点。如硝酸银试剂使还原糖显棕黑色;单糖和还原性低聚糖使用三苯四氮唑盐试剂显色显红色;喷以 3,5- 二羟基甲苯 - 盐酸试剂,酮糖和含有酮基的低聚糖呈红色。

纤维素薄层色谱也是糖类鉴别分析的常用手段,多使用含水展开剂。

【示例 10-40】五味子多糖胶囊中五味子多糖的鉴别

〔药味组成〕五味子。

〔鉴别〕取本品胶囊内容物 10mg,加入 2.0mol/L 的硫酸溶液 6ml 于离心管中,酒精喷灯封管,100℃水解 8 小时,取出,加入碳酸钡中和,以 3 000r/min 的速率离心,除去硫酸钡沉淀,冷冻干燥上清液即得供试品溶液。精密称定鼠李糖、阿拉伯糖、甘露糖、葡萄糖、半乳糖、木糖、半乳糖醛酸对照品各 1mg,溶于 1ml 蒸馏水中,得 1g/L 的各单糖对照品溶液。分别称取鼠李糖、阿拉伯糖、甘露糖、葡萄糖、半乳糖、木糖、半乳糖醛酸对照品各 0.5mg,共溶于 2ml 蒸馏水,制得混合单糖对照品溶液。另取辅料糊精 10mg 照供试品溶液制备方法制备阴性对照品溶液。吸取上述溶液,分别点于含 0.3mol/L 磷酸二氢钠的硅胶 G 板上,以正丁醇 - 丙酮 - 水(4∶3∶1)为展开剂,展开,取出,晾干,以苯胺 - 邻苯二甲酸显色,供试品溶液色谱中斑点颜色、位置与标准混合单糖中半乳糖、葡萄糖和甘露糖斑点一致,糊精样品溶液色谱中斑点颜色、位置与标准混合单糖中葡萄糖斑点一致。

〔注释〕多糖在利用薄层色谱鉴别时,首先在酸性条件下进行水解得到水解的多糖溶液作为供试品。为了提高糖在固定相上的保留,选择含 0.3mol/L 磷酸二氢钠的硅胶 G 板作为固定相。结果显示五味子多糖中含有半乳糖、葡萄糖和甘露糖,但辅料糊精中也含有葡萄糖,可设置五味子多糖提取物作为阳性对照,提高专属性,排除辅料的干扰。

2. 纸色谱法 利用纸色谱(PC)法鉴别糖时,和薄层色谱法类似,单糖和聚合程度低的低聚糖可直接进行展开,多糖通常需要水解成单糖或聚合程度低的低聚糖后再进行展开。

常用的 PC 展开剂系统有正丁醇 - 乙醇 - 水 -(4∶1∶5)、正丁醇 - 乙醇 - 水(10∶1∶2)以及水饱和的苯酚等。难以分离的糖,可将滤纸用硼砂、硼酸缓冲液浸泡,以硼酸、硼砂饱和的正丁醇 - 乙酸乙酯系统展开。

PC 法常用显色剂与薄层色谱基本相同,但不宜使用含硫酸的显色剂。

3. 气相色谱 气相色谱是鉴别单糖的常用手段,多糖和低聚糖需先水解为单糖,通过与同一定色谱条件下对照品保留时间相对照,作为鉴别依据,不仅可测出多糖的单糖组成,还可通过相对校正因子法测得单糖之间的摩尔比。由于糖的挥发性较差,通常将单糖制备成三甲基硅醚衍生物,也可将醛糖还原成多元醇,然后制备乙酰化物或三氟乙酰化物来分析。气相色谱与质谱联用是近年来常用的多糖鉴别方法。

知识链接

肉苁蓉多糖的气相色谱分析

色谱条件:DB-5 毛细管柱 $(30m \times 0.32mm, 0.5\mu m)$;气化室温度为 $280℃$,分流比为 $15:1$;FID 检测器温度 $300℃$;氮气流速为 $2ml/min$;升温程序:$130℃$保持 5 分钟,以 $4℃/min$ 的速率升温至 $240℃$保持 5 分钟。

多糖的水解:取肉苁蓉多糖 $5mg$,精密称定加入 $3mol/L$ 硫酸溶液 $3ml$,置于 $110℃$烘箱中水解 8 小时,取出后冷却至室温,氮气吹干,冷冻干燥得水解单糖,备用。

衍生化条件:分别称取标准单糖和水解后的多糖样品各 $5mg$,加入盐酸羟胺 $5mg$,内标肌醇 $5mg$ 和吡啶 $0.5ml$,于 $90℃$水浴加热 30 分钟并振荡,取出冷却至室温,加入醋酸酐 $0.5ml$,在 $90℃$继续加热 30 分钟进行乙酰化,产物于 $70℃$水浴中用氮气吹干,加入 $1ml$ 三氯甲烷溶解,溶液经 $0.45\mu m$ 滤膜滤过后,即得。

测定:分别取衍生化后的水解多糖溶液和标准单糖溶液注入气相色谱仪按上述条件进行分析。肉苁蓉多糖色谱中呈现与甘露糖对照品、葡萄糖对照品和半乳糖对照品相同保留时间的色谱峰。

---

4. 高效液相色谱法 HPLC 法鉴别糖时,多以十八烷基硅烷键合相硅胶或氨基键合硅胶为填充剂,常用含有乙腈的溶剂系统为流动相,如乙腈 - 水、乙腈 - 磷酸盐缓冲液等。多糖同样需要水解后进行测定。由于糖没有明显的紫外吸收,故常采用示差折光检测器或蒸发光散射检测器进行检测,也可将糖衍生化后利用紫外或质谱检测器进行检测。在一定色谱条件下,不同糖有一定的保留时间,与已知对照品相对照,作为定性鉴别的依据。

【示例 10-41】灵芝胶囊中灵芝多糖的鉴别

〔组成〕灵芝。

〔色谱条件〕色谱柱:Hypersil C_{18} 柱$(150mm \times 4.6mm, 5\mu m)$,流动相:$0.1\%$ 乙酸$(pH 5.0)$ - 乙腈$(30:70)$;流速:$200\mu l/min$;柱温:$30℃$。

〔质谱条件〕正离子模式,全扫描 / 选择离子扫描,质量扫描范围为 m/z 150~$2\,000$;鞘气与辅助气均为 N_2,离子传输毛细管温度为 $300℃$,鞘气流速为 $20arb$,辅助气流速为 $3arb$,喷雾电压为 $3.50kV$,毛细管电压为 $40V$;进样体积 $25\mu l$。

〔供试品的预处理〕取灵芝胶囊内容物 $3g$,精密称定,置烧杯中,加入 $90ml$ 水,超声波水浴器加热$(70℃)$超声处理 30 分钟,冷却至室温后转至 $100ml$ 的容量瓶中并加水定容,混匀后,以 $3\,000r/min$ 离心 5 分钟。然后把全部上清液按每次 $2.0ml$ 的量置于离心管中,加无水乙醇 $10ml$,混匀后以 $3\,000r/min$ 离心 5 分钟,沉淀物用 80% 乙醇约 $5ml$ 洗涤,离心后收集沉淀,反复操作,直至全部上清液不再析出沉淀为止。沉淀用水溶解并定容至 $10ml$,得供试品预处理溶液。

〔灵芝多糖的水解〕吸取 500μl 供试品预处理溶液于 5ml 的具塞刻度试管中,加入 500μl 的 0.5mol/L 三氟乙酸,充氮气封管,超声波水浴器加热(70℃)酸水解处理 30 分钟,冷却后加入等体积甲醇,用氮气吹干,再加 1ml 超纯水溶解即得灵芝多糖的水解溶液。

〔混合单糖对照品溶液的制备〕分别精密称取适量葡萄糖、D(+)-半乳糖、D(+)-木糖、鼠李糖、D(+)-甘露糖,用超纯水配制成为 20mg/L 的混合单糖对照品溶液。

〔衍生化条件〕取灵芝多糖水解溶液和混合单糖对照品溶液 50μl,与 200μl 氨水混匀于 5ml 具塞试管中,再加入 0.5mol/L 1-苯基-3-甲基-5-吡唑啉酮(PMP)甲醇溶液 50μl,密封后混匀,在 70℃的烘箱中反应 30 分钟,取出放置冷却至室温,加入乙酸中和 200μl,加水至 1ml,再加等体积三氯甲烷 1ml,振摇,静置,弃去三氯甲烷相,萃取 3 次。用 0.22μm 微孔滤膜滤过,定容至 1ml,即得。

〔测定法〕分别吸取衍生化后的灵芝多糖水解溶液和混合单糖对照品溶液 25μl,注入液相色谱仪,即得。供试品色谱中应呈现与 5 种单糖对照品保留时间相同的色谱峰。

5. 电泳法 多糖分子在一定 pH 条件下可解离携带电荷,从而在电场的作用下发生定向泳动,不同的多糖由于所带电荷性质、数量和分子大小之间存在差异,泳动速率不同,因而可实现分离,然后染色鉴别。常用于多糖鉴别的电泳技术主要有纸电泳、醋酸纤维膜电泳、凝胶电泳和毛细管电泳四种。

(1) 纸电泳:在渗透了缓冲液的纸上施加电场使物质迁移,根据支持物的不同可分为滤纸电泳和玻璃纤维纸电泳两种。常采用硼酸盐为缓冲液,糖类结构中的相邻羟基易与硼酸离子结合,生成硼酸复盐,增加电导性。染色剂可选用甲苯胺盐、茴香胺、高碘酸希夫试剂、阿利新蓝、碱性硝酸银等。

(2) 醋酸纤维膜电泳:以醋酸纤维膜为支持物,其原理与纸电泳相同。醋酸纤维是由纤维素乙酰化制备而得,溶于丙酮后可涂布成均一的微孔薄膜,即醋酸纤维膜。常用硼酸盐缓冲液,以甲苯胺蓝为染色剂。

(3) 凝胶电泳

1) 琼脂糖凝胶电泳:依据分子量和电荷差异进行分离。通常制胶浓度在 0.5%~1.2% 之间,选用巴比妥缓冲液或乙二胺缓冲液,甲苯胺蓝为染色剂。但甲苯胺蓝不易使中性糖染色,更适合酸性多糖样品。

2) 聚丙烯酰胺凝胶电泳(PAGE):由于支持物为多孔介质,其孔径大小与样品分子具有相似的数量级,能主动参与分离,具有分子筛效应。由于多糖分子量较大,在使用 PAGE 分离时,需要使用高浓度分离胶才能实现分离,一般选用 7.5%~8.5% 的分离胶。多糖复合物的解离程度较小,电荷密度低,同时还可存在糖单元非均一性、不对称性的情况,因此多糖在电泳中呈带状分布,带状越明显,多糖的单元成分和结构越复杂。通常使用 Tris-HCl 缓冲液,高碘酸希夫试剂、麝香草酚溶剂混合物或阿利新蓝为染色剂,溴酚蓝为指示剂。

(4) 毛细管电泳:毛细管电泳(CE)主要用于分析多糖中的单糖组分。在应用时,通常需要先将多糖水解,分别将多糖水解产物和混合单糖标准品衍生化,然后利用毛细管电泳对衍生化的水解多糖和混合单糖标准品分析,通过样品图谱和标准品图谱比较进行鉴别。

三、含量测定

糖的含量测定主要有比色法和色谱法。比色法可用于测定总糖、单糖或多糖的含量测定,显色剂可选用蒽酮 - 硫酸、苯酚 - 硫酸、3,5- 二硝基水杨酸、地衣酚 - 硫酸以及硫酸铜 - 砷钼酸等。色谱法常用于测定单糖或低聚糖的含量。

1. 苯酚 - 硫酸法 使用苯酚 - 硫酸法测定糖的含量时,糖首先在高温下被浓硫酸脱水生成糠醛或羟甲基糠醛,与苯酚进一步缩合脱水,形成橙黄色的糠醛衍生物,该物质在 490nm 附近有最大吸收,其颜色的深浅在 150μg/ml 范围内与可溶性糖含量成正比。除了蒽酮以外,其他酚类物质如蒽酮、α- 萘酚、地衣酚、间苯二酚等均可与糠醛类物质缩合形成有颜色的糠醛衍生物,蒽酮 - 硫酸法和地衣酚 - 硫酸法也是常用的多糖含量测定方法。

【示例 10-42】当归补血颗粒中黄芪多糖的含量测定

〔组成〕当归、熟地黄、川芎、党参、白芍、甘草、黄芪。

〔对照品溶液的制备〕精密称取葡萄糖适量,加水溶解并稀释成 1g/L,即得。

〔标准曲线的制备〕分别精密量取对照品溶液 0.6ml、0.9ml、1.2ml、1.5ml、1.8ml、2.1ml 置于 50ml 量瓶中,加水定容至刻度,摇匀。吸取此溶液 2ml 于试管内,加入 5% 苯酚溶液 1.0ml,然后立即加入浓硫酸 5.0ml。振摇 5 分钟,于室温下放置 30 分钟。以水作为空白对照,490nm 波长处测定葡萄糖的吸光度值。以吸光度为纵坐标,葡萄糖浓度为横坐标,绘制标准曲线。

〔测定法〕取当归补血汤颗粒粉碎,过 20 目筛,80℃下干燥,取约 3g 粉末,精密称定,加入锥形瓶中,加入 20 倍量的 95% 乙醇,超声提取 80 分钟,滤过,滤渣挥干乙醇。将滤渣置于锥形瓶中,加 10 倍量的水,在 60℃下提取 40 分钟,滤过,滤液保存,滤渣再次提取,连续提取 3 次。合并滤液并浓缩,后定容于 50ml 量瓶中。精密量取 2ml,照标准曲线的制备项下方法,自"加入 5% 苯酚溶液 1.0ml"起,依法测定吸光度,从标准曲线上读出供试品溶液中黄芪多糖的量,计算,即得。

2. 3,5- 二硝基水杨酸(DNS)比色法 在碱性条件下,还原糖加热被氧化成糖酸及其他产物,3,5- 二硝基水杨酸则被还原为棕红色的 3- 氨基 -5- 硝基水杨酸,在 520~550nm 波长范围内有最大吸收,一定范围内,棕红色物质颜色的深浅与还原糖的量成正比关系。

【示例 10-43】银耳孢糖胶囊中多糖含量的测定

〔组成〕银耳。

〔对照品溶液的制备〕取在 105℃干燥至恒重的葡萄糖对照品约 50mg,精密称定,置 200ml 量瓶中,加水溶解并稀释至刻度,摇匀,即得。

〔标准曲线的制备〕取在 105℃干燥至恒重的葡萄糖对照品约 50mg,精密称定,置 100ml 量瓶中,加水溶解并稀释至刻度,摇匀。精密量取 2.0ml、3.0ml、4.0ml、5.0ml、6.0ml、7.0ml 和 8.0ml,各置 10ml 量瓶中,加水稀释至刻度,摇匀。分别精密量取 2ml,置 25ml 量瓶中,加 3,5- 二硝基水杨酸显色液 1.5ml,混匀,在水浴中反应 15 分钟,取出,冷却至室温,加水稀释至刻度,摇匀。以水作为空白对照,520nm 波长处测定葡萄糖的吸光度值。以吸光度为纵坐标,葡萄糖浓度为横坐标,绘制标准曲线。

〔总糖供试品溶液的制备〕取本品细粉约 100mg,精密称定,置具塞烧瓶中,加水 100ml,硫酸溶液(18→100)25ml,摇匀,在沸水浴中水解 1 小时,冷却后转移至 250ml 量瓶中,加 10mol/L 氢氧化钠溶液 12.5ml,加 10% 氢氧化钠溶液中和至酚酞指示液显中性,加水稀释至刻度,摇匀,即得。

〔单糖供试品溶液的制备〕取本品细粉约 1.2g,精密称定,置 25ml 量瓶中,加水 20ml,在 50℃ 水浴中振荡提取 1 小时,放冷,加水稀释至刻度,摇匀,离心(6 000r/min)15 分钟,取上清液,即得。

〔测定法〕分别精密量取总糖供试品溶液、单糖供试品溶液和对照品溶液各 2ml,照标准曲线的制备方法项下"分别精密量取 2ml,置 25ml 量瓶中,加 3,5- 二硝基水杨酸显色液 1.5ml"起,依法测定吸光度,分别计算总糖含量和单糖含量。总糖含量减去单糖含量即为多糖含量。

3. 高效液相色谱法　由于高效液相色谱法可同步实现分离与分析,且灵敏度高、专属性好,自动化程度高,近年来常被应用于糖的分析。用于糖类分析的高效液相色谱法主要有液 - 液分配色谱法以及离子交换色谱法。

液 - 液分配色谱法中,反相色谱较为常见,也可使用正相色谱。常见反相固定相有十八烷基键合相硅胶、八烷基键合相硅胶,以乙腈 - 水或乙腈 - 缓冲盐溶液作为流动相。也可使用氨基键合相硅胶,流动相为乙腈 - 水系统。由于糖的没有明显的紫外吸收,可选择蒸发光散射检测器或示差检测器,也可利用糖特别是单糖的氧化还原性,选择使用安培检测器,此外,还可将糖进行衍生化后再利用紫外或二极管阵列检测器进行测定。常见的衍生化试剂有 1- 苯基 -3- 甲基 -5- 吡唑啉酮(PMP)、3,5- 二硝基苯肼、对氨基苯甲酸等。在分析多糖中的单糖或聚合程度较低的低聚糖含量时,需要先将多糖水解为单糖或低聚糖后,再衍生化进行测定。

由于糖能够在碱性条件下形成阴离子,离子交换色谱法也是测定糖含量的常用方法,常选用阴离子交换树脂作为固定相,含碱溶液作为淋洗液,安培检测器进行检测。在测定多糖中单糖或聚合程度低的低聚糖含量时,同样需要先将多糖水解为单糖或低聚糖。

玄参中的糖类有单糖和低聚糖,其中水苏糖是玄参中分离得到的一种四糖,具有改善体内肠道菌群、调节免疫等作用,利用离子交换色谱法可测定玄参中单糖和低聚糖的含量。

> **知识链接**
>
> ## 玄参中单糖和低聚糖的含量测定
>
> 〔色谱条件〕METROSEP CARB 1(150mm×4.0mm) 阴离子交换柱,脉冲安培检测,淋洗液 30mmol/L NaOH 溶液,柱温 32℃,流速 1.0ml/min,再生液 200mmol/L NaOH 溶液。
>
> 〔供试品溶液的制备〕取 0.1g,精密称定,放入 100ml 小烧杯中,加入 20ml 去离子水,室温超声 10 分钟,过滤,将滤液定容至 100ml,0.45μm 微孔滤膜过滤,取滤液 10ml 于 100ml 容量瓶中定容,即得。
>
> 〔标准曲线的制备〕分别配制 1mg/L、3mg/L、5mg/L、10mg/L、30mg/L、50mg/L 葡萄糖、蔗糖、果糖和水苏糖的混合标准溶液。分别测定 6 个混合标准溶液,绘制标准曲线。
>
> 〔测定法〕取供试品溶液进样,根据各峰峰面积和对应标准曲线进行计算,即得。

【示例 10-44】铁皮石斛中甘露糖的测定

〔色谱条件与系统适用性试验〕以十八烷基硅烷键合硅胶为填充剂;以乙腈 -0.02mol/L 的乙酸铵溶液(20∶80)为流动相;检测波长为 250nm。理论板数按甘露糖峰计算应不低于 4 000。

〔校正因子测定〕取盐酸氨基葡萄糖适量,精密称定,加水制成每 1ml 含 12mg 的溶液,作为内标溶液。另取甘露糖对照品约 10mg,精密称定,置 100ml 量瓶中,精密加入内标溶液 1ml,加水适量使溶解并稀释至刻度,摇匀,吸取 400μl,加 0.5mol/L 的 PMP(1- 苯基 -3- 甲基 -5- 吡唑啉酮)甲醇溶液与 0.3mol/L 的氢氧化钠溶液各 400μl,混匀,70℃水浴反应 100 分钟。再加 0.3mol/L 的盐酸溶液 500μl,混匀,用三氯甲烷洗涤 3 次,每次 2ml,弃去三氯甲烷液,水层离心后,取上清液 10μl,注入液相色谱仪,测定,计算校正因子。

〔测定法〕取本品粉末(过三号筛)约 0.12g,精密称定,置索氏提取器中,加 80% 乙醇适量,加热回流提取 4 小时,弃去乙醇液,药渣挥干乙醇,滤纸筒拆开置于烧杯中,加水 100ml,再精密加入内标溶液 2ml,煎煮 1 小时并时时搅拌,放冷,加水补至约 100ml,混匀,离心,吸取上清液 1ml,置安瓿瓶或顶空瓶中,加 3.0mol/L 的盐酸溶液 0.5ml,封口,混匀,110℃水解 1 小时,放冷,用 3.0mol/L 的氢氧化钠溶液调节 pH 至中性,吸取 400μl,照校正因子测定方法,自"加 0.5mol/L 的 PMP 甲醇溶液"起,依法操作,取上清液注入液相色谱仪,测定,即得。

【示例 10-45】巴戟天中耐斯糖的含量测定

〔色谱条件与系统适用性试验〕以十八烷基硅烷键合硅胶为填充剂;以甲醇 - 水(3∶97)为流动相;蒸发光散射检测器检测。理论板数按耐斯糖峰计算应不低于 2 000。

〔对照品溶液的制备〕取耐斯糖对照品适量,精密称定,加流动相制成每 1ml 含 0.2mg 的溶液,即得。

〔供试品溶液的制备〕取本品粉末(过三号筛)0.5g,精密称定,置具塞锥形瓶中,精密加入流动相 50ml,称定重量,沸水浴中加热 30 分钟,放冷,再称定重量,用流动相补足减失的重量,摇匀,放置,取上清液滤过,取续滤液,即得。

〔测定法〕分别精密吸取对照品溶液 10μl、30μl,供试品溶液 10μl,注入液相色谱仪,测定,用外标两点法对数方程计算,即得。

〔注释〕巴戟天中含有丰富的糖类成分,且以低聚糖为主,其中耐斯糖是巴戟天中分离得到的一种蔗果四糖,具有抗抑郁、改善骨质疏松等活性,利用高效液相色谱法可测定巴戟天药材及其制剂中耐斯糖的含量。

4. 气相色谱法 单糖经过衍生化,如硅醚化、酰基化后可利用气相色谱测定其含量。多采用毛细管柱,程序升温的方法,采用内标法进行测定。在测定多糖中的单糖含量时,需要先将多糖水解为单糖再进行测定。

【示例 10-46】银杏叶中可溶性单糖的测定

〔色谱条件〕SE-30 毛细管色谱柱(25m × 0.23mm,0.1μm),氢火焰离子化检测器(FID),汽化室温度 250℃,柱箱温度 230℃,检测器温度 250℃,载气为氮气,流量为 9.6ml/min,柱流量为 0.6ml/min,氢气流量为 47.0ml/min,空气流量为 400ml/min,分流比为 10∶1,进样量为 0.8μl,内标物为肌醇。

〔内标溶液的制备〕称取肌醇 300mg,于 100ml 容量瓶中,用水溶解后,加水稀释至刻度,即得。

〔混合对照品溶液的制备〕称取 D- 半乳糖、D- 核糖、D- 木糖、D- 果糖、DL- 阿拉伯糖、D- 甘露糖、葡萄糖、肌醇适量,加水溶解,配制成浓度为 3mg/ml 的混合溶液,吸取 1.0ml 于具塞试管中,于 60℃真空浓缩至干。在试管中加入二甲基亚砜 1ml,超声提取 15 分钟。在试管中加入衍生化试剂(六甲基二硅胺烷 - 三甲基氯硅烷 2︰1)3ml,加入环己烷 2ml,振荡后,静置 1 小时,分取上层溶液,即得。

〔单糖对照品溶液的制备〕分别称取分别称取 D- 半乳糖、D- 核糖、D- 木糖、D- 果糖、DL- 阿拉伯糖、D- 甘露糖、葡萄糖、肌醇适量,加水溶解,配制成浓度为 3mg/ml 的单糖对照品溶液,照混合对照品溶液的制备项下"吸取 1.0ml 于具塞试管中"起同法制备,即得。

〔供试品溶液的制备〕取银杏叶样品约 2.0g,精密称定,置于 50ml 锥形瓶中,加入内标溶液 1.0ml,加水 25ml,60℃水浴中提取 2 小时,冷却至室温,滤过,滤渣再提取 2 次,每次加水 20ml,提取 1 小时,合并 3 次提取液,60℃真空浓缩至干,照对照品溶液的制备项下自"加入二甲基亚砜 1ml"起同法制备,即得。

〔测定法〕取单糖对照品溶液、混合对照品溶液和供试品溶液各 0.8μl,注入气相色谱仪。用单糖对照品对混合对照品中色谱峰进行确认,确定对应的单糖峰后,以肌醇为内标物,计算出各单糖的相对校正因子。根据各单糖的相对校正因子计算供试品中各单糖的含量。

第七节 挥发油

一、概述

挥发油,又称精油,是一类具有芳香气味的油状液体的总称,由于其在常温下具有挥发性,且能随水蒸气蒸馏,所以称之为挥发油。挥发油在植物的腺毛、油室、油管、分泌细胞或树脂道等不同器官中均有分布。根据化学结构的不同,挥发油大体可分为萜类化合物、芳香族化合物、脂肪族化合物以及其他类化合物,其中萜类化合物是挥发油中最常见的化合物。

因为具有显著的生理活性,挥发油是许多中药的有效成分,常作为中药及其制剂定性和定量分析的指标性成分。如丁香油具有镇痛、局麻作用;薄荷油具有清凉、驱风、消炎等作用;土荆芥油具有驱虫作用;桉油具有祛风止痛作用。

挥发油的极性较小,不溶于水,易溶于各种有机溶剂,如石油醚、乙醚、环己烷、油脂、二硫化碳。在高浓度的乙醇中挥发油也可溶解,但在低浓度乙醇中溶解度较低。挥发油的沸点通常在 70~300℃之间,可随水蒸气蒸馏;大多数挥发油的相对密度在 0.85~1.065 之间,折光率在 1.43~1.61 之间;几乎所有的挥发油都具有旋光性,比旋度在 +97°~+117°范围内。由于具有相对固定的物理常数,因此,《中国药典》2015 年版利用物理常数来对挥发油进行鉴别。

在《中国药典》2015 年版中,挥发油定性鉴别方法有物理常数法、化学反应法、薄层色谱法、GC 法、HPLC 法等,含量测定方法有挥发油测定器法、HPLC 法、GC 法等。

八角茴香油的性状鉴别

本品为无色或淡黄色的澄清液体；气味与八角茴香类似。冷时常发生浑浊或析出结晶，加温后又澄清。本品在90%乙醇中易溶。相对密度在25℃时应为0.975~0.988。凝点应不低于15℃。旋光度取本品，依法测定，旋光度为 -2°~+1°。折光率应为1.553~1.560。

二、鉴别

(一) 化学反应法

鉴别中药及其制剂中挥发油常用化学反应法主要利用挥发油中化学成分含有的不同官能团的化学性质进行鉴别。例如，含有酚类成分的挥发油溶于乙醇后，加入三氯化铁的乙醇溶液，可产生蓝、蓝紫或绿色，也可和香草醛 - 盐酸发生反应显色；含有萜类成分的挥发油可与浓硫酸、香草醛 - 硫酸、茴香醛 - 硫酸等发生反应显色；含有醛类成分的挥发油可与氨制硝酸银产生银镜反应，含有酮类成分的挥发油可用 2,4- 二硝基苯肼、氨基脲、羟胺等试剂发生沉淀反应；含有 α,β- 不饱和内酯结构成分的挥发油可与亚硝酰铁氰化钠试剂及氢氧化钠溶液发生反应先显红色，随后逐渐消失；含有不饱和结构成分的挥发油可使溴的三氯甲烷溶液褪色。由于化学反应法专属性较差，挥发油化学成分复杂、干扰因素多，因此在挥发油的鉴别中使用较少。

(二) 色谱法

色谱法是中药及其制剂中挥发油类成分定性鉴别最常用的方法，主要有薄层色谱法、高效液相色谱法、气相色谱法等。

1. 薄层色谱法　吸附剂常用硅胶或氧化铝，《中国药典》主要采用硅胶作为吸附剂。

硅胶薄层色谱法适用于大多数挥发油的分离检识。挥发油中常见化合物类型的极性通常较小，常用石油醚或环己烷等极性较小的有机溶剂为主，根据待分离成分的极性大小，加入乙酸乙酯调整展开剂的极性，以实现分离。

挥发油经薄层色谱展开完成后，除少数具有荧光性质可在紫外光灯下直接检视的成分外，大都需要喷以显色剂显色，如硫酸、香草醛 - 硫酸、茴香醛 - 硫酸、香草醛 - 盐酸等，其中以香草醛 - 硫酸最为常用。

除硅胶和氧化铝外，也可采用硝酸银 - 硅胶或硝酸银 - 氧化铝作为吸附剂来分离含有双键的挥发性成分。硝酸银可与含双键的挥发性成分形成 π 络合物，π 络合物的稳定性及形成的难易程度与双键的多少和位置有关，可据此实现分离。

【示例 10-47】藿香正气口服液中广藿香油的鉴别

〔药味组成〕苍术，厚朴(姜制)，茯苓，生半夏，广藿香油，陈皮，白芷，大腹皮，紫苏叶油，甘草浸膏。

〔鉴别〕取本品 20ml,用石油醚(30~60℃)振摇提取 2 次,每次 25ml,合并石油醚提取液,低温蒸干,残渣加乙酸乙酯 1ml 使溶解,作为供试品溶液。另取百秋李醇对照品,加乙酸乙酯制成每 1ml 含 1mg 的溶液。吸取供试品溶液 10μl、对照品溶液 5μl,分别点于同一硅胶 G 薄层板上,以石油醚(60℃~90℃)-乙酸乙酯-甲酸(85:15:2)为展开剂,展开,取出,晾干,喷以 5% 香草醛硫酸溶液,在 100℃ 加热至斑点显色清晰。供试品色谱中,在与百秋李醇对照品色谱相应的位置上,显相同的紫红色斑点。

〔注释〕百秋李醇,又称广藿香醇,是广藿香油中的主要成分之一。

2. 气相色谱法　气相色谱(GC)法是分离鉴别挥发性成分最常用的手段之一。可通过与对照品保留时间相对照,作为鉴别依据。

【示例 10-48】苏合香丸中人工麝香、丁香和冰片的鉴别

〔药味组成〕苏合香、安息香、冰片、水牛角浓缩粉、人工麝香、檀香、沉香、丁香、香附、木香、乳香(制)、荜茇、白术、诃子肉、朱砂。

〔色谱条件〕DB-5(5% 二苯基 -95% 二甲基聚硅氧烷固定液)毛细柱,规格 30m×0.25mm,0.25μm;进样口温度:200℃;检测器:FID 检测器,温度为 300℃;分流比:20:1;柱流量:1.5ml/min;进样量:1μl。柱温以 90℃ 为起始温度,以 3℃/min 升温至 140℃,保持 5 分钟,以 5℃/min 升温至 280℃,保持 15 分钟。

〔供试品溶液的制备〕称取本品 10 丸,精密称定,剪碎,取 4g,精密称定,精密加入 4g 硅藻土,研细,取约 1.0g,精密称定,置具塞锥形瓶中,精密加入乙酸乙酯 20ml,称量,超声提取(功率 250W,频率 33kHz)20 分钟,放冷,再称量,用乙酸乙酯补足减失的量,摇匀,滤过,取续滤液,即得。

〔对照品溶液的制备〕取龙脑、丁香酚、麝香酮对照品适量,精密称定,置同一量瓶中,加乙酸乙酯制成每 1ml 含龙脑、丁香酚、麝香酮分别约为 3mg、1mg、1mg 的溶液,作为混合对照品溶液。

〔测定法〕分别吸取对照品溶液与供试品溶液各 1μl,注入气相色谱仪。供试品色谱中应呈现与对照品色谱峰保留时间相同的色谱峰。

〔注释〕麝香酮、龙脑和丁香酚分别为苏合丸中人工麝香、冰片和丁香中的挥发性成分,其中麝香酮和龙脑属于萜类成分,丁香酚为芳香化合物,利用气相色谱法可同时对这三种化学成分进行测定。

3. 气质联用　质谱由于具有分子量测定、快速定性和推断分子结构的功能,常作为通用检测器与色谱联用,用于多组分挥发油混合物的定性鉴别。利用多离子检测技术还可对未完全分离的色谱峰进行鉴别,提高了色谱分析的准确性和可靠性。

知识链接

檀香挥发油的 GC-MS 分析

〔色谱条件〕Agilent HP-5 弹性石英毛细管柱(30m×0.32mm,0.25μm),进样口温度 270℃,程序升温(柱温 90℃,以 5℃/min 升至 160℃,再以 0.5℃/min 升至 165℃,然

后再以 1℃/min 升至 180℃，最后 10℃/min 升至 230℃），汽化室温度 250℃，载气为高纯氦（纯度为 99.999%），柱前压 52.6kPa；进样量 1μl，分流比 20∶1。

〔质谱条件〕离子源为 EI 源，离子源温度 230℃，四极杆温度 150℃，电子能量 70eV，发射电流 34.6μA，接口温度 280℃，溶剂延迟 3 分钟，质量范围 10~550amu。

〔供试品溶液的制备〕檀香油经 0.22μm 滤膜滤过，精密量取滤液 0.1ml，置于 1ml 量瓶中，乙醚稀释至刻度，即得。

GC-MS 显示，檀香油含有 9 个主成分，主要为萜类成分，包括莰烯、α- 姜黄烯、β- 姜黄烯、α- 檀香醇、Z-α- 反式 - 香柠檬醇、E- 顺式，epi-β- 檀香醇、β- 檀香醇、反式 -α- 檀香醇、反式 -β- 檀香醇，其中 α- 檀香醇和 β- 檀香醇含量共约占样品挥发油总量的 80% 以上。

三、含量测定

（一）总挥发油含量测定

挥发油均为多种化合物组成的混合物，在测定总挥发油含量时，通常采用挥发油测定器，用蒸馏法进行测定。相对密度 1.0 以下的挥发油可用《中国药典》挥发油测定法中的甲法直接进行测定，取供试品适量，称定重量（准确至 0.01g），置烧瓶中，加水 300~500ml 后与玻璃珠数粒，振摇混合后，连接挥发油测定器与回流冷凝管。自冷凝管上端加水使充满挥发油测定器的刻度部分，并溢流入烧瓶时为止。置电热套中或用其他适宜方法缓缓加热至沸，并保持微沸约 5 小时，至测定器中油量不再增加，停止加热，放置片刻，开启测定器下端的活塞，将水缓缓放出，至油层上端到达刻度 0 上面 5mm 处为止。放置 1 小时以上，再开启活塞使油层下降至其上端恰与刻度 0 线平齐，读取挥发油量，并计算供试品中挥发油的含量（%）。

相对密度 1.0 以上的挥发油用乙法，取水约 300ml 与玻璃珠数粒，置烧瓶中，连接挥发油测定器。先自测定器上端加水使充满刻度部分，并溢流入烧瓶时为止，再用移液管加入二甲苯 1ml，然后连接回流冷凝管。停止加热，放置 15 分钟以上，读取二甲苯的容积，自油层量中减去二甲苯量，即为挥发油量，再计算供试品中挥发油的含量（%）。

【示例 10-49】满山红油胶丸

〔组成〕满山红油。

取本品 40 粒，称定重量（准确至 0.01g），置烧瓶中，加水 300~500ml（或适量）与玻璃珠数粒，振摇混合后，连接挥发油测定器与回流冷凝管。自冷凝管上端加水使充满挥发油测定器的刻度部分，并溢流入烧瓶时为止。置电热套中或其他适宜方法缓缓加热至沸，并保持微沸 5 小时，至测定器中油量不再增加，停止加热，放置片刻，开启测定器下端的活塞，将水缓缓放出，至油层上端到达刻度 0 线上面 5mm 处为止。放置 1 小时以上，再开启活塞使油层下降至其上端恰与刻度 0 线平齐，读取挥发油量，按相对密度为 0.940 计算，即得。

本品每粒含满山红油应为标示量的 90.0%~110.0%。

〔注释〕满山红油相对密度为 0.940,因此按《中国药典》中挥发油测定法甲法直接测定。

（二）单体挥发性成分含量测定

中药及其制剂中单体挥发性成分含量测定一般采用色谱法,使用最多的为气相色谱法,其次为高效液相色谱法。对于干扰成分较少的挥发油提取物和中药制剂,可选择合适的溶剂稀释或提取后直接进行测定。对药味较多、成分复杂的中药制剂,则需进行净化处理,一般常用的方法有液-液萃取法、色谱法、固相萃取法等。

1. 气相色谱法 气相色谱法测定中药及其制剂中挥发性成分最常用的方法。填充柱和毛细管柱均可用来测定挥发性成分。经酸洗并硅烷化处理的硅藻土或高分子多孔小球是常用的填充柱载体,固定液可选用非极性的饱和烃如硅酮或甲基硅油等或极性的聚酯、聚乙二醇类。

为了避免中药分析周期长、操作复杂,可能损失或破坏某些成分,也可使用闪蒸气相色谱法或顶空气相色谱法来测定中药及其制剂中的挥发性成分。

在进行定量时,气相色谱法可用外标法或内标法。由于定量准确性受多次进样重复性和实验条件稳定性的影响较大,因此在分离度允许的情况下,内标法更加常用。

【示例 10-50】保妇康栓中莪术油的含量测定

〔组成〕莪术油、冰片。

〔色谱条件与系统适用性试验〕聚乙二醇 20 000（PEG-20M）毛细管柱(柱长为 30m,柱内径为 0.32mm,膜厚度为 0.25μm);柱温为程序升温,初始温度为 140℃,保持 35 分钟,以每分钟 10℃的速率升温至 200℃,保持 3 分钟。理论板数按莪术二酮峰计算应不低于 10 000。

〔对照品溶液的制备〕取莪术二酮对照品适量,精密称定,加乙酸乙酯制成每 1ml 含 2.4mg 的溶液,即得。

〔供试品溶液的制备〕取本品 5 粒,置 1 000ml 圆底烧瓶中,加水 300ml 与玻璃珠数粒,照挥发油测定法试验,加乙酸乙酯 3ml,加热至沸腾并保持微沸 5 小时,放冷,分取乙酸乙酯液,测定器用乙酸乙酯洗涤 3 次,每次 5ml,合并乙酸乙酯液,通过铺有无水硫酸钠的漏斗,转移至 25ml 量瓶中,用少量乙酸乙酯洗涤漏斗,洗液并入同一量瓶中,加乙酸乙酯至刻度,摇匀,即得。

〔测定法〕分别精密吸取对照品溶液与供试品溶液各 1μl,注入气相色谱仪,测定,即得。

〔注释〕莪术二酮是莪术油中的主要成分之一,是单萜类化合物,具有抗血栓、抗炎、镇痛等活性。《中国药典》2015 年版规定,保妇康栓每粒含莪术油以莪术二酮计,不得少于 5.0mg。

【示例 10-51】八角茴香油中反式茴香脑的含量测定

〔色谱条件与系统适应性试验〕以聚乙二醇 20 000（PEG-20M）为固定相的毛细管柱(内径为 0.53mm,柱长为 30m,膜厚度为 1μm);柱温为程序升温:初始温度为 70℃,保持 3 分钟,以每分钟 5℃的速率升温至 200℃,保持 5 分钟;分流进样,分流比为 10∶1。理论板数按环己酮峰计算应不低于 50 000。

〔校正因子测定〕取环己酮适量,精密称定,加乙酸乙酯制成每 1ml 含 50mg 的溶液,作为内标溶液。另取反式茴香脑对照品 60mg,精密称定,置 50ml 量瓶中,精密加入内标溶液 1ml,加乙酸乙酯至刻度,摇匀,吸取 1μl,注入气相色谱仪,测定,计算校正因子。

〔测定法〕取本品约 50mg,精密称定,置 50ml 量瓶中,精密加入内标溶液 1ml,加乙酸乙酯至刻度,摇匀,作为供试品溶液。吸取 1μl,注入气相色谱仪,测定,即得。

〔注释〕反式-茴香脑为芳香类化合物,是八角茴香油和小茴香中的挥发性成分,具有升高白细胞的活性。同时,反式茴香脑也是常用的矫味剂,广泛用于药物、食品以及日化用品的矫味和增香。《中国药典》2015 年版规定,八角茴香油含反式-茴香脑不得少于 80%。

【示例 10-52】牡荆油胶丸中 β- 丁香烯的含量测定

〔组成〕牡荆油。

〔色谱条件与系统适用性试验〕以交联 5% 苯基甲基聚硅氧烷为固定相的毛细管柱(柱长为 30m,柱内径为 0.32mm,膜厚度为 0.25μm);柱温为程序升温;初始温度 80℃,以每分钟 8℃的速率升温至 200℃,保持 5 分钟;分流进样,分流比 10∶1。理论板数按 β-丁香烯峰计算应不低于 50 000。

〔校正因子测定〕取正十八烷适量,精密称定,加乙酸乙酯制成每 1ml 含 0.15mg 的溶液,作为内标溶液。另取 β- 丁香烯对照品约 20mg,精密称定,置 100ml 量瓶中,加乙酸乙酯至刻度,摇匀,精密量取 1ml 置 10ml 量瓶中,精密加入内标溶液 1ml,加乙酸乙酯至刻度,摇匀,吸取 1μl 注入气相色谱仪,计算校正因子。

〔测定法〕取本品内容物约 0.1g,精密称定,置 50ml 量瓶中,加乙酸乙酯至刻度,摇匀,精密量取 1ml 置 10ml 量瓶中,精密加入内标溶液 1ml,加乙酸乙酯至刻度,摇匀,吸取 1μl 注入气相色谱仪,测定,即得。

〔注释〕β- 丁香烯是牡荆油以及丁香、九里香中的主要挥发性成分之一,为单萜类化合物。《中国药典》2015 年版规定,牡荆油胶丸每丸含 β- 丁香烯不得少于 4.0mg。

2. 高效液相色谱法 高效液相色谱法也可用于挥发性成分的定量分析,特别适合于一些热稳定较差的挥发性成分。反相液相色谱是最常用的方法,以十八烷基键合相硅胶、辛烷基键合硅胶为填充剂,多以甲醇 - 水或乙腈 - 水为流动相。

【示例 10-53】莪术油中牻牛儿酮的含量测定

〔色谱条件与系统适用性试验〕以十八烷基硅烷键合硅胶为填充剂;以乙腈为流动相 A,水为流动相 B;梯度洗脱程序为:60% → 95%A(0~20 分钟),95%A(21~35 分钟);检测波长为 216nm。理论板数按牻牛儿酮峰计算不低于 5 000。

〔对照品溶液的制备〕取牻牛儿酮对照品及呋喃二烯对照品适量,精密称定,加无水乙醇制成每 1ml 含牻牛儿酮 30μg、呋喃二烯 50μg 的混合溶液,即得。

〔供试品溶液的制备〕取本品 0.1g,精密称定,置 50ml 量瓶中,加无水乙醇至刻度,摇匀,精密量取 5ml,置 25ml 量瓶中,加无水乙醇至刻度,摇匀,滤过,取续滤液,即得。

〔测定法〕分别精密吸取对照品溶液和供试品溶液各 5μl,注入液相色谱仪,测定,即得。

第八节　鞣质

一、概述

鞣质是由没食子酸(或其聚合物)的葡萄糖(及其他多元醇)酯、黄烷醇及其衍生物的聚合物以及两者混合共同组成的植物多元酚。根据鞣质的化学结构特征可将鞣质分为可水解鞣质、缩合鞣质和复合鞣质。可水解鞣质如没食子鞣质、逆没食子鞣质、咖啡鞣质等,分子中含有酯键和苷键,可被酸、碱或酶水解成小分子酚酸类化合物和糖或其他多元醇。缩合鞣质通常为儿茶素或儿茶素没食子酸酯等黄烷醇类化合物以碳 - 碳键聚合而成,因此不能被水解,暴露在空气中,特别是酶的影响下,非常容易被氧化、脱水缩合为高分子不溶于水的产物鞣红,又被称为鞣红鞣质。复合鞣质是由可水解鞣质与黄烷醇类缩合而成。

鞣质多具有显著的生理活性,是许多中药的重要药效成分,常作为中药及其制剂定性定量分析的指标性成分。如五倍子鞣质具有收敛止血作用,老鹳草素具有抑菌、抗病毒作用,表儿茶素没食子酸酯(EGCG)、月见草素 B 具有抗氧化、清除自由基作用,地榆鞣质具有收缩血管、缩短凝血时间的作用。

鞣质类成分由于分子结构中含有多个酚羟基,极性较强,因此溶于水、甲醇、乙醇等极性溶剂,可溶于乙酸乙酯、丙酮、丙酮和乙醇的混合液,难溶或不溶于乙醚、三氯甲烷、石油醚等低极性溶剂。

在《中国药典》2015 年版中,鞣质定性鉴别方法有化学反应法、薄层色谱法等,含量测定方法有 HPLC 法、紫外 - 可见分光光度法等。

二、鉴别

(一) 化学反应法

鉴别中药及其制剂中鞣质常用化学反应法主要包括沉淀反应和颜色反应。

鞣质可与明胶或酪蛋白等蛋白质结合产生不溶于水的沉淀,常作为鞣质鉴别及纯化的方法;鞣质的水溶液能与重金属盐如醋酸铅、醋酸铜、氯化亚锡以及碱土金属的氢氧化物生成沉淀;鞣质还能与生物碱生成沉淀;由于鞣质结构中含有多个酚羟基,容易被氧化,可与费林试剂发生反应,生成砖红色的氧化亚铜沉淀;鞣质的水溶液与三氯化铁反应,生成蓝黑色或绿黑色的沉淀;鞣质与铁氰化钾氨溶液反应,溶液呈深红色,并迅速变成棕色。

由于中药及其制剂中的干扰成分较多,仅仅利用化学反应无法准确鉴别鞣质,通常需结合其他方法进行鉴别。

(二) 色谱法

色谱法是中药及其制剂中鞣质类成分定性鉴别最常用的方法,主要有薄层色谱法和高效液相色谱法。

1. 薄层色谱法 吸附剂常用硅胶,《中国药典》主要采用硅胶 G 作为吸附剂。

在使用硅胶作为固定相对鞣质进行薄层色谱鉴别时,展开剂一般以三氯甲烷或甲苯为主,根据待分离成分极性大小,加入丙酮、乙酸乙酯、甲酸乙酯、甲醇、水等大极性溶剂。由于鞣质中含有多个酚羟基,可出现 R_f 变小、斑点拖尾或形成复斑,因此,采用硅胶薄层色谱法鉴别鞣质时,常用酸性溶剂系统(展开剂中加入甲酸或乙酸等酸性试剂)作为展开剂,以克服拖尾现象,改善分离,使色谱斑点圆整,易于鉴别。常用展开剂系统,如三氯甲烷 - 丙酮 - 水 - 甲酸、三氯甲烷 - 乙酸乙酯 - 甲酸等。

在展开完成后,多数鞣质可在紫外光灯下检视,也可喷以显色剂进行显色,常用显色剂为三氯化铁,茴香醛 - 硫酸以及三氯化铁 - 铁氰化钾等。

【示例 10-54】老鹳草软膏中鞣质的鉴别

〔组成〕老鹳草。

〔鉴别〕取本品 2g,加乙醇 50ml,加热回流 30 分钟,滤过,滤液蒸干,残渣加乙醇 1ml 使溶解,作为供试品溶液。另取没食子酸对照品,加甲醇制成每 1ml 含 0.5mg 的溶液,作为对照品溶液。吸取上述两种溶液各 5μl,分别点于同一硅胶 G 薄层板上,以甲苯 - 甲酸乙酯 - 甲酸(6∶3∶1)为展开剂,展开,取出,晾干,喷以 2% 三氯化铁乙醇溶液。供试品色谱中,在与对照品色谱相应的位置上,显相同颜色的斑点。

2. 高效液相色谱法 可用于判断鞣质分子的大小、各组分纯度及 α、β- 异构体等,具有简便、快速、准确、实用性强等优点。正相 HPLC 多用 Superspher Si 60 及 Zorbax SIL 色谱柱,流动相为含草酸 500mg/1.2L 的环己烷 - 甲醇 - 四氢呋喃 - 甲酸(60∶45∶15∶1)。反相 HPLC 多用 Lichrospher RP-18 色谱柱,柱温 40℃,流动相为:①0.01mol/L 磷酸 -0.01mol/L 磷酸二氢钾 - 乙酸乙酯(85∶10∶5),②0.01mol/L 磷酸 -0.01mol/L 磷酸二氢钾 - 乙腈(87∶13)。可水解鞣质单体、二聚体、三聚体及四聚体等因分子大小及基团极性的不同,其正相 HPLC 的保留时间(t_R)产生显著变化。在同一流动相中,分子量越大,t_R 越大。缩合鞣质也有类似现象。反相 HPLC 在判断鞣质葡萄糖的 C_1-OH 是否游离从而表现为 α、β- 异构体方面有独到之处。如当用正相 HPLC 检测,被测样品呈现为单峰,而用反相 HPLC 检测呈现双峰时,就可能有两种情况:一是样品不纯,为二个组分的混合物;二是样品中的葡萄糖部分 C_1-OH 游离,从而形成一对 α、β- 端基异构体。此时,在被测样品中加入少量 $NaBH_4$,振摇,待还原反应完成后,在同样条件下进行反相 HPLC,若原来的双峰消失,产生了新的比原来的双峰 t_R 较小的单峰,则该样品为 α、β 异构体;若无变化,则说明该样品为两成分的混合物。

中药制剂或原料药中含有的可水解鞣质,目前多采用水解后检测其水解产物没食子酸等酚酸的方法进行鉴别。色谱条件多以十八烷基硅烷键合相硅胶为固定相,以含有酸的溶剂系统为流动相(如乙腈 - 甲酸水溶液)。在一定色谱条件下,与已知对照品对照,作为定性鉴别的依据。也可采用对照品添加法,依据相应色谱峰峰面积或峰高的增加,进行鉴别。

【示例 10-55】地榆中没食子酸的鉴别

〔色谱条件与系统适用性试验〕以十八烷基硅烷键合硅胶为填充剂;以甲醇 -0.05% 磷酸溶液

(5∶95)为流动相;检测波长为272nm。理论板数按没食子酸峰计算应不低于2 000。

〔对照品溶液的制备〕取没食子酸对照品适量,精密称定,加水制成每1ml含30μg的溶液,即得。

〔供试品溶液的制备〕取本品粉末(过四号筛)约0.2g,精密称定,置具塞锥形瓶中,加10%盐酸溶液10ml,加热回流3小时,放冷,滤过,滤液置100ml量瓶中,用水适量分数次洗涤容器和残渣,洗液滤入同一量瓶中,加水至刻度,摇匀,滤过,取续滤液,即得。

〔测定法〕分别精密吸取对照品溶液与供试品溶液各10μl,注入液相色谱仪,测定,即得。供试品色谱中应呈现与对照品保留时间相同的色谱峰。

三、含量测定

(一) 总鞣质含量测定

1. 比色法

(1) 磷钼钨酸-干酪素法:《中国药典》2015年版采用磷钼钨酸-干酪素法来测定总鞣质的含量。在碱性条件下,酚类物质可将磷钼钨酸还原,生成蓝色的化合物,在760nm波长处有最大吸收,测定其吸光度值可计算样品中总酚物质的含量。再利用干酪素可与有生理活性的酚类物质结合,而不具生理活性的鞣酐等成分不能被吸附,测定样品中不被吸附的酚类物质含量。用总酚物质减去不被吸附的酚类物质含量即得到样品中的鞣质含量。

【示例10-56】紫地宁血散中地稔鞣质的含量

〔组成〕大叶紫珠,地稔。

〔对照品溶液的制备〕精密称取没食子酸对照品50mg,置100ml棕色量瓶中,加水溶解并稀释至刻度,精密量取5ml,置50ml棕色量瓶中,用水稀释至刻度,摇匀,即得(每1ml中含没食子酸0.05mg)。

〔供试品溶液的制备〕取本品4g,精密称定,置250ml棕色量瓶中,加水150ml,放置过夜,超声处理10分钟,放冷,用水稀释至刻度,摇匀,静置(使固体物沉淀),滤过,弃去初滤液50ml,精密量取续滤液20ml,置100ml棕色量瓶中,用水稀释至刻度,摇匀,即得。

〔标准曲线的制备〕精密量取对照品溶液0.5ml、1.0ml、2.0ml、3.0ml、4.0ml、5.0ml,分别置25ml棕色量瓶中,各加入磷钼钨酸试液1ml,再分别加水11.5ml、11ml、10ml、9ml、8ml、7ml,用29%碳酸钠溶液稀释至刻度,摇匀,放置30分钟以相应的试剂为空白,在760nm的波长处测定吸光度,以吸光度为纵坐标,浓度为横坐标,绘制标准曲线。

〔测定法〕①总酚:精密量取供试品溶液2ml,置25ml棕色量瓶中,照标准曲线的制备项下的方法,自"加入磷钼钨酸试液1ml"起,加水10ml,依法测定吸光度,从标准曲线中读出供试品溶液中没食子酸的量(mg),计算,即得。

②不被吸附的多酚:精密量取供试品溶液25ml,加至已盛有干酪素0.6g的100ml具塞锥形瓶中,密塞,置30℃水浴中保温1小时,时时振摇,取出,放冷,摇匀,滤过,弃去初滤液,精密

量取续滤液 2ml,置 25ml 量瓶中,照标准曲线的制备项下的方法,自"加入磷钼钨酸试液 1ml"起,加水 10ml,依法测定吸光度,从标准曲线中读出供试品溶液中没食子酸的量(mg),计算,即得。

按下式计算鞣质的含量:

$$鞣质含量 = 总酚量 - 不被吸附的多酚量$$

③其他法:除了磷钼钨酸外,鞣质还可与其他试剂如香草醛、普鲁士蓝等生成有色产物,可利用分光光度法测定生成物的吸光度,计算鞣质的含量。

2. 重量分析法　皮粉中的主要成分为蛋白质,可与鞣质结合,形成不溶于水的沉淀,因此可通过重量分析测定鞣质含量,该法又称为皮粉法。皮粉法耗用样品多,测定时间长,且无选择性,测定结果往往偏高。

3. 高锰酸钾法　鞣质在化学结构中含有多个酚羟基容易被氧化,因此,可利用高锰酸钾滴定液进行滴定。高锰酸钾法专属性较差,易受样品中还原性物质干扰,误差较大。

4. 配合滴定法　鞣质分子结构中的邻位酚羟基可与金属离子,如铜、锡、铋、锌、汞和铁等,形成金属离子螯合物,在不同的 pH 下发生沉淀。因此,可在鞣质溶液中加入定量并且过量的金属离子,再利用 EDTA 返滴剩余的金属离子,计算鞣质的含量。

(二) 单体鞣质成分含量测定

中药及其制剂中单体鞣质含量测定一般采用高效液相色谱法。由于色谱法具有分离和分析双重作用,对于成分简单、干扰少的中药及其制剂,可采用合适方法提取后直接测定。对药味较多、成分复杂的中药制剂,则需进行净化处理,一般常用的方法有液 - 液萃取法、色谱法、固相萃取法、沉淀法等。经过净化处理后的供试品溶液,可改善分离效果,减少杂质对色谱柱的损坏、提高试验方法的专属性。

【示例 10-57】石榴皮中鞣花酸的含量测定

〔色谱条件与系统适用性试验〕以十八烷基硅烷键合硅胶为填充剂;以乙腈 -0.2% 磷酸溶液 (21 : 79) 为流动相;检测波长为 254nm。理论板数按鞣花酸峰计算应不低于 5 000。

〔对照品溶液的制备〕取鞣花酸对照品适量,精密称定,加甲醇制成每 1ml 含 20μg 的溶液,即得。

〔供试品溶液的制备〕取本品粉末(过三号筛)约 0.2g,精密称定,置具塞锥形瓶中,精密加入甲醇 50ml,密塞,称定重量,超声处理(功率 150W,频率 40kHz)40 分钟,放冷,再称定重量,用甲醇补足减失的重量,摇匀,滤过,取续滤液,即得。

〔测定法〕分别精密吸取对照品溶液 5μl、10μl,供试品溶液 5~10μl,注入液相色谱仪,测定,用外标两点法计算,即得。

〔注释〕鞣花酸为没食子酸的二聚体衍生物,是广泛存在于各种软果或坚果组织中的鞣质成分,具有抗氧化、抗菌、抑制肿瘤细胞生长等生理活性。石榴皮中含有丰富的鞣花酸,《中国药典》2015 年版规定,石榴皮按干燥品计算,含鞣花酸不得少于 0.30%。

(李维熙)

第九节 有机酸

一、概述

有机酸是一类具有羧基的有机化合物,以游离、盐、酯或酰胺的形式,广泛存在于动物、植物中。有机酸类成分在植物体内多以羧酸形式存在,少数以磺酸、亚磺酸、硫羧酸等形式存在,如绿原酸、熊果酸、阿魏酸、没食子酸等。有机酸可与醇反应生成酯。有机酸一般都与钾、钠、钙等结合成盐,少数与生物碱类成分结合成盐。

中药中有机酸根据羧基结构不同可以分为芳香有机酸和脂肪有机酸(包括二萜酸、三萜酸等萜类有机酸)。芳香有机酸为羧基与芳香烃直接相连结,如咖啡酸,阿魏酸,棕榈酸等;而羧酸与脂肪烃相连结(包括饱和脂肪烃、不饱和脂肪烃、萜类等)统称为脂肪有机酸,如油酸,巴豆酸、齐墩果酸、琥珀酸等。中药中有机酸根据羧基数目不同可以分为一元有机酸、二有机酸和多有机酸,如酒石酸、草酸、苹果酸等。

有机酸具有多方面的药理活性,常作为中药及中药制剂的定性定量分析检测的指标性成分,如川芎中的阿魏酸具有抑制血小板聚集作用;女贞子中的齐墩果酸能防治脂肪肝、抗动脉粥样硬化;金银花中绿原酸具有抗菌作用;地龙中的丁二酸具有止咳平喘作用;鸦胆子中的油酸有抗癌作用。

有机酸类成分的溶解性与其存在状态有关。游离有机酸多为亲脂性,易溶于亲脂性有机溶剂(如苯、乙醚、三氯甲烷、甲醇等)以及碱水,有机酸盐一般易溶于水和亲水性溶剂,难溶于亲脂性溶剂。有机酸的溶解性与自身结构中所含极性基团(如羧基、羟基)有关,极性基团越多,在水中溶解性越大,故三羟基酸、二羟基酸比单羧酸在水中溶解度大,而芳香酸易溶于有机溶剂而难溶于水。一般有机酸能溶于乙醇或甲醇等有机溶剂,但难溶或不溶于石油醚。

在《中国药典》2015 年版中,有机酸定性鉴别方法有化学反应法、薄层色谱法、HPLC 法等,含量测定方法有 HPLC 法、GC 法、酸碱滴定法、紫外 - 可见分光光度法、薄层扫描法等。

二、鉴别

(一) 化学反应法

鉴别中药及其制剂中有机酸常用化学反应法主要为颜色反应和沉淀反应。

有机酸的分子结构中一般含有羧基,显酸性,可利用羧酸与某些显色剂产生颜色反应进行鉴别,如使蓝色的石蕊试剂变红。具有羧酸的有机酸可与氯化钡、醋酸铅或氢氧化钡等生成不溶于水的盐沉淀,均可用于鉴别。

(二) 色谱法

色谱法是中药及其制剂中有机酸类成分定性鉴别最常用的方法,主要有薄层色谱法、高效液

常用有机酸显色剂及显色现象

试剂名称	显示颜色
溴甲酚绿试剂	黄色
溴甲酚紫试剂	黄色
溴酚蓝试剂	黄色
磷钼酸试剂	蓝色
碘蒸气	棕色

相色谱法、气相色谱法等。

1. 薄层色谱法　吸附剂常用硅胶或氧化铝,《中国药典》主要采用硅胶作为吸附剂。

硅胶薄层色谱法适用于大多数有机酸的分离检识。有机酸在展开过程中发生解离,使斑点拖尾或形成复斑,因此,常用采用酸性溶剂系统(展开剂中加入甲酸、乙酸等酸性试剂)作为展开剂,以克服拖尾现象,改善分离,使色谱斑点圆整,易于鉴别。

鉴别有机酸时,展开剂一般选择极性较大的溶剂,如以三氯甲烷、乙酸乙酯、乙酸等亲脂性溶剂为主,根据待分离成分极性大小,加入乙醚、丙酮、乙酸丁酯、甲醇、水等溶剂,如正己烷 - 乙醚 - 冰醋酸、三氯甲烷 - 甲醇 - 甲酸、石油醚 - 乙酸乙酯 - 甲酸等溶剂系统,如金银花中绿原酸的鉴别,采用乙酸乙酯 - 丙酮 - 甲酸 - 水(7∶3∶1∶1.2)为展开剂。

薄层色谱展开后,少数有颜色的有机酸可直接在日光下检视,有荧光的有机酸可置于紫外光灯下观察。多数有机酸需要喷显色剂显色,如溴甲酚绿、溴甲酚紫、溴酚蓝、铁氰化钾、碘蒸气等试液。当展开剂中含有甲酸、乙酸等酸性组分时,在喷洒显色剂前,应先将薄层在120℃加热,除去薄层板上的酸,以保证显色效果。其他显色剂如磷钼酸试剂对脂肪酸有较大灵敏度;二氯靛酚适用于检出酮酸等。如阿魏酸、绿原酸等可产生荧光的化合物,也可在薄层分离后采用荧光法测定。

聚酰胺吸附色谱法也常用于有机酸类成分的鉴别。聚酰胺属于氢键吸附,吸附力较强,适合分离亲脂性有机酸,多采用酸性展开剂。

【示例 10-58】急支糖浆中阿魏酸的鉴别

〔药味组成〕鱼腥草、金荞麦、四季青、麻黄、紫菀、前胡、枳壳、甘草。

〔鉴别〕取本品 20ml,用稀盐酸调节 pH 至 2~3,用乙醚振摇提取 2 次,每次 20ml,合并乙醚提取液,挥去乙醚,残渣加甲醇 1ml 使溶解,作为供试品溶液。另取阿魏酸对照品,加甲醇制成每 1ml 含 1mg 的溶液,作为对照品溶液。照薄层色谱法(通则 0502)试验,吸取上述两种溶液各 5μl,分别点于同一硅胶 G 薄层板上,以甲苯 - 乙酸乙酯 - 甲酸(20∶10∶1)为展开剂,展开,取出,晾干,置紫外光(254nm)下检视。供试品色谱中,在与对照品色谱相应的位置上,显相同颜色的斑点。

〔注释〕急支糖浆中阿魏酸为亲脂性芳香族有机酸成分,在植物体内很少以游离态存在,故加入盐酸使其成为游离分子,再用乙醚提取。

2. 高效液相色谱法　鉴别结构相似、极性相近的有机酸,分离效果良好。多以十八烷基硅烷键合相硅胶为填充剂,以含有酸性溶剂作为流动相,如磷酸盐缓冲溶液、冰醋酸、磷酸等,检测波长选择待测成分最大吸收波长。在一定色谱条件下,各个有机酸成分有一定的保留时间,与已知对照品相对照,作为定性鉴别的依据。也可采用对照品添加法,依据相应色谱峰峰面积或峰高的增加,进行鉴别。

3. 气相色谱法　适用于分离鉴别具有挥发性、热稳定性的有机酸,如棕榈酸、亚油酸、油酸、亚麻酸、硬脂酸、花生酸等。可与对照品保留时间相对照,作为鉴别依据。

三、含量测定

(一) 总有机酸含量测定

1. 酸碱滴定法　是中药及其制剂中总有机酸含量测定的常用方法。通常根据待测有机酸的酸性强弱,首先确定是采用水溶液酸碱滴定还是非水溶液酸碱滴定法。为有效避免直接滴定法中因有机酸成分酸性强弱不一而导致滴定反应速度缓慢的特点,可采用反滴定法,即先将有机酸溶于定量过量的标准碱溶液如 0.02mol/L 的氢氧化钠溶液中,再用标准酸溶液如 0.01mol/L 的 H_2SO_4 溶液回滴,计算总有机酸含量。

中药提取液往往带有颜色,容易干扰滴定终点的确定,限制了其的应用。这种情况下可采用电位滴定法,即利用电位的变化来确定滴定终点,此法用于中药中总有机酸含量的测定更为准确。如板蓝根药材及颗粒中总有机酸含量测定时,将板蓝根药材、颗粒以 70% 乙醇回流提取或分次溶解后,通过 SA-2 阳离子树脂消除氨基酸干扰后采用直接电位滴定法测定总有机酸的含量。

酸碱滴定法一般采用指示剂指示反应终点。有机酸的非水溶液酸碱滴定法常用指示剂有甲基红、茜素磺酸钠、溴酚蓝、溴甲酚蓝等;水溶液酸碱滴定法常用指示剂有酚酞、甲基黄、溴酚蓝、结晶紫等。

【示例 10-59】板蓝根颗粒中总有机酸的含量测定

〔药味组成〕板蓝根。

〔含量测定〕取本品研细,取适量(约相当于总有机酸 80mg),精密称定,置锥形瓶中,加 70% 乙醇 50ml,超声提取 30 分钟,滤过,用 70% 乙醇 10ml 分 3 次洗涤容器及滤渣,洗液与滤液合并,并转移至锥形瓶中,加入酚酞指示液 2 滴,用氢氧化钠滴定液(0.075mol/L)滴定,即得。每 1ml 氢氧化钠定液相当于 9.929 2mg 水杨酸($C_7H_6O_3$),总有机酸以水杨酸计。

2. 分光光度法　采用分光光度法测定中药及其制剂中总有机酸含量时,所选的测定波长可选用合适的显色方法显色后,也可采用有机酸自身吸收波长,在紫外或可见光区测定。如用于药味复杂、成分较多的中药制剂中总有机酸含量测定,为保证测定结果准确可靠,一般要对供试品溶液进行分离净化,常用分离净化的方法有柱色谱法、溶剂萃取法等。

含马兜铃酸的中药的肾脏毒性问题

　　马兜铃酸 (aristolochic acid) 属于硝基菲类化合物,中药关木通、马兜铃、广防己、细辛、天仙藤、青木香、寻骨风中含有该类成分。1993 年比利时学者 Vanhererghem 首次报道,一些妇女因服用含马兜铃酸成分的减肥药,出现急性肾间质纤维化,最终导致肾衰竭。近年来,随着对马兜铃酸研究的深入,发现马兜铃酸使用不当能够导致中草药肾病 (Chinese herb nephropathy) 的发生,后逐渐称之为马兜铃酸肾病 (aristolochic acid nephropathy)。

　　目前,我国已下文取消了关木通、广防己、青木香 3 味含马兜铃酸的中药药用标准。《中国药典》2015 年版收录的含马兜铃酸的中药材和中药制剂有马兜铃、天仙藤、细辛、木通、二十五味松石丸、止咳化痰丸、分清五淋丸、龙胆泻肝丸、安阳精制膏、导赤丸、妇科分清丸、排石颗粒、跌打丸等。在上述药材及其制剂的质量控制和临床应用中应给予足够重视,如《中国药典》2015 年版细辛药材对马兜铃酸 I 进行限量检查,要求其含量不得超过 0.001%。

(二) 单体有机酸成分含量测定

　　中药及其制剂中单体有机酸含量测定一般采用色谱法,使用最多的为高效液相色谱法,其次为薄层色谱扫描法、气相色谱法和高效毛细管电泳法。

　　1. 高效液相色谱法　《中国药典》2015 年版中有机酸类中单体成分的含量测定最常用的方法为 HPLC 法。中药及其制剂中有机酸成分均可采用 HPLC 法进行含量测定。检测器、色谱柱、流动相则根据有机酸成分的具体理化性质进行选择。如具有较强紫外吸收的绿原酸、阿魏酸、桂皮酸等,一般选择紫外检测器进行测定,以所测成分的最大吸收波长作为检测波长;无明显紫外吸收的齐墩果酸、灵芝酸、山楂酸等,可选择蒸发光散射检测器进行测定。电化学检测器、荧光检测器等也常用于有机酸类成分分析。

　　【示例 10-60】双黄连口服液中绿原酸含量测定

　　〔药味组成〕金银花,黄芩,连翘。

　　〔色谱条件与系统适用性试验〕以十八烷基硅烷键合硅胶为填充剂;以甲醇 - 水 - 冰醋酸 (20∶80∶1) 为流动相;检测波长为 324nm。理论板数按绿原酸峰计算应不低于 6 000。

　　〔对照品溶液的制备〕取绿原酸对照品适量,精密称定,置棕色量瓶中,加水制成每 1ml 含 40μg 的溶液,即得。

　　〔供试品溶液的制备〕精密量取本品 2ml,置 50ml 棕色量瓶中,加水稀释至刻度,摇匀,即得。

　　〔测定法〕分别精密吸取对照品溶液 10μl 与供试品溶液 10~20μl,注入液相色谱仪,测定,即得。

　　〔注释〕①口服液中杂质含量相对较少,如药味较少时,可直接进行含量测定;如药味较多时,成分较复杂时,需经净化分离后分析。②有机酸在水中很容易发生电离,产生多峰现象。为了使有机酸尽可能地以分子形式存在,一般使用酸性流动相来抑制有机酸的离解,如常在流动相中加入磷酸盐缓冲液、冰醋酸、磷酸等。

2. 薄层扫描法　采用薄层扫描法测定中药及其制剂中有机酸含量时,应制定严格规范的实验条件,如吸附剂种类选择、展开剂的优选、显色方法的确定及测定波长的选择都需经过试验确定。一般薄层扫描法的实验方法与鉴别相似,但要求比鉴别严格。薄层扫描法多采用双波长反射式锯齿扫描。当待测定成分在可见光或紫外光区有吸收或经显色反应后有吸收,可采用薄层吸收扫描法测定含量,如苹果酸、熊果酸、齐墩果酸等的测定;如果测定成分具有荧光或利用荧光薄层板上暗斑的荧光淬灭时,可采用薄层荧光扫描法测定含量,如绿原酸、阿魏酸等的测定。

3. 气相色谱法　在中药有机酸类成分测定中 GC 法适用于易挥发、热稳定性好的棕榈酸、亚油酸、花生酸、山嵛酸等有机酸类成分的含量测定。GC 法测定有机酸时,制备供试品溶液时一般采用冷浸提取,净化过程也要尽量避免加热,以防止成分流失,最后采用三氯甲烷、乙酸乙酯、乙醚等低极性有机溶剂为溶剂制备成供试品溶液。GC 色谱柱多采用毛细管柱,程序升温的方法,采用内标法进行测定。GC 法分析和测定中药有机酸类成分中长链脂肪酸和萜酸,而酚酸和小分子脂肪酸较少应用。

对脂肪酸及油脂的脂肪酸组分分析时,先将脂肪酸或油脂与甲醇反应,制备脂肪酸甲酯,以降低沸点、提高化合物稳定性,然后进行气相色谱分析。脂肪甲酯化是气相色谱测定脂肪酸的关键步骤,常用的如硫酸盐酸催化法、三氟化硼催化法、重氮甲烷法及快速甲酯化法等。

知识链接

脂肪酸的分析方法——脂肪甲酯化

油脂及脂肪酸(特别是十二碳以上的长碳链脂肪酸)一般不直接进行气相色谱分析,其原因是脂肪酸及油脂的沸点高,高温下不稳定,易裂解,分析中易造成损失,所以一般不直接进行 GC 分析,须先将其衍生为易挥发的甲酯再进行分析。

脂肪酸甲酯化法是将高沸点不易挥发、气化的脂肪酸酯先水解得到脂肪酸和甘油,再使脂肪酸与甲醇反应生成相应的脂肪酸甲酯,使其变成低沸点、易挥发的气化物质或将油脂直接与甲醇发生醇解反应制取脂肪酸甲酯,从而降低气化温度、提高分离效果,有利于 GC 法分离并逐一测定其组成和含量。

脂肪酸的甲酯化方法很多,包括 H_2SO_4-MeOH、KOH-MeOH、BF_3-MeOH、简易碱式甲酯化方法、重氮甲烷法、四甲基氢氧化铵法等。

---

4. 高效毛细管电泳法　高效毛细管电泳法(HPCE)是近年来发展很快的一种分离技术,又称为毛细管电泳,是指以高压电场为驱动力,以毛细管作为分离通道,依据样品中各组分之间淌度和分配行为上的差异而实现分离的一类液相分离技术,具有色谱和电泳两种分离机制。用于有机酸分离分析的毛细管电泳的分离模式主要有毛细管区带电泳(capillary zone electrophoresis,CZE)和胶束电动毛细管色谱(micellar electrokinetic capillary chromatography,简称 MECC 或 MEKC)等,其中以 CZE 应用最多。如山茱萸、夏枯草、乌梅、五味子、女贞子、齐墩果酸和熊果酸等化合物的测定可采用高效毛细管电泳。

第十节　无机成分

一、概述

无机成分是中药药效物质基础的重要组成部分,广泛存在于植物、动物、矿物中,其中包括天然矿物、生物化石、人类加工品及纯粹化学制品。无机成分多具有显著的生理活性,是许多中药制剂的重要药效成分,如琥珀、朱砂、磁石具有安神、镇静作用;炉甘石为眼科用药;石膏为清热降火药;雄黄、轻粉、白矾等为外科常用药等。另外,在许多植物药中,也含有各种各样的微量无机元素,如硒、锗、锌、铜等,在中药疗效发挥过程中扮演着重要的角色。

> **知识链接**
>
> #### 常见无机成分分类
>
> | 元素 | 无机成分 |
> |---|---|
> | 砷 | 雄黄、雌黄、信石、砒霜等 |
> | 汞 | 朱砂、灵砂、轻粉、红粉、白粉等 |
> | 铅 | 红丹、铅粉、密陀僧、铅霜等 |
> | 铜 | 胆矾、铜绿、绿盐、扁青、空青等 |
> | 铁 | 赭石、磁石、禹余粮等 |
> | 钙 | 石膏、钟乳石、花蕊石、紫石英、寒水石等 |
> | 硅 | 滑石、白石英、阳起石、青礞石、云母石、麦饭石等 |
> | 硫 | 芒硝、朴硝、玄明粉、硫黄等 |
> | 氯 | 大青盐、秋石、紫硇砂、白硇砂等 |
> | 其他元素 | 白矾、炉甘石、无名异、卤碱、硼砂、硝石、琥珀等 |

无机成分在进行定性鉴别与定量分析前,通常需预先将样品进行适当的分解,将待测组分转入溶液中,然后再进行测定。常用的分解方法可分为溶解法(湿法)和熔融法(干法)两种:①溶解法系将供试品溶解在水、酸或其他溶剂中分解的方法,根据无机成分的溶解性,依次采用水、稀酸、浓酸、混合酸的顺序进行处理;②熔融法系将供试品与固体熔剂混合,然后在高温下加热至全熔或半熔,使欲测组分转变为可溶于水或酸的化合物,固体熔剂可以选取碳酸钠、硫氢酸钾、过氧化钠、硝酸钾、氢氧化钠等。需根据不同矿物药的性质和检测目的确定,溶解法不能将供试品完全分解时,可采用熔融法。

在《中国药典》2015 年版中,无机成分定性鉴别方法有性状鉴别、沉淀反应、焰色反应、气体反应等,含量测定方法有化学分析法、分光光度法、高效液相色谱法、电感耦合等离子光谱法等。

二、鉴别

(一) 性状鉴别

除根据无机成分的外观形状、大小、颜色、质地、气味进行鉴别外,还可利用其硬度、相对密度、条痕色、透明度、光泽、断口、有无磁性等特性进行鉴别。性状鉴别便捷高效,但因无机成分外部形态特征相似性高、混淆品也比较多,性状鉴别需要长期的经验积累和传承。

【示例 10-61】牛黄解毒片中大黄和雄黄的鉴别

〔药味组成〕人工牛黄、雄黄、石膏、大黄、黄芩、桔梗、冰片、甘草。

〔鉴别〕取本品,置显微镜下观察:草酸钙簇晶大,直径 60~140μm(大黄)。不规则碎块金黄色或橙黄色,有光泽(雄黄)。

〔注释〕雄黄为块状或粒状集合体,呈不规则块状。深红色或橙红色,条痕淡橘红色,晶面有金刚石样光泽。质脆,易碎,断面具树脂样光泽。微有特异的臭气,味淡。

(二) 沉淀反应

沉淀反应是无机成分常用的理化鉴别方法,主要利用无机成分的水溶液与某些试剂生成沉淀这一特性。如含汞药物可与硫化铵作用,生成硫化汞沉淀;石膏、牡蛎、海螵蛸等中药中均富含钙盐,利用钙离子与草酸铵反应,生成白色草酸钙沉淀,分离出沉淀可溶于盐酸,但不溶于醋酸。

【示例 10-62】雄黄中硫元素和砷元素的鉴别

〔药味组成〕雄黄。

〔鉴别〕(1) 取本品粉末 10mg,加水润湿后,加氯酸钾的饱和硝酸溶液 2ml,溶解后,加氯化钡试液,生成大量白色沉淀。放置后,倾出上层酸液,再加水 2ml,振摇,沉淀不溶解。

$$As_2S_2+2KClO_3+12HNO_3 \longrightarrow 2KH_2AsO_4+2H_2SO_4+Cl_2\uparrow+12NO_2\uparrow+2H_2O$$

$$H_2SO_4+BaCl_2 \longrightarrow BaSO_4\downarrow+HCl$$

(2) 取本品粉末 0.2g,置坩埚内,加热熔融,产生白色或黄白色火焰,伴有白色浓烟。取玻片覆盖后,有白色冷凝物,刮取少量,置试管内加水煮沸使溶解,必要时滤过,溶液加硫化氢试液数滴,即显黄色,加稀盐酸后生成黄色絮状沉淀,再加碳酸铵试液,沉淀复溶解。

$$2As_2S_2+7O_2 \xrightarrow{\triangle} 2As_2O_3+4SO_2\uparrow$$

$$2As_2S_3+9O_2 \xrightarrow{\triangle} 2As_2O_3+6SO_2\uparrow$$

$$As_2O_3+3H_2O \xrightarrow{\triangle} 2H_3AsO_3$$

$$2H_3AsO_3+3H_2S \xrightarrow{H^+} As_2S_3+6H_2O$$

$$4As_2S_3+12(NH_4)_2CO_3 \longrightarrow 4(NH_4)_3AsO_3+4(NH_4)_3AsS_3+12CO_2\uparrow$$

(三) 焰色反应

焰色反应是指某些金属或它们的化合物在无色火焰中灼烧时,使火焰呈现特征的颜色的反应。其原理是每种元素都有其个别的光谱。取一根清洁且较不活泼的金属丝(例如铂或镍铬合金)盛载样本,再放到无色光焰中,就可以看到被检验溶液里所含元素的特征焰色。如将少量明矾[$KAl_3(SO_4)_2(OH)_6$]溶于水中,取铂丝在稀盐酸里湿润后(去除铂丝表面可能有的金属氧化物),蘸取明矾供试液,在无色光焰中燃烧,火焰显紫色,表明样品中含有钾元素。

(四)气体鉴别

气体鉴别是利用某些非金属元素在火烧时产生的特别气体来鉴别药材的方法。如硫黄的主要成分为硫,燃烧时易熔融,火焰为蓝色,并有二氧化硫刺激性气味,此气体能使蘸有高锰酸钾溶液的滤纸褪色。

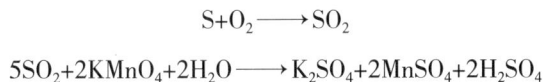

$$S+O_2 \longrightarrow SO_2$$
$$5SO_2+2KMnO_4+2H_2O \longrightarrow K_2SO_4+2MnSO_4+2H_2SO_4$$

(五)热分析法

热分析法是在程序控制温度下,准确记录物质理化性质随温度变化的关系,研究其受热过程所发生的晶型转化、熔融、蒸发、脱水等物理变化或热分解、氧化等化学变化,以及伴随发生的温度、能量或重量改变的方法。广泛应用于物质物理常数、纯度检查、天然药物的真伪鉴别以及药剂的释放度的研究等。

三、含量测定

中药中所含的无机成分进行定量分析时,对于无机成分含量较高的中药,可选择经典的容量分析和重量分析法;对无机成分含量较低的中药,可选择紫外-可见分光光度法、原子吸收光谱法和电感耦合等离子光谱法等。

1. 化学分析法

(1)容量分析法:样品分解后,制备成适当的溶液,如有干扰物质存在,应设法消除其干扰(消除的方法主要有分离法和掩蔽法),然后选择适当的方法进行滴定,常用酸碱滴定、氧化还原滴定法和配位滴定法。

【示例 10-63】朱砂中硫化汞的含量测定

〔药味组成〕朱砂。

〔含量测定〕取本品粉末约 0.3g,精密称定,置锥形瓶中,加硫酸 10ml 与硝酸钾 1.5g,加热使溶解,放冷,加水 50ml,并加 1% 高锰酸钾溶液至显粉红色,再滴加 2% 硫酸亚铁溶液至红色消失后,加硫酸铁铵指示液 2ml,用硫氰酸铵滴定液(0.1mol/L)滴定。每 1ml 硫氰酸铵滴定液(0.1mol/L)相当于 11.63mg 的硫化汞(HgS)。

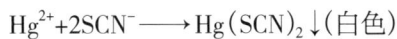

$$Hg^{2+}+2SCN^- \longrightarrow Hg(SCN)_2\downarrow(白色)$$
$$Fe^{3+}+SCN^- \longrightarrow FeSCN^{2+}(淡棕红色)$$

〔注释〕氯离子与汞离子形成配离子,严重干扰测定,因此分解样品时不适宜用王水或逆王水,可选择硫酸-硝酸钾。如试样中含有有机化合物,此时也被破坏,生成的一氧化氮可与Fe^{3+}离子显红色,妨碍终点的判断,必须除尽。溶液中形成的亚硝酸也影响测定,需预先用高锰酸钾氧化,过量的高锰酸钾再用硫酸亚铁还原,测定时溶液的温度不适宜超过25℃,否则将使指示剂生成的红色减退。硫氰化汞沉淀有吸附硝酸汞的作用,故标定硫氰酸盐标准溶液的条件与测定试样的条件一致,否则将产生误差。

(2) 重量分析法:将样品分解液通过适当处理,得到沉淀,取沉淀干燥至恒重,用分析天平精密称定,再根据其重量换算为样品含量。

【示例 10-64】芒硝中硫酸钠的含量测定

〔药味组成〕芒硝。

〔含量测定〕取本品约0.4g,精密称定,加水200ml溶解后,加盐酸1ml,煮沸,不断搅拌,并缓缓加入热氯化钡试液(约20ml),至不再生成沉淀,置水浴上加热30分钟,静置1小时,用无灰滤纸或称定重量的古氏坩埚滤过,沉淀用水分次洗涤,至洗液不再显氯化物的反应,干燥,并炽灼至恒重,精密称定,与0.608 6相乘,即得供试品中含有硫酸钠(Na_2SO_4)的重量。

2. 分光光度法

(1) 紫外-可见分光光度法:有色无机成分一般在可见光区有吸收,某些无机元素可与某些试剂形成有色络合物,均可用分光光度法测定。如砷盐的检查,可利用砷化氢与Ag-DDC三乙氨的三氯甲烷溶液作用,产生新生态的银,在510nm处有吸收,以测定砷的含量。此外,可利用高价汞与双硫腙作用生成橙色络合物;镉与双硫腙作用生成玫瑰红色络合物;三价铬与二苯基卡巴腙作用形成紫色络合物的性质等,采用分光光度法测定药物中的汞、镉和铬含量。

(2) 原子吸收分光光度法:通过测量气态原子对其特征谱线的吸收的程度而进行定量分析的方法。该法具有稳定性好、技术成熟、运用普及率高的优点,被广泛用于无机成分及其制剂中各种微量元素的分析。

3. 高效液相色谱法 多通过柱前衍生化反应改变待测化合物的性质,提高检测灵敏度和改善分离效果。

【示例 10-65】七十味珍珠丸中汞的含量测定

〔药味组成〕珍珠、檀香、降香、九眼石、西红花、牛黄、麝香等。

〔含量测定〕通过将样品消化后,以二乙基二硫代氨基甲酸钠(DEDTC)为配合剂,再用HPLC对Hg-DEDTC的配合物进行分离测定。

〔色谱条件与系统适用性试验〕以十八烷基硅烷键合硅胶为填充剂;以甲醇-水(90:10)为流动相;检测波长为272nm。

〔对照品溶液的制备〕取汞对照品适量,精密称定,置于棕色容量瓶中,以超纯水溶解,并稀释至刻度,摇匀。精密吸取0.5ml,加超纯水2.0ml,加入DEDTC 15mg,振摇,以3 600r/min的速率离心20分钟,弃去上清液,以丙酮溶解沉淀并定容至25ml,即得。

〔供试品溶液的制备〕取本品适量,研细,精密称取0.2g,精密称定,置100ml锥形瓶中,加入硫酸10ml,硝酸钾1.0g,加热至冒白烟,并不见有黑色颗粒,则消解完全。将消解液转移至50ml

容量瓶,并用稀硝酸洗涤锥形瓶数次,洗液并入 50ml 量瓶,加稀硝酸稀释至刻度,摇匀。精密量取 1.0ml 消解液,置于聚四氟乙烯离心管中,加入 1.0ml 5.0mol/L 的氢氧化钠溶液,然后加入磷酸盐缓冲液(pH=8.0),加酚酞指示剂 1 滴,摇匀,溶液应呈粉红色。加入 15mg DEDTC,振摇,以 3 600r/min 速率离心 20 分钟,弃去上清液,将沉淀用丙酮溶解,全部转移至 25ml 量瓶并用丙酮稀释至刻度。

〔测定法〕分别精密吸取对照品溶液 10μl 与供试品溶液 10~20μl,注入液相色谱仪,测定,即得。

知识链接

X-射线衍射图谱在矿物药质量分析中的应用

矿物药由于其外部形态特征相似度较高,且伴生矿物种类多,市场上的混淆品和伪劣品较多,尤其对于具有不同来源的同种矿物药,更是难以通过传统的性状鉴别、理化鉴别等手段准确鉴别,如炉甘石、金礞石等。X-射线衍射(XRD)技术是一种针对固体粉末样品测试的现代分析方法,将矿物药样品制成粉末进行 X-射线照射可得到 XRD 图谱。XRD 图谱中衍射的晶面间距与相对强度能反映物质的固有属性,从而使 XRD 图谱具有指纹特性,且重现性好、专属性强。因此,在矿物药的鉴别和质量评价中具有独特的优势和广阔的应用前景。利用 XRD 图谱分析方法可实现对矿物药的真伪鉴别,且可快速区分生品、炮制品以及易混淆品。目前已建立 XRD 指纹图谱分析方法的矿物药有十余种,如石膏、花蕊石、自然铜、雄黄、磁石、钟乳石、硼砂等。

---

4. 电感耦合等离子光谱法

(1) 电感耦合等离子质谱法(ICP-MS):电感耦合等离子质谱法是待测元素的等离子矩中经过高温高压,被汽化、蒸汽、原子化和激发,产生原子发射光谱,通过检测器就能对元素的定性、定量分析。在一定的实验条件下,其吸光度(A)与样品中该元素的浓度(C)成正比,符合比尔定律 $A=KC$。通过测定标准溶液与未知溶液的吸光度,做标准曲线求得样品中待测元素的含量。本方法灵敏度高、检出限低、干扰小、线性范围宽、重现性好、同时测定多种元素。但是仪器价格昂贵、操作费用高、容易受污染。

(2) 电感耦合等离子体发射光谱仪(ICP-OES):电感耦合等离子体发射光谱仪是利用高频电流净感应线圈产生的高频电磁场,是工作气体形成等离子体形成等离子焰矩,达到 10 000K 的高温,使其具有蒸发-原子化-电离的光谱光源。当待测水溶液经喷雾器形成气溶胶进入石英炬管中心通道。原子在受到外界能量的作用下电离,但处于激发态的原子十分不稳定,从较高能级跃迁到基态时,将释放出巨大能量,这种能量是以一定波长的电磁波的形式辐射出去。光谱检测器依据元素光谱进行定性、定量分析,在一定浓度范围内,元素的特征谱线上的响应值与其浓度成正比。

(马东来)

学习小结

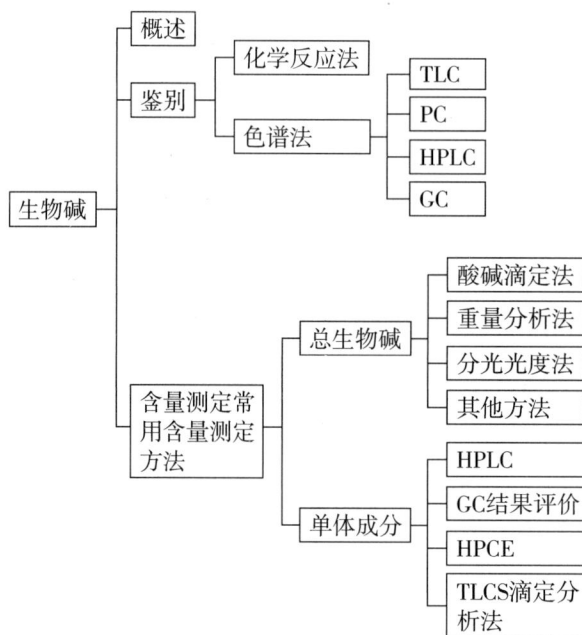

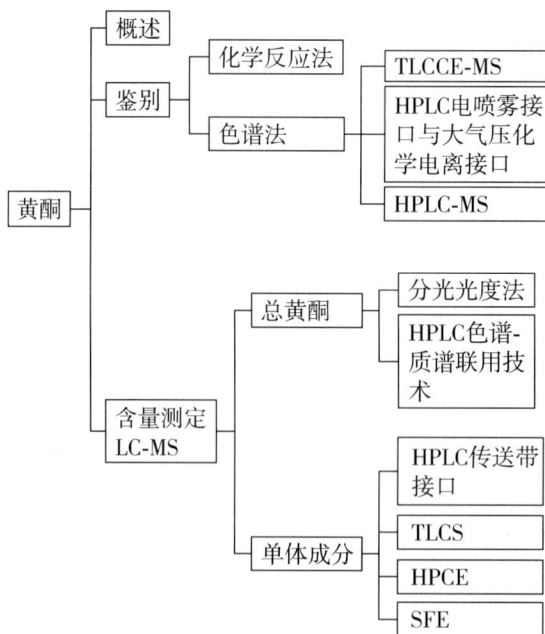

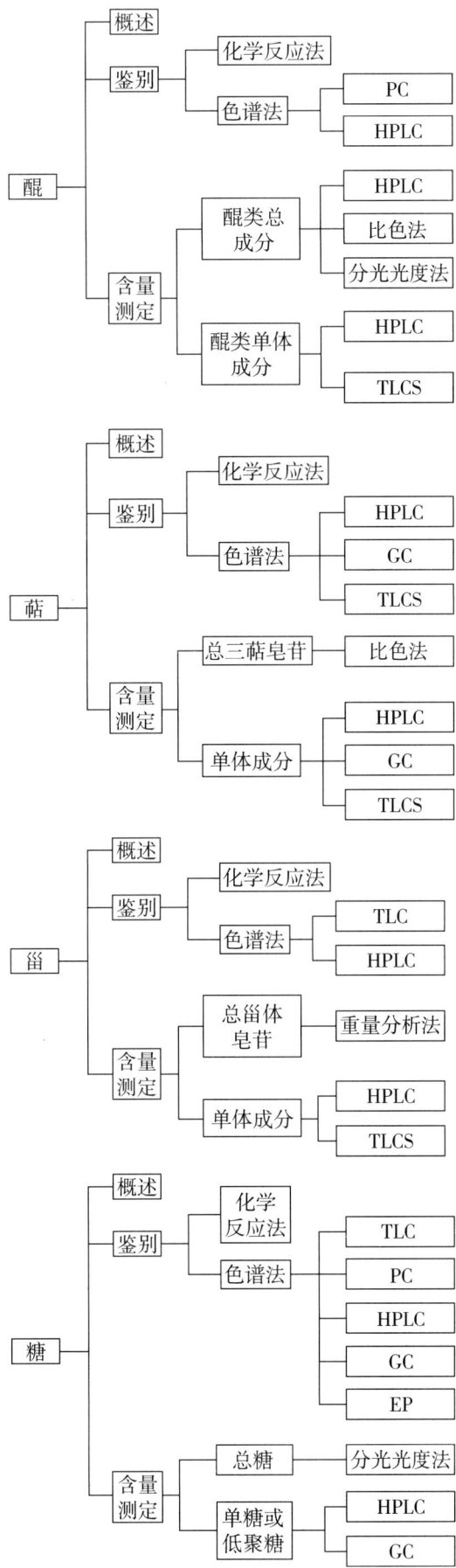

- **醌**
  - 概述
  - 鉴别
    - 化学反应法
    - 色谱法
      - PC
      - HPLC
  - 含量测定
    - 醌类总成分
      - HPLC
      - 比色法
      - 分光光度法
    - 醌类单体成分
      - HPLC
      - TLCS

- **萜**
  - 概述
  - 鉴别
    - 化学反应法
    - 色谱法
      - HPLC
      - GC
      - TLCS
  - 含量测定
    - 总三萜皂苷
      - 比色法
    - 单体成分
      - HPLC
      - GC
      - TLCS

- **甾**
  - 概述
  - 鉴别
    - 化学反应法
    - 色谱法
      - TLC
      - HPLC
  - 含量测定
    - 总甾体皂苷
      - 重量分析法
    - 单体成分
      - HPLC
      - TLCS

- **糖**
  - 概述
  - 鉴别
    - 化学反应法
    - 色谱法
      - TLC
      - PC
      - HPLC
      - GC
      - EP
  - 含量测定
    - 总糖
      - 分光光度法
    - 单糖或低聚糖
      - HPLC
      - GC

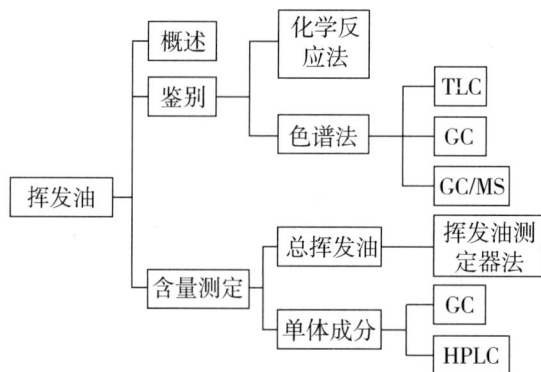

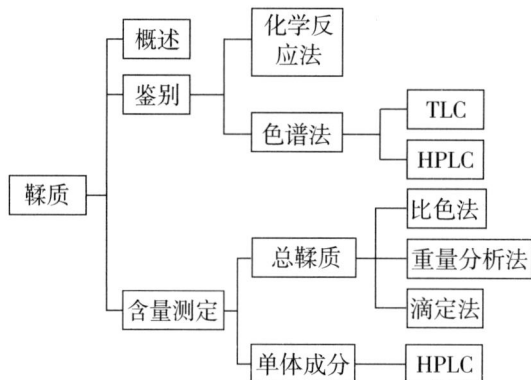

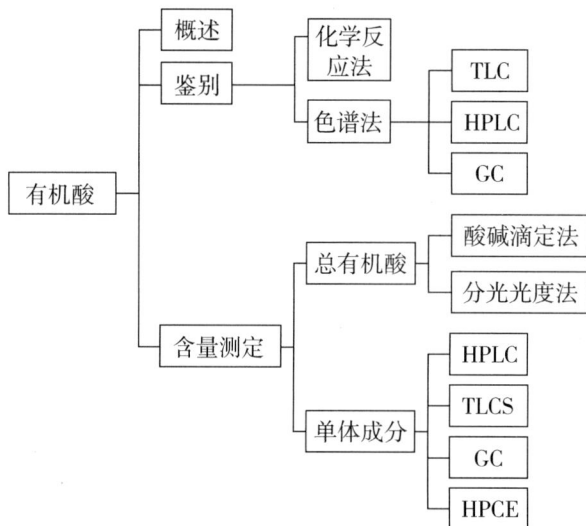

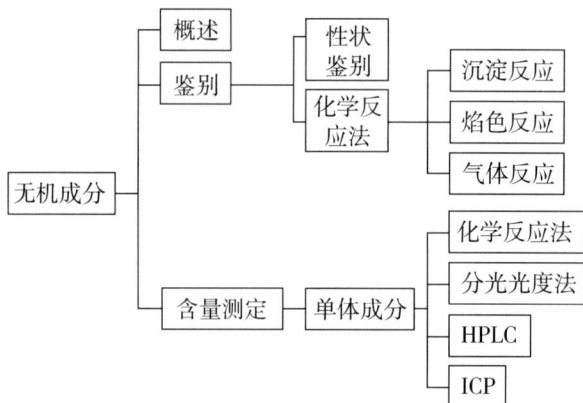

1. 采用硅胶薄层色谱法鉴别生物碱时,常会出现拖尾、复斑或 R_f 小的现象,如何克服?

2. 采用酸性染料比色法测定总生物碱含量的关键影响因素是什么? 简单说明原因。

3. 中药制剂中单体生物碱含量测定常用方法有哪些?

4. 采用反相高效液相色谱法测定单体生物碱含量时,常会出现什么情况,如何改善分离效果?

5. 气相色谱法适用于哪些生物碱类成分的含量测定?

6. 中药制剂中鉴别黄酮类成分最常用的显色反应是什么? 使用时应注意哪些问题?

7. 中药制剂中黄酮类成分含量测定方法有哪些?

8. 采用反相高效液相色谱法测定单体黄酮含量时,如何改善峰形?

9. 中药制剂中游离蒽醌的含量测定方法有哪些?

10. 中药制剂中结合蒽醌的含量测定方法有哪些?

11. 高效液相色谱法测定中药黄芪及其制剂中黄芪甲苷含量时应选择哪种检测器? 为什么?

12. 单萜类与二萜类成分在分析方法上的区别是什么?

13. 甾体皂苷常用的含量测定方法有哪些?

14. 采用硅胶薄层色谱法鉴别糖时,常用的展开剂和显色剂有哪些?

15. 采用比色法测定糖含量时常用的方法有哪些? 显色剂有哪些?

16. 采用气相色谱法鉴别或测定单糖含量时,为何需要进行衍生化? 常用的衍生化方法有哪些?

17. 采用反相高效液相色谱法测定单糖含量时,可选用何种检测器进行检测?

18. 常用于性状鉴别的挥发油物理常数有哪些? 为什么可以利用物理常数来鉴别挥发油?

19. 常用于挥发油鉴别的方法有哪些?

20. 中药制剂中总挥发油的含量测定方法是什么?

21. 中药制剂中单体挥发性成分的含量测定方法有哪些?

22. 在利用 GC 法测定单体挥发性成分含量时,为什么常选择内标法?

23. 采用硅胶薄层色谱法鉴别鞣质时,常会出现拖尾的现象,如何克服?

24. 采用磷钼钨酸-干酪素法测定总鞣质含量的步骤有什么?

25. 测定总鞣质含量的方法有哪些? 请简述其优缺点。

26. 中药制剂中单体有机酸含量测定常用方法有哪些?

27. 测定无机成分时,溶解法与熔融法的优缺点是什么?

28. 中药制剂中无机成分含量测定常用方法有哪些?

第十一章　中药制剂各类剂型分析

学习目标

　　掌握中药材和饮片的检定通则;掌握原辅料质量标准的一般内容、要求及检测方法。掌握浸出制剂、液体制剂、注射剂、散剂、颗粒剂、胶囊剂、片剂、丸剂、栓剂的一般质量要求和分析特点,能根据中药制剂的制备工艺和原辅料特点,结合待测成分的理化性质和分析方法,设计供试品制备方法。熟悉中药制剂原辅料分析的一般程序;熟悉外用膏剂、气雾剂与喷雾剂、滴丸剂的一般质量要求及分析特点。了解中药制剂相对密度、总固体、乙醇含量、最低装量、装量差异、崩解时限、溶散时限、融变时限等项目的检查方法;了解胶剂、凝胶剂等的一般质量要求及分析特点。

　　学前导语

　　中药制剂的原料主要包括中药材和饮片。药用辅料系指生产药品和调配处方时使用的赋形剂和附加剂,除了赋形、充当载体、提高稳定性外,还具有增溶、助溶、调节释放等重要功能,是可能会影响到制剂的质量、安全性和有效性的重要成分。原辅料质量是保证中药制剂质量的首要前提。

　　中药制剂生产历史悠久,剂型繁多,除传统的丸、散、膏、丹、汤、酒、露等剂型外,随着药学技术的发展,又出现了许多新的剂型,如口服液、注射剂、片剂、胶囊剂、滴丸剂等。不同类型中药制剂的处方、制备工艺、所用辅料等各不相同,因此,在质量分析时应根据各类剂型的制备工艺、赋形剂和附加剂的特点,综合考虑待测成分的理化性质、测定方法的性能指标,合理设计中药制剂的分析方法。

第一节　原辅料分析

一、原料

（一）概述

中药制剂的原料主要包括中药材、饮片与提取物。中药材是指来源于动物、矿物、植物,经过简单加工或未经加工而取得药用部位的生药。中药饮片是指药材经过炮制后可直接用于中医临床或制剂生产使用的处方药品。中药提取物是指经过一定的提取方式从植物、动物、矿物中获得的用于制剂生产的挥发油、油脂、浸膏、流浸膏、干浸膏、有效成分、有效部位等。其中,有效部位要求结构明确的某类成分含量占总提取物的 50% 以上,有效成分要求单一成分的含量占总提取物的 90% 以上。

国家药品标准,是指国家药品监督管理局颁布的《中国药典》、药品注册标准和其他药品标准,其内容包括质量指标、检验方法以及生产工艺等技术要求,是药品生产、供应、使用、检验和管理部门必须共同遵循的法规。《中国药典》是国家对药品质量标准及其检验方法所作的技术规定,是中药制剂原料分析的主要依据。

中药制剂原料分析程序一般可分为取样、制样、供试品溶液制备、鉴别、检查、含量测定及检验记录和报告等。中药材与饮片鉴别常采用显微鉴别、薄层鉴别和理化鉴别等。鉴于中药成分的复杂性,其含量测定分析方法尤以色谱法居多,如高效液相色谱法和气相色谱法等,还有光谱分析法以及联用技术,如紫外 - 可见分光光度法以及色谱 - 质谱联用技术等。

（二）中药材和饮片取样规定

1. 抽取样品前,应核对品名、产地、规格等级及包件式样,检查包装的完整性、清洁程度以及有无水迹、霉变或其他物质污染等情况,详细记录。凡有异常情况的包件,应单独检验并拍照。

2. 从同批药材和饮片包件中抽取供检验用样品的原则:总包件数不足 5 件的,逐件取样;5~99 件,随机抽 5 件取样;100~1 000 件,按 5% 比例取样;超过 1 000 件的,超过部分按 1% 比例取样;贵重药材和饮片,不论包件多少均逐件取样。

3. 每一包件至少在 2~3 个不同部位各取样品 1 份;包件大的应从 10cm 以下的深处在不同部位分别抽取;对破碎的、粉末状的或大小在 1cm 以下的药材和饮片,可用采样器抽取样品;对包件较大或个体较大的药材,可根据实际情况抽取有代表性的样品。

每一包件的取样量:一般药材和饮片抽取 100~500g;粉末状药材和饮片抽取 25~50g;贵重药材和饮片抽取 5~10g。

4. 将抽取的样品混匀,即为抽取样品总量。若抽取样品总量超过检验用量数倍时,可按四分法再取样,即将所有样品摊成正方形,依对角线划"×",使之分为四等份,取用对角两份;再如上操作,反复数次,直至最后剩余量能满足供检验用样品量。

5. 最终抽取的供检验用样品量,一般不得少于检验所需用量的 3 倍,即 1/3 供实验室分析用,另 1/3 供复核用,其余 1/3 留样保存。

(三) 供试品溶液制备

常用方法有溶剂提取法,如浸提法、回流提取法和超声提取法等,回流提取法包括常规加热回流提取和索氏提取法。常用提取溶剂有甲醇和乙醇等。对于脂溶性的成分,也可采用中低极性的有机溶剂提取,如乙酸乙酯等溶剂。

(四) 中药材和饮片检定通则

中药材和饮片的检定包括性状、鉴别、检查、浸出物测定、含量测定等。检定时符合以下规定。

1. 检验样品的取样应按药材和饮片取样法(《中国药典》通则 0211)的规定进行。

2. 为了正确检验,必要时可用符合药典规定的相应标本作对照。

3. 供试品如已破碎或粉碎,除性状、显微鉴别项可不完全相同外,其他各项应符合规定。

4. 性状系指药材和饮片的形状、大小、表面(色泽与特征)、质地、断面及气味等特征。性状的观察方法主要用感官来进行,如眼看、手摸、鼻闻、口尝等方法。

5. 鉴别系指检验药材和饮片真实性的方法,包括经验鉴别、显微鉴别、理化鉴别、聚合酶链式反应法等。

(1) 经验鉴别系指用简便易行的传统方法观察药材和饮片的颜色变化、浮沉情况以及爆鸣、色焰等特征。

(2) 显微鉴别法系指用显微镜对药材和饮片的切片、粉末、解离组织或表面以及含有饮片粉末的制剂进行观察,并根据组织、细胞或内含物等特征进行相应鉴别的方法。

(3) 理化鉴别系指用化学或物理的方法,对药材和饮片中所含某些化学成分进行的鉴别试验。包括一般鉴别、光谱及色谱鉴别等方法。

(4) 聚合酶链反应鉴别法是指通过比较药材、饮片的 DNA 差异来鉴别药材、饮片的方法。

6. 检查系指对药材和饮片的纯净程度、可溶性物质、有害或有毒物质进行的限量检查,包括水分、灰分、杂质、毒性成分、重金属及有害元素、二氧化硫残留、农药残留、黄曲霉毒素等。一般要求,饮片水分≤13%;药屑杂质≤3%;药材及饮片(矿物类除外)的二氧化硫残留量≤150mg/kg。

7. 浸出物测定系指用水或其他适宜的溶剂对药材和饮片中可溶性物质进行的测定。

8. 含量测定系指用化学、物理或生物的方法,对供试品含有的有关成分进行检测。

(五) 检验记录和报告

原始记录要求真实、完整、清晰、具体。记录内容一般包括供试药品名称、来源、批号、数量、规格、取样方法、外观性状、包装情况、检验目的、检验方法及依据、收到日期、报告日期、检验中观察到的现象、检验数据、检验结果、结论等。

书写检验报告时文字要简洁,内容要完整。报告内容一般包括检验项目、标准规定、检验结果等内容。经检验所有项目符合规定者,应作出符合规定的结论,否则应提出不符合规定的项目及相应结论。

(六) 中药材和饮片质量标准

《中国药典》收载的中药材质量标准项目包括:名称(中文名、汉语拼音及拉丁名)、来源(原植物动物的科名、种的中文名及学名)、药用部分、采收加工、性状、鉴别(显微鉴别及理化鉴别)、检查(杂质、水分、灰分、酸不溶性灰分等)、浸出物、含量测定、炮制、性味与归经、功能与主治、用法与用量、注意、贮藏等。

【示例 11-1】甘草及其饮片质量标准

甘草

Gancao

GLYCYRRHIZAE RADIX ET RHIZOMA

本品为豆科植物甘草 *Glycyrrhiza uralensis* Fisch.、胀果甘草 *Glycyrrhiza inflata* Bat. 或光果甘草 *Glycyrrhiza glabra* L. 的干燥根和根茎。春、秋二季采挖,除去须根,晒干。

〔性状〕甘草:根呈圆柱形,长 25~100cm,直径 0.6~3.5cm。外皮松紧不一。表面红棕色或灰棕色,具显著的纵皱纹、沟纹、皮孔及稀疏的细根痕。质坚实,断面略显纤维性,黄白色,粉性,形成层环明显,射线放射状,有的有裂隙。根茎呈圆柱形,表面有芽痕,断面中部有髓。气微,味甜而特殊。

胀果甘草:根和根茎木质粗壮,有的分枝,外皮粗糙,多灰棕色或灰褐色。质坚硬,木质纤维多,粉性小。根茎不定芽多而粗大。

光果甘草:根和根茎质地较坚实,有的分枝,外皮不粗糙,多灰棕色,皮孔细而不明显。

〔鉴别〕(1) 本品横切面:木栓层为数列棕色细胞。栓内层较窄。韧皮部射线宽广,多弯曲,常现裂隙;纤维多成束,非木化或微木化,周围薄壁细胞常含草酸钙方晶;筛管群常因压缩而变形。束内形成层明显。木质部射线宽 3~5 列细胞;导管较多,直径约至 160μm,木纤维成束,周围薄壁细胞亦含草酸钙方晶。根中心无髓;根茎中心有髓。

粉末淡棕黄色。纤维成束,直径 8~14μm,壁厚,微木化,周围薄壁细胞含草酸钙方晶,形成晶纤维。草酸钙方晶多见。具缘纹孔导管较大,稀有网纹导管。木栓细胞红棕色,多角形,微木化。

(2) 取本品粉末 1g,加乙醚 40ml,加热回流 1 小时,滤过,弃去醚液,药渣加甲醇 30ml,加热回流 1 小时,滤过,滤液蒸干,残渣加水 40ml 使溶解,用正丁醇提取 3 次,每次 20ml,合并正丁醇液,用水洗涤 3 次,弃去水液,正丁醇液蒸干,残渣加甲醇 5ml 使溶解,作为供试品溶液。另取甘草对照药材 1g,同法制成对照药材溶液。再取甘草酸单铵盐对照品,加甲醇制成每 1ml 含 2mg 的溶液,作为对照品溶液。照薄层色谱法试验,吸取上述三种溶液各 1~2μl,分别点于同一用 1% 氢氧化钠溶液制备的硅胶 G 薄层板上,以乙酸乙酯 - 甲酸 - 冰醋酸 - 水(15∶1∶1∶2)为展开剂,展开,取出,晾干,喷以 10% 硫酸乙醇溶液,在 105℃加热至斑点显色清晰,置紫外光灯(365nm)下检视。供试品色谱中,在与对照药材色谱相应的位置上,显相同颜色的荧光斑点,在与对照品色谱相应的位置上,显相同的橙黄色荧光斑点。

〔检查〕水分:不得过 12.0%。

　　总灰分:不得过 7.0%。

　　酸不溶性灰分:不得过 2.0%。

重金属及有害元素:照铅、镉、砷、汞、铜原子吸收分光光度法或电感耦合等离子体质谱法测定,铅不得过 5mg/kg;镉不得过 0.3mg/kg;砷不得过 2mg/kg;汞不得过 0.2mg/kg;铜不得过 20mg/kg。

有机氯农药残留量:照有机氯类农药残留量测定法测定。

含总六六六不得过 0.2mg/kg;总滴滴涕不得过 0.2mg/kg;五氯硝基苯不得过 0.1mg/kg。

〔含量测定〕照高效液相色谱法测定。

色谱条件与系统适用性试验:以十八烷基硅烷键合硅胶为填充剂;以乙腈为流动相 A,以 0.05% 磷酸溶液为流动相 B,进行梯度洗脱(0~8 分钟,19%A;8~35 分钟,19% → 50%A;35~36 分钟,50% → 100%A;36~40 分钟,100% → 19%A);检测波长为 237nm。理论板数按甘草苷峰计算应不低于 5 000。

对照品溶液的制备:取甘草苷对照品、甘草酸铵对照品适量,精密称定,加 70% 乙醇分别制成每 1ml 含甘草苷 20μg、甘草酸铵 0.2mg 的溶液,即得(甘草酸重量 = 甘草酸铵重量 / 1.020 7)。

供试品溶液的制备:取本品粉末(过三号筛)约 0.2g,精密称定,置具塞锥形瓶中,精密加入 70% 乙醇 100ml,密塞,称定重量,超声处理(功率 250W,频率 40kHz)30 分钟,放冷,再称定重量,用 70% 乙醇补足减失的重量,摇匀,滤过,取续滤液,即得。

测定法:分别精密吸取对照品溶液与供试品溶液各 1μl,注入液相色谱仪,测定,即得。

本品按干燥品计算,含甘草苷($C_{21}H_{22}O_9$)不得少于 0.50%,甘草酸($C_{42}H_{62}O_{16}$)不得少于 2.0%。

饮片

〔炮制〕除去杂质,洗净,润透,切厚片,干燥。

甘草片:本品呈类圆形或椭圆形的厚片。外表皮红棕色或灰棕色,具纵皱纹。切面略显纤维性,中心黄白色,有明显放射状纹理及形成层环。质坚实,具粉性。气微,味甜而特殊。

〔检查〕总灰分:同药材,不得过 5.0%。

〔含量测定〕同药材,含甘草苷($C_{21}H_{22}O_9$)不得少于 0.45%,甘草酸($C_{42}H_{62}O_{16}$)不得少于 1.8%。

〔鉴别〕(除横切面外)〔检查〕(水分、重金属及有害元素)同药材。

〔性味与归经〕甘,平。归心、肺、脾、胃经。

〔功能与主治〕补脾益气,清热解毒,祛痰止咳,缓急止痛,调和诸药。用于脾胃虚弱,倦怠乏力,心悸气短,咳嗽痰多,脘腹、四肢挛急疼痛,痈肿疮毒,缓解药物毒性、烈性。

〔用法与用量〕2~10g。

〔注意〕不宜与海藻、京大戟、红大戟、甘遂、芫花同用。

〔贮藏〕置通风干燥处,防蛀。

中药制剂原料的质量是保证中药制剂安全、有效的首要前提,必须加以严格控制。为提高中药制剂原料质量控制水平,保证中药制剂质量,保障人民群众用药安全、有效,一要加强新技术、新方法在中药制剂原料分析中的应用研究,如多指标评价、指纹图谱、一测多评和生物评价技术等。二要加强有害杂质的控制与消除研究,如重金属、农药残留、黄曲霉毒素和二氧化硫等。三要进一步提升完善中药制剂原料质量标准,采用特征性和与药效、毒性相关评价控制方法,达到准确判别中药制剂原料真伪优劣的目的。

中药配方颗粒

中药配方颗粒是指将中药饮片经水提取制成一定规格供医疗机构中医临床配方使用的制成品。它是为适应市场需求而出现的一种新型饮片使用形式，具有体积小、重量轻、携带服用方便、质量可控，适应现代生活快节奏等优点，可根据中医临床辨证论治随证加减调配。《中药配方颗粒质量控制与标准制定技术要求》中规定，中药配方颗粒需要建立的标准主要包括作为初始原料的中药材标准、作为提取用原料的饮片标准、作为制剂用原料的中间体标准和作为终产品的成品标准。中药配方颗粒应具备汤剂的基本属性，符合颗粒剂通则有关要求，符合质量一致性原则（以标准汤剂为基准），符合品种适用性原则。

二、辅料

（一）概述

药用辅料系指生产药品和调配处方时使用的赋形剂和附加剂；是除活性成分或前体以外，在安全性方面已进行了合理的评估，并且包含在药物制剂中的物质。在作为非活性物质时，药用辅料除了赋形、充当载体、提高稳定性外，还具有增溶、助溶、调节释放等重要功能，是可能会影响到制剂的质量、安全性和有效性的重要成分。因此，应关注药用辅料本身的安全性以及药物-辅料相互作用及其安全性。

中药制剂辅料是指用于中药制剂制造的药用辅料。中药成分复杂且多为未知成分，辅料对中药主药的影响大多数情况下不清楚。因此，在中药制剂中辅料选用有别于化学药制剂，中药制剂辅料的选用不仅要根据剂型，还要根据提取物的形态、纯度以及理化性质等具体情况选用。

药用辅料可从来源、化学结构、用途、剂型、给药途径进行分类。一般按用途分类，可分为溶媒、抛射剂、增溶剂、助溶剂、乳化剂、着色剂、黏合剂、崩解剂、填充剂、润滑剂、润湿剂、渗透压调节剂、稳定剂、助流剂、抗结块剂、助压剂、矫味剂、抑菌剂、助悬剂、包衣剂、成膜剂、芳香剂、增黏剂、抗黏着剂、抗氧剂、抗氧增效剂、螯合剂、皮肤渗透促进剂、空气置换剂、pH 调节剂、吸附剂、增塑剂、表面活性剂、发泡剂、消泡剂、增稠剂、包合剂、保护剂、保湿剂、柔软剂、吸收剂、稀释剂、絮凝剂与反絮凝剂、助滤剂、冷凝剂、基质、载体材料等 48 类。同一药用辅料可用于不同给药途径，不同剂型，且有不同的用途。

药品标准是药用辅料分析的法定依据，辅料同样必须符合《中国药典》和国家药品标准的有关规定，药用辅料标准收录于《中国药典》四部。药用辅料主要测定项目包括理化常数、一般杂质检查、有害杂质检查和含量测定等。药用辅料含量测定方法一般有色谱法、光谱法和容量分析法等。

（二）药用辅料通则

药用辅料在生产、贮存和应用中应符合下列规定。

1. 生产药品所用的辅料必须符合药用要求,即经论证确认生产用原料符合要求、符合药用辅料生产质量管理规范和供应链安全。

2. 药用辅料应在使用途径和使用量下经合理评估后,对人体无毒害作用;化学性质稳定,不易受温度、pH、光线、保存时间等的影响;与主药无配伍禁忌,一般情况下不影响主药的剂量、疗效和制剂主成分的检验,尤其不影响安全性;且应选择功能性符合要求的辅料,经筛选尽可能用较小的用量发挥较大的作用。

3. 药用辅料的国家标准应建立在经国务院药品监督管理部门确认的生产条件、生产工艺以及原材料的来源等基础上,按照药用辅料生产质量管理规范进行生产,上述影响因素任何之一发生变化,均应重新验证,确认药用辅料标准的适用性。

4. 药用辅料可用于多种给药途径,同一药用辅料用于给药途径不同的制剂时,需根据临床用药要求制定相应的质量控制项目。质量标准的项目设置需重点考察安全性指标。药用辅料的质量标准可设置"标示"项,用于标示其规格,如注射剂用辅料等。

5. 药用辅料用于不同的给药途径或用于不同的用途对质量的要求不同。在制定辅料标准时既要考虑辅料自身的安全性,也要考虑影响制剂生产、质量、安全性和有效性的性质。药用辅料的试验内容主要包括两部分:

(1) 与生产工艺及安全性有关的常规试验,如性状、鉴别、检查、含量等项目。

(2) 影响制剂性能的功能性指标,如黏度、粒度等。

6. 药用辅料的残留溶剂、微生物限度、热原、细菌内毒素、无菌等应符合所应用制剂的相应要求。注射剂、滴眼剂等无菌制剂用辅料应符合注射级或眼用制剂的要求,供注射用辅料的细菌内毒素应符合要求,用于有除菌工艺或最终灭菌工艺制剂的供注射用辅料应符合微生物限度和控制菌要求,用于无菌生产工艺且无除菌工艺制剂的供注射用辅料应符合无菌要求。

7. 药用辅料的包装上应注明为"药用辅料",且辅料的适用范围(给药途径)、包装规格及贮藏要求应在包装上予以明确;药品中使用到的辅料应写入药品说明书中。

(三) 药用辅料质量评价

药用辅料质量评价包括化学评价和功能性评价。对于纯化合物或其功能可以通过相应的化学手段评价的辅料,如 pH 调节剂、渗透压调节剂、抑菌剂、螯合剂、络合剂、矫味剂、着色剂、增塑剂、抗氧剂、抛射剂等,可采用化学手段评价辅料质量。

为保证药用辅料在制剂中发挥其赋性作用和保证质量的作用,在药用辅料的质量标准中设置适宜的功能性指标十分必要。功能性指标的设置是针对特定用途的,同一辅料按功能性指标不同可以分为不同的规格,使用者可根据用途选择适宜规格的药用辅料以保证制剂的质量。药用辅料功能性指标主要针对一般的化学手段难以评价功能性的药用辅料,包括稀释剂、黏合剂、崩解剂、润滑剂、助流剂和抗结块剂、空心胶囊、包衣材料、润湿剂和增溶剂、栓剂基质、助悬剂和增稠剂、软膏基质等十二大类。

稀释剂是指制剂中用来增加体积或重量的成分,其功能性指标包括粒度和粒度分布、粒子形态、松密度、振实密度、真密度、比表面积、结晶性、水分、流动性、溶解度、压缩性、引湿性等。黏合剂是指一类使无黏性或黏性不足的物料粉末聚集成颗粒,或压缩成型的具黏性的固体粉末或溶液,其功能性指标包括表面张力、粒度、粒度分布、溶解度、黏度、堆密度和振实密度、比表面积等。崩解剂是加入到处方中促使制剂迅速崩解成小单元并使药物更快溶解的成分,其功能性指标包括粒径及其分布、水吸收速率、膨胀率或膨胀指数、粉体流动性、水分、泡腾量等。润滑剂的作用为减小颗粒间、颗粒和固体制剂制造设备接触面之间的摩擦力,其主要功能性指标包括粒度及粒度分布、比表面积、水分、多晶型、纯度、熔点或熔程等、粉体流动性。助流剂和抗结块剂的作用是提高粉末流速和减少粉末聚集结块,其功能性指标包括粒度及粒度分布、表面积、粉体流动性、吸收率等。空心胶囊作为药物粉末和液体的载体可以保证剂量的准确和运输的便利,其功能性指标包括水分、透气性、崩解性、脆碎度、韧性、冻力强度、松紧度等。包衣材料可以掩盖药物异味、改善外观、保护活性成分、调节药物释放,其功能性指标包括溶解性、成膜性、黏度、取代基及取代度、抗拉强度、透气性、粒度等。润湿剂和增溶剂的功能性指标包括 HLB 值、黏度、组成、临界胶束浓度、表面张力等。栓剂基质为制造直肠栓剂和阴道栓剂的基质,其功能性指标包括融程等。助悬剂和增稠剂用于稳定分散系统,减少溶质或颗粒运动的速率,或降低液体制剂的流动性,其功能性指标包括黏度等。软膏基质可作为药物的外用载体并可作为润湿剂和皮肤保护剂,其功能性指标包括黏度和熔程等。

(四) 药用辅料质量标准

药用辅料质量标准项目一般包括:名称、性状、理化性质、鉴别、检查(一般杂质和有害杂质)、功能性评价、含量测定、类别、贮藏等。

【示例 11-2】糊精质量标准

糊精

Hujing

Dextrin

[9004-53-9]

本品系由淀粉或部分水解的淀粉,在干燥状态下经加热改性而制得的聚合物。

〔性状〕本品为白色或类白色的无定形粉末;无臭;味微甜。

本品在沸水中易溶;在乙醇或乙醚中不溶。

〔鉴别〕取本品 10% 的水溶液 1ml,加碘试液 1 滴,即显紫红色。

〔检查〕酸度:取本品 5.0g,加水 50ml,加热使溶解,放冷,加酚酞指示液 2 滴与氢氧化钠滴定液(0.1mol/L)2.0ml,应显粉红色。

还原糖:取本品 2.0g,加水 100ml,振摇 5 分钟,静置,滤过;取滤液 50ml,加碱性酒石酸铜试液 50ml,煮沸 3 分钟,用 105℃恒重的垂熔玻璃坩埚滤过,滤渣先用水、再用乙醇、最后用乙醚分次洗涤,在 105℃干燥 2 小时,遗留的氧化亚铜不得过 0.20g。

干燥失重:取本品,在 105℃干燥至恒重,减失重量不得过 10.0%。

炽灼残渣:取本品 1.0g,按药典通则 0841 检查,遗留残渣不得过 0.5%。

重金属:取炽灼残渣项下遗留的残渣,按药典通则 0821 第二法检查,含重金属不得过百万分之二十。

铁盐:取本品 2.0g,炽灼灰化后,残渣加盐酸 1ml 与硝酸 3 滴,置水浴上蒸发至近干,放冷,加盐酸 1ml 使溶解,用水移至 50ml 量瓶中,加水稀释至刻度,摇匀;精密量取 10ml,按药典通则 0807 检查,与标准铁溶液 2.0ml 制成的对照液比较,不得更深(0.005%)。

微生物限度:取本品,按药典通则 1105 与通则 1106 检查,每 1g 供试品中需氧菌总数不得过 1 000 个,霉菌和酵母菌总数不得过 100cfu,不得检出大肠埃希氏菌。

〔类别〕药用辅料,填充剂和黏合剂等。

〔贮藏〕密闭,在干燥处保存。

【示例 11-3】硬脂酸镁质量标准

硬脂酸镁

Yingzhisuanmei

Magnesium Stearate

[557-04-0]

本品是镁与硬脂酸化合而成。系以硬脂酸镁($C_{36}H_{70}MgO_4$)与棕榈酸镁($C_{32}H_{62}MgO_4$)为主要成分的混合物。按干燥品计算,含 Mg 应为 4.0%~5.0%。

〔性状〕本品为白色轻松无砂性的细粉;微有特臭;与皮肤接触有滑腻感。

本品在水、乙醇或乙醚中不溶。

〔鉴别〕(1)取本品 5.0g,置圆底烧瓶中,加无过氧化物乙醚 50ml、稀硝酸 20ml 与水 20ml,加热回流至完全溶解,放冷,移至分液漏斗中,振摇,放置分层,将水层移入另一分液漏斗中;用水提取乙醚层 2 次,每次 4ml,合并水层;用无过氧化物乙醚 15ml 清洗水层,将水层移入 50ml 量瓶中,加水稀至刻度,摇匀,作为供试品溶液,按药典通则 0301 检验,应显镁盐的鉴别反应。

(2)在硬脂酸与棕榈酸相对含量检查项下记录的色谱图中,供试品溶液色谱中两主峰的保留时间应分别与对照品溶液两主峰的保留时间一致。

〔检查〕包括酸碱度、氯化物、硫酸盐、干燥失重、铁盐、镉盐、镍盐、重金属、硬脂酸与棕榈酸相对含量与微生物限度。

〔含量测定〕取本品约 0.2g,精密称定,加正丁醇 - 无水乙醇(1∶1)溶液 50ml,加浓氨溶液 5ml 与氨 - 氯化铵缓冲液(pH 10.0)3ml,再精密加入乙二胺四醋酸二钠滴定液(0.05mol/L)25ml 与铬黑 T 指示剂少许,混匀,于 40~50℃水浴上加热至溶液澄清,用锌滴定液(0.05mol/L)滴定至溶液自蓝色转变为紫色,并将滴定的结果用空白试验校正。每 1ml 乙二胺四醋酸二钠滴定液(0.05mol/L)相当于 1.215mg 的 Mg。

〔类别〕药用辅料,润滑剂。

【示例 11-4】明胶空心胶囊功能性评价

〔黏度〕取本品 4.50g,置已称定重量的 100ml 烧杯中,加温水 20ml,置 60℃水浴中搅拌使溶化;取出烧杯,擦干外壁,加水使胶液总重量达到下列计算式的重量(含干燥品 15.0%),将胶液搅匀后倒入干燥的具塞锥形瓶中,密塞,置 40℃ ±0.1℃水浴中,约 10 分钟后,移至平氏黏度计内,照黏度测定法,于 40℃ ±0.1℃水浴中测定,本品运动黏度不得低于 60mm²/s。

$$胶液总重量(g) = (1- 干燥失重) \times 4.50 \times 100/15.0$$

〔松紧度〕取本品 10 粒,用拇指与食指轻捏胶囊两端,旋转拔开,不得有粘结、变形或破裂,然后装满滑石粉,将帽、体套合并锁合,逐粒于 1m 的高度处直坠于厚度为 2cm 的木板上,应不漏粉;如有少量漏粉,不得超过 1 粒。如超过,应另取 10 粒复试,均应符合规定。

〔脆碎度〕取本品 50 粒,置表面皿中,放入盛有硝酸镁饱和溶液的干燥器内,置 25℃ ±1℃ 恒温 24 小时,取出,立即分别逐粒放入直立在木板(厚度 2cm)上的玻璃管(内径为 24mm,长为 200mm)内,将圆柱形砝码(材质为聚四氟乙烯,直径为 22mm,重 20g ± 0.1g)从玻璃管口处自由落下,视胶囊是否破裂,如有破裂,不得超过 5 粒。

〔崩解时限〕取本品 6 粒,装满滑石粉,照崩解时限检查法胶囊剂项下的方法,加挡板进行检查,各粒均应在 10 分钟内全部溶化或崩解。如有 1 粒不能全部溶化或崩解,应另取 6 粒复试,均应符合规定。

中药制剂辅料是中药制剂存在的物质基础,具有改变中药的给药途径和作用方式、增强稳定性、延长有效期、增强中药疗效、降低毒副反应、缓控释等重要作用。为提高中药制剂辅料质量控制水平,保证中药制剂质量,造福人民群众,一要充分与国际先进药用辅料标准接轨,进一步提升质量标准,加强有害杂质控制,完善含量测定等指标,特别是要强化可能存在安全性问题的中药注射剂用辅料质量标准研究。二要加强先进分析技术在中药制剂辅料分析中的应用研究,提高辅料质量控制准确性与可靠性。三要加强中药辅料功能性研究与评价,强化中药辅料的功能性指标控制,特别应关注大分子药用辅料的分子量分布、聚合度、取代度、支化度等关键性质量与安全性指标评价。四要加强中药与辅料相互作用及其对安全性的影响研究。

知识链接

中药制剂常用助溶剂吐温 80

聚山梨酯 80 (吐温 80) 作为药用辅料收载于《中国药典》2015 年版四部,是一种非离子型表面活性剂,具有良好的乳化和增溶作用,在中药制剂中广泛用作乳化剂、增溶剂或稳定剂。据国家药品监督管理局公布,明确注明含有吐温 80 的中药注射剂有二十多种。近年来的大量研究表明吐温 80 是引起中药注射剂不良反应的重要原因之一,其毒副反应主要有过敏反应、神经毒性、肝毒性和溶血性等。因此,加强以吐温 80 等为代表的中药制剂辅料的质量控制和安全性研究具有重要意义。

(刘建群)

第二节　剂型分析

一、浸出制剂

浸出制剂系指采用适当的溶媒与方法,提取中药材中的有效部位(成分),制成的可供内服或外用的一类制剂,包括合剂(口服液)、酒剂、酊剂、煎膏剂、大部分流浸膏剂和浸膏剂、糖浆剂等。其中合剂

（口服液）、糖浆剂、酒剂和酊剂中的药物成分以溶质或分散相在分散介质中形成液体药剂,而煎膏剂、流浸膏剂和浸膏剂则呈半流体或固体状态,本节主要介绍煎膏剂、流浸膏剂和浸膏剂的质量分析。

煎膏剂又称膏滋,一般以水为溶媒,在制备过程中需加入糖(转化糖)或炼蜜;浸膏剂和流浸膏剂多采用乙醇为提取溶剂,主要用于配制其他制剂,只有少数品种直接用于临床。

知识链接

常用浸出制剂的概念

煎膏剂系指饮片用水煎煮,取煎煮液浓缩,加炼蜜或糖(或转化糖)制成的半流体制剂;流浸膏剂、浸膏剂系指饮片用适宜的溶剂提取,蒸去部分或全部溶剂,调整至规定浓度而成的制剂。除另有规定外,流浸膏剂系指每1ml相当于饮片1g;浸膏剂分为稠膏和干膏两种,每1g相当于饮片或天然药物2~5g。

（一）浸出制剂的一般质量要求

1. **性状** 除另有规定外,煎膏剂应无焦臭、异味,无糖的结晶析出。流浸膏剂在贮存期间若产生沉淀,可在乙醇和有效成分含量符合该品种项下规定的情况下,滤过除去沉淀。

2. **相对密度和总固体** 相对密度和总固体含量与中药制剂中可溶性物质的总量有关,在一定程度上反映了制剂的质量。相对密度系指在相同的温度、压力条件下,某物质的密度与水的密度之比。除另有规定外,温度为20℃。液体药品的相对密度,一般用比重瓶(图11-1)测定,按公式(11-1)计算样品的相对密度;测定易挥发液体的相对密度,可用韦氏比重秤(图11-2)。除另有规定外,煎膏剂应检查相对密度,煎膏剂较黏稠,一般用2倍量的水稀释后再测定相对密度,按公式(11-2)计算。含有药材细粉的煎膏剂,则不检查相对密度。部分流浸膏剂应检查总固体含量,

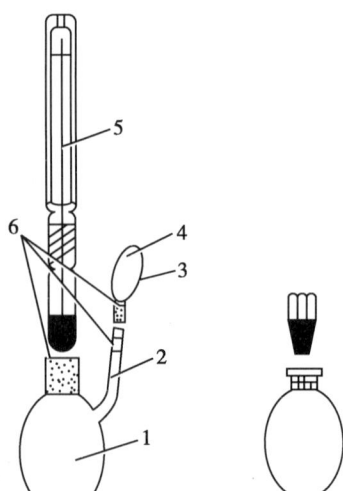

1. 比重瓶主体;2. 侧管;3. 侧孔;
4. 罩;5. 温度计;6. 玻璃磨口。

● 图 11-1 比重瓶

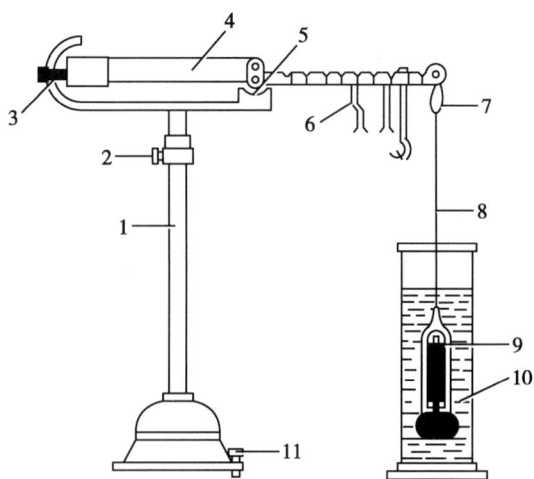

1. 支架;2. 调节器;3. 指针;4. 横梁;5. 刀口;6. 游码;7. 小钩;8. 细铂丝;9. 玻璃锤;10. 玻璃圆筒;11. 调整螺丝。

● 图 11-2 韦氏比重秤

如颠茄流浸膏和大黄流浸膏中的总固体含量分别不得少于 1.7g/10ml 和 30.0%（g/g）。

$$供试品相对密度 = \frac{供试品重量}{水重量} \qquad (式 11\text{-}1)$$

$$供试品相对密度 = \frac{W_1 - W_1 \times f}{W_2 - W_1 \times f} \qquad (式 11\text{-}2)$$

式中：W_1 为比重瓶内供试品溶液的重量，g；W_2 为比重瓶内水的重量，g；

$$f = \frac{加入供试品中的水重量}{供试品重量 + 加入供试品中的水重量} \qquad (式 11\text{-}3)$$

3. 乙醇量　乙醇含量对制剂中有效成分的含量、杂质的种类和含量以及制剂的稳定性等都有影响。《中国药典》规定含醇的流浸膏剂应作乙醇量的检查，如颠茄流浸膏的乙醇含量应为 52%~66%。

4. 甲醇量　除另有规定外，含乙醇的流浸膏要求检查甲醇含量，并应符合各品种项下的规定。

5. 不溶物　煎膏剂在制备过程中容易产生焦屑等异物，应对其进行不溶物检查；含药材细粉的煎膏剂，应在未加入细粉前检查，符合规定后方可加入细粉，加入药粉后不再检查不溶物。

6. 装量　煎膏剂、流浸膏剂和浸膏剂应照最低装量检查法进行检查，结果应符合《中国药典》的规定。

7. 微生物限度　除另有规定外，浸出制剂一般照非无菌产品微生物限度要求进行检查，结果应符合相关规定。

各类浸出制剂的一般检查项目见表 11-1。

表 11-1　浸出制剂的一般检查项目

检查项目	浸膏剂	流浸膏剂	煎膏剂
性状	+	+	+
相对密度	–	–	+
总固体	–	±	–
乙醇量	+	+	–
甲醇量	+	+	–
装量	+	+	+
不溶物	–	–	+
微生物限度	+	+	+

注：+ 表示规定检查项，– 表示不需要检查，± 表示根据具体情况或视不同品种而定。

（二）浸出制剂的质量分析特点

一般情况下，对于有效成分（指标成分）较为明确的浸出制剂，可选择一个或几个代表性成分作为质控指标，或结合特征图谱进行质量控制，如益母草流浸膏和肿节风浸膏。对于指标成分尚不明确的制剂，可通过测定浸出物或总固体含量控制其质量。部分含有药材原粉的制剂，也可选择显微鉴别等方法进行质量控制。

浸出制剂制备时常用水和乙醇为溶媒，一般不经精制和纯化，因此，制剂中含有大量的杂质。

在质量分析时,应根据制备工艺、待测成分的性质及检测方法,选择适宜的样品前处理方法。煎膏剂中含有大量的多糖、蛋白质等水溶性杂质,以及蔗糖、蜂蜜等辅料,较为黏稠,分析时常将样品加水稀释,通过有机溶剂萃取除去干扰,如川贝雪梨膏中麦冬的薄层鉴别;也可直接加入适量硅藻土、纤维素等惰性材料进行分散,烘干后用有机溶剂提取。流浸膏剂和浸膏剂通常直接加入适量甲醇(乙醇)稀释或经超声提取后,取上清液进行分析。对于处方药味较多、成分较复杂的浸出制剂,应选择大孔树脂、固相萃取或离子交换等色谱方法排除杂质和其他成分的干扰。

【示例 11-5】肿节风浸膏

本品为金粟兰科植物草珊瑚 Sarcandra glabra (Thunb.) Nakai 的干燥全株经加工制成的浸膏。

〔制法〕取肿节风,加水煎煮三次,每次 1 小时,合并煎液,滤过,滤液浓缩成稠膏,85℃以下减压干燥,即得。

〔性状〕本品为深棕色至深褐色的疏松不规则块,味苦,微涩。

〔鉴别〕取本品粉末约 0.1g,加水 10ml,超声处理 30 分钟,滤过,滤液用乙酸乙酯振摇提取两次,每次 10ml,合并乙酸乙酯液,蒸干,残渣加甲醇 1ml 使溶解,作为供试品溶液。另取肿节风对照药材 1g,加水 50ml,超声处理 30 分钟,滤过,滤液用乙酸乙酯振摇提取两次,每次 25ml,合并乙酸乙酯液,蒸干,残渣加甲醇 1ml 使溶解,作为对照药材溶液。再取异嗪皮啶对照品,加甲醇制成每 1ml 含 0.5mg 的溶液,作为对照品溶液。照薄层色谱法试验,吸取上述三种溶液各 4μl,分别点于同一硅胶 G 薄层板上,以甲苯 - 乙酸乙酯 - 甲酸(9:4:1)为展开剂,展开,取出,晾干,置紫外光灯(365nm)下检视,供试品色谱中,在与对照药材色谱和对照品色谱相应的位置上,显相同颜色的荧光斑点。

〔检查〕水分不得过 9.0%;酸不溶性灰分不得过 0.5%。

〔特征图谱〕照高效液相色谱法(通则 0512)测定。

色谱条件与系统适用性试验:以十八烷基硅烷键合硅胶为填充剂;以乙腈(含 0.1% 甲酸)为流动相 A,以 0.1% 甲酸为流动相 B,梯度洗脱(略);检测波长 330nm。理论塔板数按异嗪皮啶峰计算应不低于 5 000。

参照物溶液的制备:取绿原酸对照品、异嗪皮啶对照品和迷迭香酸对照品适量,精密称定,分别加 60% 甲醇制成每 1ml 含绿原酸 15μg,异嗪皮啶 15μg,迷迭香酸 25μg 的溶液,即得。

供试品溶液的制备:取本品粉末(过三号筛)约 0.1g,精密称定,置具塞锥形瓶中,加入 60% 甲醇 10ml,称定重量,超声处理(功率 250W,频率 40kHz)30 分钟,取出,放冷,再称定重量,用 60% 甲醇补足减失的重量,摇匀,滤过,即得。

测定法:分别精密吸取参照物溶液和供试品溶液各 10μl,注入液相色谱仪,测定,记录 70 分钟的色谱图,即得。

供试品特征图谱中应呈现 5 个特征峰(见图 11-3),其中 3 个峰应分别与相应的参照物峰保留时间相一致;与异嗪皮啶参照峰相应的峰为 S 峰,计算各特征峰与 S 峰的相对保留时间,其相对保留时间应在规定值的 ±5% 之内。规定值为:0.35(峰 1)、0.53(峰 2)、0.58(峰 3)、1.00(峰 4)、1.31(峰 5)。

〔含量测定〕照高效液相色谱法(通则 0512)测定。

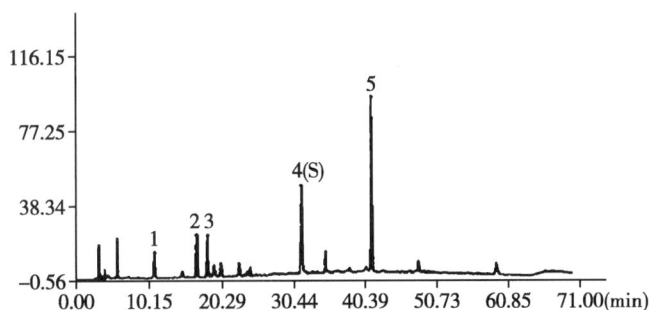

峰1:新绿原酸;峰2:绿原酸;峰3:隐绿原酸;峰4(S):异嗪皮啶;峰5:迷迭香酸。

● 图 11-3 肿节风浸膏对照特征图谱

色谱条件与系统适用性试验:以十八烷基硅烷键合硅胶为填充剂;以乙腈(含0.1%甲酸)-0.1%甲酸为流动相,梯度洗脱(略);检测波长330nm。理论塔板数按异嗪皮啶峰和迷迭香酸峰计算均应不低于5 000。

对照品溶液的制备:分别取异嗪皮啶和迷迭香酸对照品适量,精密称定,加60%甲醇制成每1ml含异嗪皮啶15μg,迷迭香酸25μg的混合溶液,即得。

供试品溶液的制备:取本品粉末(过三号筛)约0.25g,精密称定,置具塞锥形瓶中,加入60%甲醇50ml,称定重量,超声处理(功率250W,频率40kHz)30分钟,取出,放冷,再称定重量,用60%甲醇补足减失的重量,摇匀,滤过,取续滤液,即得。

测定法:分别精密吸取对照品溶液与供试品溶液各10μl,注入液相色谱仪,测定,即得。

本品按干燥品计算,含异嗪皮啶($C_{11}H_{10}O_5$)不得少于0.19%,含迷迭香酸($C_{18}H_{16}O_8$)不得少于0.14%。

二、液体制剂

液体中药制剂主要包括合剂(口服液)、糖浆剂、酒剂、酊剂、露剂、注射剂等。不同制剂的制备工艺及剂型特点不同,其质量分析的内容和方法不尽相同。近年来,中药注射剂的生产工艺和质量标准存在较多问题,国家对中药注射剂的质量要求有特殊规定,因此,将在本节第三部分单独介绍。

中药合剂是在汤剂基础上发展起来的一种液体制剂,单剂量灌装的合剂也可称为口服液;糖浆剂是含有原料药物的浓蔗糖水溶液。糖浆剂与合剂一般用水为提取溶剂,制备过程中常需加入附加剂,如适量的乙醇和糖,防腐剂山梨酸、对羟基苯甲酸酯类,苯甲酸及其钾盐等。

酒剂和酊剂含有较高浓度的乙醇,生产酒剂的蒸馏酒应符合国家关于蒸馏酒质量标准的规定,口服酒剂应以谷类酒为原料,常加入适量糖或蜂蜜改善口感。

(一) 液体中药制剂的一般质量要求

1. 性状 糖浆剂和合剂应澄清,在贮存期间不得有发霉、酸败、异物、变色、产生气体或其他变质现象,允许有少量摇匀易散的沉淀。除另有规定外,酒剂和酊剂应澄清,贮存期间允许有少量摇之易散的沉淀。

2. 相对密度和总固体　除另有规定外,糖浆剂和合剂一般应检查相对密度,酒剂应作总固体的检查,而酊剂有时也可规定总固体的含量。如茵栀黄口服液的相对密度不低于 1.05(g/ml),舒筋活络酒和消肿止痛酊中的总固体应分别不少于 1.1% 和 2.0%(g/ml)。

酒剂总固体检查有两种方法。第一法适用于测定含糖、蜂蜜的酒剂:精密量取供试品上清液 50ml,置蒸发皿中,水浴上蒸至稠膏状,除另有规定外,加无水乙醇搅拌提取 4 次,每次 10ml,滤过,合并滤液,置已干燥至恒重的蒸发皿上,蒸至近干,精密加入硅藻土 1g(经 105℃ 干燥 3 小时,移置干燥器中冷却 30 分钟),搅匀,在 105℃ 干燥 3 小时,移置干燥器中,冷却 30 分钟,迅速精密称定重量,扣除加入的硅藻土量,遗留残渣应符合各品种项下的有关规定。第二法适用于测定不含糖、蜂蜜的酒剂:精密量取供试品上清液 50ml,置已干燥至恒重的蒸发皿中,水浴上蒸干,在 105℃ 干燥 3 小时,移置干燥器中,冷却 30 分钟,迅速精密称定重量,遗留残渣应符合各品种项下的有关规定。

3. 含糖量和 pH　糖浆剂的含糖量与制剂的稳定性有关,《中国药典》规定糖浆剂含蔗糖量一般不低于 45%(g/ml),含糖量过高,在贮存中容易析出糖的结晶(泛砂),含糖量过低,则容易发霉、变质。

糖浆剂、合剂(口服液)的 pH 对药液的稳定性、微生物的生长以及制剂中防腐剂的抑菌能力有一定的影响,一般应作出明确的规定,如桑菊感冒合剂的 pH 应为 4.0~6.0,小儿腹泻宁糖浆 pH 应为 3.5~5.5。

4. 乙醇量　乙醇含量对制剂中有效成分的含量、杂质的种类和含量以及制剂的稳定性等都有影响,因此,酒剂、酊剂以及含乙醇的糖浆剂均要规定乙醇含量,如三两半药酒含乙醇量应为 20%~25%,消咳喘糖浆乙醇含量应为 20%~28%。

5. 甲醇量　酒剂和酊剂常用蒸馏酒为浸提溶媒,蒸馏酒中含有微量的甲醇,如甲醇含量超过一定限度,会对人体产生危害。因此,《中国药典》规定酒剂和酊剂必须检查甲醇含量,除另有规定外,制剂中甲醇量不得超过 0.05%(ml/ml)。

6. 装量　单剂量灌装的口服液和糖浆剂,应作装量检查,以保证服用时剂量的准确性。多剂量灌装的合剂、糖浆剂、酒剂和酊剂应作最低装量检查,检查结果应符合《中国药典》规定。

装量检查法:取供试品 5 支,将内容物分别倒入经标化的量入式量筒内,在室温下检视,每支装量与标示装量相比较,少于标示装量不得多于 1 支,并不得少于标示装量的 95%。

7. 防腐剂量　中药合剂和口服液中含有较丰富的营养物质,适合微生物生长、繁殖,且多剂量灌装合剂在使用过程中也容易被微生物污染,不但严重影响药物质量和使用安全,还有可能引起玻璃容器的爆裂,造成事故,因此,这类制剂中常需加入一定量的防腐剂。合剂(口服液)中山梨酸和苯甲酸的用量不得超过 0.3%(其钾盐、钠盐的用量分别按酸计),羟苯酯类的用量不得超过 0.05%。

8. 微生物限度　不同剂型微生物限度检查的项目和限度指标有所不同。口服液体制剂需氧菌总数不得超过 100cfu/ml,霉菌和酵母菌总数不得超过 10cfu/ml,每 1ml 不得检出大肠埃希氏菌,含脏器提取物的制剂每 1ml 还不得检出沙门菌。外用酒剂和酊剂需氧菌总数不得超过 100cfu/ml,霉菌和酵母菌总数不得超过 10cfu/ml,每 1ml 不得检出金黄色葡萄球菌和铜绿假单胞菌。

各类液体制剂的一般检查项目见表 11-2。

表 11-2　液体中药制剂的一般检查项目

项目	合剂（口服液）	酒剂	酊剂	糖浆剂
性状	+	+	+	+
相对密度	+	−	±	+
总固体	−	±	±	−
pH	+	−	−	+
装量	+	+	+	+
乙醇量	−	+	+	±
甲醇量	−	+	+	−
防腐剂量	±	−	−	±
微生物限度	+	+	+	+

注:+ 表示规定检查项, − 表示不需要检查, ± 表示根据具体情况或视不同品种而定。

(二) 液体中药制剂质量分析的特点

液体中药制剂通常选择处方中主要药味的一个或多个有效成分作为质控指标,如柴黄口服液中的黄芩苷,银黄口服液中的绿原酸和黄芩苷等。对于处方中药味较多,成分复杂,选择质控指标成分目前尚有困难的液体制剂,可测定相对密度或总固体控制其质量,如舒筋活络酒总固体应不低于 1.1%(g/ml)。应当注意的是,相对密度或总固体检查虽在一定程度上能反映制剂的质量,但一些酒剂和酊剂在贮藏过程中容易产生沉淀,影响总固体含量,在其质量评价中应充分考虑到这一因素。

液体中药制剂的处方、制备工艺及溶剂种类不同,其质量分析特点也有所区别。中药合剂和糖浆剂常用水为提取溶剂,药液中含有大量的蛋白质、树胶、果胶等水溶性杂质,难以直接分析,一般需分离净化后再进行检测。中药口服液制备中常采用醇沉工艺进行精制,杂质含量相对较少,有的可直接进行分析,如处方药味多,对待测成分存在干扰,则需经净化分离后分析。糖浆剂分析时应注意排除蔗糖的干扰,酒剂与酊剂含醇量较高,水溶性杂质较少,样品的前处理相对容易,部分品种可以直接进行分析,但对于一些成分复杂的样品,仍需净化分离后再进行分析。

液体中药制剂分析时,应根据各类制剂的特点及被测成分的理化性质,选择合适的分离、净化方法,以消除其他成分及杂质的影响。液 - 液萃取法和柱色谱法(如 ODS 柱、氧化铝柱、大孔树脂柱等)是液体中药制剂最常用的分离净化方法。当被测成分为皂苷类成分时,可采用正丁醇等有机溶剂进行萃取,或通过大孔树脂柱色谱等方法除去其他成分的干扰。如被测成分为生物碱类化合物,可通过酸碱萃取法进行分离和纯化。对于含乙醇的液体制剂,如酒剂和酊剂,常需蒸去乙醇后,再用适当的有机溶剂萃取或采用色谱法净化分离。此外,液体制剂分析时,要注意样品的均匀性,一般应摇匀后再取样。设计分析方案时,还要考虑所加入的防腐剂、矫味剂等对分析方法的影响。

【示例 11-6】复方扶芳藤合剂

〔处方〕扶芳藤、黄芪、红参。

〔制法〕以上三味，红参用 65% 乙醇加热回流提取三次，每次 2 小时，合并提取液，滤过，滤液备用；药渣加水煎煮三次，每次 1.5 小时，煎液滤过，滤液合并，浓缩至相对密度约为 1.06（60℃），放冷，冷藏 48 小时以上，滤过，滤液备用；扶芳藤和黄芪加水煎煮二次，每次 2 小时，煎液滤过，滤液合并，浓缩至相对密度约为 1.14（60℃），放冷，加 2 倍量乙醇，搅匀，静置 48 小时以上，滤过，滤液与红参的乙醇提取液合并，回收乙醇，加水至适量，混匀，加适量的 50% 鸡蛋清溶液，搅匀，煮沸，滤过，滤液与红参的水煎液合并，加入蔗糖，煮沸使溶解，加适量苯甲酸钠、香草醛和水，煮沸，滤过，加水至规定量，搅匀，灌装，即得。

〔性状〕本品为红棕色的澄清液体；气芳香，味甜、微苦。

〔鉴别〕(1) 取本品 30ml，用三氯甲烷 30ml 振摇提取，分取上层溶液，用乙酸乙酯 40ml 振摇提取，分取乙酸乙酯液，蒸干，残渣加乙酸乙酯 10ml 使溶解，滤过，滤液蒸干，残渣加乙酸乙酯 0.5ml 使溶解，作为供试品溶液。另取扶芳藤对照药材 10g，加水煎煮 2 次，第一次 40 分钟，第二次 30 分钟，合并煎液，滤过，滤液浓缩至约 20ml，加乙醇 40ml，搅匀，静置 2 小时，滤过，滤液回收乙醇至无醇味，用三氯甲烷 15ml 振摇提取，分取上层溶液，用乙酸乙酯 20ml 振摇提取，分取乙酸乙酯液，蒸干，残渣加乙酸乙酯 0.5ml 使溶解，作为对照药材溶液。照薄层色谱法（通则 0502）试验，吸取上述两种溶液各 10μl，分别点于同一硅胶 GF_{254} 薄层板上，以甲苯 - 乙酸乙酯 - 甲酸 - 水（20∶10∶1∶1）的上层溶液为展开剂，展开，取出，晾干，用碘蒸气熏 10 分钟，立即置紫外光灯（254nm）下检视。供试品色谱中，在与对照药材色谱相应的位置上，显相同颜色的主斑点。

(2) 取人参对照药材 0.8g，加三氯甲烷 40ml，加热回流 1 小时，放冷，滤过，药渣挥去溶剂，用水 0.5ml 湿润，加水饱和的正丁醇 10ml，超声处理 30 分钟，放置，吸取上清液，加 3 倍量氨试液，摇匀，放置使分层，取正丁醇液，蒸干，残渣加甲醇 2ml 使溶解，作为对照药材溶液。照薄层色谱法（通则 0502）试验，吸取〔含量测定〕项下的供试品溶液和上述对照药材溶液各 4μl，分别点于同一硅胶 G 薄层板上，以[正丁醇 - 乙酸乙酯 - 水（4∶1∶5）的上层溶液]- 甲醇（10∶1）为展开剂，置氨蒸气饱和的展开缸内，展开，取出，晾干，喷以 10% 硫酸乙醇溶液，在 100℃加热至斑点显色清晰，置紫外光灯（365nm）下检视。供试品色谱中，在与对照药材色谱相应的位置上，显三个或三个以上相同颜色的荧光主斑点。

〔检查〕相对密度应不低于 1.20。pH 应为 4.0~6.0。其他应符合合剂项下有关的各项规定。

〔含量测定〕精密量取本品 20ml，用三氯甲烷振摇提取 2 次，每次 30ml，分取上层溶液，用水饱和的正丁醇振摇提取 5 次，第一次 30ml，其余每次 20ml，合并正丁醇提取液，用氨试液提取 2 次（100ml、80ml），分取正丁醇液，蒸干，残渣加 10% 乙醇 5ml 使溶解，通过 D101 型大孔吸附树脂柱（内径 1.5cm，柱高为 12cm），用水 50ml 洗脱，弃去洗脱液，再用 40% 乙醇 30ml 洗脱，弃去洗脱液，继用 70% 乙醇 50ml 洗脱，收集洗脱液，蒸干，残渣用甲醇溶解并转移至 2ml 量瓶中，加甲醇至刻度，摇匀，作为供试品溶液。取黄芪甲苷对照品适量，精密称定，加甲醇制成每 1ml 含 1mg 的溶液，作为对照品溶液。照薄层色谱法（通则 0502）试验，精密吸取供试品溶液 4μl、对照品溶液 2μl 与 6μl，分别交叉点于同一硅胶 G 薄层板上，以[正丁醇 - 乙酸乙酯 - 水（4∶1∶5）的上层溶液]-

甲醇(10∶1)为展开剂,置氨蒸气饱和的展开缸内,展开,展距 16cm 以上,取出,晾干,喷以 10% 硫酸乙醇溶液,在 100℃加热至斑点显色清晰,放冷,在薄层板上覆盖同样大小的玻璃板,周围用胶布固定。照薄层色谱法(通则 0502 薄层色谱扫描法)进行扫描,波长:$\lambda_S = 530nm$,$\lambda_R = 700nm$,测量供试品吸收度积分值与对照品吸收度积分值,计算,即得。

本品每 1ml 含黄芪以黄芪甲苷($C_{41}H_{68}O_{14}$)计,不得少于 50μg。

知识链接

扶 芳 藤

扶芳藤为卫矛科植物爬行卫矛 *Euonymus fortune* (turcz.) hand.-Mazz.、冬青卫矛 *Euonymus japonicus* L. 或无柄卫矛 *Euonymus subsesilis* Sprague 的干燥地上部分。始载于唐代陈藏器《本草拾遗》,曰其为"主治一切血,一切气,一切冷,大主风血腰脚,去百病,久服延年,变白不老"的佳品。现代研究表明,扶芳藤中主要含有黄酮、木质素、酚酸、三萜及甾体等类成分,具有抗肿瘤、抗炎、抗病毒及免疫调节等药理作用。

三、注射剂

注射剂系指饮片经提取、纯化后制成的供注入体内的无菌制剂。注射剂可分为注射液、注射用无菌粉末和注射用浓溶液。注射液包括溶液型、乳状液型和混悬型注射液等,可用于皮下注射、肌内注射、静脉注射、静脉滴注、鞘内注射等。其中,供静脉滴注用的大容量注射液(除另有规定外,一般不小于 100ml,生物制品一般不小于 50ml)也称为输液。注射用无菌粉末系指供临用前用适宜的无菌溶液配制溶液的无菌粉末或无菌块状物。可用适宜的注射用溶剂配制后注射,也可用静脉输液配制后静脉滴注。注射用浓溶液系指临用前稀释供静脉滴注用的无菌浓溶液。

中药注射剂是现代中医药创新取得的重要成果,在 20 世纪六七十年代,中药注射剂的研制有了较大发展,至 70 年代末全国共研制出几百余种中药注射液,但由于盲目性大,技术不过关,疗效和安全性差等原因,不少品种逐渐被淘汰。1977 年版《中国药典》(一部)收载了 23 种中药注射液,包括丁公藤注射液、丹参注射液、毛冬青注射液和银黄注射液等,而 1985 年版《中国药典》只收载了盐酸川芎嗪注射液 1 种,该品种在 1990 年版《中国药典》中移至二部;1995 年版和 2000 年版《中国药典》收载了注射用双黄连、止喘灵注射液 2 个品种;2005 年版《中国药典》增至 4 个,至 2015 年版《中国药典》收载了止喘灵注射液、灯盏细辛注射液、清开灵注射液、注射用双黄连(冻干)和注射用灯盏花素 5 个品种。

(一)中药注射剂的质量要求

近年来,中药注射剂不良反应的报道增多,主要为过敏反应、消化道反应、输液反应等,给患者的健康和生命带来危害,也对中医药行业造成巨大的冲击。为保证中药注射剂的安全、有效和质量可控,国家药品监督管理局先后制定了《中药注射剂研制指导原则(试行)》(1993年)《中药、天然药物注射剂基本技术要求》(2007年),《中药注射剂指纹图谱研究的技术要求(暂行)》(2000年),《注射剂安全性检查法应用指导原则》(2015年)等技术规范要求,并于2009年和2017年开展了中药注射剂质量再评价工作,以进一步规范中药注射剂的研制、生产、经营和使用秩序,消除中药注射剂安全隐患,确保公众用药安全。

中药注射剂的质控项目应结合注射给药以及中药注射剂自身的特点,尽可能全面地、灵敏地反映药品质量的变化情况,其质量要求较其他制剂更为严格,质量标准也更加细化,主要包括一般要求检查、有关物质检查、安全性检查、鉴别、含量测定和特征图谱等。

(二) 中药注射剂的检查

1. 一般要求检查

(1) 性状:溶液型注射液应澄清;乳状液型注射液,不得有相分离现象;静脉用乳状液型注射液中90%的乳滴粒径应在1μm以下,不得有大于5μm的乳滴。除另有规定外,混悬型注射液中原料药物粒径应控制在15μm以下,含15~20μm(间有个别20~50μm)者,不应超过10%,若有可见沉淀,振摇时应容易分散均匀。

(2) 可见异物检查:可见异物系指存在于注射剂、眼用液体制剂和无菌原料药中,在规定条件下目视可以观测到的不溶性物质,其粒径或长度通常大于50μm。中药注射剂中的不溶物、析出物或异物超过一定数量,会引起不良反应,影响用药安全。因此,中药注射剂在出厂前应逐一检查可见异物并同时剔除不合格产品;临用前,需在自然光下目视检查(避免阳光直射),如有可见异物,不得使用。

可见异物的检查一般常用灯检法,对于用包装容器或液体色泽较深(深于各标准比色液7号)的品种可选用光散射法检测。注射用无菌粉末和无菌原料药检测时需制备供试品溶液,对供试品的容器不适于检查的品种,应转移至适宜容器中进行检测,为避免引入可见异物,上述操作均应在B级的洁净环境中进行(如层流洁净台)。

(3) 不溶性微粒检查:除另有规定外,用于静脉注射、静脉滴注、鞘内注射、椎管内注射的溶液型注射液、注射用无菌粉末及注射用浓溶液中不溶性微粒的大小及数量应符合相关规定。

常用的不溶性微粒检测方法有光阻法和显微计数法,光阻法不适用于黏度过高和易析出结晶的制剂,也不适用于进入传感器时容易产生气泡的注射剂。在测定过程中,若光阻法测定结果不符合规定或供试品不适于用光阻法测定时,应采用显微计数法进行测定,并以此结果作为判定依据。对于黏度过高,上述两种方法都无法直接测定的注射液,可用适宜的溶剂稀释后测定。

(4) 装量或装量差异:注射液及注射用浓溶液应检查装量。对于标示装量不大于2ml者,取供试品5支(瓶),2ml以上至50ml者,取供试品3支(瓶)。开启时注意避免损失,将内容物分别用相应体积的干燥注射器及注射针头抽尽,然后缓慢连续地注入经标化的量入式量筒内(量筒的大小应使待测体积至少占其额定体积的40%,不排尽针头中的液体),在室温下检视。测定油溶液、乳状液或混悬液时,应先加温(如有必要)摇匀,同前法操作,室温下检视。每支(瓶)的装量均不得少于其标示量。

标示装量为50ml以上的注射液及注射用浓溶液照最低装量检查法检查,也可采用重量除以相对密度计算装量。即准确量取供试品,精密称定,求出每1ml供试品的重量,再除以供试品相对密度,得出相应的装量。

除另有规定外,注射用无菌粉末应按《中国药典》规定进行装量差异检查。凡符合检查含量均匀度的注射用无菌粉末,一般不再进行装量差异检查。

知识链接

装量差异检查

取供试品5瓶(支),除去标签、铝盖,容器外壁用乙醇擦净,干燥,开启时注意避免玻璃屑等异物落入容器中,分别迅速精密称定;容器为玻璃瓶的注射用无菌粉末,首先小心开启内塞,使容器内外气压平衡,盖紧后精密称定。然后倾出内容物,容器用水或乙醇洗净,在适宜条件下干燥后,再分别精密称定每一容器的重量,求出每瓶(支)的装量与平均装量。每瓶(支)装量与平均装量相比较(如有标示装量,则与标示装量相比较),应符合下列规定,如有1瓶(支)不符合规定,应另取10瓶(支)复试,应符合规定。

平均装量或标示装量	装量差异限度
0.05g及0.05g以下	±15%
0.05g以上至0.15g	±10%
0.15g以上至0.50g	±7%
0.50g以上	±5%

---

(5) 渗透压摩尔浓度检查:人体内的生物膜,如细胞膜或毛细血管壁等,一般具有半透膜的性质,溶剂通过半透膜由低浓度向高浓度溶液扩散的现象称为渗透,阻止渗透所需要施加的压力,称为渗透压。溶液的渗透压大小依赖于溶液中溶质粒子的数量,通常以渗透压摩尔浓度(Osmolality)表示,以每千克溶剂中溶质的毫渗透压摩尔(mOsmol/kg)为单位。渗透压在维持细胞正常的生理功能、保持机体的水分平衡等方面起着极其重要的作用。因此,在制备注射剂、眼用液体制剂等药物制剂时,必须关注其渗透压,对处方中添加了渗透压调节剂的制剂,均应控制其渗透压摩尔浓度。

注射剂渗透压摩尔浓度的测定一般通过测量溶液的冰点下降来间接测定。除另有规定外,应结合临床用法,直接测定或按各品种项下规定的具体溶解或稀释方法制备供试品溶液,并使其摩尔浓度处于规定的测定范围内,再行测定。需特别注意的是,供试品溶液经稀释后,粒子间的相互作用与原溶液有所不同,一般不能简单地将稀释后的测定值乘以稀释倍数来计算原溶液的渗透压摩尔浓度。除另有规定外,静脉输液及椎管注射用注射液应测定渗透压摩尔浓度,结果应符合各品种项下的规定。

(6) 无菌检查:中药注射剂须进行无菌检查,一般常用薄膜过滤法,检测时根据供试品及其溶剂的特性选择滤膜材质,并保证滤膜在过滤前后的完整性。对于无法用薄膜过滤法进行无菌检查的品种,可采过直接接种法检测。若供试品符合无菌检查法的规定,仅表明该供试品在该检验条件下未发现微生物污染。

(7) pH 检查:中药注射剂的 pH 一般应在 4.0~9.0 之间,同一品种的 pH 允许差异范围不超过 ±1.0。pH 过高过低,会引起疼痛、组织坏死等不良反应,同时,也会影响注射液中化学成分的稳定性,出现变色、沉淀等现象。溶液的 pH 使用酸度计测定。水溶液的 pH 通常以玻璃电极为指示电极、饱和甘汞电极或银-氧化银电极为参比电极进行测定,测定前须注意用标准缓冲液校正仪器。

(8) 炽灼残渣检查:炽灼残渣检查的目的主要是控制注射剂中无机物的含量。中药注射剂应符合各品种项下的规定,如注射用灯盏花素的炽灼残渣不得过 0.5%。

(9) 颜色:中药注射液的颜色与药材的质量、生产工艺有关。将供试品溶液与规定标准比色液比较,色差应不超过规定色号 ±1 色号,如清开灵注射液的颜色与黄色 10 号标准比色液比较,应不得更深。

(10) 水分检查:注射用无菌粉末应检查水分含量,并符合各品种项下规定。

(11) 重金属及有害元素残留:除另有规定外,中药注射剂中照铅、镉、砷、汞、铜测定法测定,按各品种项下每日最大使用量计算,铅不得超过 12μg,镉不得超过 3μg,砷不得超过 6μg,汞不得超过 2μg,铜不得超过 150μg。

2. 有关物质检查　注射剂有关物质系指中药材经提取、纯化制成注射剂后,残留在注射剂中可能含有并需要控制的物质。除另有规定外,中药注射剂一般应检查蛋白质、鞣质、树脂等有关物质,静脉注射液还应检查草酸盐、钾离子等。其检查方法具体如下。

(1) 蛋白质检查:中药注射剂中的蛋白质,有可能引起人体的过敏反应,在贮藏过程中易沉淀、析出。除另有规定外,在检查时一般取注射液 1ml,加新配制的 30% 磺基水杨酸溶液 1ml,混匀,放置 5 分钟,不得出现浑浊。注射液中如含有遇酸能产生沉淀的成分,可改加鞣酸试液 1~3 滴,不得出现浑浊。

(2) 鞣质检查:鞣质是一类结构复杂的多元酚类,易氧化缩合,可使药液颜色发生改变并形成沉淀。常用鸡蛋清或明胶试液检查中药注射剂中的鞣质:取注射液 1ml,加新配制的含 1% 鸡蛋清的生理氯化钠溶液 5ml(必要时,用 0.45μm 微孔滤膜滤过),放置 10 分钟,不得出现浑浊或沉淀。如出现浑浊或沉淀,取注射液 1ml,加稀醋酸 1 滴,再加氯化钠明胶试液 4~5 滴,不得出现浑浊或沉淀。

含有聚乙二醇、聚山梨酯等聚氧乙烯基物质的注射液,虽有鞣质也不产生沉淀,对这类注射液应取未加附加剂前的半成品检查。

(3) 树脂检查:取注射液 5ml,加盐酸 1 滴,放置 30 分钟,不得出现沉淀。如出现沉淀,另取注射液 5ml,加三氯甲烷 10ml 振摇提取,分取三氯甲烷液,水浴上蒸干,残渣加冰醋酸 2ml 使溶解,置具塞试管中,加水 3ml,混匀,放置 30 分钟,不得出现沉淀。

(4) 草酸盐检查:静脉注射液中草酸盐浓度过高,可使血液脱钙,影响凝血,或形成水不溶性草酸钙引起血栓。在检查时,应取溶液型静脉注射液适量,用稀盐酸调节 pH 至 1~2,滤过,取滤液 2ml,滤液调节 pH 至 5~6,加 3% 氯化钙溶液 2~3 滴,放置 10 分钟,不得出现浑浊或沉淀。

(5) 钾离子检查:钾离子是维持正常生命活动所必需的电解质之一,血钾升高会造成细胞内外液的渗透压失衡,产生心肌毒性,导致心动过缓和传导阻滞,严重的可危及生命。因此,静脉注射液应进行钾离子的检查,具体方法如下。

取静脉注射液 2ml,蒸干,先用小火炽灼至炭化,再在 500~600℃炽灼至完全灰化,加稀醋酸 2ml 使溶解,置 25ml 量瓶中,加水稀释至刻度,混匀,作为供试品溶液。取 10ml 纳氏比色管两支,甲管中精密加入标准钾离子溶液 0.8ml,加碱性甲醛溶液(取甲醛溶液,用 0.1mol/L 氢氧化钠溶液调节 pH 至 8.0~9.0)0.6ml、3% 乙二胺四醋酸二钠溶液 2 滴、3% 四苯硼钠溶液 0.5ml,加水稀释成 10ml,乙管中精密加入供试品溶液 1ml,与甲管同时依法操作,摇匀,甲、乙两管同置黑纸上,自上向下透视,乙管中显出的浊度与甲管比较,不得更浓。

3. 安全性检查　中药注射剂的安全性检查主要包括刺激性、热原(或细菌内毒素)、异常毒性、降压物质、过敏反应、组胺类物质、溶血与凝聚等项。一般根据注射剂的处方、工艺、用法及用量等设定相应的检查项目并进行适用性研究。其中,细菌内毒素检查与热原检查项间、降压物质检查与组胺类物质检查项目间,可以根据适用性研究结果相互替代,选择两者之一作为检查项目。

(1) 异常毒性检查:异常毒性有别于药物本身所具有的毒性特征,是指由生产过程中引入或其他原因所致的毒性。异常毒性检查主要通过给予动物一定剂量的供试品溶液,在规定时间内观察动物出现的异常反应或死亡情况,检查供试品中是否污染外源性毒性物质以及是否存在意外的不安全因素。如果供试品不合格,表明药品中混有超过药物本身毒性的毒性杂质,临床用药将可能增加急性不良反应。

(2) 热原或细菌内毒素检查:热原检查系将一定剂量的供试品,静脉注入家兔体内,在规定时间内,观察家兔体温升高的情况,以判定供试品中所含热原的限度是否符合规定。细菌内毒素的检查是利用鲎试剂来检测或量化由革兰氏阴性菌产生的细菌内毒素,以判断供试品中细菌内毒素的限量是否符合规定。不合格供试品在临床应用时可能产生热原反应而造成严重的不良后果。

中药注射剂一般首选热原检查项,若该药本身对家兔的药理作用或毒性反应影响热原检测结果,可选择细菌内毒素检查项。

(3) 降压物质和组胺类物质检查:降压物质检查系通过静脉注射限值剂量供试品,观察对麻醉猫的血压反应,以判定供试品中所含降压物质的限值是否符合规定。供试品的不合格表明药品中含有限值以上的影响血压反应的物质,临床用药时可能引起急性降压等不良反应。

组胺类物质检查系将一定浓度的供试品和组胺对照品依次注入离体豚鼠回肠浴槽内,分别观察出现的收缩反应幅度并加以比较,以判定供试品是否符合规定的一种方法。不合格供试品表明药品中含有组胺和类组胺物质,在临床上可能引起血压下降和类过敏反应等严重的不良反应。对于缺乏相关的理化分析方法且临床发现类过敏反应的中药注射剂,应考虑设立降压物质或组胺类物质检查项。一般首选降压物质检查项,但若降血压药理作用与该药具有的功能主治有关,或对猫的反应干扰血压检测,可选择组胺类物质检查项替代。

(4) 过敏反应检查:本法系将一定量的供试品皮下或腹腔注射入豚鼠体内致敏,间隔一定时间后静脉注射供试品进行激发,观察豚鼠出现过敏反应的情况,以此判定供试品是否符合规定。供试品不合格表明注射剂含有过敏反应物质,临床用药时可能使患者致敏或产生过敏反应,引起严重不良反应。

(5) 溶血与凝聚检查:本法系将一定量供试品与 2% 兔红细胞混悬液混合,温育一定时间后,观察其对红细胞的溶血与凝聚反应以判定供试品是否符合规定。中药注射剂研发中应考虑设溶血与凝聚检查项。

(6) 刺激性检查:刺激性是通过观察动物的血管、肌肉、皮肤、黏膜等部位接触受试物后是否引起红肿、充血、渗出、变性或坏死等局部反应,以判定制剂的局部毒性大小。中药注射剂的刺激性检查包括肌肉刺激性实验和血管刺激性实验。

1）肌肉刺激性试验：取体重 2kg 以上的健康家兔 2 只,雌者应无孕,分别在其左右两腿股四头肌内以无菌操作法各注入供试品 1ml,注射后 48 小时处死动物,解剖取出股四头肌,纵向切开,观察注射局部刺激反应,必要时作病理检查,按表 11-3 换算成相应的反应级。然后算出 4 块股四头肌反应级的总和。如各股四头肌反应级的最高与最低组之差大于 2 时,应另取 2 只家兔重新试验。在初试或重试的 2 只家兔 4 块股四头肌反应级数之和小于 10 时,则认为供试品的局部刺激试验符合规定;但连续注射在一周以上者,其总和应小于 6。

表 11-3　刺激反应级别

反应级	刺激反应	反应级	刺激反应
0	无明显变化	3	重度充血,伴有肌肉变性
1	轻度充血,其范围在 0.5×1.0cm 以下	4	出现坏死,有褐色变性
2	中度充血,其范围在 0.5×1.0cm 以上	5	出现广泛坏死

2）血管刺激性试验：每日给家兔静脉注射一定量供试品（按临床用药量折算）,连续 3 次后,解剖动物血管作病理切片观察,应无组织变性或坏死等显著刺激反应。

（三）中药注射剂的质量分析

中药注射剂在制备过程中对原药材进行了提取、净化,杂质相对较少,一般可直接分析或经溶解、稀释后分析。对于药味较多,成分间干扰较大的注射剂,需经分离、纯化后再进行分析。中药注射剂常用的样品净化方法主要有液 - 液萃取法和柱色谱法,如大孔树脂、离子交换、氧化铝柱色谱等。

由于中药注射剂给药途径的特殊性,其质量控制较口服制剂更为严格。目前,中药注射剂的质量分析主要包括鉴别、含量测定和中药注射剂的指纹图谱研究,具体要求如下：

1. 鉴别　对于有效成分已知、化学结构明确的中药注射剂,可根据其理化性质选择鉴别方法。一般以薄层色谱法应用最多,也可选用特征图谱。对于静脉注射剂,必须对各组分进行鉴别。

2. 含量测定　中药注射剂一般采用色谱法进行含量测定,其中高效液相色谱法以其灵敏度高、分离能力强、重现性好、适用范围广等优点,普遍应用于中药注射剂的含量测定。此外,也可选用生物测定法,直接测定其生物活性,其结果与药效之间的关系更为密切。中药注射剂研究的技术要求规定,中药注射剂的含量测定应按下述原则处理。

（1）总固体量测定：精密量取注射液 10ml,置于恒重的蒸发皿中,于水浴上蒸干后,在 105℃干燥 3 小时,移置干燥器中冷却 30 分钟,迅速称定重量,计算出注射剂中含总固体的量（mg/ml）应符合限度范围的要求。

（2）有效成分制成的注射剂,主药成分含量应不少于 90%。多成分制成的注射剂,结构明确成分的含量因品种而异,所测各类成分应大于总固体量的 80%;测定指标的选择应为大类成分含量测定加单一成分含量测定。对含有多种结构类型成分的注射剂,应分别采用 HPLC 和 / 或 GC 等定量方法测定各主要结构类型成分中至少一种代表性成分的含量,还应建立与安全性相关成分的含量测定或限量检查方法,如毒性成分、致敏性成分等。此外,应对未测定的其他成分进行研究。

以有效部位为组分配制的注射剂应根据有效部位的理化性质,研究其单一成分或指标成分和该有效部位的含量测定方法,选择重现性好的方法,并应作方法学考察试验。所测定有效部位的含量应不少于总固体量的70%,静脉用不少于80%。调节渗透压等的附加剂应按实际加入量扣除,不应计算在内。如在测定有效部位时方法有干扰,也可选择其中某单一成分测定含量按平均值比例折算成有效部位量。应将总固体量、有效部位量和某单一成分量均列为质量标准项目。

(3) 以净药材为组分配制的注射剂应研究测定有效成分、指标成分或总类成分(如总多糖等),应选择重现性好的方法,并作方法学考察试验。所测定成分的总含量应不低于总固体量的20%,静脉用不少于25%。调节渗透压等的附加剂,按实际加入量扣除,不应计算在内。

(4) 以有效成分或有效部位为组分的注射剂含量均以标示量的上下限范围表示;以药材为组分的注射剂含量以限量表示。

(5) 含有毒性药味时,必须制定有毒成分的限度范围。

(6) 对含量测定方法的研究除理化方法外,也可采用生物测定法或其他方法。

(7) 组分中含有化学药品的,应单独测定该化学药品的含量,由总固体内扣除,不计算在含量测定的比例数内。

(8) 组分中的净药材及相应的半成品,其含测成分量均应控制在一定范围内,使与成品的含量测定相适应,用数据列出三者关系,必要时三者均应作为质量标准项目,以保证处方的准确性及成品的质量稳定。

(9) 含量限(幅)度指标应根据实测数据(临床用样品至少有3批、6个数据;生产用样品至少有10批、20个数据)制定,一般应在实测值 ±20% 以内。

3. 中药注射剂指纹图谱研究 中药注射剂的质量受诸多因素影响,药材的产地、气候、生态环境、栽培或养殖技术、产地加工、炮制方法、制备工艺等,均会影响注射剂中化学成分的种类和数量,使产品质量不易稳定、不同批次之间产生差异,影响了药物的安全性和有效性。因此,仅对中药注射剂中单个或几个有效成分进行定性、定量分析,难以有效地控制其质量。为加强中药注射剂的质量管理,确保中药注射剂的质量稳定、可控。我国首先在中药注射剂的质量控制中推行指纹图谱技术,先后颁布了《中药注射剂指纹图谱研究的技术要求(暂行)》(2000 年)和《中药注射剂指纹图谱实验研究技术指南(试行)》(2004 年)。规定中药注射剂在固定中药材品种、产地和采收期的前提下,原料(药材、饮片、提取物、有效部位等)、中间体和制剂均应分别建立指纹图谱,并应进行原料、中间体、制剂指纹图谱的相关性研究,以全面控制中药注射剂的质量,保证不同批次之间质量的均一、稳定。

中药注射剂的指纹图谱应全面反映注射剂所含成分的信息。注射剂中含有的大类成分,一般都应在指纹图谱中得到体现,必要时应建立多张指纹图谱,以适应检测不同大类成分的需要。经质量研究明确结构的成分,应当在指纹图谱中得到体现,一般不低于已明确成分的90%,对于不能体现的成分应有充分合理的理由。指纹图谱的评价可采用相对峰面积、相对保留时间、非共有峰面积或者相似度等指标进行评价。同时,也可根据产品特点增加特征峰比例等指标及指纹特征描述,并规定非共有峰数及相对峰面积。此外,指纹图谱的评价还可选用对照提取物对照的方法。

【示例 11-7】清开灵注射液

〔处方〕胆酸,珍珠母(粉),猪去氧胆酸,栀子,水牛角(粉),板蓝根,黄芩苷,金银花。

〔制法〕以上八味,板蓝根加水煎煮二次,每次 1 小时,合并煎液,滤过,滤液浓缩至 200ml,加乙醇使含醇量达 60%,冷藏,滤过,滤液回收乙醇,加水,冷藏备用。栀子加水煎煮二次,第一次 1 小时,第二次 0.5 小时,合并煎液,滤过,滤液浓缩至 25ml。加乙醇使含醇量达 60%,冷藏,滤过,滤液回收乙醇,加水,冷藏备用。金银花加水煎煮二次,每次 0.5 小时,合并煎液,滤过,滤液浓缩至 60ml,加乙醇使含醇量达 75%,滤过,滤液调节 pH 至 8.0,冷藏,回收乙醇,再加乙醇使含醇量达 85%,冷藏,滤过,滤液回收乙醇,加水,冷藏备用。水牛角粉用氢氧化钡溶液、珍珠母粉用硫酸分别水解 7~9 小时,滤过,合并滤液,调节 pH 至 3.5~4.5,滤过,滤液加乙醇使含醇量达 60%,冷藏,滤过,滤液回收乙醇,加水,冷藏备用。将栀子液、板蓝根液和水牛角、珍珠母水解混合液合并后,加到胆酸、猪去氧胆酸的 75% 乙醇溶液中,混匀,加乙醇使含醇量达 75%,调节 pH 至 7.0,冷藏,滤过,滤液回收乙醇,加水,冷藏备用。黄芩苷用注射用水溶解,调 pH 至 7.0,加入金银花提取液,混匀,与上述各备用液合并,混匀,并加注射用水至 1 000ml,再经活性炭处理后,冷藏,灌封,灭菌,即得。

〔性状〕本品为棕黄色或棕红色的澄明液体。

〔鉴别〕(1) 取本品 10ml,置水浴上蒸干,放冷,残渣加乙醇 1ml 使溶解,取上清液作为供试品溶液。另取栀子苷对照品,加乙醇制成每 1ml 含 4mg 的溶液,作为对照品溶液。照薄层色谱法(通则 0502)试验,吸取上述两种溶液各 5μl,分别点于同一硅胶 G 薄层板上,以乙酸乙酯 - 丙酮 - 甲酸 - 水(5 : 5 : 1 : 1)为展开剂,展开,取出,晾干,喷以 10% 硫酸乙醇溶液,在 105℃加热至斑点显色清晰。供试品色谱中,在与对照品色谱相应的位置上,显相同颜色的斑点。

(2) 取本品 1ml,加乙醇 2ml,混匀,作为供试品溶液。另取胆酸对照品、猪去氧胆酸对照品,加乙醇制成每 1ml 各含 1mg 的混合溶液,作为对照品溶液。照(通则 0502)薄层色谱法试验,吸取上述两种溶液各 5μl,分别点于同一硅胶 G 薄层板上,以异辛烷 - 乙酸乙酯 - 冰醋酸(15 : 7 : 5)为展开剂,展开,取出,晾干,喷以 10% 硫酸乙醇溶液,在 105℃加热至斑点显色清晰。供试品色谱中,在与对照品色谱相应的位置上,显相同颜色的斑点。

(3) 取黄芩苷对照品,加 70% 乙醇制成每 1ml 含 1mg 的溶液,作为对照品溶液。照薄层色谱法(通则 0502)试验,吸取〔鉴别〕(2)项下的供试品溶液及上述对照品溶液各 2μl,分别点于同一聚酰胺薄膜上,以醋酸为展开剂,展开,取出,晾干,喷以 1% 三氯化铁乙醇溶液。供试品色谱中,在与对照品色谱相应的位置上,显相同颜色的斑点。

〔指纹图谱〕照高效液相色谱法(通则 0512)测定。

色谱条件与系统适用性试验:以十八烷基硅烷键合硅胶为填充剂(色谱柱 Phenomenex Luna C$_{18}$ 250mm × 4.6mm,5μm);以乙腈为流动相 A,以 0.1% 甲酸溶液为流动相 B,梯度洗脱(略);流速为 0.5ml/min;检测波长为 254nm,柱温为 25℃。理论板数按栀子苷峰计算,应不低于 100 000。

参照物溶液的制备:取栀子苷对照品适量,精密称定,加甲醇制成每 1ml 含 0.2mg 的溶液,即得。

供试品溶液的制备:取本品,滤过,取续滤液,即得。

测定法:分别精密吸取参照物溶液和供试品溶液各 10μl,注入液相色谱仪,测定,记录 65 分钟内的色谱图,即得。

本品指纹图谱(图 11-4)中应呈现与栀子苷对照品色谱峰保留时间一致的色谱峰,并应出现 10 个共有峰,以 1、3、5、6、7、8、9、10(S)号峰为标记,经中药色谱指纹图谱相似度评价系统软件计算,与对照指纹图谱相比较,相似度不得低于 0.80。

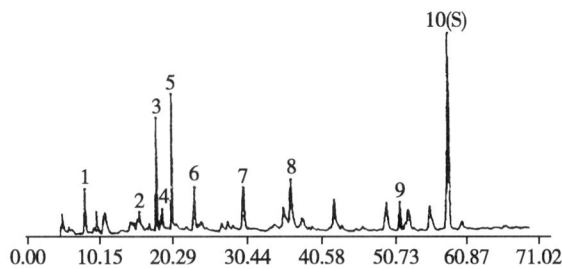

峰 10(S):栀子苷。

● 图 11-4　清开灵注射液对照指纹图谱

〔检查〕山银花:取本品 20ml,加盐酸 3 滴,边加边搅拌,滤过,滤液加氢氧化钠试液调节 pH 至 7,用水饱和的正丁醇振摇提取 2 次,每次 30ml,合并正丁醇液,用氨试液洗涤两次,每次 30ml,分取正丁醇液,蒸干,残渣加甲醇 2ml 使溶解,作为供试品溶液。另取灰毡毛忍冬皂苷乙对照品,加甲醇制成每 1ml 含 1mg 的溶液,作为对照品溶液。照薄层色谱法(通则 0502)试验,吸取上述两种溶液各 2μl,分别点于同一硅胶 G 薄层板上,以三氯甲烷 - 甲醇 - 水(6:4:1)为展开剂,展开,取出,晾干,喷以 10% 硫酸乙醇溶液,在 105℃加热至斑点显色清晰。供试品色谱中,在与对照品色谱相应的位置上,不得显相同颜色的斑点。

溶液的颜色:精密量取本品 1ml,置 50ml 量瓶中,加水稀释至刻度,摇匀,与黄色 10 号标准比色液比较,应不得更深。

pH:应为 6.8~7.5。

炽灼残渣:精密量取本品 5ml,按照炽灼残渣检查法(通则 0841)测定,每 1ml 应为 3.0~8.5mg。

总固体:精密量取本品 2ml,置 105℃干燥至恒重的蒸发皿中,蒸干,在 105℃干燥 2 小时,移至干燥器中,冷却 30 分钟,迅速精密称定重量,每 1ml 遗留残渣应为 30~60mg。

有关物质:除蛋白质、树脂、草酸盐外,应符合规定。

蛋白质:取本品 1ml,加鞣酸试液 1~3 滴,不得出现浑浊。

树脂:取本品 5ml,加三氯甲烷 10ml,振摇提取,分取三氯甲烷液,置水浴上蒸干,残渣加冰醋酸 2ml 使溶解,置具塞试管中,加水 3ml,混匀,放置 30 分钟,可有轻微浑浊,不得出现絮状物或沉淀。

草酸盐:取本品 5ml,置离心管中,滴加 6mol/L 盐酸溶液 5 滴,搅匀,离心,吸取上清液,滤过,取滤液 2ml,调节 pH 至 5~6,加 3% 氯化钙溶液 2~3 滴,放置 10 分钟,不得出现沉淀。

重金属:精密量取本品 1ml,置坩埚中,蒸干,再缓缓炽灼至完全灰化,放冷,照重金属检查法(通则 0821)第一法检查,含重金属不得过 10mg/kg。

异常毒性:取本品,依《中国药典》(通则 1141)检查,静脉注射给药,剂量按每只小鼠注射

0.5ml,应符合规定。

过敏反应:取本品,依《中国药典》(通则 1147)检查,应符合规定。

热原:取本品,依《中国药典》(通则 1142)检查,剂量按家兔体重每 1kg 注射 5ml,应符合规定。

溶血与凝聚:取本品,依《中国药典》(通则 1148)检查,应符合规定。

其他:应符合《中国药典》通则注射剂项下有关的各项规定。

〔含量测定〕(1) 胆酸、猪去氧胆酸:照高效液相色谱法(通则 0512)测定。

色谱条件与系统适用性试验:以十八烷基硅烷键合硅胶为填充剂,以甲醇 - 乙腈 -0.1% 甲酸(68∶17∶15)为流动相,用蒸发光散射检测器检测。理论板数按胆酸峰计算应不低于 4 000。

对照品溶液的制备:取胆酸对照品、猪去氧胆酸对照品适量,精密称定,加甲醇制成每 1ml 含胆酸 0.2mg 和猪去氧胆酸 0.1mg 的混合溶液,即得。

供试品溶液的制备:精密量取本品 1ml,置 10ml 量瓶中,加甲醇稀释至刻度,摇匀,滤过,取续滤液,即得。

测定法:分别精密吸取对照品溶液 5μl、15μl,供试品溶液 10μl,注入液相色谱仪,测定,以外标两点法对数方程计算,即得。

本品每 1ml 含胆酸($C_{24}H_{40}O_5$)应为 1.50~3.25mg;含猪去氧胆酸($C_{24}H_{40}O_4$)应为 1.00~3.20mg。

(2) 栀子:照高效液相色谱法(通则 0512)测定。

色谱条件与系统适用性试验:以十八烷基硅烷键合硅胶为填充剂;以乙腈 - 水(10∶90)为流动相;检测波长为 238nm。理论板数按栀子苷峰计算应不低于 3 000。

对照品溶液的制备:取栀子苷对照品适量,精密称定,加甲醇制成每 1ml 含 30μg 的溶液,即得。

供试品溶液的制备:精密量取本品 5ml,置 50ml 量瓶中,加甲醇稀释至刻度,摇匀,滤过,取续滤液,即得。

测定法:分别精密吸取对照品溶液与供试品溶液各 10μl,注入液相色谱仪,测定,即得。

本品每 1ml 含栀子以栀子苷($C_{17}H_{24}O_{10}$)计,不得少于 0.10mg。

(3) 黄芩苷:照高效液相色谱法(通则 0512)测定。

色谱条件与系统适用性试验:以十八烷基硅烷键合硅胶为填充剂;以甲醇 - 水 - 磷酸(47∶53∶0.2)为流动相;检测波长为 276nm。理论板数按黄芩苷峰计算应不低于 3 000。

对照品溶液的制备:取黄芩苷对照品适量,精密称定,置 100ml 量瓶中,加 70% 乙醇适量使溶解,加流动相 1ml,再加 70% 乙醇稀释至刻度,摇匀,即得(每 1ml 中含黄芩苷 50μg)。

供试品溶液的制备:精密量取本品 1ml,置 100ml 量瓶中,加 70% 乙醇稀释至刻度,摇匀,滤过,取续滤液,即得。

测定法:分别精密吸取对照品溶液与供试品溶液各 10μl,注入液相色谱仪,测定,即得。

本品每 1ml 含黄芩苷($C_{21}H_{18}O_{11}$),应为 3.5~5.5mg。

(4) 总氮量:精密量取本品 0.5ml,照氮测定法(通则 0704)第二法测定,即得。

本品每 1ml 含总氮(N)应为 2.2~3.0mg。

（邹海艳）

四、散剂

散剂系指饮片或提取物经粉碎、均匀混合制成的粉末状制剂,分为内服散剂和外用散剂。

(一)散剂的一般质量要求

1. 性状　散剂应干燥、疏松、混合均匀、色泽一致。

2. 外观均匀度　取供试品适量,置光滑纸上,平铺约 5cm²,将其表面压平,在明亮处观察,应色泽均匀,无花纹与色斑。

3. 水分　除另有规定外,散剂的含水量不得过 9.0%。

4. 粒度　用于烧伤或严重创伤的中药局部用散剂及儿科用散剂应进行粒度检查。检查法应照《中国药典》粒度测定法中单筛分法测定,除另有规定外,通过六号筛的粉末重量,不得少于 95%。

单筛分法:除另有规定外,取供试品 10g,称定重量,置规定的药筛中,筛上加盖,并在筛下配有密合的接收容器,按水平方向旋转振摇至少 3 分钟,并不时在垂直方向轻叩筛。取筛下颗粒及粉末,称定重量,计算所占百分比(%)。

5. 装量差异　单剂量分装的散剂应作装量差异检查,检查法及装量差异限度应符合《中国药典》的规定。

6. 微生物限度　基本要求与其他固体制剂相同,具体应根据制备方法及给药部位不同,按照《中国药典》中微生物限度标准及检查法进行相关检查并应符合规定。如云南白药等可用于表皮、黏膜不完整的散剂还应进行金黄色葡萄球菌、铜绿假单胞菌的检查,眼用散剂要求进行无菌检查,阴道用散剂也应该进行金黄色葡萄球菌和铜绿假单胞菌检查等。

(二)散剂质量分析的特点

中药散剂常是由药材、饮片直接粉碎制成的,分布均匀性是影响其质量的关键因素,所以,在分析取样时应注意样品的代表性。同时,药材、饮片粉末中具有形态特征的组织碎片,可用于制剂的显微鉴别,以判断其真伪。需要强调的是,散剂尤其要注意对毒性成分和贵重药材进行分析。含毒性药的散剂多采用单独粉碎,再以配研法与其他药粉混匀制成,或添加一定比例量的稀释剂制成稀释散或称倍散;含液体药物的散剂也常可另加适量的赋形剂吸收。常用的稀释剂或赋形剂有磷酸钙、淀粉、糊精、蔗糖、乳糖、葡萄糖等。此外,为了保证散剂的均匀性及易于与未稀释原药粉的区别,有时还以食用色素如胭脂红、靛蓝等着色。因此,在分析此类散剂时,应注意所加辅料对分析结果的影响,应在制备样品时,尽量除去所添加稀释剂、赋形剂或着色剂的干扰。

散剂的理化鉴别和含量测定大多要事先经过提取分离,常用的提取溶剂有水、乙醇、甲醇、乙醚、三氯甲烷等,常见的提取方法有冷浸法、加热回流法、连续回流提取法、超声提取法等,必要时还需对样品进行进一步的精制,以满足不同分析方法的需要。

【示例 11-8】九分散

〔主要组成〕马钱子粉、麻黄、乳香(制)、没药(制)。

〔制法〕以上四味,麻黄、乳香、没药三味粉碎成细粉,马钱子粉与上述粉末配研,过筛,混匀,即得。

〔性状〕本品为黄褐色至深黄褐色的粉末,遇热或重压易粘结;气微香,味微苦。

〔鉴别〕(1) 取本品,置显微镜下观察:单细胞非腺毛形似纤维,多碎断,基部膨大似石细胞,木化(马钱子)。气孔特异,保卫细胞侧面观呈哑铃状,纤维上附有小晶体(麻黄)。不规则团块淡黄色或淡黄棕色,由无色或淡黄色油滴和小颗粒聚集而成,加苏丹Ⅲ试液,油滴呈红色(乳香)。不规则碎块淡黄色,碎块洞穴中含有微黄色油滴,加苏丹Ⅲ试液,油滴呈红色(没药)。

(2) 取士的宁、马钱子碱对照品适量,用三氯甲烷溶解;取盐酸麻黄碱对照品适量,用甲醇溶解,分别制成每1ml含0.4mg的溶液,作为对照品溶液。照薄层色谱法(通则0502)试验,吸取"含量测定"项下的供试品溶液与上述三种对照品溶液各10μl,分别点于同一用0.2mol/L氢氧化钠溶液制备的硅胶G薄层板上,以环己烷-三氯甲烷-乙醇(1:3:1)为展开剂,展开,取出,晾干,喷茚三酮试液,105℃加热约10分钟。供试品色谱中,在与盐酸麻黄碱对照品色谱相应的位置上,显相同颜色的斑点;喷稀碘化铋钾试液,在与士的宁和马钱子碱对照品色谱相应的位置上,显相同颜色的斑点。

〔检查〕装量差异限度为±3.0%,其他应符合散剂项下有关的各项规定。

〔含量测定〕取"装量差异"项下的本品,混匀,取约2g,精密称定,置具塞锥形瓶中,精密加三氯甲烷20ml与浓氨试液1ml,轻轻摇匀,称重,于室温放置24小时,再称重,用三氯甲烷补足减失的重量,充分振摇,滤过,精密量取续滤液10ml,用硫酸溶液(3→100)分次提取,至生物碱提尽,合并硫酸液,加浓氨试液使呈碱性,用三氯甲烷分次提取,合并三氯甲烷,蒸干,精密加三氯甲烷5ml使残渣溶解,作为供试品溶液。另取士的宁对照品,加三氯甲烷制成每1ml含0.4mg的溶液,作为对照品溶液。照薄层色谱法试验,吸取对照品溶液2μl、5μl,供试品溶液5μl,分别交叉点于同一硅胶GF$_{254}$薄层板上,以甲苯-丙酮-乙醇-浓氨试液(16:12:1:4)上层溶液为展开剂,展开,取出,晾干,进行薄层扫描,λ_S=254nm,λ_R=325mm,测量供试品吸光度积分值与对照品吸光度积分值,计算,即得。

本品按干燥品计算,每包含马钱子以士的宁(C$_{21}$H$_{22}$N$_2$O$_2$)计,应为4.5~5.5mg。

【示例 11-9】冰硼散

〔主要组成〕冰片、硼砂(煅)、朱砂、玄明粉。

〔制法〕以上四味,朱砂水飞成极细粉,硼砂粉碎成细粉,将冰片研细,与上述粉末及玄明粉配研,过筛,混匀,即得。

〔性状〕本品为粉红色粉末;气芳香,味辛凉。

〔鉴别〕(1) 取本品1g,加水6ml,振摇,加盐酸使成酸性,滤过,分取滤液3ml,点于姜黄试纸上使润湿,即显橙红色,放置干燥,颜色变深,置氨蒸气中熏,变为绿黑色。

(2) 取〔鉴别〕(1)项剩余滤液,加氯化钡试液1~2滴,即生成白色沉淀,分离后,沉淀在盐酸中不溶解。

(3) 取本品1g,置试管中,加水10ml,用力振摇,在试管底部很快出现朱红色沉淀,分取少量沉淀用盐酸润湿,在光洁的铜片上摩擦,铜片表面即显银白色光泽,加热烘烤后银白色即消失。

(4) 照〔含量测定〕冰片项下方法试验,供试品色谱中应呈现与对照品色谱峰保留时间相同的色谱峰。

〔检查〕应符合散剂项下有关的各项规定。

〔含量测定〕(1) 朱砂:取本品约 3g,精密称定,置锥形瓶中,加硫酸 10ml 与硝酸钾 1.5g,加热使朱砂溶解,放冷,加水 50ml,并加 1% 高锰酸钾溶液至显粉红色,再滴加 2% 硫酸亚铁溶液至红色消失后,加硫酸铁铵指示液 2ml,用硫氰酸铵滴定液(0.1mol/L)滴定。每 1ml 硫氰酸铵滴定液(0.1mol/L)相当于 11.63mg 的硫化汞(HgS)。

本品每 1g 含朱砂以硫化汞(HgS)计,应为 40~60mg。

(2) 冰片:照气相色谱法(通则 0521)测定。

色谱条件与系统适用性试验:聚乙二醇 20 000(PEG-20M)毛细管柱(柱长 30m,内径 0.25mm,膜厚度 0.25μm);柱温为程序升温,初始温度 100℃,以每分钟 10℃的速率升温至 200℃;分流进样。理论塔板数按龙脑峰计算,应不低于 5 000。

校正因子测定:取正十四烷适量,精密称定,加无水乙醇制成每 1ml 含 8mg 的溶液,作为内标溶液。另取龙脑对照品、异龙脑对照品各约 10mg,精密称定,置具塞锥形瓶中,精密加入无水乙醇 25ml 与内标溶液 2ml,摇匀。吸取 2μl,注入气相色谱仪,分别计算校正因子。

测定法:取本品约 0.5g,精密称定,置具塞锥形瓶中,精密加入无水乙醇 25ml 与内标溶液 2ml,称定重量,超声处理 20 分钟,放冷,再称定重量,用无水乙醇补足减失的重量,摇匀,滤过。吸取续滤液 2μl,注入气相色谱仪,测定,即得。

本品每 1g 含冰片以龙脑($C_{10}H_{18}O$)和异龙脑($C_{10}H_{18}O$)的总量计,不得少于 30mg。

五、颗粒剂

颗粒剂系指将提取物与适宜的辅料或饮片细粉制成具有一定粒度的颗粒状制剂,分为可溶颗粒、混悬颗粒和泡腾颗粒。

(一)颗粒剂的一般质量要求

1. 性状　颗粒剂应干燥、颗粒均匀、色泽一致,无吸潮、软化、结块、潮解等现象。

2. 粒度　除另有规定外,照《中国药典》粒度测定法中双筛分法测定,即除另有规定外,取单剂量包装的 5 袋(瓶)或多剂量包装的 1 袋(瓶),称定重量,置规定药筛内,保持水平状态左右往返过筛,边筛动边拍打 3 分钟,不能通过一号筛与能通过五号筛的颗粒与粉末总和不得超过 15%。

3. 水分　颗粒剂的含水量除另规定外,不得超过 8.0%。

4. 溶化性

(1) 可溶颗粒检查法:取供试品 1 袋(多剂量包装取 10g),加热水 200ml,搅拌 5 分钟,立即观察,可溶颗粒应全部溶化,允许有轻微浑浊。

(2) 泡腾颗粒检查法:取供试品 3 袋,分别置盛有 200ml 水温为 15~25℃水的烧杯中,应迅速产生气体而呈泡腾状,5 分钟内完全分散或溶解在水中。

颗粒剂按上述方法检查,均不得有异物和焦屑。

另外,混悬颗粒剂以及已规定检查溶出度或释放度的颗粒剂可不进行溶化性检查。

5. 装量差异　单剂量包装的颗粒剂,应作装量差异检查,检查法及装量差异限度应符合《中国药典》规定。

6. 装量　多剂量包装颗粒剂,按照《中国药典》(通则0942)最低装量检查法检查并符合规定。

7. 微生物限度　基本要求与上述散剂等其他固体制剂相同,具体应根据制剂特点及给药部位不同,按照《中国药典》微生物限度标准及检查法进行相关检查并应符合规定。

此外,为防潮、掩盖某些药物的不良气味,在制备颗粒剂时也可根据情况进行薄膜包衣,对于包衣颗粒剂,必要时应检查残留溶剂。

(二) 颗粒剂质量分析的特点

当颗粒剂不含饮片细粉,而全部为提取物时,由于在制备过程中原药材已经过提取,除去了大部分杂质,而且待测成分较易溶出,因此在进行分析时,可针对待测成分的性质选择合适的溶剂直接进行溶解或提取。对于含药材细粉的颗粒剂,由于一些成分还存在于植物细胞中,在选择溶剂时要注意其渗透性,可采用超声提取法或加热回流提取法,同时还应考虑药材中所含杂质的种类。

颗粒剂大多含有乳糖、糊精、淀粉等辅料,用水或低浓度乙醇提取时,所得提取液黏稠,不利于成分在溶剂中扩散或溶解,或者当用有机溶剂直接提取时,又容易形成不溶性块状板结物,会包裹和吸附待测成分,从而影响提取效率,因此,提取时应选择合适的溶剂。而且在颗粒剂制剂工艺中为使药物细粉湿润、结合,常添加一些乙醇等作为润湿剂,也会对分析产生影响。因此,应根据所加辅料的不同特点选择合适的方法和溶剂进行提取、纯化,以免对分析结果产生干扰,必要时还应对辅料进行分析。另外,当提取液含杂质太多时,多需要进行精制后再分析,精制的方法有液 - 液萃取法、色谱法等。

【示例 11-10】双黄连颗粒

〔主要组成〕金银花、黄芩、连翘。

〔制法〕以上三味,黄芩加水煎煮三次,合并煎液,滤过,滤液浓缩至相对密度为 1.05~1.10 (80℃),于 80℃加 2mol/L 盐酸溶液调节 pH 至 1.0~2.0,保温 1 小时,静置 24 小时,滤过,沉淀水洗至 pH5.0,继续用 70% 乙醇洗至 pH 为 7.0,低温干燥,备用;金银花、连翘加水温浸 30 分钟后,煎煮二次,合并滤液,浓缩至相对密度为 1.20~1.25(70~80℃)的清膏,冷至 40℃时,搅拌下缓缓加入乙醇,使含醇量达 75%,静置 12 小时,滤取上清液,残渣加 75% 乙醇适量,搅匀,静置 12 小时,滤过,回收乙醇,并浓缩至相对密度为 1.30~1.32(60~65℃)的清膏,减压干燥,与黄芩提取物一起粉碎成细粉,加糊精等辅料适量,混匀,制成颗粒,干燥(无蔗糖);或加蔗糖、糊精等辅料适量,混匀,制成颗粒,干燥,即得。

〔性状〕本品为棕黄色的颗粒;气微,味甜、微苦或味苦,微甜(无蔗糖)。

〔鉴别〕(1) 取本品 2g 或 1g(无蔗糖),加 75% 乙醇溶液 10ml,摇匀,水浴中加热振摇使溶解,滤过,滤液作为供试品溶液。另取黄芩苷对照品、绿原酸对照品,分别加 75% 乙醇制成每 1ml 含 0.1mg 的溶液,作为对照品溶液。照薄层色谱法(通则 0502)试验,吸取上述三种溶液各 1~2μl,分别点于同一聚酰胺薄膜上,以醋酸为展开剂,展开,取出,晾干,置紫外光灯下(365nm)检视。供试品色谱中,在与黄芩苷对照品色谱相应的位置上,显相同颜色的斑点;在与绿原酸对照品色谱相应的位置上,显相同颜色的荧光斑点。

(2) 取本品 1g 或 0.5g(无蔗糖),加甲醇 10ml,水浴中加热使溶解,滤过,滤液作为供试品溶液。另取连翘对照药材 0.5g,加甲醇 10ml,水浴回流 20 分钟,滤过,滤液作为对照药材溶液。照薄层色谱法(通则 0502)试验,吸取上述两种溶液各 5μl,分别点于同一硅胶 G 薄层板上,以三氯甲烷 - 甲醇(5∶1)为展开剂,展开,取出,晾干,以 10% 硫酸乙醇溶液,在 105℃加热至斑点显色清晰。供试品色谱中,在与对照药材色谱相应的位置上,显相同颜色的斑点。

〔检查〕应符合颗粒剂项下的有关规定。

〔含量测定〕(1) 黄芩:照高效液相色谱法(通则 0512)测定。

色谱条件与系统适用性试验:以十八烷基硅烷键合硅胶为填充剂;甲醇 - 水 - 冰醋酸(50∶50∶1)为流动相;检测波长 274nm。理论塔板数按黄芩苷峰计算应不低于 1 500。

对照品溶液的制备:取黄芩苷对照品适量,精密称定,加 50% 甲醇制成每 1ml 中含 0.1mg 的溶液,即得。

供试品溶液的制备:取装量差异项下的本品研细,取约 1g 或 0.5g(无蔗糖),精密称定,置 50ml 量瓶中,加 50% 甲醇适量,超声 20 分钟使溶解,放冷,加 50% 甲醇稀释至刻度,摇匀,滤过,精密量取续滤液 5ml,置 10ml 量瓶中,加 50% 甲醇稀释至刻度,摇匀,即得。

测定法:分别精密吸取对照品溶液与供试品溶液各 5μl,注入液相色谱仪,测定,即得。

本品每袋含黄芩以黄芩苷($C_{21}H_{18}O_{11}$)计,不得少于 100mg 或 200mg(无蔗糖)。

(2) 连翘:照高效液相色谱法(通则 0512)测定。

色谱条件与系统适用性试验:以十八烷基硅烷键合硅胶为填充剂;以乙腈 - 水(25∶75)为流动相;检测波长 278nm。理论塔板数按连翘苷峰计算应不低于 6 000。

对照品溶液的制备:取连翘苷对照品适量,精密称定,加甲醇制成每 1ml 含 0.1mg 的溶液,即得。

供试品溶液的制备:取"装量差异"项下的本品,研细,取约 1.5g 或 0.75g(无蔗糖),精密称定,置具塞锥形瓶中,精密加入甲醇 25ml,密塞,称定重量,超声(功率 250W,频率 40kHz)30 分钟,取出,放冷,再称定重量,用甲醇补足减失的重量,摇匀,滤过,精密量取续滤液 10ml,蒸干,残渣用 70% 乙醇 5ml 使溶解(必要时超声处理),加在中性氧化铝柱(100~120 目,6g,内径 1cm)上,用 70% 乙醇 40ml 洗脱,收集洗脱液,浓缩至约 1ml,用甲醇适量溶解,转移至 5ml 量瓶中,加甲醇稀释至刻度,摇匀,取续滤液,即得。

测定法:精密吸取对照品溶液 10μl 与供试品溶液 5~10μl,注入液相色谱仪,测定,即得。

本品每袋含连翘以连翘苷($C_{27}H_{34}O_{11}$)计,不得少于 3.0mg 或 6.0mg(无蔗糖)。

【示例 11-11】驴胶补血颗粒

〔主要组成〕阿胶、黄芪、党参、熟地黄、白术、当归。

〔制法〕以上六味,取阿胶粉碎,当归、白术进行蒸馏,收集蒸馏液备用;残渣与黄芪、党参、熟地黄加水煎煮三次,合并滤液浓缩至相对密度 1.15~1.20(60~70℃)的清膏,冷却后加乙醇使含醇量为 50%~55%,搅匀,冷却,静置,滤过,滤液回收乙醇,浓缩至相对密度为 1.25(75~80℃)的稠膏,加甜菊素、阿胶粉与糊精适量混匀,用上述蒸馏液制粒;或与甜菊素、阿胶粉、蒸馏液及适量糊精一起制粒,干燥,制成颗粒(无蔗糖);或加入阿胶粉与蔗糖粉适量混匀,用上述蒸馏液制粒,干燥,即得。

〔性状〕本品为浅黄棕色至棕色的颗粒和粉末;味甜。

〔鉴别〕(1) 取本品 10g 或 4g(无蔗糖),研细,加水 50ml 使溶解;用水饱和正丁醇振摇提取 4 次,每次 30ml,合并正丁醇液,用氨试液洗涤 2 次,每次 30ml,弃去洗涤液,再用正丁醇饱和的水洗涤 2 次,每次 20ml,弃去水液,正丁醇液蒸干,残渣加甲醇 0.5ml 使溶解,作为供试品溶液。另取黄芪甲苷对照品,加甲醇制成每 1ml 含 1mg 的溶液,作为对照品溶液。照薄层色谱法(通则 0502)试验,吸取供试品溶液 10μl、对照品溶液 2μl,分别点于同一硅胶 G 薄层板上使成条状,以三氯甲烷 - 甲醇 - 水(13:7:2)10℃以下放置过夜的下层溶液为展开剂,展开,取出,晾干,喷 10% 硫酸乙醇溶液,105℃加热至斑点清晰。供试品色谱中,在与对照品色谱相应的位置上,显相同颜色的条斑。

(2) 取本品 30g 或 12g(无蔗糖),研细,加乙醇 50ml,超声处理 30 分钟,放冷,滤过,滤液蒸至约 1ml,作为供试品溶液。另取当归对照药材 0.5g,加乙醇 10ml,同法制成对照药材溶液。照薄层色谱法(通则 0502)试验,吸取上述两种溶液各 10μl,分别点于硅胶 G 薄层板上,以环己烷 - 乙酸乙酯(9:1)为展开剂,展开约 9cm,取出,立即置紫外光灯(365nm)下检视。供试品色谱中,在与对照药材色谱相应的位置上,显相同颜色的荧光斑点。

〔检查〕应符合颗粒剂项下的有关规定。

〔含量测定〕(1) 黄芪:照高效液相色谱法(通则 0512)测定。

色谱条件与系统适用性试验:以十八烷基硅烷键合硅胶为填充剂;以乙腈 - 水(36:64)为流动相;用蒸发光散射检测器。理论塔板数按黄芪甲苷峰计算应不低于 5 000。

对照品溶液的制备:取黄芪甲苷对照品适量,精密称定,加甲醇制成每 1ml 含 0.1mg 的溶液,即得。

供试品溶液的制备:取装量差异项下的本品内容物,混匀,取适量研细,取 10g 或 4g(无蔗糖),精密测定,加甲醇 100ml,回流提取 1 小时,用滤纸滤过,残杂用少量甲醇转移至滤纸中,残渣用甲醇洗涤 4 次,每次 10ml,合并滤液与洗液,蒸干,残渣用水 20ml 溶解,用水饱和正丁醇振摇提取 5 次,每次 30ml,合并正丁醇液,用氨试剂洗涤 2 次,每次 20ml,正丁醇液蒸干,残渣加甲醇适量使溶解,置 5ml 量瓶中,加甲醇溶液稀释至刻度,摇匀,滤过,取续滤液,即得。

测定法:分别精密吸取对照品溶液 10μl、20μl,与供试品溶液 10~20μl,注入液相色谱仪,测定,以外标两点法对数方程计算,即得。

本品每袋含黄芪以黄芪甲苷($C_{41}H_{68}O_{14}$)计,不得少于 0.40mg

(2) 总氮量:取本品 1.5g 或 0.6g(无蔗糖),精密称定,照《中国药典》氮测定法(通则 0704)第一法(常量法)测定,即得。

本品每袋总氮(N)不得少于 0.26g。

六、胶囊剂

胶囊剂系指将饮片用适宜方法加工后,加入适宜辅料填充于空心胶囊或密封于软质囊材中的制剂。常见的中药胶囊剂又可以分为硬胶囊剂、软胶囊剂、肠溶胶囊剂。

(一) 硬胶囊剂

硬胶囊剂系指将饮片用适宜方法加工后,加入适宜辅料填充于空心胶囊中的制剂,供口服用,如一清胶囊、双黄连胶囊、开胸顺气胶囊等。

1. 硬胶囊剂质量要求

(1) 性状:硬胶囊剂应整洁,不得有黏结、变形、渗漏或囊壳破裂现象,并应无异臭。

(2) 水分:硬胶囊剂应做水分检查。取供试品内容物,照《中国药典》水分测定法测定,除另有规定外,不得过9.0%。若硬胶囊内容物为液体或半固体者不检查水分。

(3) 装量差异:除另有规定外,取供试品10粒,分别精密称定重量,倾出内容物(不得损失囊壳),囊壳用小刷或其他适宜的用具拭净,再分别精密称定囊壳重量,求出每粒内容物的装量。每粒装量与标示装量相比较(无标示装量的胶囊剂,与平均装量比较),装量差异限度应在标示装量(或平均装量)的 ±10% 以内,超出装量差异限度的不得多于2粒,并不得有1粒超出限度1倍。

(4) 崩解时限:除另有规定外,照《中国药典》崩解时限检查法检查,应符合规定。

(5) 微生物限度:按照《中国药典》微生物限度标准及检查法进行相关检查并应符合规定。

2. 分析特点 应根据硬胶囊剂处方分析及所含药物成分的理化性质,选定被分析成分和所能采用的分析方法。注意在剂型分析时,应将药物从胶囊壳中全部取出。可以参考浸膏剂和散剂的特点,选择合适的方法确保指标成分的有效分离,并排除非指标成分或辅料的干扰。

【示例 11-12】腰痛宁胶囊

〔主要组成〕马钱子粉(调制)、川牛膝、麻黄、没药(醋制)、僵蚕(麸炒)、土鳖虫、甘草、乳香(醋制)、全蝎、麸炒苍术。

〔性状〕本品为硬胶囊,内容物为黄棕色至黄褐色的粉末;气微香,味微苦。

〔鉴别〕(1) 取本品,置显微镜下观察;不规则团块无色或淡黄色,表面及周围扩散出众多小颗粒,久置溶化(乳香)。不规则碎块淡黄色,半透明,渗出油滴(没药)。单细胞非腺毛,多碎断,形似纤维,基部膨大似石细胞(马钱子粉)。气孔特异,保卫细胞侧面似电话听筒状(麻黄)。体壁碎片淡黄色至黄色,有网状纹理及圆形毛窝,有时可见棕褐色刚毛(全蝎)。纤维束周围薄壁细胞含草酸钙方晶,形成晶纤维(甘草)。体壁碎片无色,表面有极细的菌丝体(僵蚕)。体壁碎片黄色或棕红色,有圆形毛窝,直径 8~24μm,有的具长短不一的刚毛(土鳖虫)。

(2) 取本品内容物 1g,加三氯甲烷 10ml,浓氨试液 0.5ml,超声处理 15 分钟,滤过,滤液作为供试品溶液。另取马钱子碱对照品及士的宁对照品,分别加三氯甲烷制成每 1ml 含 0.1mg 及 0.4mg 的溶液,作为对照品溶液。照薄层色谱法(通则 0502)试验,吸取上述三种溶液各 4~10μl,分别点于同一硅胶 G 薄层板上,以甲苯 - 丙酮 - 乙醇 - 浓氨试液(8∶6∶0.5∶2)的上层溶液为展开剂,展开,取出,晾干,喷以稀碘化铋钾试液。供试品色谱中,在与对照品色谱相应的位置上,显相同颜色的斑点。

(3) 取本品内容物 15g,置 500ml 圆底烧瓶中,加水 300ml,连接挥发油提取器,自测定器顶端加水至刻度,并溢流入瓶中为止,再加入正己烷 1ml,微沸提取 2 小时,放冷,分取正己烷液,作为供试品溶液,水溶液备用。另取苍术对照药材 0.5g,加正己烷 2ml,超声处理 15 分钟,滤过,滤液作为对照药材溶液。照薄层色谱法(通则0502)试验,吸取上述供试品溶液10μl、对照药材溶液5μl,分别点于同一硅胶G薄层板上,以石油醚(60~90℃)-乙酸乙酯(10:0.1)为展开剂,展开,取出,晾干,喷以5%对二甲氨基苯甲醛的10%硫酸乙醇溶液,在105℃加热至斑点清晰。供试品色谱中,在与对照药材色谱相应的位置上,显相同颜色的主斑点。

(4) 取〔鉴别〕(3)项下的备用水溶液,滤过,滤液浓缩至约80ml,滤过,残渣用水洗涤2次,每次10ml,与滤液合并,加乙醚提取3次,每次30ml,弃去乙醚液,水溶液再用三氯甲烷振摇提取4次,每次30ml,合并三氯甲烷液,蒸干,残渣加三氯甲烷1ml使溶解,作为供试品溶液。另取川牛膝对照药材1g,加水100ml加热回流1小时,滤过,滤液自"加乙醚提取3次"起同法操作,制成对照药材溶液。照薄层色谱法(通则0502)试验,吸取上述两种溶液各5μl,分别点于同一硅胶G薄层板上,以正己烷-三氯甲烷-丙酮(8:4:1)为展开剂,展开,取出,晾干,置紫外光灯(365nm)下检视。供试品色谱中,在与对照药材色谱相应的位置上,显相同颜色的荧光斑点。

(5) 取本品内容物4.5g,加10%乙醇50ml加1mol/L盐酸溶液10ml,加热回流1小时,滤过,滤液中加盐酸2.3ml,加热回流2小时,放冷,滤过,滤液加三氯甲烷振摇提取3次,每次10ml,合并三氯甲烷提取液,用5%碳酸钠溶液振摇提取3次,每次10ml,合并碳酸钠溶液,用乙醚提取3次,每次5ml,弃去乙醚液,水液加盐酸调pH为1~2,用三氯甲烷振摇提取3次,每次10ml,合并三氯甲烷液,蒸干,残渣加无水乙醇1ml使溶解,作为供试品溶液。另取甘草对照药材0.2g,同法制成对照药材溶液。照薄层色谱法(通则0502)试验,吸取上述两种溶液各10μl,分别点样于同一高效硅胶G薄层板上,以石油醚(30~60℃)-正己烷-乙酸乙酯-冰醋酸(5:15:7:0.5)为展开剂,展开,取出,晾干,喷以5%香草醛的10%硫酸乙醇溶液,在105℃加热至斑点显色清晰。供试品色谱中,在与对照药材色谱相应的位置上,显相同颜色的主斑点。

〔检查〕应符合胶囊剂项下有关的各项规定。

〔指纹图谱〕照高效液相色谱法(通则0512)测定。

色谱条件与系统适用性试验:以十八烷基硅烷键合硅胶为填充剂;以乙腈为流动相A,以含0.2%甲酸和0.2%三乙胺的水溶液为流动相B,梯度洗脱(0~20分钟,8%→18%A;20~50分钟,18%→98%A;50~60分钟,98%A);柱温为25℃;检测波长为254nm。理论板数按士的宁峰计算应不低于6 000。

参照物溶液的制备:取士的宁对照品适量,加三氯甲烷制成每1ml含0.5mg的溶液。精密量取上述对照品溶液2ml,置10ml量瓶中,用甲醇稀释至刻度,摇匀,滤过,取续滤液,即得(每1ml中含士的宁0.1mg)。

供试品溶液的制备:取装量差异项下的本品内容物,混匀,取2.0g,精密称定,置50ml具塞锥形瓶中,精密加入甲醇25ml,再加入浓盐酸0.63ml,密塞,摇匀,称定重量,超声处理(功率450W,频率40kHz)45分钟,取出,放冷,再称定重量,用甲醇补足减失的重量,摇匀,滤过,取续滤液,即得。

测定法:分别精密吸取参照物溶液与供试品溶液各10μl,注入液相色谱仪,记录60分钟的色谱图,测定,即得。

按中药色谱指纹图谱相似度评价系统计算,供试品指纹图谱与对照指纹图谱(图11-5)的相似度不得低于0.87。

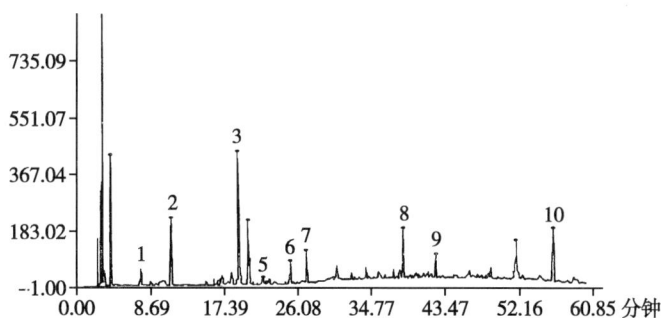

● 图 11-5　腰痛宁胶囊对照指纹图谱

〔含量测定〕(1) 马钱子粉:照高效液相色谱法(通则 0512)测定。

　　色谱条件与系统适用性试验:以十八烷基硅烷键合硅胶为填充剂;以乙腈 -0.01mol/L 庚烷磺酸钠与 0.02mol/L 磷酸二氢钾等量混合溶液(用 10% 磷酸调节 pH 至 2.8)(21 : 79)为流动相;检测波长为 260nm。理论板数按士的宁峰计算应不低于 4 000。

　　对照品溶液的制备:分别取士的宁对照品、马钱子碱对照品适量,精密称定,加三氯甲烷制成每 1ml 分别含 0.5mg、0.25mg 的溶液。分别精密量取上述两种对照品溶液各 2ml,置同一 10ml 量瓶中,用甲醇稀释至刻度,摇匀,即得混合对照品溶液(每 1ml 中含士的宁 100μg 和马钱子碱 50μg)。

　　供试品溶液的制备:取装量差异项下的本品内容物,研细,取 1g,精密称定,置具塞锥形瓶中,精密加入三氯甲烷 20ml、氢氧化钠试液 1ml,密塞,摇匀,称定重量,放置 30 分钟,加热回流 1 小时,放冷,再称定重量,用三氯甲烷补足减失的重量,摇匀,滤过,精密量取续滤液 2ml,置 5ml 的量瓶中,用甲醇稀释至刻度,摇匀,滤过,取续滤液,即得。

　　测定法:分别精密吸取对照品溶液与供试品溶液各 10μl,注入液相色谱仪,测定,即得。

　　本品每粒含马钱子粉以士的宁($C_{21}H_{22}N_2O_2$)计,应为 1.15~1.40mg;以马钱子碱($C_{23}H_{26}N_2O_4$)计,应为 0.55~0.90mg。

（2）麻黄：照高效液相色谱法（通则 0512）测定。

色谱条件与系统适用性试验：以十八烷基硅烷键合硅胶为填充剂；以乙腈 -0.02mol/L 磷酸二氢钾溶液（含 0.2% 三乙胺，用磷酸调节 pH 至 2.7）（3：97）为流动相；检测波长为 210nm。理论板数按盐酸麻黄碱峰计算应不低于 5 000。

对照品溶液的制备：分别取盐酸麻黄碱和盐酸伪麻黄碱对照品适量，精密称定，加 0.025mol/L 盐酸溶液制成每 1ml 含盐酸麻黄碱 25μg 和盐酸伪麻黄碱 15μg 的溶液，即得。

供试品溶液的制备：取装量差异项下的本品内容物适量，研细，取 5g，精密称定，置 1 000ml 蒸馏瓶中，加入氯化钠 7g，加蒸馏水 30ml，再加 20% 氢氧化钠溶液 100ml，混匀，蒸馏，用预先盛 0.5mol/L 盐酸溶液 4ml 的 100ml 量瓶收集蒸馏液近 95ml，加水至刻度，摇匀，放置过夜，滤过，取续滤液，即得。

测定法：分别精密吸取对照品溶液与供试品溶液各 10μl，注入液相色谱仪，测定，即得。

本品每粒含麻黄以盐酸麻黄碱（$C_{10}H_{15}NO \cdot HCl$）及盐酸伪麻黄碱（$C_{10}H_{15}NO \cdot HCl$）总量计，不得少于 0.1mg。

（3）甘草：照高效液相色谱法（通则 0512）测定。

色谱条件与系统适用性试验：以十八烷基硅烷键合硅胶为填充剂；以甲醇 -0.2mol/L 醋酸铵溶液（每 100ml 含醋酸 1ml）（60：40）为流动相，检测波长为 250nm。理论板数按甘草酸铵峰计算应不低于 3 000。

对照品溶液的制备：取甘草酸铵对照品适量，精密称定，加甲醇制成每 1ml 含 85μg 的溶液，即得（相当于每 1ml 含甘草酸 83.26μg）。

供试品溶液的制备：取装量差异项下的本品内容物，研细，取约 2g，精密称定，置具塞锥形瓶中，加入三氯甲烷 25ml，密塞，超声处理（功率 250W，频率 40kHz）30 分钟，放至室温，滤过，弃去滤液挥干，将滤纸与药渣放回具塞锥形瓶中，精密加入流动相 25ml，密塞，称定重量，超声处理（功率 250W，频率 40kHz）30 分钟，放冷，再称定重量，用流动相补足减失的重量，摇匀，滤过，取续滤液，即得。

测定法：分别精密吸取对照品溶液与供试品溶液各 10μl，注入液相色谱仪，测定，即得。

本品每粒含甘草以甘草酸（$C_{42}H_{62}O_{16}$）计，不得少于 0.30mg。

（二）软胶囊剂

软胶囊剂系指将液体药物直接包封，或将固体提取物、饮片细粉溶解或与适宜辅料混匀制备成溶液、混悬液、乳状液或半固体后，用滴制法或压制法密封于软质囊材中的胶囊剂，《中国药典》2015 年版收载的有牛黄上清胶囊、牛黄解毒软胶囊、银翘解毒软胶囊、加味藿香正气软胶囊、枇杷止咳软胶囊、元胡止痛软胶囊、降脂通络软胶囊、茵栀黄软胶囊等。

1. 软胶囊剂质量要求　软胶囊外观应整洁，不得有黏性、变形或破裂现象，并无异臭。装量差异检查、崩解时限检查和微生物限度等各限度要求可参见本节的硬胶囊剂。在进行装量差异检查时，囊壳用乙醚等溶剂洗净，置通风处使溶剂挥尽，分别精密称定囊壳重量，求出每粒内容物的装量。

2. 分析特点　目前适宜制成软胶囊剂的药物主要为具有挥发性易逸失的药物，遇湿热不稳定或者易氧化的药物以及一些油性药物;常用的辅料有植物油、芳香烃酯类、有机酸、甘油、异丙醇以及表面活性剂等。由于软胶囊剂内容物多为挥发油或油类物质,因此有些需做折光率或旋光度的测定,含量测定可采用气相色谱法、液相色谱法等;其内容物混合均匀,含量偏差较小,质量分析时可以参考均一性好的液体制剂,但是要考虑到其中辅料的影响。在配制供试品溶液时,需充分了解药物和辅料的溶解性质,以选合适的溶剂。处理样品时最大的干扰是基质,可根据被分析成分的性质,采用不同的溶剂进行提取,测定脂溶性成分时,可直接将内容物用乙醚、乙醇等溶剂溶解,滤过,作为供试品溶液;测定极性较大的成分时,可用乙醚、石油醚等溶剂溶解,弃去溶液,再用水溶解残渣,用正丁醇萃取,蒸干后作为供试品溶液,如加味藿香正气软胶囊中橙皮的鉴别;也可以将内容物提取挥发油作为供试品,进行鉴别实验;或取内容物,加硅藻土,用环己烷、甲醇等不同极性溶剂分段超声提取,用于不同成分的分析。

【示例 11-13】藿香正气软胶囊

〔主要组成〕苍术、厚朴(姜制)、陈皮、白芷、茯苓、大腹皮、生半夏、甘草浸膏、广藿香油、紫苏叶油。

〔制法〕以上十味,苍术、陈皮、厚朴、白芷用乙醇提取二次,合并醇提取液,浓缩成清膏;茯苓、大腹皮加水煎煮二次,煎液滤过,滤液合并;生半夏用冷水浸泡,每 8 小时换水一次,泡至透心后,另加干姜 16.5g,加水煎煮二次,煎液滤过,合并二次滤液,浓缩后醇沉。取上清液浓缩成清膏;甘草浸膏打碎后水煮化开,醇沉,取上清液浓缩制成清膏;将上述各清膏合并,加入广藿香油、紫苏叶油与适量辅料,混匀,制成软胶 1 000 粒,即得。

〔性状〕本品为软胶囊,内容物为棕色的膏状物;气芳香,味辛、苦。

〔鉴别〕(1) 取本品 4 粒的内容物,加硅藻土 1g,研匀,加环己烷 20ml,超声处理 15 分钟,滤过。滤液低温蒸干,残渣加正己烷 2ml 使溶解,作为供试品溶液。另取苍术对照药材 0.5g,加正己烷 2ml,超声处理 15 分钟,滤过,滤液作为对照药材溶液。照薄层色谱法(通则 0502)试验,吸取上述两种溶液各 5μl,分别点于同一硅胶 G 薄层板上,以石油醚(60~90℃)-乙酸乙酯(20:1)为展开剂,展开,取出,晾干,喷以 5% 对二甲氨基苯甲醛的 10% 硫酸乙醇溶液,加热至斑点显色清晰。供试品色谱中,在与对照药材色谱相应的位置上,显相同颜色的斑点。

(2) 取本品 7 粒的内容物,加硅藻土 2g,研匀,加水 20ml,超声处理 30 分钟,滤过,滤液用乙酸乙酯振摇提取 2 次,每次 20ml,合并乙酸乙酯液,蒸干,残渣加甲醇 2ml 使溶解,作为供试品溶液。另取陈皮对照药材 1g,加甲醇 20ml,超声处理 30 分钟,滤过,滤液蒸干,残渣加甲醇 1ml 使溶解,作为对照药材溶液。再取橙皮苷对照品,加甲醇制成饱和溶液,作为对照品溶液。照薄层色谱法试验,吸取上述三种溶液各 5μl,分别点于同一硅胶 G 薄层板上,以乙酸乙酯-甲醇-水(100:17:10)为展开剂,展开,取出,晒干,喷以 5% 三氯化铝乙醇溶液,加热数分钟,置紫外光灯(365nm)下检视。供试品色谱中,在与对照药材色谱和对照品色谱相应的位置上,显相同颜色的荧光斑点,再喷以 5% 香草醛硫酸溶液,加热至斑点显色清晰,供试品色谱中,在与对照药材色谱和对照品色谱相应的位置上,显相同颜色的斑点。

(3) 取本品 2 粒的内容物,加乙醚 10ml 使溶解,滤过,滤液作为供试品溶液。另取厚朴酚对照品、和厚朴酚对照品,加甲醇制成每 1ml 各含 1mg 的混合溶液,作为对照品溶液。照薄层色谱法试验,吸取上述两种溶液各 2μl,分别点于同一硅胶 G 薄层板上,以石油醚(60~90℃)-乙酸乙酯-甲酸(85∶15∶2)为展开剂,展开,取出,晾干,喷以5%香草醛硫酸溶液,加热至斑点显色清晰。供试品色谱中,在与对照品色谱相应的位置上,显相同颜色的斑点。

(4) 取百秋李醇对照品,加乙酸乙酯制成每1ml含2mg的溶液,作为对照品溶液。照薄层色谱法试验,吸取〔鉴别〕(3)项下的供试品溶液6μl、上述对照品溶液2μl,分别点于同一硅胶G薄层板上,以石油醚(60~90℃)-乙酸乙酯-甲酸(85∶15∶2)为展开剂,展开,取出,晾干,喷以5%香草醛硫酸溶液,加热至斑点显色清晰。供试品色谱中,在与对照品色谱相应的位置上,显相同颜色的斑点。

(5) 取本品2粒的内容物,加乙醚10ml使溶解,滤过,滤液挥干,残渣加乙酸乙酯1ml使溶解,作为供试品溶液。取白芷对照药材0.5g,加乙醚10ml,浸渍1小时,不断振摇,滤过,滤液挥干,残渣加乙酸乙酯1ml使溶解,作为对照药材溶液。另取欧前胡素对照品、异欧前胡素对照品,加乙酸乙酯制成每1ml各含1mg的混合溶液,作为对照品溶液。照薄层色法试验,吸取〔鉴别〕(3)项下的供试品溶液及上述对照药材溶液和对照品溶液各4μl,分别点于同一硅胶G薄层板上,以石油醚(30~60℃)-乙醚(3∶2)为展开剂,展开,取出,晾干,置紫外光灯(365mm)下检视。供试品色谱中,在与对照药材色谱和对照品色谱相应的位置上,显相同颜色的荧光斑点。

(6) 取本品4粒的内容物,加硅藻土2g,研匀,加乙醚40ml,加热回流15分钟,滤过,弃去乙醚液,药渣挥干溶剂,加甲醇40ml,超声处理30分钟,滤过,滤液蒸干,残渣加水20ml使溶解,用正丁醇振摇提取3次,每次10ml,合并正丁醇液,用水洗涤2次,每次10ml,弃去水液,正丁醇液蒸干,残渣加甲醇2ml使溶解,作为供试品溶液。另取甘草对照药材1g,加乙醚20ml,加热回流15分钟,滤过,弃去乙醚液。药渣挥干溶剂,加甲醇20ml,同法制成对照药材溶液。再取甘草酸铵对照品,加甲醇制成每1ml含2mg的溶液,作为对照品溶液。照薄层色谱法(通则0502)试验,吸取上述三种溶液各4μl,分别点于同一硅胶GF_{254}薄层板上,以正丁醇-甲醇-氨溶液(8→10)(5∶1.5∶2)为展开剂,展开,取出,晾干,置紫外光灯(254nm)下检视。供试品色谱中,在与对照药材色谱和对照品色谱相应的位置上,显相同颜色的斑点。

〔检查〕(1) 装量差异:取本品10粒,照胶囊剂〔装量差异〕项下依法检查,装量差异限度应在±15%以内,超出装量差异限度的不得多于2粒,并不得有1粒超出限度1倍。

(2) 崩解时限:照崩解时限检查法检查,应在1.5小时内全部崩解并通过筛网(囊壳碎片除外)。如有1粒不能完全崩解,应另取6粒按上述方法复试,均应符合规定。

(3) 其他:应符合胶囊剂项下有关的各项规定。

〔含量测定〕(1) 厚朴照高效液相色谱法(通则0512)测定。

色谱条件与系统适用性试验:以十八烷基硅烷键合硅胶为填充剂,以甲醇-水(75∶25)为流动相;检侧波长为294nm。理论塔板数按厚朴酚峰计算应不低于5 600。

对照品溶液的制备:取厚朴酚对照品与和厚朴酚对照品适量,精密称定,加甲醇制成每1ml含厚朴酚50μg、和厚朴酚40μg的混合溶液,即得。

供试品溶液的制备:取装量差异项下的本品内容物,混匀,取约0.25g,精密称定,置具塞锥形瓶中,精密加入稀乙醇50ml,密塞,称定重量,超声处理(功率250W,频率33kHz)10分钟,放冷,再称定重量,用稀乙醇补足减失的重量,摇匀,滤过,取续滤液,即得。

测定法:分别精密吸取对照品溶液10μl,与供试品溶液20μl,注入液相色谱仪,测定,即得。

本品每粒含厚朴以厚朴酚($C_{18}H_{18}O_2$)与和厚朴酚($C_{18}H_{18}O_2$)总量计,不得少于 3.0mg。

(2) 陈皮:照高效液相色谱法(通则 0512)测定。

色谱条件与系统适用性试验:以十八烷基硅烷键合硅胶为填充剂,以乙腈 -0.05mol/L 磷酸二氢钠溶液(用磷酸调节 pH 至 3.0)(20∶80)为流动相;检测波长为 284nm。理论塔板数按橙皮苷峰计算应不低于 5 000。

对照品溶液的制备:取橙皮苷对照品适量,精密称定,加甲醇制成每 1ml 含 60μg 的溶液,即得。

供试品溶液的制备:取装量差异项下的本品内容物约 0.2g,精密称定,置具塞锥形瓶中,精密加入甲醇 25ml,称定重量,超声处理(功率 250W,频率 33kHz)50 分钟,放冷,再称定重量,用甲醇补足减失的重量,摇匀,滤过,取续滤液,即得。

测定法:分别精密吸取对照品溶液与供试品溶液各 10μl,注入液相色谱仪,测定,即得。

本品每粒含陈皮以橙皮苷($C_{28}H_{34}O_{15}$)计,不得少于 3.0mg。

(三) 肠溶胶囊剂

肠溶胶囊剂系指用肠溶材料包衣的颗粒或小丸充填于胶囊而制成的硬胶囊,或用适宜的肠溶材料制备而得的硬胶囊或软胶囊。

1. 肠溶胶囊剂质量要求　肠溶胶囊外观应整洁,不得有黏性、变形或破裂现象,并无异臭。装量差异检查、崩解时限检查和微生物限度可看本节的硬胶囊剂。崩解时限检查中肠溶胶囊不溶于胃液,但能在肠液中崩解而释放活性成分,应选择肠液作检查介质。除另有规定外,肠溶胶囊还应符合迟释制剂的有关要求,并进行释放度检查。

2. 分析特点　应根据肠溶胶囊剂处方分析及所含药物成分的理化性质,选定被分析成分和所能采用的分析方法。注意在剂型分析时,应将药物从胶囊壳中全部取出。可以参考本节硬胶囊或软胶囊的特点,设计分离和排除干扰的方法。

七、片剂

片剂系指提取物、提取物加饮片细粉或饮片细粉与适宜辅料混匀压制或用其他适宜方法制成的圆片状或异形片状的制剂,分为浸膏片、半浸膏片和全粉片等。以口服普通片为主,还有含片、咀嚼片、泡腾片、阴道片、阴道泡腾片和肠溶片等。

(一) 一般要求

1. 性状　片剂外观应完整光洁、色泽均匀,不得有严重花斑与特殊异物,有适宜的硬度。

2. 重量差异　片剂要作重量差异检查,且重量差异必须符合《中国药典》规定。

检查法:取供试 20 片,精密称定总重量,求得平均片重后,再分别精密称定每片的重量,每片重量与平均片重比较(凡有标示片重的中药片剂,每片重量应与标示片重比较)。按《中国药典》相关规定,超出重量差异限度的不得多于 2 片,并不得有 1 片超出限度 1 倍。

糖衣片的片芯应检查重量差异并符合规定,包糖衣后不再检查重量差异。除另有规定外,其他包衣片应在包衣后检查重量差异并符合规定。

3. 崩解时限 由于片剂的使用目的和作用部位不同,对压制片、糖衣片、肠溶衣片等崩解时限的要求也有区别。凡规定检查溶出度或释放度的片剂以及含片、咀嚼片不进行崩解时限检查外,各类片剂都应作崩解时限检查。除另有规定外,崩解时限应符合《中国药典》规定。阴道片应照《中国药典》融变时限检查法检查,并应符合规定。含片需要检查溶化性,照崩解时限检查法检查,应符合规定。

4. 硬度(或脆碎度) 片剂应有足够的硬度,以免在包装、运输等过程中破碎或被磨损,以保证剂量的准确。硬度虽然是片剂的重要质量指标,但迄今各国药典都未规定标准,药厂都遵循的是各自的内控标准,即非法定标准。

(1) 硬度(又称抗张强度或破碎强度):系指将药片立于两个压板之间,沿片剂直径方向徐徐加压,直到破碎,测定使片剂破碎所用的压力。以前常用的仪器有孟山都硬度测定器,现在此基础上发展为全自动数显片剂硬度仪,一般认为用此类硬度测定器测定片剂的硬度以不低于 4kg 为好。

(2) 脆碎度:将一定量的药片放入振荡器中振荡,至规定时间取出药片,观察有无碎片、缺角、磨毛、松片现象,以百分数表示。转鼓式 Roche 脆碎度测定仪是常用的脆碎度测定仪器之一,也称磨损度试验器,见图 11-6。

检查法:片重为 0.65g 或以下者取若干片,使其总重约为 6.5g;片重大于 0.65g 者取 10 片。用吹风机吹去片剂脱落的粉末,精密称重,置圆筒中,转动 100 次。取出,同法除去粉末,精密称重,减失重量不得过 1%,且不得检出断裂、龟裂及粉碎的片。如减失重量超过 1% 时,应复测 2 次,3 次的平均减失重量不得过 1%,并不得检出断裂、龟裂及粉碎的片。

此外,在实际生产中有时也经常将药片置于食指和中指之间,用拇指加压使折断,以估计片剂的硬度,如果轻轻一压,片子立即分成两半,即表示硬度不足。

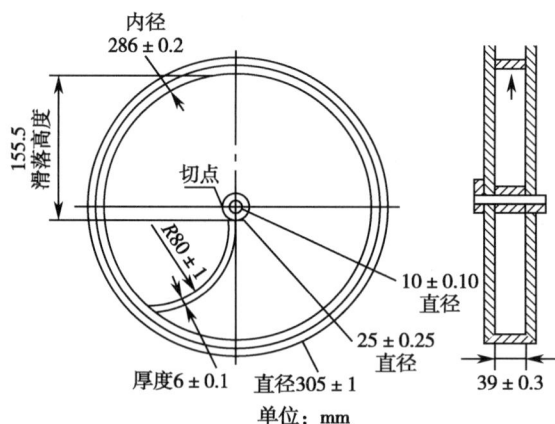

● 图 11-6 片剂脆碎度检查仪

5. 发泡量 阴道泡腾片还应进行发泡量的检查。

检查法:除另有规定外,取 25ml 具塞刻度试管(内径 1.5cm,若片剂直径较大,可改为内径 2.0cm)10 支,各精密加水 2ml(1.5g 以上的片剂需加水 4ml),置 37℃ ±1℃水浴中 5 分钟后,各管中分别投入供试品 1 片,20 分钟内观察最大发泡量的体积,平均发泡体积应不少于 6ml,且少于 4ml

的不得超过 2 片。

6. 分散均匀性　分散片还需要进行分散均匀性检查。

检查法:照崩解时限检查法检查,不锈钢丝网的筛孔内径为 710μm,水温为 15~25℃;取供试品 6 片,应在 3 分钟内全部崩解并通过筛网。

7. 含量均匀度　为了保证片剂含量的准确性和均匀性,特别是为了保证治疗量与极量接近、剂量小而作用强的药物的安全性和有效性,以及提高含辅料较多、主药与辅料分散性差、不易混合均匀的片剂的质量,可根据《中国药典》对其进行含量均匀度检查。具体的参考值、抽样方法和判断依据可参照《中国药典》四部通则 0941。

除另有规定外,含量均匀度系指小剂量的固体、半固体和非均相液体制剂中的单剂含量偏离标示量的程度。除另有规定外,片剂、硬胶囊剂、颗粒剂或散剂等,小剂量所指为单剂标示量小于 25mg 或主药含量小于每一个单剂重量 25% 者。凡检查含量均匀度的制剂,不再检查重(装)量差异。

取供试品 10 片(个),照各该药品项下规定的方法,分别测定每片(个)以标示量为 100 的相对含量 X,求其均值 $\bar{X}$ 和标准差 S $\left(S=\sqrt{\dfrac{\sum (X+\bar{X})^2}{n-1}}\right)$ 以及标示量与均值之差的绝对值 A $(A=\mid 100-\bar{X}\mid)$。

如 $A+2.2S \leq L$,即供试品的含量均匀度符合规定;若 $A+S>L$,则为不符合规定;若 $A+2.2S>L$,且 $A+S \leq L$,则应另取 20 片(个)复试。根据初、复试结果,计算 30 片(个)的均值 $\bar{X}$、标准差 S 和标示量与均值之差的绝对值 A;当 $A \leq 0.25L$ 时,若 $A^2+S^2 \leq 0.25L^2$,则供试品的含量均匀度符合规定;若 $A^2+S^2>0.25L^2$ 则不符合规定;当 $A>0.25L$ 时,若 $A+1.7S<L$,则供试品的含量均匀度符合规定;若 $A+1.7S>L$,则不符合规定。

L 为含量均匀度的限度,除另有规定外,$L=15.0$;单剂量包装的口服混悬液、内充非均相溶液的软胶囊、胶囊型或泡囊型粉雾剂、单剂量包装的眼用、耳用、鼻用混悬剂、固体或半固体制剂 $L=20.0$;透皮贴剂、栓剂 $L=25.0$。

8. 溶出度测定　评价固体药物制剂质量的另一个重要内在指标是溶出度。溶出度系指在规定的介质中药物从片剂、胶囊剂等固体制剂中溶出的速度以及程度。是一种模拟口服固体制剂在胃肠道中的崩解和溶出的体外实验法。药物在体内的吸收速度与其溶解快慢密切相关,一般溶解度小的药物,在体内吸收会受到影响,因而一些难溶性的药物片剂需要测定溶出度。凡检查溶出度的制剂,不再进行崩解时限的检查。

溶出度测定方法《中国药典》采用转篮法、桨法、小杯法等,具体装置,操作结果判断参见《中国药典》四部通则。

9. 微生物限度　以动物、植物、矿物来源的多组分中药普通片剂,以及黏膜或皮肤炎症或腔道等局部用片剂(如口腔贴片、外用可溶片、阴道片、阴道泡腾片等),照非无菌产品微生物限度检查。具体应根据不同类型片剂特点及给药部位不同,按照《中国药典》中微生物限度标准及检查法,进行相关检查并符合规定。如阴道、尿道给药制剂,细菌数不得超过 100cfu/g,霉菌、酵母菌数不得超过 10cfu/g,金黄色葡萄球菌、铜绿假单胞菌、梭菌、白念珠菌每 1g 不得检出;直肠给药制剂,细菌数不得超过 1 000cfu/g,霉菌、酵母菌数不得超过 100cfu/g,金黄色葡萄球菌、铜绿假单胞菌每 1g 不得检出等。

（二）片剂质量分析的特点

由于制剂工艺的要求，片剂中常含有淀粉、糊精、糖粉、硫酸钙等赋形剂，这些赋形剂会对其分析产生影响，但常用的这些赋形剂大多是水溶性的或者是在有机溶剂中溶解度小的，选择用适宜的有机溶剂提取待测组分，往往可去除它们的干扰。

对片剂进行提取前应先行研碎（糖衣片需先除去糖衣），并过一定目数的筛，根据待测成分的性质选择适宜的溶剂和方法进行提取，如有必要，可再进一步使用液-液萃取法、柱色谱法等适当的方法进行净化。

片剂的含量常以每片中所含被测成分的重量来表示。若有效成分明确、结构已知、规格具体，则常按标示量计算的百分含量来表示每片中有效成分测得的实际含量与标示量的符合程度。但是在实际生产中，不可能做到每个药片的重量完全一致，因此，常用平均片重作为片重进行计算。此外，为了使取样具有代表性，应取若干个药片，精密称出总重，研细、混匀后，从中精密称取适量，作为每次分析用的样品。按标示量计算百分含量的算式如下：

$$\text{标示量 \%} = \frac{\text{样品中被测成分测得的实际重量} \times \text{平均片重}}{\text{样品重量} \times \text{标示量}} \times 100\% \qquad \text{（式 11-4）}$$

【示例 11-14】牛黄上清片

〔主要组成〕人工牛黄、菊花、白芷、栀子、黄柏、大黄、赤芍、地黄、甘草、冰片、薄荷、荆芥穗、川芎、黄连、黄芩、连翘、当归、桔梗、石膏。

〔制法〕以上十九味，人工牛黄、冰片研细；黄连、大黄粉碎成细粉，过筛；连翘、荆芥穗、薄荷提取挥发油，提取后的水溶液备用，药渣加水煎煮一次，滤过；黄芩、栀子、桔梗、赤芍、当归、地黄、石膏、甘草加水煎煮二次，每次 2 小时，滤过，滤液合并；黄柏、川芎、白芷用 70% 乙醇作溶剂进行渗漉，收集渗漉液，回收乙醇。菊花热浸二次，每次 2 小时，滤过，滤液合并，并与上述提取液合并，减压浓缩至稠膏，加入黄连、大黄细粉及辅料适量，混匀，制粒，低温干燥，再加入人工牛黄、冰片细粉，喷入上述挥发油，混匀，制成 1 000 片，包糖衣或薄膜衣，即得。

〔性状〕本品为糖衣片或薄膜衣片，除去包衣后显棕褐色至黑褐色；气微香，味凉、苦。

〔鉴别〕①取本品，置显微镜下观察：纤维束鲜黄色，稍厚，纹孔明显（黄连）。草酸钙簇晶大，直径 60~140μm（大黄）。

②取本品 5 片，糖衣片除去包衣，研细，加三氯甲烷 20ml，超声处理 20 分钟滤过，滤液回收溶剂至干，残渣加甲醇 1ml 使溶解，作为供试品溶液。另取人工牛黄对照药材 20mg，加甲醇 5ml，超声处理 20 分钟，滤过，取滤液作为对照药材溶液。再取胆酸对照品、猪去氧胆酸对照品，加甲醇制成每 1ml 各含 0.5mg 的混合溶液，作为对照品溶液。照薄层色谱法（通则 0502）试验，吸取供试品溶液、对照药材溶液及对照品溶液各 5μl，分别点于同一硅胶 G 薄层板上，以正己烷-乙酸乙酯-醋酸-甲醇（20∶25∶2∶3）的上层溶液为展开剂，展开，取出，晾干，喷以 10% 硫酸乙醇溶液，在 105℃加热至斑点显色清晰，在紫外光（365nm）下检视。供试品色谱中，在与对照药材色谱和对照品色谱相应的位置上，显相同颜色的荧光斑点。

③取本品 5 片，糖衣片除去包衣，研细，加甲醇 50ml 超声处理 20 分钟，滤过，取滤液 5ml（剩余滤液备用），回收溶剂至干，残渣加水 10ml 使溶解，加盐酸 1ml，置水浴上加热回流 30 分钟，立即冷却，用乙醚提取 2 次，每次 20ml，合并乙醚液，回收溶剂至干，残渣加乙酸乙酯 1ml 使溶解，作为供试

品溶液。另取大黄对照药材 1g，加甲醇 20ml 同法制成对照药材溶液。照薄层色谱法（通则 0502）试验，吸取上述两种溶液各 2~10μl，分别点于同一硅胶 H 薄层板上，以石油醚（30~60℃）- 甲酸乙酯 - 甲酸（15:5:1）的上层溶液为展开剂，展开，取出，晾干，在紫外光（365nm）下检视。供试品色谱中，在与对照药材色谱相应的位置上，显 5 个相同的橙色荧光斑点；置氨蒸气中熏后，斑点变为红色。

④取〔鉴别〕③项下的剩余滤液，浓缩至 20ml，通过中性氧化铝柱（100~200 目，3g，内径为 1.0cm），收集流出液，浓缩至 5ml，作为供试品溶液。另取黄连对照药材 0.1g，加甲醇 10ml，超声处理 30 分钟，滤过，取滤液作为对照药材溶液。再取盐酸小檗碱对照品，加甲醇制成每 1ml 含 0.5mg 的溶液，作为对照品溶液。照薄层色谱法（通则 0502）试验，吸取上述三种溶液各 1~2μl，分别点于同一硅胶 G 薄层板上，以环己烷 - 乙酸乙酯 - 异丙醇 - 甲醇 - 水 - 三乙胺（3:3.5:1:1.5:0.5:1）为展开剂，置氨蒸气预饱和的展开缸内，预饱和 20 分钟，展开，取出，晾干，在紫外光（365nm）下检视。供试品色谱中，在与对照药材色谱和对照品色谱相应的位置上，显相同的黄色荧光斑点。

⑤取本品 1 片，糖衣片除去包衣，研碎，加石油醚（30~60℃）2ml，振摇 1 分钟，静置，取上清液作为供试品溶液。另取冰片对照品，加石油醚（30~60℃）制成每 1ml 含 1mg 的溶液，作为对照品溶液。照薄层色谱法（通则 0502）试验，吸取上述两种溶液各 4μl，分别点于同一硅胶 G 薄层板上，以甲苯 - 乙酸乙酯（9:1）为展开剂，展开，取出，晾干，喷以 2% 香草醛硫酸溶液，在 100℃加热至斑点显色清晰。供试品色谱中，在与对照品色谱相应的位置上，显相同颜色的斑点。

⑥取黄芩苷对照品、栀子苷对照品、连翘酯苷 A 对照品、芍药苷对照品，加甲醇分别制成每 1ml 含黄芩苷 40μg、栀子苷 20μg、连翘酯苷 A 10μg、芍药苷 10μg 的溶液，作为对照品溶液。照〔含量测定〕项下的色谱条件试验，分别吸取〔含量测定〕项下的供试品溶液和上述对照品溶液各 10μl，注入液相色谱仪。供试品色谱图中，应呈现与对照品色谱峰保留时间相对应的色谱峰。

〔检查〕应符合片剂项下有关的各项规定。

〔含量测定〕照高效液相色谱法（通则 0512）测定。

色谱条件及系统适用性试验：以十八烷基硅烷键合硅胶为填充剂；以乙腈为流动相 A，以 0.05% 磷酸为流动相 B 梯度洗脱（0~18 分钟，10%→23%A；18~30 分钟，23%→27%A；30~35 分钟，27%→35%A；35~40 分钟，35%A；40~45 分钟，35%→50%A；45~50 分钟，50%→10%A）；检测波长为 240nm。理论板数按黄芩苷峰计算应不低于 3 000。

对照品溶液的制备：取黄芩苷对照品和栀子苷对照品适量，精密称定，加甲醇制成每 1ml 含黄芩苷 40μg、栀子苷 20μg 的混合溶液，即得。

供试品溶液的制备：取本品 10 片（糖衣片除去包衣），精密称定，研细，取约 0.5g，精密称定，置具塞锥形瓶中，精密加入 70% 甲醇 50ml，称定重量，超声处理（功率 500W，频率 40kHz）30 分钟，放冷，再称定重量，用 70% 甲醇补足减失的重量，摇匀，滤过，取续滤液，即得。

测定法：分别精密吸取对照品溶液 10~20μl 与供试品溶液 10μl，注入液相色谱仪，测定，即得。

本品每片含黄芩以黄芩苷（$C_{21}H_{18}O_{11}$）计，不得少于 1.1mg；含栀子以栀子苷（$C_{17}H_{24}O_{11}$）计，不得少于 0.45mg。

【示例 11-15】元胡止痛片

〔主要组成〕醋延胡索、白芷。

〔制法〕以上二味，取白芷适量，粉碎成细粉，剩余白芷与醋延胡索粉碎成粗粉，用 60% 乙醇浸泡 24 小时,回流提取 2 次,合并滤液,浓缩成稠膏,加上述细粉,制成颗粒,压制成片,包糖衣或薄膜衣,即得。

〔性状〕本品为糖衣片或薄膜衣片,除去包衣后显棕黄色至棕褐色;气香;味苦。

〔鉴别〕①取本品 10 片,除去包衣,研细,加甲醇 50ml,超声处理 30 分钟,滤过,滤液加中性氧化铝 5g,振摇数分钟,滤过,滤液蒸干,残渣加水适量使溶解,加浓氨试液调节 pH 9~10,用乙醚振摇提取 3 次,每次 10ml,乙醚液蒸干,残渣加甲醇 1ml 使溶解,作为供试品溶液。另取延胡索对照药材 1g,加甲醇 50ml,超声处理 30 分钟,滤过,自"滤液蒸干"起,同法制成对照药材溶液。照薄层色谱法(通则 0502)试验,吸取上述两种溶液各 2~3μl,分别点于同一用 1% 氢氧化钠溶液制备的硅胶 G 薄层板上,以正己烷 - 三氯甲烷 - 甲醇(7.5∶4∶1)为展开剂,展开,取出,晾干,以碘蒸气熏至斑点显色清晰。供试品色谱中,在与对照药材色谱相应的位置上,显相同颜色的斑点;挥尽板上吸附的碘后,置紫外光灯(365nm)下检视,显相同颜色的荧光斑点。

②取本品 10 片,除去包衣,研细,加石油醚(60~90℃)50ml,超声处理 20 分钟,滤过,滤液挥至约 1ml,作为供试品溶液。另取白芷对照药材 0.1g,加石油醚(60~90℃)1ml,浸渍 30 分钟,时时振摇,静置,上清液作为对照药材溶液。照薄层色谱法(通则 0502)试验,吸取上述两种溶液各 5μl,分别点于同一硅胶 GF$_{254}$ 薄层板上,以石油醚(60~90℃) - 乙醚(3∶2)为展开剂,展开,取出,晾干。置紫外光灯(365nm)下检视,供试品色谱中,在与对照药材色谱相应的位置上,显相同颜色的荧光斑点;置紫外光灯(254nm)下检视,显相同色的斑点。

〔检查〕应符合片剂项下的有关规定。

〔含量测定〕①醋延胡索:照高效液相色谱法(通则 0512)测定。

色谱条件与系统适用性试验:以十八烷基硅烷键合硅胶为填充剂;以乙腈为流动相 A,以 0.6% 冰醋酸溶液(用三乙胺调 pH 至 6.0)为流动相 B 梯度洗脱(0~20 分钟,43%A;20~22 分钟,43% → 80%A;22~25 分钟,80% → 43%A;25~35 分钟,43%A);检测波长 280nm 理论塔板数按延胡索乙素峰计算应不低于 6 000。

对照品溶液的制备:取延胡索乙素对照品适量,精密称定,加甲醇制成每 1ml 各含 30μg 的溶液,即得。

供试品溶液的制备:取本品 20 片,除去包衣,精密称定,研细,取约 1g,精密称定,置具塞锥形瓶中,精密加入浓氨溶液 - 甲醇(1∶20)混合溶液 50ml,称定重量,超声处理(功率 250W,频率 40kHz)30 分钟,放冷,再称定重量,用浓氨溶液 - 甲醇(1∶20)混合溶液补足减失的重量,摇匀滤过,取续滤液 25ml,蒸干,残渣加甲醇溶解,转移至 5ml 量瓶中,用甲醇稀释至刻度,摇匀,滤过,取续滤液,即得。

测定法:分别精密吸取对照品溶液和供试品溶液各 20μl,注入液相色谱仪,测定,即得。

本品每片含醋延胡索以延胡索乙素($C_{21}H_{25}NO_4$)计,不得少于 75μg。

②白芷:照高效液相色谱法(通则 0512)测定。

色谱条件与系统适用性试验:用十八烷基硅烷键合硅胶为填充剂;乙腈 - 水(47∶53)为流动相;检测长为 300nm。理论板数按欧前胡素峰计算应不低于 6 000。

对照品溶液的制备:取欧前胡素对照品适量,精密称定,加甲醇制成每 1ml 含 40μg 的溶液,即得。

供试品溶液的制备:取本品 20 片,除去包衣,研细,取约 1g,精密称定,置具塞锥形瓶中,精密加入甲醇50ml,称定重量,超声处理(功率250W,频率40kHz)30分钟,放冷,再称定重量,用甲醇补足减失的重量,摇匀滤过,取续滤液25ml蒸干,残渣加甲醇溶解,转移至5ml量瓶中,用甲醇稀释至刻度,摇匀,滤过,取续滤液,即得。

测定法:分别精密吸取对照品溶液和供试品溶液各10μl,注入液相色谱仪,测定,即得。本品每片含白芷以欧前胡素($C_{16}H_{14}O_4$)计,不得少于50μg。

(蒲晓辉)

八、丸剂

丸剂是临床常用的中药传统剂型之一,系指由饮片细粉或提取物加适宜的黏合剂或其他辅料制成的球形或类球形制剂,分为蜜丸、水蜜丸、水丸、糊丸、蜡丸和浓缩丸等多种类型。

(一)丸剂的一般质量要求

1. 性状　丸剂外观应圆整均匀,色泽一致。蜜丸应细腻滋润,软硬适中。蜡丸表面应光滑无裂纹,丸内不得有蜡点与颗粒。

2. 水分　除另有规定外,蜜丸和浓缩蜜丸含水分不得超过15.0%;水蜜丸和浓缩水蜜丸不得超过12.0%;水丸、糊丸和浓缩水丸不得超过9.0%;蜡丸不检查水分。

3. 重量差异或装量差异　按丸服用或按重量服用的丸剂要检查重量差异;包糖衣的丸剂应检查丸芯的重量差异,包糖衣后不再检查;其他包衣丸应在包衣后检查重量差异;检查法及限度要求均应符合《中国药典》规定。单剂量分装的丸剂要检查装量差异,不再检查重量差异,检查法及限度要求应符合《中国药典》规定。

4. 装量　装量以重量标示的多剂量包装丸剂,照《中国药典》最低装量检查法检查,应符合规定。以丸数标示的多剂量包装丸剂,不检查装量。

5. 溶散时限　除另有规定外,大蜜丸及需研碎、嚼碎后用开水、黄酒等分散后服用的丸剂不检查溶散时限外,其他丸剂均应检查。蜡丸应照《中国药典》崩解时限检查法片剂项下的肠溶衣片检查法检查。

6. 微生物限度　应根据制法,按照《中国药典》微生物检查法及限度标准进行检查,并符合规定。

知识链接

一般口服中药制剂微生物限度要求

不含药材原粉的制剂,每1g中,细菌数不得超过1 000cfu,霉菌、酵母菌数不得超过100cfu,大肠埃希氏菌不得检出。含原药材粉的丸剂,每1g中,细菌数不得超过30 000cfu,霉菌、酵母菌数不得超过100cfu,大肠埃希氏菌不得检出,大肠菌群应小于100个。含豆豉、神曲等发酵原粉的制剂,每1g中,细菌数不得超过100 000cfu,霉菌、酵母菌数不得超过500cfu,大肠埃希氏菌不得检出,大肠菌群应小于100个。含动物组织(包括脏器提取物)及动物类原药材粉(蜂蜜、王浆、动物角、阿胶除外)的口服给药制剂,每10g不得检出沙门菌。

(二) 丸剂的质量分析特点

1. 水蜜丸、水丸、糊丸、蜡丸、浓缩丸等均可直接研细或粉碎后提取。而蜜丸因含有大量蜂蜜,不能直接研细或粉碎,最好进行适当处理后再提取,常用的方法:①将蜜丸切成小块,置研钵中,以1:(0.5~2)(g/g)加入硅藻土研磨,直至蜜丸均匀分散后提取;②将蜜丸切成小块,加适量水或醇溶散后,加入适量硅藻土搅匀并适当干燥后用溶剂提取。但应注意有的硅藻土含有铁离子等,对黄酮等酚酸类成分的测定有影响,应将硅藻土采用稀盐酸浸泡数次,并用纯水洗至中性后干燥使用。此外,有些成分会被硅藻土过度吸附,造成回收率偏低,如六味地黄丸中的大约90%的熊果酸会被硅藻土吸附,因而,不适合使用此法处理。

2. 应根据不同类型丸剂的特点及待测成分的性质来选择提取方法和纯化方法,常用超声提取法、浸渍法、回流提取法、连续回流提取法等。提取后可综合考虑被测成分及干扰组分的性质,选择萃取法、沉淀法、色谱法等进行纯化处理。

3. 有药材细粉直接入药的丸剂污染微生物的机会很多,尤其是蜜丸含菌量的控制是中成药生产中的一个难题,此外,受包装材料和存放环境的影响,其成品中含菌数往往超过规定,在生产和质量分析过程中要高度注意。

【示例 11-16】六味地黄丸(蜜丸)

〔主要组成〕熟地黄、酒萸肉、牡丹皮、山药、茯苓、泽泻。

〔制法〕以上六味,粉碎成细粉,过筛,混匀。每100g粉末加炼蜜35~50g与适量水,制丸,干燥,制成水蜜丸;或加炼蜜80~110g制成小蜜丸或大蜜丸,即得。

〔性状〕本品为棕黑色的水蜜丸、棕褐色至黑褐色的小蜜丸或大蜜丸;味甜而酸。

〔鉴别〕(1)取本品水蜜丸6g,研细;或取小蜜丸或大蜜丸9g,剪碎,加硅藻土4g,研匀。加乙醚40ml,回流1小时,滤过,滤液挥去乙醚,残渣加丙酮1ml使溶解,作为供试品溶液。另取丹皮酚对照品,加丙酮制成每1ml含1mg的溶液,作为对照品溶液。照薄层色谱法(通则0502)试验,吸取上述两种溶液各10μl,分别点于同一硅胶G薄层板上,以环己烷-乙酸乙酯(3:1)为展开剂,展开,取出,晾干,喷以盐酸酸性5%三氯化铁乙醇溶液,加热至斑点显色清晰。供试品色谱中,在与对照品色谱相应的位置上,显相同颜色的斑点。

(2)取本品水蜜丸6g,研细;或取小蜜丸或大蜜丸9g,剪碎,加硅藻土4g,研匀。加乙酸乙酯40ml,加热回流20分钟,放冷,滤过,滤液浓缩至约0.5ml,作为供试品溶液。另取泽泻对照药材0.5g,加乙酸乙酯40ml,同法制成对照药材溶液。照薄层色谱法(通则0502)试验,吸取上述两种溶液各5~10μl,分别点于同一硅胶G薄层板上,以三氯甲烷-乙酸乙酯-甲酸(12:7:1)为展开剂,展开,取出,晾干,喷以10%硫酸乙醇溶液,在105℃加热至斑点显色清晰。供试品色谱中,在与对照药材色谱相应的位置上,显相同颜色的斑点。

〔检查〕应符合丸剂项下有关的各项规定(通则0108)。

〔含量测定〕照高效液相色谱法(通则0512)测定。

色谱条件与系统适用性试验:以十八烷基硅烷键合硅胶为填充剂;以乙腈为流动相A,以0.3%磷酸溶液为流动相B,按下表中的规定进行梯度洗脱;莫诺苷和马钱苷检测波长为240nm,丹皮酚检测波长为274nm,柱温为40℃。理论板数按莫诺苷、马钱苷峰计算均应不低于 4 000。

对照品溶液的制备:取莫诺苷对照品、马钱苷对照品和丹皮酚对照品适量,精密称定,加 50% 甲醇制成每 1ml 中含莫诺苷与马钱苷各 20μg、含丹皮酚 45μg 的混合溶液,即得。

供试品溶液的制备:取水丸,研细,取约 0.5g,或取水蜜丸,研细,取约 0.7g,精密称定;或取小蜜丸或重量差异项下的大蜜丸,剪碎,取约 1g,精密称定。置具塞锥形瓶中,精密加入 50% 甲醇 25ml,密塞,称定重量,加热回流 1 小时,放冷,再称定重量,用 50% 甲醇补足减失的重量,摇匀,滤过,取续滤液,即得。

测定法:分别精密吸取对照品溶液与供试品溶液各 10μl,注入液相色谱仪,测定,即得。

本品含酒萸肉以莫诺苷($C_{17}H_{26}O_{11}$)和马钱苷($C_{17}H_{26}O_{10}$)的总量计,水丸每 1g 不得少于 0.9mg;水蜜丸每 1g 不得少于 0.75mg;小蜜丸每 1g 不得少于 0.50mg;大蜜丸每丸不得少于 4.5mg;含牡丹皮以丹皮酚($C_9H_{10}O_3$)计,水丸每 1g 不得少于 1.3mg;水蜜丸每 1g 不得少于 1.05mg;小蜜丸每 1g 不得少于 0.70mg;大蜜丸每丸不得少于 6.3mg。

时间（分钟）	流动相 A（%）	流动相 B（%）
0~5	5→8	95→92
5~20	8	92
20~35	8→20	92→80
35~45	20→60	80→40
45~55	60	40

【示例 11-17】逍遥丸（水丸）

〔主要组成〕柴胡、当归、白芍、炒白术、茯苓、炙甘草、薄荷。

〔制法〕以上七味,粉碎成细粉,过筛,混匀。另取生姜 100g,加水煎煮二次,每次 20 分钟,滤过。取上述粉末,用煎液泛丸,或与煎液混合后制丸,干燥,即得。

〔性状〕本品为黄棕色至棕色的水丸,或为黑棕色的水丸;味甜。

〔鉴别〕(1) 取本品 1g,研碎,加乙醇 15ml,超声处理 15 分钟,滤过,滤液蒸干,残渣加乙醇 1ml 使溶解,作为供试品溶液。另取当归对照药材 0.1g,加乙醇 10ml,同法制成对照药材溶液。照薄层色谱法(通则 0502)试验,吸取上述两种溶液各 5μl,分别点于同一硅胶 G 薄层板上,以正己烷 - 乙酸乙酯(9:1)为展开剂,展开,取出,晾干,置紫外光灯(365nm)下检视。供试品色谱中,在与对照药材色谱相应的位置上,显相同颜色的荧光斑点。

(2) 取本品 12g,研细,加乙醇 40ml,超声处理 30 分钟,滤过,滤液蒸干,残渣加水 20ml 使溶解,用水饱和的正丁醇振摇提取 3 次,每次 20ml,合并正丁醇液,用正丁醇饱和的水洗涤 3 次,每次 15ml,弃去水洗液,正丁醇液蒸干,残渣加甲醇 0.5ml 使溶解,作为供试品溶液。另取甘草对照药材 1g,加乙醇 20ml,同法制成对照药材溶液。照薄层色谱法(通则 0502)试验,吸取上述两种溶液各 3μl,分别点于同一用 1% 氢氧化钠溶液制备的硅胶 G 薄层板上,以乙酸乙酯 - 甲酸 - 冰醋酸 - 水(15:1:1:2)为展开剂,展开,取出,晾干,喷以 10% 硫酸乙醇溶液,在 105℃加热至斑点显色清晰,置紫外光灯(365nm)下检视。供试品色谱中,在与对照药材色谱相应的位置上,显相同颜色的荧光斑点。

(3) 取〔鉴别〕(2)项下剩余的供试品溶液,加中性氧化铝 2g,置水浴上拌匀、干燥,加在中性氧化铝柱(200 目,2g,内径为 1cm)上,用甲醇 50ml 洗脱,收集洗脱液,蒸干,残渣加乙醇 1ml 使溶解,作为供试品溶液。另取芍药苷对照品,加乙醇制成每 1ml 含 2mg 的溶液,作为对照品溶液。照薄层色谱法(通则 0502)试验。吸取供试品溶液 15μl、对照品溶液 3μl,分别点于同一硅胶 G 薄层板上,以三氯甲烷 - 乙酸乙酯 - 甲醇 - 甲酸(40 : 5 : 10 : 0.2)为展开剂,展开,取出,晾干,喷以 5% 香草醛硫酸溶液,加热至斑点显色清晰。供试品色谱中,在与对照品色谱相应的位置上,显相同颜色的斑点。

〔检查〕应符合丸剂项下有关的各项规定(通则 0108)。

〔含量测定〕照高效液相色谱法(通则 0512)测定。

色谱条件与系统适用性试验:以十八烷基硅烷键合硅胶为填充剂;以乙腈 -0.1% 磷酸溶液(15 : 85)为流动相;检测波长为 230nm。理论板数按芍药苷峰计算应不低于 2 000。

对照品溶液的制备:取芍药苷对照品适量,精密称定,加稀乙醇制成每 1ml 含 50μg 的溶液,即得。

供试品溶液的制备:取本品适量,研细,取约 0.4g,精密称定,置具塞锥形瓶中,精密加入稀乙醇 25ml,密塞,称定重量,超声处理(功率 250W,频率 33kHz)30 分钟,放冷,再称定重量,用稀乙醇补足减失的重量,摇匀,滤过,取续滤液,即得。

测定法:分别精密吸取对照品溶液与供试品溶液各 10μl,注入液相色谱仪,测定,即得。

本品每 1g 含白芍以芍药苷($C_{23}H_{28}O_{11}$)计,不得少于 2.5mg。

九、栓剂

栓剂系指提取物或饮片细粉与适宜的基质制成的专供腔道给药的固体制剂。根据施用腔道不同,可分为直肠栓、阴道栓和尿道栓。

(一) 栓剂的一般质量要求

1. 性状 药物与基质应混合均匀,外形应完整、光滑;栓剂应有适宜的硬度,以免在包装或贮存运输时变形。对栓剂的硬度《中国药典》未明确规定,但各厂家应有内控标准,一般通过变形试验来测定。

2. 重量差异 检查法及装量差异限度应符合《中国药典》规定。

3. 融变时限 除另有规定外,栓剂应按《中国药典》规定进行融变时限的检查,并符合规定。

4. 微生物限度标准 阴道、尿道用栓剂,细菌数不得超过 100cfu/g,霉菌、酵母菌数不得超过 10cfu/g,不得检出金黄色葡萄球菌、铜绿假单胞菌、梭菌、白念珠菌;直肠用栓剂细菌数不得超过 1 000cfu/g,霉菌、酵母菌数不得超过 100cfu/g,不得检出金黄色葡萄球菌、铜绿假单胞菌。

(二) 栓剂的质量分析特点

药物原料必须和适宜的基质混合后才能制成一定形状的栓剂,因此,基质的存在给栓剂的分析带来一定困难。栓剂常用的基质可分为油脂性基质和亲水性基质,油脂性基质常用的有可可脂、半合成或全合成脂肪酸甘油酯类、香果脂及氢化油类等;亲水性基质常用的主要有甘油明胶、聚乙二醇类、吐温类等。在分析前,应根据待测成分和基质的性质,采取适当方法将基质除去。

除去栓剂中基质的主要方法有:①将栓剂与硅藻土等惰性材料混合、研匀,根据待测组分性质和基质类型选择适宜的溶剂回流提取。②此外,油脂性基质的栓剂还可将其切成小块,加适量水,于温水浴加热使其融化,取出于冰浴中再使基质凝固,滤出水溶液,如此反复 2~3 次,可将水溶性成分提出。③针对具有一定酸碱性的成分也可使用酸碱萃取法。可将栓剂切成小块后加适宜的有机溶剂溶解,置分液漏斗中,采用酸性溶液萃取碱性成分,或碱性溶液萃取酸性成分。④也可将其直接在一定温度(一般为 80℃或 90℃)的水浴中加热融化后,趁热加入适宜溶剂充分振摇提取多次。

【示例 11-18】麝香痔疮栓

〔主要组成〕人工麝香、珍珠、冰片、炉甘石粉、三七、五倍子、人工牛黄、颠茄流浸膏。

〔制法〕以上八味,除人工牛黄、颠茄流浸膏外,其余珍珠等六味分别粉碎成细粉;颠茄流浸膏与部分炉甘石细粉混合,烘干,过筛,并与人工牛黄和剩余的炉甘石细粉及上述细粉混匀。取混合脂肪酸甘油酯 1 112.7g 和二甲亚砜 67.5g,加热融化,在温度为 60~70℃时加入上述药粉,搅拌均匀,注入栓模,冷却,即得。

〔性状〕本品为灰黄色至棕褐色弹头形或鱼雷形的栓剂;气清香。

〔鉴别〕(1) 取本品 5 粒,加水 5ml,加 10% 氢氧化钠溶液 5ml,加热煮沸 5 分钟,放冷,静置使沉淀。取沉淀少许,置显微镜下观察:非腺毛 1 至数个细胞,有的顶端稍弯曲(五倍子)。不规则碎块无色或淡绿色,半透明,有光泽,有时可见细密波状纹理(珍珠)。

(2) 取本品 3 粒,加 5% 碳酸钠溶液 50ml,置水浴上温热使融化,放冷,静置,滤过,滤液用稀盐酸调节 pH 至 1,用二氯甲烷振摇提取 2 次,每次 20ml,合并二氯甲烷液,蒸干,残渣加乙醇 1ml 使溶解,作为供试品溶液。另取胆酸对照品、猪去氧胆酸对照品,加乙醇制成每 1ml 各含 1mg 的混合溶液,作为对照品溶液。吸取供试品溶液 5μl、对照品溶液 2μl,分别点于同一硅胶 G 薄层板上,以环己烷 - 乙酸乙酯 - 甲醇 - 醋酸(20∶25∶3∶2)的上层溶液为展开剂,展开,取出,晾干,喷以 10% 磷钼酸乙醇溶液,在 105℃加热至斑点显色清晰。供试品色谱中,在与对照品色谱相应的位置上,显相同颜色的斑点。

(3) 取本品 5 粒,切碎,加甲醇 30ml,置水浴上温热使融化,超声处理 20 分钟,滤过,滤液蒸干,残渣用水 20ml 溶解,用乙醚振摇提取 2 次,每次 20ml,水层再用水饱和的正丁醇振摇提取 2 次,每次 20ml,合并正丁醇提取液,用正丁醇饱和的水洗涤 2 次,每次 20ml,正丁醇液蒸干,残渣加甲醇 1ml 使溶解,作为供试品洛液。另取人参皂苷 Rg$_1$ 对照品,加甲醇制成每 1ml 含 1mg 的溶液,作为对照品溶液。吸取供试品溶液 10μl、对照品溶液 2μl,分别点于同一硅胶 G 薄层板上,以二氯甲烷 - 甲醇 - 水(13∶7∶2)10℃以下放置过夜的下层溶液为展开剂,展开,取出,晾干,喷以 10% 硫酸乙醇溶液,在 105℃加热至斑点显色清晰。供试品色谱中,在与对照品色谱相应的位置上,显相同颜色的斑点。

(4) 取本品 5 粒,切碎,加稀盐酸 40ml,置 50℃ ±2℃水浴上温热搅拌 10 分钟,冰浴冷却 2 小时,滤过,取滤液,加浓氨试液 30ml 强力振摇 2 分钟,再加入二氯甲烷,强力振摇提取 2 次,每次 30ml,分取二氯甲烷液,蒸干,残渣加二氯甲烷 1ml 使溶解,作为供试品溶液。另取硫酸阿托品对照品,加甲醇制成每 1ml 含 1mg 的溶液,作为对照品溶液。吸取供试品溶液 20μl、对照品溶液 10μl,分别点于同一硅胶 G 薄层板上,以乙酸乙酯 - 甲醇 - 浓氨试液(17∶2∶1)为展开剂,展开,取出,晾干,喷以稀碘化铋钾试液。供试品色谱中,在与对照品色谱相应的位置上,显相同颜色的斑点。

〔检查〕应符合栓剂项下有关的各项规定(通则 0107)。

〔含量测定〕(1) 冰片:照气相色谱法(通则 0521)测定。

色谱条件与系统适用性试验:聚乙二醇 20 000(PEG-20M)毛细管柱(柱长为 30m,内径为 0.33mm,膜厚度 0.5μm);柱温为 160℃。理论板数按萘峰计算应不低于 25 000。

校正因子测定:取萘适量,精密称定,加环己烷制成每 1ml 含 20mg 的溶液,作为内标溶液。另取冰片对照品 45mg,精密称定,置 10ml 量瓶中,精密加入内标溶液 2ml,加环己烷至刻度,摇匀,吸取 1μl,注入气相色谱仪,计算校正因子。

测定法:取重量差异项下的本品,剪碎,混匀,取约 1g,精密称定,置具塞锥形瓶中,精密加入内标溶液 2ml,再精密加环己烷 10ml,混匀,密塞,称定重量,超声处理(功率 250W,频率 33kHz)10 分钟,放冷,再称定重量,用环己烷补足减失的重量,摇匀,离心,滤过,取续滤液 1μl,注入气相色谱仪,测定,以龙脑峰、异龙脑峰面积之和计算,即得。

本品每粒含冰片($C_{10}H_{18}O$)不得少于 36.0mg。

(2) 炉甘石粉:取重量差异项下的本品,切碎,混匀,取约 2g,精密称定,置分液漏斗中,加三氯甲烷 20ml,振摇使溶解,用稀盐酸强力振摇提取 3 次(20ml、15ml、10ml),合并提取液于 50ml 量瓶中,加稀盐酸至刻度,摇匀,取约 20ml,加活性炭 1g,搅拌均匀,滤过,精密量取续滤液 10ml 置锥形瓶中,依次加入浓氨试液 10ml、氨 - 氯化铵缓冲溶液(pH 10.0)16ml、磷酸氢二纳试液 10ml 和水 24ml,混匀,再加入 30% 三乙醇胺溶液 15ml 与铬黑 T 指示剂少量,用乙二胺四醋酸二钠滴定液(0.05mol/L)滴定至溶液由紫红色变为纯蓝色。每 1ml 乙二胺四醋酸二钠滴定液(0.05mol/L)相当于 4.069mg 氧化锌(ZnO)。

本品每粒含炉甘石粉以氧化锌(ZnO)计,不得少于 73mg。

十、外用膏剂

外用膏剂是指采用适宜的基质将药物制成专供外用的半固体或近似固体的一类剂型,主要包括软膏剂、乳膏剂、膏药和贴膏剂。

(一) 软膏剂与乳膏剂

软膏剂是指原料药物与适宜基质混合制成的均匀半固体外用制剂,因原料药在基质中分散状态不同,分为溶液型软膏剂和混悬型软膏剂。乳膏剂是指原料药物溶解或分散于乳状液型基质中形成的均匀半固体制剂,按基质不同,可分为水包油型乳膏剂与油包水型乳膏剂。常用的基质材料有凡士林、液状石蜡、蜂蜡、植物油、单硬脂酸甘油酯、高级醇、聚乙二醇、各种乳化剂等。另可添加保湿剂、防腐剂、抗氧剂等以增加稳定性。

1. 软膏剂与乳膏剂的一般质量要求

(1) 外观:色泽均匀,质地细腻,具适当黏稠性,易涂布于皮肤或黏膜上而不融化,但能软化。

无酸败、异臭、变色、变硬等变质现象。乳膏剂不得有油水分离及胀气现象。

(2) 酸碱度:样品加适量溶剂(水或乙醇)搅拌均匀,测 pH。一般 W/O 型乳剂型基质要求不大于 8.5,O/W 型乳剂型基质要求不大于 8.3。

(3) 细腻度与粒度:将样品涂布于皮肤或黏膜上,应分散均匀、细腻、黏稠适宜。

除另有规定外,混悬型软膏剂、含药材细粉的软膏剂应检查粒度。检查方法:取供试品适量,置于载玻片上,涂成薄层,覆以盖玻片,共涂 3 片,照粒度测定法测定,均不得检出大于 180μm 的粒子。

(4) 无菌:用于烧伤或严重创伤的软膏剂与乳膏剂,照《中国药典》无菌检查法检查,应符合规定。

(5) 微生物限度标准:除另有规定外,照《中国药典》非无菌产品微生物限度检查法检查,应符合规定。

(6) 装量:照《中国药典》最低装量检查法检查,应符合规定。

2. 软膏剂与乳膏剂的质量分析特点 进行鉴别及含量测定时,应注意基质产生的影响,对于乳剂型软膏,可采用加热、加电解质、加相反类型乳化剂使乳剂破裂,再使用适当的溶剂将药物提取出来后,进行分析。

对于一般软膏剂和乳膏剂可采用以下方法进行处理。

(1) 滤除基质测定法:称取一定量软膏,加入适当溶剂,加热使软膏液化,再放冷,待基质凝固后,将基质与上清液分开,如此重复多次,合并滤液后测定。

(2) 灼烧法:如被测成分为无机物,可将样品灼烧,使基质分解除尽,然后测定无机物。

(3) 其他法:也可使用有机溶剂溶解基质、离心法等方法处理。

【示例 11-19】消痔软膏

〔主要组成〕熊胆粉、地榆、冰片。

〔制法〕以上三味,熊胆粉、冰片分别研成中粉,备用;地榆加水煎煮三次,滤过,滤液合并,浓缩成稠膏,喷雾干燥,粉碎成最细粉,与上述熊胆粉和冰片粉混匀,加入白凡士林及适量羊毛脂,混匀,制成 1 000g,即得。

〔性状〕本品为棕褐色的软膏。

〔鉴别〕(1) 取本品 3g,加乙醚 10ml 使溶解,作为供试品溶液。另取冰片对照品,加乙醚制成每 1ml 含 5mg 溶液,作为对照品溶液。照薄层色谱法(通则 0502)试验,吸取上述两种溶液各 6μl,分别点于同一硅胶 G 薄层板上,以甲苯 - 乙酸乙酯(9:1)为展开剂,展开,取出,晾干,喷以 10% 磷钼酸乙醇溶液,在 105℃加热至斑点显色清晰。供试品色谱中,在与对照品色谱相应的位置上,显相同颜色的斑点。

(2) 取本品 2g,加水 20ml,超声处理 10 分钟,滤过,滤液加盐酸 1ml,用乙醚振摇提取 2 次,每次 10ml,合并乙醚液,蒸干,残渣加甲醇 1ml 使溶解,作为供试品溶液。另取地榆对照药材 1g,同法制成对照药材溶液。再取没食子酸对照品,加甲醇制成每 1ml 含 1mg 的溶液,作为对照品溶液。照薄层色谱法(通则 0502)试验,吸取上述三种溶液各 5μl,分别点于同一硅胶 G 薄层板上,以甲苯(用水饱和) - 乙酸乙酯 - 甲酸(6:3:1)为展开剂,展开,取出,晾干,喷以 1% 三氯化铁乙醇溶液。供试品色谱中,在与对照药材色谱和对照品色谱相应的位置上,显相同颜色的斑点。

〔检查〕应符合软膏剂项下有关的各项规定(通则0109)。

〔含量测定〕(1)地榆:照高效液相色谱法(通则0512)测定。

色谱条件与系统适用性试验:以十八烷基硅烷键合硅胶为填充剂;以甲醇-0.3%磷酸溶液(3∶97)为流动相;检测波长为272nm。理论塔板数按没食子酸峰计算应不低于3 000。

对照品溶液的制备:取没食子酸对照品适量,精密称定,加50%甲醇制成每1ml含50μg的溶液,即得。

供试品溶液的制备:取装量项下的本品,混匀,取约2g,精密称定,精密加入50%甲醇50ml,称定重量,加热回流60分钟,取出,放冷,再称定重量,用50%甲醇补足减失的重量,摇匀,滤过,取续滤液,即得。

测定法:分别精密吸取对照品溶液与供试品溶液各10μl,注入液相色谱仪,测定,即得。

本品每1g含地榆以没食子酸($C_7H_6O_5$)计,不得少于0.6mg。

(2)熊胆粉:照高效液相色谱法(通则0512)测定。

色谱条件与系统适用性试验:以十八烷基硅烷键合硅胶为填充剂;以甲醇-0.03mol/L磷酸二氢钠溶液(65∶35)为流动相;检测波长为205nm。理论板数按牛磺熊去氧胆酸钠峰计算应不低于1 500。

对照品溶液的制备:取牛磺熊去氧胆酸钠对照品适量,精密称定,加甲醇制成每1ml含1mg的溶液,即得(折合牛磺熊去氧胆酸为0.957mg)。

供试品溶液的制备:取装量项下的本品,混匀,取约2g,精密称定,加硅藻土5g,混匀,置索氏提取器中,加石油醚(60~90℃)适量,加热回流提取3小时,弃去石油醚液,药渣挥去石油醚,用甲醇40ml浸渍过夜,再加甲醇适量,加热回流5小时,用40%氢氧化钠溶液调节pH至9~10,滤过,用碱性甲醇(取甲醇适量,用40%氢氧化钠溶液调节pH至9~10)15ml分次洗涤滤纸和滤渣,洗涤液与滤液合并,蒸干,残渣用流动相适量溶解,转移至10ml量瓶中,加流动相至刻度,摇匀,滤过,取续滤液,即得。

测定法:分别精密吸取对照品溶液与供试品溶液各10μl,注入液相色谱仪,测定,即得。

本品每1g含熊胆粉以牛磺熊去氧胆酸($C_{26}H_{45}NO_8S$)计,不得少于2.80mg。

(二)膏药

1. 膏药的一般质量要求　膏药是指饮片、食用植物油与红丹(铅丹)或官粉(铅粉)炼制成膏料,摊涂于裱背材料上制成的供皮肤贴敷的外用制剂。前者称为黑膏药,后者称为白膏药。

膏药应油润细腻、光亮、老嫩适度、滩涂均匀、无红斑、无飞边缺口,加温后能粘贴于皮肤上且不移动。黑膏药应乌黑、无红斑;白膏药应无白点。膏药根据药物组成除按要求必须进行定性、定量控制以外,应符合《中国药典》膏药项下软化点和重量差异要求。

重量差异检查法:取供试品5张,分别称定每张总重量。剪取单位面积(cm²)的裱背,称定重量,换算出裱背重量。膏药总重量减去裱背重量即为膏药重量,与标示重量相比较应不得超出《中国药典》中规定的范围。

2. 膏药的质量分析特点　膏药制备时,处方中会一部分粗料药,在下丹成膏前与植物油一起"熬枯去渣",还有一部分细料药的细粉是在下丹成膏后,再兑入膏中混匀,细料多为主药。膏药的质量分析主要应排除基质的干扰,可利用膏药基质多易溶于三氯甲烷的特点,将基质除去。也可根据被测定成分的性质采用适当溶剂提取后再分析。

【示例 11-20】定喘膏

〔主要组成〕血余炭、洋葱、附子、生川乌、制天南星、干姜。

〔制法〕以上六味,酌予碎断,另取食用植物油 4 800g,同置锅内炸枯,炼油至滴水成珠,滤过,去渣;取约五分之一的炼油置另器中,加入红丹 1 500~2 100g 搅拌成稀糊状,再与其余五分之四炼油合并,搅匀,收膏,将膏浸泡于水中;取膏,用文火熔化,分摊于布或纸上,即得。

〔性状〕本品为摊于布上或纸上的黑膏药。

〔检查〕软化点应为 57~67℃(通则 2102)。

其他:应符合膏药项下有关的各项规定(通则 0186)。

【示例 11-21】拔毒膏

〔主要组成〕金银花、连翘、大黄、桔梗、地黄、栀子、黄柏、黄芩、赤芍、当归、乳香、红粉、血竭、轻粉等二十六味。

〔制法〕以上二十六味,轻粉、红粉分别水飞成极细粉;乳香、没药、儿茶、血竭粉碎成细粉,与上述轻粉等粉末配研,过筛,混匀;除樟脑外,其余金银花等十九味酌予碎断,与食用植物油 4 800g,同置锅内炸枯,炼油至滴水成珠,滤过,去渣,取出约五分之一的炼油于另器中,加入红丹 1 500~2 100g,搅拌成稀糊状,再与其余五分之四炼油合并,搅匀,收膏,将膏浸泡于水中。取膏,用文火熔化,加入樟脑及上述轻粉等粉末,搅匀,分摊于布或纸上,即得。

〔性状〕本品为摊于布上或纸上的黑膏药。

〔鉴别〕取本品 2.5g,剪碎,加乙醇 10ml,超声处理 20 分钟,滤过,滤液作为供试品溶液。另取樟脑对照品,加乙醇制成每 1ml 含 1mg 的溶液,作为对照品溶液。照气相色谱法(通则 0521)试验,以聚乙二醇 20 000(PEG-20M)为固定相,涂布浓度为 5%,柱长为 2m,柱温 120℃。分别吸取对照品溶液与供试品溶液各 1μl,注入气相色谱仪。供试品色谱中应呈现与对照品色谱峰保留时间相同的色谱峰。

〔检查〕软化点应为 50~65℃(通则 2102)。

(三)贴膏剂

贴膏剂系指原料药物与适宜的基质制成的膏状物,涂布与背衬材料上供皮肤贴敷,可产生局部或全身性作用的片状外用制剂,包括凝胶贴膏剂(原巴布膏剂或凝胶膏剂)和橡胶贴膏(原橡胶膏剂)。橡胶膏剂系指原料药物与橡胶等基质混匀后,涂布于背衬材料上制成的贴膏剂,橡胶膏剂常用溶剂法和热压法制备。常用的溶剂有汽油、正己烷,常用基质有橡胶、松香、凡士林、羊毛脂、氧化锌等。凝胶膏剂系指原料药物与适宜的亲水性基质混匀后,涂布于背衬材料上制成的贴膏剂。常用基质有聚丙烯酸钠、羧甲基纤维素钠、明胶、甘油和微粉硅胶等。

1. 贴膏剂的一般质量要求

(1)外观:应涂布均匀,膏面应光洁,色泽一致,无脱膏、失黏现象;背衬面应平整、光洁、无漏膏现象。

(2) 含膏量：橡胶贴膏照《中国药典》第一法检查，凝胶贴膏照第二法检查。

第一法：取供试品 2 片（每片面积大于 35cm² 应切取 35cm²），除去盖衬，精密称定重量，置有盖玻璃容器中，加适量有机溶剂（如三氯甲烷、乙醚等）浸渍，并时时振摇，待背衬与膏料分离后，将背衬取出，用上述溶剂洗涤至背衬无残附膏料。挥去溶剂，在 105℃ 干燥 30 分钟，移置干燥器中，冷却 30 分钟，精密称定，减失重量即为膏重，按标示面积换算成 100cm² 的含膏量，应符合各品种项下的有关规定。

第二法：取供试品 1 片，除去盖衬，精密称定，置烧杯中，加适量水，加热煮沸至背衬与膏体分离后，将背衬取出，用水洗涤至背衬无残留膏体，晾干，在 105℃ 干燥 30 分钟，移置干燥器中，冷却 30 分钟，精密称定，减失重量即为膏重，按标示面积换算成 100cm² 的含膏量，应符合各品种项下的有关规定。

除《中国药典》方法外，还可用超声提取法测定橡胶膏剂的含膏量。与《中国药典》法比较，超声法明显省时，省溶剂，准确，操作简单。具体方法为：每批样品各取 2 片（每片标示面积大于 35cm² 应切取 35cm²），除去布衬，精密称定重量，置 100ml 具塞三角烧瓶中，加乙醚置超声波振荡器上，超声处理，频率（26.0 ± 1.0）kHz，水温 32℃ ± 1℃。分不同时间处理：①每次 30 分钟；②每次 20 分钟；③每次 15 分钟。各共超声 3 次。第 1、2 次用乙醚 50ml，第 3 次用乙醚 40ml。取出布衬，挥去乙醚，置烘箱中 105℃ 干燥 30 分钟，移置干燥器中，冷却 30 分钟，精密称定，减失重量即为膏重，按面积换算成 100cm² 的含膏量。

(3) 耐热性：橡胶贴膏应检查耐热性。除另有规定外，取供试品 2 片，除去盖衬，在 60℃ 恒温恒湿烘箱加热 2 小时，放冷后，膏背面应无渗油现象；膏面应有光泽，用手指触试应仍有黏性。

(4) 赋形性：凝胶贴膏应检查赋形性。取供试品 1 片，置 37℃、相对湿度 64% 的恒温恒湿箱中 30 分钟，取出，用夹子将供试品固定在一平整钢板上，钢板与水平面的倾斜角为 60°，放置 24 小时，膏面应无流淌现象。

(5) 黏附性：除另有规定外，凝胶贴膏照《中国药典》黏附力测定第一法、橡胶贴膏照《中国药典》黏附力测定第二法检查，均应符合各品种项下的有关规定。

(6) 含量均匀度：除另有规定外，凝胶贴膏（除来源于动物、植物多组分且难建立测定方法的凝胶贴膏外）照《中国药典》含量均匀度检查法测定，应符合规定。

(7) 微生物限度：除另有规定外，照《中国药典》非无菌产品微生物限度标准检查，凝胶贴膏应符合规定，橡胶贴膏每 10cm² 不得检出金黄色葡萄球菌和铜绿假单胞菌。

2. 贴膏剂的质量分析特点　凝胶贴膏的基质为亲水性基质，可先用极性溶剂将基质和药物与盖衬分离，再进行净化，若测定的成分为非极性物质，可用非极性溶剂提取，也可用回流法提取，后用色谱法进行纯化。

分析橡胶贴膏时应注意基质对被测成分的影响。①可根据基质和待测组分性质用适当的溶剂提取，使被测成分与基质分离。②当提取溶剂把基质和被测成分一起提出时，可采用将提取液冷冻的方法使基质与成分分离。③当含有樟脑、薄荷脑、冰片等挥发性成分时，可采用闪蒸 - 气相色谱法进行分析。也可采用水蒸气蒸馏法、升华法将成分分离再测定。④当含有原生药粉时，采用溶剂提取可溶性成分后，剩余残渣可用显微鉴别法鉴别。

【示例 11-22】伤湿止痛膏

〔主要组成〕伤湿止痛流浸膏、水杨酸甲酯、薄荷脑、冰片、樟脑、芸香浸膏、颠茄流浸膏。

〔制法〕以上七味,伤湿止痛流浸膏系取生草乌、生川乌、乳香、没药、生马钱子、丁香各 1 份,肉桂、荆芥、防风、老鹳草、香加皮、积雪草、骨碎补各 2 份,白芷、山柰、干姜各 3 份,粉碎成粗粉,用 90% 乙醇制成相对密度约为 1.05 的流浸膏;按处方量称取各药,另加 3.7~4.0 倍重的由橡胶、松香等制成的基质,制成涂料。进行涂膏,切段,盖衬,切成小块,即得。

〔性状〕本品为淡黄绿色至淡黄色的片状橡胶膏;气芳香。

〔鉴别〕(1) 取本品 2 片,剪成小块,除去盖衬,加乙醇 100ml,加热回流 1 小时,取乙醇液,浓缩至约 2ml,加 5% 硫酸溶液 20ml,搅拌,滤过,滤液加氨试液使呈碱性,用三氯甲烷 20ml 振摇提取,分取三氯甲烷液,蒸干,残渣加无水乙醇 1ml 使溶解,浓缩至 0.5ml,作为供试品溶液。另取硫酸阿托品对照品,加无水乙醇制成每 1ml 含 2mg 的溶液,作为对照品溶液。照薄层色谱法(通则 0502)试验,吸取供试品溶液 15μl、对照品溶液 5μl,分别点于同一硅胶 G 薄层板上,以二氯甲烷 - 丙酮 - 甲醇 - 浓氨试液(70:10:15:2)为展开剂,展开,取出,晾干,喷以稀碘化铋钾试液。供试品色谱中,在与对照品色谱相应的位置上,显相同颜色的斑点。

(2) 取本品适量,剪成小块,除去盖衬,取 2g,置具塞锥形瓶中,加乙酸乙酯 50ml,密塞,超声处理 30 分钟,滤过,滤液作为供试品溶液。另取樟脑对照品、薄荷脑对照品、冰片对照品与水杨酸甲酯对照品,加乙酸乙酯制成每 1ml 含樟脑 0.4mg、薄荷脑和冰片各 0.2mg 及水杨酸甲酯 0.3mg 的混合溶液,作为对照品溶液。照气相色谱法(通则 0521)试验,聚乙二醇 20 000(PEG-20M)毛细管柱(柱长为 30m,柱内径为 0.32mm,膜厚度为 0.25μm),柱温为 125℃。分别吸取对照品溶液和供试品溶液各 2μl,注入气相色谱仪。供试品色谱中应呈现与对照品色谱峰保留时间相同的色谱峰。

〔检查〕含膏量　取本品,用乙醚作溶剂,依法(通则 0122)检查。每 100cm² 含膏量不得少于 1.7g。

其他　应符合贴膏剂项下有关的各项规定(通则 0122)。

十一、其他

(一) 胶剂

胶剂系指动物皮、骨、甲或角用水煎取胶质,浓缩成稠胶状,经干燥后制成的固体块状内服制剂,如阿胶、鹿角胶等。

1. 一般质量要求

(1) 性状:胶剂应为色泽均匀、无异常臭味的半透明固体。

(2) 水分:取供试品 1g,置扁形称量瓶中,精密称定,加水 2ml,置水浴上加热使溶解后再干燥,厚度不超过 2mm,照水分测定法测定,含水量不得超过 15.0%。

(3) 一般应检查总灰分、重金属、砷盐等。

2. 分析特点　根据胶剂的特点,目前其质量评价主要围绕蛋白质、氨基酸类成分,并以水分、总灰分、重金属、砷盐、挥发性碱性物质等杂质为主要检查内容。

【示例 11-23】阿胶

本品为马科动物驴 Equus asinus L. 的干燥皮或鲜皮经煎煮、浓缩制成的固体胶。

〔制法〕将驴皮浸泡去毛,切块洗净,分次水煎,滤过,合并滤液,浓缩(可分别加入适量的黄酒、冰糖及豆油)至稠膏状,冷凝,切块,晾干,即得。

〔性状〕本品呈长方形块、方形块或丁状。棕色至黑褐色,有光泽。质硬而脆,断面光亮,碎片对光照视呈棕色半透明状。气微,味微甘。

〔鉴别〕取本品粉末 0.1g,加 1% 碳酸氢铵溶液 50ml,超声处理 30 分钟,用微孔滤过,取续滤液 100μl,置微量样瓶中,加胰蛋白酶溶液 10μl,(取序列分析用胰蛋白酶,加 1% 碳酸氢铵溶液制成每 1ml 中含 1mg 的溶液,临用时配制),摇匀,37℃恒温酶解 12 时,作为供试品溶液。另取阿胶对照药材 0.1g,同法制成对照药材溶液。照高效液相色谱 - 质谱法(通则 0512 和通则 0431)试验,以十八烷基硅胶为填充剂(色谱柱径为 2.1mm);以乙腈为流动 A,以 0.1% 甲酸溶液为流动 B,按下表中的规行进行梯度洗脱;流速为每分钟 0.3ml。采用质谱检测器,电喷雾正离子模式(ESI⁺),进行多反应监测(MRM),选择质荷比(m/z)539.8(双电荷)→ 612.4 和 m/z 539.8(双电荷)→ 923.8 作为检测离子对。取阿胶对照药材溶液,进样 5μl,按上述检测离子对测定的 MRM 色谱峰得我信噪比均应大于 3∶1。

吸取供试品溶液 5μl,注入高效液相色谱 - 质谱联用仪,测定。以质荷比(m/z)539.8(双电荷)→ 612.4 和 m/z 539.8(双电荷)→ 923.8 离子对提取的供试品离子流色谱中,应同时呈现与对照药材色谱保留时间一致的色谱峰。

时间 /min	流动相 A/%	流动相 B/%
0~25	5 → 20	95 → 80
25~40	20 → 50	80 → 50

〔检查〕(1) 水分:取本品 1g,精密称定,加水 2ml,加热溶解后,置水浴上蒸干,使厚度不超过 2mm,照水分测定法测定,不得过 15.0%。

(2) 重金属及有害元素:照铅、镉、砷、汞、铜测定法测定,铅不得过 5mg/kg;镉不得过 0.3mg/kg;砷不得过 2mg/kg;汞不得过 0.2mg/kg;铜不得过 20mg/kg。

(3) 水不溶物:取本品 1.0g,精密称定,加水 5ml,加热使溶解,转移至已恒重 10ml 具塞离心管中,用温水 5ml 分 3 次洗涤,洗液并入离心管中,摇匀。置 40℃水浴保温 15 分钟,离心(转速为每分钟 2 000 转)10 分钟,去除管壁浮油,倾去上清液,沿管壁加入温水至刻度,离心,离心管在 105℃加热 2 小时,取出,置干燥器中冷却 30 分钟,精密称定,计算,即得。本品水不溶物不得过 2.0%。

(4) 其他:应符合胶剂项下有关的各项规定。

〔含量测定〕色谱条件与系统适用性试验:以十八烷基硅烷键合硅胶为填充剂;以乙腈 -0.1mol/L 醋酸钠溶液(用醋酸调节 pH 至 6.5)(7∶93)为流动相 A,以乙腈 - 水(4∶1)为流动相 B,进行梯度洗脱(0~11 分钟,100% → 93%A;11~13.9 分钟,93% → 88%A;13.9~14 分钟,88% → 85%A;14~29 分钟,85% → 66%A;29~30 分钟,66% → 0A);检测波长为 254nm;柱温为 43℃。理论板数按 L- 羟脯氨酸峰计算应不低于 4 000。

对照品溶液的制备:取 L- 羟脯氨酸、甘氨酸、丙氨酸、L- 脯氨酸对照品适量,精密称定,加

0.1mol/L 盐酸溶液制成每 1ml 分别含 L- 羟脯氨酸 80μg、甘氨酸 0.16mg、丙氨酸 70μg、L- 脯氨酸 0.12mg 的混合溶液,即得。

供试品溶液的制备:取本品粗粉约 0.25g,精密称定,置 25ml 量瓶中,加 0.1mol/L 盐酸溶液 20ml,超声处理(功率 500W,频率 40kHz)30 分钟,加 0.1mol/L 盐酸溶液至刻度,摇匀。精密量取 2ml,置 5ml 安瓿中,加盐酸 2ml,150℃水解 1 小时,放冷,移至蒸发皿中,蒸干,残渣加 0.1mol/L 盐酸溶液溶解,转移至 25ml 量瓶中,加 0.1mol/L 盐酸溶液至刻度,摇匀,即得。

精密量取上述对照品溶液和供试品溶液各 5ml,分别置 25ml 量瓶中,各加 0.1mol/L 异硫氰酸苯酯(PITC)的乙腈溶液 2.5ml,1mol/L 三乙胺的乙腈溶液 2.5ml,摇匀,室温放置 1 小时后,加 50% 乙腈至刻度,摇匀。取 10ml,加正己烷 10ml,振摇,放置 10 分钟,取下层溶液,滤过,取续滤液,即得。

测定法:分别精密吸取衍生化后的对照品溶液与供试品溶液各 5μl,注入液相色谱仪,测定,即得。

本品按干燥品计算,含 L- 羟脯氨酸不得少于 8.0%,甘氨酸不得少于 18.0%,丙氨酸不得少于 7.0%,L- 脯氨酸不得少于 10.0%。

知识链接

关于阿胶的古诗词欣赏

秋叶梧桐雨·锦上花

【元】白朴

阿胶一碗,芝麻一盏,白米红馅蜜饯。

粉腮似羞,杏花春雨带笑看。润了青春,保了天年,有了本钱。

清森阁集·思生

【明】何良俊

万病皆由气血生,将相不和非敌攻。

一盏阿胶常左右,扶元固本享太平。

名坊煎胶记

【清】季桂芬

健驴放牧少岱草,冬寒宰杀净肤毫。古井龙泉荡渣滓,桑柴烈火拔毒躁。

十分清水四分淖,三两皮张一两胶。潜心修治属润惠,虚怀济世德艺高。

(二)凝胶剂

凝胶剂系指提取物与适宜基质制成具凝胶特性的半固体或稠厚液体制剂。

1. 一般质量要求

(1)性状:凝胶剂应均匀、细腻,常温时保持凝胶状,不干涸或液化。混悬型凝胶剂中胶粒应分散均匀,不应下沉结块。

(2)粒度:混悬型凝胶剂须进行粒度检查。除另有规定外,混悬型凝胶剂取适量的供试品,涂成薄层,薄层面积相当于盖玻片面积,共涂 3 片,照粒度和粒度分布测定法检查,均不得检出大于 180μm 的粒子。

(3) 无菌:用于烧伤或严重创伤的凝胶剂,照微生物限度检查法检查,应符合规定。

2. 分析特点　凝胶剂基质有水性与油性之分。水性凝胶基质一般由水、甘油或丙二醇与纤维素衍生物、卡波姆和海藻酸盐、西黄蓍胶、明胶、淀粉等构成;油性凝胶基质由液状石蜡与聚乙烯或脂肪油与胶体硅或铝皂、锌皂构成。可以参考栓剂、软(乳)膏剂的分析方法。

【示例 11-24】金果榄凝胶

〔主要组成〕金果榄、冰片、聚乙烯醇缩甲乙醛。

〔制法〕以上二味药材,金果榄粉碎成颗粒,用 85% 乙醇 300ml 润湿过夜,照流浸膏剂与浸膏剂项下的渗漉法,用 85% 乙醇作溶剂,浸渍 48 小时,缓缓渗漉,收集初漉液 850ml,另器保存,继续渗漉,至漉液近无色或微黄色,收集续漉液,药渣压榨,将压出液与续漉液合并,在 60℃ 以下浓缩至相对密度为 1.31(60℃)的稠膏,加入初漉液 850ml,混合,加入冰片及聚乙烯醇缩甲乙醛,混匀,加 85% 乙醇至规定量,混匀,静置,滤过,即得。

〔性状〕本品为棕黄色黏稠液体;气清香,味微苦。

〔鉴别〕取本品 10ml,加 1% 硫酸溶液 20ml,置 50~60℃ 水浴加热 1 小时,滤过,滤液用氨试液调节 pH 至 9~11,用三氯甲烷振摇提取 3 次,每次 15ml,合并三氯甲烷液,蒸干,残渣加乙醇 0.5ml 使溶解,作为供试品溶液。另取盐酸巴马汀对照品,加乙醇制成每 1ml 含 4mg 的溶液,作为对照品溶液。照薄层色谱法试验,吸取上述两种溶液各 5μl,分别点于同一以羧甲基纤维素钠为黏合剂的硅胶 G 薄层板上以苯 - 醋酸乙酯 - 甲醇 - 异丙醇 - 浓氨试液(10:6:6:2:1)为展开剂,展开,取出,晾干,置紫外光灯(365nm)下检视。供试品色谱中,在与对照品色谱相应的位置上,显相同颜色的荧光斑点。

〔检查〕(1) 耐热试验:取本品 2 支,于 40℃ 恒温箱内保存 24 小时,取出,放至室温,应无分层现象。

(2) 耐寒试验:取本品 2 支,于 –15℃ 条件下冷藏 24 小时,取出,放至室温,应无分层现象。

(3) 其他:应符合凝胶剂项下有关的各项规定。

〔含量测定〕色谱条件与系统适用性试验:用十八烷基硅烷键合硅胶为填充剂,0.025mol/L 磷酸二氢钾溶液 - 甲醇(50:50)为流动相,检测波长为 340nm。理论板数按盐酸巴马汀峰计算应不低于 1 200。

对照品溶液的制备:精密称取盐酸巴马汀对照品适量,加甲醇制成每 1ml 含 30μg 的溶液,即得。

供试品溶液的制备:取本品装量差异项下的内容物,混匀,取 2g,精密称定,置 10ml 量瓶中,加甲醇溶解并稀释至刻度,密塞,剧烈振摇,超声处理 5 分钟,离心,取上清液,即得。

测定法:分别精密吸取对照品溶液与供试品溶液各 5μl,注入液相色谱仪,测定,即得。

本品每 1g 含金果榄以盐酸巴马汀($C_{21}H_{55}NO_4 \cdot HCl$)计,不得少于 0.19mg。

(三) 气雾剂与喷雾剂

气雾剂系指药物原料与适宜的抛射剂共同封装在具有特制阀门装置的耐压容器中,使用时借助抛射剂的压力将内容物喷出呈雾状、泡沫状或其他形态的制剂。不含抛射剂,借助手动泵的压力或其他方法将内容物以雾状等形态喷出的制剂称为喷雾剂。

1. 一般质量要求

(1) 破损与漏气检查:将成品放入有盖的铁丝篓内,浸没于40℃±1℃的水浴中1小时(或55℃,30分钟),取出冷至室温,拣去破裂及塑料保护不紧密的废品。漏气检查:将成品称重,在室温直立72小时以上,再称重,然后计算每瓶漏气的重量。

(2) 非定量阀门气雾剂:应作喷射速率和喷出总量检查。

喷射速率:取供试品4瓶,除去帽盖,分别揿压阀门喷射数秒钟后,擦净,精密称定,将其浸入恒温水浴(25℃±1℃)中30分钟,取出,擦干。除另有规定外,揿压阀门持续准确喷射5秒钟,擦净,分别精密称定,然后再放入恒温水浴(25℃±1℃)中,按上法重复操作3次,计算每瓶的平均喷射速率(g/s),均应符合各品种项下的规定。

喷出总量:取供试品4瓶,除去帽盖,精密称定,在通风橱内,分别揿压阀门连续喷射于已加入适量吸收液的容器中,直至喷尽为止,擦净,分别精密称定。每瓶喷出量均不得少于标示装量的85%。

凡进行每揿主药含量检查的气雾剂,不再进行每揿喷量检查。

(3) 定量阀门气雾剂:应作每瓶总揿次、每揿喷量或每揿主药含量检查。

每瓶总揿次:取供试品4瓶,除去帽盖,充分振摇,在通风橱内,分别揿压阀门连续喷射于已加入适量吸收液的容器内(注意每次喷射间隔5秒并缓缓振摇),直至喷尽为止,分别计算喷射次数,每瓶总揿次均不得少于其标示总揿次。

每揿喷量:取供试品4瓶,除去帽盖,分别揿压阀门试喷数次后,擦净,精密称定,揿压阀门喷射1次,擦净,再精密称定。前后两次重量之差为1个喷量。按上法连续测出3个喷量;不计重量揿压阀门连续喷射10次,再按上法连续测出3个喷量;再不计重量揿压阀门连续喷射10次,最后再按上法测出4个喷量。计算每瓶10个喷量的平均值。除另有规定外,应为标示喷量的80%~120%。

每揿主药含量:取供试品1瓶,充分振摇,除去帽盖,试喷5次,用溶剂洗净套口,充分干燥后,倒置药瓶于加入一定量吸收液的适宜烧杯中,将套口浸入吸收液面下(至少2.5cm),除另有规定外,喷射10次或20次(注意每次喷射间隔5秒并缓缓振摇),取出药瓶,用吸收液洗净套口内外,合并吸收液,按各品种含量测定项下的方法测定,所得结果除以取样喷射次数,即为平均每揿主药含量,应符合各品种项下的有关规定。

吸入用混悬型气雾剂和喷雾剂应作粒度检查:取供试品1瓶,充分振摇,除去帽盖,试喷数次,擦干,取清洁干燥的载玻片一块,置距喷嘴垂直方向5cm处喷射一次,用约2ml四氯化碳小心冲洗载玻片上的喷射物,吸干多余的四氯化碳,待干燥,盖上盖玻片,移置具有测微尺的400倍显微镜下检视,上下左右移动,检查25个视野,计数,药物粒径应在5μm以下,粒径大于10μm的粒子不得过10粒。

(4) 喷雾剂:应作喷射试验和装量检查。

喷射试验:取供试品4瓶,除去帽盖,分别揿压试喷数次后,擦净,精密称定,除另有规定外,揿压喷射5次,擦净,分别精密称定,按上法重复操作3次,计算每瓶每揿平均喷射量,均应符合各品种项下规定。

装量:照最低装量检查法检查,应符合规定。

2. 分析特点　气雾剂的给药是通过手揿压并借助抛射剂实现的,因此在质量分析时需注意将其中抛射剂排除后进行。

【示例 11-25】复方丹参喷雾剂(复方丹参气雾剂)

〔主要组成〕丹参、三七、冰片。

〔制法〕以上三味,丹参加乙醇回流提取 1.5 小时,滤过,滤液回收乙醇并浓缩至适量,备用;药渣加 50% 乙醇回流提取 1.5 小时,滤过,滤液回收乙醇并浓缩至适量,备用;药渣加水煎煮 2 小时,煎液滤过,滤液合并,浓缩至适量,与上述各浓缩液合并,减压干燥,粉碎成细粉,备用。三七用 70% 乙醇回流提取三次,每次 1.5 小时,滤过,滤液合并,回收乙醇,减压干燥,粉碎成细粉,与丹参提取物细粉合并,用乙醇 625ml 分三次回流提取,每次 1.5 小时,提取液放冷后滤过,合并滤液,加入冰片使溶解,加乙醇至 650ml,加丙二醇 325ml、香蕉香精 6.25ml,加乙醇调整总量至 1 000ml,混匀,放置,滤过,分装,即得。

〔性状〕本品为红橙色至红褐色的澄明液体;气芳香,味苦而后甜。

〔鉴别〕(1) 取本品,作为供试品溶液。另取丹参酮 II_A 对照品、冰片对照品,分别加乙酸乙酯制成每 1ml 含 1mg 的溶液,作为对照品溶液。照薄层色谱法(通则 0502)试验,吸取上述三种溶液各 2~4μl,分别点于同一硅胶 G 薄层板上,以甲苯 - 乙酸乙酯(19∶1)为展开剂,展开,取出,晾干。供试品色谱中,在与丹参酮 II_A 对照品色谱相应的位置上,显相同颜色的斑点;喷以 2% 香草醛硫酸溶液,在 110℃加热至斑点显色清晰,供试品色谱中,在与冰片对照品色谱相应的位置上,显相同颜色的斑点。

(2) 取本品 5ml,蒸至近干,加水 20ml,搅拌使溶解,加乙醚提取 2 次,每次 20ml,弃去乙醚液,水液用水饱和的正丁醇提取 2 次,每次 20ml,合并正丁醇提取液,用氨试液 25ml 洗涤,弃去氨试液,再用正丁醇饱和的水洗涤 2 次,每次 25ml,取正丁醇液,浓缩至干,残渣加甲醇 1ml 使溶解,作为供试品溶液。另取三七对照药材 0.5g,加甲醇 15ml,超声处理 15 分钟,滤过,滤液蒸干,残渣加甲醇 1ml 使溶解,作为对照药材溶液。再取三七皂苷 R_1 对照品及人参皂苷 Rb_1 对照品、人参皂苷 Rg_1 对照品,分别加甲醇制成每 1ml 含 1mg 的溶液,作为对照品溶液。照薄层色谱法(通则 0502)试验,吸取供试品溶液 1~2μl,对照药材溶液和对照品溶液各 1μl,分别点于同一硅胶 G 薄层板上,以三氯甲烷 - 甲醇 - 水(13∶7∶2)10℃以下放置分层的下层溶液为展开剂,展开,取出,晾干,喷以 10% 硫酸乙醇溶液,在 110℃加热至斑点显色清晰。供试品色谱中,在与对照药材色谱相应的位置上,显相同的紫红色主斑点;在与对照品色谱相应的位置上,显相同颜色的斑点。

〔检查〕pH:应为 4.5~5.5(通则 0631)。

喷射试验:取本品,依法检查(通则 0112),每瓶每揿平均喷射量均不得少于 85.0mg。

其他:应符合喷雾剂项下有关的各项规定(通则 0112)。

〔含量测定〕照高效液相色谱法(通则 0512)测定。

色谱条件与系统适用性试验:以十八烷基硅烷键合硅胶为填充剂;以甲醇 - 水(73∶27)为流动相;检测波长为 270nm。理论板数按丹参酮 II_A 峰计算应不低于 2 000。

对照品溶液的制备:取丹参酮 II_A 对照品适量,精密称定,置棕色量瓶中,加甲醇制成每 1ml 含

20μg 的溶液,即得。

供试品溶液的制备:精密量取本品 1ml,置 10ml 棕色量瓶中,加甲醇至刻度,摇匀,即得。

测定法:分别精密吸取对照品溶液 10μl 与供试品溶液 5~10μl,注入液相色谱仪,测定,即得。

本品每 1ml 含丹参以丹参酮 II$_A$(C$_{19}$H$_{18}$O$_3$)计,不得少于 0.30mg。

(四) 滴丸剂

滴丸剂系指饮片经适宜的方法提取、纯化后与适宜的基质加热熔融混匀,滴入不相混溶的冷凝介质中制成的球形或类球形制剂。

1. 一般质量要求

(1) 性状:滴丸剂应圆整均匀,色泽一致,无粘连现象,表面无冷凝介质黏附。

(2) 重量差异或装量差异:滴丸剂应作重量差异检查,检查法及重量差异限度应符合《中国药典》的规定。单剂量包装的滴丸剂,应按照《中国药典》进行装量差异检查并符合规定。包糖衣的滴丸应检查丸芯的重量差异并符合规定,包糖衣后不再检查。包薄膜衣滴丸应在包衣后检查重量差异并符合规定;凡进行装量差异检查的单剂量包装滴丸剂,不再检查重量差异。

(3) 溶散时限:应照《中国药典》崩解时限检查法检查滴丸剂溶散时限,除另有规定外,溶散时限应符合《中国药典》的规定。

2. 分析特点　滴丸常用的基质有水溶性基质,如聚乙二醇(6 000、4 000)、硬脂酸钠、甘油等;非水溶性基质,如硬脂酸、虫蜡、蜂蜡、植物油等。基质的存在对滴丸的分析影响较大,在分析前,必须先将基质与待测成分分离,方法与栓剂基本一样。此外,应注意薄膜衣丸需压破包衣。

【示例 11-26】复方丹参滴丸

〔主要组成〕丹参、三七、冰片。

〔制法〕以上三味,冰片研细;丹参、三七加水煎煮,煎液滤过,滤液浓缩,加入乙醇,静置使沉淀,取上清液,回收乙醇,浓缩成稠膏,备用。取聚乙二醇适量,加热使熔融,加入上述稠膏和冰片细粉,混匀,滴入冷却的液体石蜡中,制成滴丸,或包薄膜衣,即得。

〔性状〕本品为棕色的滴丸,或为薄膜衣滴丸,除去包衣后显黄棕色至棕色;气香,味微苦。

〔鉴别〕(1) 取本品 40 丸,薄膜衣丸压破包衣,加无水乙醇 10ml,超声处理 10 分钟,滤过,滤液作为供试品溶液。另取冰片对照品,加无水乙醇制成每 1ml 含 1mg 的溶液,作为对照品溶液。吸取上述两种溶液各 5~10μl,分别点于同一硅胶 G 薄层板上,以环己烷 - 乙酸乙酯(17:3)为展开剂,展开,取出,晾干,喷以 1% 香草醛硫酸溶液,在 105℃加热至斑点显色清晰。供试品色谱中,在与对照品色谱相应的位置上,显相同颜色的斑点。

(2) 取本品 20 丸,置离心管中,加入稀氨溶液(取浓氨试液 8ml,加水使成 100ml,混匀)9ml,超声处理使溶解,离心,取上清液,通过 D101 型大孔吸附树脂柱(内径为 0.7cm,柱高为 5cm),用水 15ml 洗脱,弃去水洗脱液,再用甲醇洗脱,弃去初洗脱液约 0.4ml,收集续洗脱液约 5ml,浓缩至约 2ml,作为供试品溶液。另取三七对照药材 0.5g,同法(超声处理时间为 15 分钟)制成对照药材溶液。再取三七皂苷 R$_1$、人参皂苷 Rb$_1$、人参皂苷 Rg$_1$、人参皂苷 Re 对照品,加甲醇制成每 1ml 含三七皂苷 R$_1$1mg、人参皂苷 Rb$_1$、人参皂苷 Rg$_1$ 和人参皂苷 Re 各 0.5mg 的混合溶液,作为对照品溶液。吸取供试品溶液 4~10μl、对照药材溶液和对照品溶液各 2~4μl,分别点于同一高效硅胶 G 薄层板上,

以三氯甲烷 - 甲醇 - 水(13∶7∶2)10℃以下放置的下层溶液为展开剂,展开,展距 12cm 以上,取出,晾干,喷以 10% 硫酸乙醇溶液,在 105℃加热至斑点显色清晰,分别在日光和紫外光灯(365nm)下检视。供试品色谱中,在与对照药材色谱和对照品色谱相应的位置上,日光下显相同颜色的斑点,紫外光下显相同颜色的荧光斑点。

(3) 取本品 15 丸,置离心管中,加水 1ml 和稀盐酸 2 滴,振摇使溶解,加入乙酸乙酯 3ml,振摇 1 分钟后离心 2 分钟,取上清液作为供试品溶液。另取丹参素钠对照品,加 75% 甲醇制成每 1ml 含 1mg 的溶液,作为对照品溶液。吸取供试品溶液 10μl、对照品溶液 2μl,分别点于同一硅胶 G 薄层板上,以三氯甲烷 - 丙酮 - 甲酸(25∶10∶4)为展开剂,展开,取出,晾干,置氨蒸气中熏 15 分钟后,显淡黄色斑点,放置 30 分钟后置紫外光灯(365nm)下检视。供试品色谱中,在与对照品色谱相应的位置上,显相同颜色的荧光斑点。

〔检查〕应符合滴丸剂项下有关的各项规定(通则 0108)。

〔指纹图谱〕"含量测定"项下的供试品色谱图中,应呈现八个与对照指纹图谱(图 11-7)相对应的特征峰,按中药色谱指纹图谱相似度评价系统计算,供试品指纹图谱与对照指纹图谱的相似度不得低于 0.90。

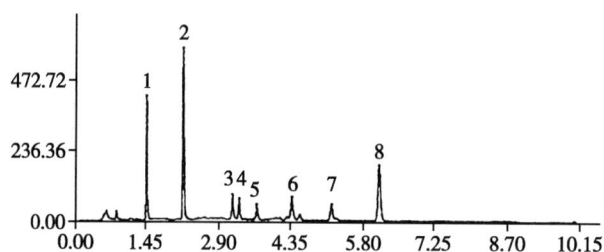

● 图 11-7 复方丹参滴丸对照指纹图谱
峰 1:丹参素。

〔含量测定〕照高效液相色谱法(通则 0512)测定。

色谱条件与系统适用性试验:用 Waters Acquity UP-LC™ HSS T3(柱长为 100mm,内径为 2.1mm,1.8μm)色谱柱,以含 0.02% 磷酸的 80% 乙腈溶液为流动相 A,以 0.02% 磷酸溶液为流动相 B,进行梯度洗脱(1~1.6 分钟,9% → 22%A;1.6~1.8 分钟,22% → 26%A;1.8~8.0 分钟,26% → 39%A;8.0~8.4 分钟,39% → 9%A;8.4~10 分钟,9%A);流速为 0.4ml/min;检测波长为 280nm;柱温为 40℃。理论板数按丹参素峰计算应不低于 8 000。

对照品溶液的制备:取丹参素钠对照品适量,精密称定,加 75% 甲醇制成每 1ml 含 0.16mg 的溶液(相当于每 1ml 含丹参素 0.144mg),即得。

供试品溶液的制备:取本品 10 丸,精密称定,置 10ml 量瓶中,加水适量,超声处理(功率 120W,频率 40kHz)15 分钟使溶解,放冷,加水至刻度,摇匀,滤过,取续滤液,即得。

测定法:分别精密吸取对照品溶液与供试品溶液各 2~4μl,注入液相色谱仪,测定,即得。

本品每丸含丹参以丹参素($C_9H_{10}O_5$)计,不得少于 0.10mg。

(邵 晶)

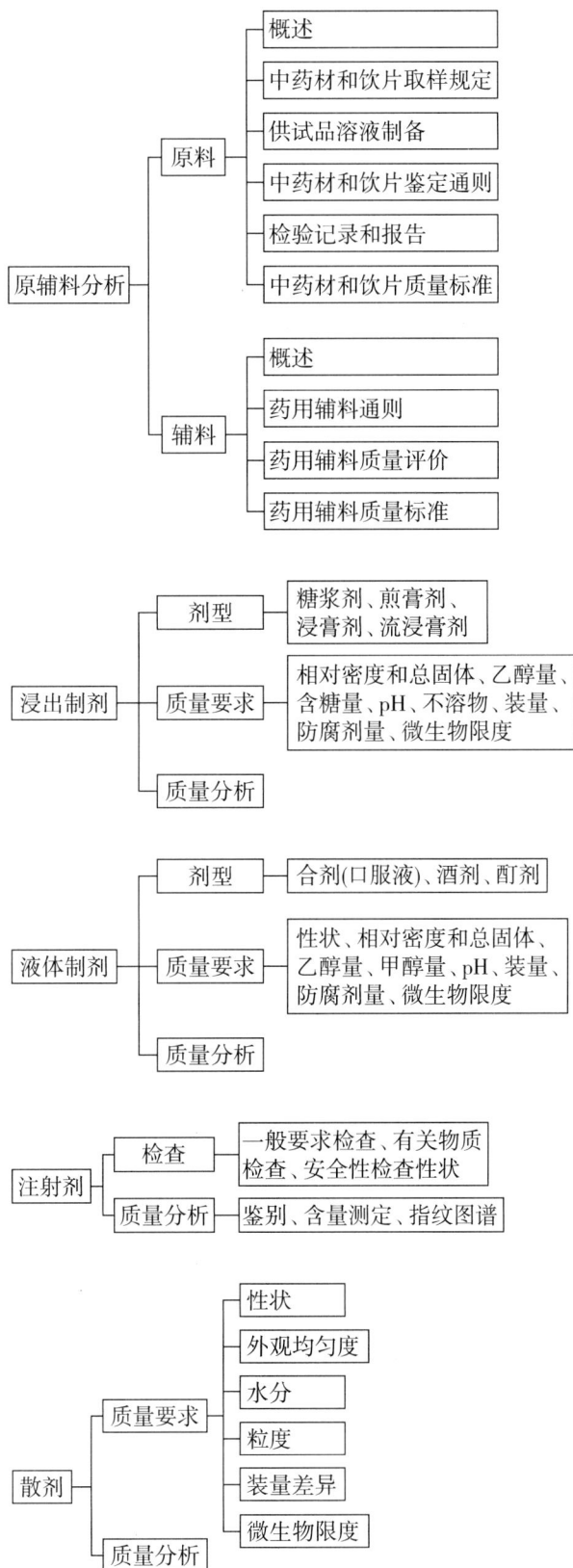

学习小结

```
                    ┌─ 概述
                    ├─ 中药材和饮片取样规定
              原料 ─┤─ 供试品溶液制备
              │     ├─ 中药材和饮片鉴定通则
              │     ├─ 检验记录和报告
原辅料分析 ──┤     └─ 中药材和饮片质量标准
              │
              │     ┌─ 概述
              辅料 ─┤─ 药用辅料通则
                    ├─ 药用辅料质量评价
                    └─ 药用辅料质量标准
```

```
              ┌─ 剂型 ─── 糖浆剂、煎膏剂、浸膏剂、流浸膏剂
              │
浸出制剂 ──┤─ 质量要求 ─ 相对密度和总固体、乙醇量、含糖量、pH、不溶物、装量、防腐剂量、微生物限度
              │
              └─ 质量分析
```

```
              ┌─ 剂型 ─── 合剂(口服液)、酒剂、酊剂
              │
液体制剂 ──┤─ 质量要求 ─ 性状、相对密度和总固体、乙醇量、甲醇量、pH、装量、防腐剂量、微生物限度
              │
              └─ 质量分析
```

```
            ┌─ 检查 ───── 一般要求检查、有关物质检查、安全性检查性状
注射剂 ──┤
            └─ 质量分析 ─ 鉴别、含量测定、指纹图谱
```

```
              ┌─ 质量要求 ┬─ 性状
              │           ├─ 外观均匀度
              │           ├─ 水分
散剂 ──────┤           ├─ 粒度
              │           ├─ 装量差异
              │           └─ 微生物限度
              └─ 质量分析
```

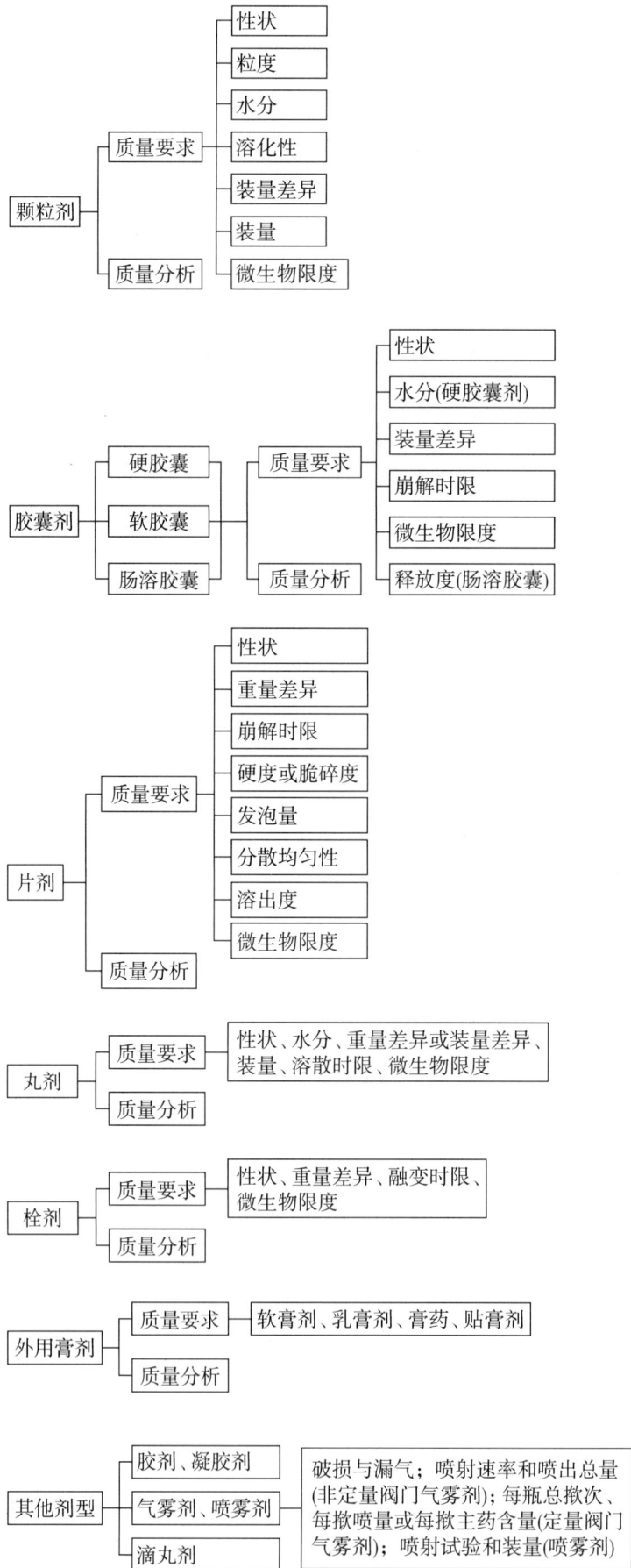

```
                                    ┌─ 性状
                                    ├─ 粒度
                                    ├─ 水分
                    ┌─ 质量要求 ─────┼─ 溶化性
          颗粒剂 ───┤                ├─ 装量差异
                    │                ├─ 装量
                    └─ 质量分析 ─────┴─ 微生物限度


                                                    ┌─ 性状
                                                    ├─ 水分(硬胶囊剂)
                    ┌─ 硬胶囊                        ├─ 装量差异
                    │              ┌─ 质量要求 ──────┤
          胶囊剂 ───┼─ 软胶囊 ─────┤                ├─ 崩解时限
                    │              │                ├─ 微生物限度
                    └─ 肠溶胶囊     └─ 质量分析 ──────┴─ 释放度(肠溶胶囊)


                                    ┌─ 性状
                                    ├─ 重量差异
                                    ├─ 崩解时限
                    ┌─ 质量要求 ─────┼─ 硬度或脆碎度
          片剂 ─────┤                ├─ 发泡量
                    │                ├─ 分散均匀性
                    │                ├─ 溶出度
                    └─ 质量分析 ─────┴─ 微生物限度


                    ┌─ 质量要求 ───── 性状、水分、重量差异或装量差异、
          丸剂 ─────┤                 装量、溶散时限、微生物限度
                    └─ 质量分析


                    ┌─ 质量要求 ───── 性状、重量差异、融变时限、
          栓剂 ─────┤                 微生物限度
                    └─ 质量分析


                    ┌─ 质量要求 ───── 软膏剂、乳膏剂、膏药、贴膏剂
          外用膏剂 ─┤
                    └─ 质量分析


                    ┌─ 胶剂、凝胶剂       破损与漏气;喷射速率和喷出总量
          其他剂型 ─┼─ 气雾剂、喷雾剂     (非定量阀门气雾剂);每瓶总揿次、
                    │                    每揿喷量或每揿主药含量(定量阀门
                    └─ 滴丸剂             气雾剂);喷射试验和装量(喷雾剂)
```

1. 试述每一包件药材和饮片的取样量原则。

2. 药材与饮片一般有哪些检查项目？

3. 中药材和饮片质量标准一般包括哪些项目？

4. 药用辅料功能性指标评价主要是针对哪些类型药用辅料？

5. 药用辅料质量标准一般包括哪些项目？

6. 糖浆剂、煎膏剂、浸膏剂和流浸膏剂、合剂、酒剂的一般检查项目分别包括哪些内容？

7. 液体中药制剂的分析特点是什么？常用的样品前处理方法有哪些？

8. 中药注射剂一般要求的检查项目有哪些？

9. 中药注射剂的有关物质检查包括哪些内容？

10. 中药注射剂的定量分析中,应如何选择含量测定指标？

11. 试论散剂与颗粒剂的质量分析异同点。

12. 简述颗粒剂的质量分析特点。

13. 简述颗粒剂溶化性检查方法。

14. 溶出度检查的意义是什么？

15. 简述片剂含量均匀度的检查方法。

16. 丸剂一般检测项目有哪些？丸剂的分析特点有哪些？

17. 栓剂一般检测项目有哪些？栓剂的分析特点有哪些？

18. 栓剂和滴丸剂的基质除去方法有哪些？

11章 同步练习

第十二章　中药制剂体内成分分析

学习目标

　　掌握生物样品的预处理方法、生物样品分析方法建立的一般步骤和分析方法验证的内容与要求。熟悉常用生物样品的种类、采集和贮存方法。了解生物样品内中药化学成分分析的特点。通过对生物样品内中药化学成分预处理方法选择、分析方法建立与验证等内容和要求的学习，探讨中药制剂药效物质，为建立科学合理的中药制剂质量控制方法奠定基础。

学前导语

　　中药制剂体内成分分析，主要是通过分析检测中药制剂化学成分在生物样品内的数量和质量变化，研究有效（毒）成分的体内过程（吸收、分布、代谢、排泄等），以获得其代谢动力学的各种参数，为临床合理应用提供依据。在学习过程中，应从中药应用的现状理解生物样品内中药化学成分分析的意义和特点，通过了解生物样品内中药化学成分的存在类型、内源性基质的种类及分析方法的要求，进而掌握生物样品具体的处理方法和生物样品分析方法建立的一般步骤，并通过具体实例分析，掌握生物样品分析方法验证的内容和要求。

第一节　概述

一、生物样品内中药化学成分分析的意义和任务

生物样品内的药物成分分析(biopharmaceutical analysis),又称体内药物分析,是一门研究生物机体中药物及其代谢物和内源性物质的质与量变化规律的分析方法学科,是随着生物药剂学、临床药理学的发展而建立起来的一门新兴学科。

目前,中药质量的评价除对中药本身进行鉴别、检查、含量测定外,人们的关注热点逐渐集中到中药所含的化学成分能否进入体内以及在体内变化的情况。随着快速及高灵敏度的现代分析技术的发展,研究中药在体内的吸收、分布和代谢过程与中药疗效的关系成为可能。生物样品内中药化学成分分析,主要研究中药化学成分在生物体内的吸收、分布、代谢及排泄,通过分析中药化学成分在生物体内质和量的变化,获得药物代谢动力学各项参数及中药成分在机体的代谢规律,从而为中药生产、中药新药研发及临床应用作出正确评价。可以说,进行生物样品内中药化学成分分析,对于中药的研制生产、临床试验、作用机制的探讨、质量评价等方面都具有十分重要的意义。

生物样品内中药成分分析的任务包括以下四个方面。

(1) 体内药物分析方法学研究:安全、有效、合理的分析方法是进行生物样品内中药成分分析的关键。中药本身所含化学成分复杂且多数为微量成分,进入生物体内产生的代谢产物更加复杂,含量更少,对样品预处理方法和检测方法的灵敏度、专属性和可靠性程度要求较高。

(2) 中药中化学成分的药物代谢动力学研究:药物代谢动力学简称药代动力学或药动学,中药中化学成分的药动学研究主要是运用体内药物分析研究方法,定量研究各类化学成分在生物体内吸收、分布、代谢和排泄的过程,并采用数学原理和方法阐述各成分在机体内的动态规律。中药创新药物研发过程中,药代动力学研究与药效学和毒理学研究处于同样重要的地位。

(3) 临床治疗药物监测:治疗药物监测是在药代动力学原理的指导下,应用现代化的分析技术,测定血液中或其他体液中药物浓度,用于药物治疗的指导与评价。需要进行治疗药物监测的药物包括①有效血药浓度范围窄,即稍高毒性大,稍低无疗效的药物;②剂量小,毒性大的药物;③个体差异大,剂量难以控制的药物;④药物毒性反应与疾病症状相似的药物;⑤多种药物合并应用,有中毒危险的药物;⑥用于患有胃肠道、肝脏、肾脏疾病患者的药物;⑦呈非线性动力学的药物。另外,通过临床治疗药物监测还可判断患者用药的依从性。

(4) 生物体内内源性物质的研究:生物体内的内源性小分子物质,如氨基酸、肌酐、尿酸、尿嘧啶、氨基丁酸、3-羟基丁酸盐、核苷酸、类固醇等,在机体生理条件下处于一定的浓度范围,超出正常范围提示机体可能处于病理状态,在中药的作用下,这些小分子在体内的含量可能发生显著变化。因此,通过代谢组学的方法分析内源性小分子的含量变化,找出相应的生物标志物,对于某些疾病的诊断和治疗及中药作用机制的研究具有重要作用。

药物与血浆蛋白的结合

药物进入机体,经过吸收入血后,原型成分及其代谢产物能够与血浆蛋白不同程度地结合,因此血液中会同时含有游离型、结合型的药物及其代谢产物。药物与血浆蛋白的结合是可逆的、非特异性的,结合型药物分子量增大,不能跨膜转运、代谢和排泄,并暂时失去药理活性,某些药物可在血浆蛋白结合部位上发生竞争排挤现象。

药物与血浆蛋白的结合率受药物浓度、血浆蛋白的种类和数量及解离常数的影响,不同的药物具有不同的结合率且结合率随剂量增大而减少。由于血浆蛋白数量有限,当结合率高的药物在结合部位达到饱和后,如继续增加药量,将导致血浆中游离型药物浓度大增,引起毒性反应。

二、生物样品内中药化学成分分析的特点

1. 干扰成分多　中药制剂所含化学成分组成复杂,除待测成分外,其他进入体内的化学成分以及生物样品中含有的内源性物质如蛋白质、磷脂、脂肪、尿素等,都可能干扰测定。因此,生物样品均需经过分离净化后才能进行分析。

2. 生物样品量少　供分析测定的生物样品量少,多需在特定条件下采集,不易重复获得,且生物样品内中药化学成分种类复杂、含量低、浓度变化幅度大,需经分离、浓缩、富集以适应分析方法的要求。

3. 生物样品内中药化学成分存在形式多样　一般有原型、结合型、代谢物、缀合物等,应根据测定需要采用适当方法进行预处理。

4. 生物样品稳定性差　生物样品采集后如不能立即分析,要采用适当的方法贮存。

5. 分析方法要求高　生物样品中被测成分浓度低,一般在 ng/ml~μg/ml 之间,在净化后需要浓缩、富集以适应分析方法和分析条件的要求。

体内药物分析研究热点

目前,体内药物分析的研究热点主要包括:①游离型血药浓度测定方法学研究;②体内微量元素的测定研究;③体内对映体药物的研究;④中药成分代谢分析;⑤不经预处理的直接进样测定技术研究;⑥微透析技术的研究;⑦在体药物检测技术的研究。

第二节　生物样品的采集与贮存

一、生物样品的种类

生物样品是指来自生物机体的各种体液及组织样品,包括血液、尿液、唾液、头发,脏器组织、乳汁、精液、脑脊液、泪液、胆汁、胃液、胰液、淋巴液及粪便等,在体内分析中常用的是血液(包括血浆,血清和全血)、尿液、唾液与脏器组织。

(一)血样

血液样品包括血浆、血清和全血,可以较好地体现药物浓度和疗效之间的关系,主要用于药物动力学、血清药物化学、临床治疗药物浓度监测与代谢组学等的研究。血药浓度通常指血清或血浆中的药物浓度,而不是全血药物浓度。药物中的化学成分在体内达到稳态血药浓度时,血浆中的药物浓度可以反映药物在体内作用部位的情况。因此,血浆是最常用的生物样品。

(二)尿液

尿液主要成分是水、含氮化合物及盐类。体内药物清除主要是通过尿液以原型、代谢产物或缀合物等形式排出,主要用于药物剂量回收、药物尿清除率、生物利用度、代谢组学的研究。

(三)唾液

当一些药物的唾液药物浓度与血浆游离药物浓度密切相关时,可以利用测定唾液药物浓度代替血浆药物浓度监测。唾液样品也可用于药物代谢动力学的研究。

(四)组织

在通过动物试验研究药物体内分布状态及药物服用过量引起中毒死亡时,常采集心、肝、胃、肾、肺、脑及肌肉等组织作为测定对象,提供药动学参数或其他信息。组织样品在测定前均需匀浆,再用适当方法萃取其中的药物成分。

二、生物样品的采集

(一)血液

1. 血样的采集　动物实验时可直接从静脉、动脉或心脏取血,人体取血通常采集静脉血。根据血中药物浓度、分析方法灵敏度、临床或动物实验的要求,一般每次采血 1~5ml,且以采血量不超过动物总血量的 1/10 为宜。静脉取血时,通常是直接将注射器针头插入静脉血管内抽取,将抽取的血液移至试管或其他容器时,注意不要用力压出,最好取下针头后轻轻推出,以防血细胞破裂将血浆或血清染成红色。

2. 血样的制备　血浆和血清是体内药物分析最常用的样本,其中的化学成分与组织液相近,内含药物直接与组织液接触并达到平衡,测定血浆或血清中的药物浓度比全血中的药物浓度更能反映作用部位药物浓度变化,与药物的临床治疗作用有较好的对应关系。全血含有血细胞,药物在血细胞内与血浆中的浓度比由于受各种因素的影响而发生变化;同时,血细胞膜及红细胞中的血红蛋白会干扰药物浓度的测定,故全血中的药物浓度不能作为作用部位药物浓度的可靠指标。

(1) 血浆的制备:将采集的血液置于含有抗凝剂的离心管中,混合后以 2 500~3 000r/min 离心 5~10 分钟,所得淡黄色上清液即为血浆。血浆的量约为全血的 50%~60%,多数研究者常用血浆进行分析测定。若血浆中含有的抗凝剂对药物浓度测定有影响时,则应使用血清样品。

制备血浆时最常用的抗凝剂是肝素。肝素是一种含硫酸的黏多糖,常用其钠盐、钾盐。肝素是体内正常生理成分,不会改变血样的化学组成或引起药物的变化。其他抗凝剂如 EDTA、枸橼酸盐,会与血液中的 Ca^{2+} 结合,可能引起被测组分发生变化或干扰某些药物的测定,所以不常使用。

(2) 血清的制备:将采集的血液置于离心管中,放置 0.5~1 小时即得。血液置于体外会激活一系列凝血因子,血中的纤维蛋白原形成纤维蛋白,血液逐渐凝固,再以 2 500~3 000r/min 离心 5~10 分钟,上层澄清的淡黄色液体即为血清。血清为全血的 20%~40%。

血浆与血清的主要区别是血浆中含有一种纤维蛋白原,这种纤维蛋白原几乎不与药物结合,因此,血浆与血清中的药物浓度是相同的。目前,作为血药浓度测定的样品,血浆和血清均可选用。无论是采用血浆还是血清,血药浓度都是指血浆或血清中的药物总浓度(游离型药物和结合型药物的总浓度)。

(3) 全血的制备:将采集的血液置于含有抗凝剂的试管中,不经离心操作,保持血浆和血细胞混合在一起,则称为全血。全血样品放置或自贮存处取出解冻之后,可明显分为上、下两层:上层为血浆,下层为血细胞,轻微摇动即可混匀。某些情况下,由于血浆内药物浓度波动太大难以控制,或因血浆药物浓度很低而影响测定,也可考虑使用全血样品。

(二) 尿液

尿液的采集属于非损伤性采样方式,所以操作方便,但由于易受食物种类、饮水量、排汗情况等影响,常使尿药浓度变化较大,所以通常测定一定时间内尿液中的药物总量。

尿液中药物浓度的改变不能直接反映血药浓度,即与血药浓度相关性差;受试者的肾功能正常与否直接影响药物排泄,因而肾功能不良者不宜采用尿样;婴儿或动物的排尿时间难于以掌握;尿液不易采集完全且不易保存,这些是尿样的缺点。

健康人排出的尿液是淡黄色或黄褐色的,成人一日排尿量为 1~5L,尿液相对密度 1.105~1.020,pH 为 4.8~8.0。尿样放置后会析出盐类,同时伴有细菌繁殖、固体成分的崩解,会使尿液变混浊。因此,尿样中必须加入适当防腐剂来保存。

(三) 唾液

唾液样品易收集,病人易接受,与血浆或血清相比,可避免针头穿刺血管时引起的感染,是一种非伤害性方法。唾液是由腮腺、舌下腺和颌下腺三个主要的唾液腺分泌汇集而成的混合液体,分泌量每天大约 1 200ml,pH 范围为 6.2~7.4。

唾液采集不受时间、地点限制,一般在漱口后 15 分钟左右,应尽可能在刺激少的安静状态下进行,用插入漏斗的试管接收口腔内自然流出的唾液。采集的时间至少要 10 分钟。唾液样品采集后,应立即测量其除去泡沫部分的体积,放置后分成泡沫部分、透明部分及乳白色沉淀部分三层。分层后,以 3 000r/min 离心 10 分钟,取上清液作为药物浓度测定的样品,可以供直接测定或冷冻保存。

(四) 组织

组织样品采集后均需制成匀浆,再用适当方法提取其中的中药成分。

1. 匀浆化法　向组织检材中加入一定量的水或缓冲液,在刀片式匀浆机中搅拌,制成匀浆,再采用适当方法萃取分离待测成分。

2. 沉淀蛋白法　向组织匀浆中加入甲醇、乙腈、高氯酸、三氯醋酸等沉淀剂,沉淀蛋白质后取上清液供萃取用。该法操作简单,加蛋白沉淀剂所得上清液通常清澈透明,萃取后制得的样品测试液干扰物质较少,因此常被采用,但有些药物、毒物回收率低。

3. 酸水解或碱水解法　向组织匀浆中加入一定量的酸或碱,置水浴中加热,待组织液化后,滤过或离心,取上清液供萃取用。酸或碱水解法只适合在热酸或热碱条件下稳定的少数药物和毒物。

4. 酶水解法　组织匀浆中加入一定量酶和缓冲液,置水浴上水解一定时间,待组织液化后,滤过或离心,取上清液供萃取用。最常用的酶是蛋白水解酶中的枯草菌溶素。它不仅可使组织溶解,并可使待测物析出。酶解法的优点是:可避免某些药物在酸及高温下降解;对与蛋白质结合紧密的药物,可显著改善回收率;可用有机溶剂直接提取酶解液而无乳化现象;当采用 HPLC 法检测时,无须再进行过多的净化操作。酶解法不适用于在碱性环境下易水解的成分。

三、生物样品的贮存

由于实验设计的要求,如药物代谢动力学研究时要做血药浓度 - 时间曲线,在一定时间内必须采集大量的血液样品。然而受样品预处理和分析速度的限制,往往不能做到边采样边测定,需要将部分样品适当贮存。冷藏或冷冻是最常用的保存方法。冷冻的样品测定时需临时解冻。解冻后的样品应一次性测定完毕,不要反复冷冻 - 解冻,以防待测物含量下降。如果采集的样品不能一次性地测定完毕,则应以小体积分装贮存,每次按计划取一定数量进行测定。冷冻(贮存温度低于 -20℃)既可以降低或消除样品中酶的活性,又可以贮存样品。特殊情况需在 -80~-60℃保存。不同种类生物样品的具体贮藏方法如下:

1. 血浆和血清　血浆和血清都需要在采血后及时分离,最迟不超过 2 小时,分离后置于硬质玻璃试管中完全密封,再置冰箱或冷冻柜中保存。短期保存时,可冷藏(4℃),长期保存时,须冷冻(-20℃)。

2. 尿样　尿样采集后应立即测定。若收集的尿液不能立即测定时,应加入防腐剂置冰箱中保存。常用防腐剂有甲苯、二甲苯、三氯甲烷及醋酸等。这是利用甲苯、二甲苯、三氯甲烷可以在尿液的表面形成薄膜,隔绝空气;醋酸可以改变尿液的酸碱性来抑制细菌的生长。保存时间在 24~36 小时,可冷藏(4℃);长时间保存时,应冷冻(-20℃)。

3. 唾液　唾液中含有黏蛋白,唾液的黏度由黏蛋白的含量多少而定。黏蛋白是在唾液分泌后,受唾液中酶催化而生成的。为阻止黏蛋白的生成,应将唾液在4℃以下保存。唾液在保存过程中,会放出二氧化碳而使 pH 升高,因此,需要测定唾液 pH 时以新鲜取样为好。经冷冻保存的唾液,解冻后有必要将容器内唾液充分搅匀后再测定,否则结果会产生误差。

第三节　生物样品预处理

分析生物样品内中药化学成分及其代谢物时,一般在测定之前要采取适当的方法进行样品预处理,即需经过分离、净化、浓集得到生物样品溶液,为待测物的测定创造良好条件。由于中药化学成分在体内存在形式不同、理化性质差异大、待测物浓度低,生物基质组成复杂,对于生物样品的预处理很难制定固定的程序和方式,须结合测定的实际要求,采取恰当的预处理技术。

一、离线生物样品预处理方法

生物样品的预处理主要包括:去除蛋白、净化与富集、缀合物的水解等内容。

(一) 去除蛋白质方法

在测定血样及组织样品时,首先应去除蛋白质。通过去除蛋白质可使结合型的待测成分释放出来,以便测定待测成分的总浓度;可避免分离净化过程中蛋白质发泡,减少乳化;还可以保护仪器和色谱柱不被污染,延长使用期限。去除蛋白的常用方法有以下几种。

1. 加入与水相混溶的有机溶剂　加入水溶性的有机溶剂,可使蛋白质的分子内及分子间氢键发生变化而使蛋白质凝聚,使与蛋白质结合的待测成分释放出来。常用的有机溶剂有乙腈、甲醇、乙醇、丙醇、四氢呋喃等,含药的血清或血浆与有机溶剂的体积比为 1:1~1:3 时,就可以将90% 以上的蛋白质除去,超速离心机(10 000~14 000r/min) 离心 1~2 分钟,取上清液作为样品溶液直接进样分析。

乙腈和甲醇与高效液相色谱中的流动相相同,为最常用的沉淀蛋白质的有机溶剂。乙腈沉淀蛋白为块状絮凝物,易于分离,成分损失可能性大,上清液 pH 为 8.5~9.5。甲醇沉淀蛋白为细小颗粒沉淀,不易分离,成分损失可能性小,上清液 pH 为 8.5~9.5。

2. 加入中性盐　中性盐可使溶液的离子强度发生变化,将与蛋白质水合的水分子置换出来,从而使蛋白质脱水而沉淀。常用的中性盐有:饱和硫酸铵、硫酸钠、镁盐、磷酸盐及枸橼酸盐等。血清与饱和硫酸铵比例为 1:2 时除去 90% 以上的蛋白质,超速离心后上清液 pH 7.0~7.7。

3. 加入强酸　当溶液 pH 低于蛋白质的等电点时,蛋白质以阳离子形式存在。此时加入强酸,可与蛋白质阳离子形成不溶性盐而沉淀。常用的强酸有 10% 三氯醋酸、6% 高氯酸、硫酸 – 钨酸混合液及 5% 偏磷酸等。含待测成分血浆或血清与强酸的比例为 1:0.6 混合,可以除去 90% 以上的蛋白质,超速离心后上清液 pH 0~4。

4. 加入含锌盐及铜盐的沉淀剂　当溶液 pH 高于蛋白质的等电点时,金属阳离子与蛋白质分子中带负电荷的羧基形成不溶性盐而沉淀。常用的沉淀剂有 $CuSO_4$-Na_2WO_4、$ZnSO_4$-NaOH 等。含药血浆或血清与沉淀剂的比例为 1∶1~1∶3 时,可以将 90% 以上蛋白质除去,超速离心后以上两种沉淀剂所得上清液 pH 分别为 5.7~7.3 和 6.5~7.5。

5. 超滤法　超滤法是以多孔性半透膜(超滤膜)作为分离介质的一种膜分离技术。分子量截留值在 5 万左右的超滤膜滤过可将分子量大的血浆蛋白以及结合了药物的血浆蛋白分离,适用于测定超滤液中游离待测成分的浓度。

与通常的分离方法相比,超滤法不需要加热,不需要添加化学试剂,操作条件温和,没有相态变化,具有破坏待测成分的可能性小,能量消耗少,工艺流程短,从样本处理到测定结束耗时仅 1~1.5 小时,且结果稳定、可靠,已成为游离待测成分的首选方法。因所需血样量极少,尤其适合临床病人血样分析。

6. 酶水解法　测定在酸性条件下不稳定及与蛋白质结合牢固的药物时,可采用酶解法。最常用的酶是蛋白水解酶中的枯草菌溶素,它不仅可使组织酶解,还可使待测成分析出。枯草菌溶素可在较宽的 pH 范围(pH 7.0~11.0)内使蛋白的肽键降解,在 50~60℃ 具有最大活力。

在含药的生物样品内加入缓冲液和适量的酶,置水浴上水解一定时间,滤过或离心,取上清液供萃取用。

酶解法可避免某些药物在酸及高温下降解;对与蛋白质结合牢的药物,可显著改善回收率;可用有机溶剂直接提取酶解液而不会产生;当采用 HPLC 法检测时,无须再进行过多的净化操作。该法的主要缺点是不适于碱性条件下易水解的药物。

7. 加热法　当待测组分热稳定性好时,可采用加热的方法将一些热变性蛋白沉淀。加热温度视待测药物成分的热稳定性而定,通常可加热到 90℃。蛋白沉淀后可用离心或滤过除去,这种方法最简单,但只能除去热变性蛋白。

(二) 净化与富集

分离、纯化是除去对测定有干扰的物质,使被测组分得到了纯化。富集是使待测成分达到检测限度。分离、纯化与富集方法及条件的选择是生物样品分析方法研究的重要内容之一,它与分析方法的选择性、精密度和准确度紧密相关。

1. 生物样品常用的净化方法

(1) 液 - 液萃取法:液 - 液萃取法(liquid-liquid extraction,LLE)基于样品中待测成分与干扰杂质成分在互不相溶的两种溶剂中的分配系数不同而实现样品的纯化,进而提高分析方法的选择性。在萃取过程中,水相的 pH 是重要的参数,并与选用的萃取溶剂种类及与水相的体积比值相关。LLE 法是目前最常用的样品预处理方法。其原因是操作简单、快速、经济实用,但有时会发生乳化现象及被测成分的损失。

(2) 固相萃取法:固相萃取法(Solid-phase extraction,SPE)是以液相色谱分离机制为基础建立起来的分离纯化方法,是近十几年来迅速发展起来的一种更适合于生物样品预处理的技术。

1) SPE 的分离原理:SPE 是一种以不同填料作为固定相的萃取方法,样品通过填充了填料的一次性萃取小柱,待测成分和杂质通过吸附、分配、离子交换或其他作用力被保留在固定相上,分别选择适宜的溶剂除去杂质,洗脱出待测成分,从而达对生物样品进行分离、纯化、富集的目的。

2) SPE 的操作步骤:包括固定相选择、固定相活化、上样、淋洗和洗脱。

固定相选择:最常见的固定相是键合硅胶,即在全多孔球形硅胶表面的硅醇基上键合不同极性的有机基团,如烷基链、—C$_6$H$_5$、—NH$_2$、—CN。固定相的选择主要依据生物样品内中药化学成分的极性,二者极性越相似越易保留,因此,应尽量选择与待测成分极性相近的固定相。

固定相活化:为了去除固定相中可能存在的杂质,同时使固定相溶剂化,提高固相萃取的重现性,通常采用两种溶剂对固相萃取柱进行活化。在活化过程中和结束后,均不能抽干溶剂,要保持固定相的湿润,以利于得到较高的回收率和较好的重现性。

上样:将样品溶液加入到活化后的固相萃取小柱,利用抽真空、加压或离心的方式使样品通过固定相,待测成分和杂质被保留在固定相上。为使待测成分能够保留在固定相,尽可能以弱溶剂溶解样品,上样后需将溶剂抽干。

淋洗:待测成分和杂质被固定相吸附后,可先用适当的弱溶剂将杂质淋洗出固相萃取柱,而待测成分仍保留在固定相上。可通过调节淋洗溶剂的极性尽可能多的除去杂质,淋洗后需将淋洗溶剂抽干。

洗脱:淋洗后,需将待测成分从固定相上完全洗脱并收集在最小体积的洗脱剂中,同时使保留能力更强的杂质不被洗脱而尽可能多地留在萃取柱中。小体积的强溶剂能够将待测成分完全洗脱,但会有一些强保留的杂质同时被洗脱;用弱溶剂洗脱,需要溶剂的体积大,但含较少的杂质,可将收集的洗脱液用氮气吹干,再溶于小体积的流动相中,对待测物进行富集。

3) SPE 的特点。与 LLE 法相比,SPE 法的优点有:无乳化现象;提取回收率高,可超过 90%;样品用量少,独特的萃取原理保证最大的重现性;快速,可采用动态的柱操作,实现操作的自动化;能满足 GC、HPLC、RIA、MS、NMR、UV/VIS 及 AAS 等多种分析方法样品制备的需求。但 SPE 萃取柱价格较贵,对操作过程要求高,萃取柱批与批之间重现性有差异。

> **知识链接**
>
> ### 固相微萃取法
>
> 固相微萃取法 (solid-phase microextraction,SPME) 是基于采用涂有固定相的熔融石英纤维来吸附、富集样品中待测物质的一种技术。SPME 装置简单,类似于气相色谱微量注射器。
>
> SPME 分为萃取过程和解吸过程两步,①萃取过程:具有吸附涂层的萃取纤维暴露在样品中进行萃取;②解吸过程:将已完成萃取过程的萃取器针头插入气相色谱进样装置的气化室内,使萃取纤维暴露在高温载气中,并使萃取物不断地被解吸下来,进入后序的气相色谱分析。
>
> SPME 的特点:①集采样、萃取、浓集、进样于一体,避免引入多步操作误差;②无须萃取溶剂,样品量小、空白值小;③萃取选择性高;④纤维涂层 (萃取头) 可重复用上百次;⑤适用于分析挥发性和非挥发性物质;⑥可与 GC 及 HPLC、MS 等联用,自动化分析。

2. 生物样品常用的富集方法　　生物样品经液 - 液萃取或固相萃取过程,待测组分得到了纯化,但因微量的组分分布在较大体积(数毫升)的提取溶剂中,浓度往往低于测定方法的检测线,不能直接供分析用。因此,常需要使待测组分富集后再进行测定。

生物样品常用富集方法主要有两种:一种方法是在末次提取时加入的提取液尽量少,使被测成分提取到小体积溶剂中,然后直接吸出适量提取液供测定用。另一种方法是挥去提取溶剂,再溶于小体积适当的溶剂中。挥去溶剂时应避免直接加热,防止被测组分分解或挥发损失,常用方法是直接通入氮气流吹干。对于易随气流挥发或遇热不稳定的药物,可采用减压法挥去溶剂。生物样品富集时所用的试管,底部应为尖锥形,这样可使数微升溶液集中在管底部,便于量取。

(三) 缀合物的水解

待测成分或其代谢物与机体的内源性物质结合生成的产物称为缀合物。可以形成缀合物的内源性物质有葡萄糖醛酸、硫酸、甘氨酸、谷胱甘肽和醋酸等,特别是前两种为最常见。如一些含羟基、羧基、氨基和巯基的待测成分,在体内可与葡萄糖醛酸形成葡萄糖醛酸苷缀合物;一些含酚羟基、芳胺及醇类待测成分在体内可与硫酸形成硫酸酯缀合物。

尿中药物多数呈缀合状态,因较原形待测成分具有较大的极性,不易被有机溶剂提取。为了测定尿液中待测成分总量,无论是直接测定或提取分离之前,都需要进行水解,将缀合物中的待测成分释放出来。

1. 酸水解　　酸水解时,可加入适量的盐酸溶液。酸的用量、浓度、反应时间及温度等条件应通过实验来确定。该法比较简便、快速,但有些药物在水解过程中会发生分解。

2. 酶水解　　对于遇酸及受热不稳定的药物,可以采用酶水解法,常用葡萄糖醛酸苷酶或硫酸酯酶。前者可专一地水解药物的葡萄糖醛酸苷缀合物,后者水解药物的硫酸酯缀合物。由于尿样中通常同时存在上述两种缀合物,实际应用中最常用的是葡萄糖醛酸苷酶 - 硫酸酯酶的混合酶,一般控制 pH 为 4.5~5.5,37℃培育数小时进行水解。

酶水解比酸水解温和,一般不会引起待测成分的分解,且酶水解专属性强。其缺点是酶水解时间稍长,试验费用大及酶制剂可能带入的黏蛋白导致乳化或色谱柱阻塞。在尿液中采用酶水解,应事先除去尿中能抑制酶的阳离子。

3. 溶剂解　　缀合物通常可随加入的溶剂在萃取过程中发生分解,称作溶剂解。例如在 pH=1 时加乙酸乙酯提取,可使尿中的甾体硫酸酯产生溶剂解,这时的条件也比较温和。

目前对于尿样中缀合物的分析,逐渐趋向于直接测定缀合物的含量,以获得在体内以缀合物形式存在的药物量,以及当排出体外时,缀合物占所有排出药物总量的比率,从而为了解药物代谢情况提供更多的信息。

二、在线生物样品预处理方法

离线生物样品预处理方法均为人工操作,花费时间较长,不利于体内药物分析向快速、自动化方向的发展。20 世纪 80 年代后期,发展了以下几种在线分离、纯化生物样品的技术:

1. 在线固相萃取与高效液相色谱联用技术　　即柱切换高效液相色谱法。本法采用以水为主的预处理流动相将生物样品中的蛋白质、极性内源性杂质冲出预处理柱,而待测组分则保留在预处理柱上,得到净化和浓缩;然后通过柱切换,以分析流动相将被测组分从预处理柱洗脱至分析柱,再进行分离测定。

2. 微透析技术与 HPLC、HPCE、GC、MS 的联用技术 微透析技术是利用膜透析原理,微量地对细胞液进行流动性连续采样的新型采样和色谱样品制备技术。本法实现了在清醒、自由活动的动物体的不同部位取样,通过透析膜除去蛋白质等大分子杂质,样品不需复杂的分离、净化处理,即可获得生物体内的游离药物。

第四节 生物样品分析方法的建立与验证

一、常用生物样品分析方法

近年来,随着现代分离和检测技术特别是液质联用分析技术的不断发展和完善,使得复杂生物样品内中药化学成分及其代谢产物的分析进入准确、灵敏、精密、自动化及智能化的时代,测定更加快速和准确。目前生物样品内中药化学成分分析的色谱分析技术包括:超高效液相色谱(UPLC)、气相色谱 - 质谱联用(GC/MS)、液相色谱 - 质谱联用(LC/MS)及柱切换技术(CS)等。其他相关分析技术有同位素标记示踪法,免疫分析法及生物检定法(体内、体外测定法)。

二、生物样品分析方法建立的一般步骤

(一)分析方法的选择

生物样品中的待测成分浓度是决定分析方法的首要因素。无论从动物或人体内获得的生物样品,其中所含待测成分或其活性代谢产物的浓度均较低,且样品量常常又很少,难以通过增加取样量提高方法灵敏度,因而应通过选择适当的分析方法适应样品分析的需求。生物样品内中药化学成分分析方法的选择主要依据:

1. 待测药物的理化性质及在生物体内的存在状况 为了准确测定生物样品内中药化学成分或其特定代谢物,需对生物样品进行预处理,将待测成分从结合物或缀合物中释放。选择样品预处理方法首先应考虑待测成分的理化性质、在生物体内的存在状况及在生物体内的生物转化(代谢)途径。

中药化学成分的理化性质包括酸碱性、亲水 / 亲脂性、极性、溶解性、挥发性、稳定性等,根据待测成分的理化性质选择适宜的生物样品预处理及分析方法。具有亲脂性的成分可在适当的 pH 下采用溶剂萃取;具有强极性或亲水性的成分因采用沉淀蛋白、固相萃取、离子对萃取或衍生化后萃取等;具有挥发性的成分可采用 GC 或 GC/MS 测定法;药物的稳定性决定了生物样品的萃取浓缩技术,对酸碱不稳定的成分应避免使用强酸或强碱性溶剂,对热不稳定的成分应避免高温蒸发溶剂。

根据待测成分与血浆蛋白结合的强弱及结合率的高低选择适宜的生物样品预处理方法。分离蛋白结合较强的待测成分是不宜直接采用溶剂萃取;待测成分在体内浓度较低(尤其有代谢产

物共存)时,宜采用 GC/MS、LC-MS 等具有分离功能的分析检测技术。

2. 分析测定的目的与要求   生物样品内中药化学成分分析方法的选择应充分考虑分析的目的和要求。进行药代动力学研究,测定药物在体内吸收、分布、代谢和排泄过程、血浆浓度随时间的变化过程、代谢途径及代谢产物,要求分析方法具有宽线性范围(1/20 C_{max}~C_{max})、高灵敏度(10^{-9}g/ml)和高专属性(分离能力),选择分析方法时不必强调方法的简便、快速,大多采用色谱及其联用技术,如 GC-MS、LC-MS。进行临床治疗药物监测,只需测定有效治疗浓度范围内药物浓度,要求分析方法尽量简便、易行,适用于长期、批量样品的测定,大多采用 UV、RIA 或 EIA 等。若是对中毒患者进行临床抢救,此时患者体内药物浓度极高,不必强调方法的灵敏度,强调的是方法的特异性和分析速度,大多采用色谱及其联用技术 GC、GC-MS、RIA 或 EIA。

3. 生物样品的类型与预处理方法   生物样品的类型和预处理方法决定了分析方法的应用。若以血浆或血清为分析样品,采用沉淀蛋白 - 溶剂萃取预处理技术,分析样品中内源性杂质较少,可采用 HPLC 或 LC/MS 检测;采用 RIA 分析技术,则样品的预处理方法可较为粗放,经过简单的蛋白沉淀或不经任何预处理直接进行测定。

4. 实验室条件   在设计生物样品内中药化学成分的分析方法时,还应充分考虑到实验室现有的或有可能在其他实验室使用的仪器装备,合理选择可行的分析方法。

(二) 生物样品分析方法的建立

分析方法拟定之后,需进行一系列试验工作,以选择最佳分析条件。下面讨论分析方法的建立步骤。

1. 检测条件的筛选   取待测中药化学成分或其特定的活性代谢产物的标准物质(对照品、标准品)及内标物,物按照拟定的分析方法(不包括生物样品的预处理步骤)进行测定。根据分析结果,确定最佳分析检测条件和检测灵敏度。采用色谱法分析时,可通过调整色谱柱(型号、填料性状与粒径、柱长度)、流动相(组成及配比)及其流速、检测器(类型及检测条件)、柱温、进样量、内标物的浓度及其加入量等条件,使待测成分具有足够的方法灵敏度(LOQ)、良好的色谱参数(n、R、T)、适当的保留时间(t_R)以避开内源性物质干扰。

2. 分离条件的筛选   在进行分离条件筛选时,应考察生物基质中的内源性物质及代谢产物对分离与检测的干扰,需进行空白生物基质试验、模拟生物样品试验和实际生物样品测试。

(1) 空白生物基质试验:取空白生物基质(如空白血浆),采用拟定的分析方法进行样品预处理。主要考察生物基质中内源性物质对测定的干扰,在待测药物(或特定的活性代谢物、内标物质等)的"信号窗"(信号附近的有限范围)内不应出现内源性物质信号。

(2) 模拟生物样品试验:取空白生物基质,加入待测药物制成模拟生物样品,照"空白生物基质试验"项下方法,考察方法的线性范围、精密度与准确度、灵敏度以及待测成分的提取回收率等各项技术指标,同时进一步检验生物基质中内源性物质以及可能共存成分对测定的干扰程度。对于色谱法,应进一步考察待测药物、内标物与内源性物质或其他共存成分的分离情况。例如,色谱峰的 n、R、T、t_R 等是否与水溶液的一致,色谱峰是否为单一成分,标准曲线的截距是否显著偏离零点等,均可说明内源性物质是否对待测成分或内标物构成干扰。

(3) 生物样品的测试:通过空白生物基质和模拟生物样品试验,所确定的分析方法及其条件尚不能完全确定是否适合于实际生物样品的测定。因为待测成分在体内可能与内源性物质结合(如与血浆蛋白结合),或经历各相代谢生成数个代谢产物及其进一步的结合物或缀合物,使得从体内获得的实际生物样品变得更为复杂。所以,在分析方法建立后,尚需进行实际生物样品的测试,考察代谢产物对待测成分、内标物的干扰情况,进一步验证方法的可行性。

在分析方法建立之前应充分了解待测成分在体内的吸收及代谢动力学过程,从而使所拟定的分析方法尽可能地避免受到代谢产物的干扰,并适用于实际生物样品测定。若待测成分的体内代谢情况及其代谢动力学参数尚无文献报道,可通过比较模拟生物样品和用药后的实际生物样品的检测信号,如色谱图中待测成分色谱峰的 n、R、T、t_R 等是否一致,确证该色谱峰是否受到代谢产物的干扰。

三、生物样品分析方法验证的内容与要求

为了保证生物样品分析方法的重现性与准确性,在样品正式分析之前,必须对方法进行全面的生物分析方法验证(bioanalytical method validation)。包括选择性/特异性、标准曲线、准确度、精密度、制备的生物样品和标准储备液的稳定性及提取回收率的验证。具体的基本要求如下:

(一) 特异性/选择性

方法的特异性(specificity)又称专属性或专一性,通常与选择性(selectivity)互用,是指在生物样品中内源性和外源性物质及相应代谢产物同时存在时,所用方法准确测定待测物质的能力,通常表示所检测的信号(响应)应属于待测成分所特有。如果有几个分析物,应保证每一个分析物都不被干扰。

特异性验证,对于色谱法至少要考察6个不同来源空白生物基质色谱图、空白生物基质加待测药物(模拟生物样品)色谱图及给药后的实际生物样品色谱图来验证分析方法的专属性,检查每个空白样品的干扰情况并确保在定量下线(lower limit of quantitation,LLOQ)处的专属性。生物样品中可能的干扰包括内源性物质、药物代谢产物和降解产物,以及配伍用药和其他外源性非生物成分。对于色谱法应考察色谱图中待测成分和内标物色谱峰的 t_R,以及与内源性物质色谱峰的分离度(R),确证内源性物质对待测成分和内标物无干扰;空白生物基质色谱图中,在待测成分保留时间处,干扰物质色谱峰的平均响应值应低于模拟生物样品中待测成分定量限的20%,在内标物保留时间处,干扰物质色谱峰的平均响应值应低于模拟生物样品和实际生物样品中内标物平均响应值的5%。对于 LC/MS 则应着重考察基质对离子抑制、离子增强或提取效率的影响。

(二) 标准曲线

标准曲线,亦称校正曲线或工作曲线,反映了生物样品中所测定的成分的浓度与仪器响应值的关系。标准曲线的最高浓度和最低浓度的区间为线性范围,线性范围要能覆盖全部待测的生物样品浓度范围,不得用线性范围外推的方法求算未知生物样品的浓度。当线性范围较宽的时候,一般采用加权最小二乘法的方法对标准曲线进行计算,以使低浓度点计算得比较准确。标准曲线建立的一般步骤如下:

1. 系列标准溶液的制备　精密称取待测物的标准物质适量,用适宜溶剂溶解制成系列标准溶液。依据待测物的预期浓度范围和待测物与响应值的关系确定标准曲线的浓度个数,线性模式的标准曲线至少应包含 6 个浓度点(不包括零点,即空白样品),非线性模式的浓度点应适当增加。

2. 内标溶液的制备　精密称取内标物适量,用适宜溶剂溶解并定量稀释制成内标溶液。内标溶液的浓度一般选择与系列"标准溶液"的几何平均浓度相当。

3. 系列标准样品的制备　取空白生物基质,分别加入系列标准溶液和内标溶液适量,涡旋混匀,即得系列浓度的标准样品。当标准溶液加入体积较大且含有高浓度的有机溶剂(如甲醇、乙腈等)时,可先将标准溶液加至适宜的容器内,挥干溶剂后,再加入空白生物基质并涡旋溶解,混匀,防止因标准溶液的加入而造成标准样品与用药后的实际生物样品不一致,进而造成分析结果的偏差。

4. 标准曲线的绘制　取系列标准样品,按拟定方法预处理后分析,以待测物的响应值(如色谱峰面积)与内标物响应的比值(Y)对标准样品中的待测物浓度(X),用最小二乘法或加权最小二乘法进行线性回归分析,求得回归方程及其相关系数,并绘制标准曲线。标准样品中的待测物浓度,以单位体积(如血浆)或质量(如肝脏)的生物基质中加入标准物质的量表示,如 μg/ml 或 μg/g 等。

标准曲线的最高浓度点,即定量上限(upper limit of quantification,ULOQ)应高于用药后生物介质中药物的达峰浓度($C_{\max}$);定量下限(lower limit of quantification,LLOQ)是标准曲线上的最低浓度点,表示方法的灵敏度,即测定样品中符合准确度和精密度要求的最低药物浓度。取同一生物基质,制备至少 5 个独立的标准样品,其浓度应使信噪比(S/N)大于 5,依法进行精密度与准确度验证。其准确度应在标示浓度的 80%~120% 范围内,相对标准差(RSD)应小于 20%,在药代动力学与生物利用度研究中,LLOQ 应能满足测定 3~5 个消除半衰期时生物样品中的药物浓度或能检测出 $C_{\max}$ 的 1/10~1/20 的药物浓度。

(三) 准确度与精密度

准确度是指在确定的分析条件下测得的生物样品浓度与真实浓度的接近程度。通常用质控样品的实测浓度与标示浓度的相对回收率(relative recovery,RR)或相对偏差(relative error,RE)表示。质控样品(quality control,QC)系将已知量的待测药物加到生物基质中配制的样品,用于质量控制,同时进行方法的精密度和准确度考察。准确度可通过重复测定已知浓度的待测物样品获得,也可以用多次测定结果的平均值与制备时的加入量比较计算,一般准确度 RR 应在 85%~115% 范围内(RE 不超过 ±15%),在 LLOQ 附近应在 80%~120% 范围内(RE 不超过 ±20%),待测物和内标物的 RR 和 RE 应一致并可重复。

精密度是指在确定的分析条件下相同生物介质中相同浓度样品的一系列测量值的分散程度,通常用 QC 样品的相对标准偏差(RSD)表示。精密度一般要求 RSD 不超过 15%,在 LLOQ 附近 RSD 应不超过 20%,待测物和内标物的 RSD 应一致并可重复。

方法的准确度与精密度考察一般选择定量限、低浓度、中间浓度、高浓度 4 个浓度的 QC 样品同时进行。低浓度通常选择在 LLOQ 的 3 倍以内;中间浓度选择应接近低、高浓度的几何平均数,即以几何级数排列的标准曲线的中部;高浓度接近标准曲线浓度上限,即在 ULOQ 的 70%~85% 浓度范围。与随行的标准曲线同法操作,每个样品测定 1 次。在测定批内 RSD 时,每一浓度至少测定 5 个样品。为获得批间 RSD,应在不同天(每天 1 个分析批)连续制备并测定,至少有连续

3 个分析批,不少于 60 个样品的分析结果。

(四) 稳定性

样品稳定性验证内容包括 QC 样品的短期稳定性、长期稳定性、冻 - 融循环稳定性、标准储备溶液稳定性以及制备样品稳定性。

1. 短期稳定性　根据生物样品预期的实验室处理条件(如样品在室温下保存或储存在冰桶中)确定样品的稳定性。根据实际操作,在不同的时间点分别取样进行分析,与 0 时测得的数据进行比较。

2. 长期稳定性　应在不低于第一次样品采集至最后一次样品分析所需时间确定样品的长期稳定性。贮存温度一般为 –20℃,在 –20℃下测定的结果能涵盖较冷温度下的稳定性。用于长期稳定性研究的贮存温度应与实际样品的贮存温度一致。

3. 冻 - 融循环稳定性　应在至少 3 次冻融循环后评估样品的稳定性。取低、高每浓度至少 3 个 QC 样品在 –20℃冷冻保存 24 小时后,按照与实际样品相同的程序解冻和分析,之后样品在相同条件下冷冻至少 12 小时。冻 - 融循环重复 3 次以上,比较各自分析结果。

4. 储备溶液稳定性　药物和内标物储备溶液稳定性的评价应在室温至少放置 6 小时。如果储备液系冷藏或冷冻相当的期限,则稳定性报告中应予记载。在完成所需的储存时间后,应将溶液的仪器响应与新制备的溶液的响应进行比较,测试其储存稳定性。

5. 制备样品稳定性　制备样品的稳定性(包括自动进样器中的存留时间)应予以测定。药物及内标物稳定性评价应超出依据初始标准曲线计算浓度的验证样品的批量大小预期的批分析时间。制备样品的稳定性即将预处理后准备用于分析的 QC 样品贮藏在自动进样器,并进行测定,测定时间应覆盖整个分析批时间,如包括遇到由于仪器故障而引起的分析延迟等。

6. 测定方法与限度要求　取低、高 2 个浓度的 QC 样品,于适当的温度和容器内贮存,在不同条件下,存放不同时间后,每个样品重复测定 3 次以上,测定结果与新制备的标准曲线及新制备的 QC 样品进行比较,其平均值的偏差应在 ±15% 以内。

(五) 提取回收率

提取回收率亦称绝对回收率,系指经预处理后的 QC 样品中待测物的响应值与不经预处理的待测物的标准溶液产生的响应值的比值,通常以 % 表示。主要考察生物样品在制备过程中造成的待测成分的损失。由于生物样品的量较少,待测物的浓度通常较低,不宜进行多步操作,通常只提取一次,故不能将待测物提取完全,一般要求提取回收率应大于 50%,同时满足分析方法准确性与精密度的要求即可。

提取回收率要求考察低、中、高 3 个浓度的 QC 样品,每一浓度至少 5 个样品。低浓度的 RSD 应不大于 20%;中、高浓度的 RSD 应不大于 15%。

【示例 12-1】口服刺五加提取物后大鼠血中异嗪皮啶的测定

1. 仪器与试药　Waters2695 高效液相色谱仪(美国 Waters 公司);乙腈为色谱级,Dikma 公司;

去离子水,实验室 Milli-Q 纯水机制备;刺五加提取物冻干粉,实验室自制。异嗪皮啶购于中国食品药品检定研究院。

2. 色谱条件　DiamonsiLTM RP C_{18} 色谱柱(250mm×4.6mm,5μm);柱温:30℃;流动相:乙腈–0.1% 磷酸水溶液(22:78);流速:1ml/min;检测波长:343nm;进样量:80μl。

3. 血浆样品处理　精密量取大鼠血浆样品 500μl,置于具塞试管中,精密加入磷酸 10μl,超声处理 1 分钟,涡旋 30 秒;上样到预先以 2ml 甲醇、2ml 水活化平衡好的 Waters Oasis®HLB(3ml,60mg)固相萃取柱,以 1ml 50% 甲醇淋洗,弃去淋洗液,再以 1ml 甲醇洗脱,洗脱液 45℃下氮气流吹干,残渣以 200μl 流动相溶解,过 0.45μm 微孔滤膜,供 HPLC 分析用。

4. 分析方法验证

(1) 方法的特异性:分别取大鼠空白血浆样品、大鼠空白血浆加入适量异嗪皮啶对照品溶液、口服异嗪皮啶单体大鼠血浆样品和口服刺五加提取物后大鼠血浆样品各 500μl,按"血浆样品的预处理"项下方法操作,进样 80μl,记录色谱图见图 12-1,异嗪皮啶的保留时间在 9.31 分钟左右。结果表明,血浆中内源性介质及刺五加提取物中其他化学成分不干扰异嗪皮啶的测定。

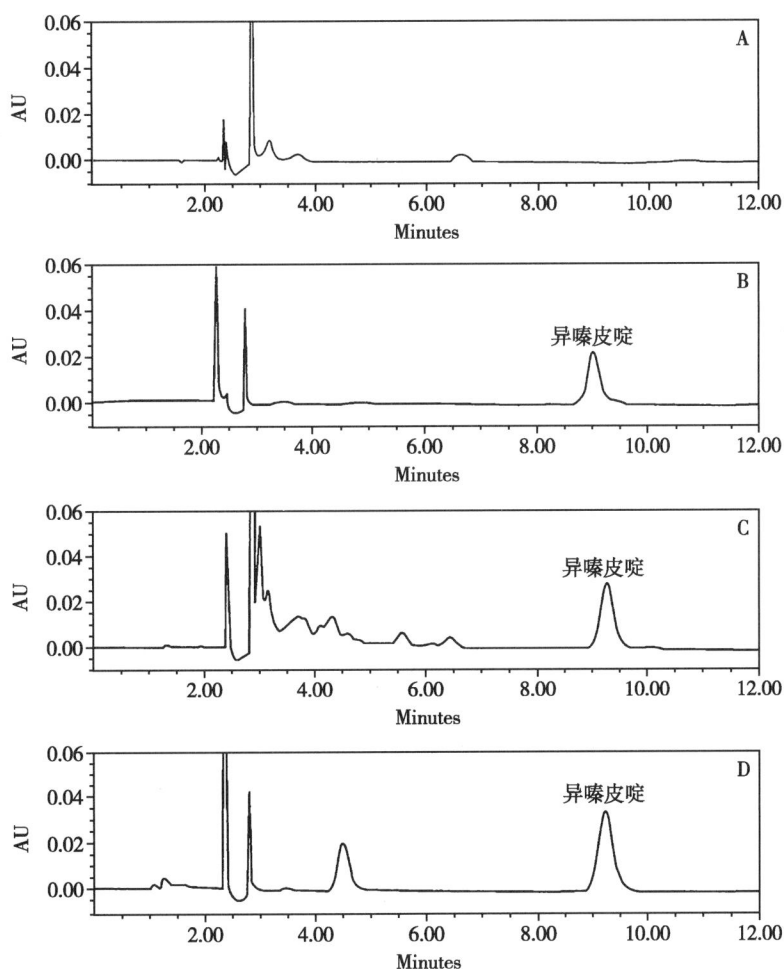

● 图 12-1　口服给药后血浆样品的高效液相色谱图
A. 空白血浆;B. 异嗪皮啶加空白血浆;C. 口服刺五加
提取物血浆样品;D. 口服异嗪皮啶血浆样品。

(2) 标准曲线及定量范围

标准溶液的制备:取异嗪皮啶对照品适量,精密称定,加甲醇溶解,配制成含异嗪皮啶为 0.252mg/ml 的对照品储备液,于冰箱4℃内保存备用。

标准曲线的绘制:取异嗪皮啶对照品储备液适量,加甲醇稀释制成 0.156μg/ml、0.780μg/ml、3.90μg/ml、7.81μg/ml、11.7μg/ml 和 15.6μg/ml 的异嗪皮啶系列对照品溶液。取大鼠空白血浆 500μl 6 份,置于具塞试管中,分别加入异嗪皮啶系列对照品溶液。按血浆样品的预处理方法操作,80μl 注入液相色谱仪,记录色谱图。以异嗪皮啶峰面积为纵坐标(Y),异嗪皮啶浓度为横坐标(X),用加权最小二乘法进行回归运算,权重系数为 $1/x^2$,所得的直线回归方程为:$y=1.48 \times 10^5 x -3.92 \times 10^3$ (r=0.999 6),线性范围是 0.156~15.6μg/ml,检出限为 60ng/ml(S/N=3)。

(3) 精密度与准确度:取大鼠空白血浆 500μl,至于具塞试管中,加入异嗪皮啶对照品溶液制成 0.3μg/ml、1.0μg/ml、3.0μg/ml、5.0μg/ml 和 10μg/ml 5 个浓度的 QC 样品各 5 份,按血浆样品预处理方法操作连续测定 3 天,并与标准曲线同时进行,根据当日的标准曲线计算 QC 样品的浓度,与配制浓度对照,求得方法的精密度和准确度,结果见表 12-1。本法的日内、日间精密度和准确度均符合目前生物样品分析方法指导原则的有关规定,可用于测定大鼠血浆中异嗪皮啶的浓度测定。

表 12-1　异嗪皮啶日间及日内精密度和准确度测定结果

理论浓度 / (μg/ml)	配制浓度 / (μg/ml)	精密度 RSD/ (%)	准确度偏离率 / (%)
日内			
0.3	0.30 ± 0.01	3.8	1.5
1.0	1.02 ± 0.06	5.8	2.2
3.0	3.06 ± 0.10	3.3	1.9
5.0	4.99 ± 0.06	1.2	−0.1
10	9.90 ± 0.12	1.2	−0.1
日间			
0.3	0.30 ± 0.01	4.9	0.93
1.0	1.02 ± 0.06	6.0	2.2
3.0	3.06 ± 0.10	3.2	2.1
5.0	5.01 ± 0.10	2.0	0.28
10	10.0 ± 0.14	1.4	0.38

(4) 提取回收率:取大鼠空白血浆 500μl,置于具塞试管中,加入异嗪皮啶对照品溶液适量制成含异嗪皮啶 1.25μg/ml、2.50μg/ml、5.0μg/ml 和 10μg/ml 4 个浓度的样品各 5 份,按血浆样品的预处理方法操作。80μl 注入液相色谱仪,记录色谱图,代入回归方程计算浓度,计算提取回收率,结果见表 12-2。

表 12-2　异嗪皮啶血浆样品提取回收率结果（n=5）

加入对照品后血清样品浓度 / （μg/ml）	提取回收率 / （%）	RSD/ （%）
1.25	87.2 ± 2.03	2.3
2.50	86.8 ± 1.93	2.2
5.00	86.7 ± 1.35	1.6
10.00	88.5 ± 1.61	1.8
平均值	87.3 ± 1.73	2.0

(5) 样品稳定性：分别制备低、中、高 3 个浓度异嗪皮啶的 QC 样品，照前述方法操作，对于每一浓度进行 5 个样本分析；分别考察置冰箱中短期（室温，4 小时）、长期（–20℃，一个月）和冻（–20℃，24 小时）- 融（室温，2~3 小时）的稳定性，计算浓度的相对误差 RE 在 ±5.8% 范围内，RSD 小于 5%。

5. 血药浓度测定　取雄性 Wistar 大鼠，随机分成 5 组，实验前禁食 12 个小时，自由饮水，灌胃给予刺五加提取物低剂量组（15g/kg）和高剂量组（30g/kg）、异嗪皮啶低剂量组（7.5mg/kg，相当于15g 刺五加提取物）和高剂量组（15mg/kg）和生理盐水空白组。给药后于 0.083 小时、0.167 小时、0.25 小时、0.5 小时、1 小时、1.5 小时、2 小时、4 小时、6 小时、8 小时、10 小时、12 小时、15 小时、18 小时、21 小时和 24 小时采血，置预先肝素化的试管中，离心后取血浆 500μl，按上述血浆样品的预处理方法及色谱条件测定不同采血时间点的异嗪皮啶浓度，以给药时间为横坐标，血浆中的异嗪皮啶浓度为纵坐标绘制平均血药浓度 - 时间曲线，结果见图 12-2。

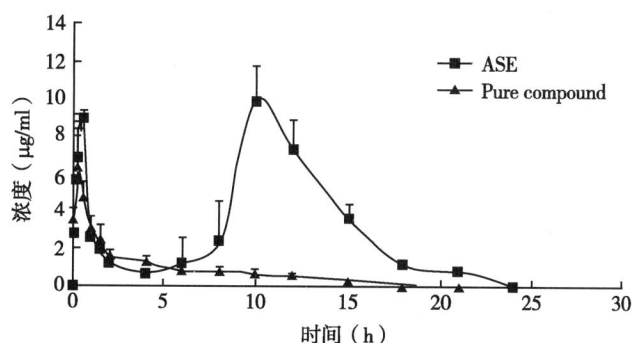

● 图 12-2　口服异嗪皮啶(7.5mg/kg)及刺五加提取物(15g/kg)中
异嗪皮啶的平均血药浓度 - 时间曲线

6. 讨论　口服刺五加提取物后的异嗪皮啶的药 - 时曲线表现出双吸收峰行为，以给药后 4 小时为分界点进行分段（0~4 小时和 4~24 小时），第一段是给药后 0~4 小时，其吸收行为与口服异嗪皮啶单体化合物所表征的行为相似，这应该与刺五加提取物中的游离异嗪皮啶有关。而从 4~24 小时吸收过程可以观察到血浆药物浓度（AUC）显著加大，其相对值是 0~4 小时段的 3 倍以上，且吸收和消除显著减慢。结合中药所含成分复杂的特点，可知刺五加提取物药代动力学行为是刺五加中游离型异嗪皮啶和前体化合物生物转化共同作用的结果。从这个意义分析，刺五加提取物相当于异嗪皮啶的缓释系统,而表现出更高的生物利用度和更加持久的药效,这既是刺五加提取物较异嗪皮啶给药的优势,又是中药的作用特点,也为中药活性的评价提供了一个新的思路。

（王 瑞）

学习小结

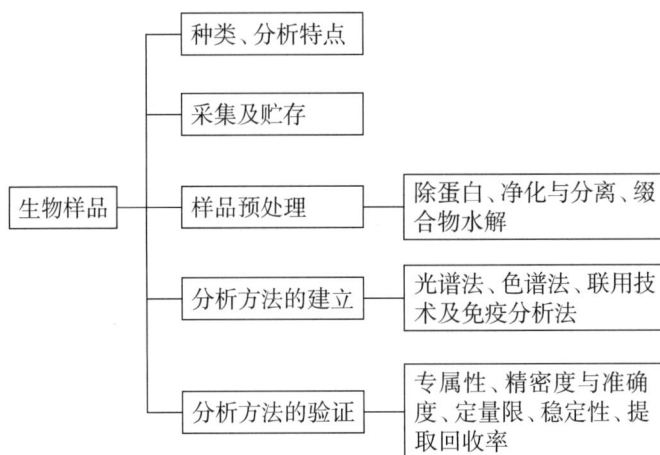

目标检测

1. 体内药物分析中生物样品的预处理主要包括哪些内容?
2. 简述生物样品中去除蛋白质的处理方法。
3. 生物样品的净化和富集方法包括哪些?
4. 体内药物分析中,分析方法验证的内容与要求是什么?

第十三章　中药制剂生产过程分析

学习目标

掌握中药制剂生产过程质量控制的常用分析方法;熟悉中药制剂生产过程分析的意义、主要内容和特点;了解中药制剂生产过程分析的主要应用。

学前导语

中药制剂以复方为基础,其原料饮片的质量、辅料的选择和比例、制剂工艺、包装和贮藏等十分复杂,仅仅依靠传统方法对其成品质量进行控制存在很大的局限性。2004 年,美国 FDA 提出了一种以实时监测关键质量和性能特征为手段建立起来的集设计、分析和控制系统生产过程分析技术。其技术核心是对生产过程中原材料、中间体和最终产品进行有效地在线监测和分析,及时获取生产工艺各关键环节的参数信息,自动处理和反馈检测结果,准确判断生产过程的某一环节是否正常,评价最终产品是否符合质量标准,切实保证中药产品质量的均一性和稳定性。

第一节　概述

中药制剂生产过程是指包括原料饮片投料、中间体生产、制剂成型到包装贮藏各环节的整个加工制造过程,也是中药制剂固有质量的具体形成过程。随着中药制剂生产中的饮片粉碎提取、原辅料混合、制剂成型、包装贮藏等工艺过程的推进,中药制剂的品质在一次或多次物理、化学和生物学信息传递和整合后发生变化。因此,在中药制剂生产过程中,确定生产的关键工艺环节,建立完善的过程质量控制标准体系,并按照该体系严格控制关键工艺参数,进行在线检测和监控生产过程,依据过程质量信息制定过程分析技术标准,从而为中药制剂生产技术的现代化及技术革新提供有力保障,也是提高中药制剂质量的重要保障。本章主要从常用分析方法及其相关应用介绍中药制剂生产过程的质量分析。

一、中药制剂生产过程分析的意义

中药制剂质量分析的传统方法主要是按照既定的质量标准对中药制剂产品的质量进行分析和检验。中药制剂是以复方为基础,其原料饮片的质量、配伍比例、辅料的特性、制剂成型工艺、包装和贮藏工艺等十分复杂,仅仅依靠传统方法对其成品质量进行控制存在很大的局限性。因此,对中药制剂生产过程进行实时监测和质量控制,可有效控制保障中药制剂产品质量的均一、稳定。

2004年,美国FDA提出了一种以实时监测关键质量和性能特征为手段建立起来的一种设计、分析和控制生产过程的系统过程分析(process analytical technology,PAT)技术。PAT技术包括多元数据(包括工艺参数和质量数据)获取和分析、过程分析仪、终点监测和控制、改进和知识存储管理4个部分。其技术核心是对生产过程中原材料、中间体和最终产品进行有效地在线监测和分析,及时获取生产工艺各关键环节的参数信息,自动处理和反馈检测结果,准确判断生产过程的某一环节是否正常,评价最终产品是否符合质量标准,切实保证中药产品质量的均一性和稳定性。

与常规药物中药制剂质量分析相比,PAT技术最大的优势是在线、动态的过程质量控制。根据实时在线监测结果对生产工艺和质量进行分析,PAT技术可以通过研究生产工艺过程和产品质量的相关性,确定重点控制的关键工序,再通过对所使用的原材料、工艺参数、环境和其他条件设立一定的范围,使药物制剂的质量属性得到精确、可靠地预测,从而达到控制生产过程的目的。

人用药物注册技术标准国际协调会(ICH)于2005年出台的ICH Q8中提出"质量源于设计(Quality by Design,QbD)"的理念,将药品质量控制模式前移(即从传统的以检验为主的制药过程到以科学和风险为基础并经过详细研究和理解的生产过程),从设计的层次保证药品质量。2010年,我国卫生部颁布的GMP中也引入了"质量源于设计"理念。同年,国家工信部、国家卫生健康委员会(原卫生部)、国家药品监督管理局联合印发的《关于加快医药行业结构调整的指导意见》中明确提出"加快现代技术在中药生产中的应用,推广先进提取、分离、纯化、浓缩、干燥、制剂、过程质量控制技术"。2016年,国务院发布的"中医药发展战略规划纲要(2016—2030年)"中将全面提升中药产业的发展水平作为重要发展方向,提出加速中药生产工艺、流程的标准化、现代化,推进实施中药标准化行动计划,构建中药产业全链条的优质产品标准体系,加强中药质量管理。一系列国家政策的出台,对中药产业全过程质量控制体系的建立提出了更高的要求。

二、中药制剂生产过程分析的主要内容

中药制剂生产过程环节繁多、信息复杂,分析的主要对象包括工艺过程和制剂质量两部分,前者包括制剂时的环境条件、原料药的前处理、原辅料成型等,确保工艺过程的稳定性,后者包括生产过程原辅料、中间体及成品的各项理化指标,如 pH、密度、水分、药物成分含量等品质指标。而 QbD 理念在中药制剂生产过程中的应用,是以药物质量为指标,对药物制剂源头和生产过程中的多个环节进行科学和风险为基础的研究和设计生产过程。中药制剂生产过程质量控制系统的基本框架见图 13-1。

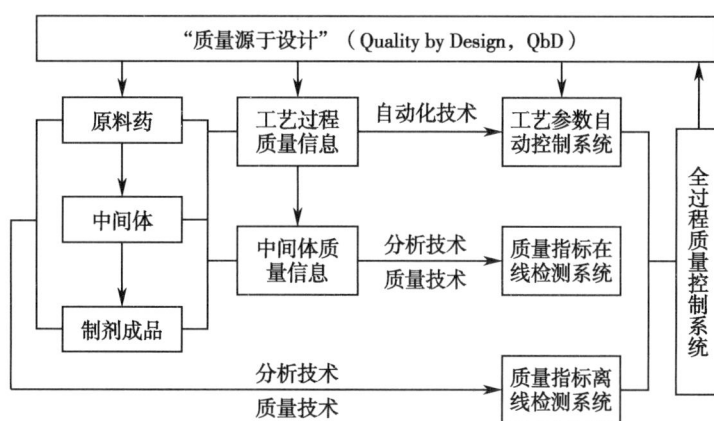

● 图 13-1 中药制剂生产过程质量控制系统的基本框架

ICH 在 ICH Q8 中将"设计空间"定义为:可以确保产品质量的输入变量(例如原材料属性)和工艺参数之间的多维组合与相互作用。中药制剂生产工艺过程体现了过程分析"设计空间"的思想。"设计空间"的构建过程更关注关键质量属性(critical quality attribute,CQA)和关键工艺参数(ccritical process parameter,CPP)。关键质量属性是指一种具有合适的限度、范围或分布的物理的、化学的、生物的或者微生物的性质或特征,以确保获得预期的产品质量;关键工艺参数是指该参数的变动会对关键质量属性产生重要影响。因此,构建确保中药制剂质量的"设计空间",是对中药制剂进行检测或控制的重要方法。

中药制剂生产过程分析研究内容复杂多样,主要集中在抽样方法研究、理论和方法开发验证研究、质量设计和优化控制研究、化学计量学研究、检测技术和自动化平台研究五个方面。各研究方法的内容和目的见表 13-1。

表 13-1 中药制剂生产过程分析的主要内容

研究方法	研究内容	研究目的
中药过程分析抽样方法研究	①离线抽样理论与方法(off line); ②现场抽样理论与方法(at line); ③在线抽样理论与方法(on line); ④原位抽样理论与方法(in line)	解决抽样代表性问题

研究方法	研究内容	研究目的
中药过程分析理论和方法开发验证研究	①多变量特点的过程分析理论研究; ②两类误差分析理论研究; ③总误差分析理论研究; ④相关分析方法开发验证研究	形成适宜于中药复杂性体系的完备理论框架和中药生产过程质量控制方法学
中药过程质量设计和优化控制研究	①过程建模与仿真研究; ②过程监控与诊断研究; ③过程优化控制研究; ④风险控制策略研究	提高中药制剂质量、降低耗能和风险,提升中药制剂的市场竞争能力
化学计量学研究	①中药复杂体系的特征信息提取研究; ②过程控制模型研究; ③模式识别研究	提升研究人员从海量数据中获取有用信息的能力
中药过程检测技术和自动化平台研究	①过程检测装备研制; ②实时监控关键技术研究; ③中药制剂生产装备自动化研究; ④过程分析平台研究	将中药材、成品和所有生产环节的数据集成,实现对整个过程的监控

上述研究内容,既自成一体,又相互影响,共同构成了完整、准确、可控的过程分析体系。其中,分析理论的研究将丰富和发展中药制剂生产过程分析基本理论,方法验证与开发将完善中药制剂生产过程质量控制方法学体系,质量设计和优化控制将质量控制前移,降低生产风险,设计逐步优化的过程生产质量体系。

三、中药制剂生产过程分析的特点

中药制剂生产过程分析研究的目的是从中药制药过程中获得定性或定量信息,实现生产过程的实时质量控制,保证中药制剂产品批次间质量的稳定性和均一性。中药制剂生产过程分析具有以下特点:

1. 生产工艺终点的确定以物料属性到达预期状态的相似度为导向。例如,中药制剂生产中的混匀过程的终点不是某一确定的混合时间,而是物料的均匀度和颗粒度是否符合既定标准。因为不同物料间、相同物料不同批次间具有一定差异,而且不同季节温度下,同一物料的属性也会产生差异,所以工艺终点不能用某一时间一概而论。工艺终点的确定和实时工艺控制均以工艺分析仪的实时监测为基础,以中药制剂工艺开发中所设计的物料和产品的预期状态为标准。最后,通过实时控制使工艺始终处于"设计空间"范围之内。

2. 检测手段主要依靠过程分析仪器。过程分析仪器依据其检测系统的差别分为在线分析仪器、离线分析仪器和自动化分析仪器。其中,自动化分析仪器抗干扰(生产过程中产生的粉尘、温度、震动等干扰因素)能力强,稳定性好;检测快速(甚至是毫秒级),样品无损;操作简便,自动化程度高。过程分析仪器依据其具体用途可以分为传感器检测仪器和工艺分析工具等。其中应用较为广泛的是在线近红外光谱分析技术,它具有仪器较简单、分析速度快、非破坏性和样品制备量小、适合各类样品(液体、黏稠体、涂层、粉末和固体)分析、多组分多通道同时测定等特点,如近红外原位实时光谱分析仪和近红外原位实时颗粒分析仪。

3. 中药制剂生产过程分析采用了多变量数据采集与分析,综合考虑多变量因素及相互作用对中药制剂生产的影响可以更准确地反映工艺过程因素与产品质量的相关性。中药来源、组成成分、炮制方法、组方配伍和制剂类型复杂多样的特性决定了中药制剂生产过程中的多变量因素的存在,只有寻找出过程中的关键变量(CQA 和 CPP),才能建立稳定可靠的中药制剂"设计空间",实现中药制剂的安全有效、稳定可控。

第二节　过程分析主要方法和要求

PAT 技术是由多学科领域相互渗透交叉组成,主要包括分析化学、化学工程、机电工程、工艺过程、自动化控制及计算机等。目前,在中药制剂生产过程中的分析方法主要有在线紫外 - 可见分光光度法、红外光谱法、近红外光谱法、近红外成像技术、拉曼光谱法、太赫兹光谱法、X 射线荧光法、质谱法、电化学法、流动注射分析法、过程色谱法等,现就 5 种常见方法作简要介绍。

一、在线紫外 - 可见分光光度法

(一) 结构组成

中药及其制剂成分复杂,紫外 - 可见分光光度计因其仪器自动化、数据计算机化处理使得中药分析更加简便,易于操作,故应用较为普遍。用于 PAT 的紫外 - 可见分光光度计的光源、色散元件、光检测器与普通仪器相同,只是将样品池改为流通池,如图 13-2 所示。

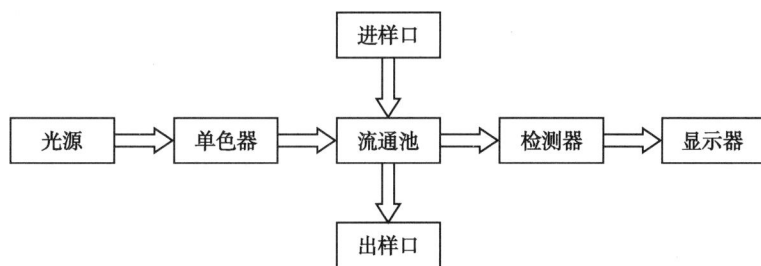

● 图 13-2　用于 PAT 的紫外 - 可见分光光度计组成示意图

(二) 基本原理

紫外 - 可见分光光度法测定原理依据 Lambert-Beer 定律,若需进行显色反应,则在取样器和分光光度计之间增加一个反应池。一般采用自动采样器从生产工艺流程中取样,同时进行滤过、稀释、定容等预处理,然后进入反应池,依法加入相应试剂,如显色剂等,反应后进入比色池测定。本法适用于在紫外 - 可见区有吸收或能与显色剂定量反应、且无其他干扰的液体样品的测定。

紫外 - 可见分光光度法含量测定常用对照品比较法、吸收系数法、计算分光光度法和比色法进行计算。

二、在线近红外光谱分析法

近红外光谱技术（near-infrared spectrometry，NIR）是通过测定物质在近红外光谱区（780~2 500nm）的特征光谱并利用适宜的化学计量学方法提取相关信息后，对被测物质进行定性、定量分析的一种技术。

（一）基本原理

近红外光谱主要由分子中含氢基团（C—H、N—H、O—H 和 S—H 等）基频振动的倍频吸收与合频吸收产生，谱区波长范围位于 780~2 500nm（或波数为 12 800~4 000cm^{-1}）。NIR 信号频率近似于可见区，易于获取和处理；信息丰富，但吸收强度较弱，谱峰宽、易重叠，因此必须对所采集的 NIR 数据经验证的数学方法处理后，才能用于定性定量分析。

近红外光谱分析通过对样品性质变化和其对应的近红外光谱变化的直接关联，从而建立两者之间的定性或定量关系，由于描述这些关系需要很多参量，因此又称这种关系为模型。使用建立的模型和未知样品光谱可以预测样品的性质。对一种样品可使用同样的建模方法建立多种性质的矫正模型，在未知样品的分析应用中，可在几秒钟内测量一张近红外光谱，从而同时预测多种性质。

（二）NIR 的测量

获得 NIR 的方法主要有透射（transmittance）法和漫反射（diffuse reflectance）法两种。

1. 透射法　透射光谱的吸光度与样品浓度之间遵守 Lambert-Beer 定律，测量的参数是透光率（T）或吸光度（A），主要用于均匀透明的溶液样品，对于透明的固体样品也可选择合适的采样附件进行测量。透射模式中还有一种叫透反射，即检测器和光源在样品的同侧。测量透反射率时，用一面镜子或一个漫反射的表面将透过样品的近红外光线第二次反射回样品。

上述两种情况皆可用透光率（T）或吸光度（A）表示。

$$T=I / I_0 \quad 或 \quad A=-\lg T=\lg(1/T)=\lg(I_0/I) \qquad （式 13-1）$$

式中，I_0 为入射光强度；I 为透射光强度。

2. 漫反射法　漫反射法一般用于固体或半固体样品的测定，漫反射法测量的是反射率（R），即从样品反射光的强度（I）与参考物或背景表面反射光的强度（I_r）的比率，并以 A_r 或 $\lg(1/R)$ 对波长或波数作图而得到。即

$$R=I / I_r \quad 或 \quad A_r=\lg(1/R)=\lg(I_r/I) \qquad （式 13-2）$$

式中，I 为样品反射光的强度；I_r 为参考物或背景反射光的强度；A_r 为漫反射吸光度。

影响 NIR 的因素主要有样品的含水量、残留溶剂、样品浓度、样品光学性质、多晶型以及样品的实际贮存时间等。

（三）仪器装置

在线 NIR 分析系统由硬件、软件和模型三部分组成。硬件包括近红外分光光度计及取样、

样品预处理、测样、防爆等附件装置。近红外分光光度计由光源、分光系统、检测系统、数据处理及评价系统等组成。光源常采用稳定性好、强度高的石英壳卤钨灯;分光系统有滤光片、光栅扫描、傅里叶变换、二极管阵列和声光可调节滤光器(acousto-optic tunable filter,简称 AOTF)等类型;检测器常用材料有硅、硫化铅、砷化铟、铟镓砷、汞镉碲、氘代硫酸三苷肽等,采样装置有普通样品池、光纤探头、液体透射池、积分球等,使用时可根据供试品类型选择合适的检测器和采样系统。

软件包括化学计量学光谱分析软件和仪器自检系统。光谱测量通用软件完成近红外光谱图的获取、存储等常规功能;化学计量学光谱分析软件完成对样品的定性或定量分析,是近红外光谱快速分析的核心。常用的定量分析方法包括多元线性回归(multivariable linear regression,MLR)、主成分回归(principal component regression,PCR)、偏最小二乘法回归(partial least squares regression,PLSR)、人工神经网络(artificial neural networks,ANN)和拓扑(tonological,TP)等。常见的定性分析方法包括相关系数法、K 最近邻法、ANN、主成分分析(principle component analysis,PCA)、模式识别(pattern recognition)、软独立模式分类(Soft independent modeling of class analogy,SIMCA)、偏最小二乘判别分析(partial least squares discriminant analysis,PLS-DA)、支持向量机(support vector machine,SVM)等。另外,还需要建立相应的模型库(训练集)。

(四) 分析流程

近红外光谱分析工作基本流程如图 13-3 所示。NIR 是一种间接测量方法,应先建立标准样品的近红外光谱和待测组分含量的测量模型,然后再将待测样品的 NIR 数据代入测量模型,计算其含量。

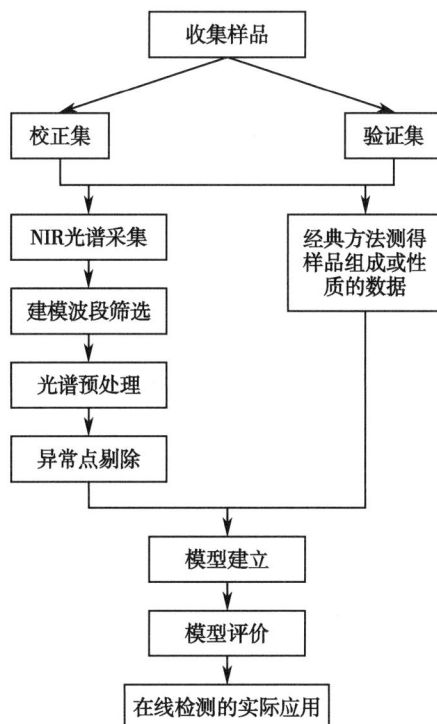

● 图 13-3 NIR 分析工作流程图

1. 样本的收集及划分　样本采集要有代表性,其浓度应涵盖待测分析样品范围。样品分析背景(如水分、pH、辅料等)应与实际样品尽量一致。对于单组分体系,一般至少需要 10~15 个样本,或用所得 PLSR 模型因子数的 3~4 倍作为最低标准。

收集的样本一般被分为校正集和验证集,校正集样本用于建立模型,验证集样本用于模型验证。样本划分时,要注意样本的均匀性和代表性。常用的划分方法有:①随机法(RS),即随机抽取样本构成校正集;②Kennard Stone(KS),即计算样本间的欧式距离或马氏距离来选择校正集样本;③双向算法(Duplex),即事先指定预测集样本数,然后借由光谱差距挑选子集;④基于 x-y 距离结合的样本划分法(SPXY),即将近红外光谱数据变量 x 和化学测量值变量 y 同时考虑在内来计算样品间距离。

2. NIR 光谱采集　NIR 光谱采集模式包括透射、漫反射和透反射三种。一般情况下,透射和透反射模式用于测定液体样品,而漫反射模式用于测定颗粒状、糊状或粉末状固体样品。近红外光谱采集过程中要注意采样模式、温度、分辨率、样品粒度、光程等因素的影响,以优化光谱采集条件,确保所采集的光谱重现性较好、能够全面地反映样品信息。

3. 建模波段的选择　波段选择是为了筛选富含关键信息的特征波长区间,以减少建模时的光谱变量,简化模型,增强模型的稳健性。波长选择的原则:所选波段信息丰富且特征性较强。常用的波长选择方法有:相关系数法、方差分析法、间隔偏最小二乘法(interval PLS,iPLS)、连续投影法(successive projections algorithm,SPA)、无信息变量消除法(uninformative variables elimination,UVE)、遗传算法(genetic algorithm,GA)、模拟退火算法(simulated annealing algorithm,SAA)、潜变量聚类和岭回归算法(ridge regression)等。

4. 光谱预处理　NIR 分析易受高频噪音、基线漂移、信号本底、样品不均匀、光散射、外界环境的波动、仪器误差及样品的背景干扰等影响而产生误差。因此在建模前需对光谱进行预处理,以去除干扰,净化谱图信息,扩大光谱有效信息,提高模型的精确度和预测效果。常见的预处理有:

①散射校正:可以消除因颗粒大小和分布不均匀所造成的光程差异,包括多元散射校正法(multiplicative scatter correction,MSC)和标准正态变量校正法(standard normal variate,SNV)。MSC侧重消除样品粒径不均匀的影响,而 SNV 侧重消除光程长短的影响。

②微分化处理:包括一阶导数和二阶导数法,可以增强原谱的信号,降低重叠峰的影响,消除由于背景颜色和其他因素所导致的光谱位移或漂移。

③平滑处理:是滤除噪音最常用的方法,包括 Savitzky-Golay 平滑(S-G 平滑)和 Norris 导数滤波平滑,它可以降低噪音信号,提高光谱的信噪比,但同时会使吸收峰峰形变宽,因此常常与微分化处理相结合。

④小波变换(wavelet transform,WT):是将信号投影到小波函数上,将光谱信号转换成一系列小波信号进行处理。

⑤正交信号校正(orthogonal signal correction,OSC):通过光谱矩阵与浓度矩阵正交,以滤除与浓度矩阵无关的信号。

5. 建立 NIR 的校正模型　在 NIR 分析中,常用的建模方法有 MLR、PCR、PLSR、ANN 等。现市售的商品仪器均带有常用的定性、定量分析程序,常用统计软件如 SAS(statistics analysis

system)、SPSS（statistical product and service solutions）、S-PLUS 等,亦包含简单的多元校正方法如元线性回归、主成分回归和逐步回归等。

6. 定量校正模型评价　对建立好的模型还需通过验证集（或称预测集）样本的验证,以判定校正模型的质量,常用以下指标来评定:

①相关系数（correlation coefficient,r^2）:计算公式为:

$$r^2 = 1 - \frac{\sum (c_i - \hat{c_i})^2}{\sum (c_i - c_m)^2}$$ （式 13-3）

式中,c_i 为对照分析方法测定值;$\hat{c_i}$ 为通过 NIR 测量及数学模型预测的结果;c 为 c_i 的均值。

若 r^2 越接近 1,则校正模型预测值与标准对照方法分析值之间的相关性越强。

②交叉验证误差均方根（root mean square error of cross validation,$RMSECV$）:计算公式为:

$$RMSECV = \sqrt{\frac{\sum (\hat{c_i} - c_i)^2}{(N-P)}}$$ （式 13-4）

式中,N 为建立模型用的训练集样本数;P 为模型所采用的因子数。

计算时,$\hat{c_i}$ 采用留一法（假设样本数据集中有 N 个样本数据,将每个样本单独作为测试集,其余 N-1 个样本作为训练集,这样得到了 N 个分类器或模型,用这 N 个分类器或模型的分类准确率的平均数作为此分类器的性能指标）对全部训练集做交叉验证计算而得出。

③预测误差均方根（root mean square error of prediction,$RMSEP$）:计算公式为:

$$RMSEP = \sqrt{\frac{\sum (\hat{c_i} - c_i)^2}{m}}$$ （式 13-5）

式中,m 为用于检验模型的预测样本数。

该法是将已建立的校正模型用来预测 m 个独立的样本（不在训练集内）,并比较对照分析测量法（c_i）和 NIR 预测值（$\hat{c_i}$）而得出。其值可评估所建校正模型的预测性能。

④相对预测误差（relative suspected error,RSE）:计算公式为:

$$RSE = \sqrt{\frac{\sum (\hat{c_i} - c_i)^2}{\sum c_i^2}}$$ （式 13-6）

上述 $RMSECV$、$RMSEP$ 可反映所建模型训练和预测结果的相对误差大小;$RMSECV$、$RMSEP$ 与 RSE 的值愈小,则模型预测精度愈高。

此外,评价指标还包括校正集均方根误差（root mean square errors of calibration,$RMSEC$）、预测相对偏差（relative standard error of prediction,$RSEP$）、平均绝对百分误差（mean absolute percentage error,$MAPE$）和偏差 Bias 等。另外,还可以从专属性、线性、准确度、重复性、精密度、不确定度等方面对所建的定量分析模型进行方法验证。

7. 样品分析　依据所建立的符合要求的分析方法模型对实际样品进行分析。

（五）NIR 分析方法的特点

1. 操作简便,不需要进行样品预处理,适合所有样品类型——固体、液体、浆体、糊状、胶体、气体。

2. 分析速度快,反应时间以秒(s)计算,一次测量同时得到多个指标的分析数据。

3. 样品非破坏性和制备量小,可进行原位测量,不使用溶剂,成本较低,污染较少。

4. 测量信号可以远程传输和分析,可用于工业过程在线检测分析,实时多路监控。

5. 能够测试物理和化学数据,也可以做定性分析和定量分析,采用多元校正方法及一组已知的同类样品所建立的定量校正模型,可快速得到相对误差小于 0.5% 的测量结果。

6. 应用广泛,NIR 几乎可用于所有与含氢基团有关的样品,不仅能反映绝大多数有机化合物组成和结构信息,对某些无 NIR 吸收的物质(如某些无机离子化合物),也可以通过其对共存的基体物质影响引起光谱变化进行间接分析。

(六) 应用

1. 定性分析　可对中药品种、入药部位、活性成分、提取物、饮片、中间体、制剂以及包装材料等进行分析,如包装材料高密度聚乙烯、聚氯乙烯、锡箔、铝塑板等,可通过 NIR 在线分析,对其密度、交联度、结晶度等进行综合评价。

2. 定量分析　可快速测定中药活性成分在制剂生产过程中的变化,在生产工艺中,判断化学反应进行程度及终点;检测发酵反应过程中的营养素的变化;测定脂肪类化合物的酸值、碘值、皂化值等;进行粒度、混合均匀度、硬度、溶出度、水分、吸收溶剂量的测定与控制。

3. 物理性状分析　如结晶性、晶型、多晶型、假多晶型等。

4. 中药种植养殖、储存、运输等过程环境、条件分析　如土壤、微生物等。

三、在线色谱分析法

用于工业生产过程分析的色谱,称为在线色谱(on-line chromatogram),也称为过程色谱(process chromatography)或工业色谱(industrial chromatography)。与常规实验室分析不同,在线色谱能连续对生产工艺过程的介质(原料、半成品、成品)成分进行自动化检测,从而实现在线监控,其应用越来越广泛。在线色谱的自动化技术核心在于在线取样、预处理、进样和相应程序控制等方面。目前主要采取循环分析模式,并通过柱切换的方法,缩短分析时间。通常循环周期为几分钟到几十分钟。

(一) 在线色谱系统的组成

在线色谱系统主要包括取样与样品预处理装置、色谱分析单元和程序控制单元等几部分。预处理装置主要包括连续采样装置和样品气化、富集、预纯化装置,其余色谱分析单元之间通过若干个六通阀实现连接和切换。在线色谱系统结构见图 13-4。

1. 取样和样品预处理装置　不同的制药工艺过程所涉及的流体性质差异很大,因此各种工艺监控系统取样和样品预处理装置也不一样,以便向色谱分析单元提供具有适当温度、压力、流量及杂质和干扰成分尽可能少、无腐蚀、不起化学反应的样品。试样预处理装置一般包括过滤器、调节器、控制阀、转子流量计、压力表和冷凝器等部分。

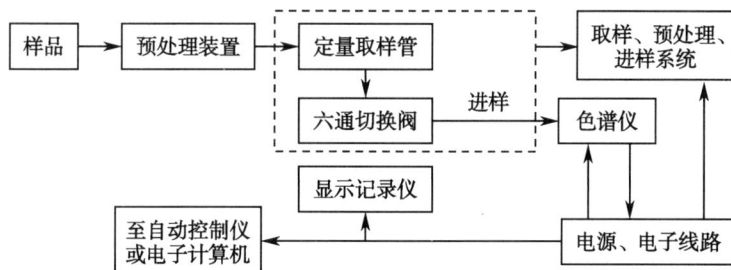

● 图 13-4　在线色谱系统结构示意图

2. 分析系统　主要包括进样器、色谱柱和检测器等。进样器是每一次分析循环周期开始时，将一定量样品注入色谱柱系统，一般采用六通阀进样器。

过程分析要求快速，但色谱分离需要持续一定的时间，所以在线色谱实际上不是连续分析而是间歇式循环分析，一般从几分钟到几十分钟不等。为达到在线分析的目的，通常通过两根或多根色谱柱切换，以缩短分析周期。色谱柱间通过切换阀来完成。切换阀按规定的程序在分析过程中将待测组分切入分析柱，而将无关物质排空。其中各类色谱柱和检测器见表 13-2，亦可与其他分析技术联用，获得更为丰富的定性、定量信息。如质谱、傅立叶变换红外光谱等。

表 13-2　在线色谱系统中常用的色谱柱和检测器

名称	作用或种类
分离柱	样品分离
保留柱	阻留样品中某些组分（如单组分和水）
储存柱	按照预定程序，在规定时间内将某些组分排出系统之外
选择柱	扣除高浓度组分，而使低浓度组分进入分离系统进行选择性连接
检测器	气相：热导检测器（TCD）、氢焰离子检测器（FID）等； 液相：紫外检测器（UVD）、电化学检测器（ECD）、示差检测器（RID）或蒸发光散射检测器（ELSD）等

3. 程序控制系统　程序控制系统按预先确定的工作程序，向各环节发出循环分析控制指令，如取样、样品预处理和注入、分析管路、色谱柱切换、信号衰减、基线校正、数据分析与存储，流路自动清洗等。

（二）应用

在线色谱分析法应用较为成熟的是在线气相色谱。近年来，新的样品处理方法如固相萃取（SPE）、超临界流体萃取（SFE）、微透析和膜分离等技术，为样品收集、在线预处理和分析废液处理等提供新的思路，使得反相高效液相色谱、离子交换色谱、亲和色谱、超临界流体色谱、毛细管电泳等方法在在线色谱中有所应用。

1. 在线气相色谱　较成熟的在线色谱是气相色谱法。在中药提取挥发性成分的生产工艺中，或在对某些易气化的挥发性辅料进行在线监控的过程中，都可能运用到在线气相色谱。工业在线气相色谱仪多采用热导池检测器和氢火焰电离检测器,有时也用密度检测器,或与质谱联用(GC-MS)。

2. 在线液相色谱 受样品捕集、在线预处理等问题的限制,液相色谱法在过程分析中的应用不及气相色谱法普遍,但液相色谱技术的发展使其更适用于过程分析。UPLC 仪通过采用超高压来提高分析速度,直接快速检测分析复杂的多组分样品。

中药制剂生产在线监控可应用在线液相色谱系统进行含量测定或指纹图谱分析,以获得其生产过程中的即时信息。通常,中药制剂的待分析料液体积较大,成分较复杂,有效成分浓度偏低,虽可通过增加进样体积提高灵敏度,但进样体积过大会使色谱峰明显变宽而降低分离度。因此,可以采用色谱柱在线固相萃取富集、净化的方法,即大体积的样品先流经富集柱并富集在柱顶端,用流动相反向洗脱后再进分离柱进行分离。

四、流动注射分析法

流动注射分析(flow injection analysis,FIA)是丹麦学者 J. Ruzicka 与 E H. Hansen 于 1975 年提出的一种微量液体试样快速自动分析技术。它是将一定体积的样品注入无气泡间隔的流动试剂中,保证混合过程与反应时间的高度重现性,在热力学非平衡状态下完成样品在线处理与测定的定量分析方法。该法第一次把分析试样与试剂从传统的试管、烧杯等容器中转入管道中,试样与试剂在连续流动中完成物理混合与化学反应,大大提高了分析效率,对化学实验室中溶液处理操作的变革起到了推动作用。

(一) 基本原理

流动注射分析的进样阀把准确体积的样品溶液间歇而迅速的注入由蠕动泵驱动的、流速一定的连续载流中。样品随载流在反应混合盘管中移动,与载流混合,并与载流中的试剂发生反应,反应产物流经检测器时被检测,记录仪读出一峰形信号,峰高或峰面积与试样的浓度成正比。

FIA 是样品注入、样品带的受控分散、混合过程和反应时间高度再现。因此实现了在物理和化学非平衡动态条件下的快速测定。样品的分散是 FIR 的核心问题,通常用分散系数(dispersion coeffcient,D)来描述试样在反应盘管中的分散程度,即分散过程发生前后产生信号的流体中待测组分的浓度比,亦为分散的样品区带中某一流体元分散状态的数学表达式:

$$D=C_0/C \qquad (式 13-7)$$

式中,C_0 和 C 分别代表样品分散前和分散后某一流体元中的待测组分浓度。

FIA 系统的设计理论依据分散原理,可根据分散系数的大小将 FIA 的流入分为高、中、低分散体系,其中 $D>10$ 为高分散体系;$D=2\sim10$ 为中分散体系;$D=1\sim2$ 为低分散体系。分散程度可以通过控制管路系统参数来实现,从而选择最佳分析性能,受分散度的大小及样品体积、管路长度、管径及流速等因素影响。一般分散度增大,可以提高分析速度,但低分散度有利于提高灵敏度,可通过增大样品体积、降低流速或使用短管路获得。

（二）FIA 分析系统

结构包括蠕动泵、注样阀或注样器、反应器、检测器、信号输出装置、记录仪等。蠕动泵的作用是驱动载流进入管路,载流即携载样品的流动液体,常用水或与样品相反的试剂;注样阀或注样器的作用是将一定体积的样品注入载流中,一般常用六通阀,可以较精准的采集一定体积的试样或试剂溶液;反应器的作用是实现样品与试剂间的反应,常用四氟乙烯或塑料细管道盘绕而成;检测器的作用是对试样区带进行检测,通常的检测技术有紫外-可见分光光度法、原子吸收分光光度法、荧光分光光度法、化学发光法、电位法、安培法、伏安法等。

（三）FIA 分析方法的特点

1. 分析效率高 从样品注入检测器响应的时间间隔一般小于1分钟。分析速度可达100~300 样 /h,包括较复杂的处理,如萃取、吸着柱分离等过程的测定也可达 40~60 样 /h。

2. 精密度好 一般 FIA 的测定精度 RSD 可达 0.5%~1%,基本优于相应的手工操作。即使是很不稳定的反应产物或经过很复杂的在线处理,如在线离子交换、萃取、共沉淀、高倍稀释等操作的流动注射分析测定精度 RSD 仍可达 1.5%~3%。

3. 消耗低 一般消耗试样为 10~100μl,试剂消耗水平也基本相似。

4. 适用性广 FIA 可与多种检测手段联用,如分光光度仪、AAS 仪、电化学仪、生化分析仪、在线处理、消化、萃取等,既可完成简单的进样操作,又可实现诸如在线溶剂萃取、渗析、离子交换预浓集及在线消化等复杂的溶液操作自动化。

FIA 也有其不足,如因稀释效应使得灵敏度有所下降。

（四）FIA 在中药制剂生产过程分析中的应用

目前 FIA 在中药制剂生产过程分析中应用的报道日渐增多,主要有提取物制备和反应过程监测、发酵过程监测、废水中废弃物检测等。

五、光纤传感器技术

光纤传感器(fiber optical sensor,FOS)是 20 世纪 80 年代发展起来的分析测试技术,利用光导纤维的传光特性,把被测量转换为光特性改变的传感器。待测物质经感受器识别后,由转换器将其转化为与分析物浓度有关的电信号输出,通过检测器进行显示。光纤传感器具有重量轻、可弯曲、方便携带、传输损耗低等特点,适用于现场检测。

（一）基本原理

光纤传感器主要由光源、光纤与探测检测器三部分组成,光源发出的光耦合进光纤,经光纤传输进入调制区。在调制区内,外界被测参数作用于进入调区内的光信号,使其光学性质如光的强度、相位、波长等发生变化成为被调制的信号光,再经过光纤送入光探测器而获得被测参数,即由光信号变成电信号(图 13-5)。

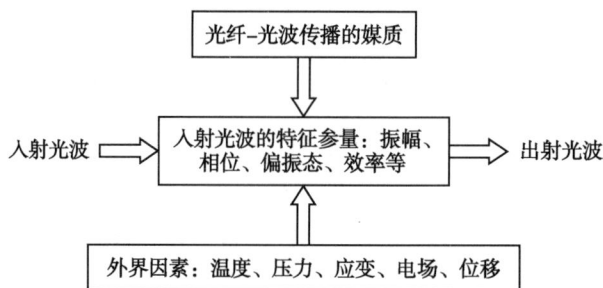

● 图 13-5　光纤传感器的原理示意图

光纤传感器的系统组成部件包括光发送器（LED、LD 等）、光接收器（PD）、光纤耦合器（分路 / 合路器件）、信号处理系统和光纤。光纤（optical fiber）是一种对光传导能力很强的纤维，由玻璃、石英或高分子材料制成内芯，表面有一折射率比内芯低的包层。当光线以小角度入射到光纤的端面上时，在纤芯和包层的界面上通过全反射在光纤中传输。光纤与待测物质接触的一端常做成探头，直接或间接与待测物质作用后，使光的性质或强度发生变化，从而达到检测目的。

光纤传感器或探针常作为紫外 - 可见、红外、近红外、拉曼光等光谱仪和样品间的接口，进而用于过程分析。

（二）FOS 分析方法的特点

1. 具有较高的灵敏度，频带宽、动态范围大。

2. 几何形状具有良好的适应性，可根据实际需要制成任意形状的光纤传感器。

3. 可以用相近的技术基础构成传感不同物理量的传感器，包括声场、磁场、压力、温度、加速度、转动、位移、液位、流量、电流、辐射等。

4. 便于与计算机和光纤传输系统相连，易于实现系统的遥测和控制。

5. 可用于高温、高压、强电磁干扰、腐蚀等各种恶劣环境。

6. 结构简单、体积小、重量轻、耗能少。

第三节　示例

中药制剂生产过程包括多种操作环节和操作单元，主要分为三个工段，即前处理工段、制剂生产工段和包装工段。每一个生产环节或操作单元都需要选择合适的方法进行过程质量分析和监测；一种分析方法也可以应用于不同的生产环节或单元操作中。中药制剂生产过程包括的工艺环节见表 13-3。

中药制剂类型主要有片剂、颗粒剂、胶囊剂、注射剂、口服液、丸剂、喷雾剂、膏剂等，不同剂型间的分析方法有所差异。以中药固体制剂的生产为例，对中药制剂生产各阶段的关键环节的检测进行简要说明。

表 13-3　中药制剂生产工艺具体内容

物流	工段	工艺内容
物料	前处理工段	①中药饮片前处理:净制、切制、炮炙、破碎、粉碎等
		②提取、浓缩、干燥等
中间产品		③其他:炼蜜、炼丹、炼药油等
	制剂生产工段	①固体制剂:称量、配料、混合、成型、包衣等
		②液体制剂:药液处理、配液、过滤等
待包装品		③其他:橡胶膏剂、黑膏剂、气雾剂等
	包装工段	①内包装:分装、灌装等
成品		②外包装:袋、盒、箱等

前处理工段的关键生产环节包括粉碎和提取浓缩,主要采用近红外光谱法、拉曼光谱法、紫外 - 可见光谱法、光纤传感技术、流动注射分析等对粉碎粒度、均匀度及对其成分、浓度的质量参数进行测定、评价和控制,采用工艺控制系统对提取罐内的温度和压力、提取罐内的液位、冷却器的冷却水进口温度和出口温度、热油泵的出油口温度和进油口温度等工艺参数进行自动控制。

制剂生产工段的关键生产环节包括原辅料混合、制粒、干燥、整粒、压片、装胶囊和包衣,近红外光谱法可以应用于制剂生产的各个阶段,确定各阶段的工艺终点及对各阶段产品的成分、浓度的质量进行监测。此外,原辅料混合还可以采用光诱导荧光法或热扩散法监测混合均匀度,检测混合终点;制粒还可采用拉曼光谱法、聚焦光束反射测量法或声学发射法监测含量均匀度、颗粒粒径和密度;颗粒干燥还可采用微波法监测水分含量,激光衍射法或成像技术监测颗粒粒径分布;压片和装胶囊还可采用光诱导荧光法监测效价、含量均匀度、硬度、孔隙率和重量差异;包衣还可采用光反射法监测和判断包衣终点(衣膜的厚度和均匀度)。

鉴于不同剂型的制剂生产工艺有所差别,本节仅以中药制剂生产成品为例,探讨中药制剂过程分析。

【示例 13-1】清开灵注射液中间体银黄液中黄芩苷含量近红外测定方法的建立和验证

目前,近红外光谱已广泛应用于中药质量控制领域,然而由于 NIRS 谱带重叠严重,吸收信号较弱,NIRS 的定量限及检测限较高,将该方法用于中药质量控制,还需对其进行严格的验证。采用近红外光谱技术对清开灵注射液生产过程中间体指标性成分的定量研究发现清开灵注射液指标性成分含量高低严重影响着近红外定量模型的准确性。本研究以清开灵注射液生产过程重要中间体银黄液为研究载体,采用近红外光谱技术建立银黄液中指标成分黄芩苷的近红外定量模型,并运用基于随机误差和系统误差的准确性曲线(accuracy profile, AP)分析方法对该模型进行验证,阐明该定量方法的可靠性,以期为中药体系近红外定量模型的验证提供参考。具体步骤如下:

〔样品制备〕6 个批次的清开灵注射液中间体银黄液样本由具有资质的相关企业生产。采用 HPLC 法分别测定 6 批清开灵注射液中间体银黄液黄芩苷含量,而后每批样品均用纯净水稀释成一系列浓度 30mg/ml、20mg/ml、15mg/ml、10mg/ml、5mg/ml、1mg/ml,共 36 个样本。分别随机取其中的 3 批样本作为训练集,剩下 3 批样本作为预测集。

〔色谱条件〕SunFire C$_{18}$ 色谱柱(4.6mm×150mm,5μm,Waters); 流动相:甲醇 - 水 - 磷酸 (47∶53∶0.2);检测波长:276nm,流速:1ml/min,柱温:30℃,进样量:10μl。采用 HPLC 法对各样本中黄芩苷的含量进行测定,并以其作为参考值。

〔近红外光谱采集〕采用透射模式采集光谱,以仪器内部的空气为背景,分辨率为 0.5nm,扫描范围 400~2 500nm,扫描次数 32 次,每个样品平行测定 3 次,取平均光谱,为了获得稳健的近红外模型,实验设计采用 2 名不同操作者于不同天数(2 天)采集近红外光谱数据,共 144 条平均光谱。144 条近红外原始光谱图见图 13-6。

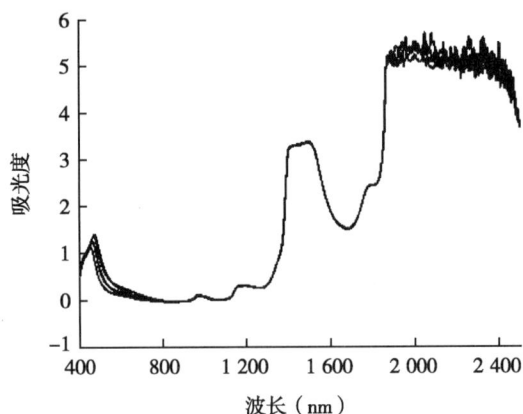

● 图 13-6　清开灵注射液银黄液近红外原始光谱图

〔光谱预处理〕对扫描得到的原始吸收光谱进行预处理,消除噪音和基线漂移等干扰因素的影响,提取近红外光谱中待测对象的特征信息。本研究比较了一阶微分(1st derivative,st)、二阶微分(2nd derivative,2nd)、标准正则变换(standard normal variate,SNV)、基线校正(baseline correction,BC)、Savitzky-Golay 平滑(s.g.)、N 点平滑(N-point smooth,NPS)、多元散射校正(multivariate scatter correction,MSC)及一系列组合预处理方法,对 1 100~1 900nm 光谱波段所建偏最小二乘回归(PLS)模型性能的影响(1 900~2 500nm 波段内光谱波动较大,故剔除此处波段)。经不同预处理方法获得 PLS 模型的预测残差平方和(PRESS)值,结果见图 13-7。经比较,采取一阶微分(1st)加上 N 点平滑(NPS)组合处理光谱数据效果最好。

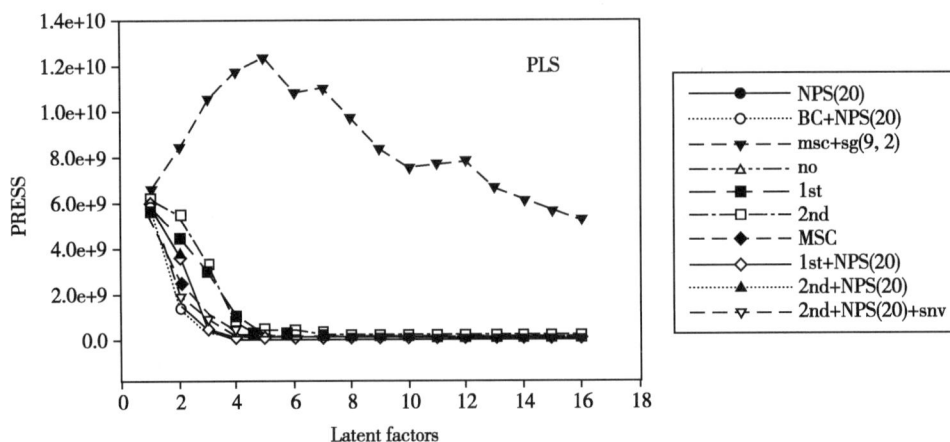

● 图 13-7　不同光谱预处理方法 PRESS 值图

〔定量模型建立〕采用 PLS 法,内部四折交叉验证(cross-validation),将光谱数据与样品的 HPLC 分析结果相关联建立校正模型。模型的潜变量个数确定为 7,此时交叉验证均方根误差较小。采用 3 批外部样本集对模型预测性能进行验证,模型预测值与 HPLC 测定值的相关性见图 13-8。该模型的 SEC 和 SEP 分别为 723.0μg/ml 和 513.8μg/ml,表明其具有良好的预测性能。

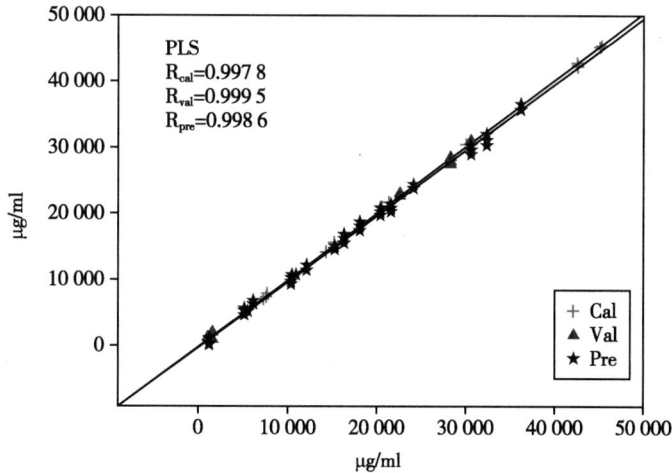

● 图 13-8　近红外预测值与 HPLC 参考值相关性图

〔模型预测效果验证〕在 90% β- 期望容差区间,15% 容许极限,10% 风险约束条件下,对 PLS 模型的准确性进行评估,结果见图 13-9。在 1 099~5 000μg/ml 浓度范围内,平均偏差线和 90% β- 期望容差区间线波动较为明显,在 1 099μg/ml 浓度水平,模型预测相对偏差达到 ±120%,说明银黄液中黄芩苷在此浓度水平时,该模型预测结果相对不准确。

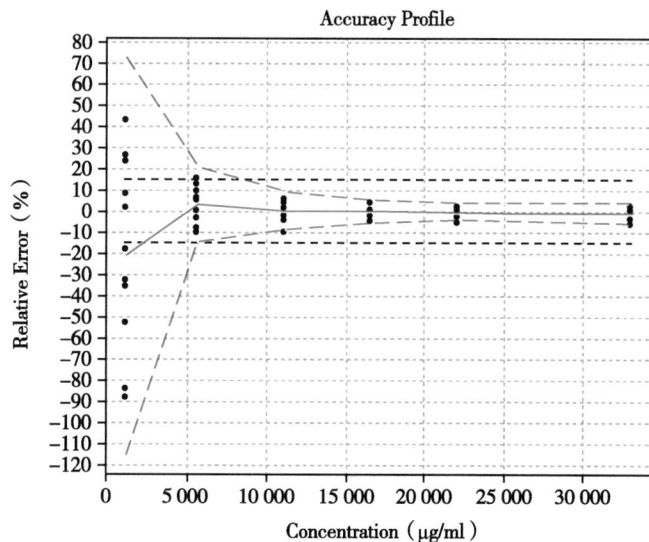

● 图 13-9　准确性总则图

黑色点线:容许极限线;绿色点线:90% β- 期望容差区间线;绿色实线:平均偏差线。

模型精密性包括重复性和中间精密度,见表 13-4。由表可知,黄芩苷浓度低于 1 099μg/ml 时,该模型重复性和中间精密度相对标准偏差值较大,达到 32.9% 和 45.2%,说明了模型对该浓度预测不准确。

表 13-4　PLS 定量模型的重复性和中间精密度

浓度 / （μg/ml）	重复性（RSD，%）	中间精密度（RSD，%）
1 099	32.900	45.230
5 496	9.315	9.315
10 992	3.851	4.484
16 488	2.706	2.896
21 983	2.063	2.104
32 975	2.224	2.630

由表 13-5 可见，浓度低于 1 099μg/ml，该模型不确定性和风险性较大，达到 97.51% 和 79.13%，其他浓度水平不确定性和风险性符合分析测试要求。

表 13-5　PLS 定量模型的不确定性和风险性

浓度 / （μg/ml）	相对扩展不确定度（%）	风险率（%）
1 099	97.510	79.130
5 496	19.390	16.550
10 992	9.522	1.241
16 488	6.087	0.063
21 983	4.394	0.004
32 975	5.593	0.077

该模型预测回归方程为：$Y = 60.36+0.985\,6\,X$，$r^2=0.997\,2$，相关性良好，见图 13-10；该模型对黄芩苷的最低定量限为 8 025μg/ml。

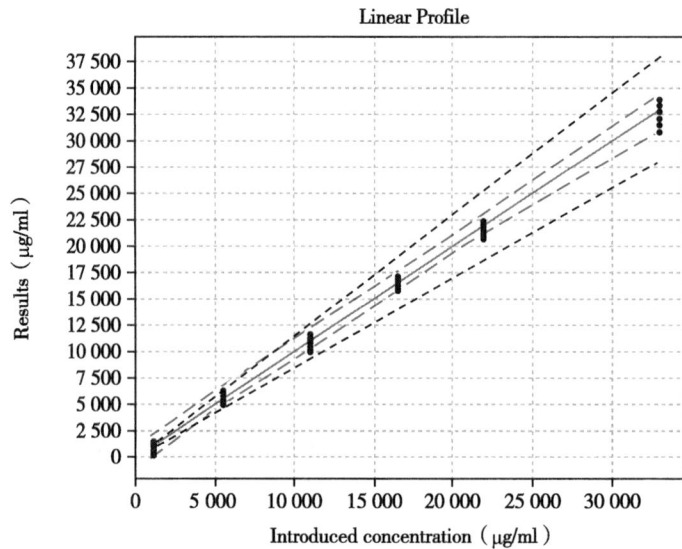

● 图 13-10　近红外预测线性轮廓图

黑色点线代表容许极限线，绿色点线代表 90% β- 期望容差区间线。

（张　丽）

学习小结

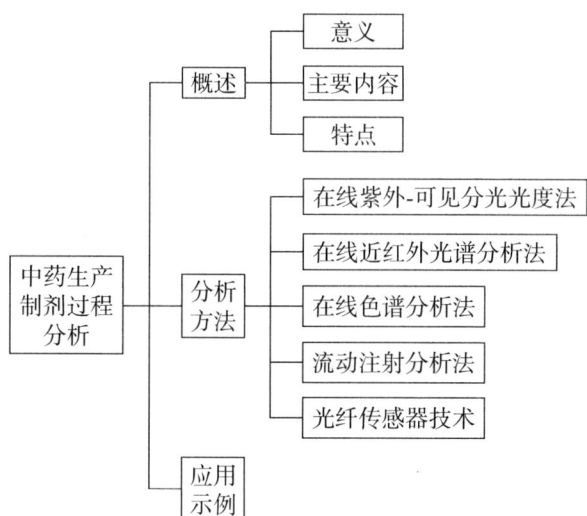

```
                              ┌─ 意义
                     ┌─ 概述 ─┼─ 主要内容
                     │        └─ 特点
                     │        ┌─ 在线紫外-可见分光光度法
                     │        │
  中药生产            │        ├─ 在线近红外光谱分析法
  制剂过程 ──────────┼─ 分析 ─┼─ 在线色谱分析法
  分析               │   方法  │
                     │        ├─ 流动注射分析法
                     │        └─ 光纤传感器技术
                     │
                     └─ 应用
                        示例
```

目标检测

1. 在线检测技术可用于中药制剂生产过程的哪些环节?

2. 简述在线近红外光谱法在中药过程检测中的应用。

3. 试述在线近红外光谱分析基本流程。

4. 中药制剂生产过程质量控制的常用分析方法有哪些?

13章 同步练习

第十四章　中药制剂质量生物效应评价

学习目标

　　掌握生物效应评价方法的基本内容和要求,熟悉生物效应评价法的实验设计和数据处理,了解生物效应评价法在中药制剂质量控制中的应用。

学前导语

　　生物效应评价法是通过检测中药制剂的生物活性来进行质量控制和评价的方法,能弥补常规分析方法不能体现药物有效性的缺点,具有药效相关、整体可控等优点。例如,采用凝血酶原滴定法来评价水蛭药材的质量,每中和一个单位凝血酶的量,为一个抗凝血酶活性单位 U,并规定每 1g 水蛭抗凝血酶活性应不低于 16.0U。

第一节　概述

生物效应评价(biopotency assays),是评估供试药物作用于生物体系(包括整体动物、器官、离体组织、微生物、或细胞等)所表达出的特定活性强度的方法,用于定性或定量评价供试药物的质量。例如,洋地黄叶及其制剂主要含强心苷类成分,其治疗量和中毒量非常接近,现行标准采用生物效应测定法,通过比较洋地黄标准品与供试品对鸽的最小致死量(U/kg),测定供试品的效价,以控制洋地黄的质量。生物效应评价法以药理作用为基础,以生物统计为工具,具备了定量药理学与药检分析的双重属性和要求。在适当的条件下,充分利用快速发展的生命科学技术,构建系统的生物效应评价方法,以评价药效,观察毒副作用,可以更好地保障中药制剂的质量,推动中药制剂的现代化和国际化发展。

生物效应评价适用于结构复杂或理化方法不能测定其含量或不能反映其临床生物活性的药物。在现行的药品质量标准中,生物效应评价法是多种生物药品制剂所采用的质量控制方法,例如,由微生物发酵生产的含有多种抑菌成分的抗生素,以动物为原料提取的生化药品,如肝素、胰岛素、玻璃酸酶、细胞色素 C 等,以植物为原料的洋地黄制剂,以及动物药水蛭等均采用生物效应评价法定量测定药品的生物效价或生物活性。在这些生物药品制剂中,组分分子结构是未知的或是多组分混合体,不具有单一而稳定的化学结构。因此,不能用毫克、克等绝对或相对重量表示其量值,量化指标不明确,其对照物质的纯度也较低,导致采用常规的理化分析试验系统所得的结果不一致,重复性差,只能从其药理作用中选择一种能代表临床疗效或毒性反应的指标,采用生物效应评价法来控制其质量。例如,水蛭的质量评价是采用凝血酶滴定法(水蛭可与凝血酶结合并使其失活,其结合比例为 1:1),以抗凝血酶活性为标准,标定水蛭中和 1 个单位凝血酶的量,为一个抗凝血酶活性单位(U/g),并进一步规定了供试品的效价限值,即每 1g 含抗凝血酶活性水蛭应不低于 16.0U,而蚂蟥和柳叶蚂蟥应不低于 3.0U。

生物效应评价结果体现了药效强度,与中药制剂的"功能主治"密切相关,整体可控,客观灵活,比指标成分测定更有代表性,弥补了常规分析测定不能体现生物活性的缺点,适合应用于化学成分组成复杂的中药制剂。虽然,生物效应评价法不如常规分析方法操作简便、精密度高、重复性好、量化指标明确,但是,许多中药制剂的药效物质基础不明确,采用常规分析测定和生物效应评价相结合的方法,可以更全面地评价中药的质量,使中药制剂的质量标准更好地反映药品的临床疗效。此外,在现有含量测定的基础上增加生物效应评价方法,可以提高质量控制的科学性与系统性,控制非法添加对照品的风险,最大程度地表征中药制剂的内在质量,达到评价和控制中药制剂质量的优劣、毒性大小的目的。

> **知识链接**
>
> ### 生物效应评价的意义
>
> 1. 生物效应评价适用于结构复杂或理化方法不能测定其含量、或不能反映其临床生物活性的药物。

2. 通过选择合理的生物效应评价指标,有效地反映中药制剂的"功能主治",可以弥补目前中药制剂质量控制评价方法的缺陷。

3. 在现有含量测定的基础上增加生物效应评价方法,可以提高质量控制的科学性与系统性,控制非法添加对照品的风险,最大程度地表征中药制剂的内在质量。

第二节 生物效应评价方法基本内容和要求

一、生物效应评价法的基本原则

生物效应评价是一种复杂的测量形式,目前,还处在不断发展而完善阶段中。该法所采用的标准物质、单位、试验设计和方法验证均与传统的药品质量控制方法差异较大,而且还需要借助生物统计工具进行概率分析。此外,某些体外试验的测量值不完全代表整体动物的生物反应,仅表达了与受体结合的能力,也将导致生物效应评价结果差异较大。因此,生物效应评价法必须符合药理学的基本原则,主要药效学试验方法和观察指标的阳性结果可作为中药制剂生物效应评价的方法学基础,并进一步确定限值剂量。含剧毒成分或活性成分很难达到恒定的药品(如强心药洋地黄),应以限量给药后观察指标反映的生物效应评价法为主要质量控制方法,并规定上限和下限量值。

"功能主治"是生物效应评价方法设计的基础。生物效应评价方法应体现中医药的特点,与中药制剂的"功能主治"相适应。中药制剂具有多成分、多功能、多靶点的特点,其"功能主治"还有一定的不确定性,而某些药效学试验方法也有局限性和不适用性,使得生物效应评价法不能与药品的"功能主治"相一致。因此,对测定方法也不必苛求,只要与功能主治和主要药效具有一定相关性,能保证临床用药安全有效即可。同时,要求拟开展测定的中药制剂有明确的药效作用指标。例如,以解热、抗炎、活血等药理实验研究为基础,选择一个或多个功能活性评价指标,通过生物统计,筛选出比较适宜的、能够关联药物功效或毒性的检测方法,包括效价、生物活性限值和毒价测定等。

生物效应评价方法应科学可靠,有规范的试验方法系统,才能保证其结果稳定可靠。一般的药理学实验方法主要目的是证实药效趋势和规律、试验结果与对照组比较是否有统计学意义,而生物效应评价方法则有所不同,须具备定量药理学与药检分析的双重属性和要求,保证检测指标灵敏度高,检测结果重现性好,对试验数据的绝对值要求更高,但允许有一定的误差范围。生物效应评价法还要符合专属性的要求,例如,具有活血作用的水蛭药材一定能表现出抗凝血酶活性,但所含的杂质、降解产物、辅料等不能表现出抗凝血酶活性,以保证方法能正确测定出被测物的特性。

生物效应评价法的基本原则

1. 符合药理学研究基本原则。建立的测定方法应符合随机、对照、重复等药理学研究的基本原则,具备简单、精确的特点,应有明确的判断标准。

2. 体现中医药特点。测定指标应与中药制剂的"功能主治"相关,应结合具体问题具体分析,不同功能主治的药品试验设计要求不同,并合理选择测定品种。

3. 方法科学可靠。方法应当具有较好的检测灵敏度和结果重现性,试验操作简便,测定方法的专属性强,不受杂质的干扰。

二、生物效应评价方法的种类

按研究对象的不同,生物效应评价方法可概括地分为体内和体外试验。体内试验的受试对象一般是整体动物,应采用符合国家标准的实验动物和饲养环境,一般以小鼠、大鼠为主,避免使用犬类等大型动物,操作不能太复杂、试验周期不能过长,选用与中药制剂功能主治相关性较好的主要药效学试验方法。而体外试验的受试对象一般为实验动物器官或组织、血清、微生物、细胞、酶、受体等,但要防止制剂中杂质的干扰。中药制剂多为复方制剂,药材来源、活性成分及制备工艺复杂多样,可能导致多数中药制剂量效关系不明显,故应对生物评价方法进行优化和选择。应选择背景资料清楚、影响因素少、成本低且简单易行的试验方法。为更加符合国际规范,尽量选择可控的体外试验(符合条件的整体动物试验也可用),并应研究各种因素的影响,采取必要的措施进行准确控制。

根据测定方法及评价指标的不同,生物效应评价方法还可进一步分为生物效价测定法(量反应法)和生物活性限值测定法(半定量法)。前者在一定剂量范围内,作用趋势一致,量效关系较明显,更易于量化评价;后者多用于达到某一特定值(给药量)的条件下,才出现某效应的评价(如出现凝集、死亡、惊厥等),属于半定量或定性范畴。一般优先选用生物效价测定法,不能建立生物效价测定的品种可考虑采用活性限值测定法,待条件成熟后,进一步研究效价测定法。

生物效应评价法的基本分类

根据研究对象的不同,生物效应评价法可概括地分为体内和体外试验。

1. 体内试验 受试对象一般是整体动物,测定结果代表了药品对整个动物或整个在体组织的反应。

2. 体外试验 受试对象一般为细胞、酶、受体等,方法简便、费用低、精度高,但其测量值不完全代表整体动物的生物反应,仅表达了与受体结合的能力。

根据测定方法及评价指标的不同,生物效应评价法可分为生物效价测定法和生物活性限值测定法。

1. 效价测定法　在一定剂量范围内,作用趋势一致,量效关系较明显,更易于量化评价。

2. 活性限值测定法　多用于达到某一给药量的条件下,才出现某效应,属于半定量或定性范畴。

三、生物效应评价的方法要点

生物效应评价方法主要考虑以下基本内容:标准品、供试品配制、测定指标、试验系、对照组设置(阳性、空白和阴性对照)、给药剂量、给药途径、给药次数、结果统计、方法学验证等。

1. 标准品　生物效应评价法应采用与供试品基本同质的标准品,以便测定供试品的相对效价。凡待测定的药物都应有它的标准品(都应有标示效价),以效价单位(U)表示,其含义和相应的国际标准品的效价单位一致。通过供试品和标准品生物效价的对比和换算,还能最大限度地消除测定系统误差(标准品和供试品的量反应曲线平行,才能进行生物效价的对比和换算)。采用生物活性限值测定法,可用中药标准品或化学药品作为标准品。例如,以牛黄上清片主要有效成分黄芩苷和栀子苷混合物(5∶2)作为标准品,通过实验设定标准品的中心浓度效价为 1 000U/ml,用于标定不同厂家牛黄上清片的抑菌效价限度。

方便易得的标准对照药材或道地药材也可作为标准品,但需注意其中的杂质可能会影响效应的稳定性。例如,采用神经氨酸酶抑制活性检测方法,以中检院标定的板蓝根对照药材为标准品,测定了不同产地板蓝根的生物效价。此外,标准品还应具备均一和稳定的性质。例如,洋地黄的生物效应评价是比较标准品与供试品对鸽的最小致死量(鸽法),以测定供试品的效价。其标准品是将紫花洋地黄的鲜叶,在 60℃以下干燥,磨粉,并经中检院组织协作,统一用鸽法,以洋地黄国际标准品作对照,进行标定效价而得。

生物效应评价法也可以不采用标准品,主要适用于定性或半定量反应且实验重复性较好的生物活性限值法。例如,灯盏细辛注射液在 10~30ml/kg 剂量时,可明显抑制小鼠体内血栓形成、大鼠体内和体外血小板聚集,可作为限值剂量对产品进行质量内部控制,不用标准品换算。

【示例 14-1】黄连抑菌效价检测

采用生物热动力学法测定黄连大肠杆菌抑制活性,比较盐酸小檗碱标准品与供试品的生物热动力学检测结果,计算 k 值(第一指数生长期生长速率常数),通过定义每毫克盐酸小檗碱的效价为 1 个活性单位(U),以测定供试品的效价。

带菌 L.B 培养基配制:蛋白胨 10g,酵母膏 5g,NaCl 5g,溶于 1L 蒸馏水中,调至 pH7.2 后分装,121℃高压蒸气灭菌 30 分钟,于 4℃放置备用。以无菌操作将处于对数生长期的大肠杆菌接种于 L.B 培养基 50ml 中(菌接种量为 1×10^6/ml),摇匀,于 4℃放置备用。

标准品溶液的制备:取经除菌处理的盐酸小檗碱标准品适量,置于安瓿瓶中,加新配制的带菌 L.B 培养基溶液至 5ml,制成 0.5mg/ml 的溶液,密封。

供试品溶液的制备:取经除菌处理的黄连 100g,加水浸泡 30 分钟,水煎提取 2 次(加水 10 倍、8 倍量,分别提取 1 小时、0.5 小时),趁热滤过,合并滤液,减压浓缩至小体积。取该溶液适量,置于安瓿瓶中,加新配制的带菌 L.B 培养基溶液至 5ml,制成每 ml 溶液相当于 5mg 黄连药材的供试品溶液,密封。

测定法:分别将标准品溶液和供试品溶液放入 37℃恒温的微量量热仪中,记录细菌生长过程热功率 - 时间曲线,从曲线中可得到生物热动力学评价指标。比较盐酸小檗碱标准品与供试品的生长速率常数 k 值,计算效价及实验误差(参照结果统计项下),即每 1g 药材约相当于 25U 盐酸小檗碱的 k 值表达效应,本法的可信限率(FL%)不得大于 10%。

2. 测定指标　生物效应评价法应有明确灵敏的量化指标,并与药物的功能主治密切相关,不要求完全体现功能主治,但能够说明药物的主要生物效应。由于中药药理作用具有多效性,测定方法的选择,应从中医药理论出发,结合现代药效作用机制和途径,选择最敏感、最能体现药物功能主治的测定方法。例如,具有活血化瘀功能的中药制剂可采用大鼠血小板聚集试验、小鼠耳郭微循环试验、大鼠动静脉短路血栓检定法以及抗凝血活性测定(凝血酶滴定法)等;而具有祛风湿功能的中药制剂可采用小鼠耳肿胀试验、小鼠腹腔毛细血管通透试验、大鼠角叉菜足肿胀试验、大鼠酵母足肿胀试验等。测定方法还应符合操作简便、指标明确、灵敏度高、重现性好等要求。

【示例 14-2】水蛭的生物效应评价方法

《中国药典》2015 年版收载的水蛭质量控制标准中,含量测定方法是采用凝血酶滴定法,即水蛭与凝血酶结合,使凝血酶失活,其结合比例为 1:1,即中和一个单位的凝血酶的量,为一个抗凝血酶活性单位(U/g),利用抗凝血酶活性作为测定指标,来标定水蛭的效价。

凝血酶溶液的配制:取凝血酶试剂适量,加生理盐水配制成每 1ml 含凝血酶 40 个单位或 10 个单位的溶液(临用配制)。

三羟甲基氨基甲烷盐酸缓冲液的配制:取 0.2mol/L 三羟甲基氨基甲烷溶液 25ml 与 0.1mol/L 盐酸溶液约 40ml,加水至 100ml,调节 pH 至 7.4。

测定法:取本品粉末(过三号筛)约 1g,精密称定,精密加入 0.9% 氯化钠溶液 5ml,充分搅拌,浸提 30 分钟,并时时振摇,离心,精密量取上清液 100μl,置试管(8mm×38mm)中,加入含 0.5%(牛)纤维蛋白原(以凝固物计)的三羟甲基氨基甲烷盐酸缓冲液(临用配制)200μl,摇匀,置水浴中(37℃±0.5℃)温浸 5 分钟,滴加每 1ml 含 40 单位的凝血酶溶液(每 1 分钟滴加 1 次,每次 5μl,边滴加边轻轻摇匀)至凝固(水蛭),或滴加每 1ml 含 10 单位的凝血酶溶液(每 4 分钟滴加 1 次,每次 2μl,边滴加边轻轻摇匀)至凝固(蚂蟥、柳叶蚂蟥),记录消耗凝血酶溶液的体积,按下式计算:

$$U = C_1 V_1 / C_2 V_2$$

式中,U 为每 1g 药材所含的含抗凝血酶活性单位;C_1 为凝血酶溶液的浓度(U/ml);C_2 为供试品溶液的浓度(g/ml);V_1 为消耗凝血酶溶液的体积(μl);V_2 为供试品溶液的加入量(μl)。

本品每 1g 含抗凝血酶活性水蛭应不低于 16.0U;蚂蟥、柳叶蚂蟥应不低于 3.0U。

3. 试验系　生物效应评价方法可选择的试验系包括整体动物、离体器官、血浆、微生物、组织、细胞、亚细胞器、受体、离子通道和酶等。整体动物试验结果代表了药品对整个动物的反应,结果可靠,但是方法不易控制,烦琐。而细胞、酶、受体等体外试验系的方法简便、费用低、精度高,但其测量值不完全代表整体动物的生物反应,仅表达了与受体结合的能力。近年来,生物芯片、组学技术、生物自显影薄层色谱和高内涵分析等生物活性测定法不断发展成熟,从相关细胞、靶点、通路或关键生化因子入手,关联机制明确,并且操作可行性也更好。

试验系应尽可能使用小动物,以限值试验为主。一般情况下,首选体内试验,也可配合使用1种合适的体外试验方法。

4. 对照组设置 对照组的作用是通过与供试品相比较,来验证方法的可靠性。如采用模型动物一般应设模型对照和阳性对照,以说明操作的正确性和试验的有效性。特别稳定的模型,可以不采用阳性对照。对照物最好采用符合国家药品标准要求的具相似功能的中药标准品,也可以考虑采用已确定生物效应的化学药品,还应符合来源易得、成本低、稳定性好、有良好的生物效应、并具备可重复的量-效关系等要求。例如,治疗心脑血管的药品可用川芎嗪或尼莫地平作为对照物,可验证试验结果的可靠性,以及测定结果是否为阴性。

5. 给药剂量 整体动物试验的给药剂量一般采用临床剂量(以 kg 体重计算)的 30 倍以下。其中,生物效价测定通常设多个剂量组,不同剂量之间的生物效应须有显著差异,根据具体情况进行二倍剂量、三倍剂量的等剂量设计,设计合理的剂量比关系,以符合生物检定的统计学要求,并尽量使试验简单易行。给药途径应与临床拟用途径一致。根据药效学研究结果,采用单次或多次(5 次内)给药。生物活性限值试验可以只设一个剂量,在此剂量条件下,符合规定的药物可以保证生物效应,而不符合规定的药物则一定有质量问题。

6. 结果统计 生物效应评价的结果统计是将供试品(T)和标准品(S),在相同的实验条件下,同时对生物体或其离体器官组织等的作用进行比较,通过等反应剂量对比,计算出它们的等反应剂量比值(R),以测得 T 的效价 P_T。

R 是 S 和 T 等反应剂量(d_S、d_T)的比值,即 $R=d_S/d_T$。

M 是 S 和 T 的对数等反应剂量(x_S、x_T)之差,即 $M=\lg d_S-\lg d_T=x_S-x_T$。$R=\text{antilg}M$。

P_T 是通过检定测得 T 的效价含量,称 T 的测得效价,是将效价比值(R)用 T 的标示量或估计效价 A_T 校正之后而得,即 $P_T=A_T \cdot R$ 或 $P_T=A_T \cdot \text{antilg}M$。测定时,S 按标示效价计算剂量,T 按标示量或估计效价(A_T)计算剂量,注意调节 T 的剂量或调整其标示量或估计效价,使 S 和 T 的相应剂量组所致的反应程度相近。

生物效应结果统计还必须对误差项和可靠性进行说明,试验成立的判定依据应符合《中国药典》生物检定统计的要求,应有明确的可信限和可信限率(FL%)。根据试验记录,对结果进行定量和定性统计分析,说明具体的统计方法和选择理由,同时应注意对个体试验结果的评价。

7. 方法学验证 生物效应评价方法首先要进行重复性、重现性、检出限、以及方法适用性的验证。重复性验证在同实验室、至少用 3 批供试品,每批测 3 次,或同批供试品进行 6 次测定,试验后对结果进行评价,测定试验结果判断应基本一致。重现性和检出限验证要求试验结果必须在3 家以上实验室能够重现。按拟采用的生物活性测定方法和剂量,对 10 批以上供试品进行测定,考察质量标准中该测定项目的适用性。此外,还应考察测定方法的各种影响因素,通过考察确定最佳试验条件,以保证试验方法的专属性和准确性。根据对影响因素考察结果,规定方法的误差控制限值或对统计有效性进行说明。有条件时,还需考察测定方法与理化分析方法的相关性,结合理化分析结果进行全面的质量评价,比较不同含量的供试品(包括不合格品在内)的生物活性测定结果,阐明两种测定方法的相关性。

生物效应评价的方法要点

1. 标准品应当与供试品同质,并有标示效价,以效价单位(U)表示,以便测定供试品的相对效价。

2. 测定指标应与中药制剂的"功能主治"相关,同时符合简便易行、灵敏度高、重现性好、专属性强等要求。

3. 试验系应尽可能使用小动物,以限值试验为主。一般情况下,首选结果可靠的体内试验,也可配合使用1种合适的体外试验方法。

4. 对照组设置是为了验证方法的可靠性,采用模型动物的试验一般应设模型对照和阳性对照,以说明操作的正确性和试验的有效性。

5. 给药剂量一般采用临床剂量(以kg体重计算)的30倍以下。生物效价测定通常设多个剂量组,并设计合理的剂量比关系;生物活性限值试验可以只设一个剂量。

6. 结果统计是将供试品和标准品,在相同的实条件下,同时对试验系的作用进行比较,通过等反应剂量对比,计算出它们的等反应剂量比值,以测得供试品的效价。此外,还必须对误差项和可靠性进行说明,应有明确的可信限和可信限率(FL%)。

7. 方法学验证主要包括重复性、重现性、检出限、方法适用性等内容;还应考察测定方法的各种影响因素,以保证试验方法的专属性和准确性。

(原 忠)

学习小结

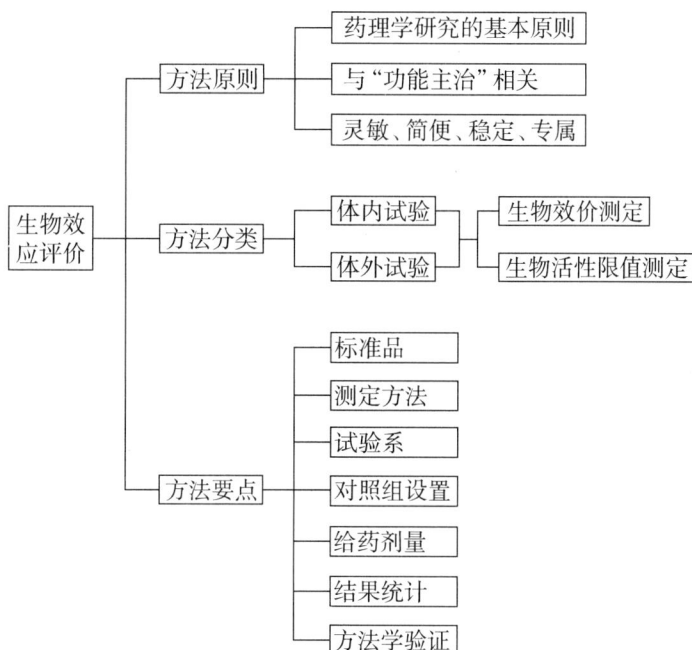

1. 建立生物效应评价方法的目的和意义是什么？

2. 建立生物效应评价方法的基本原则是什么？

3. 举例说明生物活性限值测定法和生物效价测定法有何不同？

4. 中药制剂生物效应评价用标准品的基本要求有哪些？

5. 中药制剂生物效应评价方法学验证的基本内容有哪些？

14章 同步练习

主要参考文献

1. 国家药典委员会 . 中华人民共和国药典:一部 [S]. 2015 年版 . 北京:中国医药科技出版社,2015

2. 国家药典委员会 . 中华人民共和国药典:四部 [S]. 2015 年版 . 北京:中国医药科技出版社,2015

3. 刘丽芳 . 中药分析学 [M]. 北京:中国医药科技出版社,2015

4. 甄汉深 . 药物分析学 [M]. 第 2 版 . 北京:中国中医药出版社,2017

5. 苏薇薇,曹晖 . 中药注射剂重大共性关键技术示范研究 [M]. 广州:广东科技出版社,2013

6. 梁生旺 . 中药制剂分析 [M]. 第 9 版 . 北京:中国中医药出版社,2013

7. 蔡宝昌 . 中药分析学 [M]. 北京:人民卫生出版社,2012

8. 李萍,贡济宇 . 中药分析学 [M]. 第 9 版 . 北京:中国中医药出版社,2012

9. 梁生旺,贡济宇 . 中药分析 [M]. 第 10 版 . 北京:中国中医药出版社,2016

10. 杨明,宋民宪 . 中药辅料全书 [M]. 北京:人民卫生出版社,2014

11. 张丽 . 中药制剂分析 [M]. 北京:化学工业出版社,2018

12. 刘迎春 . 现代新型传感器原理与应用 [M]. 北京:国防工业出版社,1998

13. 王玉田,郑龙江,张颖,等 . 光纤传感技术及应用 [M]. 北京:北京航空航天大学出版社,2009

14. 梁冰 . 药物分析与制药过程检测 [M]. 北京:科学出版社,2013

15. 傅强 . 现代药物分离与分析技术 [M]. 西安:西安交通大学出版社,2011

16. 盛龙生,苏焕华,郭丹滨 . 色谱质谱联用技术 [M]. 北京:化学工业出版社,2006

17. 刘斌 . 中药成分体内代谢与分析研究 [M]. 北京:中国中医药出版社,2011

18. 蔡宝昌 . 中药制剂分析 [M]. 第 2 版 . 北京:高等教育出版社,2012

19. 石任兵,邱峰 . 中药化学 [M]. 第 2 版 . 北京:人民卫生出版社,2016

20. 王喜军 . 中药血清药物化学 [M]. 北京:科学出版社,2010

21. 匡海学 . 中药化学专论 [M]. 北京:人民卫生出版社,2010

22. 刘斌 . 中药代谢化学 [M]. 北京:北京科学技术出版社,2017

23. 蔡宝昌 . 中药分析学 [M]. 北京:人民卫生出版社,2012

24. 蔡宝昌,刘训红 . 常用中药材 HPLC 指纹图谱测定技术 [M]. 北京:化学工业出版社,2005

25. 傅强 . 中药分析 [M]. 北京:化学工业出版社,2010

26. 罗国安,梁琼麟,王义明 . 中药指纹图谱——质量评价、质量控制与新药研发 [M]. 北京:化学工业出版社,2009

27. 毕开顺 . 实用药物分析 [M]. 北京:人民卫生出版社,2011

28. 杭太俊 . 药物分析 [M]. 第 7 版 . 北京:人民卫生出版社,2011

29. 中国药品生物制品检定所 . 中国药品检验标准操作规范 [S]. 北京:中国医药科技出版社,2010

30. 国家药典委员会 . 中华人民共和国药典中药材薄层色谱彩色图集 [M]. 北京 : 人民卫生出版社 , 2009

31. U.S. Pharmacopeial Convention.U.S. Pharmacopoeia[S]. 40th edition. The United States Pharmacopeial Convention, 2016

32. U.S. Pharmacopeial Convention. National Formulary[S]. 35th edition. The United States Pharmacopeial Convention, 2016

33. European Pharmacopoeia Comission. Europe Pharmacopeia[S]. 9th edition. European Directorate for the Quality Control of Medicines, 2017

34. The Japanese Pharmacopoeia Committee. Japan Pharmacopoeia [S]. 17th revision. The Japanese Ministry Press, 2016

35. British Pharmacopoeia Comission. British Pharmacopoeia 2017[S]. The British Pharmacopoeia Commission, 2016

36. U.S. Department of Health and Human Services, Food and Drug Administration, Center for Drug Evaluation and Research, et al. Bioanalytical Method Validation Guidance for Industry[S]. Biopharmaceutics, 2018

29检